역사서설
아랍, 이슬람, 문명

이븐 할둔
김호동 옮김

al-Muqaddimah

by Ibn Khaldûn

역자 김호동(金浩東)
1954년 청주에서 태어났다. 1979년 서울대학교 동양사학과를 졸업하고, 1986년 하버드 대학교에서 "The Muslim Rebellion and the Kashghar Emirate in Chinese Central Asia, 1864-1877"로 박사학위를 받고 그해부터 현재까지 서울대학교 동양사학과 교수로 재직 중이다.
저서로는 『근대 중앙아시아의 혁명과 좌절』, 『황하에서 천산까지』, 『유라시아 천년을 가다』(공저), 『동방 기독교와 동서문명』, 『한 역사학자가 쓴 성경 이야기』 등이 있고, 역서로는 『유목사회의 구조』, 『칭기스한』, 『유라시아 유목제국사』, 『몽골 제국 기행: 마르코 폴로의 선구자들』, 『이슬람 1400년』, 『라시드 앗 딘의 집사』(전3권) 등이 있다.

편집-교정 박종만(朴鍾萬)

© 김호동 2003

역사서설

저자 / 이븐 할둔
역자 / 김호동
발행처 / 까치글방
발행인 / 박후영
주소 / 서울시 용산구 서빙고로 67, 파크타워 103동 1003호
전화 / 02 · 735 · 8998, 736 · 7768
팩시밀리 / 02 · 723 · 4591
홈페이지 / www.kachibooks.co.kr
전자우편 / kachibooks@gmail.com
등록번호 / 1-528
등록일 / 1977. 8. 5
초판 1쇄 발행일 / 2003. 3. 10
    11쇄 발행일 / 2025. 2. 10

값 / 뒤표지에 쓰여 있음

ISBN 89-7291-351-0 03900

일러두기

1. 이 역서는 로젠탈(F. Rosenthal)에 의한 영문 완역본을 다우드(N. J. Dawood)가 축약해서 출판한 것을 저본으로 삼았다. 그러나 정확한 번역을 위해 영문 완역본과 森本公誠의 일어 완역본과 대조하였다(자세한 서지 사항은 「해설」 말미에 첨부된 참고 문헌을 참고).

2. 영문 축약본은 생략된 부분을 나타내기 위해서 '……'라는 표시를 사용했는데 이 역서에서도 이를 그대로 옮겼다.

3. 영문 완역본과 축약본에는 꼭 필요한 경우 원문의 이해를 돕기 위해서 괄호( ) 안에 한 두 단어를 추가한 경우가 있는데, 이 역서에서는 독자들에게 번거로움을 주지 않기 위해서 괄호 표시를 없앴다.

4. 외래어를 표기할 때 널리 알려진 것들은 가능하면 교육부 외국어 표기법에 따랐다(예:『꾸르안』이 아니라 『코란』). 또한 경음을 피한다는 원칙을 존중하여 아랍어의 qa는 '카'로, tha는 '사', ta는 '타' 등으로 옮겼으며, kha는 '하'로 표기하였다. 국내 다른 학자들과 표기원칙에서 약간의 차이가 있다면 양해를 구하는 바이다. 정관사 al-의 독음(讀音)은 영역본에 따라서 뒤에 연결되는 자음에 따른 변화를 반영시켰다(예:al-Din이 아니라 ad-Din).

5. 이슬람권의 종교나 역사와 관련된 고유명사나 어휘들은 아직 국내 대부분의 독자들에게 생소하므로 간략한 주석을 달았고, 아울러 지도와 도판과 연표를 첨부하여 용이한 이해를 도모하였다.

기도

자애롭고 자비로운 신의 이름으로!
오, 신이여, 우리들의 주(主)인 무함마드
그리고 그의 가족과 그의 주위에 계시던 분들께 기도 드리나이다!

애정으로 충만하신 신의 자비를 갈구하는 신의 종, 이븐 할둔[1] — 신께서 그에게 성공을 주시기를! — 은 다음과 같이 말한다.

신께 찬미를! 신은 힘이 있고 강하시다. 신의 손에는 제왕의 권위와 왕권이 들려 있노라. 신은 가장 아름다운 이름과 속성들을 가지고 계신다. 신은 은밀한 속삭임으로 말해지거나 언표되지 않은 어떠한 것도 모두 꿰뚫을 정도로 무한한 지식을 그리고 하늘과 지상의 어떠한 것도 신을 압도하거나 피할 수 없을 정도로 끝없는 권력을 가지고 계신다.

신은 우리를 흙으로써 살아서 숨쉬는 피조물로 창조하셨고, 종족과 민족을 이루어 지상에 머물러 살도록 하셨으며, 흙으로부터 우리들의 자양과 식량을 주셨다.

우리의 거처는 처음에는 어머니의 자궁이지만, 그뒤 우리가 머무는 곳은 집이다. 자양분과 음식은 우리를 생존케 하되, 시간은 우리를 쇠미케 한다. 우리 인생의 임종 시점, 즉 (운명의) 책에 분명히 기록된 날은 우리를 찾아오고 만다. 그러나 신은 존속하고 남아 있으시니, 신이야말로 죽지 않는 '살아 계신 분'이다.

우리의 주군이자 주(主)인 무함마드, 즉 『토라』와 『복음서』[2]가 언급하고 묘사했던 아랍의 이 예언자에게 기도와 축복이 있기를. 토요일에 이어 일요일이 빠짐없이 찾아오기 전에, 또 토성과 베헤모스[3]가 갈라지기 전에, 세상은 이미 그분의

---

1) 그의 정식 이름은 'Abd ar-Raḥmân b. Muḥammad b. Khaldûn al-Ḥaḍramî이다.
2) 『토라』는 구약성서에서 최초의 다섯 권, 즉 「창세기」, 「출애굽기」, 「레위기」, 「민수기」, 「신명기」를 가리키며, 『모세 오경』이라고도 한다. 『복음서』는 신약성서에서 최초의 4 복음서, 즉 「마태복음」, 「마가복음」, 「누가복음」, 「요한복음」을 가리킨다.
3) 아랍인들은 토성이 하늘의 가장 높은 곳에 위치하는 별이고, 「욥기」에 나오는 거대한 해수(海獸)인 베헤모스(Behemoth)는 그 등 위에 땅을 업고 있다고 믿었다. 따라서 '토성과 베헤모스가 갈라

탄생을 위해서 산고를 겪었고,[4] 비둘기와 거미도 그분의 진실성에 대해서 증거했도다.[5]

그분의 가족 그리고 그분 주위에 머물며 많은 영향력과 명성을 떨쳤던 교우(敎友)와 추종자들, 적이 분열로 약화되었을 때 그분을 지지하며 일체가 되었던 사람들에게도 기도와 축복이 있을지라. 오, 신이여! 그분과 그들을 위하여 기도 하나이다. 이슬람이 계속해서 행운의 축복을 누리고, 불신앙의 모지라진 밧줄이 끊어져 있기를! 그분들 모두에게 수많은 축복이 있기를!

지기 전에'라는 말은 곧 '하늘과 땅이 갈라지기 전에'를 뜻한다고 할 수 있다.
4) 무함마드라는 존재의 요체가 천지 창조 이전부터 이미 존재했다고 주장하는 내용이다.
5) 무함마드가 메카 사람들의 박해를 피해 메디나로 도주하던 도중 잠시 동굴에 은신했는데, 그 입구에 비둘기가 둥지를 만들고 거미가 거미줄을 쳐서 메카 사람들이 그곳에 아무도 없다고 생각하고 되돌아가게 했다는 일화가 『코란』(9:40)에 기록되어 있다.

차례

기도 5
서문 21

서론 역사학의 미덕, 그 다양한 연구방법에 대한 평가,
   역사학자가 저지르기 쉬운 각종 오류들의 살펴보기,
   그 오류들이 생기는 까닭 29

제1부 문명의 본질, 전야생활과 도회생활, 지배권의 확보, 직업, 생계,
   학문, 기술, 기타 문명에 영향을 주는 다른 요소들. 그 원인과
   이유 59

머리말 61

제1장 인간의 문명 일반 73

  제1전제 : 인간의 사회조직은 필요불가결하다 73
  제2전제 : 지구에 문명이 존재하는 지역. 대양, 하천, 기후대에 관해서 77
   제2전제의 보충 : 지구의 남반부보다 북반부에 더 많은 문명이 존재하는
     현상과 그 이유 83
  제3전제 : 온대와 비온대. 공기가 인간의 피부색 및 기타 여러 상태에 미치는
     영향 88
  제4전제 : 기후가 인간의 성격에 미치는 영향 93
  제5전제 : 지역간에 발생하는 식량의 풍족과 결핍. 그것이 인간의 신체와 성격
     에 미치는 영향 95

제6전제 : 선천적으로 혹은 수행을 통해서 초자연적 지각능력을 지니는 여러 유형의 인간들. 그에 앞서 영감과 꿈에 대한 논의 101

> 예언의 진정한 의미 107 / 주술 111 / 꿈 114 / '꿈말'(주문) 117 / 다른 유형의 예언들 118 / 초자연적 지각의 여러 유형들 118 / 초자연적 지각이라고 여겨지는 방식들 122 / 모래점 122

제2장 전야문명, 야만민족, 야만부족과 그들의 생활상태 및 몇 가지 기본적이고 설명적인 진술들 125

1) 전야민과 도회민은 자연집단이다 125
2) 전야민은 자연집단의 하나이다 126
3) 전야민은 도회민에 선행하며, 전야는 문명과 도시의 기반이자 저장소이다 127
4) 전야민은 도회민보다 더 선량한 편이다 128
5) 전야민은 도회민보다 더 용감하다 129
6) 도회민은 법률에 의존함으로써 용기와 저항력을 상실한다 130
7) 연대의식으로 뭉친 부족들만이 전야에서 살 수 있다 132
8) 연대의식은 혈연집단이나 그에 상응하는 집단에서 나온다 133
9) 순수한 혈통은 사막의 야만 아랍인이나 그와 유사한 사람들에게서만 보인다 134
10) 계보는 어떻게 뒤섞이게 되는가 136
11) 연대의식을 지니는 특정집단의 지도력은 다른 혈통의 사람에게는 주어지지 않는다 136
12) 연대의식을 공유하는 사람들만이 명실상부한 의미에서 가문과 고귀함을 가질 수 있지만, 그렇지 못한 사람들은 비유적인 의미에서만 그런 것을 소유할 수 있다 138
13) 피보호자와 추종자가 가문과 고귀함을 가지게 되는 것은 주인의 은총 때문이지 자신의 혈통에서 비롯된 것은 아니다 140
14) 한 혈통의 명망은 기껏해야 4세대 지속된다 141
15) 야만민족은 다른 민족에 비해 지배권을 획득할 가능성이 더 많다 143

16) 연대의식이 추구하는 목표는 왕권이다   144
17) 왕권으로 향하는 길을 가로막는 장애물은 사치의 유혹과 부족민의 부유한 생활이다   146
18) 부족민이 외부인들에게 보여주는 유순함과 공순함은 왕권으로 가는 길을 막는 장애물이다   147
19) 왕권의 징표는 어떤 사람이 칭찬할 만한 자질을 가지고 있느냐 없느냐에 있다   149
20) 한 민족이 야만적일 때 그들의 왕권은 멀리까지 확대된다   151
21) 한 민족이 그들의 연대의식을 간직하는 한, 한 지파에서 사라진 왕권은 반드시 동일한 민족의 다른 지파에게로 넘어간다   152
22) 피정복민은 언행, 의복, 직업 등 모든 풍속과 관습에서 정복민을 항상 모방한다   154
23) 피정복민족과 피지배민족은 신속하게 소멸한다   155
24) 전야민들은 전야지대만을 장악할 수 있다   156
25) 전야민들에게 정복된 곳은 신속하게 황폐해진다   156
26) 전야민은 예언자와 성자의 교화 혹은 종교적 대사건과 같은 종교적 감화를 이용했을 때만 비로소 왕권을 획득할 수 있다   158
27) 전야민은 누구보다도 왕권으로부터 가장 멀리 떨어진 민족이다   159
28) 전야의 부족과 집단은 도회민들에게 지배된다   160

제3장 왕조, 왕권, 칼리프위(位), 정부 관직 및 이와 관련된 모든 사항들. 이에 관한 기본적인 제의와 보충적인 제의들   163

1) 왕권과 광대한 왕조의 힘은 특정한 집단과 그들이 지닌 연대의식을 통해서만 획득될 수 있다   163
2) 왕조가 일단 확고히 자리잡으면 연대의식이 없어도 존속할 수 있다   164
3) 왕가의 사람들은 연대의식이 없어도 왕조를 다시 건설할 수 있다   165
4) 광범위한 권력과 강력한 왕권을 지닌 왕조는 예언이나 진실한 포교에 기초한 종교에서 비롯된다   166

5) 포교는 왕조 초기에 많은 지지자를 확보해줌으로써 그 왕조가 지니는 연대의식 이외에 또 다른 힘을 부가한다   166
6) 포교는 연대의식 없이는 실현될 수 없다   167
7) 왕조들은 일정한 범위의 속주와 영토 이상을 소유하지 못한다   169
8) 한 왕조의 세력, 영토, 수명은 그 지지자들의 숫자에 의존한다   170
9) 서로 다른 많은 부족과 집단이 있는 지역에서는 왕조가 확고하게 건설되기 어렵다   172
10) 왕권은 그 속성상 영광을 독점하고 사치를 추구하며 안정과 평화를 선호한다   173
11) 영광을 독점하고 사치와 안정을 획득하려는 왕권의 본질적 경향이 확고히 뿌리를 내릴 때에 왕조는 노쇠기에 접어든다   175
12) 왕조들도 개인과 마찬가지로 자연수명이 있다   178
13) 전야생활에서 도회생활로 변용되는 왕조들   180
14) 사치도 처음에는 왕조에 힘을 더해준다   182
15) 왕조가 거치는 단계들. 각 단계에 따라서 사람들의 전야적 태도는 어떻게 달라지는가   183
16) 한 왕조가 남긴 기념물은 그 왕조의 본래의 힘에 비례한다   185
17) 지배자는 동족이나 연대의식을 공유한 사람들에게 대항하는 가신과 추종자들을 원한다   189
18) 왕조에서 가신과 추종자가 처한 상황   191
19) 왕조에서는 지배자가 타인에 의해서 격리되거나 통제되는 경우도 발생한다   193
20) 지배자를 농단하는 사람들은 왕권을 나타내는 특별한 칭호를 취하지는 않는다   194
21) 왕권의 진정한 의미와 다양한 종류   195
22) 가혹한 지배는 왕권에 해로우며 대부분 그 파멸을 초래한다   197
23) 칼리프위와 이맘위의 의미   198
24) 칼리프위를 규제하는 법률과 조건들에 관한 무슬림들의 상이한 견해   200
25) 이맘위의 문제에 관한 시아파의 교리(본문 번역 생략)   205
26) 칼리프위의 왕권으로의 변질   205

27) 복종서약의 의미　214
28) 계승　215
29) 칼리프위의 종교적 기능　219
    예배의 지도권 221 / 무프티의 직책 221 / 판관의 직책 222 / 경찰 224 / 공증인의 지위 227 / 시장감독관 228 / 조폐소 229
30) '신도들의 아미르'라는 칼리프 고유의 칭호　230
31) 기독교의 교황 혹은 총주교라는 말과 유태인의 사제라는 호칭　234
32) 왕권과 정부에 관련된 직책과 그 칭호들　240
    재상 241 / 집사 247 / 재무-징세청 250 / 문서청 253 / 경찰 260 / 제독 261
33) 여러 왕조에서 '칼'과 '펜'의 관직이 보이는 중요성의 차이　267
34) 왕권과 국가권력의 독특한 장식들　268
    나팔과 깃발 268 / 옥좌 270 / 조폐소 271 / 인장 273 / 티라즈 274 / 대형 천막과 천개 276 / 마크수라와 금요 예배 설교시의 기도 277
35) 여러 민족이 행하는 전쟁과 그 방법　279
36) 징세와 세수증감의 원인　286
37) 왕조 말기에는 상세가 부과된다　288
38) 군주의 상업활동은 백성에게 유해하며 조세수입의 파탄을 초래한다　289
39) 군주와 그의 측근들은 왕조의 중기에만 부유하다　291
40) 군주가 지급하는 수당의 삭감은 조세수입의 감소를 의미한다　294
41) 불의는 문명의 파괴를 불러온다　295
42) 군주에 대한 접근 제한은 왕조에서 왜 생기는가. 그러한 제한은 왕조가 노쇠해지면 중요해진다　300
43) 왕조의 분열　302
44) 왕조에 일단 노쇠 현상이 나타나면 그것을 막을 수 없다　303
45) 왕조는 어떻게 붕괴하는가　304
46) 왕조의 강역은 처음에 한계까지 팽창하지만, 그뒤 차츰 줄어들다가 마침내 왕조는 해체, 소멸된다　308
47) 신왕조는 어떻게 일어나는가　311
48) 신왕조는 돌발적인 행동이 아니라 인내를 통해서 현왕조에 대한 지배권을 장악한다　312
49) 왕조 말기에는 인구과다 현상, 역병, 기아 등이 자주 나타난다　314

50) 인류문명은 질서 유지를 위해서 정치적 지도력이 필요하다　316
51) 마흐디에 대한 사람들의 의견과 사태의 진상　317
52) 예언과 '점'에 관한 논의를 포함해서, 왕조와 민족의 미래를 예견하는 것　319

제4장　지방과 도시, 기타 모든 형태의 도회문명. 그곳에서 생기는 조건들. 이에 관한 일차적 및 이차적 고려　323

1) 왕조는 도시에 선행하며, 도시는 왕권의 부산물이다　323
2) 왕권은 도시에의 정착을 촉진한다　324
3) 강력한 왕권만이 거대한 도시와 높은 기념물을 건설할 수 있다　325
4) 거대한 기념물은 일대(一代)에 세워지는 것만은 아니다　326
5) 도시계획의 조건들, 그러한 조건들을 무시할 때 생기는 결과　327
6) 모스크를 비롯한 지상의 경건한 건물들　330
7) 이프리키야와 마그리브 지방에는 도시가 드물다　331
8) 이슬람 시대의 건물과 건축은 이슬람의 세력에 비해 또 선행 왕조들에 비해 더 적다　332
9) 극히 예외적인 경우가 아니라면, 아랍인들이 세운 건물은 빨리 붕괴된다　332
10) 도시 붕괴의 시작　333
11) 도시의 번영과 거래의 규모는 인구의 규모에 따라서 달라진다　334
12) 도시에서의 가격　337
13) 유목민은 인구가 많은 도시에 정주할 수 없다　339
14) 도시에서나 지방에서나 빈부 차이는 마찬가지이다　340
15) 도시에서 부동산과 경작지의 축적, 그 활용과 수익　342
16) 도시민 가운데 자본가는 지위와 보호를 필요로 한다　343
17) 도회문화는 왕조로부터 나오며, 왕조가 지속적이고 안정적일 때 확고해진다　344
18) 도회문화는 문명의 절정이자 성장의 종말이며 퇴락의 징후이다　347
19) 왕조가 붕괴하면 왕권의 소재지인 도시도 폐허가 된다　351

20) 어떤 도시는 다른 도시가 가지지 못하는 기술을 소유한다   354
21) 도시에서의 연대의식의 존재와 일부 도시민들의 다른 도시민들에 대한 우위   355
22) 도시민의 방언   357

제5장 이윤과 기술 등 다양한 생계수단 및 그것들과 연관되어 생긴 조건들. 기타 이 주제에 관한 여러 가지 문제점들   359

1) 식량과 이윤의 진정한 의미와 그것에 대한 설명. 이윤은 인간 노동을 통해서 실현된 가치이다   359
2) 생계를 유지하는 다양한 수단과 방법   361
3) 봉사를 통해서 생계를 유지하는 것은 자연적인 방법이 아니다   362
4) 매장된 물건이나 보물을 찾아서 돈을 벌려는 것은 생계를 유지하는 자연스러운 방법이 아니다   364
5) 지위는 재산 획득에 유용하다   367
6) 행복과 이윤은 주로 아부하는 사람들이 얻고, 그런 성품은 행복을 가져다 주는 한 요인이다   368
7) 판관, 무프티, 교사, 기도사, 설교자, 무에진 등 종교적인 사무를 담당하는 사람들은 통상 많은 부를 누리지 못한다   372
8) 농업은 유약한 사람이나 빈곤한 전야민의 생계 방식이다   373
9) 상업의 다양한 종류와 그 의미 및 방법   373
10) 상인에 의한 상품의 수송   374
11) 매점매석   375
12) 계속되는 물가의 하락은 저가로 교역하는 상인들에게 해롭다   375
13) 상업에 종사해야 할 사람과 그래서는 안 될 사람의 부류   376
14) 상인의 성품은 지도층의 성품에 비해 열등하며 남자다움과도 거리가 멀다   377
15) 기술은 스승을 필요로 한다   378
16) 기술은 거대하고 완벽한 도회문명이 있는 곳에서만 완벽해진다   379

17) 도회문화가 확고한 뿌리를 내리고 장기간 계속될 때, 기술도 도시 안에 뿌리를 내린다   380

18) 기술은 많은 사람들의 요구가 있을 때에만 개선되고 증대된다   381

19) 붕괴 직전의 도시에서 기술은 퇴보한다   381

20) 모든 민족 가운데 아랍인이 기술에 가장 미숙하다   382

21) 어떤 기술을 습득한 사람이 그뒤에 다른 기술을 완전히 습득하는 경우는 드물다   383

22) 기초적인 기술의 간단한 목록   383

23) 농업기술   384

24) 건축기술   384

25) 목공기술   386

26) 직조 및 재봉 기술   387

27) 조산술   388

28) 의술. 의술은 전야가 아니라 정주지나 도시에서 필요한 것이다   390

29) 서예는 인간에게 고유한 기술의 하나이다   393

30) 출판기술   394

31) 노래와 음악의 기술   394

32) 여러 기술, 특히 서예와 계산의 기술은 그것에 종사하는 사람에게 지성을 부여한다   397

제6장 다양한 학문 분야. 교육방법. 이와 관련된 사항들   399

서문   399

   1) 인간의 사고능력   399

   2) 행동의 결과로 존재하게 되는 물적 세계는 사고를 통해서 실체화된다   400

   3) 경험적 지성, 그것은 어떻게 생기는가   402

   4) 인간의 지식과 천사의 지식   404

   5) 예언자들의 지식   405

6) 인간은 근본적으로 무지하며, 지식을 획득함으로써 무지에서 벗어난다　406
7) 학문의 교육은 하나의 기술이다　407
8) 문명이 거대하고 도회문화가 고도로 발달했을 때 비로소 학문도 다양해진다　410
9) 현재의 문명에 존재하는 다양한 학문들　410
10) 『코란』의 해석과 낭독에 관한 학문　411
11) 예언자의 전승과 관련된 학문들(본문 번역 생략)　412
12) 법학과 그 분과인 상속법　412
　　　상속법학 414
13) 법원(法源)에 관한 학문과 그 분과인 변증법과 쟁점론　415
　　　쟁점론 416 / 변증법 416
14) 사변신학　416
15) 『코란』과 순나에서의 불확실한 구절들, 그로 인해서 정통파와 혁신파 속에서 생긴 교파들　423
16) 수피즘　428
17) 꿈의 해석학　438
18) 다양한 지적 학문들　443
19) 수와 관련된 학문들　448
　　　산술 448 / 대수 449 / 거래 산술 450 / 상속법 450
20) 기하학　451
　　　구면, 원추곡선, 역학 452 / 측량 453 / 광학 453
21) 천문학　453
　　　천문표 455
22) 논리학　455
23) 자연학　459
24) 의학　460
25) 농학　462
26) 형이상학　463
27) 마술과 주술의 학문　465
　　　사악한 눈(眼) 470
28) 문자의 비밀에 관한 학문　471

29) 연금술학　472
30) 철학에 대한 반론과 철학도들의 타락　474
31) 점성술에 대한 반론. 그 성취의 취약성과 목표의 유해성　482
32) 연금술의 효용성에 대한 부정. 그 존재의 불가능성, 그것을 행함으로써 생기는 해악　486
33) 저술할 때 명심해야 할 목적. 이것만이 유일하게 유용한 것　488
34) 다량의 학술서는 학문성취에 장애가 된다　492
35) 학문적 주제에 관한 많은 개설서는 교육과정에 해를 끼친다　493
36) 학문을 가르치는 올바른 태도　494
37) 보조학문에 대한 연구는 길어져서는 안 되며, 그 문제점들도 자세하게 다루어져서는 안 된다　499
38) 무슬림 도시에서 아동을 가르치는 다양한 방법들　500
39) 엄격함은 학생들에게 해가 된다　503
40) 학자의 연구는 지식 추구의 여행에 의해서 또 당대의 권위있는 스승과의 만남을 통해서 크게 발전된다　505
41) 학자는 어느 누구보다도 정치에 어둡다　506
42) 이슬람권 학자들은 대부분 페르시아인이다　507
43) 아랍어가 모국어가 아닌 사람은 아랍어를 모국어로 하는 사람보다 학문을 습득하기가 더 어렵다　510
44) 아랍어에 관한 학문들　513
　　문법학 514 / 어휘학 515 / 문장-문체론의 학문 516 / 문학 518
45) 언어는 기술적인 습관이다　519
46) 오늘날의 아랍어는 무다르족과 힘야르족의 언어와는 구별되는 독자적인 언어이다(본문 번역 생략)　520
47) 정주 도회민의 언어는 무다르족의 언어와는 구별되는 독자적인 언어이다(본문 번역 생략)　520
48) 무다르어의 교육방법(본문 번역 생략)　521
49) 무다르어에 대한 습성은 아랍 문헌학을 배우는 것과 무관하며, 그 교육과정에는 아랍 문헌학이 필요하지 않다(본문 번역 생략)　521
50) 문학비평가들의 전문적인 용어인 '맛'이라는 단어의 의미와 해석. 아랍화

된 비아랍인들은 왜 그것을 가지지 못하는지에 대한 설명　521
51) 도회민은 언어적 습관을 체득하는 데에 전반적인 결함을 지니며 그 이유는 교육 때문이다. 도회민이 아랍어에서 멀어지면 멀어질수록 그 습성을 체득하기 어려워진다　523
52) 말은 운문과 산문으로 나뉜다　523
53) 한 사람이 시와 산문을 모두 잘 쓸 수 있는 능력을 갖추기는 매우 어렵다　525
54) 작시의 기술과 그것을 배우는 방법　526
55) 시와 산문은 관념이 아니라 말로 작업하는 것이다　533
56) 언어 습관은 많은 것을 암기함으로써 체득된다. 좋은 언어 습관은 좋은 암기 자료에 기인한 것이다　534
57) 자연적인 말과 인위적인 말의 의미. 인위적인 말은 좋을 수도 있고 나쁠 수도 있다　536
58) 지위가 있는 사람들은 시작(詩作)을 업수이 여긴다　539
59) 오늘날의 아랍 시. 유목민과 도시민의 시　540
　　스페인의 무왓샤와 자잘　542

맺음말　543
연표　545
해설 : 이븐 할둔과 『역사서설』　549
인명 색인　571

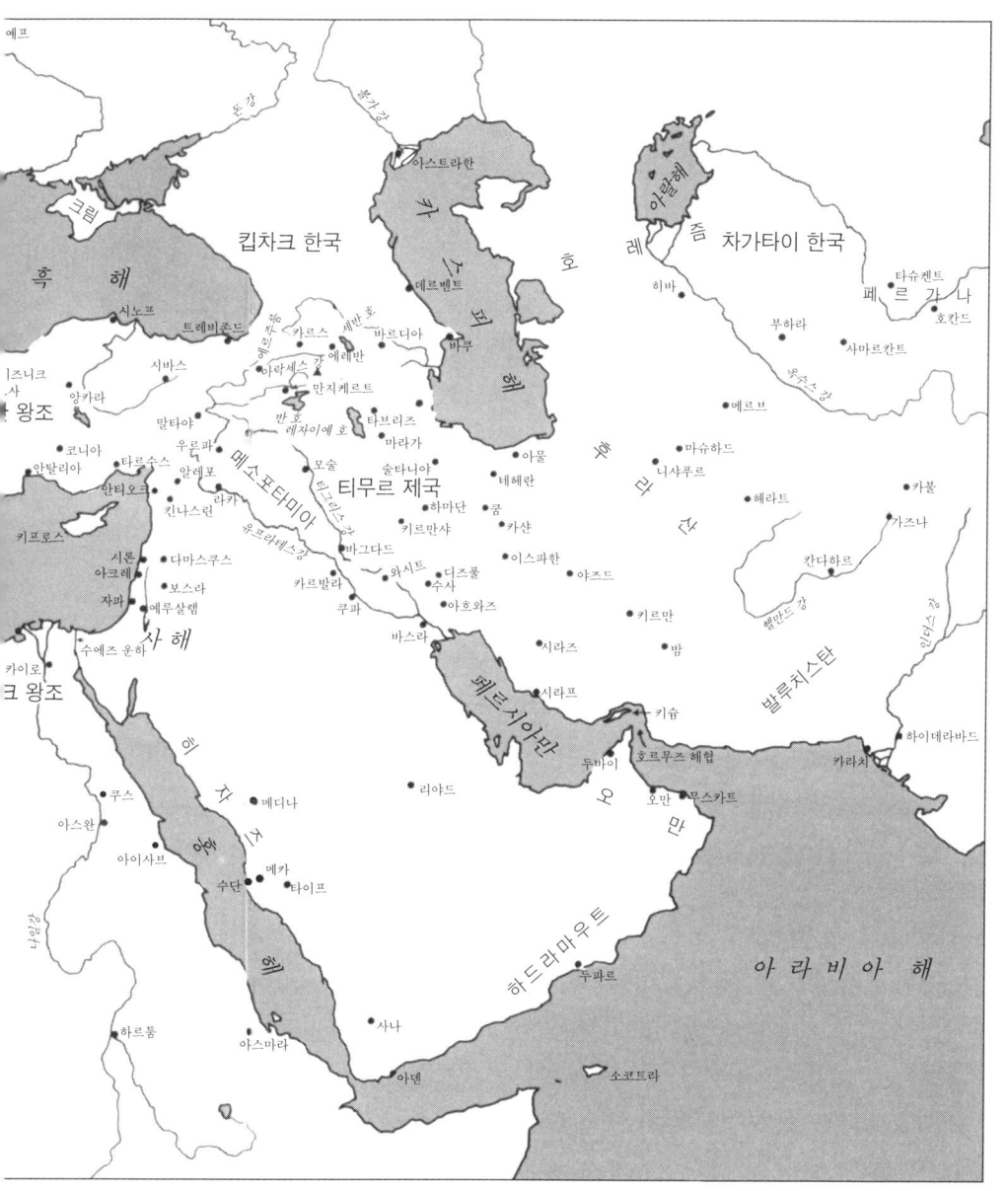

14세기 후반의 이슬람 세계

서문

　역사학은 여러 민족과 종족들 사이에서 널리 발달되어 있는 한 분야이며 열심히 추구되는 대상이다. 시정의 평민들도 그것을 알려고 소망하고 왕과 지도자들도 그것을 앞다투어 갈구한다.
　유식자나 무식자 모두 그것을 이해할 수 있다. 왜냐하면 역사학이란 표면상으로는 먼 과거의 정치적 사건, 왕조, 현상들을 적절히 잠언을 섞어가며 우아하게 표현한 정보에 불과하기 때문이다. 그것은 대규모 대중집회를 즐겁게 하는 데에 도움을 주고 우리들로 하여금 인간사를 이해할 수 있게 한다. 그것은 상황의 변화가 어떻게 인간사에 영향을 주고, 왕조들이 어떻게 점점 더 넓은 영역을 차지하게 되었으며, 사람들이 수명을 다할 때까지 어떻게 지상에서 살았는가 하는 것들을 보여준다.
　반면에 역사학이 가지는 내적인 의미는 진실에 이르고자 하는 사고와 노력, 현존하는 사물들의 원인과 기원에 관한 미묘한 설명 그리고 사건들이 어떻게 또 왜 일어났는가에 대한 깊은 지식을 포함한다. 따라서 역사학은 철학에 깊이 뿌리를 내리고 있으며 그것의 한 분야로 여겨질 만하다.
　탁월한 무슬림 역사가들은 역사적 사건을 철저하게 수집하고 그것을 책의 형태로 기록했다. 그런데 역사학에 종사할 만한 권리도 없는 사람들이 스스로 생각하여 마음대로 지어낸 사실무근의 한담(閑談)들을 그런 책 속에 써넣고 자기들이 조작하거나 미화한 신빙성 없는 거짓 정보들도 삽입시켰다. 뒤이어 수많은 사람들이 그 전철을 밟으며 자기가 들은 대로 그러한 정보를 다시 우리에게 전달한 것이다. 그들은 사건과 상황의 원인을 탐구하거나 주목하지 않을 뿐만 아니라 말도 안 되는 이야기들을 제거하지도 거부하지도 않았다.
　그들은 진실에 도달하려는 노력을 거의 기울이지 않으며, 비판적인 안목도 날카롭지 않은 것이 보통이다. 역사적인 정보들 가운데 오류와 근거 없는 추정은 서로 긴밀하게 얽혀 있으며, 흔히 발견되는 요소이다. 전통에 대한 맹목적인 신뢰는 인간이 생래적으로 물려받은 속성이다. 정말 자격도 없는 사람들이 학문적인 분야에 종사하는 일이 너무나 흔해졌다. 그러나 우매함의 목초지는 인류에게 오히려 해가 될 뿐이다. 어느 누구도 진리의 권위와 맞서 싸울 수는 없으며, 거짓의 사악함에 대해서는 깨우치는 사유로써 싸워야만 한다. 보고하는 사람은 단지 받아 적어서 그대로 전달할 뿐이기 때문에, 은폐된 진리를 가려내기 위해서는 비판적인 통찰력이 필요하며, 이와 같은 비판적인 통찰력이 적용되어 진리가 찬란하게 드러나기 위해서는 지식이 요구된다.

체계적인 역사서들은 수없이 저술되었고, 사람들은 이 세상의 민족과 왕조들의 역사를 편찬하고 또 기록해왔다. 그러나 그 권위를 인정받을 만큼 유명하고 또 선배들의 저작을 능가할 정도의 수준에 이른 역사가는 극히 드물다. 그들의 숫자는 거의 손가락으로 꼽을 정도이다. 예를 들면 이븐 이스학,[1] 앗 타바리,[2] 이븐 알 칼비,[3] 무함마드 이븐 우마르 알 와키디,[4] 사이프 이븐 우마르 알 아사디,[5] 알 마수디,[6] 그리고 범용한 무리들과 구별되는 몇몇 유명한 역사가들이 있을 뿐이다.

유능하고 신뢰할 만한 전문가들은 알 마수디와 알 와키디의 저작들이 어떤 점에서는 의심스럽고 반박을 받을 만하다는 사실을 잘 알고 있다. 그러나 그들의 저작이 다른 글들과 구별되는 것은 거기에 여러 정보들이 광범위하게 수용되어 있다는 점과 각자의 방법에 따라서 자료들이 채택되고 제시되어 있다는 점에 있다. 따라서 그 자료들 가운데 어느 것이 의심스럽고 어느 것이 신뢰할 만한지를 판단하는 일은 분별력을 갖춘 비평자 자신의 몫이다. 문명은 상황이 달라지면 거기에 상응해서 상이한 요소들을 가지기 때문에, 그런 것들에 대해서 서술된 역사

---

1) 767-768년경 사망. 예언자 무함마드의 유명한 전기(sîrah)를 저술한 작가.
2) 747-823. 이슬람권의 대표적인 역사서 『예언자들과 왕들의 역사』(*Ta'rîkh al-rusul wa-l-mulûk*)의 작가.
3) 819/20 혹은 821/22년 사망. 쿠파에서 활동했으며, 이슬람 이전 및 초기 이슬람 시대의 정치, 종교, 문학에 관한 많은 일화들을 수집한 책을 집필했다.
4) 747-823. 무함마드의 전투와 생애를 기록한 『정복사』(*Kitâb al-Maghâzî*)를 저술했다.
5) 796/97년 사망. 대표적인 전승가.
6) 956 혹은 957년경 사망. 대표적인 저작으로 『황금목장』(*Murûj al-dhahab*)이 있다.

적인 정보를 통해서 자료와 보고들을 대조, 검사해보아야 한다.

이러한 저자들에 의해서 쓰여진 역사서들은 대체로 그 내용이 망라적이다. 그 까닭은 처음 두 이슬람 왕조7)가 지리적으로 광범위했을 뿐 아니라, 그들이 실제로 활용했건 아니건 자료들을 매우 포괄적으로 아울렀기 때문이다. 알 마수디를 비롯한 이러한 유형의 역사가들은 이슬람 이전의 왕조와 민족 및 다른 사항들에 대해서 상세한 역사를 기록하여 남겼다. 그러나 후대의 일부 역사가들은 여러 가지 많은 제약으로 인해서, 그렇게 포괄적이고 전면적인 입장을 취하기를 꺼려했다. 그들은 자기 시대에 일어난 일들을 취합했고 자기가 속한 세계에 관한 역사적 정보만을 상세하게 다루었다. 그들은 자기가 속한 왕조나 도시의 역사에만 한정시켰던 것이다. 스페인 우마이야 왕조와 스페인의 역사를 저술한 이븐 하이얀,8) 카이라완(Qayrawân)9)의 왕조와 이프리키야(Ifrîqiya)10)의 역사를 저술한 이븐 알 라킥11)이 그러했다.

그 후의 역사가들은 모두 전통에 얽매이고 성격이 좋지 않고 지능이 우둔한 사람들이거나, 아니면 그러한 우둔함을 극복하려는 노력조차 하지 않은 사람들이었다. 그들은 단지 선배들을 베꼈을 뿐이고 그 선례를 따르기만 했다. 그들은 각 민족의 관습과 상황이 시간의 흐름에 따라서 변화했다는 점을 고려하지 않았다. 그래서 그들은 고대 이래 왕조들과 사건들의 내용에 관한 역사적 정보를 제시했지만, 그것은 마치 질료를 결여한 형상, 칼집이 없는 칼날과 같은 것이 되고 말았다. 무엇이 부차적인 것이고 무엇이 원천적인 것인지도 구별할 줄 모르니, 무지라고 여길 수밖에 없는 지식인 셈이다. 그것은 사건을 다루면서 그 기원은 밝히지 않고, 종(種)을 다루면서 속(屬)을 고려하지 않아 종들 사이의 특수한 차이를 검증하지 않은 것이나 다름없다. 그들은 역사적 자료를 취급할 때에 세대의 흐름에 따라서 일어나는 변화의 중요성을 무시했는데, 그 까닭은 그들을 위해서 그런 것들을 해석해줄 사람이 아무도 없었기 때문이었다. 따라서 그들의 저술에

---

7) 압바스 왕조와 우마이야 왕조를 가리킨다.
8) 987-1076. 압바스 왕조 시대의 화학자, 연금술사.
9) 중북부 튀니지의 도시.
10) 이프리키야는 로마 제국 시대에 아프리카 북부 일대를 지칭하는 명칭이었다. 이븐 할둔은 이 책에서도 이 명칭을 계속해서 사용하고 있다.
11) 1000년경에 생존.

는 그에 대한 아무런 설명도 제시되지 않았다. 그들은 어느 특정한 왕조를 묘사할 때 마치 앵무새처럼 과거의 역사적 정보를 그대로 옮기면서, 그들에게 전달된 내용을 허구이건 진실이건 불문하고 그대로 보존하려고만 신경썼던 것이다. 그들은 왕조의 기원에 대해서 관심을 기울이지도 않았고, 어떤 이유로 그 왕조가 권위와 명성을 드높이게 되었는지, 혹은 그 왕조가 수명을 다했을 때 무엇이 종지부를 찍게 했는지 등에 대해서 말하지 않는다. 따라서 연구자는 여러 왕조가 채택했던 조직들의 원리와 초기의 상황들에 대해서 다시 탐구할 수밖에 없고, 무슨 이유로 여러 왕조들이 상대방에 대해서 압박을 가하면서 차례로 계승하게 되었는가 하는 의문을 던질 수밖에 없게 된다. 그는 여러 왕조들을 서로 대항하게 하거나 가깝게 만드는 요소들에 대해서 납득할 만한 설명을 추구해야만 할 것이다. 이 모든 것들은 이 저술의 「서론」에서 다루어질 것이다.

그런가 하면 또 다른 역사가들은 지나치게 간략한 설명으로 끝내버린다. 그들은 계보적인 혹은 역사적인 내용을 일체 생략한 채, 왕들의 이름을 나열하고 그 치세가 몇 년인가를 표시하는 것에만 만족하기도 한다. 이것은 이븐 라식[12]이 『사물의 저울』(*Mîzân al-'amal*)[13]에서 보여주었고 또 그를 모방한 길 잃은 양들이 취했던 방식이기도 하다. 그들이 말하는 것에 대해서는 어떠한 신빙성도 둘 수 없을 뿐 아니라, 그들이 제시한 자료는 전달할 만한 하등의 가치도 없다. 왜냐하면 그들은 유용한 자료들을 유실시켜버렸고, 역사가들에 의해서 건전하고 실질적이라고 인정된 방법과 관행을 파괴시켜버렸기 때문이다.

내가 다른 사람들의 저술을 읽고 또 현재와 과거의 가리워진 부분들을 탐구할 때, 나는 그 나른한 자기 만족과 졸음에서 벗어나려고 했고, 비록 탁월한 작가는 아니지만 가능한 한 나 자신의 문학적 재능을 발휘해보려고 노력했다. 그렇게 해서 나는 역사에 관한 책 한 권을 저술하게 되었다. 이 책에서 나는 다양한 시대에 벌어진 사건들이 처했던 상황에서 베일을 벗겨내었고, 역사적인 사실과 성찰을 다루면서 그것을 체계적으로 순서에 따라서 배열했다. 거기에서 나는 왕조와 문명이 어떻게 그리고 왜 발생하게 되었는가를 보여주었다. 나는 오늘날 마그리브의 주민을 구성하고 여러 지역과 도시에 거주하는 두 종족의 역사, 그리고 수

---

12) 1064 혹은 1070/71년 사망.
13) 이 책은 현재 전해지지 않는다.

명이 길건 짧건 그 지배 가문들 —— 과거 통치자들과 그 연맹자들을 포함해서 —— 의 역사를 저술의 토대로 삼았다. 이 두 종족은 아랍인과 베르베르인들이다. 그들은 까마득한 옛날부터 마그리브에서 살아왔기 때문에 그들이 다른 곳에서 살았으리라고는 상상도 하기 힘들 정도이며, 그곳의 주민들은 자신들 이외의 다른 종족에 대해서는 알지도 못한다.

나는 저술의 내용을 세밀하게 수정했고 그것을 학자와 선량들의 판단에 맡기며 내놓았다. 나는 장(章)들을 배열하고 구분할 때에 통상적이 아닌 방법을 채용했다. 즉 여기서 나는 문명[14]과 도시, 사회조직의 근본적인 특징 등에 대해서 논평하면서 그것들이 어떻게 또 왜 현재의 그런 상태를 지니게 되었는가 하는 점을 독자들에게 설명하려고 했고, 왕조를 건설한 사람들이 어떻게 역사의 무대에 등장하게 되었는가를 보여주려고 했다. 그럼으로써 독자들은 전승에 대한 맹신으로부터 자신의 손을 씻게 될 것이며, 자신의 시대 이전에 있었던 혹은 뒤에 오게 될 시대와 종족들의 상황에 대한 인식도 가지게 될 것이다.

나는 이 글을 서론과 3부로 나누었다.

서론은 역사학의 커다란 장점에 대해서 논하고 그 다양한 방법들을 제시하며 역사가들이 범하는 실수를 예시한다.

제1부는 문명과 그 근본적인 특징 —— 즉 왕권, 정부, 직업, 생계, 기술, 학문 —— 및 그것을 가능케 하는 원인과 이유를 논한다.[15]

제2부는 천지창조에서 오늘에 이르기까지의 아랍인들의 역사와 종족과 왕조들을 다루지만, 여기에는 나바타에인,[16] 시리아인, 페르시아인, 이스라엘인, 콥트인,[17] 그리스인, 비잔틴인, 투르크인 등 그들과 동시대에 존재했던 유명한 민족들도 포함되어 있다.

---

14) '문명'은 이븐 할둔에게 매우 중요한 개념이다. 그는 이를 'umrân이라는 아랍어로 표현했는데, 이 말은 '거주하다, 건설하다, 경작하다'를 의미하는 동사 'amara의 파생어이다. 현대 아랍어에서 '문명'은 ḥaḍâra 혹은 tamaddun이라는 단어로 표현된다.
15) 이 역서는 이븐 할둔이 여기에서 말하는 「서론」과 「제1부」를 옮긴 것이며, 이 부분은 분량면에서 2, 3부를 포함한 그의 역사서 전체의 약 1/7에 해당된다.
16) 나바타에인은 기원전 6세기 이래 왕국을 건설하고 북부 아라비아를 지배했으나, 기원후 106년에 로마 제국의 손에 멸망했다.
17) 콥트(Copt)는 이집트와 동의어라고 할 수 있다. 그리이스인들이 이집트를 가리켜 Aigyptios라고 부른 것을 아랍인들이 Qibt라고 표기했고, 이것이 서구로 전해지면서 Copt로 바뀌었다.

제3부는 베르베르족과 그들의 일부를 구성했던 부족 자나타족(Zanâtah)18)의 역사를 다루며, 그들의 기원과 종족들, 특히 마그리브의 왕가들과 왕조들에 대해서 설명한다.

그뒤 나는 동방으로 여행을 떠났는데, 이는 여러 가지 깨우침을 얻고 나아가서 카바(al-Ka'bah)19)를 참배하며 메디나를 방문하는 종교적 관습과 의무를 수행하기 위해서였다. 그 결과 나는 그 지역의 비아랍계(페르시아인) 통치자들과 투르크계 왕조들에 관한 나의 역사적 지식의 공백을 메울 수 있었고, 그러한 지식을 이 책에 첨가했다. 그것을 나는 위의 종족들과 동시대에 활동했던 여러 도시와 지역의 군주 및 다양한 지방의 민족에 관한 서술 부분에 삽입시켰다. 이와 관련하여 나는 간명하게 서술하려고 노력했고 달성하기에 용이한 목표를 설정했다. 그래서 전반적인 계보를 제시한 뒤에 보다 상세한 역사적 내용을 기술했다.

그런 점에서 이 저술은 포괄적인 세계사를 담게 되었으며 고집 세고 길 잃은 지혜를 제자리에 돌아오게 한다. 이 글은 여러 왕조에서 일어난 일들의 원인과 이유를 제시하고 있으며, 철학을 담는 그릇이자 역사적 지식의 창고이기도 하다. 그리고 도회민이건 유목민이건 불문하고 아랍인과 베르베르인의 역사를 포괄하며, 동시에 그들과 동시대에 존재했던 위대한 왕조들에 대해서도 서술하고 있고, 나아가서 초기의 정황과 뒤이어 벌어진 역사에서 배우고 기억할 만한 교훈들을 분명히 지적하고 있다. 그러므로 나는 이 저술을 "성찰의 책. 아랍인과 페르시아인과 베르베르인 및 그들과 동시대에 존재했던 탁월한 군주들에 관한 초기 및 그 후대 역사의 집성(集成)"20)이라고 칭했다.

---

18) 모로코 지방에 거주하는 유목적인 베르베르족의 일파.
19) 메카의 모스크의 중심을 이루는 석조의 성소. 무슬림들이 지상에서 가장 성스러운 곳으로 여기는 곳이며 육면체의 건물이라는 뜻이다.
20) 이것은 이 책의 정식 명칭이며, 아랍어 원어를 참고로 옮기면 다음과 같다. *Kitâb al-'Ibar wa-dîwân al-mubtada' wa-l-khabar fî ayyâm al-'Arab wa-l-'Ajam wa-l-Barbar wa-man 'âṣarahum min dhawî as-sulṭân mubtada' wa-l-akbar*. 이를 통상 *Kitâb al-'Ibar*라고 줄여서 부르기도 하는데, 아랍어의 'ibar'는 '통과, 건너감' 등의 뜻을 지니고 있다. 즉 이는 이븐 할둔 자신이 모두에서 밝혔듯이 사건과 정보로 이루어진 피상적인 역사를 '넘어서' 그뒤에 가려진 인과 관계를 밝히고 그것을 통해서 역사의 본질을 이해한다는 의미를 내포하고 있다. 이에 관한 설명은 M. Mahdi의 *Ibn Khaldun's Philosophy of History*(Chicago : Chicago University Press, 1964), pp. 63-73과 森本公誠의 일본어 번역, 권1, pp.31-33의 주 3)을 참조할 것.

나는 종족들과 왕조들의 기원, 고대 민족들의 연대, 과거에 생겼던 변화와 변용 등에 대해서 아무 것도 빼놓지 않았으며, 왕조와 종파, 도시와 촌락, 강자와 약자, 다수와 소수, 학문과 기술, 소득과 손실, 일반적인 상황의 변화, 유목생활과 정주생활, 실제로 일어난 사건과 장차 일어날 일들, 즉 문명에서 일어날 수 있는 모든 것들에 대해서도 빠짐없이 기록했다. 나는 모든 것을 포괄적이고 철저하게 논급했으며 그 존재의 이유와 논거를 설명했다.

그 결과 이 책은 진귀한 지식, 비록 친숙하지만 은폐된 지혜를 담고 있는 독특한 것이 되었다. 그러나 이 모든 것들을 서술했음에도 불구하고 과거와 현재의 학자들의 저작을 보면서 나는 여전히 완전하지 못하다는 것을 의식하게 되고, 이렇게 어려운 주제를 뚫고 들어가기에 내가 너무나 무능력하다는 사실을 고백하지 않을 수 없다. 따라서 학자로서의 능력과 폭넓은 지식을 소유한 사람들이 이 책을 불만에 차고 비판적인 관점으로 보게 되더라도, 혹시 잘못이 발견되면 침묵으로 그것을 바로잡고 관대하게 수용해주었으면 한다. 한 사람의 학자가 제공할 수 있는 지식의 양은 적지만, 자신의 부족함에 대한 인정은 그에 대한 비난을 면케 해줄 것이다. 동료들의 관용을 희망하면서 우리의 작업들이 신의 눈에 받아들여질 수 있게 해달라고 기구할 뿐이다. 왜냐하면 그분이야말로 선량한 보호자이시기 때문이다.

서론

역사학의 미덕, 그 다양한 연구방법에 대한 평가,
역사학자가 저지르기 쉬운 각종 오류들의 살펴보기,
그 오류들이 생기는 까닭

역사학은 여러 가지 다양한 연구방법을 포괄하고 있는 학문이다. 그 유익한 용도는 매우 많으며 목적도 분명하다. 즉 역사학은 과거의 민족들이 처했던 상황을 우리에게 알려주는데, 그러한 상황이 남긴 영향은 오늘날 그들의 민족적인 특성에도 남아 있다. 또한 역사학은 예언자들의 생애와 왕조와 군주들의 정책에 대해서도 알려준다. 따라서 누구라도 희망하기만 한다면, 역사학을 통해서 종교적인 혹은 세속적인 문제에 관해서 참고할 만한 사례를 찾을 수 있을 것이다.

역사의 서술은 수많은 자료와 매우 다양한 지식을 요구한다. 또한 뛰어난 사변적 심성과 철저함도 필요한데, 이런 것들이야말로 역사가로 하여금 실수를 범하지 않고 진리에 이를 수 있도록 안내한다. 만약 역사가가 단순히 전해져오는 모양 그대로의 역사적인 정보를 믿기만 하고, 관습에서 비롯된 원리들, 정치의 근본적인 사실들, 문명이 지니는 특징, 혹은 인간의 사회조직을 지배하는 상황들에 대해서 분명한 지식을 가지지 못하고 있다면, 아니 더 나아가서 아주 먼 고대의 자료들을 평가하는 그 당시의 혹은 비슷한 시기의 자료들과 비교하지 않는다면, 그는 진리의 길에서 벗어나서 실족하고 실수를 범할 수밖에 없을 것이다. 역사가, 코란 주석가, 대표적인 전승가들[1]은 일화나 사건을 보고할 때, 종종 그러한 잘못을 범해왔다. 그들은 전해져 내려오는 일화들을 있는 그대로 수용했을 뿐, 그러한 일화들이 생긴 역사적 상황의 이면에 존재했던 원리를 점검하지도 않았

---

1) 이슬람에서는 『코란』 다음으로 중요한 것이 예언자 무함마드의 언행을 기록한 하디스, 곧 전승(傳承, ḥadîth)이다. 무함마드 사후 상당한 시간이 경과한 뒤 수집된 수많은 전승들의 신빙성은 그것을 전달하는 사람, 즉 전승가의 신빙성에 근거하여 판단되었다. 그러한 전승은 한 사람의 전승가에 의해서만 전달되는 것이 아니라 여러 전승가들의 '사슬'(p.37의 주 32) 참조)을 거쳐 전달되는 경우가 많았다.

고 그러한 일화들을 다른 유사한 자료들과 비교하지도 않았다. 또한 그들은 사물의 특성에 관한 지식을 바탕으로 그리고 사변과 역사적 통찰력을 동원하여, 그러한 일화들을 철학의 잣대로 재어보지도 않았다. 따라서 그들은 진리에서 멀어지게 되었고, 근거 없는 추정과 실수의 황야를 헤매게 된 것이다.

우리는 그와 같은 사례들을 특히 숫자, 즉 역사적 일화 속에 등장하는 화폐나 군인들의 숫자에서 쉽게 찾아볼 수 있다. 이 숫자들은 오도된 정보를 전달하는 좋은 수단이 되고 황당한 진술을 낳는 매체가 되기 때문에, 이미 알려진 기본적인 사실들의 도움을 받아 검증되고 통제되어야만 한다.

예를 들면 알 마수디를 비롯한 많은 역사가들은 모세가 황야에서 이스라엘의 병사들을 헤아렸다고 기록하고 있다. 무기를 들 수 있는 사람, 특히 20세나 그 이상의 나이가 된 사람들을 모두 계산했더니 60만 명 혹은 그 이상의 숫자가 나왔다는 것이다.[2] 이와 관련해서 알 마수디는 이집트와 시리아가 과연 그 많은 수의 군인들을 보유할 수 있었을까 하는 의문을 제기하지 않았다. 어느 지방이나 그곳이 보유하고 지탱할 수 있는, 즉 어느 이상으로는 불가능한 최대한의 병력이라는 것이 있다. 이와 같은 사실은 이미 잘 알려진 관례나 익숙한 상황을 통해서 알 수 있다. 더구나 그런 정도 규모의 군대는 하나의 단위로 진군할 수도 전투할 수도 없다. 실제로 이용할 수 있는 지역의 범위도 그 군대에게는 너무 협소할 것이다. 만약 그들 모두가 전투대형을 취한다면, 그것은 시야가 허용하는 범위의 두 배나 세 배 혹은 그 이상이 될 것이다. 그렇다면 어떻게 그와 같은 군대가 맞대결을 벌일 수 있으며, 전열의 일익이 다른 일익에서 무슨 일이 벌어지는지조차 알 수 없는데 어떻게 승리를 거둘 수 있단 말인가! 이러한 사실은 오늘날의 상황을 통해서도 확인할 수 있으니, 과거와 미래는 물방울보다 더 닮았다고 할 수 있지 않은가?

뿐만 아니라 페르시아의 영역은 이스라엘인들의 영역보다 훨씬 더 컸다. 이러한 사실은 느부갓네살[3]이 그들에 대해서 승리를 거둔 데에서도 알 수 있다. 그

---

[2] 알 마수디의 숫자는 물론 「민수기」(1:46)의 603,550명에 근거한 것이다.
[3] 앗시리아 제국의 2대 군주(치세: 기원전 605-561년경). 그는 기원전 5세기 초에 몇 차례에 걸쳐 이스라엘을 공격하여 예루살렘을 함락시키고 그 왕과 많은 주민들을 포로로 끌고 갔다. 소위 바빌론의 유수(幽囚)로 알려진 이 사건은 구약에서도 크게 다루어지고 있다.

는 그들의 나라를 병탄하고 완전한 통제력을 장악했으며, 그들의 종교적, 정치적 도읍이었던 예루살렘을 파괴시켜버렸다. 그런데 그는 파르스(Fars)⁴⁾ 지방의 한 관리에 불과했고, 서부 변경지역의 태수였다고 한다. 따라서 두 이라크 지방,⁵⁾ 후라산(Khurasan),⁶⁾ 트란스옥시아나(Transoxiana),⁷⁾ 카스피해 부근의 데르벤드(Derbend 혹은 Darband)⁸⁾ 등으로 구성된 페르시아의 영토는 이스라엘인의 영토보다 훨씬 더 컸다. 그럼에도 불구하고 페르시아 군대는 그렇게 많은 수에 미치지 않았고 그 근처에 이르지도 못했다. 사이프의 기록에 따르면 페르시아 군대가 가장 집중적으로 배치된 알 카디시야(al-Qâdisîyah)⁹⁾에는 12만 명이 있었고, 그들 모두가 종자(從者)를 데리고 있었기 때문에 이 숫자까지 합하면 20만 명을 상회했다고 한다. 또한 아이샤¹⁰⁾와 앗 주흐리¹¹⁾에 의하면 루스툼¹²⁾이 사아드¹³⁾와 알 카디시야에서 맞싸웠을 때 그가 지휘했던 군대는 수행한 종자들을 빼고 6만 명 정도에 불과했다고 한다.

따라서 만약 이스라엘 사람들이 정말로 그렇게 많은 숫자를 보유했다면, 그들의 지배지역은 훨씬 더 넓어야만 했을 것이다. 왜냐하면 어느 특정한 왕조를 지탱하는 군대나 집단의 규모는 그 왕조의 지배를 받는 행정적 단위와 지역의 크기에 비례하기 때문이다. 그런데 널리 알려져 있다시피 이스라엘들의 영토는 요르단 지방, 시리아의 팔레스타인, 메디나 지방, 그리고 히자즈(Hijâz) 지방의 하이바르(Khaybar)¹⁴⁾ 정도에만 국한되어 있었다. 뿐만 아니라 정통한 학자들의

---

4) 이란 중남부 지역의 명칭.
5) 'Irâq-i 'Arab(아랍인의 이라크)과 'Irâq-i 'Ajam(페르시아인의 이라크)을 가리키며, 전자는 메소포타미아 지방을 중심으로 하는 현재의 이라크를, 후자는 서부 이란 지방을 지칭한다.
6) 현재 이란의 동북부 지방으로 중앙아시아와 인접해 있다.
7) '옥수스(Oxus) 강 너머'를 뜻하는 라틴어로 흔히 중앙아시아 투르키스탄 지방을 지칭하는 용어로 사용된다. 물론 할둔의 아랍어 원문에는 '마와라 운 나흐르'(Mâwarâ' an-Nahr)로 되어 있는데, 이 역시 '강 너머'를 뜻하고 트란스옥시아나와 동일한 지역적 범위를 가리킨다.
8) 키프카즈 산지 동부에 위치한 지역. 현재 다게스탄(Daghestan) 지역의 데르벤트(Derbent).
9) 바그다드 남방 160km에 위치한 지명. 635년 무슬림 군대와 페르시아 군대 사이에 대회전이 벌어졌던 곳이다.
10) 예언자 무함마드의 부인이며 제2대 칼리프인 아부 바크르의 딸.
11) 740-43년경에 사망한 역사가.
12) 사산조 페르시아 군대를 지휘하던 장군.
13) 페르시아를 침공한 아랍 군대를 지휘한 장군.
14) 메카와 메디나가 있는 아라비아 반도의 서부 해안지역을 가리키며, 메카 동남쪽에 위치한 지방

견해에 의하면 모세와 이스라엘 사이에는 불과 3세대밖에 존재하지 않았다. 즉 모세는 암람의 아들이고, 암람은 코하스의 아들이며, 코하스는 레비의 아들이고, 레비는 야곱, 즉 이스라엘 알라의 아들이다.15) 이것은 『토라』에 나오는 모세의 계보이다. 이스라엘과 모세의 사이에 존재했던 기간은 알 마수디의 다음과 같은 말을 통해서 알 수 있다. "이스라엘이 그의 자식들과 부족민 및 그 부족민의 자식들과 함께 이집트로 들어가서 요셉에게로 왔을 때 그 숫자는 70명을 헤아렸다.16) 그들이 모세와 함께 황야로 떠날 때까지 이집트에 머물렀던 기간은 220년이었다. 그 기간 동안 콥트인의 왕들, 즉 파라오들은 그들을 자신의 속민으로 다음 파라오에게 물려주었다." 따라서 한 사람의 후손들이 4세대 만에 그렇게 많은 숫자로 번식했을 가능성은 희박하다.

따라서 이와 같은 병사의 숫자는 솔로몬과 그 후계자들의 시대에 해당되는 것이 아닐까 추정하기도 했지만, 이 역시 개연성이 작다. 이스라엘과 솔로몬 사이에는 11세대밖에 없으니, 즉 솔로몬 → 다윗 → 이새 → 오벳 → 보아스 → 살몬 → 나손 → 아미나답 → 람 → 헤스론 → 베레스 → 유다 → 야곱이다. 한 사람의 후손이 11세대 만에 그렇게 많은 숫자로 번식할 수 있으리라는 추정은 받아들이기 어렵다. 실제로 수백 혹은 수천 명 정도에는 이를 수 있고, 또 흔히 일어나는 일이지만, 그것을 상회한다는 것은 있을 법한 일이 아니다. 오늘날 우리가 관찰할 수 있는 일이나 당시에 잘 알려진 사실들과 비교해본다면, 그와 같은 추정과 보고가 사실이 아님이 밝혀질 것이다. 이스라엘 사람들의 이야기에 관한 확정적인 기술에 따르면 솔로몬의 군대는 12,000명에 이르렀고 궁정의 마구간에 있는 말의 숫자도 1,400마리였다고 하니, 아마 이것이 정확한 보고일 것이다.17) 따라서 사람들이 흔히 전하는 황당한 보고에 대해서 관심을 기울여서는 안 될 것이다. 솔로몬의 시대에 이스라엘인들의 나라는 최고의 번영을 누렸으며 그 영토도 최대로 확대되었다.

의 명칭이다.
15) 「창세기」 32장에는 아브라함의 손자이자 이삭의 아들인 야곱이 하나님이 보낸 천사와 씨름을 해서 이겼다고 하여, 하나님이 그에게 '이스라엘'("하나님과 겨루다")이라는 이름을 지어주었다는 일화가 나와 있다.
16) 「창세기」 46 : 27 참조.
17) 「열왕기상」 10 : 26 참조.

사람들이 자기가 사는 시대나 가까운 시대의 왕조가 보유한 군대의 숫자를 말할 때, 무슬림이나 기독교도의 병력에 관해서 토론을 벌일 때, 혹은 정부의 세금 수입이나 지출경비, 부유하고 성공한 사람들이 보유한 재화의 규모을 거론할 때, 지나치게 과장하거나 상식의 범위를 넘어서서 흥미주의의 유혹에 굴복하는 경향이 많다. 그러나 담당 관리에게 군대의 숫자를 직접 물어보거나, 부유한 자들의 재화와 재산을 실사해보거나, 혹은 낭비벽이 심한 사람의 지출내역을 차분하게 살펴보면, 그 숫자는 실제로 사람들이 말하는 것의 1/10에 불과하다는 사실이 밝혀질 것이다. 그 이유는 간단하다. 흥미주의를 선호하는 일반적인 경향, 숫자를 더 높여서 말해도 괜찮으리라는 안이한 생각, 평론가나 비평가들이 제기하는 비판에 대한 무신경, 말하자면 이런 것들이 결국 자신의 실수와 의도에 대해서 자기비판을 행하거나, 무엇인가를 보고할 때 스스로에게 절제와 공정함을 요구하거나, 혹은 탐구와 조사를 통해서 내용을 다시 확인하는 그런 일들을 불가능하게 만든다. 이러한 역사가들은 허위에 찬 진술을 늘어놓으며 그것으로 잔치를 벌인다. "그들은 무익한 이야기를 받아들여 지식도 없는 사람들을 신의 길에서 멀어지게 한다."[18] 이것이야말로 악행인 것이다.

　[그런데 후손들의 숫자가 그렇게까지 증가하는 것은 정상적인 상황하에서는 불가능하지만, 이스라엘인들의 경우에는 그렇지 않았으리라고 말할지도 모르겠다. 즉 그들의 경우 숫자의 증가는 하나의 기적이며, 그것은 그들의 조상인 선지자 아브라함과 이삭과 야곱에게 주어진 계시들 가운데 하나가 바로 하나님께서 그들의 후손을 하늘의 별보다 땅 위의 돌보다 더 많게 될 때까지 번식시키겠노라고 한 전승[19]과 합치하는 것이라고 한다. 하나님은 신의 은총으로써 또 놀라운 기적을 통해서 그들에게 했던 이와 같은 약속을 지키신 것이며, 따라서 정상적인 상태는 그것을 저지할 수 없었고 아무도 그것에 반대되는 말을 해서는 안 된다는 것이다.

　혹자는 이와 같은 전승이 『토라』, 즉 주지하듯이 유태인들에 의해서 개조된 그 책 안에만 나와 있지 않느냐고 지적하면서 그와 같은 전승의 타당성을 부인할지도 모르겠다. 그러나 이러한 주장은 다음과 같은 응답을 예상해야 할 것이

---

18) 『코란』 31 : 6.
19) 「창세기」 22 : 17.

다. 즉 계시된 종교를 가지고 있는 민족은 자신의 신성한 경전을 그런 식으로 취급하지 않는 것이 관례이기 때문에, 유태인들이 『토라』를 개조했다는 주장은 치밀한 학자들로서는 납득할 수도 없고 또 상식적으로 이해하기도 힘든 일이기 때문에, 이스라엘인들의 경우 숫자의 엄청난 증가는 놀라운 기적이었다고. 그러나 '관례'라는 말의 의미를 생각해볼 때, 다른 민족들에게는 통상적으로 그러한 종류의 일이 일어날 수 없을 것이다.

물론 그렇게 거대한 집단이 전투대형으로 이동한다는 것은 거의 불가능하다. 하지만 그들은 그렇게 할 필요도 없었고 또 그런 일이 생기지도 않았다. 또한 각 지역에는 일정한 수의 민병대밖에 배치될 수 없다는 것 역시 사실이다. 그러나 이스라엘 사람들은 처음에 민병대를 가지지 않았고 왕조도 가지지 않았다. 그들의 숫자가 그렇게 많이 증가했기 때문에 하나님이 그들에게 약속했던, 또 그들을 위해서 정화시켜놓은 가나안 땅을 지배할 수 있게 되었으니, 이 모든 것들은 기적일 뿐이다. 진리로 우리를 인도하시는 분은 하나님이시다.]20)

예멘과 아라비아 반도의 왕들이었던 툽바(Tubba) 왕조21)의 역사에 관해서 일반적으로 전해지고 있는 이야기는 역사가들이 저지르는 어리석은 진술의 또 다른 사례이다. 전해지는 바에 의하면, 툽바 일족은 예멘을 근거지로 하여 마그리브 지방의 베르베르족과 이프리키야 지방을 약탈하곤 했다고 한다. 모세의 시대 혹은 그보다 약간 이른 시기에 살았던 초기의 한 위대한 군주 아프리쿠스 이븐 카이스 이븐 사이피는 이프리키야 지방에 대한 약탈을 감행하여 수많은 베르베르인들을 도살했다고 한다. 그리고 그들이 무어라고 떠들어대는 말을 듣고 그들이 바르바라(barbarah)라고 하면서 지껄이는 것이 무슨 뜻이냐고 물어보았는데, 이것이 그들의 이름이 되어 '이후 그들은 베르베르(Berber)라는 호칭으로 불리게 되었다는 것이다. 그가 마그리브를 떠날 때 힘야르족의 일부를 그곳에 주둔시켰

---

20) 위에서 [ ]에 삽입된 세 개의 문단은 초기 사본에는 보이지 않았으나 후에 추가된 것이다. 그 내용도 앞에서 이븐 할둔이 이스라엘인들의 급격한 수적인 증가가 사실일 가능성이 희박하다고 비판한 것과는 달리, 『토라』에 기재된 내용을 근거로 '관례'를 벗어난 '기적'으로 해석될 가능성도 있다는 식으로 바뀌었다.
21) 3세기 말 아라비아 반도 서남부에 거주하던 힘야르족의 지도자 Shammar Yuhar'ish가 예멘 지방을 통일하고 왕조를 건설했는데, 이들 왕가는 아랍측 문헌에 Tababi'ah(단수형은 Tubba')로 표기되었다.

는데, 그들이 그곳에 남아 원주민들과 섞이게 되었고 그 후손이 신하자족과 쿠타마족22)이 되었다고 한다. 이러한 이야기를 기초로 앗 타바리와 알 마수디 및 다른 역사가들은 신하자족과 쿠타마족이 힘야르족에 속한다고 기록하게 되었다. 그러나 베르베르의 계보학자들은 이를 인정하지 않는데, 이 점에서는 그들의 주장이 옳다. 또한 알 마수디에 따르면, 아프리쿠스 이븐 카이스 이븐 사이피 이후 힘야르족 왕들 가운데 솔로몬과 동시대 사람인 둘 아드아르도 마그리브를 약탈하여 복속시켰다고 한다. 그의 후계자이자 아들인 야시르에 관해서도 알 마수디의 글에는 비슷한 내용이 보인다. 즉 그가 마그리브 지방의 '모래 강'23)까지 갔으나, 거대한 모래더미 때문에 그곳을 통과하는 길을 찾지 못하여 돌아오고 말았다는 것이다.

이와 마찬가지로, 툽바 가문 최후의 왕이며 페르시아의 카얀 왕조의 야스타습24)과 동시대인이기도 한 아사드 아부 카립은 모술(Mosul)과 아제르바이잔(Azerbaijan)25)을 통치했다고 한다. 그는 투르크인들과 싸워 이겼고 수많은 적을 살육했으며, 그리고 나서 2차, 3차에 걸쳐서 약탈을 감행했다고 한다. 그뒤 그는 아들 세 명을 약탈하러 보냈는데, 하나는 파르스 지방으로, 또 하나는 트란스옥시아나에 있는 투르크 민족인 소그드인26)의 지방으로, 또 하나는 룸(Rum)27) 지방으로 보냈다고 한다. 큰 형은 사마르칸드까지 이르는 지방을 차지한 뒤 사막을 건너 중국까지 들어갔는데, 가는 도중에 소그드인들을 약탈하던 둘째를 만났지만 그보다 먼저 중국에 들어갔고, 이 두 형제는 중국에서 수많은 사람들을 도륙한 뒤 전리품을 가지고 함께 돌아왔다고 한다. 그들은 일부

---

22) Ṣinhâjah, Kutâmah. 모두 베르베르족에 속하는 집단들의 명칭. 신하자는 산하자라고도 불린다.
23) 원문은 Wâdî as-Sabt이고, 로젠탈은 'the Sand River'로 옮겼다. 즉 모래가 강처럼 흐른다고 해서 붙여진 이름이고, 고대 중국의 사서에 서역의 사막지역에 움직이는 모래구릉을 두고 '유사(流砂)'라고 한 것과 같은 의미인 셈이다.
24) Kayyan 왕조는 전설적인 왕조이지만, 역사적으로는 아케메네스 왕조에 대응한다. 야스타습이라는 이름은 Vishtâsp 혹은 Bishtâsp이 되어야 옳다.
25) 모술은 이라크 북부의 지명이고, 아제르바이잔은 현재 터키, 이라크, 이란의 접경지대에 위치한 지역이다.
26) Soghd인은 중앙아시아 지방에 거주하던 이란계 민족의 명칭이다. 이븐 할둔의 주장처럼 투르크계가 아니다.
27) Roma에서 나온 말로 비잔틴을 가리킨다.

힘야르족을 티베트에 남겨두었고, 그들이 지금까지도 그곳에 있다고 한다. 막내 동생은 콘스탄티노플에까지 이르러 그곳을 포위하고 룸 지방을 복속한 뒤 귀환했다는 것이다.

  이 모든 주장은 진실과 거리가 멀고 근거가 없고 잘못된 추정에 뿌리를 두고 있으며 차라리 이야기꾼들이 꾸며낸 소설에 더 가까운 것이다. 툽바 왕조의 영역은 아라비아 반도에 한정되었고, 그들의 고향과 근거지는 예멘의 사나(Ṣanʻâʼ)[28]였다. 아라비아 반도는 삼면이 바다로 둘러싸여 있으니, 남쪽에는 인도양이 있고 동쪽에는 페르시아만이 인도양에서 튀어나와 바스라를 향해서 뻗어 있으며, 서쪽으로는 홍해가 인도양에서 돌출해서 이집트의 수에즈 쪽으로 뻗어 있다. 이는 지도를 통해서도 볼 수 있다. 따라서 예멘에서 마그리브로 가려면 수에즈를 거치지 않고는 다른 길이 없다. 홍해와 지중해 사이의 거리는 이틀 혹은 그보다도 더 적은 짧은 거리였기 때문에, 막강한 군주라면, 그 지역을 장악한 뒤에 군대를 끌고 가는 것이 순리였을 것이다. 그러나 당시 이는 아마 불가능한 일이었을 것이다. 왜냐하면 그 지역, 즉 시리아에는 아말렉인(Amalek)[29]과 가나안인(Canaan)[30]이 있고 이집트에는 콥트인들이 있었으며, 후일 시리아는 이스라엘인들이 그리고 이집트는 아말렉인들이 점령했기 때문이다. 그러나 툽바 왕조가 이들 민족 가운데 어느 누구와도 싸웠다는 기록은 없고 이 지역의 어느 한 곳을 점령했다는 기록도 찾아볼 수 없다. 뿐만 아니라 예멘에서 마그리브에 이르는 거리도 엄청난 것이어서, 만약 군대가 그곳으로 가려면, 많은 식량과 사료가 필요했을 것이다. 병사들이 자기 고장이 아닌 다른 지방을 행군하려면 곡식과 가축을 징발하고 통과하는 지방을 약탈하지 않으면 안 된다. 그들이 자기 고장에서부터 충분한 군량을 휴대해서 가려고 할 수도 있겠지만, 그것을 수송할 만한 많은 동물들을 확보하기는 어려울 것이다. 따라서 그들이 보급품을 강제로 징발하기 위해서는 군대가 경유하는 전(全)노선을 점령하고 복속시켜야만 한다. 더군다나 그런 규모의 군대가 이들 민족이 있는 곳을 통과하면서 평화적인 협상을 통해서 순순히 보급

---

[28] 예멘 서부 지방에 위치한 수도.
[29] 구약시대에 유다 지방 남부와 아라비아 반도 북부에 걸쳐 살았던 유목부족으로, 출애굽(Exodus) 이후 새로운 땅을 찾아 이동하던 이스라엘 민족들과 극심한 대립을 벌였다.
[30] 구약시대에 팔레스타인, 특히 시리아 해안지방에 거주하던 족속의 이름.

품을 받았을 뿐 아무런 반발도 일으키지 않았으리라고 보는 것도 지극히 비현실적이고 불가능한 추정이다. 이상의 사실들은 앞에서 언급된 보고가 모두 어리석고 허구적인 것임을 입증하고 있다.

소위 건널 수 없는 '모래 강'에 관한 언급도 마그리브에서는 결코 성립하기 힘든 주장이다. 왜냐하면 마그리브를 횡단하는 것은 흔한 일일뿐더러 여행자나 약탈자들에 의해서 개척된 길들이 이미 수많은 방향으로 나 있었기 때문이다. 단지 이야기의 내용이 신기하기 때문에 사람들이 기꺼이 그런 이야기를 받아들여 전달하려고 할 뿐이다.

그러면 이제 툽바인들이 동방의 여러 지역과 투르크인이 사는 지방을 약탈했다는 주장에 관해서 살펴보도록 하자. 이 경우 군대가 경유하는 지역이 마그리브로 가기 위해서 수에즈를 통과하는 노선에 비해 더 넓기도 하지만, 거리도 더 멀다는 사실을 알아야 할 것이다. 더구나 투르크인들이 사는 곳까지 가는 중간에 페르시아와 비잔틴에 속하는 민족들이 가로놓여 있었다. 그러나 나는 툽바인들이 페르시아나 비잔틴 지방을 한번이라도 점령했다는 이야기를 들어본 적이 없다. 단지 그들은 알 바레인(al-Bahrayn)과 알 히라(al-Hirâh)[31] 사이에 위치한 이라크와 아랍 국가들의 변경지대에서 페르시아인들과 전투를 벌인 일이 있을 뿐이다. 그곳은 그 두 민족이 공통으로 경계를 접하는 곳이었다. 정상적인 상황 하에서는 툽바인들이 페르시아인들의 땅을 지나지 않고 투르크나 티베트 지방을 약탈한다는 것은 불가능한데, 그것은 투르크인들이 있는 곳까지 여러 민족들이 가로놓여 있고, 또 앞에서도 언급했듯이 엄청난 거리로 인해서 많은 식량과 사료가 필요하기 때문이다. 따라서 이에 관한 모든 보고들은 황당하고 거짓된 것이다. 설령 이러한 보고가 전달되는 방식이 '건전'[32]했다고 치더라도, 거기에 언급

---

31) 현재의 바레인 섬뿐만 아니라 페르시아만 서남해안 일대를 포함하는 지역의 명칭이었다. 라흠(Lakhm) 왕조의 수도로서 이라크 중부 유프라테스 강변에 위치했다.
32) 앞에서도 설명했듯이, 고대 아랍 학자들은 예언자 무함마드의 언행과 관련된 수많은 자료들을 수집할 때, 보고된 내용 자체의 진위 여부를 판단하기는 어려웠기 때문에 그 내용을 전달하는 사람의 가문, 배경, 인품, 정직성 등을 따져서 보고된 내용의 신빙도를 측정했다. 이렇게 내용을 전달하는 사람들—즉 A는 B에게서 어떠한 내용을 이야기했고, B는 다시 C에게 그 내용을 전달했고, C는 다시 D에게 전달하는 방식—을 '사슬'(isnâd)이라고 불렀고, 그 사슬의 신뢰성이 가장 높은 상태를 '건전'(ṣaḥîh)이라고 불렀다.

된 사실들의 진실성은 의심받지 않을 수 없을 것이다. 하물며 보고가 전달된 방식이 건전하지 못한 것이 사실이라면, 그것은 더욱 의심스러울 수밖에 없다. 이븐 이스학33)은 야트리브(Yathrib, 즉 메디나)와 아우스족(Aws)과 하즈라즈족(Khazraj)34)에 관해서 언급하면서, 최후의 툽바인들이 동쪽을 향해서 이라크와 페르시아로 이동한 일이 있기는 하지만, 그들이 투르크인의 땅을 약탈했다는 것은 결코 사실로 확인되지 않는다고 단언한 바 있다. 따라서 우리는 그러한 주장을 믿어서는 안 되며, 그와 같은 모든 보고는 건전한 규범에 준거해서 조사하고 검증되어야 한다. 그렇게 되면 결국 그 보고는 아주 멋지게 허물어지고 말 것이다.

이보다도 더 비현실적이고 근거가 없는 추정에서 비롯된 것은 「새벽의 장(章)」35)에 나오는 시구 ─ "그대는 보지 못했는가, 주님이 아드('Ad)를 어떻게 하셨는지, 지주(支柱)들의 이람(Iram)을?" ─ 에 대한 일반적인 해석이다.

주석가들은 이람이라는 말을 (한 민족의 명칭으로서가 아니라) 지주, 즉 기둥들을 가지고 있는 한 도시의 이름으로 보고 있다. 그들의 보고에 따르면, 아드 이븐 우스 이븐 이람은 샤디드와 샤다드라는 두 아들을 후계자로 두었다고 한다. 샤디드가 죽자 샤다드가 국가의 유일한 주권자가 되었고 그곳의 왕들은 그의 권위에 복속했다. 샤다드가 천국에 관한 설명을 듣자 "나도 그와 비슷한 것을 건설하겠다"고 말하고는, 아덴의 사막 가운데에 300년을 걸려 이람이라는 도시를 세웠다는 것이다. 그 자신은 900년을 살았다고 한다. 이람은 거대한 도시였고 금과 은으로 지은 성채와 에메랄드와 히야신스36)로 만든 기둥들이 있었으며, 갖가지 나무와 풍요롭게 흐르는 강들이 있었다. 도시의 건설이 완료되자 샤다드는 자기 왕국의 백성들과 함께 그곳으로 갔다. 그러나 그가 그곳에서 하루 밤과 낮에 불과한 거리까지 왔을 때, 하나님이 하늘로부터 굉음을 발하여 그들 모두가 절멸되고 말았다고 한다.

이는 앗 타바리, 앗 타알리비,37) 앗 자막샤리38) 및 『코란』의 여러 주석가들에

---

33) 704-767년 경. 예언자 무함마드의 생애에 관한 매우 중요한 전기를 남긴 인물.
34) 모두 고대 야트리브에 살았던 아랍계 부족명이다.
35) Sûrat al-Fajr. 『코란』 제89장. 아래의 구절은 6-7절.
36) hyacinth. 적색과 황색 등을 띠는 보석. 일명 jacinth.

의해서 보고된 바이다. 그들은 예언자 무함마드의 교우들 가운데 한 사람이었던 압둘라 이븐 킬라바의 말에 근거하여 다음과 같은 이야기를 전하고 있다. 하루는 압둘라가 자신의 낙타들을 찾으러 길을 나섰다가 어느 도시를 발견하고 거기에서 가능한 한 많은 것들을 가지고 돌아왔다. 그의 이야기가 무아위야[39]의 귀에 들어가자 무아위야는 그를 불러오게 했고 그는 이 이야기를 그대로 들려주었다. 그러자 무아위야는 카압 알 아흐바르[40]를 불러서 이 도시에 관해서 물어보았더니 카압이 이렇게 대답했다는 것이다. "그것은 바로 이람, 즉 지주의 도시입니다. 전하가 통치하는 동안 어떤 사람 하나가 이람에 들어갈 것입니다. 그는 자신의 낙타를 찾으러 가는 사람인데, 혈색은 붉그레하고 키가 작으며 눈썹과 목에 점이 하나씩 있는 사람입니다." 그러자 무아위야는 얼굴을 돌려 이븐 킬라바를 보고 "정말로 그렇다. 그가 바로 저 사람이구나"라고 말했다고 한다.

그러나 그뒤 이 도시에 관해서는 어떠한 보고도 나온 바 없었다. 도시가 건설되었다고 하는 아덴의 사막은 예멘 중부지방에 위치하며, 그곳은 줄곧 사람들이 살았던 곳이고 여행자와 안내인들이 사방팔방으로 길을 개척해왔던 곳이기도 하다. 그럼에도 불구하고 이 도시에 관해서는 아무런 보고도 전해지지 않았으며, 어떠한 골동품 수집가도, 어떠한 민족도 그것에 대해서 언급한 적이 없었다. 만약 『코란』의 주석가들이 그 도시가 다른 고대 유적지처럼 사라져버렸다고 말했다면, 이야기는 보다 더 그럴듯하게 들리겠지만, 그들은 그것이 여전히 존재하고 있다고 말한다. 어떤 사람들은 그 도시를 다마스쿠스로 보기도 하는데, 그 까닭은 다마스쿠스가 한때 아드족의 소유였기 때문이다. 또 다른 사람들은 그 도시가 감각적인 인식에서 가려져 있어 훈련된 마술사나 주술사들에 의해서만 발견될 수 있다는 얼빠진 주장을 하기도 한다. 이 모든 것들은 차라리 넌센스라고 부르는 것이 더 적합할 것이다.

『코란』 주석가들의 이와 같은 주장은 'dhât al-'imâd', 즉 '지주(支柱)를 가진'이라는 수식어가 이람에 귀속되는 것으로 파악하는 문법적 해석에 기초한 것이

---

37) 『코란』 및 무함마드의 전기 등을 주석한 학자. 1035년 사망.
38) 1075-1144. 『코란』 주석가이자 문법학자.
39) 시리아 총독으로 있다가 알리파를 누르고 우마이야 왕조를 개창한 인물(재위 661-680).
40) 예멘에 살던 유태인 점술사. 칼리프 우마르의 시대에 이슬람으로 개종한 인물.

었다. 따라서 '지주를 가진'의 주체인 이람은 일종의 건물로 이해될 수밖에 없게 되었다. 나아가서 주석가들은 이븐 앗 주바이르⁴¹⁾의 독법(讀法)에 영향을 받아 그 앞의 구절을 소유격 구문으로 파악하여 '이람의 아드'라고 읽었다. 그리고 나서 이러한 이야기들을 지어냈으니, 차라리 허구의 우화라고 부르는 것이 더 나을 것이다.

그렇지만 여기에서 '지주'라는 것은 건물의 '기둥'이 아니라 천막을 받치는 막대기를 가리킨다. 따라서 이 말을 기둥으로 이해한다고 해도 엉뚱한 억측이라고 할 수는 없을 것이다. 왜냐하면 아드족의 강성함은 너무나 널리 알려져 있었기 때문에 그들이 흔히 볼 수 있는 모양의 건물과 기둥을 소유했던 민족으로 묘사할 수도 있기 때문이다. 그러나 만약 이람을 어느 특정한 도시에 있는 특정한 건물을 가리키는 것으로 이해한다면, 원문을 크게 곡해하는 결과를 낳을 것이다. 이븐 앗 주바이르가 읽었던 것처럼, 만약 그것이 소유격 형태의 구문(즉 '이람의 아드')이라면, 그것은 키나나족의 쿠라이시, 무다르족의 일리야스, 니자르족의 라비아 등과 같은 표현의 예에서 볼 수 있듯이, 부족의 소속을 나타내기 위한 소유격일 것이다. 이렇게 본다면 '이람의 아드'라는 구절에 대해서도 일부러 무리한 해석을 할 필요는 없으며, 그러한 해석을 앞에서 언급했던 것처럼 어리석은 이야기의 근거로 삼아서도 안 될 것이다. 더구나 『코란』에 그렇게 수긍하기 힘든 이야기가 들어가 있을 이치도 만무하다.

역사가들이 흔히 받아들이고 있는 또 다른 허구적인 이야기는 라시드⁴²⁾가 바르멕(Barmec)⁴³⁾ 일족을 파멸시킨 이유에 관한 것이다. 이것은 알 라시드의 여동생인 알 압바사와 자파르 이븐 야흐야 이븐 할리드의 일화이다. 알 라시드는 그들과 포도주를 마실 때 미혼남녀인 그들을 함께 앉힐 수 없을까 고민했다고 한다. 왜냐하면 그는 그들 두 사람을 모두 자기의 동무로 삼기를 원했기 때문이다. 그래서 그는 그들이 혼인은 하되, 동침은 하지 못하도록 했다. 그런데 알 압

---

41) 『코란』 낭송의 대가.
42) 압바스 왕조의 제5대 칼리프(재위 786-809). 그의 치세에 왕조는 최고의 전성기를 구가했다.
43) 압바스 왕조 전기에 칼리프의 총애를 받으며 막대한 영향력을 행사한 이란계의 귀족 al-Barâmika. 알 라시드의 치세에 몰락하고 말았다. 몰락의 원인은 몰락 당시부터 하나의 수수께끼였다.

바사는 자파르를 사랑하게 되었기 때문에 그와 홀로 있는 시간을 가지기 위해서 그를 유인했고, 마침내 자파르와 동침하여 —— 당시 그는 취했다고 한다 —— 임신하게 되었다. 이 사실을 보고받은 알 라시드는 극도로 분노했다고 한다.

이 일화는 알 압바사의 지위, 그녀의 종교성과 가문, 고귀한 지위와는 전혀 어울리지 않는 것이다. 그녀는 압둘라 이븐 압바스44)의 후손으로 그와의 사이에는 불과 4세대의 간격만이 있을 뿐이며, 압둘라의 후손들은 이슬람권에서 아주 명예롭고 위대한 사람들이었다. 알 압바사는 무함마드 알 마흐디45)의 딸인데, 그는 아부 자파르 압둘라 알 만수르46)의 아들이고, 아부 자파르는 무함마드 앗 삿자드의 아들이며, 무함마드는 바로 지고한 칼리프 알리47)의 아들이었다. 알리는 『코란』 해석자인 압둘라(이븐 압바스)의 아들이고, 압둘라는 예언자의 삼촌인 알 압바스의 아들이었다. 따라서 그녀는 왕가에서 태어났고 예언자의 가계였으며, 예언자 무함마드의 교우들과 그의 삼촌들의 피를 이었다. 그녀는 이미 출생에서부터 이슬람의 지도자, 계시의 빛, 천사들의 강림지와 연결되었던 것이다. 시대적으로도 그녀는 진정한 아랍 정신의 사막적 태도에 가까웠고, 사치의 관습과 죄악이 가득찬 목장에서 아직은 멀리 떨어져 있던 이슬람의 소박한 상태에 가까웠다. 만약 그녀가 순결과 겸양을 지니지 않았다면, 그런 것을 누구에게서 찾을 수 있겠는가? 만약 청결과 순결이 그녀의 가문에 존재하지 않는다면, 그런 것을 어디에서 만날 수 있겠는가? 그런 그녀가 어떻게 자신의 계보를 자파르 이븐 야흐야와 같은 사람과 연결시켜 아랍 귀족의 피를 페르시아인 종의 피로 더럽힐 수 있단 말인가? 그녀의 조상들 가운데 한 사람, 즉 예언자의 삼촌이자 고귀한 쿠라이시 부족에 속했던 분(알 압바스)이 자파르의 페르시아인 조상을 노예로 데리고 와서 종으로 삼았던 것이다. 자파르가 한 일이라고는 그와 그의 아버지가 압바스 왕조의 명성에 힘입어 귀족의 지위에 오른 것뿐이었다. 그런데 어떻게 그토록 고귀한 정신과 높은 자존심의 소유자인 알 라시드가 혼인을 통해서 페르시아인 종과 연결되는 것을 허용했겠는가! 만약 비판적인 눈을 가진 사람이

---

44) 619-687/688. 무함마드의 교우이자 대표적인 『코란』 주석가.
45) 재위 775-785. 압바스 왕조의 제3대 칼리프.
46) 재위 175-175. 압바스 왕조의 제2대 칼리프이자 바그다드를 건설하고 수도로 삼은 인물.
47) 최후의 정통 칼리프. 그가 피살되고 우마이야 왕조가 건설된 뒤, 그의 일족을 따르던 무리(즉 '알리의 무리')가 시아파를 이루게 되었다.

이 이야기를 아주 공평하게 바라보고 자기 시대의 위대한 군주의 딸과 알 압바사를 비교한다면, 그녀의 집안이 지배하고 있는 왕조를 위해서 봉사하는 종과 그런 일을 행했다는 것은 역겨울 뿐만 아니라 도저히 믿을 수도 없을 것이며, 그 일화는 거짓이라고 일축할 수밖에 없을 것이다. 고귀함에서 누가 알 압바사나 알 라시드와 견줄 수 있겠는가!

바르멕 가문의 파멸의 원인은 그들이 왕조를 좌지우지하려고 시도했고 세금수입을 포탈했기 때문이었다. 그 정도가 얼마나 심했는지 알 라시드가 약간의 경비를 필요로 했을 때 그것조차 구할 수 없을 정도였다. 그들은 알 라시드의 직무를 빼앗고 그와 권력을 공유하려고 했다. 그는 나라의 직무를 처리하는 데에 그들에게 한마디 말조차 꺼낼 수 없었다. 그들의 영향력은 커져갔고 명성은 퍼져나갔다. 그들은 나라 안의 직책과 지위를 자기 자식과 일족들에게 나누어주어 고관을 만들고, 다른 어느 누구도 재상, 서기, 군사령관, 집사 등 군사와 민정 조직에 들어갈 수 없게 했다. 알 라시드의 궁전에는 군인과 민간인을 포함해서 25명의 고관들이 있었는데, 모두 다 야흐야 이븐 할리드의 자식들이었다고 한다. 그들은 왕족들을 강제로 축출해버렸다. 그들이 이렇게 할 수 있었던 것은 그들의 아버지인 야흐야가 하룬(알 라시드)이 왕자였을 때는 물론이고 칼리프가 된 뒤까지도 사부였기 때문이었다. 하룬은 거의 그의 무릎에서 자라다시피 했으며 교육도 모두 그로부터 받았다. 하룬은 그에게 정사를 돌보도록 했고, 그를 '아버지'라고 부르곤 했다. 그 결과 정부가 아니라 바르멕 가문이 모든 영향력을 행사했고, 그들의 장악력은 날로 커져갔으며 영향력도 점증되어갔다. 그들은 모든 관심의 대상이 되었고 모두가 그들에게 복종했으며, 모든 청탁도 그들에게 가져갔다. 먼 변경에서 통치자와 수령들이 선물을 바쳤고, 세금으로 거두어진 돈은 그들과 연줄을 대려고 혹은 환심을 사려고 그들의 금고로 들어가게 되었다. 그들은 시아파에 속하는 사람들과 예언자의 중요한 친척들에게 선물과 특혜를 주었고, 예언자와 관련된 고귀한 가문들 가운데 가난한 사람들에게는 무엇인가 먹고살 것도 마련해주었으며, 포로들을 풀어주기도 했다. 이렇게 해서 그들은 칼리프조차 못 받는 극도의 찬사를 독점했고, 환심을 사러 찾아온 사람들에게는 특권과 선물을 퍼부었다. 그들은 각 지방에 있는 주요 도시의 근교나 평야 지대에 위치한 촌락과 영지를 장악했다.

이렇게 해서 결국 바르멕 가문은 왕조의 내부 핵심세력을 불안하게 만들었다. 그들은 엘리트들의 적개심을 유발했고 고위 관리들의 불만을 샀다. 온갖 질투와 시기가 모습을 드러내기 시작하여 음모의 전갈이 국가의 부드러운 침대로 기어 들어갔다. 자파르의 외삼촌이 속하는 카흐타바(Qaḥtabah) 가문이 이 음모를 주도했다. 혈연이나 인척에 대한 감정조차 카흐타바 가문의 가슴을 무겁게 내리누르는 질시를 떨쳐내지 못했던 것이다. 거기에다 그들의 주군이 느끼기 시작한 질투, 속박과 오만에 대한 불만, 바르멕 가문의 크고 작은 허풍들에 대한 잠재적인 반감 등이 결합하게 된 것이다. 그들이 번창해갈수록 반발의 정도도 점점 더 심해져갔다.

그들에 관한 일화를 면밀히 검토해보고 정부가 운영되는 방식과 그들의 행동을 살펴보면, 이런 모든 것들이 자연스러운 일이고 쉽게 설명될 수 있는 것임을 알 수 있다. 즉 칼리프와 그의 심복들의 권력장악을 위한 투쟁과 질투심이 바르멕 가문의 몰락을 가져온 중요한 요인이었음을 이해하게 된다. 게다가 바르멕 가문에 대해서 적개심을 품었던 내부 핵심세력이 가수들에게 다음과 같은 시를 은밀히 노래로 부르게 함으로써, 그것을 들은 칼리프의 마음 속에 쌓여 있던 분노가 일어나도록 한 것도 또 다른 요인이 되었다.

> 저 인도 여자가 우리에게 한 약속을 지켜,
> 단 한번이라도 그녀가 자신의 결단으로 행동해서,
> 우리를 곤경에서 구해줄 수 있다면.
> 자기 의지로 행동하지 않는 자야말로 무능력한 사람이 아닌가.[48]

알 라시드는 이 시를 듣고 나서 "진정 나야말로 그런 무능력한 사람이다."라고 외쳤다고 한다. 이런 방식이나 그와 비슷한 방법으로 바르멕 일가의 적들은 마침내 알 라시드의 잠재된 질투심을 일깨워 그들에게 가공할 복수를 하도록 한 것이다. 하나님이야말로 권력에 대한 인간의 욕망으로부터 또한 불운으로부터 피할 수 있는 우리의 은신처이다.

알 라시드가 친구들과 어울려 술독에 빠져 있었다는 식의 어리석은 이야기는

---

[48] 이 시는 서기 700년경에 생존했던 'Umar b. Abî Rabî'ah의 작품이다.

정말로 역겨운 것이다. 그것은 칼리프에게 부여된 정의의 수행과 종교적 책무에 대해서 알 라시드가 취했던 태도와 조금도 일치하는 바가 없다. 그는 종교적인 학자나 성자들과 어울리기를 즐겼으며, 그들의 설교를 들을 때에는 눈물을 흘리기까지 했다. 뿐만 아니라 카바를 순례할 때 메카에서 그가 올린 기도문도 있다. 그는 경건한 사람이었으며 기도시간을 엄수했고 아침 기도 때에도 아주 이른 시간부터 참석했다. 그는 한 해에는 불신자들과 싸웠고 다음 해에는 메카를 참배했다. 한번은 그가 어릿광대 이븐 아비 마리암을 야단친 일이 있다. 그것은 기도하는 도중에 그가 점잖지 못한 말을 했기 때문이었다. 이븐 아비 마리암은 알 라시드가 "나를 창조하신 그분을 어찌 모시지 않을 수 있겠습니까?"[49]라고 기도하는 것을 듣고, "어째서 그런지 나는 정말 모르겠군요."라고 말한 것이다. 이에 알 라시드는 "기도에까지 농담을 하느냐?"고 꾸짖으면서, "『코란』과 이슬람에 대해서는 조심하고 또 조심하라! 그밖에 다른 것들에 대해서는 네가 하고 싶은 대로 해도 좋다."라고 말했다고 한다.

  더구나 알 라시드는 상당한 학식을 소유했고 소박한 태도를 유지하고 있었다. 그의 시대는 그러한 덕성을 지녔던 그의 선조들의 시대와 가까웠기 때문이다. 그와 그의 조부인 아부 자파르 알 만수르 사이의 기간은 그리 길지 않았다. 아부 자파르가 죽었을 때, 그는 젊은 소년이었다. 아부 자파르는 남다른 학식과 신앙심을 지닌 사람이었는데, 그의 아들이자 알 라시드의 아버지인 알 마흐디는 공금으로 자기 가족의 옷을 구입하는 데에 쓰지 않으려고 했던 알 만수르의 검소함을 몸소 체험했다. 하루는 알 마흐디가 아버지에게 왔는데, 마침 그가 공관에서 재단사들과 함께 자기 가족의 낡은 의복을 기워 입는 것에 대해서 논의하고 있을 때였다. 이를 본 알 마흐디는 속이 상해서 "오, 신도들의 아미르[50]여, 금년에는 제 수입으로 가족의 옷값을 치르겠나이다."라고 말했다. 이에 알 만수르는 "그렇게 하라!"고 대답했다고 한다. 그는 알 마흐디가 자기 돈으로 옷값을 대는 것은 막지 않았으나, 무슬림들의 공금을 그런 목적에 쓰는 것은 허락하지 않았던 것이다.

  알 라시드는 바로 이러한 칼리프와 그 조상들의 시대와 매우 가까웠다. 그는

---

[49] 『코란』 36 : 22.
[50] 아랍어로 amîr al-mu'minîn이며 칼리프의 별칭이다. amîr는 군지휘관·수령 등을 의미한다.

가정 안에서 이와 비슷한 행동을 보고 배우며 자라났고 그래서 그것이 그 자신의 성격이 되었다. 그런 사람이 어떻게 술고래가 될 수 있으며 공공연히 포도주를 마실 수 있겠는가? 이슬람이 전파되기 이전에도 아랍 귀족들이 포도주를 기피했다는 것은 잘 알려진 사실이다. 포도는 그들이 재배하던 작물이 아니었고, 그들 대부분은 포도주를 마시는 것을 비난받을 만한 일로 여겼다. 알 라시드와 그의 선조들은 종교적으로나 세속적으로나 비난받을 만한 어떠한 일도 결코 하지 않으려고 했고, 칭송받아 마땅한 행동과 완벽한 덕성 그리고 아랍인들의 소망을 자신들의 성품으로 잘 간직하고 있었던 것이다.……

알 라시드가 아부 누와스[51]를 감옥에 넣어 그가 회개하고 자신의 생활방식을 바꾸기 전까지는 풀어주지 않았는데, 그 이유가 바로 그가 지나친 술고래라는 말을 들었기 때문이었다는 것은 널리 알려지고 또 분명히 확인된 사실이다. 알 라시드는 대추야자로 만든 음료수를 마시곤 했는데, 그것을 마시는 것은 허용될 수 있다는 이라크 법학파[52]의 유권해석에 따른 것이었다. 그러나 그가 포도주를 마셨다고 의심해서는 안 되며, 이에 관한 어처구니없는 보고들은 믿을 수 없다. 그는 무슬림들이 가장 큰 죄악으로 여기고 금기시하고 있는 그런 일을 할 사람이 결코 아니었다. 초기 압바스 왕조의 군주들의 의복이나 보석 혹은 음식을 살펴보면 나약한 방탕과 사치를 즐긴 사람은 아무도 없었다. 그들은 여전히 이슬람의 단순질박한 상태와 전야의 강인한 태도를 가지고 있었다. 그러한 그들이 어떻게 적법한 행동을 버리고 불법한 행동을, 정당한 일을 거부하고 부당한 일을 했으리라고 생각할 수 있겠는가? 앗 타바리나 알 마수디 혹은 그밖의 다른 역사가들은 압바스 왕조나 우마이야 왕조의 초기 군주들이 말을 타고 외출할 때에는 혁대에 간단한 은장식을 달고 검을 찬 채 재갈과 안장으로만 채비를 갖추고 나갔을 뿐, 황금으로 치장하고 외출을 했던 최초의 칼리프는 알 라시드 이후 여덟번째로 칼리프가 된 알 무타즈 이븐 알 무타와킬[53]이었다는 사실에 대해서 일치된 견해를 보이고 있다. 칼리프들의 의복도 마찬가지였다. 그렇다면 어떻게 그들이

---

51) 알 라시드 치세의 유명한 시인으로 술과 사랑을 주제로 많은 시를 지었으나, 814년을 전후해서 바그다드에서 사망했다.
52) 4대 법학파 가운데 하나피(Hanafi) 학파를 가리킨다.
53) 재위 866-869년.

마시던 음료수에 대해서 우리가 다른 생각을 할 수 있겠는가? 이러한 사실은 전야에서 검소하게 생활하던 왕조 초기의 특징을 이해하면 더욱더 분명해진다.……

알 마문[54]이 어떻게 해서 알 하산 이븐 사흘[55]의 딸과 혼인하여 그의 사위가 되었는가에 관해서 현재 유포되고 있는 이야기는 다음과 같다. 어느 날 밤 알 마문이 바그다드 거리를 산보하고 있는데, 바구니 한 개가 어느 집 지붕 위에서 비단실로 꼬아 만든 끈으로 작동되는 도르래에 매달려 내려와 있는 것을 우연히 목격하게 되었다고 한다. 그가 바구니에 올라타고는 그 도르래를 잡아당겼더니 바구니가 움직이며 위로 올라가서 어떤 아주 으리으리한 방으로 들어가게 되었다. 그러자 매혹적이고 아름다운 한 여인이 커튼 뒤에서 나타나서 알 마문을 맞이한 뒤 연회에 초대했다. 그는 그녀와 밤새도록 술을 마시고 아침이 되어서야 벗들이 기다리고 있는 자신의 궁전으로 돌아갔는데, 그 여인에 대한 깊은 연모의 감정을 가지게 되어 그녀의 아버지에게 딸을 달라고 요청하기에 이르렀다는 것이다. 그러나 알 마문은 신앙심과 학식을 갖추고, 올바로 인도된 압바스 왕조의 초대 칼리프들, 즉 자기 조상들의 생활방식을 본받으며, 이슬람을 지탱하던 지주였던 네 명의 초대 정통 칼리프들(아부 바크르, 우마르, 우스만, 알리)의 생활을 몸소 실천했을 뿐만 아니라, 나아가서 신학자들을 존경하며 하나님이 정해주신 종교법을 지키고 기도로써 생활했던 사람으로 널리 알려져 있는데, 도대체 어떻게 이런 이야기가 그에게 어울릴 수 있다는 말인가? 그가 못된 불량배처럼 밤거리를 배회하다가 깜깜한 밤중에 낯모르는 집에 들어가서 마치 베두인 연인들이 그러하듯이 한밤의 밀회를 즐기는 그런 행동을 했다는 이런 이야기가 과연 정당하다고 말할 수 있는가? 또한 그런 이야기가 알 하산 이븐 사흘의 딸이 지녔던 고귀한 성품과 지위에 어떻게 부합될 수 있으며, 그녀의 집안에 자리잡은 엄격한 도덕과 순결함의 가풍과 어떻게 일치할 수 있는가?

이런 종류의 이야기들은 수도 없이 많고, 또 역사가들의 저술 속에서는 언제나 그 고개를 내밀고 있다. 그런 것들을 지어내고 보고하려는 동기는 금지된 쾌락을

---
54) 제7대 칼리프. 재위 813-833년.
55) 칼리프 알 마문의 재상을 지내기도 했으며 850/51년에 사망.

추구하고 다른 사람의 평판에 먹칠을 하려는 생각에서 나오는 것이다. 사람들은 지나간 시대의 남자와 여자들이 이런저런 행동을 했다고 열거함으로써 자신이 쾌락에 굴종하고 있는 것을 합리화시킨다. 그러므로 그들은 그런 종류의 일화를 게걸스럽게 찾아내고, 세상에 나온 책들의 페이지를 넘기면서 그런 것을 찾아내려고 애쓰는 것이다.

나는 한때 한 왕자에게 노래를 부르고 악기연주를 배우려고 애쓰는 것은 옳지 않다고 비판한 적이 있다. 나는 그에게 그런 일들에 관심을 두어서는 안 되며 그것은 그분의 지위에도 걸맞는 것이 아니라고 말했다. 그러나 그는 당대 최고의 가수였고 탁월한 악사였던 이브라힘 이븐 알 마흐디[56]를 예로 들었다. 이에 대해서 나는 "맙소사! 어찌해서 당신은 차라리 그의 아버지나 형의 본보기를 따르려고 하지 않으십니까? 당신은 이브라힘이 그런 일을 했기 때문에 그들과 같은 지위에 이르지 못했다는 사실을 모르십니까?"라고 대답했다. 그러나 그 왕자는 나의 비판에 귀를 막고 등을 돌려버렸다. 많은 역사가들은 이보다 더 어리석은 보고들을 수용하고 있다. 그들은 그 반대가 오히려 진실임을 보여준다는 것을 무시하고, 사실에 근거한 물증과 상황적인 증거들을 고려할 생각도 하지 않는다.……

왕조와 정부는 여러 가지 학문과 기술이 생산한 것들을 끌어모으는 세상의 시장이다. 기이한 지혜나 잊혀진 전승들도 그곳에 등장한다. 이 시장에서 일화들은 화제에 오르고 역사지식이라는 상품들이 그곳으로 배달되어온다. 이 시장에서 수요가 있는 것이라면, 대체로 다른 곳에서도 수요가 있을 것이다. 예를 들면 기존의 왕조가 불의와 편견과 나약과 부정을 멀리하고 결연하게 정도(正道)만을 걷는다면, 그 시장에는 순금이나 순은과 같은 것들이 상품으로 등장한다. 그러나 만약 그 왕조가 이기적인 이해와 경쟁심에 영향을 받거나 혹은 잔혹하고 부정직한 판매자들에 의해서 좌지우지된다면, 찌꺼기나 불량금속과 같은 것들만이 상품으로 나올 것이다. 지성을 갖춘 비평가들은 이것저것을 살펴보고 음미하고 선

---

56) 칼리프 al-Mahdî의 아들로 839년 사망. 817년 칼리프 알 마문이 시아파의 지도자 'Alî ar-Ridâ를 자신의 후계자로 지명하자, 이를 반대한 귀족들이 이브라힘 이븐 알 마흐디를 잠시 칼리프로 추대한 적이 있었다. 그러나 그는 알 마문에 의해서 투옥되었다가 후일 풀려나서 음악에만 전념했다.

별하며, 또 주위를 둘러보면서 스스로 판단을 내려야 할 것이다.

이와 같은 실수들에 관한 장황한 논의로 인해서 원래 의도했던 본론에서 상당히 멀어져버렸지만, 능력있는 사람들이나 전문적인 역사가들조차도 상당수가 이러한 일화와 주장을 무심코 받아들이고 거기에서 헤어나오지 못하는 것이 사실이다. 뿐만 아니라 의지가 약하고 무비판적인 사람들은 오히려 이런 실수를 배우고 모방한다. 심지어 유능한 역사가들조차 비판적인 검토를 하지 않고 그런 것들을 그대로 수용함으로써 엉뚱한 이야기들이 그들의 글 속에 끼어들게 된다. 그 결과 역사학은 황당하고 혼란스러운 것이 되어버렸으니, 공부하는 학생들이 허둥댈 수밖에 없다.

그러므로 오늘날 이 분야에 종사하는 학자들은 정치의 원리와 사물의 성질은 물론 민족이나 지역이나 시대에 따라서 생활방식, 성품, 관습, 교파, 학파 등이 어떻게 달라지는가에 대해서도 알고 있어야 한다. 나아가서 오늘날의 상황에 대해서도 모든 방면에 걸쳐 포괄적인 지식을 가질 필요가 있다. 그는 현재와 과거의 상황 사이에 존재하는 유사성과 차이점을 비교해야만 하며, 그래서 어떤 경우에 유사성이 나타나고 어떤 경우에 차이점이 보이는지 그 원인을 알아내어야만 한다. 그는 왕조와 종교의 상이한 기원과 발생, 그리고 그것들이 생기게 된 이유와 동기 및 그것들을 지탱했던 사람들의 상황과 역사를 인식할 수 있어야 한다. 그의 목표는 모든 현상들의 이유에 대한 완벽한 지식을 갖추고 모든 사건들의 기원을 인식하는 것이다. 그리고 난 뒤에 자신이 알고 있는 기본적인 원칙에 근거하여 전승되어온 보고의 내용을 검토해보아야 하는 것이다. 만약 그 보고가 요구조건을 충족시킨다면 그것은 건전한 것이지만, 그렇지 않다면 역사가는 그것을 엉터리로 간주하여 폐기해야 한다. 바로 이러한 이유에서 고대인들이 역사학을 높이 평가했던 것이고, 앗 타바리나 알 부하리[57] 혹은 그들보다 전에 살았던 이븐 이스학을 비롯한 종교학자들이 역사학을 선택하고 헌신하기로 결심했던 것이다. 그러나 대부분의 학자들은 역사학의 비밀인 이 점을 망각해버렸고, 그 결과 이제 역사학은 우둔한 학문이 되고 말았다. 확고한 지적 기반을 가지지 못한 학자는 물론 심지어 일반인들까지도 역사를 공부하고 역사적 지식을 획득하는

---

[57] 810-870. 무함마드의 언행을 모은 대표적인 전승작가이며, 수집된 60만 개의 전승을 비판적으로 검토하여 그 가운데 7,275개를 *Kitāb al-Jamiʿ aṣ-Ṣaḥīḥ*(『건전전승집』)라는 책에 수록했다.

것이 간단한 일이라고 생각한다. 이렇게 해서 길 잃은 가축이 양떼 속에 섞여 들어오게 되었고, 조개껍질이 땅콩과 뒤섞였으며, 진실은 거짓으로 더럽혀져버리게 되었다. "최후의 결과는 신에게 달렸도다!"[58]

역사학의 은폐된 함정은 민족과 종족이 처한 상황이 시대와 시간의 변화에 따라서 변한다는 사실을 무시하는 것에 있다. 이것은 정말 뿌리 깊은 통증이고 깊이 숨겨져 있어, 오랜 시간이 지난 뒤에야 비로소 눈에 띄게 되기 때문에 극소수의 사람을 제외하고는 거의 그것을 눈치채지 못할 정도이다. 우리가 알아야 할 사실은 세상과 민족, 관습, 교파 등의 상황이 동일한 형태로 혹은 항구적인 방식으로 지속되지 않으며, 시대와 시기에 따라서 차이가 있고, 하나의 상태에서 다른 상태로의 변화가 있다는 점이다. 이것은 개인과 시대와 도시에도 적용되며, 지역과 지방과 시기와 왕조와 관련해서도 마찬가지로 일어난다.

고대 페르시아인, 시리아인, 나바타에인, 툽바인, 이스라엘인, 콥트인 등 이들은 모두 과거에 존재했던 민족들이다. 그들은 왕조체제, 지방행정, 정치, 기술, 언어, 전문용어, 혹은 동족들을 처리하거나 문화적인 제도를 구성할 때에도 나름대로의 고유한 방식을 지니고 있었다. 그들이 남긴 역사적 유적도 이 점을 입증한다. 그들은 후대의 페르시아인, 비잔틴인, 아랍인들에 의해서 계승되었다. 옛 제도들은 변화했고 종전의 관습은 바뀌었다. 그래서 매우 유사한 어떤 것이 되기도 했지만, 분명히 차이가 있거나 전혀 다른 것이 되기도 했다. 그리고는 이슬람이 출현했다. 모든 제도는 다시 한번 새로운 변화를 경험했는데, 그것은 한 세대에서 다음 세대로 전달되면서 오늘날 대부분의 우리에게도 익숙한 그런 형태를 취하게 된 것이다. 그뒤 아랍인의 시대가 끝났다. 아랍인의 힘을 결속시켜 그들의 왕국을 건설했던 초기 세대들은 가버렸다. 동방에서는 투르크인들과 같은 비아랍계 민족, 서방에서는 베르베르인들, 그리고 북방에서는 유럽 기독교도들이 권력을 장악하게 되었다. 그들이 사라지면서 민족 전체가 존재하지 않게 되었고 제도와 관습도 변화했다. 그들의 영광은 잊혀졌으며 누구도 그들의 위력에 신경을 쓰지 않게 되었다.

제도와 관습이 변화한 이유와 관련하여 각 종족의 관습은 그 통치자의 관습에

---

[58] 『코란』 31:22.

의존하기 때문에 그렇게 되었다는 해석이 널리 받아들여지고 있다. "평민은 지도자의 종교를 따른다."는 속담도 있다. 정치적으로 야심이 있는 사람들이 현왕조를 무너뜨리고 권력을 장악하게 되면, 그들은 전왕조의 관습에 의존하게 되고 그 대부분을 채용할 수밖에 없게 된다. 그러나 동시에 그들은 자기가 속한 종족의 관습도 무시할 수 없게 되니, 이렇게 해서 신왕조의 관습과 구왕조의 옛 관습 사이에 약간의 괴리가 생긴다. 그러다가 다시 또 다른 왕조가 새로운 권력을 장악하면, 관습은 그 새로운 왕조의 관습과 더욱 혼합되어 더 큰 괴리가 생기고, 새로운 왕조와 첫번째 왕조와의 사이의 차이는 첫번째 왕조와 두번째 왕조 사이의 그것에 비해서 훨씬 더 커지게 된다. 차별의 정도가 심해지는 과정은 계속되고, 궁극적으로 전혀 다른 관습과 제도의 출현이라는 결과가 생긴다. 서로 다른 종족들이 왕권과 정부를 계승하는 이러한 과정이 계속되는 한, 관습과 제도의 변화는 끊임없이 일어날 것이다.

유추와 비교는 인간이 갖춘 자질이지만, 결코 실수를 범하지 않는다는 보장은 없다. 거기에다가 망각과 부주의까지 겹쳐지면 사람은 자신의 목표에서 벗어나게 되는 것이다. 과거의 역사에 대해서 많은 공부를 한 사람이 시대의 흐름에 따라서 상황이 어떻게 변화했는가를 인식하지 못하는 경우도 흔하다. 그는 현재에 근거한 자기의 지식을 서슴지 않고 역사적 자료에 적용하며, 자기 눈으로 관찰해서 획득한 기준에 의거하여 그러한 자료를 판단한다. 그러나 실제로 양자 사이에 존재하는 차이는 엄청나게 크기 때문에, 그는 실수의 나락에 빠지게 되는 것이다.

이 점은 알 하자즈[59]에 관한 역사가들의 보고에서 잘 드러나고 있다. 이 보고에 의하면 그의 부친은 교사였다고 한다. 오늘날, 가르치는 것은 하나의 직업이고 생계수단일 뿐 연대의식[60]을 가지게 하는 것은 결코 아니다. 교사들은 약하

---

[59] 이라크 지방을 통치했던 유명한 아랍인 총독(660-714년 경). 그는 692년 이븐 주바이르(Ibn Jubayr)의 반란을 평정했고, 그뒤 이라크 지방에서 20년 가까운 오랜 기간 동안 총독직에 있으면서 중앙아시아로의 진출도 시도했던 인물이다.

[60] 아랍어로 'aṣabîyah이며, 영역본에는 group consciousness로 옮겨졌다. 이븐 할둔의 문명론에서 매우 중요한 개념이다. 그에 의하면 그것은 정주생활을 하는 도시민이 아니라 황야와 초원에 사는 유목민들이 소유하는 것으로, 그들은 강력한 '연대의식'을 통해서 정복을 완성하고 도시와 국가를 건설하며, 이 도시와 국가를 토대로 문명이 탄생, 발전한다. 그러나 처음에는 강력한 연

고 가난하며 뿌리를 가지지 못한다. 생계에 매달려 있는 수많은 나약한 직업인과 기술자들은 자신에게 어울리지도 않는 지위를 갈망하면서 그것을 자기 손에 넣을 수 있으리라고 믿고 있다. 그러나 그들은 자신의 욕망에 의해서 오도될 뿐, 붙들고 있던 줄이 손에서 빠져나가면서 파멸의 구렁텅이로 떨어진다. 그들은 자신이 바라는 것을 도저히 얻을 수 없는 처지라는 사실을 모르고, 자신이 단지 생계를 위해서 일하는 직업인이요, 기술자라는 점을 깨닫지 못한다. 그들은 이슬람의 초기, 즉 우마이야 왕조와 압바스 왕조의 시대에는 교사라는 것이 무언가 달랐다는 점을 알 리가 없다. 그 시대에 학문이라는 것은 일반적으로 말해서 기술이 아니었다. 학문이란 사람들에게 종교법을 제시한 분(즉 무함마드)의 진술을 전달하는 것이었고, 미지의 종교적 문제를 구전(口傳)의 방식으로 가르치는 것이었다. 고귀한 계보를 지닌 사람들, 그리고 연대의식을 공유하고 이슬람의 업무를 감독하는 사람들이 하나님의 경전과 예언자의 종교법을 가르쳤으며, 학문은 그러한 것들을 전승해주는 것이지 결코 직업적인 교육과 같은 것이 아니었다. 『코란』은 그들의 경전이었고, 그들 가운데 나타난 예언자에게 계시된 것이었다. 그것은 그들의 안내자였고, 이슬람은 그들의 종교였으며, 그것을 위해서 그들은 싸우다가 죽었다. 그들은 그것을 가르치려고 했고 무슬림들에게 그것을 이해시키려고 했다. 그들의 자만심을 제재하는 사람도 그들을 제어할 수 없었고 그들의 오만을 비판하는 사람도 그들을 억제할 수 없었다. 이는 예언자가 자신의 주위에 있던 사람들 가운데 가장 중요한 인물들을 사절단과 함께 아랍인들에게 보내, 자기가 도입한 이슬람의 규범과 종교적인 법률을 가르치도록 했다는 사실에서도 확인된다. 그는 처음에 열 명의 교우들을 보냈고 그뒤를 이어 다른 사람들도 파견했다.

그렇게 해서 이슬람은 확고히 서게 되었고 안전하게 뿌리를 내렸으며, 원방의 민족들이 무슬림의 손에 의해서 이슬람을 받아들이게 되었다. 그러나 시간이 흐르면서 이슬람의 상황은 변화해갔다. 끊이지 않고 일어나는 수많은 발전의 결과 다수의 새로운 법률들이 경전을 근거로 생기게 되었다. 정해진 규범에는 결점이

대의식을 가졌던 그들이 도시생활과 사치에 물들게 되면서 그것을 점차 상실하게 되고, 결국 보다 강력한 연대의식을 지닌 다른 집단이 건설한 국가에 의해서 붕괴되고 만다. 이처럼 이븐 할둔은 연대의식의 소장(消長)을 토대로 국가와 문명의 흥쇠를 설명하고 있다.

서론 51

없어야 했다. 학문은 하나의 '습성'61)이 되었고, 또 학문을 위해서는 공부를 해야 했다. 이렇게 해서 학문은 기술과 직업으로 발전하게 된 것이다. 연대의식을 장악했던 사람들은 이제 왕권과 정사를 돌보는 일에 몰두하게 되었고, 학문의 연마는 다른 사람들에게 위임되었다. 학문은 생계를 위한 하나의 직업이 되었고, 정부를 통제하며 호화롭게 사는 사람들은 자존심 때문에 더 이상 교육에 종사하지 않게 되었다. 교육은 나약한 사람들에게 국한된 직업이 되었고, 그 결과 교육에 종사하는 사람들은 연대의식과 정부를 장악한 사람들의 멸시를 받게 된 것이다.

돌이켜보건대, 알 하자즈의 부친 유수프는 타키프(Thaqîf) 부족의 영주-귀족층에 속하는 사람으로, 그들은 아랍인의 연대의식을 공유했으며 쿠라이시 부족의 귀족들과 호적수였던 것으로 유명했다. 알 하자즈가 『코란』을 가르친 것은 오늘날 『코란』을 가르치는 것, 즉 생계를 얻기 위한 직업으로서의 교육과 같은 것이 아니라 방금 설명했듯이 이슬람 초기에 행해지던 바로 그러한 것이었다.

동일한 종류의 실수를 보여주는 또 다른 예는 비판적인 독자들이 역사저술을 읽을 때, 그 글 속에 판관이 전쟁에서 지도력을 발휘하고 지휘권을 가졌던 것에 대해서 내리는 근거 없는 추론에서도 나타난다. 독자들은 그러한 판관과 비슷한 지위를 가졌으면 하는 허황된 꿈을 꾸기도 하는데, 오늘날의 판관이 과거의 판관과 비슷한 것이었다고 생각하기 때문에 그런 것이다. 그들은 히샴62)을 좌지우지했던 이븐 아비 아미르63)의 부친이나 세비야의 군주였던 이븐 압바드64)의 부친이 판관이었다는 말을 들을 때 마치 오늘날의 판관과 비슷한 것이었으리라고 생각할 뿐, 판관이라는 직책에 영향을 끼친 관습의 변화를 인식하지 못한다. 이븐 아비 아미르와 이븐 압바드는 스페인의 우마이야 왕조를 지탱했던 아랍 부족들

---

61) 이 역시 이븐 할둔에게 매우 중요한 개념이다. 아랍어로는 'âda이며 영역본에는 habit로 옮겨졌다.
62) 스페인의 우마이야 왕조의 군주(재위 976-1009).
63) 우마이야 왕조 말기에 집사(執事, hâjib)의 직책을 맡으며 전권을 휘둘렀던 인물. al-Mansûr bi-llâhi라는 이름으로도 알려졌으며, 기독교도들에게는 Almanzor로 불리며, 공포의 대상이 되기도 했다.
64) 우마이야 왕조 말기, 이븐 아비 아므르의 집정이 끝난 뒤에 중앙권력은 철저히 약화되어 지방에서는 군소 제후들이 난립하게 된다. 이들 제후들을 족장들(mulûk al-ṭawâ'if)이라고 불렀는데, Muḥammad b. 'Abbad는 이들 군소 제후 가운데에서도 가장 강력한 세력을 구축했던 인물이다.

에 속했고 우마이야 왕조의 연대의식을 대표했던 사람들이었으며, 그들의 직책이 얼마나 중요했는지는 이미 잘 알려진 사실이다. 따라서 그들이 장악했던 지도력과 지배권은 판관이라는 지위 그 자체에서 비롯된 것이 아니었다. 고대의 행정조직 안에서 왕조와 그 가신들은 판관이라는 직무를 왕조의 연대의식을 공유한 사람들에게만 주었으며, 이것은 마치 오늘날 마그리브에서 재상을 그런 사람으로 기용하는 것과 비슷하다. 당시 판관이란 군대가 여름 원정을 수행할 때 동참하여 가장 중요한 직무를 수행했기 때문에, 연대의식을 발휘할 수 있는 사람들에게만 그런 직무가 주어졌다는 사실을 알아야 할 것이다.

이런 이야기를 들으면, 사람들은 더러 오해를 하거나 상황에 대해서 잘못된 판단을 하기도 한다. 이 점에서 오늘날 심약한 스페인의 아랍인들이 특히 그런 오류에 빠진다. 그것은 이미 스페인에서 연대의식은 사라져버렸고, 그곳의 아랍 왕조는 붕괴되어 스페인 아랍인들은 베르베르 연대의식의 영향력으로부터 풀려나 버렸기 때문이다. 그들은 아랍인으로서의 계보는 기억하지만, 연대의식과 상호협력을 통해서 권력을 장악할 능력은 상실했다. 실제로 그들은 수동적인 예속민과 같이 되어 상호부조에 대한 아무런 의무감도 느끼지 못했다. 그들은 폭정의 노예가 되고 굴욕에 길들어졌으며, 자신들이 지배왕조의 성원이고 아랍인의 혈통을 소유한 것 그 자체가 바로 권력과 권위의 원천인 것처럼 생각한다. 그래서 직업인과 기술자들 가운데 어떤 이들은 권력과 권위를 추구하고 획득하려고 노력하기도 한다. 그러나 부족적인 상황이나 연대의식 혹은 서부 해안지역의 왕조들에 관해서 잘 알고 있는 사람들, 또 여러 민족과 부족들 사이에서 어떻게 패권을 장악할 수 있는지를 아는 사람들은 그와 같은 오해를 하거나 잘못된 판단을 내리지 않는다.

역사가들이 여러 왕조들에 대해서 언급하면서 그 왕조들의 군주들을 나열할 때에도 이와 비슷한 실수를 발견할 수 있다. 그들은 각각의 군주들과 그들의 조상, 부모, 부인들의 이름, 그리고 별명, 인장, 판관, 집사, 재상들의 이름을 언급한다. 그런데 그들은 우마이야와 압바스 왕조의 역사가들의 전통을 맹목적으로 따를 뿐, 그 역사가들이 무슨 목적으로 그랬는지는 깨닫지 못하고 있다. 그들의 선배들은 지배왕조의 일족을 위해서 역사를 기록한 것이고, 그 자식들이 조상의 생애와 상황에서 무엇인가를 배워 그들의 전철을 밟고 그들이 한 일을 그대로 할 수 있도록 그렇게 한 것이다. 그래서 이전 왕조에서 남겨진 사람들 가운데 누구를 하인으로 취하는지, 하인과 가신의 후손들에게 어떻게 지위와 직책을 부여하는지 하는 세세한 사항까지도 기록한 것이다. 또한 앞에서도 언급했듯이, 판관은 왕조의 연대의식을 공유했고 재상과 마찬가지로 중요했다. 당시의 역사가들은 이 모든 세부사항들을 기록해야만 했던 것이다.

그러나 후일 여러 왕조들이 출현했고 시대적인 거리는 더욱더 멀어지게 되었다. 이제 역사적 관심은 군주들 개인에게, 또 권력과 지배와 관련해서 왕조들 사이의 상호관계에 더 집중되었고, 관심의 대상은 어느 민족이 지배왕조가 될 정도로 강했고 어느 민족이 약해서 그렇지 못했는가 하는 데에 있게 되었다. 따라서 오늘날의 저자가 고대 왕조에서 군주의 자식과 부인에 대해서, 혹은 인장에 새겨진 글과 그의 별명에 대해서, 그가 고용했던 판관과 재상과 집사에 대해서, 그들의 기원과 혈통과 상황도 알지 못하면서 자세히 설명한다는 것은 의미없는 일이다. 그들은 과거 저자들의 의도를 무시하고 역사학의 목적을 망각하고 있다.

강력한 영향력을 행사하여 역사적으로 군주를 능가하는 중요성을 지녔던 재상들에 대해서 서술하는 것은 예외라고 할 수 있다. 예를 들면 그와 같은 재상(혹은 재상의 가문)으로는 알 하자즈, 무할랍 가문,[65] 바르멕 가문, 사흘 이븐 나우바흐트 가문,[66] 카푸르 알 이흐시디,[67] 이븐 아비 아미르 등을 들 수 있다. 이들의 중요성은 군주에 못지 않으므로 그 생애와 상황을 다루는 데에는 반론이 있을 수 없다.

이 논의를 마치기 위해서 한 가지 더 추가해야 할 것이 있다.

역사는 어떤 시대 어떤 종족에게 고유한 사건을 다루는 것이지만, 지역, 종족, 시

---

65) 우마이야 왕조의 유명한 장군 알 무할랍(al-Muhallab b. Abî Ṣufra : 630-702)을 조상으로 하는 일족. 알 무할랍은 중앙아시아 정복과 하리지파 진압으로 명성을 얻었으며, 그의 자식들도 후라산 총독으로 임명되었다.
66) 압바스 왕조의 칼리프 알 마문의 시대에 재상직에 있던 al-Faḍl b. Sahl과 그 동생 al-Ḥasan b. Sahl의 일족. 그러나 이들의 아버지의 이름은 Sahl b. Nawbakht이 아니라 Sahl b. Zadhân-farûkh였다.
67) 원래는 에티오피아 출신의 노예였으나, 946-966년에 이집트의 Ikhsid 왕조의 실권을 장악했고, 그뒤 968년 사망할 때까지 명실상부한 통치자로 군림했던 인물.

대라는 전반적인 상황에 대한 서술은 역사가들의 기반이다. 그가 안고 있는 대부분의 문제들은 바로 이 기반 위에 놓여 있고, 역사적 지식은 그 위에서 명료성을 확보할 수 있다. 그래서 그것은 알 마수디의 『황금목장』(Murûj adh-dhahab)[68]에서 보듯이 독자적인 전론의 주제를 이루기도 한다. 이 글에서 알 마수다는 자신의 시대, 즉 330년대/940년대에 서방과 동방의 여러 민족과 지역의 상황에 대해서 논의했다. 그는 교파와 관습들에 대해서 언급했고, 다양한 지방과 산과 바다, 강역과 왕조들을 묘사했다. 그는 아랍인과 비아랍인 집단들을 구분했다. 이렇게 해서 그의 책은 역사가들의 기본 참고서가 되었고, 역사적 지식을 검증할 수 있도록 하는 기본 자료가 되었다.

알 마수디의 뒤를 이어 알 바크리[69]는 다른 것은 모두 제쳐두고 오로지 도로와 영역에 대해서만 그와 같은 작업을 했는데, 그것은 그의 시대에 민족과 종족에서 커다란 변화가 일어나지 않았기 때문이었다. 그러나 오늘날, 즉 8/14세기 말, 우리가 보듯이 마그리브의 상황은 완전히 바뀌어버렸다. 마그리브의 원주민인 베르베르인들은 5/11세기에 유입되기 시작된 아랍인들에 의해서 교체되어, 아랍인이 베르베르인을 힘과 숫자로 압도하고 그들의 토지 대부분을 빼앗았으며, 결국 그들 수중에 남아 있던 약간의 영지까지도 점유하기에 이르렀다. 이런 상황이 8/14세기 중반까지 계속되다가 이슬람권 동방과 서방의 문명은 파멸적인 역병의 기습을 받아 민족들은 황폐하게 되고 주민들은 절멸되는 운명을 맞이했다. 그로 인해서 문명이 창조했던 수많은 좋은 것들이 사라지고 씻겨가버렸다. 그것은 마침 수명의 한계에 도달하여 노쇠기를 맞던 왕조들을 덮쳤고, 그 세력을 약화시키고 영향력을 감축시켰다. 그들의 권위는 약화되어 상황은 거의 절멸과 해체의 지점에까지 이르렀다. 인구의 감소와 함께 문명도 위축되었고, 도시와 건물은 황폐화되었으며 도로와 골목의 표지판은 지워졌다. 촌락과 가옥은 텅 비어버렸고 왕조와 부족들은 쇠퇴해갔다. 사람이 거주하는 세상 전체가 변해버렸다. 동방에서도 역병은 비슷한 시기에 찾아왔으며, 피해의 정도도 보다 풍요한 문명

---

[68] '아랍의 헤로도토스'라고도 불리는 알 마수디의 대표적인 저작으로 역사와 지리를 결합한 방대한 스케일의 세계사이다.
[69] 아랍의 지리학자로 『지명사전』(Mu'jam mâ ista'jam), 『강역지』(al-Masâlik wa al-mamâlik) 등을 저술. 1094년 사망.

에 걸맞게 엄청났다. 마치 세상의 모든 존재들이 망각과 위축을 요구하며 고함치는 듯했으며, 세상은 그 외침에 대답하는 듯했다. 신께서는 지상과 그 위에 사는 모든 사람들을 거두어들이신다.

상황에 전반적인 변화가 일어나면 그것은 마치 모든 창조가 뒤바뀌고 모든 세계가 변화하는 듯하며, 마치 새로운 창조가 일어나는 것처럼 세상은 새로운 존재로 다시 태어나는 듯하다. 따라서 현재 시점의 모든 종교와 종족들의 상황, 교파들에 따라서 변화된 교리와 관습들에 대해서, 마치 알 마수디가 그의 시대에 대해서 했던 것처럼 누군가가 이 시대에 대해서도 체계적으로 설명하지 않으면 안 된다. 그리고 이것은 미래의 역사가들이 본받을 전범이 되어야 할 것이다. 나는 이 책에서 마그리브 지방에 대해서는 가능하면 많은 것들을 논의할 것이다. 나는 마그리브의 종족과 민족들의 상황 그리고 그곳의 왕조와 주민들로 한정시키려고 한 나의 의도에 맞추어, 명시적이건 묵시적이건 마그리브의 역사와 관련시켜 논의를 진행시킬 것이다. 다른 지역들에 대해서 논급하지 않은 것은 동부지역과 그 민족들의 상황에 대한 내 지식의 부족 때문이며, 이차적인 지식만으로는 본질적인 사실을 확인할 수 없기 때문이다. 알 마수디는 자신의 글에서도 언급했듯이 여러 지역을 널리 여행하여 전체적인 그림을 제시할 수 있었으나, 여전히 마그리브의 상황에 대한 그의 논의는 완전하다고 보기 어렵다. 신이야말로 모든 지식의 최종적인 저장고이며, 인간은 무력하고 부족할 뿐이다. 자신의 무지를 인정하는 것은 종교적으로 분명한 의무이며, 신의 도움을 받는 사람은 자신의 길을 쉽게 찾고 그의 노력과 추구는 성공을 거둘 것이다. 우리는 이 글 속에서 우리가 열망하는 목표에 도달할 수 있도록 신의 도움을 간구한다. 신께서는 인도하고 도움을 주시니, 믿을 만한 분이로다.

이제 남은 것은 이 책에서 아랍어에 없는 음을 어떻게 표기했는가 하는 것에 대한 설명이다. 우리가 말을 할 때 나오는 소리는 후두에서 나오는 음성이 변화된 것이라는 사실을 알아야 할 것이다. 이러한 변화는 음성이 목젖이나 목구멍 안의 혀의 양측면과 접촉하고, 구개부나 치아에 부딪치고, 또 입술과 접촉하면서 생겨난 것이다. 음은 그러한 접촉이 일어나는 상이한 방식에 따라서 변화된다. 그 결과 서로 다른 음들이 생기게 되는 것이다. 그 음들이 결합하여 단어가 되고,

단어는 마음 속에 있는 것을 표현한다.

모든 민족이 말을 할 때 동일한 음들을 가지고 있는 것은 아니다. 한 민족의 음들은 다른 민족의 음들과 다르다. 아랍어의 알파벳은 주지하듯이 28개이다. 히브리인들은 우리 언어에 없는 음들을 가지고 있고, 반대로 우리 언어는 그들에게 없는 음들을 가지고 있다. 똑같은 현상이 유럽의 기독교도, 투르크인, 베르베르인, 그리고 다른 비아랍인들에게도 보인다.

청취 가능한 음들을 표현하기 위해서 글을 아는 아랍인들은 개별적으로 분리된 통상적인 문자를 사용하며, 그것은 앞에서 말했듯이 '(알리프), b, j, r, t를 위시하여 모두 28개의 문자이다. 자기 언어에 동일한 음가가 없는 음들은 아예 문자로 표기되지 않거나 아니면 정확히 표기되지 않는다. 서기들은 때로 우리 언어에서 그와 가장 가까운 문자 — 그보다 앞에 혹은 뒤에 오는 것 — 를 사용해서 표현하는데, 이것은 하나의 음을 나타내는 만족스러운 방법이 아니라 오히려 그것을 완전히 다른 것으로 바꾸어버린다.

우리의 책은 베르베르인을 비롯하여 비아랍계 민족들의 역사도 다루고 있다. 그들의 이름과 단어들 가운데에서 우리의 문어와 통상적인 철자법에서는 동일한 것을 찾을 수 없는 음을 마주치게 된다. 따라서 우리는 그러한 음을 특수한 표시를 이용하여 나타내지 않으면 안 된다. 앞에서도 말했듯이 그것과 가장 근사한 문자를 사용하는 것은 만족할 만하지 못하다고 본다. 왜냐하면 우리의 견해로는 설사 그렇게 한다고 해도 결국 만족할 만한 표기가 될 수 없기 때문이다. 따라서 이 책에서 나는 그러한 비아랍계 음을 그것에 가장 가까운 두 개의 음으로 표기함으로써, 독자들이 그 두 문자가 나타내는 음가의 중간 정도로 발음하여 그 음을 정확하게 재생할 수 있도록 하는 방식을 취했다.

나의 이러한 발상은 『코란』 학자들이 엄밀하게 규정되지 않은 음가를 표기할 때 사용하는 방법에서 유래한 것이다. 예를 들면 할라프[70]가 읽었던 '앗 시라트'(aṣ-ṣirât)의 경우가 그렇다. 여기서 'ṣ'는 ṣ와 z의 중간 정도로 발음되는데, 이 경우 그들은 ṣ라는 철자로 표기하고 그 아래에 조그맣게 z자를 써넣었다. 이렇게 해서 그들은 이 두 음의 중간 정도의 발음을 나타낸다.

---

70) 유명한 『코란』 낭송가. 843년 사망.

나는 두 개의 문자의 중간 정도로 발음되어야 하는 모든 문자를 이와 동일한 방식으로 표기했다. 예를 들면 베르베르인들의 k는 우리의 k와 j(g) 혹은 k와 q 의 중간 음이다. 여기에서 '불룩긴'(Buluggîn)이라는 이름을 썼을 경우, k라는 문자의 아래에 점을 하나 찍어 j음과의 유사성을 표시하거나, 아니면 위에다 점을 두 개 찍어 q음과의 유사성을 나타내려고 했다. 이것은 그 음이 k와 j(g)/q의 중간 발음임을 나타내기 위해서 고안한 방법이다. 이 발음은 베르베르어에서는 매우 흔하게 보이는 것이다. 다른 경우에도 나는 우리 언어에서 두 개의 발음의 중간이 되는 음들에 대해서는 두 개의 문자의 유사한 조합을 통해서 표기했다. 따라서 독자들은 그것이 중간음이라는 것을 알고 그에 따라서 발음할 수 있을 것이다. 이런 방식으로 우리는 그 음가를 충분히 표시하게 되었다. 신께서 성공을 주시기를!

제1부

문명의 본질, 전야생활과 도회생활, 지배권의 확보,
직업, 생계, 학문, 기술, 기타 문명에 영향을 주는 다른 요소들.
그 원인과 이유

머리말

　역사란 실제로 인간의 사회조직 —— 그 자체가 세계의 문명이다 —— 에 관한 정보라는 사실을 알아야 할 것이다. 그것은 문명의 본질에 영향을 주는 상태들, 예를 들면 야만성과 사회성, 연대의식, 그리고 어느 특정한 인간집단이 다른 집단에 대해서 우위를 확보하는 여러 가지 방식들을 다루고 있다. 역사학은 그와 같은 방식으로 출현하는 왕권과 왕조들을 다루며 그런 과정에서 보이는 여러 단계를 문제 삼기도 한다. 뿐만 아니라 다양한 종류의 직업과 생계의 방식들, 인간이 자기 활동과 노력의 일부로 추구하는 학문과 기술은 물론, 문명 그 자체의 본질로 인해서 생기는 갖가지 제도들도 다룬다.
　그런데 허위(虛僞)는 필연적으로 역사적 정보를 왜곡시킨다. 이러한 현상을 불가피하게 만드는 이유는 여러 가지이다. 그 첫번째 이유는 어떤 견해나 학파를 추종하는 당파성이다. 만약 사람이 공평한 마음으로 정보를 수용한다면, 그 정보가 마땅히 거쳐야 할 비판적인 검증을 할 것이며, 따라서 그것이 진실인지 허구인지를 분명히 할 것이다. 그렇지만 만약 그가 특정한 견해나 교파에 기우는 당파성으로 오염되어 있다면, 그는 자기가 만족스럽다고 생각하는 것에 대해서는 한 순간의 주저도 없이 받아들일 것이다. 편견과 당파성은 비판적인 능력을 흐리게 하고 비판적인 검토를 배제하며, 그 결과는 오로지 거짓의 수용과 전달일 뿐이다.
　역사적 정보 속에 허위가 불가피하게 들어오는 두번째 이유는 그러한 정보가 전달자에게 의존할 수밖에 없다는 데에 있다. 이것은 인격비판1)을 통해서 검증

---
1) 「서론」 주 32) 참조. 전달된 내용의 신빙성 여부를 판단할 때에 보고된 내용 자체의 내적인 기준이 아니라 전달자의 인격적 신빙성을 근거로 삼는 방법이다.

할 수밖에 없다. 세번째 이유는 사건의 목적을 인식하지 못하는 데에 있다. 많은 전달자들은 그가 관찰한 것이나 구전을 통해서 알게 된 것들의 진정한 의미를 알지 못하고, 정보를 전달할 때 자기 나름대로 추정하거나 상상하는 의미를 거기에 덧붙여 전달할 뿐이다. 그 결과는 거짓이다. 네번째 이유는 사물의 진실에 관한 근거 없는 추정이다. 이는 매우 흔한 현상이며, 대부분 전달자를 맹신하기 때문에 생긴다. 다섯번째 이유는 상황이 과연 진실과 얼마나 부합하는지를 잘 알지 못하는 데에 있다. 상황은 때로 애매하고 인위적으로 왜곡되기도 하기 때문에, 비록 보고자가 자신이 보았던 대로 상황을 진술하더라도 그와 같은 인위적인 왜곡으로 인해서 사물의 진정한 모습을 보지 못하게 된다.

여섯번째 이유는 사람들이 일반적으로 권력과 지위가 높은 인물들을 찬미하고 칭찬하는 데에 있다. 그들은 상황을 미화하고 명성을 퍼뜨리기 때문에, 이러한 방식으로 널리 유포된 정보는 진실하지 않다. 인간의 영혼은 칭찬을 갈구하고 현세와 거기서 얻을 수 있는 지위와 부에 각별한 관심을 기울인다. 그러나 사람들은 대체로 덕성을 열망하지 않을 뿐 아니라, 미덕을 갖춘 사람들에 대해서 별다른 흥미도 느끼지 않는다. 허위가 불가피하게 발생하는 일곱번째 이유—이것이야말로 앞에서 언급한 이유들보다 훨씬 더 중요하다—는 문명에서 발생하는 다양한 상황들이 어떠한 성질을 가지고 있는가 하는 것에 무지한 데에 있다. 어떤 사건들(혹은 현상들)이 본질과 관련되어 생긴 것이냐 아니면 어떤 행위의 결과이냐를 불문하고, 그것들은 본질이면 본질 나름대로 혹은 부수적, 우연적 상황들이면 또 그 나름대로의 고유한 성질을 가질 수밖에 없다. 만약 연구자들이 현존하는 세계에서 벌어지는 사건과 상황과 상태들의 고유한 성질을 안다면, 역사적 정보를 비판적으로 검토할 때 진실과 허위를 구별하는 데에 도움을 얻게 될 것이다. 이것은 비판적인 검토를 행할 때 다른 어느 것보다 더 효과적인 방법이다.

연구자들은 말도 안 되는 정보를 수용하고 전달하는 일이 많은데, 그러면서도 그것이 권위있는 근거를 가지고 있다고 믿는다. 예를 들면 알 마수디는 알렉산드로스에 관해서 그런 종류의 일화를 기록하고 있다. 알렉산드로스가 알렉산드리아를 건설할 때 바다의 괴물들이 이를 방해하자, 그는 나무로 된 컨테이너 안에 유리상자를 넣고 그 상자 안에 자신이 들어가서 바다 밑으로 잠수한 뒤, 바다 속에서 자신이 본 무서운 괴물을 스케치했다고 한다. 그리고 나서 그는 이 동물의 모양을 본뜬 조각을 금속으로 만들게 한 뒤, 건물을 짓는 곳 맞은편에 세워놓았다고 한다. 괴물들이 물 속에서 나와 그 조각을 보자 도망쳤고, 그렇게 해서 알렉산드로스는 알렉산드리아 건설을 완수했다는 것이다.

이것은 긴 이야기이지만, 여러 가지 이유에서 황당하고 비현실적인 요소들로 조합된 것이다. 우선 알렉산드로스는 유리상자 속에 들어가서 파도를 헤치고 직접 바다 밑으로 들어갔다고 하는데, 지금의 군주들이라면 그런 모험을 하지는 않을 것이다. 그런 행동을 하려는 군주가 있다면, 그는 자신의 파멸을 재촉하고 반란을 유발시킬 것이며 백성들은 다른 사람을 군주로 대신 세울 것이니, 그것이 곧 그의 종말이 되고 말 것이다. 백성들은 그가 모험을 감행하고 돌아올 때까지 한 순간도 기다리지 않으려고 할 것이다. 더구나 정령(jinn)은 특정한 형체와 모습을 취하지 않는 것으로 알려져 있다. 정령들은 다양한 형태를 띨 수 있다. 그들이 여러 개의 머리를 가졌다는 이야기는 그 흉측함과 무시무시함을 나타내려는 의도에서 꾸며진 것이기 때문에 문자 그대로 받아들일 수 없다.

따라서 이 모든 점들이 이 일화에 의구심을 가지게 하지만, 무엇보다도 생존의 법칙에 근거하여 이 일화의 허구성을 드러내는 지적이 다른 어떤 반론보다도 더 설득력을 지닌다. 다시 말해서 만약 사람이 깊은 물 속에 들어간다면, 설령 상자 안에 머물러 있다고 하더라도, 자연적인 호흡에 필요한 공기는 매우 희박해질 것이다. 따라서 사람의 생기(生氣)[2]는 금세 뜨거워진다. 그런 사람은 폐의 체액과 생기의 균형을 유지하는 데에 필요한 찬 공기가 결핍되어 즉시 사망하고 말 것이다. 찬 공기가 차단된 더운 욕탕에서 사람들이 사망하는 이유도 바로 여기에 있다. 내부의 공기가 부패하여 더워져 있거나 공기가 순환되지 않는 깊은 우물이나 지하에 빠진 사람들이 죽는 이유도 마찬가지이다. 그런 곳으로 내려간 사람은 그 즉시로 사망하게 된다. 물고기가 물을 떠나면 죽는 이유도 바로 이 때문인데, 폐의 균형을 이루어줄 만큼 충분한 공기가 없기 때문이다. 물고기는 극도의 열기를 띠고 있지만, 물은 냉기이기 때문에 그 체액의 균형을 유지시켜준다. 그러나 지상의 공기는 열기이기 때문에 물고기가 밖으로 나오면 물고기의 생기는 열기에 지배되어 즉시 죽고 마는 것이다. 갑작스러운 죽음이나 그와 비슷한 현상이

---

[2] 아랍 의학은 기본적으로 그리스의 갈레노스(p.74의 주1) 참조)에 토대를 두고 있다. 생기는 가벼운 기체로서 심장의 좌심방에서 만들어진다고 여겨졌다.

일어나는 까닭도 여기에 있다.

알 마수디는 로마에 있는 찌르레기의 조상(彫像)에 관한 또 다른 우스꽝스러운 이야기를 기록하고 있다. 일 년 중 어느 특정한 날이 되면 찌르레기들이 올리브 가지를 물고 그 조상으로 날아옴으로써 로마의 주민들은 올리브유를 채취한다는 것이다. 그러나 이것은 기름을 채취하는 원래의 자연적인 과정과는 너무나 거리가 먼 이야기이다.

또 다른 황당한 일화가 알 바크리에 의해서 기록되었는데, 이는 소위 '성문(城門)의 도시'라는 것이 어떻게 지어졌는가에 관한 것이다. 그 도시는 둘레가 30일 거리 이상이고 1만 개의 성문이 있었다고 한다. 그런데 도시라는 것이 안전과 보호를 위해서 이용되는 것일진대, 어떻게 그렇게 큰 도시가 적절히 통제되고 안전과 보호를 제공할 수 있단 말인가.

그런가 하면 알 마수디가 기록한 일화들 중에 '구리의 도시'라는 것이 있다. 이것은 무사 이븐 누사이르[3]가 마그리브를 약탈하러 갈 때 지나갔다고 하는 시질마사(Sijilmâsah) 사막[4]에 있는 구리로만 만들어진 도시이다. 이 도시의 성문들은 닫혀 있기 때문에 그 안에 들어가기 위해서는 사람들은 성벽 꼭대기까지 기어 올라가서 손뼉을 치면 마음대로 그 아래로 내려갈 수 있게 되지만, 일단 그 안에 들어가면 다시는 돌아올 수 없다고 한다. 이 모든 것은 황당한 이야기이며 만담가들이 지어낸 허무맹랑한 일화에 불과하다. 시질마사 사막을 건너다녔던 여행자나 안내인들은 많지만, 어느 누구도 그와 같은 도시가 있다는 보고를 한 적이 없다. 이야기 속에 나오는 세부적인 내용들도 말이 안 되는 것이며, 도시의 건축이나 계획과 관련된 당연한 조건들과도 배치된다. 즉 금속이라고는 기껏해야 집이나 가재도구를 만들 정도밖에 없었을 텐데, 한 도시를 뒤덮을 정도로 구리가 많이 있었다는 것 역시 어리석고 비현실적이다.

이와 비슷한 일화들은 아주 많지만, 오로지 문명의 본질에 관한 우리의 지식만이 그런 것들에 대한 비판적인 검토를 가능케 해준다. 그것이 역사적 정보를 비판적으로 검토하여 진실과 허위를 가려낼 수 있게 하는 가장 믿을 만한 최상의

---

[3] 우마이야 왕조 시대의 이프리카야 총독으로 8세기 초에 마그리브와 스페인을 정복한 인물. 715년 막대한 전리품을 거두어 다마스쿠스로 귀환했으나, 칼리프의 질투로 투옥되었다. 716/17년 사망.
[4] 모로코 지방에 있는 사막.

방법이다. 이것은 전달자에 대한 인격비판에 의존하는 검증방식에 비하면 더 탁월하다. 특정한 정보가 그 자체로서 가능한 것이냐 아니냐의 여부를 확인하기 전까지 그와 같은 인격비판을 해서는 안 될 것이다. 만약 그 정보가 거짓된 것이라면, 인격비판을 행할 필요조차 없다. 비판적인 학자들은 역사적 정보를 평가할 때, 그 정보 자체에 부조리가 내재하는가, 지식인으로서는 납득하기 힘든 해석이 섞여 있지 않는가 등을 기준으로 삼아왔다. 반면에 인격비판은 무슬림들의 종교적 정보가 건전한가를 판별할 때에만 동원되는데, 왜냐하면 이와 같은 종교적 정보는 대부분 종교법의 제시자(무함마드)가 무슬림들에게 이행하도록 한 명령과 관련된 것으로, 만약 그가 그와 같은 명령을 내린 것이 사실이라는 점만 확인되면, 그 내용이 무엇인가를 불문하고 무슬림들은 그것을 이행해야 하기 때문이다.

따라서 그러한 정보의 건전성 여부에 대한 검증은 전달자의 정직함과 정확함을 확인하는 데에 있다. 그러나 실제 사건에 관한 정보의 진실성과 건전성을 확립하기 위해서 반드시 고려해야 할 사항은 보고된 정보와 일반적 상황 사이의 정합성 여부이다. 따라서 보고된 사실이 실제로 일어날 수 있었겠는가의 여부를 조사할 필요가 있다. 이것은 인격비판에 선행하는 것이고 더 중요한 것이다. 어떻게 되어야만 한다는 당위적인 것에 관한 올바른 견해는 인격비판을 통해서 유도되는 것이지만, 실제로 존재했던 어떤 것에 대한 올바른 견해는 인격비판뿐만 아니라 정합성 여부의 검사에 의한 외적인 증거의 검증을 통해서 유도되는 것이다.

사실이 이러하다면 역사적 정보에 대해서 그 속에 내재하는 가능성 혹은 불가능성에 근거하여 옳고 그름을 판별하는 규범적인 방법은 바로 인간의 사회조직, 즉 문명에 대해서 탐구하는 것이 된다. 우리는 문명에 본질적으로 수반되어 나타나는 상태들, 우연적이어서 항상 나타난다고는 기대할 수 없는 상태들, 그리고 결코 나타날 수 없는 상태들을 구분해야만 한다. 우리가 이러한 것들을 구분할 수만 있다면, 하등의 의심을 허용하지 않는 논리적인 입증을 통해서 역사적인 정보 속에 담긴 옳은 것과 그른 것, 진실과 허위를 구분하는 규범적인 방법을 소유하게 될 것이다. 그러면 문명 안에서 일어난 어떤 상태들에 관해서 이야기를 들을 때마다 우리는 어떤 것을 받아들이고 어떤 것을 거짓으로 선언할지를 알게 될 것이다. 그리하여 우리는 건전한 척도를 가지게 되고, 역사가는 그 척도를 이용하여 자신의 보고와 관련하여 진리와 정확성의 길을 찾아갈 수 있다.

바로 이것이 이 책의 제1부의 목적이다. 그 주제는 어떤 의미에서 독자적인 학문이라고 할 수 있다. 왜냐하면 그것은 인류문명과 사회조직이라는 나름대로의 고유한 주제를 가지고 있기 때문이다. 동시에 그것은 또 다른 고유한 주제를 가지고 있는데, 즉 문명에 본질적으로 수반되어 나타나는 상태들을 설명하는 것이다. 이런 점에서 이 학문은 전통에 근거한 학문이건 혹은 이성에 근거한 학문이건 다른 모든 학문들과 관계를 가진다.

여러분은 이 주제에 관한 논의가 새롭고 특이하며 매우 유용한 것이라는 사실을 알아야 할 것이다. 이미 예리한 연구들은 이 학문에 도달하는 길을 보여주었다. 이 학문은 대중들을 움직여 어떤 특정한 견해를 받아들이거나 거부하도록 하는 설득력 있는 언사와 관련된, 논리학의 한 분야인 수사학에 속하는 것이 아니다. 그렇다고 이 학문을 정치학이라고 할 수도 없다. 왜냐하면 정치학은 도덕적, 철학적 요청에 부합하여 어떻게 가정이나 도시를 관리하느냐에 관심을 두는 학문이고, 그 목적은 대중을 지도하여 인류의 보존과 영속화를 도모하는 행동을 취하게 하는 데에 있기 때문이다.

여기에서 다루려는 주제는 위의 두 분야와 비슷해 보이지만, 실제로는 전혀 다른 것이다. 어떤 면에서 그것은 완전히 독창적인 학문이다. 사실 나는 이 문제에 대해서 다른 어느 누가 이러한 맥락에서 논의한 것을 본 적이 없다. 사람들이 그것을 인식하지 못했기 때문에 그랬을 수도 있겠지만, 그들이 그것을 인식하지 못했다고 생각해야 할 이유는 전혀 없다. 아마 이 주제에 관해서는 다만 전해지지 않고 있을 뿐 이미 철저한 연구가 있었을지도 모른다. 여러 종류의 학문이 존재했고 또 여러 민족들이 배출한 수많은 현자들도 있었으니, 우리에게 전해지지 않는 지식이 전해지고 있는 지식보다 훨씬 더 많을 것이다. 예를 들면 칼리프 우마르[5]가 페르시아인들을 정복할 때 완전히 없애버리라고 명령했던 그들의 학문은 지금 어디로 갔는가? 칼데아인,[6] 시리아인, 바빌로니아인들의 학문들은 지금 어디에 있으며, 그들이 이룩한 학문적 성취와 결과는 어디에 있는가? 또 그들보다

---

5) 정통 칼리프의 하나로 Abû Bakr에 이어 제2대 칼리프가 된 인물(644년 사망).
6) 현재 이라크 남부 지방인 Chaldea에 거주하던 고대 주민의 명칭이며, 구약성경에는 갈대아라는 이름으로 등장한다.

앞서 존재했던 콥트인들의 학문은 어디로 갔는가? 오직 한 민족, 즉 그리스인들의 학문만이 우리에게 전해지고 있는데, 그것은 칼리프 알 마문의 노력에 의해서 번역된 덕분이다. 그는 휘하에 수많은 번역가들을 두었으며 이를 위해서 많은 경비를 지출했다. 그리스를 제외한 다른 민족들의 학문들 가운데 우리에게 전해져 내려오는 것은 하나도 없다.

자연과 관련된 것이건 이성과 관련된 것이건 모든 현상은 연구의 가치를 지니고 있다. 이해가 가능하고 또 그 주제가 실질적인 것이라면, 그 대상이 무엇이건 나름대로 개별 학문을 필요로 한다. 이와 관련하여 학자들은 개별 학문의 성과에 대해서 관심을 가지는데, 현재 우리가 논의하는 이 학문에 관한 한, 성과라는 것은 우리가 앞에서 살펴보았듯이 단지 역사적 정보일 뿐이다. 비록 그것이 제기하는 문제는 본질적인 것이건 특수한 것이건 모두 중요하지만, 그것에 대한 우리의 관심이 생산하는 결과는 오직 하나, 즉 역사적 정보에 대한 확증뿐이다. 이것은 물론 대단한 것이라고 할 수는 없다. 아마 그래서 학자들이 이 주제를 회피해왔을지도 모른다. 신께서는 더 잘 아신다. "너희가 원래 받은 지식은 참으로 적도다."[7]

현재 우리가 관심을 가지는 이 분야에서 마주치는 어떤 문제들 중에는 다른 학자들이 자기 분야에서 어떤 문제들을 논의하다가 우연히 취급했던 것도 있고, 대상과 방법이라는 점에서 우리가 논의하는 문제들과 동일한 유형의 것들도 있다. 예를 들면 예언에 대한 논의와 관련하여, 학자들은 인간이 생존을 위해서 서로 협력하지 않으면 안 되고, 따라서 자신들 사이에서 중재역을 담당하고 억제력을 행사하는 사람들을 필요로 한다고 말한다. 또한 법률의 원리를 탐구하는 학문에서는 언어가 왜 필요한가 하는 논의를 하면서, 사람은 자신의 의도를 표현할 수단을 필요로 하며, 그 까닭은 인간이 본질상 적절한 표현을 통해서 상호부조와 사회조직을 보다 더 용이하게 할 수 있기 때문이라고 주장한다. 혹은 법률이 존재하는 이유는 그것이 수행해야 할 어떤 목적이 있기 때문이라는 논의와 관련해서, 법학자들은 간통이 계보를 혼란시키고 종을 파멸시키는 것이며, 살인은 인간의 종을 파괴하는 것이고, 불의는 문명의 파괴를 초래하고 그로 인해서 반드시

---

[7] 『코란』 17 : 85.

종(種)의 파멸을 가져온다고 말한다. 법률의 목적이 문명을 보존하려는 데에 있다는 점과 관련하여 위와 비슷한 문제들이 논의되었다. 따라서 그런 문제들은 문명과 관련된 현상에 관한 것이며, 이러한 사실은 위에서 언급한 몇 가지 대표적인 사례들을 통해서도 분명하게 알 수 있다.

우리는 또한 과거의 현자들이 남긴 글 속에서도 현재 논의하고 있는 주제와 관련된 약간의 언급을 찾아볼 수 있다. 그러나 그들은 이 주제를 철저히 분석하지 않았다. 예를 들면 우리는 알 마수디가 기록한 올빼미의 일화 속에서 조로아스터교 사제들[8]이 바흐람 이븐 바흐람[9]에게 이런 말을 했다는 사실을 알고 있다. "오, 왕이시여! 왕권은 오로지 신께 복종하고 신의 명령에 따르며 종교법을 지킴으로써 실현됩니다. 그런데 종교법은 오로지 왕권에 의해서만 지탱될 수 있으며, 강력한 왕권은 오로지 백성들을 통해서 성취될 수 있고, 백성들은 오로지 재화의 도움으로 생존할 수 있습니다. 재화를 획득하는 단 하나의 방법은 경작이며, 경작은 오로지 정의를 통해서만 실현됩니다. 정의는 인간들 가운데 세워진 저울입니다. 신은 그것을 세우고 또 그것을 위해서 감독관을 임명하니 그 감독관이 바로 군주입니다."

아누시르완[10]도 이와 같은 말을 한 적이 있다. "왕권은 군대를 통해서 존재하고, 군대는 재화를 통해서, 재화는 세금을 통해서, 세금은 경작을 통해서, 경작은 정의를 통해서, 정의는 관리들의 개선을 통해서, 관리들의 개선은 재상의 강직함을 통해서 존재할 수 있으며, 무엇보다도 이 모든 것은 군주가 자기 백성들의 상태를 직접 살피고 그들을 가르침으로써 존재할 수 있다. 그렇게 해야 그가 그들을 지배할 수 있고, 그들이 그를 지배하지 않게 되는 것이다."

아리스토텔레스가 저술했다고 하며 널리 읽혀지고 있는 『정치학』이라는 책에서 우리는 우리의 주제와 관련된 많은 것들을 발견할 수 있다. 그러나 그의 언급은 철저하지 못하며, 그 주제는 충분히 논의되지 않은 채 다른 것들과 뒤섞여 있다. 그 책에서 저자는 우리가 조로아스터교 사제들이나 아누시르완의 말을 빌려

---

8) 원문은 Môbedhân. 이 말은 고대 이란어 magupat에서 기원한 Môbedh의 복수형으로, 조로아스터교의 사제들을 가리킨다.
9) 페르시아 사산 왕조의 군주(재위 276-293).
10) 사산 왕조의 군주였던 호스로우 1세(531-579)를 가리킨다.

지적한 것과 같은 일반적인 관념들에 대해서 언급하고 있다. 그는 자신의 진술을 흥미로운 원형의 고리 형태로 배열하고서 상세한 논의를 전개했다. 즉 "세상은 정원이고 왕조는 그 울타리이다. 왕조는 권력이고, 그 권력을 통해서 생활은 적절한 규범을 따르게 된다. 적절한 규범은 군주에 의해서 지시되는 정책이다. 군주는 군대에 의해서 지탱되는 제도이다. 군대는 재화에 의해서 유지할 수 있는 조력자들이다. 재화는 백성들에 의해서 수집되는 자양분이다. 백성은 정의에 의해서 보호를 받는 하인들이다. 정의는 친숙한 것[11]이며 그것을 통해서 세상은 존속하게 된다. 세상은 정원이고……" 하면서, 그는 다시 처음으로 돌아간다. 이것은 정치적 지혜를 담은 여덟 문장이며, 서로 연결되어 있고 하나의 끝이 다음의 시작으로 이어진다. 이것들은 하나의 고리를 이루고 있어 분명한 시작과 끝이 없다. 저자는 그가 생각한 것에 대해서 자부심을 느꼈으며 그 문장들의 의미를 강조했다.

여러분들이 뒤에 나올 왕권과 왕조에 관한 부분에서 행해질 우리의 논의를 충분히 검토하고 예리하게 살펴본다면, 위의 문장들에 대해서 보다 철저하고 명확하며 완전히 검증된 해석과 상세한 해설을 얻게 될 것이다. 우리는 아리스토텔레스의 교시나 조로아스터교 사제들의 가르침이 없이도 신의 도움으로 이러한 것들에 대한 인식에 도달하게 되었다.

이븐 알 무카파[12]는 자신의 논저에서 정치적 주제들을 다루면서 우리의 글에서 제기하는 많은 문제들에 대해서도 언급하고 있다. 그러나 그는 자신의 진술에 대해서 우리가 했던 것과 같은 주장들을 통해서 입증하지 않았다. 그는 단지 유려한 문장과 수사학자의 유창한 달변으로 주마간산 격으로 언급했을 뿐이다.

판관(判官)인 아부 바크르 앗 투르투쉬[13]도 역시 『군주의 등불』(Kitâb Sirâj al-Mulûk)이라는 책에서 이와 동일한 견해를 표방했다. 그는 자기 저서를 여러 장과 절로 나누었는데 그것은 우리의 글에서 제시된 장과 절이나 문제들과 흡사

---

11) 원문은 ma'lûf(친숙한 것). 그러나 여기서는 '조화로운 것'의 뜻으로 받아들일 수도 있다.
12) 759/60년 사망. 압바스 왕조 초기에 활동했던 페르시아계 문필가. 동물우화집인 Panchatantra 를 비롯하여 페르시아어로 된 많은 문헌들을 아랍어로 번역했고, 정치와 윤리에 관해서도 글을 써서 칼리프 만수르에게 헌정했다. 그러나 반란음모에 연루되어 36세의 젊은 나이에 처형되고 말았다.
13) 스페인 출신의 판관. 1059년에 나서 1126년 혹은 1131년에 죽었다.

한 것이다. 그러나 그는 자신이 의도한 바의 목적을 성취하지 못했고, 문제들을 철저히 파헤치지 못했으며 분명한 증거들을 대지도 못했다. 그는 어떤 특정한 문제에 대해서 별도의 장을 할당해놓았지만, 거기에는 수많은 일화와 전승, 혹은 부주르즈미흐르14)와 조로아스터교 사제들과 같은 페르시아의 현인들 혹은 인도의 성자들이 했던 단편적인 이야기들을 기록했을 뿐 아니라, 다니엘이나 헤르메스 혹은 다른 위인들이 했던 격언으로 전승되는 자료들도 삽입시켰다. 따라서 그의 작품은 감동을 불러일으킬 목적으로 작성된 설교문처럼 그저 전승된 자료들을 모아놓은 것에 지나지 않는다. 어떤 면에서 앗 투르투쉬는 올바른 생각을 겨냥했다고 할 수 있지만, 그것을 명중시키지는 못했다. 그는 자신의 의도를 깨닫지 못했고 문제들을 철저하게 파헤치지도 못했다.

　반면 우리는 신에 의해서 영감을 받았다. 신께서 우리를 하나의 학문으로 인도하셨기 때문에 우리는 그 진리를 남김없이 보여줄 수 있다. 만약 내가 이 학문에 내포된 문제들을 철저하게 개진하고 그것이 다른 모든 학문들과 여러 가지 면에서 어떻게 다른가를 보여주는 데에 성공한다면, 그것은 신의 인도하심이 있기 때문일 것이다. 그러나 만약 내가 어떤 논점을 빼놓거나 혹은 이 학문의 문제를 다른 학문들의 문제들과 혼동한다면, 그것을 수정하는 임무는 분별력이 있는 비평가의 몫일 것이다. 하지만 그 길을 개척하고 표시를 해놓은 것은 분명히 나의 공적이리라.

　신께서는 그분이 점지하는 사람을 자신의 빛으로 인도하신다!

　이제 이 책에서 우리는 사회조직 속에서 인간에게 영향을 주는 문명의 다양한 측면들에 대해서 설명할 것이다. 즉 왕권, 직업, 학문, 기술 등 이 모든 것에 대해서 선량과 평민이 가진 다양한 지식의 진정한 본질을 보여주고 오류와 의혹을 제거할 것이다.

　인간은 그에게만 독특한 다음과 같은 자질들로 인해서 다른 생명체와 구별된다고 우리는 말한다. 즉 (1) 사고할 수 있는 능력이 있기 때문에 생긴 학문과 기술. 그 능력이 곧 인간을 다른 동물과 구별시키고, 다른 모든 피조물들 위에 선, 사고하는 존재로 드높여준다. (2) 억제력과 강력한 권위에 대한 필요. 모든 동물

---

14) 페르시아어로는 Buzurgmihr. 사산 왕조의 군주 호스로우 1세 아누시르완의 재상이며 페르시아의 대표적인 현인.

들 가운데 유독 인간만이 이런 것 없이는 존재할 수 없다. 이와 관련해서 벌과 메뚜기에 대해서도 비슷한 논의가 있었지만, 만약 그것들이 우리와 비슷하게 그런 것을 가지고 있다고 하더라도, 그것은 '영감'15)에 의한 것이지 사고나 성찰에 의한 것은 아니다. (3) 생계를 유지하려는 인간의 노력, 그리고 생활수단을 획득하는 다양한 방법 등에 대한 인간의 관심. 이것은 인간이 생존과 존속을 위해서 식량을 필요로 하기 때문에 생긴 결과이다. 신께서는 인간으로 하여금 그와 같은 필요를 느끼도록 하여 생계수단을 희망하고 추구하도록 인도하신다. 신께서 말씀하기를 "그 분은 만유를 창조하고 모든 사람들에게 고유한 본성을 부여하시며 인도해주신다."16) (4) 문명. 이것은 인간이 필요한 것을 획득하고 공동생활이 부여하는 평안을 누리기 위해서 도시나 촌락에 모여 함께 살지 않으면 안 된다는 사실을 의미한다. 왜냐하면 뒤에서 설명하듯이 생계를 꾸려가기 위해서 인간은 본성적으로 협동을 지향하기 때문이다. 문명에는 전야(田野)문명과 도회문명이 있는데,17) 전자는 벽지나 산지, 초원이나 황무지 부근의 촌락, 사막의 언저리 등에서 보이는 것이고, 후자는 성벽과 같은 방어시설이나 주민보호의 기능을 갖춘 도시, 촌락, 읍, 소규모 공동체 등에서 보이는 것이다. 이처럼 서로 다른 조건들 속에 있을지라도, 문명은 여전히 사회조직일 수밖에 없고 그렇기 때문에 거기에 영향을 미치는 요소들이 존재한다.

따라서 이 책에서의 논의는 다음과 같은 여섯 개의 장으로 나누어진다.

(1) 인간의 문명 일반. 그 다양한 종류와 지구상에 존재하는 문명권에 관한 논의.
(2) 전야문명. 그 부족과 야만민족들에 관한 논의도 여기에 포함된다.
(3) 왕조, 칼리프제, 왕권. 정부관직에 관한 논의도 여기에 포함된다.
(4) 도회문명과 지방, 도시에 관한 논의.
(5) 기술, 생계, 직업 및 그 갖가지 양상.
(6) 학문. 그 습득과 연구.

---

15) 아랍어에서 wahy라는 단어는 (예언자의) '영감'을 뜻하는데, 여기에서는 '본능'이라는 뜻으로 받아들이는 쪽이 더 이해하기 쉽다. 벌들의 '영감'에 대해서는 『코란』 16장 68절 참조.
16) 『코란』 20:50.
17) 이 책 p.125의 각주 1) 참조.

나는 전야문명에 대해서 먼저 논의를 전개할 것이다. 그 까닭은 뒤에서 분명해지겠지만, 그것이 다른 무엇보다도 선행하는 것이기 때문이다. 왕권에 대한 논의도 마찬가지 이유에서 지방과 도시에 대한 논의의 앞에 두어졌다. 생계가 학문에 앞서서 논의된 이유는 생계가 긴요하고 본질적인 것에 비해 학문의 탐구는 사치나 편의를 위한 것이기 때문이다. 나는 기술과 직업을 한꺼번에 묶어서 다루었는데, 그 이유는 뒤에서 분명해지듯이 문명에 관한 한, 기술은 직업에 속하는 것이기 때문이다.

신께서 성공과 도움을 주시기를!

제1장 인간의 문명 일반

제1전제 : 인간의 사회조직은 필요불가결하다

이 사실을 철학자들은 "인간은 본질적으로 '사회적'이다"라는 말로 표현했다. 이는 곧 인간은 사회조직이 없이는 살 수 없다는 뜻이니, 철학자들은 그러한 사회조직을 '도시'(polis)라는 용어로 표현했다. 이것은 곧 문명이기도 하다. 인간의 사회조직이나 문명이 필요불가결한 것이라는 점은 신이 인간을 오직 식량에 의해서만 생존하고 존속할 수 있는 형태로 창조했다는 사실로써 설명된다. 그 분은 인간에게 식량을 갈구하는 자연적인 욕망을 가지도록 했고 또 그것을 획득할 수 있는 힘을 부여했다.

그러나 개별적 인간의 힘은 그가 필요로 하는 식량을 충족시킬 만큼 강하지 않기 때문에 한 개인은 생존에 필요한 충분한 식량을 확보할 수 없다. 우리에게 절대적으로 필요한 최소한의 식량 — 예를 들면 하루를 사는 데에 필요한 (소량의) 밀 — 조차도 그만큼의 곡식을 빻고 반죽하고 굽는 것과 같은 많은 준비를 한 연후에야 획득될 수 있다. 이 세 종류의 작업은 각각 그릇과 도구를 필요로 하며, 그것은 여러 종류의 기술, 즉 대장장이와 목수와 옹기장이들이 소유하는 기술의 도움을 통해서 확보될 수 있다. 그러나 누군가가 이러한 작업을 거치지 않고 조리되지 않은 곡식을 그대로 먹는다고 가정할지라도, 그는 그러한 곡식을 얻기 위해서 씨 뿌리고 거두고 탈곡하는 것과 같은 더 많은 작업들을 해야 할 것이다. 이러한 작업들은 각각 앞에서 언급한 것들보다 더 많은 종류의 도구와 기술을 요구하며, 그 전부 혹은 그 일부를 수행하는 것은 한 개인의 능력범위를 넘어서는 일이다. 따라서 그는 동료들과 협력하여 많은 종류의 힘을 결합하지 않으면 식량을 확보할 수 없다. 협력을 통해서 여러 사람들은 자신에게 필요한 분량, 아니 그보다 몇 배나 더 많은 수요도 충족시킬 수 있을 것이다.

마찬가지로 개인은 신변의 방어를 위해서 동료들의 도움이 필요하다. 신께서 모든 생물에게 고유한 성질을 부여하고 갖가지 힘을 나누어주셨을 때, 야수들에게는 인간에게 준 것보다 더 강력한 힘을 주셨다. 예를 들면 말의 힘은 사람의 힘보다 훨씬 더 강하며, 나귀나 소의 힘도 그렇다. 사자나 코끼리의 힘은 인간의 힘에 비해 몇 배나 더 강하다.

공격성은 생물들에게 본능적인 것이다. 따라서 신은 그들 각자에게 공격을 방어하기 위한 지체를 부여했다. 그러나 인간에게는 사고하는 능력과 손을 주셨다. 사고하는 능력의 도움으로 손은 기술을 터득할 수 있게 되었고, 다른 동물들이 방어를 위해서 소유한 지체 대신 기술은 인간에게 도구를 주었다. 예를 들면 투창은 적을 찌르는 뿔을 대신하고, 칼은 상처를 입히는 발톱을 대신하며, 방패는 두꺼운 살가죽을 대신하는 그런 식이다. 이밖에도 다른 것들이 있는데 이것들은 모두 갈레노스[1]의 『지체의 효용』(*De usu partium*)에 언급되어 있다.

한 개인의 힘은 다른 동물, 특히 맹수들의 힘에 대항할 수 없다. 인간은 대체로 이런 동물들에 대해서 자기 혼자만으로는 방어할 수 없다. 또한 도움을 받지 않고는 기존의 방어도구들을 충분히 이용할 수도 없는데, 그 까닭은 도구의 종류가 너무 많고 그것을 사용하기 위해서는 수많은 기술과 물건들이 요구되기 때문이다. 따라서 인간은 절대적으로 동료들과 협력하지 않으면 안 된다. 그러한 협력이 없는 한, 인간은 아무런 식량이나 양분을 얻을 수도 없으며 생명을 유지할 수도 없을 것이다. 왜냐하면 신은 인간이 살기 위해서는 식량을 필요로 하도록 만들었기 때문이다. 뿐만 아니라 인간이 무기를 소유하지 못하게 되면 동물의 먹이가 되어 자기 수명보다 훨씬 더 일찍 죽을 수밖에 없으며, 그렇게 되면 인간은 멸종될 수밖에 없다. 그러나 상호협조를 할 수만 있다면, 인간은 자양분을 제공하는 식량과 자기 방어를 위한 무기를 확보할 수 있게 되고, 또 그렇게

---

[1] 129-199년경. 그리스 Pergamum(현재는 터키의 Bergama) 출신의 의학자이자 철학자. 그는 인체의 건강이 4종류의 '체액'(phlegm, black bile, yellow bile, the blood)의 균형에 의해서 유지된다고 보았다. 그는 특히 해부학과 병리학에 정통하여 인체의 구조에 관한 그의 저술은 후일 아랍어로 번역되어 이슬람권에 큰 영향을 미쳤다.

됨으로써 인류가 존속되고 인간이라는 종이 보존되도록 한 신의 현명한 계획이 성취된다.

요컨대 사회조직은 인류에게 필요한 것이다. 그것이 없다면 인류는 불완전하게 되고 말 것이며, 세계를 인류의 거처로 만들고 인간을 자신의 대리인으로 지상에 두려고 한 신의 희망은 실현되지 않을 것이다. 이것이 바로 지금 우리가 논의하고 있는 학문의 대상인 문명의 의미이다. 이상에서 언급한 것들은 이 특정한 분야에서 연구대상이 존재한다는 사실을 확실히 해두기 위해서 필요했다. 그러나 어느 특정한 분야에 종사하는 학자가 반드시 이렇게 해야 할 필요는 없다. 왜냐하면 논리학에서 이미 받아들여지고 있듯이 학자가 자기 학문에 대상이 존재한다는 사실을 반드시 입증해야 할 필요는 없기 때문이다. 그렇지만 논리학자들이 그렇게 해서는 안 된다고 금지하고 있는 것도 아니니, 그렇게 하는 것은 오로지 자기 뜻에 따른 것일 뿐이다.

신께서 은총을 베풀어 성공을 주시기를!

앞에서 언급했듯이 인류가 사회조직을 만들고 이 세상에 문명이 성립하게 되면, 사람들은 인간의 동물적 본성 속에 존재하는 공격성과 불의를 제어해야 할 필요를 느끼게 되고, 따라서 억제력을 발휘하고 서로를 공격하지 못하도록 떨어뜨려놓는 누군가를 필요로 하게 된다. 야수의 공격성에 대비하여 인간을 방어하기 위해서 만들어진 무기는 인간 자신의 공격을 막아내기에는 충분하지 못하다. 왜냐하면 모든 인간이 그러한 무기를 소유하고 있기 때문이다. 따라서 인간 상호 간의 공격을 방어하기 위해서는 무엇인가 다른 것이 필요한데, 그것은 외부로부터 주어질 수는 없는 것이다. 왜냐하면 인간 이외의 다른 모든 동물들은 인간의 지각과 영감에 미치지 못하기 때문이다. 따라서 억제력을 발휘하는 사람은 인간들 가운데 누군가일 수밖에 없다. 그는 사람들을 제압하는 힘과 권위를 가져야 하며, 그렇게 함으로써 누구도 서로에 대해서 공격할 수 없도록 해야 한다. 이것이 바로 왕권이 가지는 의미이다.

이렇게 해서 왕권이란 인류에게 절대적으로 필요한 것, 인간에게 본성적인 것임이 분명해졌다. 철학자들은 이것이 벌이나 메뚜기와 같이 일부 동물들에게도 존재한다고 말한다. 물론 우리는 그들에게도 권위의 존재와 지도자에의 복종이 있음을 알 수 있다. 그들은 본능적으로 또 신체적으로 지도자의 자질을 나타내는 녀석을 추종한다. 그러나 인간의 경우를 제외하고, 이러한 것은 본능적인 성향과 신의 인도에 의한 결과로서만 존재할 뿐, 사고하거나 규율하는 능력의 결과로서 생긴 것은 아니다.

철학자들은 여기에서 한걸음 더 나아가서 예언의 존재에 대한 논리적인 증거를 제시하고 예언이 인간의 고유한 본성임을 입증하려고 시도한다. 이와 관련하여 그들은 이 주장을 그 궁극점까지 추구하여 인간들은 억제력을 발휘하는 어떤 권위를 절대적으로 필요로 한다고 말한다. 그들은 신이 제정하고 또 한 사람에 의해서 인류에게 계시된 종교법을 통해서 그와 같은 억제력이 발휘된다고 말하기도 한다. 그 사람은 신의 인도에 의해서 특별히 부여된 자질을 가지게 되어 다른 인간들과는 구별되며, 신은 다른 사람들이 그에게 복종하고 그가 말하는 것을 받아들이도록 예비케 했다. 따라서 그들의 주장에 따르면 인간들 사이에 또 인간들 위에 하나의 권위가 존재하는 것은 거부할 수 없는 사실이라는 것이다.

그러나 우리는 철학자들의 이러한 주장이 논리적이 아니라는 것을 알 수 있다. 인간의 존재와 생명은 예언이 존재하지 않아도 권위를 지닌 어떤 한 사람이 자기 혼자의 힘으로 명령을 내리거나 혹은 연대의식 ― 이는 다른 사람들로 하여금 그가 어디를 가건 따르도록 강요할 수 있게 한다 ― 의 도움을 받아 지시를 내림으로써 실현될 수 있기 때문이다. 성스러운 계시를 통해서 경전을 소유하고 예언자를 따르는 민족들은 숫자상으로 그런 것을 가지지 못한 이교도들에 비해서 더 적다. 후자는 세상 사람의 대다수를 차지한다. 그렇지만 그들은 단지 생존하는 데에 그친 것이 아니라 왕조와 거대한 건물들까지 소유했고 지금도 북방과 남방의 여러 곳에 살면서 그런 것들을 누리고 있다. 이것은 아무도 억제적 영향력을 행사하지 않는 무정부적 상태의 인간생활과는 구별되는 것이며, 그런 상태는 불가능할 것이다.

이러한 사실은 예언이 반드시 존재할 수밖에 없다고 한 철학자들의 추정이 옳지 않음을 보여준다. 예언의 존재는 논리에 의해서 요구되는 것이 아니다. 그것의 필요성은 초기 무슬림들의 의견처럼 종교법에 의해서 성립되는 것이다.

제2전제 : 지구에 문명이 존재하는 지역. 대양, 하천, 기후대에 관해서[2]

세계의 상태에 관해서 고찰한 철학자들의 책에는 지구가 원구(圓球)와 같은 형상을 하고 있으며 물로 둘러싸여 있다고 설명되어 있다. 그것은 마치 물 속에 떠 있는 포도알에 비유할 수 있을 것이다.

물이 땅의 어떤 부분에서 빠져나갔는데, 그것은 신이 그곳에 생명들을 창조하고 인간으로 하여금 자신의 대리인이 되게 하여 그 생명들 위에 군림하며 살기를 원했기 때문이다. 그래서 혹시 지구 아래에 물이 있을 것이라는 생각을 하는 사람들이 있을지도 모르지만, 그것은 잘못된 것이다. 지구 '아래'라고 한다면, 그것은 이 원구의 중앙, 즉 그 중력에 의해서 모든 것들이 끌려들어가는 중심이다. 지구에서 그 중심 바깥의 모든 외면을 둘러싸고 있는 것은 물이고 따라서 그것은 '위'에 있는 셈이 된다. 지구의 어떤 부분을 '아래'라고 말할 때, 그것은 지구의 다른 지역과의 관련 속에서 이해되어야 할 것이다.

물이 빠져나가서 육지를 이루는 부분은 지구 표면의 1/2이다. 지구는 둥근 모양을 하고 있고 그 주위는 물로써 둘러싸여 있다. 이것이 바로 우리가 '주해'(周海)[3]라고 부르는 바다이다. 물이 없어서 인류문명에 적합한 지표면에는 거주 가능한 지역보다 황량한 불모지가 더 많다. 남방의 불모지는 북방의 불모지보다 더 광범위하고, 지구상에서 거주 가능한 부분은 북방에 더 많이 분포되어 있다. 그것은 둥근 평면 형태를 취하며, 남방으로는 적도까지 뻗어 있고 북방으로는 북극권을 나타내는 순환선까지 뻗어 있다. 그 너머로는 바다와 경작지를 갈라놓는 산들이 있다.

물이 없는 육지 부분은 지구 전체의 반 혹은 그에 약간 못 미치기 때문에 거주 가능한 지역은 전체의 1/4에 해당되며, 이는 다시 일곱 개의 기후대(氣候帶)[4]로

---

[2] 여기에서 다루어지는 내용은 대부분 무슬림 지리학자들의 글에서 보이고 있으나, 이븐 할둔은 특히 Muḥammad al-Idrîsî(1100-1162)의 *Nuzhat al-mushtâq*, 일명 『루지에로의 책』(*Kitâb Rujâr*)(시칠리아의 군주 루지에로 2세를 위해서 저술되었기 때문에 붙여진 이름)에 크게 의존하고 있다.

[3] 원문은 al-Baḥr al-Muḥît("the Surrounding Sea").

나누어져 있다. 적도는 지구를 서에서 동으로 반분하며 지구의 둘레를 나타낸다. 그것은 지구에서 가장 긴 선분이니, 마치 황도와 천구적도(天球赤道)가 천구에서 가장 긴 선분인 것과 같다. 황도는 360도로 분할되며 지리적인 계량으로 1도는 25파르상(parsang)이다. 1파르상은 12,000큐빗(cubit), 즉 3마일이니, 1마일은 4,000큐빗인 셈이다.[5] 1큐빗은 24지척(指尺)이며, 1지척은 보리알 6개를 한 줄로 나란히 붙여놓은 길이이다. 천구를 반분하는 천구적도와 평행하는 지구상의 적도는 두 극점으로부터 90도 떨어져 있다. 적도 북방의 거주지는 북위 64도까지만 포괄할 뿐, 나머지는 혹심한 추위와 얼음 때문에 거주할 수 없는 불모지이니, 마치 남방이 더위 때문에 완전히 불모지인 것과 흡사하다. 장차 이것들을 모두 설명할 것이다. 신께서 뜻하신다면.

거주지역과 그 주변, 거기에 위치한 도시, 읍, 산, 하천, 불모지, 사막 등에 관한 정보는 『지리학』을 저술한 프톨레마이오스,[6] 또 그 후에는 『루지에로의 책』의 저자[7]에 의해서 제시된다. 이들은 거주지를 일곱 부분으로 나누었으며, 그것을 '기후대'라고 불렀다. 일곱 기후대의 경계는 인위적인 것으로 동서로 뻗어 있다. 기후대의 위도상의 거리는 동일하지만, 경도상의 길이는 다르다. 제1기후대는 제2기후대보다 더 길고, 제2기후대는 제3기후대보다 더 길며, 나머지도 같은 식이다. 제7기후대가 가장 짧다. 육지에서 물이 빠져나간 결과로 생긴 지역의 형태가 원형이기 때문에 불가피하게 그렇게 될 수밖에 없다. 이 학자들은 일곱 개의 기후대를 각각 서에서 동으로 연접된 열 개의 '구역'으로 분할하고 이 각 구역의 일반적 상태와 문명에 대해서도 설명하고 있다.

지리학자들은 '주해'가 제4기후대의 서쪽으로 가지를 쳐서 뻗어나간 것이 바로 지중해라고 한다. 지중해가 시작되는 곳은 탄지에르(Tangier)와 타리파(Tarifa)[8]

---

4) 원어는 iqlîm(복수형 aqâlîm). 그리스어의 klima에서 나온 말로, 영어의 clime 혹은 climate 등도 마찬가지이다. 이 같은 분류는 고대 메소포타미아에서 기원했다.
5) 1parsang(혹은 farsang, farsakh)은 대략 6km. 아랍의 1마일(mîl)은 1.97km에 해당한다.
6) 2세기 그리스의 지리학자, 아랍어로 Baṭulîmûs. 9세기 al-Khwârizmî가 프톨레마이오스의 『지리학』(Kitâb al-Jugrâfiyâ)을 기초로 『대지의 모습』(Kitâb Ṣûrat al-arḍ)이라는 책을 저술한 뒤, 프톨레마이오스의 지리학은 이슬람권에 지대한 영향을 미치기 시작했다.
7) p.77의 주 2) 참조.
8) 탄지에르는 모로코 북단의 항구이고, 타리파는 이베리아 반도의 남단에 있다.

사이에 12마일 거리 정도의 좁은 해협으로 지브랄타르 '해협'이라고 부른다. 여기에서 시작한 지중해는 동쪽으로 가면서 600마일의 폭으로 넓어지고, 제4기후대의 제4구역의 마지막에서 끝나는데, 그 시작점에서부터의 거리는 1,160파르상이다. 그 동쪽 끝에서 시리아 연해와 접하고, 남쪽으로는 지브랄타르 해협이 있는 탄지에르에서 시작되는 마그리브 해안을 접하면서 이프리키야와 바르카(Barqah)[9]를 거쳐 알렉산드리아에 이르며, 북쪽으로는 콘스탄티노플의 해안을 접하다가 베네치아, 로마, 프랑스, 스페인을 거쳐서 다시 탄지에르 맞은편 지브랄타르 해협의 타리파로 이어진다. 지중해는 '로마해' 혹은 '시리아해'라고도 불리며 사람들이 거주하는 섬들이 수없이 많다. 그중에는 크레타, 키프로스, 시칠리아, 마요르카, 사르데냐와 같이 큰 것들도 있다.

지중해의 북쪽으로는 두 개의 또 다른 바다가 두 해협을 거쳐 갈라져나간다고 한다. 그 하나는 콘스탄티노플 맞은편에 있는 바다[10]인데, 지중해로 연결되는 좁은 해협 —— 화살이 도달할 정도의 폭 —— 에서 시작하여 사흘 거리를 지나 콘스탄티노플까지 이른다. 거기에서 폭 4마일, 길이 60마일의 해협 —— 콘스탄티노플 해협[11]이라고 불린다 —— 을 흐르다가 폭 6마일 정도의 어귀를 통과하여 흑해로 흘러들어간다. 이 두번째 바다는 거기에서부터 흐름을 동쪽으로 돌려 비씨니아(Bithynia) 지방[12]에 있는 헤라클레이아(Hercleia)를 지나 하자르인[13]의 지방에서 끝난다. 그 시작점에서부터 계산하면 길이는 1,300마일이다. 이 바다의 두 해안을 따라서 비잔틴, 투르크, 불가르, 러시아 등의 민족들이 살고 있다.

지중해의 두 해협에서 갈라져나온 또 하나의 바다는 '베네치아만(灣)'(즉 아드리아해)이라고 불린다. 북쪽에서 비잔틴 영토로부터 시작하고 서쪽으로는 롬바르디아의 산탄젤로에서부터 시작된 이 바다는 베네치아 지방을 거쳐 아퀼레

---

9) 리비아 북방의 키레나이카 지방에 있다.
10) Marmara 바다.
11) Bosporus 해협.
12) 마르마라해, 보스포러스, 흑해 등과 닿아 있는 아나톨리아 북부지방의 이름.
13) Khazar. 핵심집단은 투르크계로 알려져 있으며 6세기 중반경 러시아 남부, 즉 흑해 북쪽의 초원에 유목국가를 건설했다. 동서교역의 요충지에 위치하여 러시아 및 비잔틴 제국 등과 관계를 유지했고, 유태교로 개종하기도 했으나, 10세기 후반 러시아인들의 공격으로 붕괴되었다.

이아(Aquileia)14)까지 뻗어 있으며, 시작한 곳에서부터 길이가 1,100마일에 이른다. 그 두 해안에는 베네치아와 비잔틴을 비롯한 여러 민족들이 살고 있으며, '베네치아만'이라고 불린다.

지리학자들에 의하면 '주해'로부터 거대한 바다 하나가 적도 북방 13도에서 동쪽으로 흐른다고 한다. 그것은 약간 남쪽으로 흘러 제1기후대로 들어가는데, 그리고 나서 제1기후대 안에서 서쪽으로 흘러 제1기후대의 제5구역에 위치한 아비시니아인과 흑인들의 고장 그리고 밥 알 만뎁(Bâb al-Mandeb) 지방15)에 이르게 된다. 이것은 '중국해', '인도해', 혹은 '아비시니아해'(즉 인도양)라고 불린다. 그 남쪽 경계는 이므루 알 카이스16)가 자신의 시에서 언급한 바 있는 흑인과 베르베르인들의 지방이다. 이 '베르베르인'은 마그리브 지방의 베르베르 부족민들과는 다르다. 이 바다는 그뒤 모가디슈, 수팔라, 알 왁왁 지방,17) 그리고 그 너머로는 불모의 황무지만이 있는 다른 민족들의 영역과 접한다. 북쪽으로는 중국과 접한 곳에서 시작하여 동인도와 서인도를 거쳐, 알 아흐카프(al-Aḥqâf), 자비드(Zabîd) 등의 도시가 있는 예멘 해안과 접하다가, 흑인 및 그 너머에 베자족(Beja)18)이 있는 지방에서 끝난다.

그들은 인도양에서부터 두 개의 바다가 갈라져 나온다고 말한다. 그 하나는 인도양이 끝나는 곳, 즉 밥 알 만뎁에서 갈라져나온다. 그 시작은 좁지만 약간 서쪽으로 기운 북쪽으로 흘러가면서 점점 넓어져서, 마침내 제2기후대의 제5구역에 위치한 알 쿨줌(al-Qulzum)19)에 도달한다. 시발점에서부터의 길이는 1,400마일이며, 이것이 '쿨줌해' 혹은 '수에즈해'(즉 홍해)이다. 홍해에 연접한 수에즈에서 푸스타트(Fusṭât)20)까지는 사흘 거리이다. 홍해는 동쪽으로 예멘, 히자즈,

---

14) 이탈리아 동북부의 도시로 아드리아해에 면해 있다.
15) 동북쪽의 홍해와 서남쪽의 아덴 만을 연결하는 해협과 그 부근의 지명.
16) 550년경 사망. 이슬람 출현 이전 시대에 가장 뛰어난 시인의 한 사람.
17) Mogadishu는 동아프리카 해안의 지명. Sufâlah는 모잠비크의 수도. al-Wâqwâq는 무슬림 지리학에서 애매한 문제인데, 그 위치에 대해서는 마다가스카르, 보르네오, 일본〔倭國〕등 여러 가지 추정들이 있다.
18) 아랍어로는 al-Bujah. 이집트 동남부에서 수단을 거쳐 에뤼트리아에 이르는 산간지역에 거주하는 유목부족이다.
19) 수에즈 지방을 가리킨다.
20) 641년 아랍군이 이집트의 알렉산드리아 부근에 건설한 도시. 969년에는 파티마 왕조가 그 북쪽

제다(Jedda)21) 등의 해안과 닿아 있고, 끝나는 곳에서는 미디안(Midyan), 아일라(Aila), 파란(Fârân) 등과 닿아 있다. 서쪽으로는 상(上)이집트, 아이답(Aydhâb), 수아킨(Suakin), 자일라(Zayla) 등과 접하며 그것이 시작되는 곳에서 베자족의 지방과 닿아 있다. 그것은 알 쿨줌에서 끝난다. 알 아리쉬(Al-'Arîsh)22)에서 지중해로 나갈 수 있으며, 홍해와 지중해 사이는 엿새 거리에 불과하다. 이슬람 출현 이전 혹은 이후의 많은 군주들이 그 사이에 가로놓인 육지를 굴착하고 싶어했지만 실현하지는 못했다.

인도양에서 갈라져 나온 두번째 바다는 '페르시아만'(즉 '녹색의 만')이라고 불리며, 인도양의 서부 해안과 예멘의 알 아흐카프(al-Ahqâf) 사이의 지역에서 가지쳐서 나온 것이다. 그것은 서쪽으로 약간 기울어 북쪽으로 흐르는데, 제2기후대의 제6구역에 있는 바스라 해안의 알 우불라(al-Ubullah)에서 끝나며, 시발점에서부터의 거리는 440파르상이다. 그것은 페르시아만(페르시아해)이라고 불린다. 동쪽으로는 서인도, 무크란(Mukrân), 키르만, 파르스의 해안과 접하며 마지막에는 알 우불라에 이른다. 서쪽으로는 알 바레인(al-Bahrayn), 야마마(Yamâmah), 오만, 앗 쉬흐르(ash-Shihr)와 접하다가 시발점인 알 아흐카프에 도달한다. 페르시아만과 알 쿨줌 사이에는 대륙에서 바다를 향해서 뻗어나온 아라비아 반도가 있다. 이것은 남으로는 인도양, 서로는 홍해, 동으로는 페르시아만에 의해서 둘러싸여 있다. 시리아와 알 바스라 사이의 지역에서 이라크와 연결되며, 시리아와 이라크 사이의 거리는 1,500마일이다. 이라크에는 알 쿠파(al-Kufâh), 알 카디시야, 바그다드, 크테시폰에 있는 호스로우의 궁전, 알 히라 등이 있다. 그 너머로는 투르크, 하자르와 같은 비아랍계 민족들이 거주한다. 아라비아 반도는 서쪽의 히자즈, 동쪽의 야마마와 알 바레인, 남쪽의 인도양 연안의 예멘 등으로 이루어져 있다.

그들은 거주지역 안의 북쪽, 즉 다일람족(Daylam)23)이 사는 곳 북방에 또 하나의 바다가 있다고 말한다. 이 바다는 다른 바다와 연결되지 않으며, 주르잔

에 신도시를 건설했고 이것이 현재의 카이로가 되었다. 이븐 할둔이 푸스타트를 언급한 것은 그가 969년 이전의 자료를 이용하고 있음을 보여준다.
21) 아랍어로는 Jiddah. 메카 서쪽 홍해에 연한 항구도시.
22) 이집트의 도시명.
23) 카스피해 남부의 지명이자 민족명이다.

(Jurjân)해 혹은 타바리스탄(Ṭabaristân)해24)(카스피해)라고 불린다. 그 길이는 1,000마일이며 폭은 600마일이다. 그 서쪽으로는 다일람족의 영토와 아제르바이잔이 있고, 동쪽으로는 투르크족의 지방과 호레즘이 있으며, 북쪽으로는 하자르족, 알란족의 땅이 있다. 이상이 지리학자들에 의해서 언급된 유명한 바다들이다.

나아가서 그들은 지구상의 거주지역 안에 수많은 강들이 있다고 말한다. 그중 가장 큰 것으로 네 개를 꼽는데, 즉 나일, 유프라테스, 티그리스, 발흐(Balkh)(옥수스라고도 한다)25)이다.

나일강은 남위 16도, 즉 제1기후대의 제4구역 안에 있는 한 거대한 산에서 발원한다. 이것은 쿠므르(Qumr 혹은 Qumur)26)산이라고 불리며 지구에서 그보다 더 높은 산은 없다고 한다. 그 산에서 많은 샘물이 솟아나오는데, 그중 일부는 그곳에 있는 호수로 흘러 들어가고 또 다른 일부는 다른 호수로 흘러 들어간다. 이 두 개의 호수에서 여러 개의 강이 흘러 나와 모두 적도에 위치한 한 호수로 들어간다. 그 산에서 열흘 거리에 있는 곳이다. 그 호수에서 두 개의 강이 나오는데, 하나는 북쪽으로 흘러 누바족(Nûbah)의 땅을 거쳐 이집트를 지나간다. 이집트를 지난 뒤 이 강은 서로 가까운 여러 지류들로 나누어지는데, 그것들은 모두 '운하'라는 이름으로 불리며 알렉산드리아 부근에서 지중해로 유입된다. 이 강은 '이집트 나일강'이라고 불린다. 그것은 동쪽으로는 상이집트, 서쪽으로는 오아시스들과 접한다. 또 다른 강은 서쪽으로 흘러서 '주해'로 들어가는데, 이 강은 '수단 나일강'이라고 불리며, 모든 흑인들이 그 연안을 따라서 살고 있다.

유프라테스는 제5기후대의 제6구역에 위치한 아르메니아에서 발원한다. 그것은 남쪽으로 흐르면서 비잔틴 영내(아나톨리아)를 거쳐 말라티아(Malatya)와 만비즈(Manbij)를 지나고, 다시 시핀(Ṣiffîn), 알 락카(al-Raqqah), 알 쿠파 등지를 거쳐 알 바스라와 와시트(Wâsiṭ) 사이에 있는 습지대(알 바타[al-Baṭhâ])에 도달한 뒤에 인도양으로 흘러 들어간다. 많은 지류들이 그 강으로 흘러 들어 오며 또 다른 많은 지류들이 그 강에서 갈라져 나와 티그리스강으로 들어가기도 한다.

---

24) 모두 이란 북방, 카스피해 남쪽의 지명이다.
25) 아프가니스탄 북방의 지명이다. 이 강은 현재 Amu Darya라고 불리며, 고대 그리스인들은 Oxus, 무슬림들은 Jayhûn이라고 불렀다.
26) 이슬람의 지리학자들은 프톨레마이오스의 설을 받아들여 대체로 Qamar('달의 산'이라는 뜻)라고 읽지만, 이븐 할둔은 Ibn Sa'îd의 독법을 추종하고 있다.

티그리스강 역시 아르메니아에 있는 힐라트(Khilât) 지방의 수많은 샘물에서 발원한다. 그 흐름은 남쪽으로 모술, 아제르바이잔, 바그다드를 통과하여 와시트에 이른다. 거기에서 여러 개의 지류로 나누어지지만, 모두 알 바스라 호수로 들어갔다가 페르시아만으로 유입된다. 티그리스는 유프라테스 동쪽으로 흐르고 있다. 많은 큰 강들이 각 방향에서 그곳으로 흘러 들어 합류한다. 유프라테스와 티그리스 사이의 지역 가운데 상류에 있는 것이 모술 반도이며, 유프라테스의 양안에서는 시리아와 접하고 티그리스의 양안에서는 아제르바이잔과 접한다.

옥수스강은 제3기후대의 제8구역에 위치한 발흐 지방의 수많은 샘물에서 발원한다. 이 강이 남쪽에서 북쪽으로 흐르는 동안 커다란 강들이 합류하며, 후라산을 거쳐 제5기후대의 제8구역에 있는 호레즘을 지나서 구르간지(Gurganj)라는 도시가 있는 아랄호(구르간지호)로 들어간다. 폭과 길이가 모두 한 달 거리에 이른다. 투르크인의 땅에서 흘러나오는 페르가나(Ferghânah)와 타슈켄트(Tashkent)[27]의 강들도 그곳으로 유입된다. 옥수스의 서쪽에는 후라산과 호레즘이 위치하고, 동쪽에는 부하라, 앗 티르미드(at-Tirmidh), 사마르칸드와 같은 도시가 있다. 그 너머에는 투르크, 페르가나, 카를룩 및 기타 비아랍계 민족들의 고장이다.

이 모든 것들은 프톨레마이오스의 저작과 샤리프 알 이드리시의 『루지에로의 책』에 언급되어 있다. 지구상의 거주지역에 있는 산, 바다, 강들은 모두 지도에 그려져 있고 지리서에 자세히 설명되어 있기 때문에 더 이상 깊이 들어갈 필요는 없다. 그것을 자세히 다루려면 너무 장황해질 것이다. 우리의 주된 관심은 베르베르족의 고향인 마그리브와 아랍인들의 고장인 동부지역이다.

신께서 우리의 성공을 도우시기를!

제2전제의 보충 : 지구의 남반부보다 북반부에 더 많은 문명이 존재하는 현상과 그 이유

우리는 관찰과 전승을 통해서 거주지역 안에 위치한 제1, 제2기후대가 다른 기

---

[27] 일명 ash-Shâsh.

후대에 비해 더 적은 문명들을 보유한다는 사실을 알고 있다. 제1, 제2기후대의 거주지역 안에는 황무지와 사막이 여러 군데 있고 그 동쪽에는 인도양이 있다. 이들 기후대의 민족과 주민의 숫자도 그렇게 많지는 않으며 도시와 마을들의 숫자도 마찬가지이다. 그러나 제3, 제4기후대나 그 다음의 기후대들의 경우는 전혀 반대의 상황이다. 황무지는 적고 사막도 드물거나 아예 없다. 민족과 주민의 숫자는 엄청나게 많고 도시와 읍들도 넘친다. 문명은 제3, 제4기후대 사이에 자리를 잡고 있으며 그 남쪽은 완전히 공허하다.

많은 철학자들의 설명에 따르면, 그러한 이유가 남쪽에서는 태양이 근소하게 비껴감으로써 지나치게 덥기 때문이라고 한다. 그러면 이러한 주장에 대해서 설명하고 증명해보도록 하자. 그렇게 하면 문명이 무슨 까닭으로 제3, 제4기후대에서 가장 발달하고, 제5, 제6, 제7기후대로도 뻗쳐 있는가를 분명히 알 수 있을 것이다.

우리의 설명은 다음과 같다. 천구의 남극과 북극이 수평선에 보이는 지점들은 천공을 두 부분으로 나누는 거대한 하나의 원을 이룬다. 그것은 가장 커다란 원이며 서쪽에서 동쪽으로 달리고 있고 천구적도라고 불린다. 천문학에서 설명하는 바에 의하면, 상부의 천구는 매일 동쪽에서 서쪽으로 한번 회전하며, 이에 따라서 그 천구에 의해서 둘러싸인 여러 천구들도 동시에 회전시킨다고 한다. 이러한 회전은 우리들의 관찰로도 알 수 있다. 또한 상부의 천구 아래에 있는 천구들 속에 위치한 별들은 반대로, 즉 서쪽에서 동쪽으로 움직이며, 이러한 운동의 주기는 각각 별들의 운동속도에 따라서 다르다고 한다.

천구들 안에 존재하는 이 별들의 경로와 평행해서 달리는 거대한 하나의 원이 있는데, 그것은 상부 천구에 속하며 그 천구를 두 부분으로 분할하고 있다. 이것이 황도이며 12궁(宮)으로 나누어져 있다. 천문학에서 설명되어 있듯이 천구적도는 반대되는 두 지점에서 황도와 교차하며, 그곳은 백양좌의 처음과 천칭좌의 처음이다. 천구적도는 황도대를 두 개의 동일한 부분으로 분할하는데, 그 반쪽은 춘분선에서 북쪽으로 나와 있고 백양좌의 시작에서 처녀좌의 끝까지를 포함하며, 다른 반쪽은 남쪽으로 나와 있어 천칭좌의 시작에서 쌍어좌의 끝까지를 포함한다.

지구상에서 두 극점이 지평선에 보이는 지점을 연결하여 형성되는 선은 천구적도와 대칭하며 서쪽에서 동쪽으로 달린다. 이 선을 적도라고 한다. 천문학적인 관측에 의하면, 이 선은 일곱 기후대 가운데 제1기후대의 시작과 일치하며 모든 문명은 그 북쪽에 위치해 있다. 거주지역에서 서서히 북상하여 올라가다가 북위 64도에 이르게 되면 거기에서 문명은 끝나며 그곳이 제7기후대의 마지막이다. 지평선에서 위도 —— 즉 극점과 천구적도 사이의 거리 —— 가 90도에 이르게 되면 정점에 도달한 것이고 천구적도는 지평선상에 위치하게 된다. 12궁 가운데 여섯 개, 즉 북방의 궁들은 지평선 위에 있고, 나머지 남방의 여섯 궁들은 지평선 아래에 있게 된다. 문명은 북위 64도와 90도 사이의 지역에서는 불가능한데, 그것은 더위와 추위 사이의 시간적 간격이 너무나 멀어 양자가 적절히 균형을 이루지 못하기 때문이다. 따라서 그곳에서는 생장이 이루어질 수 없다.

태양은 적도상에서 백양좌와 천칭좌의 시발점에 있을 때 정점에 위치하고, 그 뒤에는 정점에서 하강하여 큰게좌와 마갈좌의 시발점에서 저점에 이르게 된다. 태양이 천구적도에서 가장 낮게 내려가는 것은 24도까지이다. 북극이 지평선상에서 오르기 시작하면, 천구적도는 북극의 상승과 정비례하여 정점에서 내려가기 시작한다. 그에 상응하여 남극도 지리적 위도를 구성하는 세 가지 거리와 관련하여 내려간다. 기도시간을 계산하는 학자들은 이것을 어떤 지점의 위도라고 부른다. 천구적도가 정점에서 내려갈 때 북방에 있는 궁들은 큰게좌에 이를 때까지 서서히 올라간다. 반대로 남방의 궁들은 마갈좌에 이를 때까지 그에 상응하여 내려간다. 그것은 우리가 앞에서 설명했듯이 12궁의 두 쪽이 적도의 지평선을 중심으로 위와 아래로 각각 기울어져 있기 때문이다.

북방의 지평선은 계속해서 올라가서 마침내 큰게좌의 시발점이 정점에 이르게 된다. 이곳이 북위 24도가 위치하는 곳이며 히자즈와 그 주변 지역이 이에 해당된다. 북위 24도라는 것은 적도의 지평선에 있는 천구적도와, 북극의 상승에 따라서 정점에 도달한 큰게좌의 시발점이 이루는 경사각을 말한다. 북극이 24도 이상 올라가면 태양은 정점에서 하강하며, 북극이 64도로 올라갈 때까지 그렇게 계속 하강한다. 이때 태양이 정점에서부터 하강하는 정도와 남극이 지평선 아래로 하강하는 정도는 동일하다. 그런 지역에서는 열기가 없는 기간이 너무 길어 추위와 냉기가 극심해지기 때문에 생장이 멈추어버린다.

태양은 정점 혹은 그 부근에 있을 때 지구를 향하여 수직으로 빛을 방사한다.

태양이 다른 위치에 있을 때에는 햇빛을 둔각이나 예각으로 비추어준다. 햇빛이 직각을 이루면 빛은 강하고 넓은 지역으로 퍼져가지만, 둔각이나 예각일 때에는 그렇지 못하다. 따라서 태양이 정점이나 그 부근에 있을 때 태양열은 다른 지점에 있을 때보다 강렬하기 때문에, 햇빛은 지구를 가열시키는 원인이 된다. 적도상에서 태양은 1년에 두 번, 즉 백양좌와 천칭좌에서 정점에 도달하며, 그곳에서는 태양의 하강도 그렇게 심하지 않다. 열기가 조금 누그러질 만하면 태양은 큰게좌와 마갈좌의 시발점에서 하강의 저점에 도달한 뒤 다시 정점을 향해서 상승하기 시작한다. 수직으로 방사되는 햇빛은 그곳의 수평선 위로 강렬하게 내려쬐는데, 영속적이지는 않지만 오랫동안 지속된다. 공기는 타는 듯이 뜨거워지고 그 정도는 아주 심하다. 적도와 위도 24도 사이에 위치한 지역에서는 1년에 두 번씩 태양이 정점에 이르면서 이와 동일한 현상이 되풀이된다. 그럴 때 햇빛은 적도에서와 마찬가지로 지상으로 강하게 내려쬔다. 열기가 강렬해지면 질수록 물과 각종의 수분은 말라버리고, 광물, 식물, 동물 안에 있는 생장력이 파괴된다. 왜냐하면 생장력은 수분에 의존하기 때문이다.

그러나 위도 25도나 그 이상의 지점에서는 큰게좌의 시작점이 정점에서부터 하강하고 태양도 역시 정점에서 내려간다. 그곳에서는 열기도 점차 견딜 만한 것이 되고, 생장도 가능하게 된다. 이러한 상태는 태양광선의 둔각화와 햇빛의 부족으로 인해서 추위가 극심해질 때까지 계속되며, 그리고 나서 생장은 다시 축소되며 파괴되어버린다. 그러나 과도한 열기가 초래하는 파괴는 엄청난 추위로 인한 파괴보다 더 크다. 왜냐하면 추위가 동결을 초래하는 것보다 열기가 탈수를 초래하는 것이 더 빠르기 때문이다.

따라서 제1, 제2기후대에서는 문명이 거의 존재하지 않는다. 제3, 제4, 제5기후대에서는 중간단계의 문명이 존재하는데, 그것은 빛의 양이 줄어들기 때문에 열기가 온화해지기 때문이다. 제6, 제7기후대에서는 줄어든 열기로 인해서 다수의 문명이 존재한다. 열기에 비해 추위는 생장력에 대해서 그만큼 치명적인 파괴력을 발휘하지 않는다. 다만 추위가 혹심해져서 건조화가 진행되고 탈수현상이 초래될 때 비로소 파괴력이 나타나는데, 제7기후대 너머의 지역에서 보이는 현상이 그러하다. 이러한 모든 것들은 어떻게 해서 문명이 북반구에 더 강하고 풍부하게 나타나는지를 설명한다. 신께서 더 잘 아신다!

이러한 사실들을 기초로 철학자들은 적도와 그 너머의 남쪽 지역에 사람이 살지 않는다고 결론을 내렸다. 그러나 관찰과 전승의 권위에 근거하여 이를 반박하며 그곳에 사람이 살고 있다는 주장도 있다. 이러한 주장에 대해서 어떠한 설명을 제시할 수 있을까? 철학자들이 그곳에 문명이 전혀 존재하지 않는다고 주장한 것은 아니다. 다만 그들은 생장력이라는 것이 과도한 열기로 인해서 대부분 파괴될 수밖에 없기 때문에 그곳에서 문명은 불가능하거나 아니면 가능하더라도 미미한 것에 불과할 뿐이라고 주장하는 것이다. 사실이 그렇다. 이미 보고를 통해서도 알려져 있듯이 적도와 그 너머 지역에는 설사 문명이 있다고 하더라도 극히 미미할 뿐이다.

이븐 루시드[28]는 적도가 대칭적 중앙에 위치해 있기 때문에 적도 너머의 남쪽도 북쪽의 경우에 상응한다고 주장했다. 즉 북반구에 거주지가 있는 만큼 남반구에도 거주지가 있다는 것이다. 생장력의 파괴라는 관점에서 볼 때 그의 주장이 불가능한 것은 아니다. 그러나 남반구의 표면이 물로 뒤덮여 있어 북반구에서처럼 생장이 가능한 지역이 없기 때문에 적도 남쪽의 지역에서 그런 것은 불가능하다. 따라서 남반구에 존재하는 엄청난 양의 물 때문에 이븐 루시드의 대칭성 주장은 성립 불가능하다는 것이 드러난다.

그 다음의 모든 상황은 이와 같은 조건을 전제로 논의할 수밖에 없다. 문명은 점진적으로 진보하지만, 그 점진적인 진보는 문명이 존재하는 곳에서 시작될 뿐, 문명이 존재하지 않는 곳에서는 애당초 그런 것조차 불가능하기 때문이다. 적도에 문명이 존재할 수 없다는 가정은 전승의 내용에 상반되는 것이지만, 신께서 더 잘 아실 것이다!

이와 같은 논의를 마쳤으니, 『루지에로의 책』의 저자가 했던 것처럼 지구의 지도를 그리고자 한다.……[29]

---

[28] 서구에는 Averroes라는 이름으로 널리 알려진 인물. 스페인 출신의 아랍계 철학자이자 의학자. 1126년 코르도바에서 출생했고 1198년 모로코에서 사망했다.
[29] 축약본에는 이 뒷부분이 생략되어 있지만, 이븐 할둔은 지구상의 여러 지역의 지리적 특징에 대해서 상세한 설명을 계속하고 있다. 이에 관해서는 로젠탈의 완역본(권1), pp.109–166을 참고할 것이다.

제3전제 : 온대와 비온대. 공기가 인간의 피부색 및 기타 여러 상태에 미치는 영향

우리는 지구에서 물에 덮여 있지 않은 거주지역의 중심부가 북방으로 치우쳐 있으며, 그 원인은 남쪽의 과도한 더위와 북쪽의 과도한 추위 때문이라는 사실을 앞에서 설명했다. 북쪽과 남쪽은 추위와 더위라는 양 극단을 대표하며, 따라서 그 중간 지역으로 갈수록 극한적인 추위나 더위가 줄어들면서 온화한 기후로 바뀌는 것은 당연하다. 제4기후대는 가장 온화한 거주지대이고, 거기에 접하는 제3, 제4, 제5기후대도 상당히 온화한 특징을 띠고 있다. 거기에 접해 있는 제2, 제6기후대는 그다지 온화하다고 할 수 없으며, 제1, 제7기후대는 더욱 그러하다. 따라서 학문, 기술, 건축, 의복, 식량, 과일 및 심지어 동물에 이르기까지 중간의 세 기후대에 존재하는 것들은 모두 온화하고 균형 잡힌 특징을 지니고 있다. 이 기후대에 사는 사람들은 신체, 피부색, 성격 및 전반적인 상태가 보다 온화하며, 주거, 의복, 음식, 기술 역시 매우 온건한 편이다. 그들은 돌로 훌륭히 지어지고 장인들에 의해서 아름답게 꾸며진 가옥에서 살며, 도구와 기구들을 생산하는 데에서도 남에게 뒤지지 않는다. 금, 은, 철, 구리, 납, 주석과 같은 광물을 채취하며, 상거래를 할 때에는 금과 은 두 귀금속을 사용한다. 그들은 모든 상황에서 대체로 극단적인 것을 피한다. 세 개의 온난한 기후대에 살고 있는 마그리브, 시리아, 두 이라크,30) 서인도, 중국, 스페인 등지의 주민들이 그러하며, 그들과 가까운 곳에 살고 있는 유럽의 기독교도와 갈리시아인(Galician)31)이 그러하다. 이라크와 시리아는 바로 그 중앙에 위치해 있기 때문에 이들 여러 지방 가운데에서도 가장 온화하다.

온화한 지역에서 멀리 떨어진 지역, 즉 제1, 제2, 제6, 제7기후대에 사는 주민들의 생활도 결코 온화하다고 할 수 없다. 그들이 사는 건물은 진흙과 짚으로 되어 있고, 음식은 수수와 풀잎 정도이며, 의복은 몸을 가리기 위해서 나뭇잎이나

---
30) p.31의 주 5 참조.
31) 스페인 서북부에 거주하는 포르투갈계 주민.

동물껍질을 시침질해서 만든 정도이고 대부분은 벌거벗고 다닌다. 이들 지방에서 먹는 과일과 향료도 낯설고 극단적인 것들이다. 상업적인 거래를 할 때 그들은 두 종류의 귀금속을 사용하지 않고, 대신에 구리, 철, 모피 등에 나름대로의 가치를 정해놓고 거래에 이용한다. 더구나 그들은 성격도 야수와 비슷하다. 제1기후대의 흑인들 대부분은 동굴이나 밀림에 살면서 풀을 뜯어먹고, 집단생활을 하지 않고 야만의 상태로 고립되어 살고 있다는 보고도 있다. 슬라브인들도 이와 마찬가지 상태이다. 이렇게 된 까닭은 온화한 지역으로부터 너무나 떨어져 있어 동물과 유사한 체액과 성격이 만들어졌기 때문이다. 이것은 그들의 종교적인 상황에 대해서도 마찬가지로 적용될 수 있다. 그들은 예언에 대해서 무지하며, 온대지방 부근에 거주하는 소수를 제외하고는 종교법을 가지지 않았다. 예를 들면 예멘족의 이웃인 아비시니아인들은 이슬람이 출현하기 이전부터 지금까지 기독교도들이었고, 마그리브와 가까운 곳에 살고 있는 말리족(Mali), 가우가우족(Gaw-gaw), 타크루르족(Takrûr)[32]은 현재 무슬림이다. 그들은 13세기에 이슬람으로 개종했다고 한다. 북방에는 기독교를 받아들인 슬라브족, 유럽의 기독교도들, 투르크 민족들이 있다. 온대에 가까운 곳에 사는 이들을 제외하고 남방과 북방의 비온대 지역의 주민들은 종교에 대해서 무지하다. 종교적인 학문은 그들에게서 찾아볼 수 없다. 그들이 처한 상태를 볼 때, 모두들 인간이라기보다는 야수에 가깝다고 할 수 있다.

그런데 이러한 제1, 제2기후대 안에 예멘, 하드라마우트, 알 아흐카프, 히자즈, 야마나, 그리고 아라비아 반도의 주변지역 등이 존재한다는 사실은 위에서 말한 내용과 배치되지 않는다. 왜냐하면 아라비아 반도는 삼면이 바다로 둘러싸여 있어 바다의 습기가 공기 중의 습도에 영향을 미치고, 이는 열기가 초래하는 건조함과 기후의 혹독함을 감소시켜준다. 바다로부터의 습기로 인해서 아라비아 반도는 어느 정도 온화해지게 된 것이다.

사물의 본질에 대한 지식이 없는 계보학자들은 흑인이 노아의 아들인 함의 자손이며, 그들의 피부가 검게 된 것은 노아가 함을 저주했기 때문이고, 신의 노여움이 함의 자손들을 노예로 만든 것이라고 설명한다. 노아가 자기 아들 함을 저

---

32) 모두 아프리카의 종족명.

주한 것은 『토라』에도 언급되어 있지만, 검은 피부에 대해서는 아무런 이야기도 없다. 다만 그의 저주에는 함의 자손이 그 형제의 후손들의 노예가 되리라는 것만 포함되어 있다. 흑인들의 검은 피부를 함에게로 돌리는 것은 더위와 추위의 본질, 또 그것이 기후와 그 기후조건 안에서 태어나는 사람들에게 미치는 영향의 본질을 모르기 때문이다. 제1, 제2기후대의 주민들에게 공통적인 검은색 피부는 그들이 숨쉬며 살고 있는 공기, 즉 남쪽의 엄청나게 뜨거운 열기의 영향으로 형성된 공기 때문에 초래된 것이다. 그곳에서 태양은 짧은 간격을 두고 1년에 두 번이나 정점에 올라가며, 1년 내내 태양은 높은 곳에 머무르고 있다. 따라서 태양광선도 많을 수밖에 없다. 그곳의 주민들은 매우 혹독한 여름을 지내야 하기 때문에, 그들의 피부는 과도한 열기로 인해서 검은 색으로 변했다. 이와 비슷한 현상이 북방의 제6, 제7기후대에서도 일어나는데, 이곳에서는 북방의 과도한 추위의 영향으로 생기는 공기의 구성으로 인해서 그런 현상이 발생한다. 태양은 언제나 벌판의 지평선 혹은 그 언저리에 머물고, 정상에 오르는 법이 결코 없으며 그 근처에도 가지 못한다. 따라서 이 지역에서 열기는 미약하고 추위는 사계절 내내 혹심할 수밖에 없다. 그 결과 주민들의 피부색은 희게 되고 모발 색깔은 옅어지는 경향이 있다. 심한 추위가 가져오는 또 다른 영향은 푸른 눈, 주근깨 많은 피부, 금발 등이다.

제5, 제4, 제3기후대는 그 중간 정도에 해당된다. 그들은 온화함을 마음껏 향유하고 있으니, 최상의 중용이라고 부를 만하다. 거의 중앙 가까운 곳에 있는 제4기후대는 가장 온화하며 이에 대해서는 이미 앞에서 언급한 바이다. 주민들의 신체와 성품도 그들이 살고 있는 공기의 구성 때문에 극히 온화하다. 제3, 제5기후대는 제4기후대의 양쪽에 있기 때문에 중앙에서는 약간 떨어져 있다. 이 두 기후대는 그 너머에 있는 더운 남방이나 추운 북방에 가깝지만 그래도 비온대의 상태는 아니다.

다른 네 기후대는 비온대이고 그 주민들의 신체와 성품이 그와 같은 사실을 보여준다. 제1, 제2기후대는 과도하게 덥고 피부는 검게 되며, 제6, 제7기후대는 과도하게 춥고 피부는 희게 된다. 남방에 위치한 제1, 제2기후대의 주민들은 아비시니아인, 잔지인(Zanj), 수단인이라고 불린다. 이러한 명칭들은 흑인을 지칭하는 것과 동의어로 사용된다. 그러나 '아비시니아인'이라는 이름은 메카와 예멘의 맞은편에 사는 흑인들에게만 국한되고, 잔지인은 인도양 연안에 사는 사람들에게만 국한해서 사용한다. 그러나 이러한 이름이 그들에게 붙여진 것은 그들이 어떤 특정한 한 흑인 —— 함이건 혹은 다른 누구이건 —— 의 후손이기 때문은 아니다. 남방 출신의 흑인들이 온화한 제4기후대나 제7기후대에 거주하게 되면 피부가 흰색으로 바뀌는 경향을 보이고, 시간이 지나감에 따라서 점차 흰색을 띠는 후손들이 출생하는 것이 확인된다. 반대로 북방이나 제4기후대의 주민이 남방에 정착하면, 피부가 검게 변한 후손들을 낳는 경향이 있다. 이는 피부색이 공기의 구성에 의해서 영향을 받는다는 사실을 보여준다. 남방의 흑인들의 경우와 달리 북방의 주민들은 피부색에 의해서 명칭이 생기지는 않았는데, 그것은 피부색에 따라서 명칭을 지은 사람들 자신의 피부가 희기 때문이다. 따라서 흰 피부는 그들에게 일반적이고 통상적인 것이며, 특별한 명칭을 붙여 사용할 정도로 특이한 것이라고 생각하지 않았다.

중간지역의 주민들은 신체나 성품 그리고 생활방식에서 온화하다. 그들에게는 문명화된 생활, 예를 들면 생계, 거주, 기술, 학문, 정치적 지도권, 왕권 등과 같은 것들이 필요로 하는 모든 자연적인 상태가 갖추어져 있었다. 그래서 그들은 예언, 종교집단, 왕조, 종교법, 학문, 국토, 도시, 건물, 원예, 진기한 기술 등을 비롯하여 모든 적절한 것들을 갖추고 있다.

이들 기후대에 사는 거주민 가운데 우리가 역사적 정보를 가진 것은 예를 들면 아랍인, 비잔틴인, 페르시아인, 이스라엘인, 그리스인, 인도인, 중국인 등이다. 계보학자들은 이들 민족 사이에 존재하는 차이, 즉 그들을 구분하는 징표나 성격에 주목하면서, 그러한 것들이 상이한 혈통 때문에 생긴 것이라고 생각한다. 그들은 남방의 모든 흑인이 함의 후손이라고 단정했다. 그들의 피부색에 대해서 잘못된 해석을 내렸기 때문에 앞에서 말한 허무맹랑한 이야기를 만들어낸 것이다. 그들은 또한 북방의 모든 혹은 대부분의 주민들이 야벳의 후손이라고 주장했고, 나아가서는 온화한 민족들 대부분, 즉 중간지역에 거주하며 학문과 기술을 발전시키고 종교, 종교법, 정치적 권력, 왕권을 소유한 사람들은 셈의 후손이라고 선언했다. 그러나 설사 계보적인 구성이 정확한 것이라고 할지라도, 이러한 주장은 단순한 추측에 불과할 뿐, 설득력이 없으며 논리적인 논증의 결과는 아니다. 그와 같은 계보는 단지 사실을 진술하는 것에 불과하다. 남방의 주민들이 '아비시니아인'이나 '네그로인'으로 불리게 된 것은 그들이 '흑인' 함의 후손이기 때문은 아니다.

계보학자들은 민족 간의 차이가 오로지 혈통 때문에 생긴다고 하는 그들의 신념 때문에 이러한 오류에 빠지게 된 것이다. 그러나 사실은 그렇지 않다. 종족이나 민족 사이의 차이는 때로는 아랍인, 이스라엘인, 페르시아인처럼 상이한 혈통에 의해서 생기기도 하지만, 때로는 잔지인, 아비시니아인, 슬라브인, 수단인의 경우처럼 지리적인 위치나 신체적인 특징에 의해서 비롯되기도 한다. 또 다른 측면에서는 아랍인들의 경우에서 볼 수 있듯이 혈통과 동시에 관습이나 눈에 띄는 특색에 의해서 생기기도 한다. 혹은 특정한 민족에게만 특유하게 존재하는 조건, 자질, 성격 가운데 어떤 것에 의해서도 생길 수 있다. 그러나 남방이나 북방의 어떤 지역에 거주하는 사람들에 대해서 함과 같이 어떤 유명한 사람의 후손이라고 하면서, 그 조상이 지녔던 피부색, 특질, 신체적 특성을 공유하고 있다고 일반화시켜 말하는 것은 오류이다. 이는 인류와 지리적 환경, 이 양자의 진정한 본질을 무시했기 때문에 발생하는 오류인 것이다. 뿐만 아니라 그것은 외적인 상황과 환경도 변화할 수밖에 없고, 그러한 변화가 후속 세대에게 영향을 준다는 사실도 무시한 것이다.

제4전제 : 기후가 인간의 성격에 미치는 영향

우리는 앞에서 흑인들이 전반적으로 경박하고 쉽게 흥분하며 극도로 감정적이라는 특징이 있음을 살펴보았다. 그들은 음율이 흘러나오기만 하면 언제라도 춤을 추려고 한다. 그들은 어디에서건 우둔한 사람들로 묘사되고 있다. 그들을 이렇게 판단하는 진정한 이유는 철학자들도 적절하게 지적했듯이 기쁨과 즐거움은 동물적 생기의 팽창과 확산에 의한 것이라고 보기 때문이다. 반대로 슬픔은 동물적 생기의 위축과 집중에 의한 것이다. 앞에서도 살펴보았듯이 열기가 공기와 증기를 팽창시키면, 공기와 증기는 밀도가 희박하게 되고 그 부피는 증대된다. 술 취한 사람은 표현할 수 없는 기쁨과 즐거움을 경험한다. 그것은 그의 가슴 속에 있는 생기의 증기가 동물적 열기에 의해서 지배되기 때문인데, 그 동물적 열기는 술의 힘에 의해서 그의 생기 속에 생기는 것이다. 따라서 생기가 팽창하면 기쁨이 생긴다. 마찬가지로 열탕을 즐기는 사람들이 욕탕 안의 공기를 들여마셔서 공기 속의 열기가 그들의 생기 속으로 들어가서 덥게 해주면 그들은 기쁨을 느끼게 된다. 그들이 노래를 흥얼거리기 시작하는 경우도 흔하게 볼 수 있는데, 노래는 기쁨에서 비롯되는 것이다.

그런데 흑인들은 더운 지역에 살고 있다. 열기가 그들의 기질 형성을 지배한다. 따라서 그들은 자신이 살고 있는 지역과 자기 신체 안에 존재하는 열기에 상응하는 양의 열기를 자신들의 생기 안에 가지게 되는 것이다. 제4기후대에 사는 주민들의 생기와 비교해볼 때 그들의 생기는 더 뜨겁고 따라서 더 팽창되어 있다. 그 결과 그들은 남보다 더 빨리 기뻐하고 즐거워하며 더 유쾌함을 느낀다. 그들이 쉽게 흥분하는 것도 이 때문이다.

똑같은 방식으로, 해안지방의 주민들은 남방의 주민들과 어딘가 비슷한 점을 지니고 있다. 그들이 사는 곳의 공기는 바다 표면에서 반사하는 태양의 빛과 광선으로 말미암아 매우 덥다. 따라서 그들은 춥고 구릉이나 산이 많은 지역의 주민들에 비해서 이러한 열기에서 비롯된 특질인 기쁨과 경박함을 더 많이 가지고 있다. 이러한 현상은 제3기후대에 있는 자리드(Jarîd) 호수[33] 부근의 주민들에게서도 어느 정도 찾아볼 수 있다. 그곳은 해안 근처의 평야와 구릉지 남쪽에 위치하여 열기가 무척 많기 때문이다. 또 다른 예가 이집트인들이다. 이집트는 자리드 호수와 거의 동일한 위도에 위치해 있다. 이집트인들에게는 즐거움과 경박함, 그리고 미래에 대한 무신경 등이 특징적으로 나타난다. 그들은 1년은 고사하고 한 달분의 식량조차 비축하지 않고 대부분을 시장에서 구입해서 살아간다. 반면 마그리브의 페즈(Fez)[34]는 내륙에 위치해 있고 추운 언덕들로 둘러싸여 있기 때문에, 주민들은 우울해 보이고 장래에 대해서 너무 걱정을 많이 하는 것처럼 보인다. 페즈에 사는 사람들은 몇년 동안 먹을 수 있는 밀을 식량으로 비축하고서도, 그것이 동이 날까 불안해하며 여전히 먹을 것을 구하러 매일 아침 일찍 시장으로 나간다.

만약 우리가 여러 기후대와 지방에 보이는 이러한 종류의 현상에 주의를 기울인다면, 다양한 형태의 기후가 주민들의 성격에 어떤 영향을 미치는지는 분명해질 것이다. 알 마수디는 흑인들에게서 보이는 경박하고 다혈질적이며 감정적인 기질의 원인을 탐구하고 설명하려고 시도했다. 그러나 그는 갈레노스와 야쿱 이븐 이스학 알 킨디[35]에 기대어, 흑인들의 지능이 부족하고 지적인 능력이 떨어지기 때문이라는 설명에 그치고 말았다. 그러나 이것은 불완전하고 입증되지 않은 주장이다.

---

33) 튀니지 서남부에 있는 커다란 소금 호수.
34) 모로코 북부의 도시.
35) 796-873. 이슬람 최초의 철학자라고 칭해지는 인물. 철학, 정치학, 심리학, 수학, 천문학, 점성술, 의학, 기상학, 광학, 음악에 이르기까지 다양한 방면에 관심을 가지고 저술을 남겼다.

제5전제 : 지역간에 발생하는 식량의 풍족과 결핍. 그것이 인간의 신체와 성격에 미치는 영향

모든 온대지역이 풍부한 식량을 가지고 있는 것도 아니며 그 주민들이 모두 안락한 생활을 누리는 것도 아니라는 사실을 알아야 할 것이다. 어떤 곳에서는 토양이 균형을 유지하고 식물이 생육하기 좋은 조건이어서 풍요한 문명이 존재한다. 따라서 주민들은 풍족한 곡식, 조미료, 밀, 과일 등을 즐길 수 있다. 반면 토양이 돌밭이나 다름없어 씨앗이나 풀들이 전혀 자랄 수 없는 곳들도 있다. 그런 곳의 주민들의 생활은 무척 고달프다. 히자즈와 예멘의 주민, 혹은 베르베르인과 수단의 흑인들 중간에 있는 사막 —— 마그리브의 사막 —— 에 거주하는 복면 신하자족(Sinhâjah)[36]이 그러하다. 그들 모두가 곡식과 조미료가 부족하고, 식량은 젖과 고기로만 이루어져 있다. 이와 비슷한 또 다른 부류의 사람들이 사막을 옮겨 다니는 아랍인이다. 그들은 구릉의 취락지대[37]에서 곡식과 조미료를 입수하지만, 그것도 특정 시기에만 가능하고 그곳을 지키고 있는 수비대들의 감시하에서만 할 수 있다. 수중에 돈도 별로 없기 때문에 그들이 구입할 수 있는 것은 극히 적다. 그저 꼭 필요한 것만을 구하는 정도이며 때로는 그보다 더 못한 경우도 있으니, 결코 안락하고 풍족한 생활이라고 할 수 없을 것이다. 식생활은 거의 젖에 의존하는 정도이고, 그들에게는 그것이 밀을 대신하는 양식인 셈이다. 그럼에도 불구하고 곡식이나 조미료를 가지지 못한 사막의 주민들은 그런 것을 풍부하게 소유하는 구릉의 취락지대 주민들에 비해 신체가 건장하고 성격도 더 좋다. 그들의 혈색은 더 분명하고 몸은 더 깨끗하며, 얼굴도 훨씬 더 잘 생겼다. 성격도 차분하고 이해력과 인식력의 면에서도 더 총명하다. 이러한 사실은 위의 여러 집단들 속에서의 직접적인 체험을 통해서 입증된다. 이런 점에서 아랍인과 베르베르인 사이에, 또 복면 신하자족과 구릉의 취락지대 주민들 사이에 현

---

36) 신하자족의 한 부족으로 항상 베일을 쓰고 다니기 때문에 붙여진 명칭이다.
37) 원문 tulûl(tall의 복수형)은 원래 구릉을 의미하지만, 여기에서는 사막이나 황야의 유목생활과는 달리 정주취락이 발달한 구릉지대를 뜻한다.

저한 차이가 있다. 이는 이러한 문제를 조사했던 사람들에게는 잘 알려져 있는 사실이다.

그 이유에 대해서는 일단 다음과 같이 생각할 수 있다. 즉 많은 양의 음식과 그 속에 함유된 수분이 인간의 몸 안에 불필요한 유해 물질을 발생시키고, 그것이 다시 몸을 필요 이상으로 비대하게 만들며 나아가서 부패하고 상한 체액을 만들어내기 때문이다. 그 결과 피부색은 창백해지고 얼굴은 보기 싫게 일그러지는데, 그 까닭은 지금 말한 대로 너무 비대해졌기 때문이다. 나쁜 증기를 가진 수분이 뇌로 올라가면 마음과 사고력은 둔해지고, 그 결과 우둔, 부주의, 조급증 등이 나타난다. 이것은 사막과 척박한 지역에 사는 동물인 영양, 야생 소, 타조, 기린, 야생 나귀, 들소 등과, 언덕이나 해안의 평야나 비옥한 목초지에 사는 그것들과 닮은 동물을 비교해보면 확연히 알 수 있다. 이들의 털에서 나는 광택, 몸집과 생김새, 사지의 균형, 감각의 기민함 등에서 커다란 차이가 있다. 영양은 염소에 대응하고, 기린은 낙타에, 야생 나귀와 들소는 집에서 기르는 나귀나 소에 대응하는 것이다. 그런데 이들 사이에는 엄청난 차이가 존재한다. 그 이유는 단 하나, 즉 언덕에 있는 풍부한 식량이 가축들의 몸 속에 유해하고 불필요한 물질을 발생시켜 그 체액을 부패시키기 때문에 그 영향을 받은 것일 뿐이다. 반대로 굶주림은 사막에 사는 동물들의 몸집과 형태를 현저하게 개량시켜준다.

이와 동일한 현상이 인간에게도 보인다. 농업-목축 생산물과 각종 조미료와 과일이 풍부한 비옥한 지역의 주민들은 일반적으로 정신적으로는 우둔하고 육체적으로는 추하다. 풍부한 조미료와 밀을 소유하는 베르베르인들이 그러한데, 이는 보리나 수수 정도만을 먹고 검소하게 살아가는 마스무다족(Masmuda)[38]에 속하는 베르베르인, 앗 수스(as-Sûs)[39] 부근에 사는 주민들, 그리고 구마라족(Ghumârah)[40]과 대조를 이룬다. 이들은 지적으로나 신체적으로나 매우 탁월하다. 풍부한 조미료와 고급 밀을 소유한 마그리브의 주민들과, 버터라고는 거의 찾아볼 수 없고 수수를 겨우 주식으로 삼고 있는 스페인의 주민들에 대해서도 동일한 비교를 할 수 있다. 스페인의 무슬림들은 지적으로는 총명하고 신체적으

---

38) 모로코에 거주하는 정주 베르베르족의 한 부족.
39) 모로코 남부에 있는 강 이름.
40) 모로코에 거주하는 부족.

로는 기민하며, 어느 누구에게도 비교가 안 될 정도로 지식을 민감하게 수용한다. 또한 마그리브 지방의 농촌지역에 사는 사람들과 도시에 사는 사람들에 대해서도 마찬가지의 비교가 가능하다. 양자 모두 조미료를 많이 사용하고 풍요롭게 살고 있지만, 도시에 사는 사람들은 그것을 조리하고 익히고 다른 재료와 혼합하여 부드럽게 한 뒤에 먹기 때문에, 그것의 무게도 줄어들고 내용물도 적어지게 된다. 주된 음식은 양과 닭의 고기이며, 버터는 맛이 없다고 해서 사용하지도 않는다. 따라서 그들의 음식 속에 있는 수분은 줄어들고, 유해하고 불필요한 물질은 아주 소량만이 몸 속으로 들어가게 된다. 그 결과 도시주민의 신체는 험한 생활을 하는 사막의 주민들에 비해 더 나약하게 된다. 배고픔에 단련된 사막의 주민들은 뚱뚱한 사람이건 마른 사람이건 몸 속에 불필요한 물질을 가지지 않았다.

풍요함이 신체에 미치는 영향과 같은 것이 심지어 종교나 신앙의 방면에서도 분명히 나타난다는 사실을 알아야 할 것이다. 사막에서 검소하게 살아가는 사람들이나, 혹은 정주지역에 살지만 쾌락을 절제하고 배고픔에 익숙해져 있는 사람들은, 사치와 풍요 속에 사는 사람들에 비해 더 종교적이고 신앙에 보다 적극적임을 알 수 있다. 실제로 도시와 읍의 주민들 대부분은 냉정하고 부주의하며 비종교적인 사람들인데, 이것은 그들이 다량의 고기와 조미료와 정제된 밀을 먹는 것과 연관되어 있다. 따라서 신앙심이 깊고 금욕적인 사람들은 검소한 식생활을 영위하는 주민들의 거처인 사막에서나 찾아볼 수 있다. 마찬가지로 동일한 도시에 사는 주민들의 상황도 사치와 풍요의 정도에 따라서 서로 달라짐을 알 수 있다.

뿐만 아니라 사막에 살건 정주지대나 도시에 살건, 풍요한 생활을 영위하고 온갖 맛있는 음식을 먹는 사람들은 가뭄이나 기근이 덮칠 경우 다른 사람들보다 더 빨리 죽는다는 점도 기억할 필요가 있다. 예를 들면 마그리브의 베르베르인, 페즈와 카이로의 주민들이 그러하다. 그러나 황야와 사막에 사는 아랍인들이나 대추야자를 주식으로 삼는 지역의 주민들, 주식이 보리와 올리브유인 오늘날의 이프리키야 주민들, 혹은 수수와 올리브유를 주식으로 삼는 스페인 주민들의 경우는 그렇지 않다. 한발이나 기근이 덮쳐도 다른 지역만큼 많은 사람들이 희생되지 않으며, 설령 기아로 죽는 사람이 있다고 해도, 그 수는 얼마 되지 않는다. 그 이유는 잠정적으로 다음과 같이 설명할 수 있다. 즉 모든 것이 풍요로워서 버터를 비롯한 각종의 조미료에 익숙한 사람들의 위장은 몸에서 기본적으로 필요한 수분보다 더 많은 수분을 흡수하기 때문에 궁극적으로 과도한 수분에 익숙해지게 되는 것이다. 그러한 식습관이 갑작스럽게 적은 양의 음식, 조미료의 결핍, 익숙치 않은 저질의 음식의 섭취 등에 의해서 교란되면, 신체에서도 가장 취약한 부분의 하나이고 그래서 매우 중요한 부분으로 여겨지는 위장은 곧 건조해지고 위축되어버린다. 위장이 이러한 상태에 빠진 사람들은 병에 걸리거나 급사하게 된다. 기근으로 사망하는 사람은 과거의 습관적인 포만상태의 희생물이지, 그를 처음으로 찾아온 굶주림의 희생물은 아니다. 갈증에 익숙하고 조미료나 버터가 없는 식생활에 습관이 된 사람들에게 기본적인 수분 ─ 모든 자연식에 그 정도는 존재한다 ─ 은 항상 적정한 범위 안에 머물러 있을 뿐 더 증가하지 않는다. 따라서 그들의 위장은 음식섭취량의 변화에 따른 건조함이나 균형상실에 영향을 받지 않는다. 일반적으로 말해서 풍부한 식량과 다량의 조미료로 인해서 다른 사람들이 맞게 되는 죽음을 그들은 피할 수 있다.

가장 기본적으로 알아야 할 점은 어떠한 음식을 사용하느냐 않느냐 하는 것이 습관의 문제라는 사실이다. 자기 입맛에 맞는 어떤 특정한 음식에 습관이 된 사람은 그것에 익숙해져서 그것을 포기하거나 다른 것으로 바꾸는 것을 고통스럽게 느낄 것이다. 물론 독이나 하제와 같이 음식이라고 하기 어려운 것이거나 아니면 극도로 자극적인 것의 경우는 예외이다. 음식으로 사용될 수 있고 또 받아들일 만한 것이라면, 어느 것이나 관습적인 음식이 될 수 있다. 어떤 사람이 밀 대신에 젖과 야채에 익숙해진다면 젖과 야채가 그에게 관습적인 음식이 될 것이며, 그는 분명히 밀이나 곡식에 대한 필요를 더 이상 느끼지 못하게 될 것이다.

이와 동일한 현상이 배고픔에 단련되고 음식이 없이도 지내는 것에 익숙해진 사람들에게도 나타난다. 숙련된 고행자들에 관한 보고에서 이러한 현상이 발견되며, 이런 유형의 사람들에게서는 놀라운 일들이 일어난다. 아마 이런 방면에 아무런 지식도 없는 사람은 도저히 믿으려고 하지 않을 것이다. 그러나 그에 대한 이해의 열쇠는 습관에 있다. 일단 사람의 영혼이 무엇인가에 익숙해지면, 그것은 그 영혼의 성격과 성질의 일부를 이루게 된다. 왜냐하면 영혼은 다양한 색조에 물들 수 있기 때문이다. 만약 점진적인 단련을 통해서 영혼이 배고픔에 익숙해지게 되면, 배고픔은 그 영혼의 자연적인 습성이 되는 것이다.

기아가 죽음을 불러온다는 의사들의 가설은, 어떤 사람이 갑작스럽게 기아에 빠지거나 음식으로부터 완전히 차단되지 않는 한, 타당하다고 할 수 없다. 만약 그렇게 될 경우, 위장은 고립되고 치명적인 질병에 걸리게 될 것이다. 그러나 사람이 먹는 음식의 양이 점진적인 훈련에 의해서 서서히 감소된다면, 죽음의 위험은 없다. 숙련된 수피(Ṣūfī)[41]는 그러한 점진적인 금식을 실천하며, 그와 같은 점진성은 훈련을 중지할 때에도 필요하다. 만약 자신의 원래의 식습관으로 갑작스럽게 되돌아간다면, 그는 죽을지도 모른다. 따라서 훈련을 시작했던 것과 마찬가지로, 즉 서서히 훈련을 종료해야 하는 것이다.

우리는 40일 아니 그 이상 계속해서 아무런 음식도 먹지 않았던 사람을 직접 본 적이 있다. 알헤시라스(Algeciras)와 론다(Ronda)[42] 출신의 두 여자가 술탄 아불 하산[43]의 궁정을 찾아왔을 때, 우리들의 장로(shaykh)가 거기에 임석해 있었다. 장로들은 수년 동안 아무 음식도 먹지 않았다고 했는데, 이 이야기가 알려져서 그들을 조사해본 결과 그것이 사실임이 밝혀졌다. 이 여자들은 죽을 때까지 그런 방식으로 생활을 계속했다. 우리가 알던 많은 사람들이 염소의 젖으로만 살았는데, 그들은 아침이나 낮에 한번 입을 대고 염소의 젖을 빨아먹곤 했고, 그것이 15년 동안 그들의 유일한 식량이었다.

우리가 알아두어야 할 사실은 배고픔과 소식을 견딜 수 있는 사람들은 누구나 너무 많이 먹을 때보다 배고픈 상태로 있을 때가 신체적으로 더 좋다는 것이다. 앞에서도 언급했듯이 배고픔은 신체와 정신의 건강과 안녕에 좋은 영향을 미친다. 이러한 사실은 여러 다른 종류의 음식이 신체에 어떠한 영향을 미치는가를 보면 알 수 있다. 예를 들면 힘이 세고 몸집이 큰 동물의 고기를 먹는 사람들은 힘이 세고 몸집이 큰 종족으로 성장하는데, 이는 황야의 주민과 정주지역의 주민들을 비교해보면 분명히 알 수 있다. 즉 낙타의 젖과 고기를 먹고 사는 사람들은 그러한 식생활로 인해서 성격이 영향을 받아 마치 낙타처럼 조심스럽고 인내하며 많은 짐을 옮길 수 있게 된다. 그들의 위장은 낙타의 위장처럼 건강하고 강인해지며, 허약해지지도 않고 다른 사람들처럼 나쁜 음식을 먹었다고 탈이 나지도

---

[41] 고행과 금욕을 통해서 신과의 신비적 합일을 추구하는 이슬람 신비주의자들.
[42] 알헤시라스는 스페인 남단에 위치한 항구도시이고, 론다 역시 스페인 남부의 지명이다.
[43] Fez에 근거를 둔 마린 왕조의 군주(재위 1331-1351).

않는다. 그들은 뱃속을 소독하려고 익지 않은 콜로신스(colocynth)[44]나 썩은 홍당무 혹은 등대풀과 같이 강력한 하제를 먹어도 위장은 아무런 상해를 입지 않는다. 그러나 부드러운 음식으로 인해서 위장이 약해진 정주지역의 주민들이 그런 것들을 먹게 되면 즉시 죽어버리고 말 것이다. 왜냐하면 이런 하제들은 독성이 있기 때문이다.

음식이 신체에 주는 영향은 농학자들이 언급했으며 경험많은 사람들이 관찰한 바이다. 낙타의 똥으로 불을 지펴 삶은 사료를 먹은 닭이 달걀을 낳을 경우, 그 달걀에서 나온 병아리는 상상 이상으로 크다. 사실 그런 음식을 먹이지도 않고 단지 부화하려고 하는 달걀에 낙타똥을 발라주기만 해도 굉장히 큰 병아리가 나온다. 이와 유사한 예들은 많다.

이처럼 음식이 여러 가지 방식으로 신체에 영향을 미치는 것을 볼 때, 공복(즉 음식이 없는 상태)도 마찬가지로 신체에 영향을 미치리라는 점은 의심할 수 없다. 왜냐하면 이 두 가지 반대현상은 동일한 패턴을 따르기 때문이다. 즉 음식이 신체의 근본적인 생존에 영향을 주는 것과 동일한 방식으로, 공복은 신체와 정신을 파괴하는 부패한 잉여물과 혼합물을 몸에서 제거함으로써 신체에 영향을 미치기 때문이다.

신께서는 모든 것을 아신다!

---

44) 학명은 Citrullus colocynthis이고 지중해 지방이 원산지이며, 그 열매는 매우 쓰며 하제로 사용된다.

제6전제 : 선천적으로 혹은 수행을 통해서 초자연적 지각능력을 지니는 여러 유형의 인간들. 그에 앞서 영감과 꿈에 대한 논의

신은 특정한 개인들을 선택하여 그들에게 그의 존재를 알려줌으로써 영광을 부여했고, 또 그를 알 수 있도록 그들을 창조했다. 그는 그들을 그와 그의 종들을 연결하는 고리로 삼았다. 이러한 사람들은 인류에게 무엇이 좋은 것인지를 알려주고 그들이 올바른 길로 인도되도록 권유한다. 그들은 인류가 지옥의 불길에서 벗어나도록 하고 구원에 이르는 길을 보여주는 것을 자신의 소임으로 삼는다. 신이 그들에게 부여한 지식과 신이 그들의 말을 통해서 드러내는 경이는 인간의 손길이 미치지 않는 세계가 존재한다는 사실을 입증해주며, 신은 오로지 특정한 사람들을 통해서만 그것을 알려주는데, 그들조차 신이 가르쳐주지 않으면 그것을 알 수 없다. 무함마드는 "진실로 나는 신이 내게 가르쳐준 것만을 알 뿐이다." 라고 말했다. 이들이 제시하는 정보는 본질적으로 또 필연적으로 진실한 것인데, 이 점은 뒤에서 예언의 실체가 설명되면 분명해질 것이다.

이런 종류의 인간들을 확인시켜주는 징표는 그들이 영감의 상태에 들어갔을 때 주변의 사람들로부터 멀리 떨어져 있는 것처럼 보인다는 것이다. 그것은 질식된 느낌과 같은 것을 수반하는, 말하자면 졸도나 무의식의 상태처럼 보이지만, 실은 그 어느 것도 아니다. 사실 그것은 영적인 왕국과의 만남이요, 그 속으로의 몰입이며, 그러한 느낌은 그들에게는 익숙한 것이지만, 통상적인 사람들의 지각으로는 전혀 알 수 없는 것이다. 그뒤 이러한 특이한 지각은 계시를 받는 사람이 듣고 이해할 수 있는 어떤 음성의 형태로, 혹은 신의 말을 전달하는 사람의 형태로, 인간이 지각할 수 있는 수준으로까지 내려온다. 그리고 나서 이러한 상태는 그 사람으로부터 떠나가지만, 그는 계시된 내용을 기억하게 된다. 무함마드가 계시에 관해서 질문을 받았을 때 그는 "때로 그것은 종이 울리는 것처럼 들리기도 하는데, 그럴 때 나는 가장 강한 충격을 받는다. 그것이 내게서 사라진 뒤에도 나는 내가 들은 것을 기억한다. 어떤 때에는 천사가 사람의 형태로 나타나서 내게 말을 하기도 하는데, 나는 그가 무슨 말을 했는지 기억한다." 그러한 과정에

서 영감을 받은 사람은 묘사하기 힘든 어떤 긴장과 질식의 징후를 나타낸다. 무함마드의 부인이었던 아이샤는 이렇게 말했다. "그는 아주 추운 날 계시를 받곤 했는데, 계시가 끝난 뒤 그의 이마에는 땀이 맺혀 있었다." 『코란』에는 "내가 너에게 무거운 말을 주리라!"[45]고 한 신의 말씀이 적혀 있다. 계시를 받는 사람이 이러한 상태를 나타내기 때문에 우상숭배자들은 예언자를 신들린 사람이라고 비난하기도 하지만, 그들은 그와 같은 상태의 외적인 모습만 보고 오해를 한 것이다.

영감을 받은 사람임을 확인시켜주는 또 다른 징표는 그들이 계시를 받기 전부터도 선량하고 결백하며 어떠한 죄악도 행하기를 꺼린다는 것이다. 이것이 바로 '무류성'(無謬性)이 의미하는 바이다. 그들은 마치 선천적으로 비천한 행동을 하지 않도록 만들어진 것처럼 보이며, 그러한 행동은 그들의 본성 자체와 배치되는 것처럼 보인다.……

영감을 받은 사람의 또 다른 징표는 그들이 기도와 자선과 순결을 강조함으로써 종교와 신앙을 널리 전파한다는 점이다. 아부 바크르[46]와 하디자[47]는 무함마드의 그러한 행위야말로 그의 진실성을 입증하는 증거라고 여겼다. 그들은 그가 소명을 받았음을 보여주는 증거로 그의 행위와 성격 이외에 어떠한 것도 필요로 하지 않았다. 헤라클리우스[48]가 무슬림이 되기를 권유하는 편지를 예언자로부터 받았을 때, 당시 그 나라 안에 있던 쿠라이시 부족민들 —— 여기에는 아부 수피얀[49]도 포함되어 있었다 —— 을 불러 무함마드라는 사람에 관해 물어보았다. 그가 한 질문 중의 하나는 무함마드가 그들에게 어떤 일들을 하라고 명령했는가 하는 것이었다. 이에 대해서 아부 수피얀은 "기도, 구휼, 자선, 순결"이라고 대답했다고 한다. 헤라클리우스가 던진 다른 질문들에 대해서도 그는 이와 비슷한 대답들을 했다. 그러자 헤라클리우스는 "네가 말한 것이 모두 진실이라면, 그는 예언자임이 분명하며 내가 지금 서 있는 바로 이 땅을 그가 차지하게 될 것이다."

---

45) 『코란』 73 : 5.
46) 무함마드의 장인이었으며 초대 정통 칼리프.
47) 무함마드의 첫번째 부인.
48) 무함마드와 동시대의 비잔틴 황제(재위 610-641).
49) 우마이야 왕조 군주들의 조상.

라고 말했다고 한다. 헤라클리우스가 언급한 '순결'은 무류성을 뜻한다. 헤라클리우스가 예언자의 진실성을 나타내는 증거로 기적을 요구하지 않고 종교와 신앙의 전파 및 무류성을 들었다는 사실은 주목할 만하다. 따라서 이 일화는 이러한 특질들이 예언의 징표에 속함을 입증하고 있다.

영감을 받은 사람의 또 다른 징표는 그들이 자기 백성들로부터 받는 신망이다. 아부 수피얀은 무함마드가 쿠라이시 부족민들 사이에서 어떠한 지위를 가지는가라는 헤라클리우스의 질문에 대해서 그가 신망을 얻고 있다고 대답했다. 그러자 헤라클리우스는 "사도들이 보내질 때마다 그들은 자기 백성들의 신망을 받는다."고 말했다. 그렇게 신망을 받는 사람들이야말로 강력한 연대의식과 영향력을 발휘하여 이교도로부터 해를 입지 않도록 그 자신을 보호하며, 그럼으로써 그는 신의 말씀을 전달하고 신이 의도한 대로 종교와 종단을 완벽한 수준으로 끌어올리게 되는 것이다.

영감을 받은 사람의 또 다른 징표는 그들이 자신의 진실성을 입증하는 경이를 행한다는 사실이다. '경이'는 다른 인간들이 수행할 수 없는 그런 종류의 행동을 가리키며, 따라서 '기적'이라고도 불린다.[50] 이것은 인간의 능력 안에 있지 않고 그 범위를 넘는 곳에서 일어난다. 이런 것이 어떻게 일어나며 어떻게 예언자의 진실성을 입증하는가에 대해서는 견해의 차이가 존재한다. 사변적 신학자들은 '의지적 행위자' 이론[51]에 근거하여, 기적은 예언자의 행동을 통해서가 아니라 신의 힘을 통해서 일어난다고 말한다. 무타질라 학파[52]는 인간의 행동이 인간 자신에게서 나온다고 주장하지만, 기적은 인간이 할 수 있는 형태의 행동이 아니다. 그러나 모든 학파들은 다음에 대해서는 동의한다. 즉 예언자가 행하는 기적은 그가 신의 허락을 받고 발하는 '예고'[53]에 불과하다는 사실이다. 따라서 기적

---

50) 경이(khawâriq)는 통상적인 사태를 '깨트리는' 사태를 지칭하고, 기적(mu'jiza)은 예언자가 자신의 사명을 입증하기 위해서 어떤 것을 행하는 것을 가리킨다. 같은 뜻으로 쓰이지만, 일반적으로 경이가 기적보다 낮은 차원의 것으로 여겨진다.
51) 이 이론의 내용은 아래에서 이븐 할둔 자신이 설명하고 있다.
52) Mu'tazilah 학파는 인간의 이성을 중시하는 이슬람 합리주의 신학파이다. 압바스 왕조의 칼리프 알 마문은 이 학파의 주장을 정통으로 받아들였지만, 후일 이단으로 배척을 받게 된다.
53) 아랍어로 taḥaddî는 예언자가 앞으로 닥칠 예언과 같은 것을 사람들에게 미리 알림으로써, '그들에게 가서 도전한다'는 의미가 있는데, 이븐 할둔은 여기서 '예언자가 선언한 것에 상응하는 기적을 미리 공포하는 것'의 의미로 사용하고 있다. 로젠탈은 이를 'advance challenge'라고 옮겼다.

은 어느 특정한 예언자가 진실로 예언자임을 보여주는 신의 확실한 증언이나 마찬가지라고 할 수 있으며, 기적은 그 진실성의 결정적인 증거이다. 이러한 특징을 지니는 기적은 경이와 그것을 알리는 예고, 이 양자의 조합이며 따라서 후자(즉 예고)도 기적의 일부를 구성하는 것이다.

신들림이라는 것의 존재를 인정하는 사람들의 견해에 따르면, 설사 예고가 신들림과 연관되어 일어난다고 하더라도—— 그래서 신들림이라는 것이 입증된다고 하더라도 —— 그 예고는 단지 성자성(聖者性)의 증거일 뿐이지 예언자성의 증거는 아니라고 한다. 아부 이스학54) 선생을 비롯한 사람들이 경이를 신들림의 일종으로 인정하지 않는 이유도 여기에 있다. 그들은 성자의 예고와 예언자의 예고(즉 예언)를 혼동하지 않으려고 한 것이다. 그렇지만 우리는 앞에서 이 양자 사이의 차이를 보여준 바 있는데, 성자의 예고는 예언자의 예고와는 다른 것이다. 비록 아부 이스학 선생의 주장에 불분명한 점이 있기는 하지만, 예언자와 성자가 행하는 경이는 서로 다른 것이고 성자가 예언자의 경이를 수행할 수 있다는 것을 그가 부정했다는 점은 확실하다.

어떤 거짓말쟁이가 사기로 기적을 행할 수 있다고 믿는 것은 언어도단이다. 그것이 언어도단인 까닭은 아샤리 학파55)의 주장대로 기적이 지닌 본질 가운데 하나가 '진실과 정도(正道)를 확인하는 것'이기 때문이다. 만약 그렇지 않은 상황에서 기적이 발생한다면, 증거는 오히려 의심으로 바뀌고 정도는 일탈이 될 것이며 진실은 거짓이 되고 말 것이다. 나아가서 사실은 허구로 바뀌고, 본질적인 것들은 뒤집혀질 것이다. 따라서 불합리한 일이 신에 의해서 발생한다는 것은 불가능하다.

철학자들은 경이가 예언자 자신의 힘에 의해서 일어나는 것은 아니라고 할지라도 그것이 예언자의 행위인 것은 분명하다고 주장한다. 이러한 주장은 본원적이고도 필연적인 인과율에 근거한 것이다. 즉 사건들은 항상 새롭게 발생하는 상황과 원인에 따라서 상호 계기적으로 발생하는 것이며, 궁극적으로 따지고 보면

---

54) 1027년 사망.
55) 이 학파는 al-Ash'ari(873-935)를 비조로 하는 이슬람의 정통 신학파이다. 아샤리는 원래 무타질라파에 속했으나 40세 즈음에 개심하여 전통적 입장으로 회귀했는데, 이때 무타질라파에서 사용하던 사변적 방법론을 정통 신학에 도입하여 그것을 무기로 오히려 무타질라파의 허점을 공격했다.

스스로의 논리로 움직이는 '필연'에 기인하는 것이지, 누군가의 선택에 의해서 그런 사건이 벌어진 것은 아니라는 것이다. 그들의 견해에 따르면 예언자의 영혼은 경이를 발생케 하는 특수한 자질을 지니고 있기 때문에, 그는 그것(필연)의 도움을 받고 또 경이를 불러일으키는 데에 필요한 여러 요소들을 복종케 함으로써 경이를 행하는 것이라고 한다. 그들의 주장에 의하면 예언자라는 것은 신이 불어넣어준 그런 자질에 힘입어, 다른 사람들을 위하여 일을 하기에 가장 적합할 뿐만 아니라, 모든 인간들을 향해서 이야기하고 또 그들을 위해서 전념하는 사람이라는 것이다. 또한 경이라는 것은 예고가 있건 없건 예언자 자신에 의해서 행해지는 것이며, 그러한 경이는 그가 인간들 사이에서 활동하고 있고 예언자적 영혼의 특수한 자질을 갖추고 있음을 입증하는 것이라고 한다. 따라서 이들 철학자의 견해에 의하면 경이가 예언자의 진실성을 나타내는 결정적인 증거가 될 수는 없으며, 이 점에서 그들의 주장은 사변적 신학자들의 입장과 일치한다. 그들은 '예고'가 기적의 한 부분을 구성하는 것이 아니며 기적과 신들림을 구분하는 기준도 아니라고 주장한다. 그들은 기적이 주술과 다른 것은 예언자가 천성적으로 선행에 적합하고 악행을 기피한다는 사실 때문이라고 생각한다. 따라서 예언자는 자기가 행하는 경이를 통해서 악을 행할 수는 없다. 주술사는 그 반대이며, 그가 취하는 모든 행동은 사악하고 또 사악한 목적을 지니고 있다. 나아가서 (기적이) 신들림과 다른 것은 예언자가 행하는 경이가 승천, 고체 속의 통과, 사자의 소생, 천사와의 대화, 공중비상 등과 같이 특이한 성격을 지니고 있다는 데에 있다. 그러나 성자의 경이는 예언자보다는 더 낮은 단계로서, 예를 들면 적은 것을 많게 한다든가 미래에 일어날 일에 대해서 말하는 그런 것들이다. 예언자는 성자의 경이를 행할 수 있지만, 성자는 예언자의 경이나 그와 유사한 것들을 행할 수 없다. 이러한 사실은 수피들이 자신의 신비주의적 수행과 몰아적 체험에 대해서 적은 글을 통해서도 확인된다.

이제 이러한 사실이 밝혀졌으니 우리의 예언자에게 계시된 『코란』은 가장 위대하고 고귀하며 가장 분명한 기적이라는 점도 알 수 있을 것이다. 일반적으로 경이는 예언자가 받는 계시와는 별도로 일어나며, 기적은 그의 진실성을 보여주는 증거로 나타난다. 반면에 『코란』은 그 자체가 계시이며, 그 자체가 경이로운 기적이다. 『코란』은 그 자체가 증거이며, 계시와 연관되어 발생하는 여타의 경이들과는 달리 외부의 증거를 필요로 하지 않는다. 그것은 그 자체 안에 증명할 것과 증명될 것을 동시에 아우르고 있기 때문에 가장 분명한 증거이다. 무함마드가 "모든 예언자들은 인류에게 자신이 예언자임을 확실히 보여주는 어떤 징표들을 각각 부여받았다. 내게 부여된 것은 계시이다. 그래서 나는 부활의 날에 가장 많은 추종자들을 가지기를 희망한다."고 한 말의 뜻이 바로 이것이다. 즉 그에게는 기적이 계시라는 형태로 나타났고 그 계시는 너무나 분명한 것이어서, 많은 사람들이 그것을 진실한 것이라고 믿고 그를 진정한 예언자로 생각하기 때문이다. 그들이 바로 그의 추종자이자 이슬람을 믿는 사람들이다.

이상의 사실들은 『코란』이 우리의 예언자가 신으로부터 직접 계시받은 말과 구절들을 그대로 옮겨놓은 것임을 보여주고, 그런 점에서 그것은 신성한 경전들 가운데에서도 독보적이며 『토라』나 『복음서』와 같은 다른 경전들과는 구별된다. 과거의 예언자들은 그러한 경전들을 계시의 상태에서 생각의 형태로 받았고, 인간적인 상태로 돌아온 뒤에 이 생각을 자신의 일상적인 말로 표현한 것에 불과하다. 따라서 이러한 경전들은 '무비성'(無比性)의 특징을 가지지 못한다. 무비성은 『코란』에만 고유한 것이다. 『하디스』(Hadîth)[56])에도 자주 언급되듯이, 우리의 예언자는 신의 생각을 계시받았고 다른 예언자들도 이와 유사한 방식으로 경전을 받았다. 그러나 그가 다른 예언자들과 달리 문자 그대로의 형태로 『코란』을 받았다는 사실은 신이 무함마드에게 한 다음과 같은 말을 통해서도 입증된다. "너는 혀를 지나치게 빨리 움직이지 말라. 계시의 구절들을 모으고 그것을 낭송케 하는 것은 나의 일이니……나의 계시를 왜곡하지 않도록 조심하라!"[57])

『코란』에 있는 많은 시구들은 신이 그것을 직접 문자 그대로 계시한 것임을 보여주며, 그 안에 있는 모든 「장(章)」(sûrah)은 모방할 수 없는 것이다. 우리의 예언자의 기적들 가운데 『코란』보다 더 위대한 기적, 아랍인들을 통합한 것보다 더 큰 기적은 없을 것이다. "지상의 모든 부를 다 탕진한다고 해도 너는 그들의 마음을 하나로 결합시킬 수 없을 것이다. 다만 신께서 그들을 결합시킨다."[58])

---

56) 앞에서도 설명했듯이, 무함마드의 언행에 관한 각종 보고를 비판적으로 검토하여 신빙성이 있는 것들을 선별하여 편찬한 책. 일반적으로 Tradition(전승)이라고 번역되기도 한다.
57) 『코란』 75 : 16f.
58) 『코란』 8 : 63.

이 점을 마땅히 알아야 할 것이며 숙고해야 할 것이다. 그러면 내가 설명한 대로 그것이 정확함을 알게 될 것이다. 또한 그것이 무함마드의 지위가 다른 예언자들에 비해서 우위에 있고 지고한 위치에 있음을 보여주는 증거라는 사실을 명심해야 할 것이다. 이제 우리는 여러 학자들이 해석한 바에 따라서 예언의 진정한 의미를 설명할 것이다. 그리고 나서 주술과 꿈과 점, 그리고 여타의 초자연적 지각방식에 대해서 언급할 것이다.

예언의 진정한 의미

모든 피조물들을 담고 있는 이 세계는 일정한 질서와 견고한 구조를 가지고 있다. 그것은 놀랍고도 끊임없는 방식으로 원인과 결과 사이의 연관성을, 피조물과 피조물 사이의 조합을, 또 어떤 존재의 다른 존재로의 변용을 보여준다. 신체와 감각의 세계, 그중에서도 먼저 가시적 원소들의 세계를 살펴보면, 우리는 이러한 원소들이 어떻게 상향적 질서 속에서 점진적이고 연속적으로 —— 마치 흙에서 물로, 물에서 공기로, 공기에서 불로 나아가듯이 —— 구성되어 있는가를 알 수 있다. 각각의 원소는 다음의 더 높은 단계나 더 낮은 단계로 변용될 준비가 되어 있고 또 실제로 변용된다. 상위의 원소는 그것에 선행하는 하위의 원소에 비해서 더 희박해지고, 그것은 궁극적으로는 천체의 세계의 단계에 도달한다. 천체의 세계는 다른 어느 것보다도 희박하다. 천체의 세계는 서로 연결된 여러 층으로 이루어져 있고, 우리는 그것의 운행을 통해서만 그 구조를 감지할 수 있을 뿐이다. 이러한 운행은 어떤 사람들에게 천체들의 측량과 위치에 대한 지식을 주고, 또 그 너머에 존재하는 본질의 존재에 대한 지식도 준다. 그 본질이 천체에 영향을 미친다는 것은 천체가 운행한다는 사실을 통해서만 알 수 있을 뿐이다.

다음으로 우리는 창조의 세계를 살펴보아야 한다. 그것은 광물에서 출발하여, 독특한 방식에 의해서 점진적으로 식물과 동물로 진행한다. 광물의 최종 단계는 식물의 최초 단계 —— 즉 풀이나 씨 없는 식물 —— 와 연결되어 있고, 식물의 최종 단계, 즉 종려나무와 포도나무는 동물의 최초 단계 —— 달팽이나 조개 등 촉각밖에 없는 것들 —— 와 연결되어 있다. 이러한 피조물들과 관련해서 '연결'이라는 단어는 각 집단의 최종 단계가 다음 집단의 최초 단계로 변할 준비가 완전히 되어 있다는 것을 의미한다. 동물의 세계는 더욱 확대되고 그 종은 수도 없이 많아져서, 창조의 점진적 과정에 의해서 마침내 사유하고 성찰할 수 있는 능력을 지닌 인간에게 도달한다. 인간의 고등 단계는 원숭이의 세계로부터 진행된 것인데, 후자에게서 총명과 지각이 보이기는 하지만, 그것은 실제적인 사유와 성찰의 단계에는 이르지 못했다. 이 지점에서 우리는 인간의 최초 단계에 도달하게 되며, 여기까지가 우리의 신체적 관찰이 미칠 수 있는 범위이다.

이제 우리는 감각의 세계 속에서 작용하는 힘을 발견하게 된다. 감각의 세계에는 원소와 천체의 운행이 미치는 힘이 있고, 창조의 세계에는 지각과 생장의 움직임이 미치는 힘이 있다. 이러한 것들은 신체적 물질이 아니면서도 무엇인가 힘을 발휘하는 것들이 있음을 입증한다. 즉 그것은 정신적인 것들이며, 피조물들에 연결되어 있다. 그 까닭은 각각의 세계들은 존재상 서로 연결될 수밖에 없기 때문이다. 이 정신적인 것은 영혼이며, 그것은 지각력이 있고 움직임을 일으킨다. 영혼의 위에는 그 영혼에게 지각력과 운동력을 부여하고 또 그것과 연결되어 있는 무엇인가 다른 것이 존재해야만 한다. 그것의 본질은 순수한 지각과 완전한 지성이어야만 한다. 이것이 바로 천사들의 세계이다. 따라서 우리의 영혼은 어떤 찰나적 순간에 천사들의 일부가 될 수 있도록, 인간성을 천사성으로 변환할 준비를 해야만 한다. 뒤에서 설명하듯이, 이것은 영혼의 정신적 본질이 실제로 완전해진 뒤에 일어나는 현상이다.

우리가 앞에서 설명한 것처럼, 존재의 모든 질서들이 그러하듯이 영혼은 그 다음 단계와 연결되어 있다. 그것은 위로 또 아래로 연결되어 있는데, 아래로는 육체와 연결되어 감각력을 소유하고 그 감각을 통해서 실제적인 지각력을 갖추게 된다. 위로는 천사의 단계와 연결되어 있고 거기에서 영혼은 초자연적인 지각력을 획득한다. 왜냐하면 천사의 이해 속에는 생성하는 만물에 대한 지식이 초시간적으로 존재하기 때문이다. 이것은 앞서 말했듯이, 잘 짜여진 존재의 질서가 낳은 결과이며, 존재의 세계의 본질과 힘들이 서로 연결되어 있기 때문에 생긴 현상이다.

인간의 영혼은 눈에 보이지 않으나, 그것이 신체에 미치는 영향은 분명하다. 신체의 모든 부분들은 —— 조합적으로나 혹은 독자적으로 —— 영혼과 그것이 발휘하는 힘의 기관들인 것처럼 보인다. 동작을 예로 들어보면, 만지는 것은 손에,

걷는 것은 발에, 말하는 것은 혀에 의해서 수행되고, 이러한 동작들의 총체적인 결합은 신체에 의해서 수행된다. 감각력은 여러 층으로 되어 있고 점차 상승하면 최고의 능력인 사고력의 단계에 이르며, 그것을 '이성력'이라고 부른다. 이렇게 해서 시각, 청각 등의 여러 기관들을 가지고 있는 외적인 감각력은 내적인 감각력에로 인도된다.

최초의 내적인 감각은 '공통감각', 즉 감각의 모든 대상에 대해서, 그것이 청각, 시각, 촉각 혹은 다른 어떤 것에 속하건 간에, 동시적으로 인식하는 능력이다. 이 점에서 그것은 외적인 감각력과는 구별된다. 왜냐하면 감각의 대상은 외적인 감각만으로는 동시에 모두 모여지지 않기 때문이다.

공통감각 다음으로 오는 것이 바로 '상상'이다. 그것은 말하자면 감각의 대상을 그 모든 외적인 물질로부터 추상화하여 영혼 속에 형상화하는 힘이다. 이 두 가지 능력(즉 공통감각과 상상)이 활동하는 기관은 뇌의 전부강(前部腔)이다. 이 전부강의 앞 부분은 공통감각을, 뒷 부분은 상상을 위해서 기능한다.

상상은 평가력과 기억력으로 연결된다. 평가력은 개별적 특질에 관한 관념, 예를 들면 자이드의 적개심, 아므르의 우정, 아버지의 자비, 늑대의 야수성 등을 파악한다. 기억력은 지각되는 모든 대상 —— 그것이 상상된 것이건 아니건 —— 의 저장소로 기능한다. 그것은 마치 필요한 기간 동안 보존해두는 창고와 같다. 이 두 가지 능력이 활동하는 기관은 뇌의 후부강(後部腔)이며, 이 후부강의 앞 부분은 평가력을, 뒷 부분은 기억력을 위해서 기능한다.

이 모든 능력들은 사고력으로 연결되며, 그 기관은 뇌의 중부강(中部腔)이다. 사고력은 생각을 일으키고 사유를 도출하는 힘이다. 영혼은 이것에 의해서 끊임없이 움직여지는데, 그 까닭은 영혼에는 사고하고자 하는 본질적인 욕망이 있기 때문이다. 영혼은 저급한 인간적인 힘과 인간적인 제약의 손아귀에서 자유로워지기를 원한다. 그것은 자신을 가장 높은 정신적인 집단(즉 천사들)에 동화시킴으로써 활발한 사유로 나아가기를 원하며, 신체적 기관의 도움을 받지 않고 감지함으로써 정신적 세계의 최초 단계에 들어가기를 원한다. 따라서 영혼은 끊임없이 그 방향으로 움직인다. 그것은 후천적인 여하한 능력에 의해서가 아니라, 신이 부여한 원초적 본성의 도움을 받아 모든 인간성과 인간적 정신성을 벗어던지고 최고 단계인 천사성으로 향하려고 한다.

인간의 영혼에는 세 종류가 있다. 첫번째 종류의 영혼은 정신적 지각에 도달하기에는 생래적으로 너무 약하다. 따라서 그것은 하향적으로 움직여 감각과 상상으로 나아가며, 또 기억력과 평가력의 도움을 통해서 관념을 형성하지만, 일정한 규정과 질서에 따라서 그렇게 할 뿐이다. 이런 방식으로 사람들은 지각적 지식과 통각적 지식을 획득하며, 그것은 신체 안에서 사고가 낳은 결과물이다. 이 모든 것은 상상력이 낳은 것이며 그 범위는 제한되어 있다. 왜냐하면 그것이 출발한 길을 통해서는 일차적 인식의 세계에까지만 도달할 뿐 그 너머로는 갈 수 없기 때문이다. 또한 만약 그러한 지식이 잘못된 것이라면, 그 너머에 있는 것들 역시 모두 틀린 것이다. 일반적으로 말해서, 이것이 인간의 신체적인 지각의 범위이다. 이것이 학자들의 지각의 종착점이고 학자들의 굳건한 기반도 거기에 있다.

두번째 영혼은, 그 선천적인 자질로 인하여, 사고를 통해서 정신적인 사유와 신체적인 기관을 필요로 하지 않는 형태의 지각을 향해서 가게 된다. 이러한 영혼의 지각은 인간의 원초적 지각범위인 일차적 인식의 세계를 넘어서 내적인 성찰을 행하며 직관적이다. 그것은 시작과 끝이 없고 아무런 제한이 없다. 이것은 성자들, 혹은 신비주의적 수행과 신성한 지식을 갖춘 사람들의 지각이다. 축복받은 사람들은 죽은 뒤 연옥에서 이와 같은 지각을 획득하기도 한다.

세번째 종류의 영혼은 육체적, 정신적인 측면의 모든 인간성에서 벗어나 최고 단계에 있는 천사성으로 변환되는 데에 천성적으로 적합한 존재이다. 따라서 이러한 영혼은 실제로 찰나적 순간이지만 천사가 되어 최상위의 집단을 보고, 그 순간에는 본질의 말과 신의 음성을 듣는다. 이러한 영혼을 지닌 개인들이 바로 예언자들이다. 신은 그들이 계시를 받는 순간 인간성을 벗어버릴 수 있는 선천적인 힘을 그들 안에 심어주었다. 신은 인간이기에 받을 수밖에 없는 육체적인 방해와 제약으로부터 그들을 해방시켜준 것이다. 그들이 이를 성취할 수 있는 것은 신이 그들에게 부여한 무류성과 정직성 —— 이로 인해서 그들은 독특한 외모를 나타낸다 —— 때문이며, 나아가서 그들 마음 속에 불어넣어준 신에 대한 경배심 —— 모든 것들을 그 목표의 실현을 위해서 집중시키는—— 을 통해서이다. 이렇게 해서 그들은 마음대로 인간성을 벗어버리고 천사성을 향해서 나아가는데, 이는 하등 후천적인 능력이나 기술에 의해서가 아니라 그들 자신의 선천적인 기질에 의한 것이다.

예언자들은 자신의 인간성을 벗어버리고 그러한 방향으로 나아가며, 일단 천사라는 최고의 집단 속에 들어가게 되면 그곳에서 배울 수 있는 모든 것들을 배운다. 그뒤에 그들은 그렇게 배운 것들을 인간적인 지각력의 단계로 다시 가지고 온다. 왜냐하면 그렇게 하지 않으면, 그것을 인간들에게 전달할 수 없기 때문이다. 그것은 때로 예언자의 귀에 소음의 형태로 들리기도 하고, 혹은 불분명한 말과 같기도 하지만, 그는 거기에서 그에게 전달된 관념들을 도출한다. 소음이 그치고 나면 그는 그 관념을 간직하고 이해한다. 또 어떤 때에는 예언자에게 전갈을 전하는 천사가 인간의 모습으로 나타나서 그에게 말을 하고, 예언자는 그가 말하는 것을 이해한다. 천사가 전하는 전갈을 배우고, 그것을 인간의 지각수준으로 환원함으로써 전달된 내용을 이해하는 것이다. 이 모든 것은 한 순간, 아니 찰나적 순간에 일어나는 것처럼 보인다. 그것은 시간적인 흐름 속에서 발생하는 것이 아니며 모든 것은 동시적으로 일어난다.……

일반적으로 계시의 상태는 시종 어려움과 고통을 수반한다는 사실을 알아야 할 것이다. 계시는 천사적 지각을 획득하고 영혼의 말을 들을 수 있도록 자신의 인간성으로부터 떠나는 것을 의미한다. 이것은 고통을 불러일으킨다. 왜냐하면 그것은 본질이 그 고유한 본질에서 떠나서 그 본질이 머무는 고유한 단계에서 궁극적인 단계로 넘어가는 것을 의미하기 때문이다. 무함마드가 계시를 처음 받았을 때 숨막히는 느낌이었다고 말한 것도 바로 그 때문이다. "그리고 그(가브리엘)는 견딜 수 없을 정도로 나를 숨막히게 했다. 그리고는 나를 놓아주면서 말하기를 '읊으라!'고 했다. 나는 '읊을 수 없습니다.'라고 대답했다." 전승에 의하면, 그는 두번 세번 이렇게 말했다고 한다.

계시가 반복되어 점차 익숙해지면 어느 정도 편안함을 느끼게 된다. 『코란』에 나오는 시구들 가운데 가장 초기의 구절들, 즉 메카에서 무함마드에게 계시된 '장'들이 메디나에서 계시된 것들에 비해서 더 짧은 까닭도 여기에 있다. 이것은 메카의 '장'과 메디나의 '장'을 구별하는 기준이 되기도 한다. 신은 올바른 것으로 인도하신다. 이것이 바로 예언성의 요체이다.

주술

주술(kahânah)은 인간의 영혼이 소유한 독특한 자질들 가운데 하나인데, 그 이유는 다음과 같다. 앞의 논의에서 우리는 인간의 영혼이 인간성으로부터 그보다 상위에 있는 정신성으로 전환될 소질이 있다고 진술한 바 있다. 인간에게 이러한 전환이 가능하다는 사실은 선천적인 자질로 그것을 성취하는 예언자들을 통해서 확인된다. 그러기 위해서 그들은 후천적인 자질을 필요로 하지도 않으며, 또 지각이나 관념이나 신체적인 활동 —— 그것이 말이건 동작이건 혹은 그 어느 것이건 —— 같은 것에 의존하지도 않는다는 점은 이미 입증되었다. 그것은 찰나적 순간에 인간성이 천사성으로 바뀌는 선천적 전환이다.

만약 그렇다면, 즉 인간의 본질 속에 그러한 소질이 있다면, 논리학적인 분류법에 따라서 우리는 이와 다른 종류의 인간을 상정하지 않을 수 없다. 다시 말해서 그는 앞에서 말한 부류의 인간(즉 예언자들)이 지니는 완벽함의 반대항이 되는 열등한 존재이지 않으면 안 된다. 위와 같이 초자연적인 것과의 접촉을 실현하는 데에 어떠한 도움도 받지 않고 독립적인 것과 그러한 도움에 전적으로 의존한다는 것은 서로 반대항을 이루며, 이 양자는 전혀 다른 것이다.[59]

따라서 우리가 존재의 세계를 분류할 때 다음과 같은 종류의 인간, 즉 자기가 희망하기만 하면 언제라도 자신의 이성력에 따라서 마음 먹은 대로 사고작용을 진행시키는 능력을 선천적으로 소유한 인간의 존재를 상정할 수밖에 없다. 그러나 이성력이라는 것은 본질적으로 초자연적인 것을 지각하는 힘이라고 할 수는 없다. 따라서 그와 같은 취약함으로 인해서 이성력이 초자연적인 것과 접촉하는 것이 어렵게 되면, 그것은 감각이건 상상이건 어떤 특수한 것, 예를 들면 투명한 사물이나 동물의 뼈, 혹은 운문으로 된 말이나 새, 동물이 표현하는 것들과 결부될 수밖에 없다. 그런 사람은 그러한 감각적 혹은 상상적 지각을 보존하려고 애를 쓰는데, 그 까닭은 그가 희망하는 초자연적 지각을 획득하는 데에 그런 것들의 도움에 의존할 수밖에 없기 때문이다. 그것들이 그에게 일종의 보조역할을 하는 것이다.

그런 사람들에게서 초자연적 지각의 출발점을 이루는 힘이 주술이다. 그들의 영혼은 천성적으로 열등하며 완벽함을 획득할 수 없다. 따라서 그들은 보편적인 것보다는 특수한 것을 더 잘 지각하며, 그래서 그런 사람들에게는 특수한 것을

---

[59] 저자는 여기에서 예언자와 주술사의 차이를 말하고 있다.

인식하는 기관인 상상력이 아주 강하게 발달되어 있다. 잠들었을 때나 깨어 있을 때나 특수한 것들이 상상력을 완전히 지배하게 된다. 특수한 것들은 언제나 눈앞에 있으며 언제라도 작용할 준비가 되어 있다. 상상력은 이런 사람들의 주의를 특수한 것들로 향하게 하고 그런 것들이 끊임없이 비쳐지는 거울과 같은 역할을 한다.

주술사는 이성의 세계(intelligibilia)를 지각할 때 완벽함에 이르지 못하는데, 그것은 그가 받는 계시가 마귀들로부터 주어진 것이기 때문이다. 이런 종류의 사람이 도달할 수 있는 가장 높은 단계는 감각으로부터의 이탈이며, 이는 운문이나 대구(對句)를 포함하는 주문을 사용함으로써 성취된다. 그렇게 함으로써 그는 초자연적인 것과의 불완전한 접촉을 하는 것이다. 신들린 듯한 움직임과 그것에 수반되는 외부적 장치의 도움을 통해서, 그의 마음은 무엇인가 영감을 받아 말로 표현한다. 그렇기 때문에 주술사는 때로 진실을 말하기도 하고 진실과 일치하기도 한다. 그러나 그가 말하는 것이 거짓일 경우가 더 많은데, 그것은 자신의 지각적인 본질과 상충되고 어울리지도 않는 외래적인 무엇인가에 의해서 자신의 결함을 보충하기 때문이다. 따라서 진실과 허위가 뒤섞여버리기 때문에 그를 믿을 수 없다. 그는 종종 추측과 가설을 자신의 도피처로 삼기도 하는데, 그것은 자기 기만적인 방식으로라도 초자연적인 지각을 획득하기를 열망하고, 그에게 그런 정보를 바라는 사람들을 기만하려고 하기 때문이다.

그러한 운문체의 주문을 사용하는 사람들은 '주술사'라고 하며 다른 이들로부터 주목을 받는다. 그들은 그런 부류의 사람들 중에서는 가장 높은 지위에 있다. 예언이란 예언자의 본질과 천사들과의 직접적이고 독립적인 접촉을 말한다. 그러나 주술사는 자신의 취약성 때문에 외래적인 관념의 도움에 의존하며, 그러한 관념들은 그의 지각 속으로 들어와 그가 가지고자 열망하는 지각과 뒤섞인다. 그렇게 함으로써 그는 혼란에 빠지게 되며 그에게 찾아오는 것은 거짓일 뿐이다. 따라서 그가 이러한 행동으로 예언을 성취한다는 것은 불가능하다.……

예언자와 동시대에 사는 주술사는 예언자의 진실성과 그가 행하는 기적의 의미를 잘 알고 있다. 왜냐하면 마치 모든 사람들이 꿈에서 어떤 직관적인 체험을 느끼듯이 주술사 역시 예언에서 그러한 체험을 느끼기 때문이다. 그러나 꿈꾸는 사람에 비해서 주술사의 체험은 더욱 강하고 인식은 더욱 분명하다. 주술사로 하여금 예언자의 진실성을 거부하고 부정하게 만드는 것은 단지 그 자신이 예언자가 되고자 하는 잘못된 열망 때문이다. 이로 인해서 그들은 예언자에 대해서 악의에 찬 반감을 표시하게 된다. 그러나 믿음이 그것을 압도하여 스스로 예언자가 되려는 열망을 포기하게 될 때, 그들은 가장 독실한 신자가 된다.

꿈

진정한 꿈이란 정신적 본질 속에 존재하는 이성적 영혼이 사건의 형상을 일별(一瞥)하는 것을 말한다. 영혼은 정신적인 것이지만, 사건의 형상은 영혼 안에 실제로 존재하는 것이다. 이는 모든 정신적 본질의 경우에도 마찬가지이다. 영혼은 육체적인 물질과 신체적인 지각으로부터 자신을 해방시킬 때 정신적인 것이 된다. 그러한 상태는 잠이라는 것을 매개로 하여 일별이라는 형태로 영혼에 나타나며, 그럼으로써 미래의 사건들에 대한 지식을 획득하고 그것과 관련된 지각을 얻게 되는 것이다. 이러한 과정이 미약하고 불분명할 경우, 영혼은 소망하는 지식을 얻기 위하여 은유나 상상을 동원한다. 그렇게 되면 그러한 은유는 해몽이 필요하다. 반면 이러한 과정이 강력하면 은유는 필요없고, 따라서 하등의 해석도 필요없게 된다. 왜냐하면 그러한 과정에는 상상이 존재하지 않기 때문이다.

영혼 속에 그러한 일별이 나타나는 것은 영혼이 잠재적으로 정신적 본질이지만, 동시에 육체나 육체적 지각의 보조를 받는다는 사실 때문이다. 따라서 영혼의 본질이 궁극적으로 순수한 이성이 되고 그 존재가 실제로 완전하게 되면, 영혼은 하등의 육체적 기관의 도움도 받지 않고도 지각을 할 수 있는 정신적 본질이 되는 것이다. 그러나 그것은 '정신의 세계' 안에서 가장 높은 단계에 있는 천사들에 비해서 저급한 단계이다. 왜냐하면 천사들의 본질은 육체적 지각이나 다른 어떤 것의 보조도 받을 필요가 전혀 없기 때문이다. 그러나 인간의 경우에는 영혼이 육체 안에 머무는 한에서만 정신의 세계로 나아갈 준비가 이루어진다. 그러한 준비에는 성자들의 경우처럼 특수한 것이 있는가 하면, 모든 인간들에게 공통된 일반적인 것도 있으니, 그것이 바로 '꿈'이다.

예언자의 경우, 이러한 준비는 인간성을 '정신세계'에서 가장 높은 단계에 있는 순수한 천사성으로 전환하는 준비이다. 그것은 계시가 일어날 때마다 반복적으로 일어나고, 예언자가 육체적 지각의 수준으로 되돌아갈 때에도 존재한다. 그

순간에 예언자가 어떠한 지각을 가지게 되건 그것은 분명히 잠을 잘 때 일어나는 현상과 유사하다. 다만 잠은 계시에 비해서 열등한 것일 뿐이다.

이러한 유사성 때문에 무함마드는 꿈을 예언의 46번째 — 그의 언행록을 기록한 교정본에 따라서는 43번째 혹은 70번째 — 부분이라고 정의했다. 물론 이러한 숫자들을 문자 그대로 받아들여서는 안 될 것이며, 단지 초자연적인 지각들 사이에 존재하는 수많은 단계들을 말해준다. 이러한 사실은 한 판본에 '70'이라는 숫자가 언급된 것을 보아도 알 수 있다. 아랍인들은 많은 수를 표현할 때 '70'이라는 숫자를 사용한다.

오랜 '준비'는 인간에게 흔히 보이는 현상이다. 그러나 그것이 현실로 전환되는 것을 막는 여러 가지 장애물들이 있는데, 그중에서 가장 큰 장애물이 외적 감각이다. 그렇기 때문에 신은 인간을 창조할 때, 인간의 자연적 기능의 하나인 잠을 통해서 그와 같은 외적 감각의 베일이 벗겨질 수 있도록 만든 것이다. 베일이 벗겨지면 영혼은 진리의 세계에서 그것이 알고자 하는 것들을 배우게 되고, 때로 영혼은 희구하던 것을 일별하기도 한다.

잠을 잘 동안에 외적 감각의 베일이 벗겨지는 이유는 다음과 같다. 이성적 영혼의 지각과 행동은 육체적인 동물적 정신으로부터 생긴 것이고, 이 정신은 갈레노스나 다른 학자들의 해부학 서적에 설명되어 있듯이, 심장의 좌심방에 모여 있는 희박한 증기이다. 그것이 혈액과 함께 동맥과 정맥을 타고 퍼져나가면서 감각과 동작과 다른 신체적 행동을 가능하게 한다. 그중에서도 가장 희박한 부분은 뇌로 올라가서, 거기서 뇌의 냉기에 의해서 절제되었다가, 뇌의 여러 강 속에 있는 능력들을 작동시킨다. 이성적 영혼은 바로 이러한 증기와 같은 정신을 통해서 비로소 지각하고 행동할 수 있다. 이 양자는 서로 연결되어 있는데, 그것은 희박한 것이 농밀한 것에 의해서 영향을 받을 수 없다는 창조의 법칙 때문이다. 즉 육체적인 물질들 가운데에서 가장 희박한 것이 동물적 정신이고, 따라서 그것은 육체성과는 다른 본질, 즉 이성적 영혼이 미치는 영향에 민감하게 반응한다. 이렇게 해서 이성적 영혼은 동물적 정신을 매개로 하여 신체에 영향을 미친다.

우리는 앞에서 이성적 영혼이 지각하는 방식에는 두 가지가 있다고 서술했다. 즉 오감을 통한 외적 지각과 뇌의 힘을 통한 내적 지각이 그것이다. 이 두 가지 지각은 이성적인 영혼에게 선천적으로 가능한 지각, 즉 자신보다 높은 단계인

'정신세계'의 본질에 대한 지각이 일어나는 것을 방해한다. 외적 감각은 육체적인 것이기 때문에, 피로나 허약함, 혹은 지나친 활동으로 인한 정신적인 고갈 등에 영향을 받는다. 따라서 신은 감각에게 휴식에 대한 욕망을 부여하여, 그것이 휴식을 취한 뒤에 다시 완벽한 기능을 수행할 수 있도록 했다. 이는 동물적 정신이 모든 외적 감각에서 물러나와 내적 감각으로 돌아감으로써 성취되며, 밤중에 몸을 감싸는 냉기는 이러한 과정이 일어나는 것을 도와준다. 밤의 냉기에 영향을 받아 자연의 열기는 신체의 가장 깊숙한 곳으로 후퇴하고 외부에서 내부로 들어간다. 이렇게 해서 그 열기를 일으키는 동물적 정신은 신체의 내부로 들어가게 된다. 인간이 대체로 밤에 잠을 자는 이유가 바로 여기에 있다.

이렇게 해서 영혼은 외적 감각에서 물러나와 내적 지각력으로 되돌아간다. 영혼은 감각이 일으키는 방해작용으로부터 해방되어 이제 기억력 속에 존재하는 형상들에게로 돌아간다. 그리고 난 뒤 이 형상들은 합성과 분해의 과정을 거쳐 상상적인 모습들을 띠게 된다. 이러한 모습들은 대부분 우리에게 익숙한 것들인데, 그 까닭은 영혼이 방금 감각의 익숙한 대상물에서 물러나왔기 때문이다. 그리고 나서 그 모습들은 외적 오감을 결합한 공통감각으로 전달되어 그러한 오감에 의해서 인식된다. 그러나 영혼은 때로 내적인 능력들과 힘을 합하여 그 정신적 본질로 향하기도 한다. 그렇게 될 경우 영혼은 정신적 지각을 성취하며 ─ 영혼은 선천적으로 그럴 준비가 되어 있다 ─ 그것은 사물의 본질 속에 내재하는 것과 연관된 형태를 인식한다. 상상은 그러한 형태를 포착하여, 현실적이건 은유적이건 통상적인 모습으로 그려낸다. 은유적으로 그려지면 그것은 해석을 필요로 한다. 영혼은 자신이 초자연적인 것을 인식하기 전에 기억력 속에 존재하는 형상들을 합성하고 분해하는 활동을 하기도 하는데, 이것을 『코란』은 '어지러운 꿈'[60]이라고 부른다. 명료한 꿈은 신으로부터 온 것이고, 해몽을 필요로 하는 은유적인 꿈은 천사로부터 온 것이지만, '어지러운 꿈'은 사탄으로부터 온 것이다. 왜냐하면 그것은 전혀 무용지물이며, 사탄은 무용함의 근원이기 때문이다.

이상에서 '꿈'의 진정한 의미와 꿈이 어떻게 잠에 의해서 발생하는가를 설명했다. 꿈은 인간의 영혼에 독특한 자질이며 이는 모든 인류에게 공통된 것이다. 아

---

[60] 『코란』 12 : 44.

무도 그것에서 자유로울 수 없고, 모든 사람은 잠에서 깬 뒤 꿈에서 본 것이 진실이라는 것을 여러 차례 경험한다. 우리는 영혼이 잠 속에서 초자연적인 지각을 이룩한다는 것을 분명히 알고 있다. 만약 이런 일이 잠 속에서 가능하다면 다른 상태에서도 불가능한 일은 아니다. 왜냐하면 지각을 행하는 본질은 하나이고 그 특질은 항상 존재하는 것이기 때문이다. 신께서 진리로 우리를 인도하신다.

'꿈말'(주문)

앞에서 설명한 꿈을 통해서 일어나는 초자연적인 지각이 우리들에게 일어나는 경우는 대부분 무의식의 상태에서 또는 자기 의지로 어떻게 통제할 수 없는 상태에서이다. 영혼이 무엇인가에 몰입하면, 잠 속에서 초자연적인 것을 일별하게 되고 실제로 그것을 본다. 그러나 영혼이 처음부터 그렇게 하려는 의도를 가졌기 때문에 이루어진 것은 아니다.

마술을 부리는 사람들이 사용하는 『현자의 극한』(Ghâyat al-ḥâkim) 혹은 다른 책들에는 꿈 속에서 자기가 보고자 하는 것을 보기 위해서 잠에 들기 직전에 외우는 단어들이 언급되어 있다. 이 단어들은 '꿈말'[61]이라고 한다. 마슬라마[62]는 『현자의 극한』이라는 책 속에서 그 자신이 '완전한 본성의 꿈말'이라고 부르는 주문들에 대해서 언급한다. 그것은 사람이 잠에 빠져들면서 내적 지각이 자유를 얻고 초자연적 지각으로 향하는 길을 분명히 발견할 때 입으로 소리내어 말하는 다음과 같은 비아랍 단어들이다. "타마기스 바으단 야스왓다 와그다스 나우파나 가디스."[63] 그런 뒤에 자기가 원하는 것을 말하면, 그것이 꿈 속에 그대로 나타난다는 것이다.

이러한 주문을 이용하여 나 자신도 놀라운 꿈을 꾸고 그 꿈을 통해서 나 자신에 대해서 알고 싶었던 것을 알아낸 적이 있다. 그러나 그와 같은 꿈말이 존재한다고 해서 꿈을 꾸고자 하는 의도가 곧 꿈을 꾸게 만든다는 점이 입증되는 것은 아니다. 꿈말은 꿈을 갖고자 하는 영혼에 준비된 상태를 만들어준다. 만약 그러

---

61) 아랍어는 ḥâlûma. 꿈을 뜻하는 아랍어 ḥâlômâ에서 나온 것이다.
62) 10세기 스페인의 유명한 학자.
63) tamâghis ba'dân yaswâdda waghdâs nawfanâ ghâdis. 이 주문을 구성하는 단어들은 아랍어로 추정된다.

한 준비상태가 완벽하면 할수록, 영혼이 희망하는 것을 얻을 가능성은 더 클 것이다. 사람은 무엇이나 자신이 원하는 것을 마음에 두고 준비할 수는 있지만, 그렇다고 자신이 준비한 것이 언제나 실현된다는 보장은 없다. 어떤 것을 준비하는 능력과 어떤 것 자체에 대한 능력과는 동일하지 않기 때문이다. 이와 유사한 경우에 대해서도 우리는 그와 같은 사실을 숙지하고 또 고려하지 않으면 안 될 것이다.

다른 유형의 예언들

우리 가운데에는 어떤 일이 일어나기도 전에 그것을 예언하는 사람들이 있다. 그들은 예언에 필요한 특별한 선천적 자질을 가지고 있고, 그러한 자질 때문에 그들은 다른 사람과 구별된다. 그들은 예언을 하기 위해서 어떤 특별한 기술을 쓸 필요도 없고, 점성이나 다른 것의 도움을 필요로 하지도 않는다. 그들의 예언은 선천적인 자질에서 비롯된 필연적인 결과일 뿐이다. 이런 부류의 사람들로는 점쟁이가 있다. 예를 들면 그릇에 담긴 물이나 거울처럼 투명한 물체를 응시하는 사람들, 동물의 심장, 간, 뼈 등을 관찰하는 사람들, 새나 야수로부터 징조를 읽어내는 사람들, 자갈이나 곡식의 낱알 혹은 야자씨 같은 것을 던지는 사람들이 그렇다. 이런 모든 일이 사람들 사이에서 벌어지고 있고, 또 누구도 그런 것을 부정하거나 무시할 수 없다. 또 초자연적인 것들에 관한 진술이 미친 사람의 입을 통해서 나와서 예언이 이루어지기도 한다. 잠에 들거나 죽어가는 사람도 마찬가지로 초자연적인 것에 관해서 말한다. 또한 잘 알려져 있듯이, 수피로서의 수련을 거친 사람들도 신의 은총을 입어 초자연적인 것에 대한 지각력을 획득한다.

초자연적 지각의 여러 유형들

…… 이상과 같은 초자연적 지각은 그 어떤 종류일지라도, 모두 인간에게서 관찰된다. 아랍인들은 장차 무슨 일이 일어날지를 알기 위해서 무당을 찾곤 했다. 싸움이 벌어졌을 경우, 그들은 초자연적인 지각을 통해서 진실을 알려고 그들에게 도움말을 구하곤 했다. 아랍인들의 문학에는 이런 것들에 관한 많은 언급들이 보인다.……

어떤 사람들은 또 다른 방식으로 초자연적 지각을 획득한다. 그것은 깨어 있는 상태에서 수면의 상태로 이행하는 단계에서 일어나며, 그들은 자신이 알고자 했던 것에 대해서 무의식 상태에서 말을 하고 그럼으로써 알고자 했던 것에 대해서 초자연적 지각을 획득하게 된다. 이것은 깨어 있는 상태에서 수면으로 넘어가는 과도기, 즉 사람이 자신의 언어에 대해서 통제력을 상실하는 순간에 일어나는 현상이다. 그런 사람은 마치 내적인 힘에 의해서 강제되어 말하는 것처럼 보이며, 그는 그 힘에 의해서 언표되는 것을 그저 듣고 이해할 뿐이다.

『현자의 극한』이란 책에서 마슬라마는 이와 비슷한 이야기를 한 바 있다. 즉 어떤 사람을 참기름 통 속에 집어넣어 40일 동안 담가놓고 무화과와 견과만 먹임으로써 결국 그의 살이 없어지고 오로지 머리의 혈관과 두개골의 봉합선만 남은 상태까지 만든 뒤, 기름에서 꺼내어 건조한 대기 속에 노출시키면, 그는 일반적인 것이건 특수한 것이건 미래에 관한 온갖 질문들에 대답하게 될 것이라는 것이다. 물론 이것은 역겨운 마술이긴 하지만, 인간세계에 얼마나 놀라운 것들이 존재하는가를 보여준다.

수행을 통해서 초자연적 지각을 획득하려는 사람들도 있다. 그들은 고행을 통해서 인위적인 죽음을 시도한다. 그렇게 함으로써 그는 자신에게 존재하는 모든 신체적인 능력을 죽이고, 그 능력이 여러 가지 방식으로 영혼에 미치는 영향력을 완전히 지워버린다. 이것은 정신의 통일과 장기간에 걸친 금식을 통해서 성취된다. 죽음이 신체를 누르고 감각과 감각이 드리웠던 베일이 사라질 때, 영혼이 영혼의 본질과 그 세계를 바라보게 된다는 것은 분명히 알려져 있는 사실이다. 이런 사람들은 사망한 뒤에야 가지게 될 체험을 사망하기 이전에 인위적으로 만들어냄으로써, 자신의 영혼으로 하여금 초자연적인 것을 목도하게 하는 것이다.

마술을 연마하는 사람들이 이런 부류에 속한다. 그들은 초자연적인 것을 보고 여러 세계에서 활동하기 위해서 그런 것들을 연마한다. 이런 사람들은 대부분 북방이나 남방의 비온대 지역에 살고 있는데, 특히 인도에 있는 요기(yogi)라고 불리는 사람들이 그러하다. 그와 같은 단련법에 관해서 많은 글들이 있고, 이런 점과 관련해서 그들에 대한 일화들은 놀랄 만하다.

수피들의 수행은 종교적인 것으로, 지탄받아 마땅한 의도에서 출발한 것과는 전혀 다르다. 수피들은 정신을 온전히 집중하여 오로지 신을 생각하고 또 신에게 다가가는 길을 생각함으로써, 신에 대한 직관적 지식인 신지(神知)라든가 신의 유일성에 대한 신비적 체험을 느끼고자 한다. 수피들은 정신통일과 금식 이외에도 여러 가지 수행에 몰두하여 완전한 결과를 얻고자 한다. 영혼이 그러한 수행으로 단련될 때 그 영혼은 신지에 더 가깝게 다가가는 반면, 수행을 결여하면 그것은 악마의 지식이 되어버린다.

    수피가 초자연적 지식이나 행동을 획득한다고 하더라도, 그것은 우연한 것에 불과하고 그가 원래 의도했던 바는 아니다. 만약 그것이 의도했던 것이었다면, 그 수피는 신이 아닌 다른 어떤 것, 즉 초자연적 행동과 직관을 얻으려고 수행한 셈이다. 그렇다면 그 얼마나 큰 손실인가? 아니 그것은 차라리 다신교라고 할 수 있다. 수피들의 헌신은 그것을 통해서 신에게 가까이 가고자 하는 것일 뿐, 그밖의 어떤 것도 아니다. 그러나 그가 어떤 초자연적 지각을 획득하게 된다면, 그것은 의도적이 아닌 우연적인 결과일 뿐이다. 많은 수피들은 초자연적 지각이 실제로 그에게 나타날 때, 오히려 그것을 멀리하고 관심을 기울이지 않는다. 수피들에게 초자연적 지각이 보인다는 것은 잘 알려진 사실이다. 그들은 이러한 초자연적 체험을 하거나 마음을 읽는 것을 가리켜 '직관' 혹은 감각적 지각의 장막을 걷는 '제거'라고 부르고, 초자연적 행동을 가리켜 '신의 은총이 빚은 결과'라고 말한다. 그들이 이런 것들에 대해서도 모두 무가치한 것이라고 부인하는 것은 아니다.……

    수피 수행자들 중에는 이성적인 인간이라기보다는 차라리 광인이라고 하는 것이 더 나을 정도의 백치나 바보들이 있다. 그럼에도 불구하고 그들은 성자로서의 단계와 정의로운 자의 신비적 상태에 도달한 사람들이다. 그들에 관해서 탐구했던 적이 있고 또 신비적 체험도 한 적이 있는 사람들은 그들이 바로 그런 상태에 있다는 것을 잘 알고 있다. 초자연적인 것에 대해서 이 수피들이 말하는 내용들은 실로 놀랍다. 법학자들은 그들이 법적 책임을 지지 않는다는 점을 알고 있기 때문에, 그들이 신비적 단계에 도달했다는 것 자체를 부인하는 경우가 많은데, 그 이유는 성자성의 획득이 신의 숭배를 통해서만 성취될 수 있기 때문이라는 것이다. 그러나 이는 오류이다. 성자성의 획득은 신의 올바른 숭배를 통해서만 이루어지는 것이 아니라 다른 방법을 통해서도 가능하다. 인간의 영혼이 확실히 존재한다고 인정될 때, 신은 그 영혼에게 자기가 원하는 어떤 선물도 줄 수 있는 것이다. 그러한 사람들의 경우 이성적 영혼이 없다고 할 수 없으며 또 광인들의 영혼이 그러하듯이 부패한 것이라고 할 수도 없다. 그들은 단지 법적 책임의 근거가 되는 지성을 결여하고 있을 뿐이다. 지성이라는 것은 영혼이 지니는 특수한 자질의 하나이다. 그것은 인간에게 필요한 여러 가지 지식, 즉 그의 추리력을 올바른 방향으로 인도하여 그에게 어떻게 생활을 꾸려가고 어떻게 가정을 꾸미는가를 말해주는 그런 지식을 의미한다. 만약 그가 어떻게 생활을 꾸려가는지를 알고 있다면 그에게는 법적 책임을 회피할 어떠한 구실도 없고, 사후의 생활을 대비하기 위해서는 더욱 그런 책임을 져야 한다고 주장하는 사람이 있을지도 모른다. 그러나 한 인간의 영혼이 지성이라고 하는 특수한 자질을 결여하고 있다고 해서 영혼 자체를 결여한 것은 아니며 따라서 자신의 현실을 망각한 것도 아니다. 그가 비록 법적인 책임을 수반하는 지성을 결여한 것은 사실이지만, 현실, 즉 어떻게 생활을 꾸려가는지를 알려주는 지식은 여전히 소유하고 있다. 이것은 앞뒤가 맞지 않은 이야기가 아니다. 신께서는 신지를 부여할 자신의 종을 선택할 때, 법적인 책임을 질 수 있느냐의 여부를 그 근거로 삼지 않기 때문이다.

만약 이러한 것이 사실이라면 그러한 사람들이 하는 말은 광인들의 말과 혼동되기 쉽다. 광인은 동물의 부류에 속하는 사람이고 그의 영혼은 부패해 있다. 우리가 이 두 부류의 사람을 구별할 수 있는 특징들이 있다. 그중 하나는 백치들의 경우 부단한 수행과 신의 숭배를 위해서 헌신한다는 점이다. 그러나 앞에서도 설명했듯이 그들은 법적으로 책임을 지는 그런 사람들이 아니기 때문에 종교법이 요구하는 그런 방식으로 신을 숭배하는 것은 아니다. 반면 광인들은 어떤 종류의 헌신도 하지 않는다는 특징을 보인다.

또 다른 특징은 백치는 바보의 상태로 태어났고 어렸을 때에도 그러했다는 점이다. 반면 광인들은 어느 정도 나이가 든 뒤 신체에 사고를 당함으로써 정신을 잃게 되는 것이다. 이런 사고가 일어나면 그들의 이성적 영혼은 부패하고 미쳐버린다. 또 다른 특징으로 백치들이 사람들 사이에서 활발하게 활동한다는 점을 들 수 있다. 그 활동은 선할 수도 악할 수도 있지만, 그들은 법적인 책임을 지지 않기 때문에 허락을 받을 필요도 없다. 반면 광인은 그런 활동을 하지 않는다.

이상의 설명은 우리들이 논의를 진행하는 과정에서 필요하다고 판단되어 삽입한 것이다. 신께서는 우리를 옳은 방향으로 인도하신다.

초자연적 지각이라고 여겨지는 방식들

어떤 사람들은 감각적 지각에서 이탈되지 않은 상태에서도 초자연적 지각이 가능한 방법들이 있다고 생각한다. 예를 들면 점성사들이 그러하다. 그들은 별이 나타내는 징후들, 천구상에서의 별의 위치, 별이 다른 원소들에 미치는 영향, 별들이 서로 마주볼 때 그 별들의 성질이 혼합되어 나타나는 결과[64]와 그러한 혼합이 대기에 미치는 영향 등을 믿는다. 그러나 점성사들은 초자연적인 것과는 아무런 관계가 없는 사람들이다. 모든 것은 억측과 추정에 불과하고, 별들의 영향과 대기의 상태의 변화가 있을 것이라는 믿음에 근거한 것이다. 이러한 억측은 도를 더하여, 이미 프톨레마이오스가 말했듯이 별의 영향력이 특정한 개인들에게 어떻게 배분되는가도 알 수 있다고 한다. 신께서 뜻하신다면 우리는 뒤의 적절한 곳에서 점성술의 무용성에 대해서 설명하겠지만, 그것은 우리가 여기서 언급하고 있는 초자연적 지각과는 어떠한 관계도 없다.

모래점

보통 사람들이 초자연적인 것을 발견하고 미래를 알아내기 위해서 '모래점' ─ 점을 칠 때 사용하는 재료가 모래이기 때문에 붙여진 이름 ─ 이라고 부르는 기술을 고안한 사람들이 있다. 이 기술은 네 개의 '열'(列)에 찍혀진 점(點)들의 조합과 관련된 것이다. 모래점을 치는 사람은 상이한 조합들에 특별한 이름을 붙이고, 마치 별을 보고 점을 칠 때도 그러하듯이 그 조합들을 길조와 흉조로 분류한다. 그들은 점성술에서 사용하는 판단의 체계와 동일한 것을 만들어냈다. 그러나 점성술의 판단은 프톨레마이오스가 주장하듯이 자연현상에 근거한 것이지만, 모래점의 징표들은 인위적인 것이다.

프톨레마이오스는 원소의 세계에 별과 천체의 위치가 주는 영향과 관련하여 오직 별자리의 생성과 합(合)을 논급했을 뿐이다. 그러나 후대의 점성사들은 가장 심층에 있는 의식을 발견하기 위한 '설문'(設問)을 운운하고, 그 설문들을 여러 개의 성수(星宿)에 배당한 뒤 각각의 성수를 지배하는 법칙에 따라서 결론을

---

64) 예를 들면 일식이나 월식과 같은 현상을 말한다.

도출하려고 했다. '설문'은 프톨레마이오스가 지적했던 것들이다.

　가장 심층의 의식이라는 것은 심령의 지식과 관련된 것이며 원소의 세계에 속하는 것이 아니라는 사실을 알아야 한다. 별이나 천체의 위치가 그것에 어떠한 영향을 줄 수도 없을뿐더러 그것에 관한 조짐을 나타내는 것도 아니다. 그런데 점성술에서는 이 '설문'들이 마치 별과 천체의 위치로부터 도출될 수 있는 것처럼 여기고 있다. 그러나 이는 '설문'을 자연스럽지 않은 방식으로 사용하는 것이라고 할 수 있다.

　모래점을 치는 어떤 사람들은 형태들의 조합을 연구하는 데에 자신의 모든 감각을 집중시킴으로써 초자연적 지각을 얻으려고 하기도 한다. 그렇게 함으로써 그들은 초자연적 지각을 획득할 '준비'의 단계에 도달하게 되는데, 이는 뒤에서 설명하듯이 선천적으로 그런 '준비'에 적합한 사람들과 비슷하게 되는 것이다. 이런 사람들은 모래 점술사들 가운데에서 최고의 부류에 속한다.……

　모래점은 문명지역에서 광범위하게 보이는 현상이며, 이것을 다룬 글들도 있다. 옛날이나 지금이나 모래점으로 유명한 사람들이 있다. 그러나 그것이 자의적인 관념과 희망적인 생각에 근거를 둔 것임은 분명하다. 초자연적인 것은 어떠한 종류의 기술에 의해서도 결코 지각될 수 없다는 사실을 우리는 명심할 필요가 있다. 초자연적인 것에 관한 지식을 가질 수 있는 사람은 선천적인 능력으로써 감각의 세계에서 영혼의 세계로 회귀할 수 있는 그런 인간들뿐이다. 점성사들은 이러한 사람들을 '금성인'이라고 부르는데, 그 까닭은 그들이 출생할 때의 금성의 위치가 그들의 초자연적 지각력을 나타낸다고 보기 때문이다.

　선천적으로 초자연적 지각력을 갖춘 사람들이 나타내는 특징은 다음과 같다. 이러한 사람들이 어떤 것을 알려고 몰두할 때 그들은 자연의 상태에서 이탈하는 경험을 한다. 그들은 하품을 하거나 기지개를 펴고, 감각적 지각에서부터 멀어지는 듯한 징후를 보인다. 이러한 징후의 강도는 그들이 소유하는 선천적인 능력의 정도에 따라서 다르게 나타난다. 이러한 특징이 보이지 않는 사람들은 초자연적 지각과는 전혀 무관하다. 그들은 다만 자신이 그런 능력을 지녔다고 거짓말을 퍼뜨리려는 것뿐이다.

　초자연적인 것을 발견할 목적으로 일정한 규칙을 만든 사람들도 있다. 그 규칙은 영혼의 영적 지각과 관련된 첫번째 부류에 속하는 것도 아니요, 그렇다고 프톨레마이오스가 가정했듯이 별의 영향에 근거를 둔 추측과 비슷한 것도 아니다. 또한 점쟁이들이 하듯이 억측과 추정과도 다르다. 그것은 완전한 오류일 뿐이고 마음 약한 사람들을 낚으려고 던져놓은 올가미에 불과하다.……

   그것이 어떠할지는 신께서 더 잘 알고 있다. 초자연적인 것을 지각하는 이 모든 방법들은 입증된 것이 아니며 여하한 확증 위에 서 있는 것도 아니다. 만약 이것을 읽는 독자가 확고한 기반 위에 선 학자라면 이 문제를 치밀하게 조사해 보아야 할 것이다.……

   우리가 기지의 사실에서 미지의 사실을 찾아내는 것이 정보들 사이에 존재하는 관계에서라는 점은 분명하다. 그러나 이것은 학문이나 존재의 세계 안에서 일어나는 현상들에나 적용될 수 있다. 미래의 일은 그 발생원인이 알려지기 전까지 혹은 그것에 관한 믿을 만한 정보를 소유하기 전까지는 알 수 없는, 초자연에 속한 것이다.……

제2장 전야문명, 야만민족, 야만부족과 그들의 생활상태 및 몇 가지 기본적이고 설명적인 진술들

1) 전야민과 도회민은 자연집단이다[1]

사람들의 생활상태의 차이는 그들이 생계를 꾸려가는 방식의 차이에서 비롯된다. 사회조직은 사람들에게 생계를 위하여 서로 협동하게 하고, 그럼으로써 생활에 필요한 간단한 필수품을 획득하는 것에서부터 편의품과 사치품들을 얻는 것까지 가능케 한다.

어떤 사람들은 농경, 즉 채소와 곡식의 경작으로 생계를 꾸려가고, 또 어떤 사람은 목축, 즉 양, 소, 염소, 벌, 누에 등을 기르고 그 생산물로써 살아간다. 농경이나 목축으로 살아가는 사람들은 전야로부터 단절될 수 없는데, 그 까닭은 넓은 경작지와 목초지는 물론이고, 정주지역이 제공할 수 없는 여타의 다른 것들을 전야만이 그들에게 줄 수 있기 때문이다. 그러므로 그들이 생활을 전야에만 국한시키는 것은 불가피하다. 생활과 문명에 필요한 것, 즉 의식주를 충족시키기 위한 그들의 사회조직과 협동은 그들로 하여금 생존 차원 이상을 넘지 못하게 한다. 왜냐하면 그들에게는 그 이상의 어떤 것을 할 수 있는 여력이 없기 때문이다. 그들의 여건이 점차로 개선되고 자기들에게 필요한 것 이상의 재화와 안락을 확보하게 되면, 그들은 휴식과 여유를 즐기게 된다. 그렇게 되면 그들은 단순히 생존 차원의 필수품 이상의 것들을 위해서 협동하며, 더욱 더 많은 음식과 의복을 가지게 되고 거기에서 자부심을 느낀다. 그들은 커다란 집을 짓고 방어를 위해서

---

1) 전야(田野)와 도회(都會)라고 각각 번역된 아랍어는 badw와 ḥaḍar이다. 로젠탈은 전자를 Bedouin 혹은 desert로, 후자를 sedantary로 옮겼다. 베두인족은 광의로 유목민을 뜻하는데, 농경민들은 그들에게 끊임없이 괴롭힘을 당했다. 이븐 할둔은 그들을 '사막의 아랍인'이라고도 표현했다.

도시를 건설한다. 이로써 안락과 여유가 많아지고, 그것은 다시 고도의 사치습관의 형성으로 이어진다. 그들은 고급요리를 준비하는 것, 혹은 비단, 능라와 같은 고급 옷감으로 만든 현란한 의복을 입는 것, 더 높은 건물과 망루를 건설하는 것, 건물을 정교한 가구들로 장식하는 것 등에서 최고의 자부심을 느낀다. 이렇게 해서 기술은 고도로 발전하게 되는 것이다. 그들은 성곽과 저택을 짓고 수도를 설치하며, 점점 더 높은 망루를 짓고 그것을 극도로 정교하게 장식하기 위해서 경쟁한다. 그들은 의복, 침대, 그릇, 도구 등 모든 물건에 품질의 차이를 둔다. '도회민'이란 도시와 그 근교에 사는 사람들을 의미하며, 그들 중 일부는 생계수단으로 기술을 택하고 또 다른 일부는 상업을 택하기도 한다. 그들은 전야민에 비해 더 많은 수입을 올리고 더 안락한 생활을 누린다. 왜냐하면 그들은 단순히 필수품에 만족하는 수준 이상으로 살고 있으며, 그들의 생계수단도 재산에 상응하기 때문이다. 이상의 설명으로 전야민과 도회민은 필연적으로 존재하는 자연집단이라는 사실이 분명해졌다.

2) 전야민은 자연집단의 하나이다

앞 절에서 전야민이 농경과 목축이라는 것을 생계를 꾸리기 위한 자연적인 방식으로 채택했다는 사실을 언급했다. 그들은 의식주나 기타 생활의 조건이나 관습의 면에서 필요불가결한 것으로만 만족하고, 편의나 사치라는 것을 누리지 않았다. 그들은 가축의 털로 천막을 만들고, 나무나 진흙이나 돌로 집을 지었으며, 요란하게 장식하지도 않았다. 목표는 그들과 은신처이지 그 이상의 아무 것도 아니었다. 그들은 동굴 속에 거처를 정하기도 했다. 그들이 먹는 음식은 약간 조리되거나 아예 조리되지 않은 것이고, 다만 불에 통과시킨 정도였다.

경작을 통해서 생계를 꾸리는 사람들로서는 이동하는 것보다 정착하는 것이 더 낫다. 따라서 그들은 소규모 공동체, 촌락, 산간지역 등에 사는 주민들이다. 베르베르인과 비아랍인들의 대부분이 그런 사람들이다.

동물로 생계를 꾸리는 사람들은 양과 소를 위한 목초지가 필요하고, 그런 동물들의 물과 풀을 찾으려고 이동하는 것이 일반적이다. 그들은 목부(牧夫)라고 불리는데, 양과 소를 치며 사는 사람이라는 뜻이다. 그들은 사막 깊숙이로는 들어가지 않는데, 그런 곳에서는 좋은 목초지를 찾을 수 없기 때문이다. 예를 들면 베르베르인, 투르크인, 투르코만인, 슬라브인 등이 이런 사람들이다.

낙타를 키우며 생활하는 사람들은 더 많이 이동한다. 그들은 사막 깊숙이까지 들어가는데, 구릉지대의 목초지에 자라는 풀과 덤불만으로는 낙타가 생존할 정도로 충분치 않기 때문이다. 그래서 그들은 낙타에게 사막에서 자라는 덤불을 먹여야 하고 염분이 많은 사막의 물을 마시게 한다. 그들은 겨울에 유해한 찬 공기를 피해 사막을 이동하며 따뜻한 공기를 찾아다닌다. 사막에서 낙타는 새끼를 출산할 만한 좋은 장소를 찾을 수 있다. 낙타는 어느 동물들보다 출산시에 가장 애를 먹고 그래서 따뜻함이 무엇보다도 필요하다. 그렇기 때문에 낙타 유목민은 사막 깊숙이 들어가야 하는 것이다. 때로는 수비대에 의해서 구릉지대에서 쫓겨나서 사막 깊은 곳으로 가기도 하는데, 자신들의 적대적 행동으로 인해서 수비대에게 처벌받는 것을 원치 않기 때문이다. 그 결과 그들은 현존하는 인류 가운데 가장 야만적이다. 도회민에 비교하면, 그들은 거칠고 길들여지지 않은 동물이나 야수와 거의 같은 수준이다. 이런 사람들로는 아라비아 사막의 베두인이 있고, 서부에는 유목 베르베르인과 자나타족, 동부에는 쿠르드족, 투르코만족, 투르크족 등이 있다. 그런데 그중에서도 베두인들이 가장 사막 깊숙이까지 들어가고 사막생활에 더 깊이 뿌리를 내리고 있는데, 그 이유는 다른 집단들이 양이나 소를 키우며 살아가는 반면 이들은 전적으로 낙타에 의존하기 때문이다. 이상의 설명으로 전야민이 불가피한 조건으로 인해서 그런 방식으로 살아갈 수밖에 없는 하나의 자연집단이라는 사실이 분명해졌다.

3) 전야민은 도회민에 선행하며, 전야는 문명과 도시의 기반이자 저장소이다

우리는 앞에서 전야민이 생활방식상 최소한의 필수품에 만족할 뿐 그 이상의 단계를 넘지 못하는 반면, 도회민은 생활의 조건과 관습에서 편의와 사치에 관심을 기울인다는 사실에 대해서 이야기했다. 최소한의 필수품이 편의품과 사치품보다 선행한다는 것은 의심할 여지도 없다. 어떤 면에서 최소한의 필수품들은 일차적이고 사치품은 이차적인 것이다. 따라서 전야민은 도회민보다 선행하며 그 기반을 이룬다. 인간은 처음에는 기본적인 필수품부터 찾는다. 그런 뒤에야 비로소 안락과 사치를 얻을 수 있다. 전야생활의 거칠음 뒤에 비로소 도회생활의 부

드러움이 있는 것이다. 따라서 도시에 사는 것이야말로 전야민이 지향하는 바이다. 전야민은 자신의 노력에 의해서 스스로 지향하는 목표를 성취하고 사치스러운 생활과 관습을 받아들일 정도로 충분한 것을 소유하게 되면, 편안한 생활로 빠져들면서 도시라는 굴레에 자신을 넘겨주고 만다. 이는 모든 전야의 부족들이 겪는 과정이다. 반면에 도회민들은 어떤 절박한 이유가 있거나 아니면 동료 시민들과 보조를 맞추기 힘들게 되는 경우를 제외하고는 전야생활에 대한 희구는 전혀 없다.

전야민이 도회민의 기반이자 그에 선행하는 것이라는 증거는 어느 도시의 주민에 대해서 조사를 해보아도 찾을 수 있다. 우리는 도시 주민들의 대다수가 그 부근의 시골이나 촌락에 살던 전야민이었다는 사실을 발견하게 될 것이다. 그런 전야민들이 부유하게 되어 도시에 정착하고, 정주적인 환경 속에서 찾을 수 있는 편안하고 사치스러운 생활을 누리고 있다. 전야민과 도회민은 생활조건에서 각각 자기들 내부에서도 차별성을 보인다. 어떤 씨족과 부족은 다른 씨족이나 부족보다 더 크고, 어떤 도시의 주민 숫자는 다른 도시의 주민보다 더 많다.……

4) 전야민은 도회민보다 더 선량한 편이다

이렇게 말할 수 있는 이유는 창조된 최초의 자연적 상태에서 영혼은 선과 악 그 어느 것이 주는 영향이건 쉽게 받아들일 수 있기 때문이다. 무함마드는 "모든 아기는 자연상태로 태어난다. 그를 유태인으로 기독교도로 혹은 불신자로 만드는 것은 그의 부모이다."라고 했다. 영혼은 위의 선과 악 두 특질 가운데 어느 한쪽에 처음 영향을 받는 정도에 따라서 다른 한 쪽으로부터 멀어지기 때문에 그것을 획득하기 힘들어진다. 선량함에 어울리는 습관들이 처음 선량한 사람의 영혼 속에 들어가게 되면, 그의 영혼은 그러한 습성을 획득하게 되고, 그는 악으로부터 멀어져 어떠한 악행도 하기 어렵게 된다. 이와 똑같은 논리가 사악한 사람에게도 적용된다.

도회민은 각종 쾌락에 많은 관심을 쏟는다. 그들은 현세적인 직업에서의 성공과 사치에 익숙해져 있고 세속적인 욕망에 탐닉한다. 따라서 그들의 영혼은 온갖 비난받아 마땅한 사악한 자질들로 물들게 된다. 그런 것을 많이 가지게 될수록 그는 선량함의 길에서 더욱 멀어져버리고, 마침내 모든 자제심을 상실하게 된다. 그들 중 다수는 집회에서나 상급자와 부인들 앞에서 상스러운 언어를 사용한다. 공개적으로 상스러운 언행을 하는 습관이 워낙 몸에 배어버렸기 때문에 이를 통어할 어떠한 자제심도 가지지 못하게 된다. 전야민도 도회민처럼 현세적인 문제에 관심이 있을지도 모른다. 그러나 그러한 관심은 오로지 생활 필수품에 대한 것이지, 욕망과 쾌락을 발동시키고 충족시키는 것들이나 사치품에 대한 것은 아니다. 따라서 그들이 서로를 대하는 관습도 적절하다. 도회민들의 경우와 비교해 볼 때, 사악한 방식이나 비난받을 만한 특징은 훨씬 더 적다. 그들은 최초의 자연상태에 보다 근접해 있고, 도회민들의 영혼을 물들이고 있는 추하고 사악한 많은 관습들로부터는 멀리 떨어져 있다. 그래서 그들이 도회민보다 쉽게 올바른 길로 인도될 수 있음은 명백하다. 뒤의 설명에서도 분명해지겠지만, 도회생활은 문명이 도달하는 최후의 단계이고 타락하기 시작하는 지점이며, 동시에 사악함이 도달하는 최후의 단계이자 선량함에서 가장 먼 곳에 떨어져 있다. 분명히 전야민은 도회민보다 선량함에 더 근접해 있다.……

5) 전야민은 도회민보다 더 용감하다

그 이유는 도회민이 나태와 안일에 익숙해 있기 때문이다. 그들은 평안과 사치에 침잠하여, 자기 재산과 생명의 보호를 태수나 위정자 혹은 수비대에게 맡겨버렸다. 그들은 자기들을 둘러싸고 있는 성벽이나 성채의 안전성을 확고하게 믿고 있다. 어떠한 소란에도 불안을 느끼지 않고, 사냥을 위해서 시간을 보내는 일도 없다. 그들은 태평하게 다른 사람을 믿으며 더 이상 무기를 소지하지 않는데, 여러 세대에 걸쳐 이런 생활방식으로 살아왔기 때문에 마치 가장에게 의지하는 부녀자들처럼 되어버렸다. 결국 그것은 그들의 선천적 자질을 대체하는 새로운 성격이 된 것이다.

반대로 전야민은 공동체에서 떨어져 살아간다. 그들은 전야에 홀로 살거나 수비대로부터 멀리 떨어져 있다. 그들에게는 성벽이나 성문도 없다. 따라서 그들 스스로가 방어를 책임지고, 다른 사람에게 맡기지도 의지하지도 않는다. 언제나 무기를 들고 다니고, 길의 사방을 조심스럽게 경계한다. 무리와 함께 있을 때나 안장 위에 있을 때에만 잠깐 잠을 청하는 정도이다. 아주 먼 곳에서 들려오는 동물 울음이나 소음에도 민감하다. 그들은 사막을 홀로 다닐 때에도 용기에 의해서 인도되며 자신에 대해서 믿음을 가진다. 용기는 그들의 성격이 되었고 담대함은 그들의 천성이 되었다. 그래서 위급한 상황이나 필요한 경우에는 용기를 발휘하는 것이다. 황야 가운데에서 도회민들이 그들과 함께 여행을 하면 그들에게 의지하게 되고, 그들이 없이는 아무 것도 할 수 없게 된다. 이것은 관찰로써 확인된 사실이다. 심지어 어느 고장, 방향, 물이 있는 곳, 갈림길 등에 관한 정보조차 의존한다. 인간은 관습과 익숙하게 길들여져 있는 것들의 자식일 뿐, 자기가 가지고 태어난 선천적 자질이나 기질의 산물이 아니다. 익숙한 조건들은 그의 새로운 성격과 습성을 형성하고 마침내 선천적 기질을 대체하는 것이다. 만일 누군가가 이러한 점을 연구해보면, 그런 현상을 다수 발견하고 우리의 관찰이 옳다는 사실을 깨달을 것이다.

6) 도회민은 법률에 의존함으로써 용기와 저항력을 상실한다

모두가 자기가 하는 일의 주인은 아니다. 사무를 관장하는 수령과 지도자는 그렇지 않은 사람들에 비해서 수적으로 적다. 원칙적으로 인간은 다른 누군가에게 지배를 받을 수밖에 없다. 만약 그들이 받는 지배가 자상하고 공정하며 법률과 규제가 그들을 억압하는 것이 아니라면, 그들은 자기 마음 속에 갖추어진 용기에 따라서 행동할 수 있다. 그들은 억압적 권력이 없는 것에 만족하고, 자립성이 마침내 그의 선천적 기질이 되어 다른 성질에 대해서는 알지 못하게 된다. 그러나 법률을 수반하는 지배가 폭력적이고 위협적인 것이라면, 그것은 사람들의 용기를 파괴하고 저항력을 앗아가버린다. 그 이유는 뒤에서 설명하듯이 억압받는 사람의 영혼 속에 생성되는 무력감 때문이다.

처벌에 의해서 강제되는 법률은 용기를 완전히 파괴한다. 왜냐하면 자신을 방어할 수 없는 사람에게 가해진 처벌은 그 사람에게 치욕감을 불러일으키고 치욕감은 의심할 나위 없이 그의 용기를 꺾어버리기 때문이다. 법률이 교육과 감화를 목적으로 한 것이고 그리고 유년기부터 적용될 때에, 정도의 차이는 있지만, 결과적으로 같은 결과를 가져온다. 왜냐하면 사람들은 두려움과 공손함으로 길들여지며 성장하게 되고 결국 자신의 용기에 의지하지 않게 되기 때문이다.

따라서 강한 용기는 법률에 얽매인 사람들보다는 야만적인 아랍계 전야민들에게서 발견할 수 있다. 나아가서 법률에 의존하는 사람들은, 즉 기술, 학문, 종교 등의 분야에서 교육과 훈련을 받을 때 처음부터 법률에 의해서 규제된 사람들은 자신이 가진 용기의 대부분을 상실하고 만다. 그들은 적대적인 행위에 대해서 자신을 도저히 방어할 수 없다. 예를 들면 스승이나 종교적 지도자에게 배우고 공부나 연구에 몰두하는 학생들, 또는 매우 엄숙한 집회에서 항상 교육과 감화를 받는 사람들이 그러하다. 이러한 상황이 저항력과 용기를 파괴한다는 사실을 분명히 알아야 할 것이다.

그러나 무함마드의 주위에 있던 사람들은 종교법을 엄수했음에도 불구하고 자신의 용기를 조금도 잃지 않고 오히려 반대로 가장 강한 용기를 소유했지만, 이러한 사실이 위의 주장에 대한 반론이 될 수는 없다. 왜냐하면 무슬림들이 무함마드로부터 종교를 얻었을 때, 그들은 『코란』에 나타난 고취와 금령을 통해서 자기 내부에서 나온 억제력을 가지게 되었기 때문이다. 그것은 어떤 기술적인 지시나 학문적 교육에 의한 것이 아니었다. 법률은 그들이 구두로 전달받은 종교적 규범과 종교법, 즉 신앙의 신조가 진실되다는 사실에 대한 그들의 확고한 신념에 근거해서 그들이 기꺼이 준수하는 그런 법률이었다. 따라서 그들의 용기는 감소되지 않았고 교육이나 권위에 침식되지도 않았다. 칼리프 우마르는 "종교법에 의해서 단련되지 않은 사람들은 신에 의해서 교육받지 않은 것"이라고 말했다. 우마르의 희망은 모든 사람이 자기 내부에서 나오는 자제력을 소유하게 되는 것이었다. 그는 무함마드야말로 인류에게 좋은 것이 무엇인지 가장 잘 알고 있는 사람이었다고 확신했다.

그 후 종교의 영향력이 점차 줄어들면서 억압적 법률이 사용되기 시작했다. 종교법은 학문의 한 분야가 되었고 교육과 지시를 통해서 획득하는 기술이 되어버렸다. 사람들은 정주생활로 전환했고 법률에 순응하는 성격을 갖추게 되었으니, 이는 그들의 용기를 감퇴시켰다.

따라서 국가적, 교육적 법률은 분명히 용기를 파괴한다. 그 이유는 그 억제력이 외부로부터 오는 것이기 때문이다. 반면에 종교법은 용기를 파괴하지 않으니, 그 까닭은 억제력이 내재적인 것이기 때문이다. 그러므로 국가적, 교육적 법률은 도회민에 영향을 미쳐서, 결국 그들의 영혼을 연약하게 하고 그들의 활력을 감소시킨다. 그들이 어렸을 때에나 성인이 된 뒤에나 줄곧 그 영향을 받을 수밖에 없기 때문이다. 반면 전야민들은 정부의 법률이나 지시나 교육으로부터 멀리 떨어져 살고 있기 때문에 그들과는 다른 입장에 처해 있다.……

7) 연대의식으로 뭉친 부족들만이 전야에서 살 수 있다

여러분은 신이 인간의 본성 속에 선과 악을 동시에 불어넣었다는 사실을 알아야 할 것이다. 신은 『코란』에서 이렇게 말한다. "나는 그에게 두 개의 길을 보여주었다." 또 "영혼 속에 신에 대한 두려움과 더불어 사악함을 불어넣었다."라고도 말한다.[2]

인간이 관습을 개선하지 못하거나 종교를 모범으로 삼아 스스로를 개선하지 못할 때, 악은 인간이 가장 가까이하기 쉬운 것이다. 신께서 은총을 내리신 사람들을 제외한 나머지 인류의 거의 대부분은 바로 그와 같은 상태에 있다. 인간에게 있는 악의 품성은 불의와 상호 침해이다. 자기 형제의 재산에 눈독을 들이는 사람은 그를 붙들어주는 억제력이 없으면, 그 재산을 자기 것으로 취하고 말 것이다. 한 시인은 이렇게 말했다.

> 불의는 인간의 품성. 만약 그대가 고결한 사람을 만난다면,
> 그에게는 불의하지 않은 이유가 있으리라.[3]

도시 안에서의 상호 침해는 당국과 국가가 대중들을 그 지배하에 두고 상호간에 공격과 침해를 못하게 함으로써 저지된다. 따라서 그들은 강제력과 정부당국에 의해서 상호간에 불의를 행하지 못하게 된다. 다만 불의가 군주 자신에 의해서 행해지는 경우는 예외이다.

도시는 외부로부터의 공격을 성벽으로 막아낸다. 즉 적이 밤중에 기습을 해오거나 혹은 낮이라도 적의 공격을 주민들이 막아내기 어려울 때, 즉 도시가 무방비 상태에 있을 경우 그러하다. 만약 도시가 저항할 만한 준비가 갖추어져 있을 경우에는 정부의 수비대의 도움을 받아 막아낼 수도 있다.

전야민에 대한 억제력은 그 족장과 지도자들이 행사하며, 그것은 부족민들이 그들에게 보여주는 깊은 존경과 숭배에서 비롯된다. 외부의 적으로부터 전야민

---

2) 『코란』 90 : 10, 91 : 8.
3) al-Mutanabbî(965년 사망)의 시.

의 촌락을 방어하는 것은 부족 안에서 용맹으로 이름난 고귀한 자제들로 구성된 지원병들이다. 그들이 수행하는 방어전은 공통의 핏줄로 이루어진 긴밀한 집단일 경우에만 성공할 수 있다. 이것이 그들의 활력을 강화해주고 다른 사람들에게 두려움을 준다. 왜냐하면 자기 가족과 집단에 대한 애정은 다른 무엇보다도 중요하기 때문이다. 인간의 본성 속에는 자신의 혈족과 친척들에 대한 사랑과 연민의 감정이 존재하는데, 신이 인간의 마음 속에 그것을 불어넣었기 때문이다. 그것은 서로를 돕고 지탱시키며 동시에 적에게 공포심을 일으킨다.

일족이라고는 아무도 없는 사람들은 자기 동료들에게 애정을 거의 느끼지 못한다. 전투의 날, 위험이 닥쳐오기 시작하면 그런 사람은 슬금슬금 도망치며 자기 목숨을 구하려고 하는데, 그것은 자기가 아무의 도움도 받지 못하고 버려질지도 모른다는 두려움 때문이다. 그러므로 그런 사람들은 황야에서 살 수 없다. 만약 그럴 경우에는 적의를 품은 민족에게 손쉬운 제물이 되고 말 것이다.

만약 사람들이 거주하는 지역이 항상 방어와 군사적 보호를 받을 필요가 있는 것이 사실이라면, 예언, 왕권의 확립, 선교 등을 비롯한 인간의 모든 활동도 이 점에서는 마찬가지이다. 즉 인간은 선천적으로 저항하려는 의지를 가지고 있기 때문에, 그 저항을 꺾기 위해서 투쟁하지 않고는 아무 것도 성취할 수 없다. 그리고 이미 앞에서 언급했듯이, 투쟁하기 위해서 인간은 연대의식을 가지지 않으면 안 되는 것이다.

8) 연대의식은 혈연집단이나 그에 상응하는 집단에서 나온다

극히 예외적인 경우를 제외한다면, 혈연관계에 대한 의식은 인간에게 본성적인 것이다. 그것은 자신의 친척과 혈연에 대한 애정을 낳고, 여하한 종류의 위해나 파괴도 그들이 입지 않도록 보살피게 한다. 자신의 친척이 부당하게 취급되거나 공격을 받을 때 사람은 수치심을 느끼고, 어떠한 위험이나 피해가 온다고 하더라도 뛰어들어 그들을 보호하고 싶어진다. 이것은 인간의 천성적인 충동이며 인류가 이제까지 존재하는 동안 그러했다. 만약 서로 돕는 개인들이 가지는 직접적인 관계가 매우 긴밀한 것이라면, 그것은 긴밀한 접촉과 결합을 낳는다. 이들 사이의 연대는 명백한 것이며 하등 외적인 간섭이 없이도 형성되는 것이다. 그러나 만약 그 관계가 약간 소원한 것이라면, 연대감은 부분적이나마 잊혀지는 경우가 많다. 그렇지만 그 연대감에 대한 의식은 약간이나마 잔존하게 된다. 그래서 만약 자신과 혈연관계를 지닌 사람이 부당한 처우를 받는 것을 보게 되면, 자신의 영혼이 느끼는 수치심에서 벗어나기 위해서, 그 잔존한 연대감이 그를 충동하여 자기 친척을 돕도록 나서게 만드는 것이다.

피보호자와 동맹자도 이와 동일한 범주에 속한다. 사람들이 피보호자와 동맹자에게 품는 애정은, 자신의 이웃, 친척, 혈친이 조금이라도 모욕을 당했을 경우 사람들이 느끼는 치욕감의 연장선상에서 생긴다. 그 이유는 다음과 같다. 즉 보호자-피보호자의 관계는 동일한 혈족이 주는 것과 동일한 혹은 거의 비슷한 긴밀성을 발생시키기 때문이다. "너희의 혈연적 유대를 확립하기 위해서는 너희의 계보를 가능하면 깊이 알도록 하라!"는 무함마드의 말은 바로 이런 측면에서 이해해야 할 것이다. 이 말이 의미하는 바는 혈연적 유대가 긴밀성을 낳고 그것이 다시 상호간의 도움과 애정을 낳을 때 비로소 계보가 유용하게 된다는 것이다. 그 이상은 기대할 것이 없다. 왜냐하면 계보는 어느 정도 관념적인 것이고 현실적인 것은 아니기 때문이다. 그 유용성은 연대감과 긴밀성을 파생시킨다는 데에만 있다. 만약 공통의 혈통이라는 사실이 분명하고 명백하다면, 이미 설명한 대로 그것은 인간에게 본성적인 애정을 불러일으킬 것이다. 그러나 그런 것은 아주 까마득한 과거에나 있었던 일이고, 이제는 상상력만을 희미하게 움직일 뿐이다. 공통의 혈통이 지니는 유용성은 사라져버렸고 그것에 몰두하는 것도 불필요하고 우스꽝스러운 일이 되어버렸다. "계보는 알아도 소용이 없고 몰라도 아무런 해가 없는 것"이라는 말은 이러한 의미에서 이해해야 할 것이다. 즉 공통의 혈통임이 더 이상 명백하지 않으면, 그것은 학문적 지식의 영역에 속하게 되고, 더 이상 우리의 관념을 움직이지도 않고 집단감정이 야기하는 애정과도 단절된 것이 된다는 뜻이다. 그것은 무용지물이 되어버린 것이다.

9) 순수한 혈통은 사막의 야만 아랍인이나 그와 유사한 사람들에게서만 보인다

그 이유는 가난한 생활, 힘든 조건, 열악한 거주지 등이 전야민들에게서만 보이는 특징이고, 그들은 낙타에 의존해서 살면서 낙타사육과 목초지에 그들의 생존을 걸고 있기 때문이다. 낙타는 사막의 덤불을 먹고 사막에서 출산을 해야 하

기 때문에 전야민으로 하여금 사막에서 야만적 생활을 하게 만드는 원인이 된다. 사막은 고난과 기아의 장소이지만, 그들에게는 익숙하고 단련된 곳이다. 전야민들은 여러 세대에 걸쳐 이 사막에서 자라났고, 마침내 그러한 습관은 그들의 성격과 선천적 자질이 되어버렸다. 어느 다른 민족도 그들과 동일한 환경을 공유하려고 하지 않고, 그들에게 매료되는 민족 역시 어디에서도 찾아볼 수 없다. 반면 그들 가운데 어느 누가 그와 같은 조건에서 탈출하는 길을 발견한다면, 그는 그 길을 포기하지 않으려고 할 것이다. 따라서 그들의 계보가 다른 것과 섞이거나 오염되지 않았다고 해도 믿을 수 있다. 그들은 단절없는 세대에 의해서 순수성을 보존해왔다. 예를 들면 쿠라이시, 키나나, 타키프, 바누 아사드, 후다일(Hudhayl), 그들의 이웃인 후자아(Khuzâ'ah) 등 무다르족에 속하는 부족들이 그러하다. 그들은 농경이나 목축이 존재하지 않는 곳에서 힘든 생활을 영위해왔다. 그들은 시리아나 이라크의 비옥한 경작지, 그리고 조미료와 곡식의 생산지로부터 멀리 떨어져 살았다. 그러니 그들이 계보를 얼마나 순수하게 보존했겠는가! 그들은 모든 면에서 섞이지 않았으며 오염되지 않았던 것이다.

다른 아랍계 사람들은 비옥한 목초지가 있고 많은 인구가 거주하는 구릉지대에 살았다. 이런 아랍인들로는 라흠, 주담, 가산, 타이, 쿠다아, 이야드 등과 같은 힘야르(Himyar)와 카흘란(Kahlân) 계통의 부족들이 있다. 그들의 계보와 집단들은 뒤섞이게 되었고, 계보학자들은 그것들에 속하는 가문들에 대해서도 의견을 달리한다. 이것은 그들이 비아랍인들과 섞이는 바람에 생긴 결과이다. 그들은 자기 가문이나 집단의 혈통적 순수성을 보존하는 데에 별다른 관심을 두지 않는다. 오로지 순수 아랍인들이나 그런 것에 신경을 쓴다. 더구나 비옥한 지대에 사는 아랍인들은 좋은 경작지와 목초지를 구하기 위해서 벌이는 치열한 경쟁에 영향을 받았다. 그 결과 계보의 혼란과 혼혈은 더욱 심해졌다. 사람들은 이미 이슬람 시대 초기에 자기가 사는 지역으로 자신의 정체성을 나타낼 정도였다. 그들은 킨나스린(Qinnasrîn),[4] 다마스쿠스, 혹은 아와심('Awâṣim)[5] 지역 출신이라는 식으로 자신을 불렀다. 그뒤 이러한 관습은 스페인으로 옮겨졌다. 이는 아랍인들이 계보적 관심을 거부했기 때문이 아니라, 정복 후 특정한 지역을 거주지로 확

---

4) 북부 시리아에 있던 도시.
5) 북부 시리아 변경지대.

보했기 때문에 결국 그 지명으로 알려지게 되었기 때문이다. 아랍인들은 군주 앞에서 자신의 신분을 밝힐 때, 계보 이외에도 출신지를 지표로 사용하게 되었다. 후일 정주 아랍인들은 페르시아인이나 비아랍인들과 섞였고, 혈통의 순수성은 완전히 사라져버렸으며, 혈통의 열매인 연대의식도 소멸되고 거부되었다. 그뒤 부족들이 없어지고 그와 함께 연대의식도 사라졌다. 그러나 전야민들에게는 과거와 같은 상태가 변함없이 남아 있다.

신께서 대지와 지상의 모든 것을 유산으로 주신다.

10) 계보는 어떻게 뒤섞이게 되는가

어떤 혈통에 속한 사람이 다른 혈통의 사람들을 추종할 수 있다는 것은 분명하다. 그것은 그가 그들에 대해서 호의적인 느낌을 가지거나, 양자 사이에 동맹과 보호관계가 존재하거나, 혹은 그가 어떤 범죄를 저질러 자기 집단에 속한 사람들에게 쫓겨났거나 하는 등의 여러 가지 이유에서이다. 그런 사람은 자기가 추종하게 된 집단의 사람들과 동일한 혈통처럼 알려지게 되고, 복수와 배상에 관한 권리와 의무, 애정 등과 같이 공통의 혈통이 파생시키는 것들과 관련해서도 그 집단의 일원으로 간주된다. 이처럼 공통의 혈통 때문에 파생되는 것들을 그가 누리게 되면, 그는 정말 공통의 혈통에 속한 사람처럼 인식된다. 왜냐하면 누군가가 어느 특정한 집단에 속한다는 사실이 뜻하는 유일한 의미는 그가 그 집단의 규제와 조건에 따른다는 것이기 때문이다. 시간이 지나면서 원래의 혈통은 거의 잊혀지고, 그것을 아는 사람들도 죽고 나면, 대부분의 사람들은 그런 사실을 알지 못하게 된다. 이렇게 해서 가족의 계보는 한 부족에서 다른 부족으로 끊임없이 옮겨지게 되고, 어떤 사람들은 다른 혈통에 속한 사람들과 긴밀한 접촉을 가지게 된다. 이것은 이슬람 이전이나 이후에, 아랍인에게건 비아랍인에게건 모두 발생한 현상이다.……

11) 연대의식을 지니는 특정집단의 지도력은 다른 혈통의 사람에게는 주어지지 않는다

그 이유는 지도력이 오로지 지배능력을 통해서만 존재하고, 지배능력은 연대의식을 통해서만 존재하기 때문이다. 따라서 사람들에 대한 지도력은 반드시 개별적인 연대의식들을 능가하는 더 강력한 연대의식에서만 도출될 수 있다. 각각의 개별적 연대의식이 지도자가 느끼는 연대의식의 우월성을 인식하게 될 때 비로소 그에게 복종하고 추종하기 때문이다.

그러나 공통의 혈통을 지닌 집단에 추종하게 된 사람은 보통 그와 같은 혈통에서 도출되는 연대의식을 공유하지 못한다. 그는 단지 그들에게 의부(依附)해 있을 뿐이다. 그가 이 집단과 가질 수 있는 가장 강한 연계는 피보호자와 동맹자로서일 뿐이다. 물론 어떤 사람이 그들과 긴밀한 관계를 형성하고 그들과 오랫동안 섞이게 되면서, 원래는 그가 단지 그들에게 의부했던 존재였다는 사실이 잊혀지고 마침내 그들과 동일한 혈통을 지닌 사람으로 여겨지게 되는 경우를 가정할 수 있다. 그러나 그런 일이 일어나지 않는 한, 어떻게 그 사람 본인이나 그의 조상이 지도력을 장악할 수 있겠는가? 왜냐하면 지도력은 연대의식을 통해서 획득된 지배능력을 소유한 어떤 특정한 가문에 계승되는 것이기 때문이다. 그가 단지 부족에 의부한 존재라는 사실은 일찌감치 알려지게 될 것이고, 그러한 상황은 그가 지도력을 장악하는 것을 저해할 것이다. 따라서 어떤 부족에 의부해 있는 사람이 지도력을 장악하는 사태는 발생할 수 없다. 지도력은 반드시 그것을 소유할 자격이 있는 사람에게 계승될 수밖에 없고, 이는 앞에서 설명했듯이 지배능력이 연대의식에서 도출된다는 사실 때문이다.

부족이나 집단의 여러 지도자들은 특정한 계보를 지니기를 희구한다. 그들이 그런 계보를 원하는 까닭은 그 계보에 속하는 사람들이 용기, 고귀함, 명성 등 —— 어떤 경위에서 얻었던 간에 —— 특별한 덕목을 소유하고 있기 때문이다. 그래서 그들은 자기가 그런 가문의 일파에 속한다고 주장하기도 하지만, 그것이 오히려 자신의 지도력과 고귀함에 대해서 의혹을 불러일으킬지도 모른다는 사실은 깨닫지 못한다.……

이러한 계보는 아첨꾼들이 군주의 환심을 사려는 목적으로 만들어내기도 하는데, 그들이 조작한 결과는 결국 널리 알려지게 되어 거짓이라고 반박하는 것조차 불가능하게 되기도 한다.……

12) 연대의식을 공유하는 사람들만이 명실상부한 의미에서 가문과 고귀함을 가질 수 있지만, 그렇지 못한 사람들은 비유적인 의미에서만 그런 것을 소유할 수 있다

이것은 고귀함과 명망이라는 것이 개인적 자질의 결과이기 때문이다. '가문'이란 그 사람의 조상 가운데 고귀하고 유명한 인물이 있다는 것을 의미한다. 그가 그런 인물의 후손이라는 사실은 동료들 속에서 그의 위상을 크게 높여주는데, 그 까닭은 조상들의 자질을 근거로 획득된 그의 위상과 고귀함을 그의 동료들이 존경하기 때문이다.

우리는 앞에서 공통의 혈통이 지니는 이점이 거기에서 도출되는 연대의식과 또 그로 인해서 생겨나는 애정과 상호부조에 있다고 설명한 바 있다. 이 연대의식이 진실로 강고하고 그 토대가 순수할 때, 공통의 혈통이 지니는 이점은 가장 분명하게 드러나고 더 큰 효력을 나타내는데, 거기에 다수의 고귀한 조상들이 있다면, 부가적인 이점을 얻게 될 것이다. 이렇게 해서 명망과 고귀함은 연대의식을 공유한 사람들 속에 굳게 자리잡고, 어떤 가문의 고귀함은 연대의식의 강고함의 정도에 직접적으로 비례한다.

도시에 고립되어 사는 주민들은 비유적인 의미에서나 그러한 명문을 가질 수 있다. 그들이 가문을 가지고 있다고 한다면, 그것은 그럴싸한 주장에 불과하다. 가만히 살펴보면 도시민들의 경우에 명망을 가졌다는 것은 그들 중 누군가의 조상이 훌륭한 자질을 지녔거나 좋은 사람들과 어울렸거나, 될 수 있는 한, 고결하려고 노력했던 사람이었다는 정도를 의미한다. 그러나 이것은 연대의식의 진정한 의미와는 다르다. 연대의식은 혈통에서 생기는 것이고 뛰어난 조상들을 배출케 하는 것이다. 따라서 도시민들의 경우 '명망'이나 '가문'이라는 용어는 비유적인 의미에 불과하며, 훌륭한 활동을 했던 몇몇 조상들이 있다는 정도를 의미한다. 이는 진정한 의미, 절대적인 의미에서 명망이라고 할 수 없다.

가문은 연대의식과 개인적 자질을 통해서 최초의 고귀함을 획득하게 된다. 그 뒤에 가문을 지닌 사람들이 정주생활을 하고 평민들과 섞이게 되면 연대의식이 사라지고 고귀함도 소멸된다. 과거의 명망과 관련한 약간의 미망이 그들의 마음에 남아 자기가 귀족가문에 속한다고 생각하게 한다. 그러나 연대의식은 완전히

소멸되었기 때문에 그들은 그런 상태로부터 너무도 멀리 떨어져 있다. 자기들의 뿌리가 아랍계 혹은 비아랍계 귀족가문에서 나왔다고 생각하는 많은 도시민들은 그러한 환상을 가지고 있다.

이러한 환상을 가장 심하게 가지고 있는 것이 이스라엘인들이다. 그들은 원래 세상에서 가장 위대한 가문에 속했는데, 그 이유는 다음과 같다. 즉 첫째, 아브라함에서 시작하여 그들에게 종교와 종교법을 가져다준 모세에 이르기까지 수많은 예언자와 사도들이 그들의 조상이었기 때문이다. 둘째, 그들은 연대의식을 소유했고, 또 신이 그들에게 약속했던 그리고 연대의식을 매개로 내려준 왕권을 가졌기 때문이다. 그러나 그뒤 그들은 이 모든 것을 상실했고 치욕과 고난을 겪었으며, 지상에서 유배의 생활을 하는 운명을 타고났다. 수천 년 동안 그들은 오로지 노예생활과 불신앙으로 일관했다. 그런데도 아직 가문에 대한 환상은 그들에게서 떠나지 않았다. 그들은 이렇게 말한다. "그는 아론의 집안이다", "그는 여호수아의 후손이다", "그는 갈렙의 후예이다", "그는 유다 지파에 속하는 사람이다." 등등. 그들의 연대의식이 사라졌고 오랜 세월 동안 치욕을 당해왔음에도 불구하고 그런 식으로 말하는 것이다. 도시민들 가운데 다수는 이와 비슷한 넌센스를 저지른다. 그들 역시 아무런 연대의식도 없으면서 자기가 고귀한 계보에 속한다고 주장하기 때문이다.

아불 왈리드 이븐 루시드[6]는 이 점에서 오류를 범했다. 그는 『수사학』(*Kitâb al-Khitâb*)에서 "명망이라는 것은 오래 전에 도시에 자리잡은 사람들에게 속한다."고 적었는데, 이는 우리가 방금 언급한 점들을 고려하지 않은 것이다. 어떤 사람이 남에게 경외심을 불러일으키고 복종케 하는 그런 집단에 속하지도 않는다면, 도대체 얼마나 오래 도시에 거주해야 그런 명망이 있는 사람이 될 수 있을지 나로서는 궁금할 따름이다. 이븐 루시드는 명망이라는 것을 전적으로 조상들의 숫자에 달린 것으로 이해했다. 그러나 수사학은 중요한 의견을 발하는 사람들, 다시 말해서 권력자들을 설복할 때 쓰이는 분야이며, 권력이 없는 사람들에 대해서는 관심을 기울이지도 않는다. 왜냐하면 권력이 없는 사람들은 누구의 견

---

[6] 1126-1298. 일명 Averroes. 코르도바에서 출생하여 마라케시에서 사망한 그는 이슬람의 전통 학문과 그리스 철학을 결합한 철학자로서, 스페인의 칼리프 알 투파일의 요청에 따라서 아리스토텔레스와 플라톤의 저작들을 요약하고 주석을 달아, 후대에 큰 영향을 미쳤다.

해를 움직일 수도 없고 누구도 그들의 견해를 귀담아 듣지도 않기 때문이다. 도시의 도회민들은 바로 이런 부류에 속한다. 이븐 루시드는 연대의식에 대한 경험도 없고 또 그것과 관련된 상태들을 잘 알지도 못하는 도시에서 자라났다. 따라서 그는 가문이나 명망에 대해서 정의를 내리면서, 오로지 조상들의 숫자에 의존하는 것이라고 생각했을 뿐, 거기서 더 나아가서 연대의식의 실체와 그것이 사람들에게 미치는 영향 등에 관해서 언급하지 못했던 것이다.

13) 피보호자와 추종자가 가문과 고귀함을 가지게 되는 것은 주인의 은총 때문이지 자신의 혈통에서 비롯된 것은 아니다

그것은 앞에서도 언급했듯이 연대의식을 소유하는 사람들만이 명실상부한 고귀함을 가졌기 때문이다. 그런 사람들이 다른 혈통에 속한 사람을 추종자로 받아들여, 예를 들면 노예로 혹은 시종으로 부리면서 그들과 긴밀한 관계를 맺게 되면, 앞에서 설명한 대로 피보호자와 추종자들은 주인과의 연대의식을 공유하게 되고 그것이 마치 자신의 연대의식인 것처럼 여기게 된다. 또한 그들은 그 집단 속에서 특별한 지위를 차지하면서 주인의 혈통에도 어느 정도 참여하게 된다.

그러나 그 사람 자신의 혈통과 출생은 주인의 연대의식에 하등의 도움이 되지 않는다. 왜냐하면 주인의 연대의식은 그 사람의 혈통과 전혀 무관하기 때문이다. 그가 다른 가족과 긴밀하게 접촉하고 과거에 자신과 연대의식을 공유했던 사람들과 멀어지게 되면서, 그의 가족의 연대의식은 사라져버렸다. 이렇게 해서 그는 새로운 집단의 일원이 되고 그 안에서 자신의 지위를 얻는다. 만일 그의 조상들 가운데 다수가 이 새로운 집단에 속해서 그 연대의식을 공유했다면, 그는 어느 정도나마 고귀함과 가문을 향유할 수 있지만, 그것은 피보호자와 추종자로서의 지위에 걸맞는 정도에서이지, 결코 주인과 같은 고귀함을 누릴 수는 없고 그보다는 열등한 위치에 머무를 뿐이다.

왕조에 속하는 가신들이나 시종들의 경우가 바로 이러하다. 그들이 고귀함을 획득하는 것은 주종관계 속에 굳게 자리를 잡고 왕조를 위해서 헌신적인 봉사를 다하며 많은 조상들이 그 왕조의 비호를 받아왔던 경우이다. 압바스조에서는 투르크 출신의 가신들, 그 이전의 바르멕 가문과 나우바흐트 가문은 이런 방식으로, 즉 왕가측과의 확고한 관계를 통해서 자기들의 영광과 명성을 높임으로써 가문과 고귀함을 누리게 된 것이다. 자파르 이븐 야흐야 이븐 할리드는 최고의 가문과 고귀함을 누렸지만, 그것은 결국 알 라시드와 그 가족의 가신이었기 때문에 가능한 것이었지, 결코 페르시아인이었던 그 자신의 혈통 덕분은 아니었다. 다른 어떤 왕조의 가신과 시종들의 경우도 마찬가지이다. 그들은 특정한 왕가와 맺은 보호관계에 군건히 뿌리를 내리고 그 왕가의 충실한 추종자가 됨으로써 가문과 명망을 획득하게 되는 것이다. 그들이 가졌던 원래의 혈통은 왕가의 것이 아닌 한 은폐되고 사라져버리며, 그들의 지위와 영광은 그것과 무관한 것으로 여겨지고 오로지 가신이자 추종자로서의 그들의 지위만이 중요하게 여겨진다. 왜냐하면 그것만이 가문과 고귀함을 만들어내는 연대의식을 그들에게 부여하기 때문이다.

　가신의 고귀함은 이렇게 주군의 고귀함에서 나오며, 그의 가문 역시 주군에게서 나오는 것이다. 그 자신의 혈통과 출생은 아무런 도움도 되지 못한다. 그의 영광은 특정한 왕가와의 관계 위에 세워진 것이고, 왕가의 추종자로서 긴밀한 관계를 맺고 그 교육을 받았기 때문에 생겨난 것이다. 그가 속한 원래의 혈통이 어떤 집단이나 왕조와 긴밀한 관계를 맺고 있었다고 하더라도, 그러한 관계가 소멸되고 당사자가 다른 왕조의 추종자나 가신이 된다면, 그가 가지고 있던 원래의 혈통은 그 연대의식을 상실하게 되므로 그에게 아무런 소용도 없다. 반면에 연대의식을 소유하는 새로운 관계가 그에게 유용한 것이 된다.

　이것은 바르멕 가문에게 적용될 수 있다. 그들의 조상은 페르시아의 조로아스터교 신전을 수호하던 사람들이었고 페르시아에서는 명문에 속했다고 한다. 그러나 그들이 압바스조의 가신이 된 뒤 원래의 혈통은 주목의 대상이 되지 못했다. 그들의 고귀함은 압바스조의 가신이자 추종자라는 지위에서 나온 것일 뿐이다.

　이밖의 다른 모든 개념들은 근거가 없을 뿐 아니라, 훈련받지 못한 자들이 주장하는 비현실적인 환상일 뿐이다. 존재하는 사실들이 우리의 논점들을 확인시켜준다.

14) 한 혈통의 명망은 기껏해야 4세대 지속된다

　원소들로 이루어진 세계와 그 안에 있는 모든 것들은 생성하고 부패한다. 광물과 식물, 인간을 비롯한 동물, 그리고 다른 모든 만물은 우리가 눈으로 보아서 알 수 있듯이 생성하고 부패한다. 만물에 영향을 미치는 조건들, 특히 인간에게 영향을 미치는 조건들도 이와 마찬가지이다. 학문들은 성장하고 그리고는 없어져버리며, 기술과 같은 것들도 마찬가지이다.

명망도 인류에게 영향을 미치는 것들 중의 하나로 생성되었다가 사라질 수밖에 없다. 어떤 인간도 아담 이래 자기 시대에 이르기까지 단절되지 않은 명족으로서의 계보를 지닐 수는 없다. 단 한 사람 예외가 있다면 예언자(무함마드)인데, 그것은 그에게 내린 신의 특별한 은총의 결과이고 그의 진정한 성품을 보호하기 위해서 취해진 조치이다.

고귀함은 국외자의 상태에서 시작되는 것이다. 다시 말해서 그것은 처음에는 지도력이나 고귀함, 즉 명망이 없는 비천하고 낮은 상태에서 시작된다. 모든 고귀함과 명망은 그 이전에 고귀함과 명망이 없는 상태였고, 이는 모든 피조물이 그러한 것과 마찬가지이다.

명문은 4대 만에 종말에 이른다. 그 과정은 다음과 같다. 가문에 영광을 세운 사람은 그런 일을 하는 것이 얼마나 힘든지를 알기 때문에, 그에게 영광을 가져다주고 또 지속시켜주는 자질들을 보존하려고 노력한다. 그의 아들은 아버지와 개인적인 접촉을 가지고 그로부터 그런 것들을 배운다. 그러나 어떤 일을 실제적인 경험을 통해서 배운 사람과 공부를 통해서 배운 사람 사이에는 분명히 차이가 있고, 그런 점에서 그는 아버지에 비해서 뒤떨어진다. 3대째는 모방하는 것에 만족하고, 특히 전승에 의존할 수밖에 없다. 독자적인 판단을 내리는 사람에 비해서 전승에 의존하는 사람이 열등하듯이, 그도 2대째에 비해서 뒤떨어질 수밖에 없다. 4대째 세대는 모든 면에서 선조들에게 뒤떨어진다. 그는 가문의 영광을 보존케 했던 자질들을 상실했을 뿐 아니라 오히려 그런 것들을 경멸한다. 그는 그러한 영광이 시험과 노력으로써 이루어졌다는 사실을 모르고, 그것이 집단적인 노력과 개인적인 자질로써 얻어진 그 무엇이 아니라 단지 혈통 때문에 처음부터 당연히 주어진 것이라고 생각한다. 왜냐하면 사람들이 그에게 보이는 극도의 존경심을 눈으로 보기 때문이다. 그러나 그러한 존경심이 어떻게 해서 생겼고 무슨 이유로 존경심을 나타내는가는 알지 못한다. 그는 그것이 바로 자신의 혈통 때문이며 그 외에는 아무 것도 아니라고 믿는다. 또한 그는 연대의식을 공유하는 사람들을 멀리하는데, 이는 자신이 그들보다 더 잘났다고 생각하기 때문이다. 그는 그들이 자기에게 복종하는 이유가 자기가 당연히 그들의 복종을 받도록 태어났기 때문이라고 생각할 뿐, 그들에게 복종케 한 자질들에 대해서는 알지 못한다. 따라서 그는 그들을 비천하게 여기고, 반대로 그들은 그를 경멸하며 반란을 일으키게 되는 것이다. 그들은 연대의식에 따라서 행동하며 지배권을 그와 그의 가족으로부터 빼앗아 새로운 지도자로서 만족스러운 자질들을 소유하고 있다고 판단되는 다른 방계 친족에게 넘겨준다. 이렇게 되면 그의 가족은 성장하게 되는 반면, 원래의 지도자 가족은 퇴락하고 그 가문의 영광은 무너져버린다.

이상의 것은 왕권을 소유하는 통치자들의 경우이지만, 부족과 대신들, 그리고 연대의식을 소유하는 모든 사람들, 나아가서 도시민들 가운데 가문을 가진 사람들의 경우도 마찬가지이다. 한 가문이 내려가면 동일한 혈통에 속한 다른 가문이 대두되는 것이다.

명망과 관련하여 4대의 법칙은 대체로 타당하다. 경우에 따라서 4대보다 더 짧은 기간에 한 가문이 사라지거나 몰락하기도 하고, 비록 쇠퇴와 영락한 상태에서나마 5-6대까지 지속하기도 한다. 4대는 창설자의 세대, 창설자와 개인적 접촉을 가진 세대, 전승에 의존하는 세대, 파괴하는 세대로 정의될 수 있을 것이다. 무함마드는 "고귀한 아들의 고귀한 부친, 그의 고귀한 조부, 그의 고귀한 증조부. 즉 아브라함의 아들 이삭, 그의 아들 야곱, 그의 아들 요셉."이라고 했는데, 이는 요셉에 와서 영광이 그 한계에 도달했음을 지적한 말이다.

『토라』에는 다음과 같은 구절이 있다. "나 여호와 너의 하나님은 강하시고 질투하는 하나님인즉 나를 미워하는 자의 죄를 갚되 아비로부터 아들에게로 삼, 사대에 이르게 하거니와."7) 이 역시 한 혈통 안에서 조상들의 명망이 미치는 범위가 4대임을 보여준다.……

15) 야만민족은 다른 민족에 비해 지배권을 획득할 가능성이 더 많다

전야생활은 의심할 나위 없이 용기의 원천이기 때문에 야만적인 집단은 다른 집단에 비해 더 용감하다. 따라서 그들은 지배권을 획득하거나 다른 민족이 소유

---

7) 「출애굽기」 20 : 5 참조. de Slane은 여기에 나오는 "강하시고"라는 구절은 성경 라틴어역(Vulgate)에만 보인다는 사실을 지적하고 이븐 할둔이 이 계통의 사본을 이용했을 것이라고 추정했다. 그러나 9세기 이후 아랍권에서는 시리아어에서 번역한 아랍어 성경이 유포되었기 때문에, 이븐 할둔은 아마 그것을 사용했을 가능성이 더 크다고 하겠다.

하는 것을 탈취할 가능성이 더 많다. 이런 점에서 동일한 부족이라도 그 상황은 시간에 따라서 바뀐다. 사람들이 비옥한 평원에 정착하여 사치품을 집적하고 풍요롭고 세련된 생활에 익숙해지면, 전야에서의 습관이 사라져가는 것에 비례하여 그들의 용맹함도 줄어들어간다.

이것은 영양, 들소, 나귀와 같은 동물들이 순치될 때에 나타나는 현상으로써도 입증된다. 그들이 인간과 접촉하면서 야수성을 상실하고 풍족한 생활을 누리게 되면, 그들의 활력과 난폭성은 변화를 겪게 된다. 이것은 심지어 그들의 동작이나 모피에까지 영향을 미친다. 야만적인 사람들이 사회적, 사교적인 인간으로 바뀔 때에도 마찬가지 현상이 나타난다.

그 이유는 익숙해진 습관이 인간의 성질과 성격을 결정하기 때문이다. 지배권은 노력과 용기를 지닌 특정한 민족에게 주어진다. 만약 어떤 두 집단이 숫자나 무력이나 연대의식에서 서로 비슷하다면, 전야의 습관에 깊이 뿌리를 내리고 보다 더 거친 생활을 하는 집단이 다른 집단에 대한 지배권을 획득할 가능성이 더 크다.

이와 관련하여 무다르족을 그보다 먼저 왕권을 장악하여 사치생활을 누렸던 힘야르족이나 카흘란족, 혹은 이라크의 비옥한 평원에 정착한 라비아족과 비교해볼 수 있을 것이다. 무다르족은 전야의 습관을 보지했으나, 다른 집단들은 무다르족보다 먼저 풍요롭고 사치스러운 생활을 하기 시작했다. 전야의 생활은 무다르족에게 지배권을 장악할 수 있는 조건들을 갖추게 해주었고, 그들은 다른 집단들이 소유하던 것들을 빼앗아 자기 것으로 만들어버린 것이다.……

16) 연대의식이 추구하는 목표는 왕권이다

이것은 연대의식이 보호의 기능은 물론, 상호방위와 요구관철 등 각종 사회적 활동을 가능케 하기 때문이다. 인간은 그 본성 때문에 모든 사회조직 안에서 억제력과 조정력을 발휘하는 사람을 필요로 하고, 그럼으로써 서로를 공격하지 못하도록 막을 수 있다. 그러한 사람은 반드시 연대의식이라는 면에서 다른 사람들에 대한 지배권을 행사할 수 있어야 한다. 만약 그렇지 못할 경우, 그의 지배력은 효과를 발휘하지 못한다. 그러한 지배권이 바로 왕권이며, 그것은 지도력 이상의 것이다. 지도력은 우두머리가 되는 것 혹은 지도자에 대한 복종을 의미하지만, 다른 사람에게 자신의 지배를 강요할 정도의 권력은 아니다. 반면 왕권은 지배권과 강제적인 지배력을 의미한다.

연대의식을 보유한 어떤 사람이 우두머리가 되거나 복종을 요구하는 지위에 오르고 그래서 지배권과 강제력을 확보하는 길이 그에게 열렸을 때, 그는 그 길을 향해서 걸어가게 된다. 왜냐하면 그것은 모두들 가지기를 바라는 것이기 때문이다. 그러나 그는 연대의식의 도움이 없이는 자신의 바라는 바를 완전히 성취할 수 없다. 그래서 왕권이 연대의식의 목표라고 한 것이다.

어떤 한 부족 내에 여러 '가문'이 있고 따라서 다수의 연대의식이 존재한다고 할지라도 그 모든 연대의식들을 합한 것보다 더 강력한 연대의식이 존재한다면, 그것은 다른 것들을 압도하고 복종케 하며 여러 연대의식들을 통합하는, 말하자면 한층 더 거대한 연대의식을 만들게 된다. 그러나 만약 그런 것이 없다면, 분열이 일어나서 내분과 분쟁이 빚어질 것이다.

일단 그와 같은 강력한 연대의식이 그것을 공유하는 사람들을 확고히 지배하게 되면, 그것은 본질상 그것과 무관한 연대의식을 가지고 있는 다른 사람들에 대한 지배권까지 추구하게 된다. 만약 한 연대의식이 다른 것과 비슷한 힘이 있어 도전을 물리치게 되면, 대립하는 두 집단의 사람들은 서로 동등한 지위를 가지게 된다. 이 두 연대의식은 각기 자기의 영역과 집단에 대해서 지배권을 유지하는데, 지구상에 흩어져 사는 각종의 부족과 민족들이 그러하다. 그러나 만약 한 연대의식이 다른 연대의식을 압도하고 복종케 한다면, 이 두 연대의식은 서로 결합하고 그 결과 패배한 연대의식은 승리한 연대의식의 지배력을 증대시킨다. 그러면 승리한 연대의식은 지배권과 장악력에서 전보다 더 높은 목표를 세운다. 이런 과정은 그 특정한 연대의식의 지배력이 현존하는 왕조의 지배력과 동등해지는 단계가 될 때까지 계속된다. 그뒤 지배왕조는 점차 노쇠해지고 그 연대의식을 공유하는 지지자들 중에서 방어자가 나타나지 않으면, 새로운 연대의식은 지배왕조로부터 권력을 탈취하고 완전한 왕권을 획득하게 되는 것이다.

어느 한 연대의식의 지배력은 지배왕조가 아직 노쇠기에 도달하기도 전에 정점에 이를 수 있다. 이 단계는 지배왕조가 상황을 호전시키기 위해서 다양한 연대의식을 대표하는 사람들의 도움을 요청하는 것과 시기적으로 일치할 수 있다. 그럴 경우 지배왕조는 새로운 강력한 연대의식을 보유한 사람들을 자기의 가신

집단의 하나로 받아들이고 그들을 이용해서 여러 가지 목적을 수행하기도 한다. 이것은 완전한 장악력을 가지는 왕권보다는 열등한, 또 다른 형태의 왕권이라고 할 수 있으며, 압바스조 아래에 있던 투르크인들이 그러한 예이다.

이렇게 해서 왕권은 연대의식의 목표라는 사실이 분명해졌다. 그것이 그 목표를 성취하게 되면 그 연대의식을 대표하는 부족은 지배왕조의 권력을 곧바로 탈취하든지 아니면 지원을 해주든지, 상황에 따라서 둘 중의 한 방법으로 왕권을 획득한다. 만약 연대의식이 목표를 성취하는 도중에 장애물을 만나면, 신이 그 운명을 정해줄 때까지 그 지점에 정지한 채 머물게 되는 것이다.

17) 왕권으로 향하는 길을 가로막는 장애물은 사치의 유혹과 부족민의 부유한 생활이다

이렇게 말할 수 있는 것은 어느 부족이 연대의식의 도움으로 상당한 정도의 지배권을 장악하면 그에 상응하는 재화를 손에 넣게 되고, 이제까지 번영과 풍요를 누리던 사람들과 함께 번영을 공유하게 되기 때문이다. 그들이 그것을 얼마나 공유할 수 있느냐 하는 것은 그들이 소유하는 권력의 정도와 지배왕조에서 그들의 효용성의 정도에 비례한다. 만약 지배왕조가 매우 강력하여 아무도 그 권력을 탈취하거나 공유할 생각을 하지 못할 정도라면, 앞에서 말한 부족은 그 지배에 복종하고 왕조가 나누어주는 재화와 세금에 만족할 수밖에 없을 것이다. 왕권을 가지려고 하거나 그것을 탈취할 수 있는 방법을 생각할 정도로 희망을 높이 가질 수는 없다. 부족민들은 단지 부와 소득과 풍족한 생활에만 관심을 가진다. 그들은 지배왕조의 그늘 아래에서 편안하고 안락한 생활을 영위하고 건물이나 의복에서도 왕가의 관습을 모방하며, 이런 것을 점점 더 중요하게 생각한다. 그리고 그런 것에 대해서 더 많은 자부심을 느낄수록 더 많은 사치품을 가지려고 한다.

그 결과 전야생활의 강인함은 사라지고, 연대의식과 용기는 약해져버린다. 부족민들은 신이 부여한 안락에 도취하고, 그 자식과 후손들은 너무나 오만해져서 자기 자신을 돌보거나 자신이 필요로 하는 일조차 처리할 수 없게 된다. 또한 연대의식을 지탱하는 데에 필요한 모든 것들에 대해서 경멸하게 되고, 그것은 마침내 그들의 성격과 천성이 되어버린다. 그들의 연대의식과 용기는 세대가 넘어가면서 줄어들어 결국 그 자체가 완전히 소멸되고 만다. 이렇게 해서 그들은 자신

의 파멸을 자초하는 것이다. 그들이 향유하는 사치와 안락이 크면 클수록 파멸에 가까워진 것이니, 왕권을 장악할 가능성도 그렇게 되리라는 것은 두말할 필요도 없다. 사치와 안일한 생활에의 탐닉은 지배력을 가져다주는 연대의식의 강건함을 파괴하고, 연대의식이 파괴되면 부족은 더 이상 자신을 보호할 수 없게 되니 다른 민족에게 병탄되고 마는 것이다.

18) 부족민이 외부인들에게 보여주는 유순함과 공순함은 왕권으로 가는 길을 막는 장애물이다

그것은 유순함과 공순함이 연대의식의 강건함을 파괴하기 때문이다. 만약 사람들이 유순하고 공순하다면, 그들의 연대의식은 소멸될 것이다. 그들은 자신을 방어조차 못할 정도로 약해지기 전까지는 그런 유순함을 선택하지 않는다. 자기를 방어할 수 없을 정도로 약해진 사람들은 적과 맞서 싸울 때나 자신의 요구를 내세울 때 더 약해질 수밖에 없다.

이스라엘인들의 경우가 좋은 예이다. 모세는 그들을 부추겨 시리아로 가서 지배자가 되라고 했고, 신이 그들에게 운명을 정해주었다고 알려주기도 했다. 그러나 이스라엘인들은 그렇게 하기에 너무나 약했다. 그들은 "거기에는 거인들이 있다. 그 거인들이 떠나가기 전까지 우리는 들어가지 않겠다."고 말했다.[8] 즉 '우리들의 연대의식을 사용하지 않고 신의 힘으로 그 거인들을 몰아내도록 해보라. 오, 모세여, 그렇게 한다면 그것이야말로 그대의 진정한 기적일 것이다.'라고 한 것이다. 모세가 계속해서 그들에게 가라고 하자 그들은 버티다가 마침내 반란을 일으키며 이렇게 말했다. "너나 네 주와 함께 가서 싸워라!"[9]

그들은 너무나 약해져 투쟁을 하거나 요구를 내세울 수 없었다. 『코란』의 구절은 이런 맥락에서 이해해야 할 것이다. 이런 상태는 그들이 오랫동안 이집트인들에게 복종하고 살면서 형성된 노예근성과 공순한 성격, 그에 따른 연대의식의 완전한 상실에 기인하는 것이다. 나아가서 그들은 모세가 말했던 내용, 즉 신이 이스라엘인들을 사랑하여 명령을 내렸기 때문에 여리고에 살던 아말렉인들은 그들의 제물이 될 것이고 시리아는 그들의 땅이 되고 말 것이라는 모세의 이야기

---

8) 『코란』 5 : 22.
9) 『코란』 5 : 24.

를 진실이라고 믿지 않았던 것이다. 그들은 지시받은 일을 성취하기에는 너무나 유약했다. 그들은 유순함이 체질화되어 이제는 어떠한 자기 주장도 할 수 없을 정도로 약해졌다는 사실을 스스로 깨닫고 있었다. 또 자기들의 예언자가 한 이야기와 그가 내린 명령을 믿지 않았기 때문에 신은 그들을 징벌하여 사막에 남도록 한 것이다. 그들이 시리아와 이집트 사이의 사막에서 40년 동안 머무르는 동안 문명과의 접촉이 끊어지고 어떠한 도시에 정착하지도 않았다는 것은 『코란』에 기록된 바이다.[10] 이것은 시리아의 아말렉인이나 이집트의 콥트인도 무척 강력한 민족이었고, 그래서 이스라엘인은 그들과 맞서 싸우기에 스스로 너무 약하다고 생각했기 때문이다. 『코란』의 구절의 의미와 맥락으로 보아 그와 같은 사막에서의 체류가 무엇을 시사하는지는 명백하다. 즉 치욕과 억압과 폭력에 의해서 연대의식은 완전히 파괴되고 유약한 성격의 한 세대가 완전히 사라지고, 그 대신 법률도 억압도 모르고 또 유순함의 낙인도 찍히지 않은 새로운 강력한 세대가 사막에서 출현한 것을 의미하는 것이다. 이렇게 해서 새로운 연대의식이 성장하고 그로써 그들은 자기 주장을 내세우고 지배권을 성취할 수 있었다. 이로써 40년이라는 세월은 한 세대가 사라지고 새로운 세대가 등장하는 데에 필요한 최단기간이라는 사실이 분명해졌다. 지혜롭고 전지하신 분께 찬미를!

이상에서 우리는 연대의식이 의미하는 바를 아주 명백하게 보여주었다. 연대의식은 자신을 방어하고 외적에 저항하며 자신을 보호하고 주장을 내세울 수 있는 힘을 생산한다. 그것을 상실하는 자는 누구나 유약해져서 그런 것들을 할 수 없게 되는 것이다.

공납과 세금도 부족에게 유순함을 강제하는 요소이므로 여기에서 토론의 대상이 된다. 어떤 부족이 공납을 바치는 것은 스스로 유순하기 때문에 굴복할 수밖에 없다는 사실을 인정할 때 비로소 생기는 현상이다. 공납과 세금은 자부심을 가진 사람으로서는 견딜 수 없는 억압과 유순함의 징표이다. 즉 자기 방어나 자기 보호를 하기에 연대의식이 너무 약한 것이다. 억압에 대해서 스스로를 방어할 수 없을 정도로 약한 연대의식을 지닌 사람들은 분명히 저항을 하거나 자기 주장을 내세울 수 없다. 그들은 굴욕적인 유순함을 받아들이게 되지만, 앞에서도

---

10) 『코란』 5 : 26.

지적했듯이 유순함은 하나의 장애물이다. 만약 공물을 상납하는 치욕을 감수하는 부족이 있다면, 그 부족에서 장차 왕권의 장악은 도저히 바랄 수 없다.……

19) 왕권의 징표는 어떤 사람이 칭찬할 만한 자질을 가지고 있느냐 없느냐에 있다

왕권은 그것이 지니는 사회적인 의미 때문에 인간에게는 본질적인 것이라고 할 수 있다. 인간의 자연적 기질과 논리적 사고력을 생각하면, 인간은 악보다 선의 자질에 더 기울어져 있다. 왜냐하면 악은 인간 안에 있는 동물적 힘의 발로이기 때문이다. 정말 인간이라고 한다면 그는 선과 선한 자질 쪽에 더 기울어져 있다고 보아야 할 것이다. 그런데 왕권과 정치적 권위라는 것은 인간에게만 고유한 것이고 동물에게서는 찾아볼 수 없다. 따라서 선이 왕권에 적합한 것이라면, 인간이 지닌 선한 자질도 왕권에 적합한 것이다.

영광은 그것이 세워지고 현실화되는 토대를 갖추고 있으며, 그 토대가 곧 연대의식과 부족집단이라는 사실은 앞에서 설명한 바이다. 그러나 동시에 영광이 완벽한 것이 되기 위해서는 또 다른 부차적인 요소가 필요한데, 그것이 바로 개인의 자질이다. 왕권은 연대의식의 목표이며, 따라서 그것은 그러한 부차적 요소, 즉 개인의 자질이 추구하는 목표이기도 하다. 왕권을 완전케 하는 이런 부차적 요소를 결여한 왕권은 마치 사지가 잘린 인간과 같거나 혹은 벌거벗고 사람들 앞에 나서는 것이나 마찬가지이다.

연대의식을 가지고 있어도 칭찬할 만한 자질을 함양하지 않는다면, 그것은 가문과 명망을 지닌 사람들에게는 결점이 된다. 만약 최고의 영광과 명망이라고 할 수 있는 왕권을 부여받을 사람이 그렇다면 더 말할 나위도 없을 것이다. 더구나 정권과 왕권은 신이 인간을 위해서 내려준 보증이며, 그것을 소유한 사람은 신의 대리인이자 종교법의 집행자로 인간들 사이에서 봉사해야 한다. 인간을 규율하는 신의 법률이 인간의 선과 복지를 위한 것이라는 사실은 종교법을 통해서 확인된다. 반면에 악법은 우둔함과 사탄으로부터 나온 것이고 신의 예정과 권세에 역행하는 것이다. 신은 선과 악을 모두 창조하고 그것들을 위해서 예정해놓았으니, 그 분 이외에는 창조하는 자가 없다.

권력을 보증하는 연대의식을 확보한 뒤, 피조물을 다스리는 신의 법률을 집행

하기에 적합한 선한 자질들을 갖춘 사람은 인간들 가운데에서 신의 대리인이자 보증자가 될 준비를 마친 사람이다. 그는 그럴 만한 자격을 갖추었다. 이 선한 자질이라는 증거는 첫번째 연대의식이라는 증거보다 더 믿을 만하고 확고한 것이다.

이렇게 해서 선한 자질이라는 것은 연대의식을 소유한 어떤 사람이 장차 왕권을 가지게 될지를 보여주는 시금석이라는 사실이 분명해졌다. 누구나 연대의식을 소유하고 많은 나라와 민족을 지배하게 되면, 즉시 선과 선한 자질을 가지려고 노력한다는 것을 우리는 알고 있다. 예를 들면 관용과 용서, 약자에 대한 너그러움, 손님에 대한 환대, 힘 없는 자에 대한 지원, 빈자에 대한 구휼, 역경 속에서의 인내, 의무의 충실한 이행, 명예의 보존을 위한 재산의 기증, 종교법과 종교법학자들에 대한 존경, 학자들이 규정하는 옳고 그른 일에 대한 준행, 신학의 중시, 종교인에 대한 존경과 믿음 및 그들의 축복을 받으려는 노력, 노인과 교사에 대한 지극한 경의, 진실의 입증, 자신을 돌볼 수 없는 사람들에 대한 보살핌과 공정함, 빈자에 대한 겸허, 탄원자에 대한 경청, 종교법과 신앙의 의무의 치밀한 이행, 기만과 교활과 사기와 의무 회피에 대한 거부 등과 같은 것들이다. 주지하듯이 이런 것들이 바로 지도자가 구비해야 할 자질이고, 위정자에게 백성들을 지배할 만한 위정자로서의 자격을 가지게 해주는 자질인 것이다. 이것은 신이 위정자에게 연대의식과 지배력에 상응하여 내려주는 것이다.

이와는 반대로 신이 어느 민족으로부터 왕권을 거두어들이고자 할 때, 그는 그들로 하여금 비난받아 마땅할 행동과 갖은 악행을 저지르도록 한다. 그래서 그들의 정치적 덕성은 완전히 사라지고 더 이상 왕권을 행사할 수 없을 정도로 파괴되어버려 다른 누군가가 그들 대신에 그것을 행사하게 된다. 이것은 그들에게 참을 수 없는 모욕이니, 왜냐하면 신이 그들에게 내려준 왕권과 그들의 소유물로 주었던 모든 좋은 것들이 박탈되는 것을 뜻하기 때문이다. 자세히 탐구해보면 과거 여러 민족들에게 이런 일이 빈번히 일어났음을 알게 될 것이다.

완벽한 자질, 즉 연대의식을 소유한 부족들이 함양하려고 노력하고 또 왕권을 향유할 만한 자격이 있음을 입증해주기도 하는 그와 같은 자질은 바로 학자, 경건자, 예언자의 후손, 지체 높은 사람들, 여러 종류의 상인과 외지인들에 대한 존경과 모든 사람에게 각기 적절한 지위를 부여하는 능력이다. 연대의식과 가문을 장악한 부족과 개인들이 그것에 필적할 만한 고귀함, 부족 내에서의 지위, 연대의식, 관직을 지닌 사람들에게 존경을 나타내는 것 등은 자연스러운 일이다. 그것은 대체로 신분에 대한 열망, 존경받는 사람에 대한 외경, 평등한 대우를 받고자 하는 희망 등에서 비롯된다. 이와는 달리 자신을 두려운 존재로 만들 만한 연대의식을 소유하지 못하는 사람들, 즉 다른 사람이 기대하는 관직을 내려줄 수 없는 사람들이 무엇 때문에 연대의식을 소유한 사람들에게 존경을 바치는지 그 이유는 분명하다. 즉 그들에게서 구하는 것은 다름 아닌 영광, 개인적 자질의 완성, 정치적 권위로의 전반적인 전진 등이다. 반면에 경쟁자나 대등인에 대한 존경은 자기 부족과 경쟁자 혹은 대등한 자를 모두 고려하는 독특한 정치적 지도력이 갖추어졌을 때 나타난다. 탁월하고 특별한 자질을 갖춘 외지인에 대한 존경은 전반적인 정치적 지도력의 완성을 의미한다. 경건인들은 그들의 종교 때문에 존경받는 것이고, 학자들은 종교법의 조항들을 확립하는 데에 필요하기 때문에 존경받으며, 또 상인들이 존경받는 것은 그들의 직업을 장려함으로써 그 효용성이 최대한으로 확산되기를 바라기 때문이다. 외지인들을 존경하는 것은 관용의 표현이며 동시에 그들을 특정한 종류의 활동에 종사하도록 격려하기 위해서이다. 모든 사람들에게 적절한 지위를 부여하는 것은 공평함에서 비롯되는 것이며, 공평함은 정의를 의미한다. 연대의식을 소유한 사람들이 그것을 소유하게 되면, 우리는 그들이 전반적인 정치적 지도력, 즉 왕권을 행사하기 위한 준비가 되어 있음을 알 수 있다. 그들이 정치적 지도력의 징표들을 갖추고 있기 때문에 신은 그들에게 정치적 지도력을 부여하는 것이다. 따라서 신이 어떤 부족에게서 왕권과 국가권력을 빼앗고자 할 때, 왕권을 행사하는 그 부족에게서 제일 먼저 사라지는 것은 바로 그런 사람들에 대한 존경이다. 한 민족이 그것을 상실했음을 알리는 현상들이 목격되면 그것은 곧 그들에게서 선한 덕성들이 사라지기 시작했음을 의미한다는 것을 인식해야 하며, 왕권도 소멸되고 말리라는 것을 예상할 수 있다.

20) 한 민족이 야만적일 때 그들의 왕권은 멀리까지 확대된다

그것은 이러한 민족이야말로 지배력과 완전한 통제력을 장악하고 다른 집단을 복속시키는 데에 더 뛰어나기 때문이다. 이러한 민족의 성원들은 다른 민족과 싸울 만한 힘이 있고, 그들은 마치 동물의 세계에서 맹수와 같은 존재이다. 예를

들면 베두인이나 자나타 혹은 그와 유사한 집단들이 그러하며, 쿠르드, 투르크만, 복면 신하자 등이 그러하다.

더구나 이러한 야만민족들은 비옥한 목초지로 사용할 만한 고향이라든가 쉴 만한 고정된 장소가 없다. 모든 지역과 장소가 그들에게는 다 똑같다. 따라서 그들은 자기가 있는 곳이나 그 주변 지역을 소유하는 것에 만족하지 않으며, 자기 세계의 경계선에서 멈추지 않는다. 그들은 먼 지역으로 무리지어 몰려가고 머나먼 곳의 민족들에 대해서 우위를 장악한다.……

21) 한 민족이 그들의 연대의식을 간직하는 한, 한 지파에서 사라진 왕권은 반드시 동일한 민족의 다른 지파에게로 넘어간다

이것은 어느 특정한 민족이 자신의 강한 세력을 발휘하여 다른 민족들을 정복한 뒤에야 비로소 왕권을 획득하기 때문이다. 그 민족 가운데 소수만이 선택되어 실제적인 군주가 되고 왕좌와 직접 연관을 맺게 된다. 그들 모두가 그렇게 될 수는 없는데, 그것은 경쟁하는 모든 사람들을 허용할 만한 여지도 없거니와 높은 지위를 바라는 많은 사람들의 열망이 왕권을 가진 사람의 질투에 의해서 차단되어버리기 때문이다.

그러나 왕조를 지탱하도록 선택된 사람들은 편안한 생활에 빠지고 사치와 풍족함에 젖어든다. 그들은 자기 동료와 동시대인들을 종으로 만들고, 왕조가 추진하는 여러 가지 사업과 이익을 위해서 그들을 이용한다. 정권에서 멀리 떨어져서 그 안에서 자신의 몫을 향유하지 못하게 된 사람들은 왕조권력의 그늘 속에 파묻히게 된다. 그들은 자신의 혈통 때문에 거기에 참여하긴 하지만, 왕조의 노쇠함에 영향받지 않는다. 사치스러운 생활이나 사치를 만드는 사물들로부터 멀리 떨어져 있기 때문이다.

세월은 권좌에 있던 원래의 집단을 압도하게 된다. 그들의 용맹함은 노쇠로 인해서 사라지고 왕조는 그 활력을 잃어버린다. 그들은 세월의 제물이 되어, 그들이 지녔던 활력은 안락으로 소진되고 그들의 생기는 사치로 인해서 고갈되어 버린다. 그들은 한계에 이르게 되는데, 이 한계는 인류의 도시화와 정치적 권력의 본질에 의해서 예정된 것이다. 바로 그 순간 같은 민족에 속한 다른 사람들의 연대의식은 여전히 강하고, 그들의 세력은 꺾여지지 않으며, 그들의 깃발은 승승장

구하게 된다. 그 결과 지금까지 자기 집단 내의 우월한 세력에 의해서 저지되어 왔던 희망, 즉 왕권을 획득하려는 그들의 희망은 높아진다. 그러다가 그들의 우위가 인정되고 아무도 왕권에 대한 그들의 주장에 이의를 제기하지 못하게 되면, 그들은 권력을 장악하는 것이다. 그러나 그들은 다시 국가로부터 멀리 떨어져 있는 다른 동족집단의 손에 전임자들과 동일한 경험을 하게 된다. 이렇게 해서 왕권은 어느 특정한 민족 내에서 그 민족 전체의 연대의식의 힘이 파괴되어 사라질 때까지, 혹은 그 집단들이 모두 절멸할 때까지 존속하는 것이다. 신은 이 세상의 일을 이런 방식으로 처리한다.

이러한 사실은 여러 민족들 사이에서 일어난 일들을 통해서 드러난다. 아드족의 왕권이 무너지자 그들의 형제인 사무드족[11]이 그것을 접수했고, 그들은 다시 아말렉족에 의해서, 아말렉은 힘야르족에 의해서, 힘야르족은 그 일족이던 툽바족에 의해서 대체되었다. 마찬가지로 그들은 다시 아드와족[12]에 의해서 대체되었고, 그리고 나서는 무다르족이 권력을 장악했다.

페르시아인들의 경우에도 마찬가지였다. 카얀 왕조[13]의 통치가 붕괴되자 사산 왕조가 그뒤를 이어 통치했고, 마침내 신은 그들 모두를 무슬림의 손에 멸망시키고 말았다. 그리스인들의 경우도 마찬가지였다. 그들의 지배는 로마인들에게 접수되었다. 이것이 신께서 그의 종과 피조물들을 처리하는 방식이다.

이 모든 것들은 각각의 집단이 보유하는 연대의식에 뿌리를 두고 있다. 사치는 왕권을 약화시키고 무너뜨려버린다. 한 왕조가 무너지면, 그 왕조의 연대의식의 일부를 이루던 또 다른 연대의식을 지닌 왕조에 의해서 권력이 탈취된다. 그 까닭은 사람들이 기존의 연대의식에 순종하고 복종적이기 때문이며, 또 사람들이 그 연대의식이 다른 모든 연대의식보다 우월하다는 사실에 익숙해져 있기 때문이다. 그러한 연대의식은 소멸하는 왕조와 긴밀한 관계를 지니고 있던 사람들에게만 존재하는데, 그것은 연대의식의 강도가 관계의 긴밀도에 비례하기 때문이다. 이렇게 해서 세상의 거대한 변화, 즉 종교의 변혁이나 문명의 소멸과 같은 일들이 발생하고, 혹은 신의 힘이 의도하는 다른 일들이 벌어지게 되는 것이다.

---

11) Thamud : 기원전 4세기에서 기원후 7세기까지 아라비아 반도에서 활동했던 부족.
12) Adhwa' : 아라비아 남부에 거주하던 부족.
13) Kayyan : 이란의 전설적인 왕조. 역사적으로는 아케메네스 왕조에 해당된다.

왕권도 한 집단에서 다른 집단으로, 즉 신께서 그러한 변화를 일으키도록 하는 집단으로 이전된다.

22) 피정복민은 언행, 의복, 직업 등 모든 풍속과 관습에서 정복민을 항상 모방한다

그것은 인간이 항상 자신보다 더 우월한 사람이나 자신을 굴복시키는 사람을 더 완벽하다고 보기 때문이다. 그를 완벽하다고 생각하는 것은 그가 지닌 위세가 강한 인상을 주기 때문에 그런 경우도 있지만, 그에게 복종하는 것이 복종하는 사람 자신의 열등함 때문이 아니라 존경받는 사람의 완벽함에 기인하는 것이라는 잘못된 생각 때문일 경우도 있다. 그러한 잘못된 가정이 머릿속에 자리잡으면 그것은 확고한 신념이 되어버리며, 그렇게 되면 그 사람은 승리자의 모든 방식을 받아들이고 그와 닮으려고 한다. 이것이 바로 모방인 것이다.

혹시 승리자의 우월함은 그가 가진 연대의식이나 강력한 불굴성의 결과가 아니라 그가 보여주는 관습이나 방식 때문이라고 생각할지도 모른다. 이것 역시 지배력의 개념을 잘못 이해했기 때문이며, 그 결과는 앞의 경우와 마찬가지로 모방이 될 것이다. 따라서 패배한 자들이 관습, 의복, 수레, 무기 등 모든 면에서 승리자를 모방한다는 사실을 확인할 수 있다.

우리는 이것을 아이가 자기 아버지를 항상 모방하려는 것과 비교할 수 있다. 아이들이 그렇게 하는 것은 아버지에게서 완벽함을 보기 때문일 뿐이다. 우리는 또한 거의 모든 지역에서 사람들이 그들을 지배하는 수비대나 정부군의 제복에 영향을 받는 것을 볼 수 있다.

이웃 민족의 지배를 받는 민족이 얼마나 극심한 동화와 모방을 나타내는지를 살펴보면, 이 점을 더 분명히 알 수 있다. 오늘날 스페인의 경우가 그러하다. 스페인의 무슬림들은 복장이나 문장, 기타 대부분의 관습의 면에서 갈리시아 사람들과 매우 닮았는데, 심지어 벽과 건물과 집 안에까지 그림을 그려놓을 정도이다. 총명한 관찰자들은 그것이 바로 다른 사람에 의해서 지배되고 있다는 징표라는 결론을 도출할 수 있을 것이다.

우리는 "평민은 지배자의 종교를 따른다."는 말의 숨은 뜻을 이런 점에서 이해해야 할 것이다. 이 말은 현재 논의 중인 주제와 관련된 것이다. 지배자는 백성

들 위에 군림하고 백성들은 그를 모방한다. 왜냐하면 마치 아이들이 부모를 모방하고 학생이 스승을 모방하듯이 그들은 그에게서 완벽함을 보기 때문이다.

신은 현명하고 전지(全知)하시다.

23) 피정복민족과 피지배민족은 신속하게 소멸한다

그 이유는 아마 그들이 자신의 일을 통제할 수 없게 되거나, 혹은 노예화되어 다른 사람들의 도구가 되고 의존하는 처지가 되었을 때, 그들을 엄습하는 무기력증 때문인 듯하다. 희망은 엷어지고 약해진다. 그런데 문명의 확대와 증가라는 것은 강력한 희망과 그 희망이 인간의 동물적 힘 속에 창출하는 에너지에 의해서만 이루어진다. 희망과 그것이 자극하는 것들이 무기력에 의해서 없어지고 연대의식이 패배의 충격으로 사라질 때, 문명은 쇠퇴하고 상업이나 다른 활동들은 중단된다. 패배의 충격으로 인해서 그들의 힘이 쇠미해짐으로써 자신을 방어할 수도 없게 된다. 그들은 그들을 지배하려고 시도하는 누구에게나 희생물이 되고 그들을 잡아먹으려는 누구에게나 제물이 되고 만다. 그들의 왕권이 이미 한계점에 도달했건 그렇지 않았건 결과는 마찬가지이다.

여기에서 우리는 또 하나의 비밀을 배울 수 있는데, 그것은 인간이 지도자가 될 수 있는 것은 신이 그를 자신의 대리인으로 만들었기 때문이라는 사실이다. 따라서 지도자가 자신의 지도력을 빼앗기고 어떠한 힘도 행사할 수 없게 되면, 그는 무기력함에 빠지게 되고 심지어 먹고 마시는 것조차 그렇게 된다. 이것은 인간의 성품 속에 존재한다. 우리는 이와 비슷한 현상을 맹수들에게서도 볼 수 있으니, 일단 사람에게 포획된 뒤에 그들은 더 이상 자웅(雌雄)이 동거하지 않는다. 이렇게 해서 자신의 일에 대한 통제력을 상실한 집단은 계속 약화되고 분해되어 마침내 소멸하고 만다. 오로지 신만이 존속할 뿐이다.

페르시아 민족이 이러한 예를 보여준다. 과거에 페르시아인들의 인구는 수없이 많았다. 그들의 군대가 아랍인에 의해서 괴멸되었을 때에도 여전히 그 숫자는 매우 많았다. 사아드 이븐 아비 와카스[14]가 크테시폰 동쪽에 있던 그들의 수를 계산했는데, 호주 37,000명을 포함하여 모두 137,000명에 이르렀다고 한다. 그러

---

14) 637년 무슬림군을 이끌고 Qadisiyya의 전투에서 사산조 페르시아의 군대를 격파한 뒤 수도 크테시폰을 점령한 아랍의 장군.

나 페르시아인들이 아랍인의 지배를 받고 복속하게 되자, 그들은 얼마 지나지도 않아서 마치 존재하지도 않았던 것처럼 깨끗이 사라지고 말았다. 이것이 결코 그들에게 행해진 어떤 박해나 가해의 결과라고 생각해서는 안 될 것이다. 왜냐하면 이슬람의 지배는 정의로움으로 유명하기 때문이다. 그러한 해체는 인간의 본성 속에 내재해 있는 것으로, 사람들이 자신의 일에 대한 통제력을 상실하고 다른 사람의 도구로 전락했을 때 일어난다.

따라서 흑인들은 일반적으로 쉽게 노예가 되어버린다. 왜냐하면 우리가 앞에서도 서술했듯이 그들은 인간적인 것을 거의 가지지 못하고 동물들과 매우 유사한 특징들을 소유하고 있기 때문이다.

24) 전야민들은 전야지대만을 장악할 수 있다

전야민들은 그 야만적 본성으로 인해서 약탈하고 피해를 입힌다. 그들은 전투를 벌이거나 스스로를 위험한 상황에 던지지 않으면서도 손에 닿치는 대로 빼앗고 약탈한 뒤에 황야에 있는 자기들의 목초지로 물러간다. 그들은 자기방어를 위한 경우를 제외하고는 공격하지도 전투하지도 않는다. 요새나 공격하기 어려워 보이는 지점은 그대로 통과하고 보다 용이한 대상을 찾는다. 따라서 험준한 산으로 둘러싸인 곳에 사는 부족들은 불행이나 파괴를 당할 염려가 없다. 전야민들은 그들을 공격하려고 고난과 위험을 무릅쓰고 고개를 넘으려고 하지 않기 때문이다.

반면에 평원지대는 그들의 약탈의 제물이 되고, 수비대가 없거나 왕조가 약화되기만 하면 언제라도 탈취의 대상이 된다. 그들은 그런 곳에 대한 급습, 약탈, 공격을 손쉽게 되풀이한다. 그러면 그곳의 주민들은 완전히 전야민들에게 굴복하고, 통제권의 변화와 지배권의 이양으로써 그들의 운명도 바뀌는데, 궁극적으로 그들의 문명은 소멸되고 만다. 신께서는 그의 피조물에게 힘을 주신다.

25) 전야민들에게 정복된 곳은 신속하게 황폐해진다

그것은 전야민이 야만족이고, 야만적 관습과 그러한 관습을 발생시키는 것들에 완전히 익숙한 사람들이기 때문이다. 야만은 그들의 성격과 본성의 일부가 되어버렸다. 그것은 권위로부터의 자유, 지배권에 대한 거부 등을 의미하기 때문에, 그들은 오히려 만족스러워한다. 이러한 천성적 기질은 문명에 대한 거부이자 반명제이다. 전야민의 습관적인 행동은 유랑과 이동이다. 이것은 문명을 만들어내는 정착에 대한 반명제이자 부인인 것이다. 예를 들면 솥을 받치는 데에 쓸 돌이 필요하다면, 그들은 건물을 헐고 돌을 꺼내서 사용한다. 천막이 그들의 거처이므로 만약 천막을 세울 때 소용되는 장대가 필요하다면, 그들은 지붕을 뜯어서 나무를 꺼낼 것이다. 그들의 생존적 특징 그 자체가 이미 문명의 토대를 이루는 건축물을 거부하는 것이며, 이것은 그들에게 일반적인 현상이다.

나아가서 다른 사람들의 소유물을 약탈하는 것이 그들의 특질이다. 그들의 창이 꽂히는 곳이면 어디에나 그들의 양식이 있다. 그들은 남의 물건을 빼앗을 때 어떠한 제약도 느끼지 않으며, 어떤 물건, 가구, 도구를 보고 마음에 들면 빼앗는다. 그들이 지배력과 왕권을 획득하게 되면 그들은 마음대로 약탈할 수 있는 완전한 권력을 소유하게 되는 것이며, 도회민의 재산을 보호할 어떠한 정치적인 힘도 존재하지 않기 때문에 문명은 황폐해진다.

더구나 그들은 기술자나 전문적 장인들을 강제로 부려 자기들이 필요로 하는 물건을 만들도록 하기 때문에, 그런 것들이 지니는 가치를 알지도 못할뿐더러 그들에게 보상을 해주지도 않는다. 노동은 이윤의 진정한 원천이기 때문에, 노동이 인정받지 못하고 아무런 보상도 받지 못하면, 이윤에 대한 희망은 사라지고 따라서 생산적 노동도 행해지지 않게 된다. 도회민은 흩어지고 문명은 쇠퇴해버린다.

뿐만 아니라 전야민은 법률에 관심을 두지 않으며, 악행을 저지르거나 사람들을 침해로부터 보호하려고 하지도 않는다. 그들은 오로지 약탈과 징발을 통해서 사람들로부터 거두어들이는 재화에만 관심을 쏟는다. 그런 것을 얻으면 그들은 다른 아무 것도 신경 쓰지 않는다. 예를 들면 백성들을 보살피고, 그들의 이익을 고려하며, 악행을 저지르지 않도록 강제력을 행사하는 그런 일에 대해서는 관심이 없다. 그들은 재산에 대해서 벌금을 부과하기도 하는데, 그것은 그렇게 함으로써 약간의 이익이나 세금이라도 얻고자 하기 때문이다. 이것이 그들의 관습이다. 그것은 악행의 방지나 행악자의 통제에 아무런 기여도 하지 않는다. 오히려 악행은 더 증대되는데, 그 이유는 그렇게 해서 얻는 이익이 자신이 붙잡혀서 지불하는 벌금에 비해서 비교도 안 될 정도로 크기 때문이다.

전야민의 지배하에서 백성들은 법률도 없이 무정부적 상태로 살아간다. 무정부적 상태는 인류를 파괴하고 문명을 황폐하게 만든다. 왜냐하면 앞에서도 언급했듯이 왕권의 존재야말로 인간의 천성적인 자질이고, 그것만이 인간의 존재와 사회조직을 유지시키기 때문이다.

또한 모든 전야민들은 자기 자신이 지도자가 되고자 하기 때문에, 다른 사람에게 권력을 양도하려는 사람은 하나도 없다. 아버지나 형제 혹은 집안의 어른들에 대해서도 마찬가지이다. 만약 양도가 있다면 그것은 체면이라도 유지해야 할 정도로 강한 압력을 느낄 때에 아주 드물게 발생한다. 그들 중에는 수많은 수령과 귀족이 있고, 따라서 피정복민들은 세금과 법률이라는 면에서 여러 주인들에게 동시에 복속될 수밖에 없으니, 문명은 폐허화하고 소멸되는 것이다.

전야민들이 정복했을 때에 왜 문명은 항상 몰락하고 어떻게 정주지대에서 인구가 사라져 황폐하게 되는가를 살펴보는 것은 의미있는 일이다. 전야민이 거주하는 예멘은 극소수 도시를 제외하고는 폐허의 상태이다. 이라크 지방의 페르시아 문명도 마찬가지로 완전히 황폐해져버렸고, 현재의 시리아도 마찬가지이다. 과거에 수단과 지중해 사이의 전지역에는 도회민들이 살고 있었으며, 이는 기념물이나 건축물 혹은 촌락의 흔적과 같은 문명의 유적들을 통해서 확인된다.

26) 전야민은 예언자와 성자의 교화 혹은 종교적 대사건과 같은 종교적 감화를 이용했을 때만 비로소 왕권을 획득할 수 있다

그것은 전야민이 그들의 야만성으로 인해서 어느 민족들보다 다른 사람에게 복속하기 싫어하기 때문이다. 그들은 건방지고 오만하며 야심 많고 또 스스로 지도자가 되기를 열망하지만, 그런 개별적인 희망들이 합치되기는 무척 어렵다. 그러나 예언자나 성자의 교화를 통해서 그들이 종교를 가지게 되면 그것이 그들에게 어느 정도 억제력을 발휘한다. 오만과 질투가 그들에게서 사라지고, 복속과 통합이 용이해지게 된다. 이것은 현재 그들이 그러하듯이 공통의 종교를 통해서 성취된다. 종교는 오만방자함을 사라지게 만들고 그들 상호간의 질투와 시기를 억제하는 힘을 발휘한다. 그들 가운데에서 예언자나 성자가 나타나서 신의 명령을 이행하라고 촉구하고, 그들이 가진 비난받아 마땅한 특질들을 없애고 칭찬할 만한 덕성들을 갖추게 해주며, 진리가 승리할 수 있도록 그들의 모든 힘을 결집시키게 될 때, 그들은 비로소 통합을 성취하고 지배력과 왕권을 획득하게 된다.

더구나 다른 어느 민족도 그들처럼 신속하게 종교적 진리와 올바른 인도를 받아들이지 못하는데, 그것은 그들의 천성이 타락한 습관이나 비열한 자질에 의해서 감염되지 않았기 때문이다. 단 하나의 어려움이 있다면 그것은 그들의 야만성이지만, 이것 역시 용이하게 처리될 수 있다. 그들의 천성이 최초의 자연적 상태에 그대로 머물러 있었고 또 영혼에 각인을 남기는 못된 습관이나 나쁜 버릇에서 멀리 떨어져 있었기 때문에, 선한 자질들을 쉽게 받아들일 준비가 되어 있는 것이다.

27) 전야민은 누구보다도 왕권으로부터 가장 멀리 떨어진 민족이다

그것은 전야민이 전야생활에 깊이 뿌리를 내리고 있고 다른 어느 민족보다 전야 깊숙한 곳까지 들어가 있기 때문이다. 그들은 소박하고 힘든 생활에 익숙해져 구릉지대의 생산물이나 곡식을 그다지 필요로 하지 않는다. 그들의 경우에는 서로를 복종케 하는 것이 무척 어려운데, 이는 그들이 여하한 통제에도 익숙하지 않으며 야만적인 상태에 있기 때문이다. 그들의 지도자는 방어를 위해서 연대의식이 필요하고, 그래서 그들의 협력을 얻지 않으면 안 된다. 따라서 그는 그들을 친절하게 대해주고 반감을 사지 않으려고 노력할 수밖에 없다. 그렇지 않을 경우 그는 그들의 연대의식과 충돌을 일으켜서 결국 그나 그들이나 모두 파멸되고 말 것이다. 반면에 왕권과 국가에는 강권을 통해서 억제력을 행사하는 지도자가 있어야 한다. 그렇지 않으면 지배권은 지속되지 못할 것이다.

또한 전야민은 그 기질상 다른 사람의 소유물을 빼앗을 뿐 아니라, 분쟁을 조정한다든가 서로간의 싸움을 억제하려고 아무런 노력도 기울이지 않는다. 그들이 한 민족을 정복하고 지배하게 되면, 그 민족의 소유물을 탈취하여 자기 이익을 올리는 것을 지배의 목표로 삼는다. 그들은 세금수입을 증가시키거나 금전적 수입을 올리려고 불법행위에 대한 처벌도 벌금형으로 처리한다. 그러나 그런 방법으로는 범죄를 방지할 수 없다. 오히려 범죄를 부추길 수 있으니, 그것은 불법행위로 버는 돈에 비하면 벌금은 아무 것도 아니기 때문이다. 따라서 불법행위는 증가하고 문명은 황폐해진다. 전야민에게 정복된 민족은 만인의 만인에 대한 투쟁이 벌어지는 거의 무정부적 상태에 빠진다. 그런 문명은 지속될 수 없고 급속하게 무너지고 만다.

전야민은 기질적으로 왕권과는 거리가 멀다. 그러나 그들이 종교적 감화의 영향을 받아 그런 기질을 모두 씻어버리는 완전한 변화의 과정을 겪고, 그래서 스스로에 대한 억제력을 가지고 상호간의 공격을 중지할 수 있게 되면, 그때 비로소 그들은 왕권을 획득할 수 있을 것이다. 이는 이슬람을 신봉하는 아랍계 왕조들이 입증하는 바이다. 즉 종교는 외면적으로나 내면적으로 문명의 발전을 도모하는 종교적 법률과 규정을 왕권의 지도력과 결합시킨 것이다. 그 결과 아랍인들의 왕권과 국가는 위대하고 강력해졌다.

그뒤에 일부 아랍인들은 수세대에 걸쳐서 왕조로부터 단절되고 종교를 무시했다. 그래서 그들은 정치적 지도력을 망각하고 황야로 되돌아갔다. 그들은 복종이라든가 법을 준수하는 국가로부터는 거리가 멀어져버렸기 때문에, 자신들의 연대의식이 일찍이 지배왕조의 건설자들과 연관되어 있었다는 사실을 알 리가 없었다. 그들은 과거에 그러했듯이 다시 야만인이 되었다. 칼리프가 종족상 아랍인이라는 사실을 제외하고는, 그들에게 더 이상 왕족이라는 호칭이 적용되지 않았다. 칼리프 체제가 붕괴하여 사라지자, 정치적 권력은 그들의 손에서 완전히 떠나가버렸다. 비아랍인들이 권력을 장악했고, 그들은 왕권이나 정치적 지배력과는 무관한 전야민으로 사막에 머무르게 되었다. 대부분의 아랍인들은 과거에 왕권을 소유했다는 사실이나 혹은 그들만큼 강력한 왕권을 행사했던 민족이 이제까지 없었다는 사실도 알지 못한다. 아드, 사무드, 아말렉, 힘야르, 툽바 등의 부족들이 세웠던 왕조들이 위와 같은 사실을 입증하고, 그 뒤 이슬람 시대에는 우마이야, 압바스 등과 같이 무다르족이 건설한 왕조들이 그러하다. 그러나 아랍인들은 자신들의 종교를 망각하면서 정치적 지도력으로부터 단절되어버렸고 원래의 사막생활로 돌아가버렸다. 물론 오늘날 마그리브에서 보듯이 그들이 약소 왕조에 대해서 지배권을 행사하는 경우도 있으나, 앞에서도 설명했듯이 그들이 지배는 정복된 지역의 문명을 파괴하는 결과만 낳는다.

28) 전야의 부족과 집단은 도회민들에게 지배된다

우리는 앞에서 전야문명이 도회문명에 비해서 열등하며 그 이유는 문명의 모든 필수품들이 전야민들에게 결여되어 있기 때문이라는 점을 이야기했다. 그들은 집에서 얼마간의 농사를 짓기는 하지만, 농사를 위해서 필요한 물자들—대부분 수공업에 의존하는 것들 —— 을 가지지는 못했다. 그들에게서는 농사나 다른 일로 생계를 유지하는 데에 필요한 필수품들을 제공하는 목수나 재단사나 철공 등을 하나도 찾아볼 수 없다.

그들은 주조된 화폐도 없다. 그것에 상응할 만한 것이 있다면, 추수한 곡식과 동물, 혹은 젖이나 양모나 낙타의 털과 가죽 등과 같은 축산물인데, 도회민들은 그것이 필요하기 때문에 전야민들에게 화폐를 주고 그것들을 구입한다. 전야민들은 생활필수품을 구하려고 도시를 필요로 하지만, 도회민들은 편이와 사치를 위해서 전야민들을 필요로 한다. 따라서 그들이 황야에 살면서 왕권을 획득하지 못하고 도시를 지배하지 못하는 한, 전야민들은 도시의 주민들을 필요로 한다. 그들은 도회민들의 이익을 위해서 활동해야 하며, 도시가 그들에게 복종하기를 요구할 때에는 언제나 그렇게 할 수밖에 없다.

도시에 통치자가 있을 때 전야민들의 굴복과 복종은 그 통치자의 지배력이 낳은 결과이다. 도시에 아무런 통치자가 없는 경우에도 주민들 가운데 일부가 나머지 다른 사람들에 대해서 행사하는 정치적 지도력과 통제는 반드시 존재하지 않으면 안 된다. 그러한 지도자는 전야민들을 자신에게 복종하도록 만들고 자신의 이익을 위해서 행동하도록 만든다. 그는 그들에게 돈을 주거나 아니면 그들이 도시로부터 구하고자 하는 물품들을 나누어주는 회유의 방법을 쓰기도 하고, 혹은 그가 충분한 무력을 갖추고 있을 경우에는 단순히 복종을 강요하기도 한다. 아니면 그들을 분열시켜 어느 한 무리의 지지를 받아 다른 무리를 제압하고 복종시키기도 한다. 이 전야민들이 자기가 살던 곳을 떠나 마음대로 다른 지역으로 가는 경우는 흔치 않은데, 이는 다른 전야민들이 이미 다른 곳을 모두 점거하고 외래집단의 접근을 불허하기 때문이다. 따라서 그들은 도시에 복종하지 않고는 달리 생존의 가망이 없고, 그런 연유로 도회민의 지배를 받을 수밖에 없다.

제3장 왕조, 왕권, 칼리프위(位), 정부 관직 및 이와 관련된 모든 사항들. 이에 관한 기본적인 제의와 보충적인 제의들

1) 왕권과 광대한 왕조의 힘은 특정한 집단과 그들의 연대의식을 통해서만 획득될 수 있다

그것은 연대의식이 자기 동료를 위해서 싸우고 또 죽음을 마다하지 않을 정도의 애정과 각오를 의미하는 것이고, 그런 연대의식을 통해서만 공격적인 혹은 방어적인 힘이 나오기 때문이다. 사실 왕권이라는 것은 고귀하고 향유할 만한 것이며, 세상의 좋은 것들, 신체의 즐거움, 영혼의 기쁨을 모두 가져다준다. 따라서 일반적으로 볼 때 그것을 차지하기 위한 경쟁은 극심하며, 힘으로 탈취할 수는 있을지언정 자발적으로 양도되는 경우는 드물다. 따라서 불화가 생기고, 이는 전쟁과 싸움을 일으키며 우위를 장악하기 위한 시도들을 낳는다. 그러나 이 모든 것은 앞에서도 언급했듯이 연대의식을 통하지 않고는 성취될 수 없다.

대중들은 이와 같은 상황을 전혀 이해하지 못한다. 그들이 이와 같은 사실을 망각하는 까닭은 왕조가 처음으로 건설될 때를 잊어버렸기 때문이다. 그들은 오랫동안 도시지역에서 성장했고 수세대에 걸쳐 그곳에서 생활함으로써, 왕조의 초기에 신의 도움으로 어떠한 일들이 일어났는지를 아무 것도 모르게 된 것이다. 그들은 다만 왕조를 세운 사람들의 영향력이 강력해서 사람들이 복속하게 되었을 뿐 권력을 장악하는 데에 연대의식은 전혀 필요 없었다고 생각한다. 대중들은 처음에 어떤 상황이 벌어졌고 왕조의 건설자가 어떠한 난관들을 극복했는지를 알지 못한다. 특히 스페인의 주민들은 연대의식과 그 영향력에 대해서 까맣게 잊어버렸는데, 그것은 오랜 세월이 지나갔기 때문이고, 나아가서 그들의 나라가 멸망해버리고 부족집단들이 소멸해버려서 더 이상 연대의식의 힘을 필요로 하지

않게 되었기 때문이다.

2) 왕조가 일단 확고히 자리잡으면 연대의식이 없어도 존속할 수 있다

그 이유는 이러하다. 왕조가 처음 생길 때에는 사람들이 잘 복종하려고 하지 않으므로 강력한 지배력으로 그들을 강제로라도 복속시키지 않으면 안 된다. 새로운 정부는 어딘지 낯설고 사람들은 그 지배에 익숙하지도 길들어지지도 않았다. 그러나 일단 왕권을 행사할 만한 자격이 있는 가문의 일원들이 지도력을 확고히 장악하고 왕권이 계승을 통해서 여러 세대에 걸쳐 이어지면, 최초의 상황은 잊혀지고 그 가문의 일원들은 지도자로 확실히 받아들여지게 된다. 그들에게 굴복하고 복종해야 한다는 것이 일종의 확고한 신조처럼 자리잡게 되고, 사람들은 마치 신앙을 위하여 싸우듯이 그들을 위하여 싸운다. 이 시기가 되면 군주들은 자신의 권력을 유지하기 위해서 연대의식을 그다지 필요로 하지 않게 될 것이다. 마치 개조나 반대가 허용되지 않는 신성한 계시의 경전에 대해서 그러하듯이 그들은 정부에 대해서 복종한다.

그렇게 되면 군주들은 자신의 정부나 왕조에 대한 장악력을 유지하기 위해서 동일한 연대의식의 힘과 그늘 아래에서 성장했던 가신이나 추종자들, 혹은 혈통이 다른 부족집단 출신의 가신들의 도움을 받는다.

이와 비슷한 일이 압바스 왕조에서 일어났다. 아랍인들의 연대의식은 칼리프 알 무타심[1]과 그의 아들인 알 와티크[2]의 시대에 이르러 파괴되어버렸다. 그 뒤 그들은 페르시아인, 투르크인, 다일람인, 셀주크인 및 여타 가신들의 도움으로 정부를 장악하려고 했다. 그러나 도리어 이 비아랍인들과과 가신들이 각 지방을 지배하게 되었고, 왕조의 영향력은 점점 축소되어 바그다드 인근 지역에만 국한되었지만 결국 다일람인들이 들어와서 그 지역마저 차지해버렸다.[3] 칼리프들은 그들의 통제를 받게 되었다. 그뒤 다일람인들은 다시 지배권을 상실하고 셀주크인들이 권력을 장악했으며 칼리프들은 그들에게 좌지우지되었다. 그러자 다시 셀주크가 통제력을 잃고 마침내 타타르인들이 밀려들어왔다. 그들은 칼리프를

---

1) 재위 833-842년.
2) 재위 842-847년.
3) 시아파에 속하는 다일람족이 945년 바그다드를 점령하고 건설한 부이 왕조를 가리킨다.

죽이고 왕조의 모든 잔재들을 제거해버렸다.

이와 똑같은 일이 스페인의 우마이야 왕조에서도 일어났다. 아랍인들의 연대의식이 파괴되자 군소 제후들이 권력을 장악하여 영토를 자기들끼리 나누어가졌다. 그들은 서로 경쟁적으로 우마이야 왕조의 영역을 분할한 것이다. 각자는 자기 지배하의 영역을 지배하며 확장했다. 그러다가 그들이 동부에서 압바스 왕조와 비아랍인들 사이에 무슨 일이 벌어졌는지를 알게 되자, 그것을 모방해서 스스로 왕을 칭하고 왕의 문장을 사용했다. 어느 누구도 그들로부터 이러한 특권을 회수하거나 상황을 바꿀 수 없었으니, 스페인에는 더 이상 연대의식을 지닌 집단과 부족이 살지 않게 되었기 때문이다.

이러한 제후들은 가신과 추종자, 그리고 아프리카 연안지대에서 스페인으로 침투해온 자나타족이나 여타의 베르베르 부족들의 도움으로 권력을 유지하려고 했다. 그들은 스페인의 우마이야 왕조가 말기에 그들의 도움으로 권력을 유지하려고 했던 것을 그대로 모방했다. 이러한 새로운 이주자들은 거대한 국가들을 건설했고, 그들 각각은 스페인의 일부분을 장악했다. 그들은 또한 자신들이 분할했던 왕조의 왕권에 상응할 정도의 강력한 왕권을 지니게 되었지만, 마침내 람투나족(Lamtunah)[4]의 강력한 연대의식을 공유한 무라비트인들이 바다를 건너와 스페인에 나라를 건설했다. 이 국가는 군소 제후들을 근거지에서 몰아내고 더 이상 연대의식을 가지지 못함으로써 자위력을 상실한 그들의 자취를 말끔히 없애버렸다.……

3) 왕가의 사람들은 연대의식이 없어도 왕조를 다시 건설할 수 있다

그것은 왕가의 사람들이 공유하던 연대의식이 여러 민족과 종족들에게 커다란 힘을 발휘할 수 있고, 또 그들의 권력을 지지하던 먼 곳의 주민들이 그 가문에게 순종하고 복종하기 때문이다. 따라서 그 가문에 속한 어떤 사람이 통치와 권력의 근거지를 떠나 분리하여 나와서 먼 곳의 주민들과 합류하면, 그들은 그를 받아들이고 그의 통치를 지원한다. 그들은 그의 왕조가 확고한 기반 위에 건설될 수 있도록 애쓰며, 그가 자기 가문의 권리를 인정받고 일족으로부터 권력을 되찾을 수

---

[4] 베르베르족에 속하는 유목민 부족으로 구달라, 무사파 등의 부족과 연맹하여 스페인에 알모라비데 왕조를 건설했다.

있기를 기대한다. 그들은 결코 그의 지배권을 분점하려고 하지 않는데, 그것은 그들이 그의 연대의식에 복속하고, 또 그와 그의 일족이 확고하게 지니고 있는 물질적 우위에 굴복하기 때문이다. 그들은 마치 신앙의 신조를 따르듯이 그와 그의 일족에게 순종한다. 만약 그들이 그와 지배권을 공유하려고 하거나 그를 제쳐놓고 지배하려고 한다면, "대지는 요동치게 될 것이다."5)……

4) 광범위한 권력과 강력한 왕권을 지닌 왕조는 예언이나 진실한 포교에 기초한 종교에서 비롯된다

이는 왕권이 지배력에서 연유하기 때문이다. 지배력은 연대의식에서 비롯된다. 신께서 자신의 종교를 세우기 위해서 도움을 주실 때, 비로소 개별적인 욕망들이 하나의 목표로 수렴되고 그들의 마음은 통합될 수 있다. 이러한 현상의 비밀은 마음이 그릇된 욕망에 굴복하여 현세적인 것에 기울어질 때, 사람들 사이의 질투와 광범위한 이견이 일어난다는 사실에 있다. 그들이 진리로 향하고 현세를 거부하며 그릇된 모든 것을 배척할 때 그리고 신을 향해서 나아갈 때, 그들은 하나가 되고 질투는 사라지며 상호간의 협력과 지지가 증대된다. 그 결과 이제 설명하듯이 국가의 영역은 넓어지고 왕조는 강력해지게 되는 것이다.

5) 포교는 왕조 초기에 많은 지지자를 확보해줌으로써 그 왕조가 지니는 연대의식 이외에 또 다른 힘을 부가한다

그것은 앞에서도 언급했듯이 종교적인 감화가 연대의식을 공유하는 사람들 사이에서 상호간의 질시와 투기를 제거하고 그들을 진리로 집중시키기 때문이다. 사람들이 자기 일에 관해서 올바른 통찰력을 가지게 될 때, 그들을 저지할 수 있는 것은 어디에도 없다. 왜냐하면 그들이 하나로 통합되고 그들의 목표가 하나되기 때문이다. 그들은 자기 목표를 위해서 기꺼이 죽음도 마다하지 않는다. 그들이 공격하는 왕조의 사람들은 자신들보다 몇 배나 더 많을지도 모르지만, 공격을 받는 쪽은 그릇된 목표를 가지고 있기 때문에 서로 통합되지 못하고 죽음을 두려워하며 서로를 돌보지 않게 된다. 따라서 그들은 비록 수효가 더 많다고 할지

---

5) 『코란』 99 : 1.

라도, 종교적 감화로 무장한 사람들의 상대가 되지 못한다. 그들은 압도되고 신속하게 제거되니, 이는 앞에서 언급했듯이 그들 사이에 만연한 사치와 유약함 때문이다.

이슬람 시대의 초기에 무슬림들의 정복전이 진행될 때, 아랍인들에게 그러한 현상이 일어났다. 알 카디시아6)와 알 야르묵7)에 있던 무슬림군의 숫자는 각각 3만 명 정도였으나, 알 카디시아에 배치된 페르시아군은 12만 명이고 야르묵에 있던 헤라클리우스 휘하의 군대는 알 와키디의 추산에 의하면 40만 명에 이르렀다. 그러나 이 두 군대 모두 아랍인들과 맞설 수 없었으니, 아랍인들은 그들을 패배시키고 그 소유물을 모두 빼앗았다.

이러한 사실은 종교적인 감화가 변화하여 소멸되는 시점의 상황을 통해서도 입증된다. 그렇게 되면 지배 왕조의 권력은 말끔히 사라진다. 지배력이라는 것은 종교가 부여하는 부차적인 힘을 결여한 채 오로지 연대의식에 비례해서만 존재하게 된다. 그 결과 왕조는 여태까지 그 지배하에 있던 집단들, 즉 그와 대등한 혹은 더 우월한 세력을 지닌 집단들에게 압도되고 만다. 그 왕조가 한때 자기보다 더 강력한 연대의식을 지니고 또 황야생활에 깊이 뿌리를 두었던 집단들을 압도했던 것은 종교로부터 부가적인 힘을 얻었기 때문이다.……

6) 포교는 연대의식 없이는 실현될 수 없다

이는 어떠한 대중적인 정치적 운동일지라도 반드시 연대의식을 필요로 하기 때문이다. 이와 같은 사실은 "신은 자기 민족의 보호를 받지 못하는 예언자를 보내시지 않았다."고 한 무함마드의 말에서도 드러난다. 경이를 능히 행할 만한 예언자들의 경우가 이러하다면, 그런 능력조차 없는 다른 사람들이 연대의식의 도움도 받지 않고 지배권을 장악한다는 것은 기대하기 어려울 것이다.

악습을 개혁하려는 법학자들 혹은 평민 출신의 혁명가들의 경우도 마찬가지이다. 종교의 길을 추구하는 많은 종교인들은 불의의 고관들에 대해서 반란을 일으

---

6) al-Qâdisîyah : 바그다드 남방 160km 지점에 위치한 지명으로 635년 사아드 이븐 아비 와카스가 지휘하는 군대가 사산 왕조 최후의 군주인 야즈디가르드 3세의 군대를 격파한 곳이다.
7) al-Yarmûk : 시리아와 요르단 접경지대에 위치한 강의 이름이다. 할리드 이븐 알 왈리드 휘하의 무슬림군이 636년 이곳에서 비잔틴 군대를 격파하여 5만 명을 몰살시킨 곳이다.

키고 악습의 개혁과 폐지를 요구하면서, 자신들의 행동에 대해서 신이 보상하리라고 기대한다. 그들은 대중 속에서 많은 추종자와 동조자를 얻지만 한편으로는 죽음을 각오해야 하고, 그들 중 많은 사람들은 실제로 역모의 이름으로 처형된다. 그렇다면 그들은 신의 보상을 받지 못한 셈인데, 그것은 신이 그들에게 그런 행동을 하도록 운명지워준 것이 아니기 때문이다. 신은 성공적인 결과를 낼 만한 힘이 있는 사람에게만 그러한 행동을 하도록 허락한다. 무함마드는 일찍이 이렇게 말했다. "너희 가운데 누군가 악행을 보거든 자신의 손으로 그것을 변화시켜야 한다. 만약 그렇게 하지 못하면, 자신의 혀로 변화시켜야 한다. 그렇게도 할 수 없으면 자기의 마음으로 변화시켜야 한다."

지배자와 왕조는 확고한 기반을 갖추고 있기 때문에, 앞에서도 설명했듯이 부족이나 가문들의 연대의식에 기초한 강력한 도전을 통해서만이 그 기반이 흔들리고 무너질 수 있다. 예언자들도 종교적인 포교를 할 때에는 마찬가지로 집단이나 가문에 의존하지 않을 수 없다. 왜냐하면 지혜로운 신은 물론 그를 돕겠지만 다만 그런 일들이 세상의 관행에 따라서 이루어지도록 할 뿐이기 때문이다.

만약 정도를 걷는 누군가가 이런 방식으로 종교적 개혁을 시도한다고 하더라도, 연대의식의 지지를 받지 못하고 고립된다면, 그는 파멸을 맞고 말 것이다. 또한 누군가가 종교적 개혁을 가장하여 실제로는 정치적 지배력을 획득하려고 한다면, 그는 장애물에 부딪쳐 죽음을 당해야 마땅할 것이다. 종교적 개혁은 신의 희망과 지지에 의해서만이 실현될 수 있는 신성한 과업이고, 신에 대한 진실한 헌신과 무슬림들에 대한 선량한 의도를 통해서만이 이루어질 수 있는 일이다. 어떠한 무슬림도, 또 통찰력이 있는 사람이라면 누구라도 이와 같은 사실을 의심할 수 없을 것이다.

미혹에 빠진 수많은 사람들이 진리를 확립하기 위한 소임을 스스로 떠맡고 나섰지만, 그러기 위해서는 연대의식이 필요하다는 사실을 그들은 몰랐다. 그들이 추진하려는 일이 어떻게 끝나고 자신이 어떠한 운명을 맞게 될지를 깨닫지 못했다. 그런 사람들에 대해서는 다음과 같은 방식으로 처리해야 할 것이다. 즉 그들이 정신 나간 사람이라면 치료해주고, 말썽을 일으키면 매질을 하거나 처형한다. 이도 저도 아니라면 그들을 조롱하며 어릿광대 취급을 하면 그만일 것이다.

금세기 초에 알 압바스라는 사람이 구마라족 사이에 출현했다. 그 부족민 가운데 가장 어리석고 비천한 자들이 그의 허튼 소리를 추종했고, 그는 그 지방에 있는 도시인 바디스(Bâdis)를 향해서 진군하여 힘으로 밀고 들어갔다. 그러나 그의 사명을 시작한 지 40일 만에 피살됨으로써, 그전의 사람들과 마찬가지로 파멸하고 말았다.

이와 비슷한 사례들은 많다. 그들의 오류는 바로 연대의식의 중요성을 무시한 것이다. 만약 그들이 기만을 행했다면, 성공하지 않는 쪽이 낫고 자신의 죄에 대해서 마땅히 대가를 치러야 할 것이다.

7) 왕조들은 일정한 범위의 속주와 영토 이상을 소유하지 못한다

이것은 어떤 왕조를 건설하고 지탱하는 집단과 민족이 그 왕조의 지배하에 있는 속주와 영토 여러 곳에 분산 배치되지 않으면 안 되기 때문이다. 그렇게 해야만 그들이 적의 공격을 방어하고, 징세나 금령 등과 같은 왕조의 법령을 시행할 수 있기 때문이다.

여러 집단들이 변경지역과 속주에 분산되면, 그 숫자는 필연적으로 고갈될 것이다. 왕조의 영토는 최대로 확장되어 그 국경은 왕국의 중심을 에워싸는 고리 모양을 이룰 것이다. 만약 이때 왕조가 그 너머로 팽창을 시작하면, 확대된 영토는 군사적으로 방어되지 않은 채 적국이나 인접국의 공격에 그대로 노출되고 만다. 이것은 그 왕조에게 유해한 결과를 초래하게 될 것이니, 곧 왕조에 대항하는 대담한 시도라든가 경외심의 감소와 같은 현상이 나타날 것이다. 만약 왕조를 지탱하는 집단의 규모가 매우 커서 그 성원들이 변경지방에 분산되더라도 고갈되지만 않는다면, 왕조는 그 세력을 잃지 않고 가능한 최대한도까지 팽창할 수 있을 것이다. 이러한 현상이 생기는 이유는 연대의식이라는 힘이 자연적인 힘이기 때문이다. 즉 행동은 힘에 의해서 발생되고, 그 힘은 그런 행동을 결과케 하는 방식으로 작용하는 법이다.

왕조는 변경보다 중앙에서 더 강력한 힘을 지닌다. 왕조가 팽창의 극한에 도달하면, 더 이상 확장하는 것은 불가능해진다. 이것은 중앙에서 발산되는 불빛, 혹은 수면에 가해지는 타격에 의해서 동심원적으로 확대되는 파문에 비유될 수도 있다. 왕조가 노쇠해지면 그 변경에서부터 무너지기 시작한다. 그 중심부는 신이 왕조 전체의 붕괴를 허락할 때까지 존속하다가 마침내 그것마저 무너지게 된다.

반면 한 왕조의 중심이 유린되는 경우에는 주변지역이 무사하다고 해도 아무런 소용이 없고, 한꺼번에 분해되어버리고 만다. 중심부는 마치 생기가 퍼져나오는 심장과 같아서, 그 심장이 타격을 받아 정지하면 말단들은 모두 파괴될 수밖에 없다.

이런 현상을 페르시아의 사산 왕조에서 볼 수 있다. 그 중심은 마다인(Madâ'in, 즉 크테시폰)이었는데, 무슬림들이 그곳을 점령하자 페르시아 제국 전체가 무너져버렸다. 제국의 외곽지대는 여전히 건재했지만, 야즈디가르드에게는 아무 소용도 없었다. 반면에 시리아를 지배하던 비잔틴 제국의 중심부는 콘스탄티노플에 있었기 때문에, 무슬림들이 시리아를 탈취하자 비잔틴인들은 그곳으로 퇴각했다. 따라서 그들은 시리아를 상실했어도 아무런 피해를 입지 않았고, 신이 그들에게 종말을 부여할 때까지 그들의 통치는 단절없이 계속되었다.

또 다른 사례는 이슬람 초기 아랍인들의 상황이다. 그들은 매우 커다란 집단이었기 때문에 인접한 시리아, 이라크, 이집트 등지를 빠른 속도로 유린했다. 그리고 난 뒤에 서부 인도(신드), 아비시니아, 이프리키야, 마그리브를, 후일에는 스페인까지 침투하자, 이런 팽창에 의해서 그들의 숫자는 고갈되어버렸다. 더 이상의 팽창이 이루어질 수 없었고, 무슬림 제국은 그 최대한의 판도에 도달한 것이다.

후대의 왕조들이 처한 상황도 마찬가지이다. 각 왕조는 그 지지자들의 수적인 힘에 의존했다. 팽창으로 인해서 그 숫자가 고갈되면 더 이상 정복과 팽창의 힘이 사라진다. 이것이 신께서 피조물들을 처리하시는 방식이다.

8) 한 왕조의 세력, 영토, 수명은 그 지지자들의 숫자에 의존한다

이것은 왕권이 연대의식을 통해서만 존재할 수 있기 때문이다. 이 연대의식을 대표하는 사람들은 바로 왕조의 지배하에 있는 속주와 지방에 흩어져 주둔하고 있는 수비대이다. 왕조에 속하는 부족과 집단의 성원이 많으면 많을수록 영토는 더 크고 강하며, 따라서 왕권도 더 광범위하다.

이러한 예는 신께서 아랍인들의 힘을 이슬람으로 통합했을 때 출현했던 왕조에서 잘 드러난다. 예언자의 마지막 원정이었던 타북(Tabûk)[8] 원정에 참여한

---

8) 아라비아 반도 서북방에 있는 지명. 타북 원정은 630년 말에 수행되었다.

무슬림의 숫자는 11만 명이며, 무다르와 카흐탄에 속하는 기병과 보병들이었다. 그 원정이 있은 후부터 예언자가 사망할 때까지 새로 무슬림이 된 사람들로 인해서 이 숫자는 증가했다. 이들 모두가 다른 민족이 소유하는 왕권을 탈취하려고 출정했을 때, 그들을 막을 방법도 또 그들로부터 피할 방도도 없었다. 그들은 당시 세계에서 가장 강력한 국가였던 페르시아와 비잔틴을 비롯하여, 동부에서는 투르크인들, 서부에서는 유럽의 기독교도와 베르베르인들, 또한 스페인의 고트족들의 영토들을 빼앗아버렸다. 그들은 히자즈에서 출발하여 서쪽으로는 앗 수스까지 갔고, 예멘을 출발하여 북쪽으로는 투르크인들의 땅까지 갔으며, 일곱 기후대 전지역을 장악하게 되었던 것이다.

따라서 왕조의 팽창과 세력은 통치의 초기에 지배력을 장악한 사람들의 숫자에 비례하며, 또 그 왕조의 수명 역시 그것에 의해서 결정된다. 존재의 세계에 있는 모든 것의 수명도 그 기질의 강도에 달려 있다. 왕조의 기질은 연대의식에 토대를 두고 있기 때문에, 연대의식이 강하면 왕조의 기질도 역시 강하고 긴 수명을 누리게 된다. 그런데 연대의식은 다시 핵심집단의 수적인 다과에 달려 있는 것이다.

거대한 왕조들이 오래 버티는 진정한 이유는 왕조의 붕괴가 외곽지역에서부터 시작되는데, 거대한 왕조는 그런 지역과 중심부가 멀리 떨어져 있기 때문이다. 그들 지역이 하나씩 무너지는 데에는 반드시 시간이 소요된다. 속주들의 숫자가 많고 그것들이 각기 상당한 시간을 통해서 붕괴되기 때문에, 거대한 왕조는 오래 버틸 수밖에 없다.

이런 현상은 아랍인의 이슬람 왕조들[9]에서 확인할 수 있다. 다른 이슬람 왕조들보다 더 오래 지속되었으니, 이슬람권의 중심부에 있던 압바스조와 멀리 스페인의 우마이야조가 모두 그러하다. 그들의 지배는 4/10세기가 되어서야 비로소 붕괴되었다. 따라서 왕조의 수명은 그 지지자들의 수에 의해서 결정되는 것이다.

---

[9] '아랍인의 이슬람 왕조'는 통상 우마이야 왕조와 압바스 왕조를 말한다. 그러나 여기에서는 오래 지속되었다는 문맥에서 스페인의 우마이야 왕조도 포함시켰다.

9) 서로 다른 많은 부족과 집단이 있는 지역에서는 왕조가 확고하게 건설되기 어렵다

이것은 그들의 견해와 요구가 상충되고, 상이한 견해와 욕구의 배후에는 그것을 지지하는 연대의식이 존재하기 때문이다. 따라서 어떤 왕조가 연대의식을 지니고 있다고 하더라도, 그 왕조의 통제를 받는 각 집단들이 그것에 대항할 만큼 충분한 세력을 가지게 되었다고 스스로 느끼면, 반항하고 반란을 일으킨다.

이러한 사실은 이슬람 시대 초기부터 오늘에 이르기까지 이프리키야와 마그리브에서 벌어진 사건들을 보면 알 수 있다. 그곳의 주민들은 베르베르인 부족들과 연대 집단들인데, 무슬림들이 그들을 복속시키고 또 마그리브에 사는 유럽 기독교도들을 패배시켰지만, 그것은 아무 소용도 없었다. 그들은 반란과 배교를 거듭했다. 무슬림들은 그들 다수를 학살했고 마침내 이슬람이 그들 사이에서 확고하게 정착되었지만, 그래도 그들은 여전히 반란과 이탈을 계속했고 여러 차례에 걸쳐서 종교적으로 이단적인 견해를 택했다. 그들은 불복했고 다루기 힘든 존재였다. 그러나 당시 이라크와 시리아의 사정은 달랐다. 그곳의 수비대는 각기 페르시아인과 비잔틴인으로 이루어졌고, 모든 주민들은 도시에 사는 사람들이었다. 그래서 무슬림들이 그들로부터 권력을 탈취하자, 그들 중 한 사람도 반격이나 반항을 하지 않게 되었다.

서방의 베르베르인들은 무수히 많다. 그들 모두 전야민이고 집단이나 가문에 소속되어 있다. 한 부족이 파괴되면 다른 부족이 그 자리를 차지했는데, 그 부족은 옛날 부족이나 마찬가지로 거칠고 반항적이다. 따라서 아랍인들이 이프리키야와 마그리브 지방에서 왕조를 건립하기까지에는 오랜 시간이 걸렸던 것이다.

이스라엘 민족의 시대에는 동일한 상황이 시리아에서 벌어졌다. 그곳에는 매우 다양한 연대의식을 지닌 큰 규모의 부족들이 살고 있었는데, 예를 들면 팔레스타인과 가나안 부족, 에서의 자손, 미디안인, 롯의 자손, 에돔인, 아람인, 아말렉인, 기르가시인 그리고 자지라와 모술 부근의 나바타에인 등이 그러하다. 따라서 이스라엘 사람들은 그곳에서 왕조를 확고히 건설하기 어려웠고, 그들의 왕권은 거듭해서 위험에 빠졌다. 지방에서의 반항정신이 이스라엘인들에게도 영향을 미쳐, 그들은 자기 왕조에 대해서도 저항하고 반란을 일으켰다. 그렇기 때문에 그들은 지속적이고 확고한 왕권을 결코 가질 수 없었다. 결국 그들은 처음에는 페르시아인들에게, 뒤에는 그리스인, 그리고 마지막에는 로마인들에게 압도되어 버렸고, 그들의 세력은 '이산'(diaspora)의 운명을 맞으며 종말을 고하고 말았다.

반면에 연대의식이 존재하지 않는 지방에서는 왕조를 건설하기가 쉽다. 반란이 드물기 때문에 그곳의 국가는 안정될 것이고 그다지 강력한 연대의식이 필요하지도 않을 것이다. 오늘날 이집트와 시리아의 경우가 그러하다. 거기에는 부족이나 연대의식이 없다. 우리가 앞에서 서술했듯이 시리아가 한때 그런 것들이 넘치던 곳이었던가 의심이 갈 정도이다. 이집트에서의 왕권은 가장 안정되고 확고한 뿌리를 내리고 있다. 이집트에는 부족집단을 대표하는 사람들이나 이탈자들이 거의 없기 때문이다. 이집트에는 한 명의 술탄과 그 신하들이 있다. 지배왕조는 투르크 출신의 군주들과 그들의 집단으로 이루어져 있다. 그들은 서로 권력을 계승하고, 통치권은 그들 사이의 한 계파에서 다른 계파로 이전될 뿐이다. 다만 칼리프라는 명목적인 지위는 바그다드의 압바스 가문에 속하는 사람에게 위임된다. 오늘날 스페인의 경우도 이와 마찬가지이다.……

10) 왕권은 그 속성상 영광을 독점하고 사치를 추구하며 안정과 평화를 선호한다

왕권이 모든 영광을 독차지하려는 것은 앞에서도 설명했듯이 그것이 연대의식의 기반 위에 존재하는 것이기 때문이다. 연대의식은 강력한 한 집단이 다른 집단들을 통합함으로써 생기는 합성물이다. 따라서 연대의식은 다른 모든 것들에 우위를 가지고 압도할 수 있으며, 궁극적으로 그것들을 자기 마음대로 휘두를 수 있다. 이렇게 해서 사회조직, 인간에 대한 지배권, 왕조 등이 출현하는 것이다. 그 비밀은 부족 전체를 장악하는 연대의식이 마치 사물 속에 존재하는 기질과 같은 역할을 한다는 데에 있다. 즉 기질은 원소들의 합성에 의한 산물이다. 만약 원소들이 동일한 비율로 섞이게 되면, 합성이라는 것은 일어날 수 없다. 하나의 원소가 다른 것들보다 반드시 우세해서 그 지배력을 발휘해야만 합성이 발생할 수 있다. 마찬가지로 여러 부족들의 연대의식 가운데 하나가 다른 모든 것들보다 우세해야만 그것들을 하나로 모으고 통합하여, 다양한 집단들을 묶어주는 단일한 연대의식을 창출할 수 있다. 그렇게 되면 이들 다양한 집단들은 우세한 연대

의식의 영향 아래로 들어가게 된다.

　이 최고의 연대의식은 부족 내에서 가문과 지도권을 소유하는 사람들에게만 돌아간다. 그런 사람들 가운데 하나가 지배력을 가진 지도자가 될 수밖에 없다. 그는 출생에서 다른 사람들보다 더 탁월하기 때문에 여러 연대의식들을 대표하는 존재로 발탁된다. 지도자로 발탁된 그의 자부심은 자신의 지도력과 통제력을 다른 사람들이 나누어가지거나 동참하는 것을 허용하지 않는다. 왜냐하면 오만과 자만은 동물적 본성 속에 내재하는 자질이기 때문이다. 따라서 그는 인간의 본성에 내재하는 자기중심주의를 나타낸다. 더구나 정치는 한 사람만이 통제력을 발휘하도록 한다. 만약 서로 견해를 달리하는 여러 사람이 통제력을 발휘하면, 그 결과는 모두의 파멸이 될 것이기 때문이다.

　이렇게 해서 다양한 연대의식들의 욕망은 둔화된다. 사람들은 길들여지고 지도자와 통제력을 공유하려고 하지 않으며, 그들의 연대의식은 위축된다. 지도자는 가능하면 모든 일을 혼자서 처리하고, 궁극적으로 아무도 자신의 권력의 일부를 차지하지 못하게 만들어, 그는 홀로 영광을 독차지하고 다른 사람에게는 분점을 허용하지 않는다. 이런 상황은 다양한 연대의식의 강도와 저항력에 따라서, 빠르면 왕조의 초대 군주 때에, 그렇지 않으면 제2대나 제3대 군주 때에 생기기도 하지만, 결국은 왕조가 존속하는 기간 중 언젠가는 생기게 마련이다.

　사치를 추구하게 되는 이유는 다음과 같다. 한 민족은 왕권을 소유했던 다른 민족에 대해서 우위를 장악하고 그들의 소유물을 차지하게 되면서 번영과 안정을 구가하게 된다. 사람들은 물자의 풍요함에 익숙해지고, 필수품만 사용하던 검소한 생활에서 사치품이 넘치는 안락과 멋의 생활로 바뀌어간다. 그들은 앞 시대 사람들의 관습을 채용하고 즐긴다. 사치품은 그것의 생산에 필요한 관습의 발전을 요구한다. 사람들은 의식주에서도 사치품을 찾게 되고 그런 것에서 자부심을 느끼며, 고급 음식이나 화려한 의복 혹은 늘씬한 준마를 놓고 다른 민족들과 경쟁을 벌인다. 새로운 세대는 이런 면에서 전 세대를 앞서기를 바라고, 이와 같은 현상은 왕조 말기까지 줄곧 계속된다. 그 왕조가 다스리는 영역이 크면 클수록 사람들이 사치를 즐기는 정도는 더 심하다. 이런 점에서 어느 한 왕조가 도달하는 한계점은 그 왕조의 국력과 전임 왕조의 관습에 의해서 결정된다.

　안정과 평화를 선호하게 되는 이유는 다음과 같다. 한 민족이 왕권을 획득하게 되는 것은 오로지 지배력과 왕권을 장악하려는 목적을 가지고 모든 노력을 기울였기 때문이다. 따라서 이러한 목적이 성취되면 더 이상 어떠한 노력도 하지 않으려고 한다. 사람들은 왕권을 추구하는 동안 늘 해오던 귀찮은 허드렛일들을 일단 왕권을 획득하고 나면 더 이상 하지 않으려고 한다. 그들은 휴식과 평정과 안정을 선호하게 된다. 이제 그들은 왕권의 과실, 즉 건물이나 주거나 의복과 같은 것들을 향유하려고 하고 성채를 건설하고 수로를 설치하며 정원을 만들고 생활을 즐긴다. 그들은 가능하면 많은 의복, 음식, 가재도구, 가구 등에서 자부심을 느끼며, 이러한 태도에 익숙해져서 그것을 다음 세대로 전달해주는 것이다. 그리고 그것은 종국에 신께서 자신의 명령을 집행할 때까지 계속된다.

11) 영광을 독점하고 사치와 안정을 획득하려는 왕권의 본질적 경향이 확고히 뿌리를 내릴 때에 왕조는 노쇠기에 접어든다

이것은 다음과 같은 몇 가지 방식으로 설명할 수 있다. 첫째, 우리가 이미 서술했듯이 왕권은 본질상 모든 영광을 홀로 독점해야 한다. 영광이 집단의 공동소유인 한에서는 집단의 모든 성원들은 동일한 노력을 기울이고, 다른 집단에 대해서 우위를 확보하고 또 자신의 재산을 보호하려는 그들의 열망은 거칠면서도 무제한적으로 나타난다. 따라서 그들 모두는 명예를 목표로 세우고 그런 영광스런 명예를 추구하다가 죽음을 당한다고 해도, 그것은 감수할 수 있다고 생각한다. 심지어 명예를 상실하느니 차라리 죽음을 택하려고까지 한다. 그러나 이제 그들 가운데 한 사람이 모든 영광을 독점하고 다른 사람들을 견제하며 무례하게 대하려고 한다. 나아가서 그는 재화를 소유하는 데에서도 다른 사람을 배제하고 혼자서 독차지하려고 한다. 그렇게 되면 사람들은 게을러지고 명예를 추구하지 않으며, 낙심한 상태에서 유순해지고 굴종에 만족한다.

다음 세대는 이러한 상황에서 성장한다. 그들은 자기가 받는 봉급이 병역과 봉사에 대해서 국가가 지불하는 대가라고 생각할 뿐이기 때문에, 다른 생각은 거의 하지도 않고 자신을 목숨을 던질 만한 일을 하려고 하지 않는다. 연대의식은 그것을 대표하는 사람들이 활력을 상실했기 때문에 붕괴되고, 그 결과 왕조는 약체화와 노쇠화의 길을 걷게 되는 것이다.

둘째, 앞에서 서술했듯이 왕권은 그 본질상 사치를 필요로 한다. 사람들이 넘치는 물자에 익숙해지면, 지출은 봉급과 수입으로는 다 충당할 수 없을 정도로 많아진다. 가난한 사람은 사라지고, 낭비벽이 있는 사람들은 사치품을 사느라 자신의 수입을 모두 탕진한다. 이러한 상황은 다음 세대로 갈수록 더 악화되고, 결국 몸에 익숙해진 물건과 사치품을 사는 데에 자신의 수입은 너무나 부족하게 되어 빈핍해진다. 군주는 약탈과 전쟁을 하느라고 든 비용을 충당할 것을 그들에게 요구하지만, 그들은 그 요구에 부응할 수 없다. 따라서 군주는 그들에게 벌금을 부과하고 재산을 몰수하여, 스스로 그것을 차지하기도 하고 혹은 자기 자식들이나 왕조의 지지자들에게 넘겨주기도 한다. 이런 식으로 해서 사람들은 자기 앞가림도 못할 정도로 허약해지고, 이런 허약함은 다시 군주에게로 되돌아와서 군주 자신을 허약하게 만든다.

또한 한 왕조에서 사치품이 증가하게 되면, 사람들의 수입은 그들이 필요로 하는 비용을 충당하기에 부족하게 되는데, 군주, 즉 정부는 그들의 불건전한 상태를 수습하려고 봉급을 증액시킬 수밖에 없다. 그러나 세수(稅收)는 정해져 있기 때문에 늘지도 줄지도 않는다. 새로운 상세(商稅)를 만들어 세수를 증대시킨다고 해도 일정한 한도가 있다. 새로운 사치품과 막대한 비용의 지출로 인해서, 각자에게 지급해야 할 증액된 봉급을 기존의 세수로 충당하려면, 수비대의 숫자는 봉급을 올리기 전보다 더 줄어들어야 할 것이다. 반면 사치의 정도는 계속해서 증가할 것이고 그 결과 봉급은 더 늘어나며 수비대는 점점 줄어들 것이다. 이런 일이 세 번 네 번 일어나다보면, 결국 군대는 최소한의 규모로 축소되고, 결과적으로 왕조의 군사적 방위태세는 약해지며 국력도 쇠퇴해간다. 이웃하는 왕조나 국내에서 지배를 받던 집단과 부족이 대담해지며 공격하기 시작하고, 신께서는 피조물에게 운명지워준 파멸을 하락하시게 되는 것이다.

더구나 사치는 성격을 타락시키는데, 그것은 사치를 통해서 영혼이 사악하고 불순한 여러 가지 습관을 가지게 되기 때문이다. 이에 대해서는 나중에 도회문화에 관한 부분에서 설명할 것이다. 사람들은 왕권을 표상하는 좋은 자질들을 상실하고 반대로 사악한 자질들을 획득한다. 이것은 퇴보와 쇠퇴로 향하는 것이니, 신께서 피조물들을 위해서 계획하신 바이다. 왕조는 해체와 분해의 징후들을 나타내고, 치유될 수 없는 노쇠의 병환으로 신음하다가 마지막에 사망하고 마는 것이다.

셋째, 앞에서 설명했듯이 왕권은 그 본질상 안정을 요구한다. 사람들이 안정과 휴식에 익숙해지고 그런 것들을 자기의 특성으로 받아들이게 되면, 그것이 바로 그의 천성의 일부가 된다. 인간이 익숙해지는 모든 것들도 마찬가지이다.

새로운 세대는 안락과 사치와 안정 속에서 성장한다. 전 세대가 지녔던 야만성은 변화를 겪게 되고, 그들은 왕권의 장악을 가능케 했던 전야생활의 관습들 —— 넘치는 활력, 강탈의 풍속, 황야를 여행할 때 길을 찾는 능력 등 —— 을 망각해 버린다. 그들과 평범한 도시민들과의 사이에는 전투기술과 문장을 빼놓고는 아무런 차이도 없게 된다. 그들의 군사적 방어력은 약화되고 활력은 소실되어버린다. 이러한 상황이 왕조에게 가져다주는 나쁜 효과는 노쇠라는 형태로 드러난다.

한편 사람들은 날이 갈수록 새로운 형태의 사치, 도회문화, 평화, 안정, 섬세함 등을 받아들이면서 점점 더 깊이 그 속에 빠져들어간다. 그래서 그들은 전야생활과 전야의 강건함으로부터 유리되고, 서서히 옛날의 덕성들을 잃어간다. 그들은 자신의 보호막이요 방어막이던 용맹이라는 자질을 망각하고, 마침내 수비대 같은 것에나 의존하게 된다. 이와 같은 현상은 여러분들이 소유한 책들에 기록된 여러 민족의 역사에서도 잘 드러나기 때문에, 여러분들은 내가 말한 것이 정확하고 의심의 여지가 없다는 사실을 알게 될 것이다.

사치와 휴식으로 인해서 노쇠해가는 왕조의 경우, 군주는 때로 왕가와 아무 관련이 없지만 강인함을 보인 집단들 가운데 자신의 구원자나 지원자를 선택한다. 그는 그들을 전쟁의 고난이나 배고픔 혹은 곤궁을 더 잘 견딜 수 있는 군대로 사용한다. 이것이 왕조의 노쇠에 대한 한 가지 치유책이 될 수는 있으나, 그것도 신께서 그 왕조에 대해서 최종적인 명령을 집행하실 때까지만 유효한 것이다.

이것이 동부의 투르크 왕조[10]에 일어났던 현상이다. 그 군대의 대부분은 투르크 출신의 가신들로 이루어졌다. 군주는 끌려온 백인노예 중에서 기병과 보병을 선발했다. 국가의 비호를 받으며 지배층의 일원으로 편안한 환경 속에서 자란 그 전 세대의 백인노예의 자식들에 비해서 그들은 더 용감하게 전투에 임했고 고난을 견디는 능력도 더 뛰어났다.

이와 동일한 현상이 이프리키야의 알모아데 왕조에서도 일어났다. 그 군주들

---

10) 이집트의 맘루크 왕조를 가리킨다.

은 자나타족과 아랍인들로부터 병사들을 충원했다. 그들은 사치에 익숙해 있는 동족들을 무시하고 그런 부족민들을 많이 썼다. 이렇게 해서 그 왕조는 노쇠에 영향받지 않은 또 다른 새로운 생명을 가지게 된 것이다.

12) 왕조들도 개인과 마찬가지로 자연수명이 있다

의사와 점성사들의 견해에 따르면, 개인의 자연수명은 120년이다. 이것은 점성사들이 '대월년'(大月年)이라고 부르는 기간에 상응한다. 같은 세대에 속하는 사람일지라도, 수명은 별들의 합(合)에 따라서 달라지는데, 대체로 120년보다 길거나 짧다. 특정한 별들이 합이 될 때 태어난 사람의 수명은 온전히 100년을 채우지만, 다른 경우에는 50년, 80년, 혹은 70년 등 별들의 합의 징후에 따라서 다르다고 한다. 무슬림들의 수명은 60년에서 70년 사이이다. 120년이라는 자연수명을 넘겨서 사는 것은 그 사람의 별이 진기한 형태를 띠거나 천체에서 특이한 위치를 보일 때에만 가능하다. 노아의 경우가 그러했고, 아드족과 사무드족에 속하는 몇몇 사람들이 그러했다.

왕조들의 수명에도 동일한 내용이 적용된다. 그 수명은 별들의 합에 따라서 서로 다를 수 있지만, 일반적으로 어떤 왕조도 3세대를 넘는 수명을 누리는 경우는 없다. 한 세대는 개인의 평균 연령, 즉 성장이 완료되고 성숙기에 도달하는 데에 소요되는 40년과 동일하다.[11]

우리들의 이러한 진술이 타당하다는 것은 이스라엘의 자손들이 황야에서 40년 동안 체류했다는 사실에 의해서도 입증된다. 그 40년의 세월은 당시 살아 있던 세대가 사라지고, 이집트에서의 치욕을 보지도 체험하지도 않았던 새로운 세대가 성장하는 데에 필요한 시간을 의미한다. 이것이 바로 한 개인의 평균수명을 한 세대의 기간과 동일한 40년으로 간주하는 이유이다.

우리는 앞에서 한 왕조의 수명이 통상 3세대를 넘지 않는다고 말했다. 제1세대는 전야에서의 특질, 그 억척스러움과 야만성을 유지하며, 그들은 고통과 영광

---

11) 여기에서 '개인의 평균 연령'을 40년이라고 한 것은 인간이 태어나서 죽을 때까지의 수명이 아니라, 한 인간의 성숙단계에 이르기까지의 기간, 즉 한 세대가 다음 세대에 의해서 교체될 때까지의 기간을 나타낸다고 보아야 할 것이다. 그렇지 않으면 바로 앞에서 이븐 할둔이 인간의 자연수명을 120년이라고 한 것과 모순되는 결과가 된다.

을 다른 사람들과 나누었고, 용맹스러우며 또 사납다. 그러므로 연대의식의 힘은 그들 가운데 계속 보존되며, 그들은 날카롭고 다른 사람에게 두려움을 불러일으킨다. 그래서 사람들은 그들에게 복종하게 된다.

왕권과 편안한 생활의 영향을 받은 제2세대는 전야적인 태도에서 도회문화로, 곤궁에서 사치와 풍요로, 모든 사람들이 영광을 공유하던 상태에서 한 사람만이 모든 영광을 독차지하고 다른 사람들은 너무 나태해져 그 영광을 추구하려고조차 하지 않는 상태로, 자부심에 찬 우월성에서 겸손한 복종으로 바뀌어간다. 이렇게 해서 연대의식의 활력은 상당히 파괴되고, 사람들은 비굴과 복종에 익숙해진다. 그러나 과거의 덕성들도 상당히 남아 있는데, 그것은 그들이 제1세대와 그 생활을 직접적으로 접촉했고 자신들의 눈으로 선배들의 용맹과 영광 그리고 자신에 방어, 보호 노력을 직접 목격했기 때문이다. 그들이 과거의 덕성들 가운데 상당 부분을 상실하더라도, 그 모든 것들을 한순간에 잃어버리는 것은 아니다. 그들은 제1세대 때에 존재했던 상황이 언젠가 다시 도래하리라는 희망 속에서, 혹은 그런 상황이 아직도 존재하고 있다는 환상 속에서 사는 것이다.

그런데 제3세대는 전야에서의 생활과 그 강인함의 시대를 마치 그런 것이 아예 존재하지 않았던 것처럼 잊어버린다. 그들은 강압적인 힘에 의해서 지배되기 때문에 달콤한 명예와 연대의식에 대한 구미를 상실하게 된다. 그들이 번영과 안일의 생활에 너무나 탐닉하게 되었기 때문에 사치는 절정에 이른다. 그들은 마치 보호를 필요로 하는 부녀자가 남에게 의존하듯이 왕조에 의지하게 되고, 연대의식은 완전히 사라져버린다. 사람들은 스스로를 방어하거나 보호하는 법을 망각하고 자신의 주장을 관철시킬 줄도 모른다. 그들은 휘장, 의복, 승마, 무술 등으로 남들을 속이며 그럴듯한 인상을 주지만, 그들 대부분은 후방에 있는 부녀자들보다 더 겁쟁이들이다. 그래서 누군가 나타나서 무엇인가를 요구해도 그들은 물리치지 못한다. 그렇게 되면 군주는 자기를 뒷받침해줄 보다 용감한 사람들을 필요로 하게 되고, 많은 수의 가신과 추종자들을 고용한다. 이 새로운 사람들이 왕조를 어느 정도 돕는 것은 사실이지만, 신이 왕조의 붕괴를 허락하면 그것은 지금까지 유지해오던 모든 것들과 함께 사라지고 만다.

이렇게 볼 때 왕조의 수명은 3세대 동안 지속된다. 이 3세대 동안 왕조는 노쇠하고 약화된다. 그러므로 제4세대에는 선조들의 명망이 완전히 파괴되고 마는

왕조, 왕권, 칼리프위(位), 정부 관직 및 이와 관련된 모든 사항들······ 179

것이다. 앞에서 서술했듯이 3세대는 120년간 지속된다. 공교롭게 아무도 공격하는 사람들이 출현하지 않는 경우를 제외하면, 왕조들은 몇 년 더 길거나 짧지만, 대체로 이보다 더 오래 지속되지 않는다. 노쇠함이 편만해졌을 때 아무도 왕조권력을 주장하는 사람이 나타나지 않아 별다른 일이 생기지 않을 수도 있지만, 누군가 그런 사람이 나타나면 아무도 그를 물리치지 못할 것이다. 시간이 다 차면 왕조의 종말은 한 시간도 연기될 수 없고 또 더 당겨질 수도 없다.

이런 방식으로 한 왕조의 수명은 한 인간의 수명과 마찬가지로, 성장하고 정체하다가 마침내 쇠퇴하는 것이다. 그러므로 사람들이 흔히 하는 말로 "왕조는 기껏해야 100년"이라는 것도 바로 이런 의미이다.

13) 전야생활에서 도회생활로 변용되는 왕조들

앞에서 설명한 여러 단계들은 왕조에게는 본질적인 것이다. 왕권의 획득을 가능케 하는 지배력은 연대의식, 그것에 수반되는 표한한 습성과 강력한 힘에 의해서 성취된다. 통상적으로 이런 것들은 전야생활과 관련해서만 가능한 것이다. 그러므로 왕조의 제1단계는 전야생활의 단계이다.

왕권을 일단 획득하면, 다양한 기회와 편안한 생활이 뒤따르게 된다. 도회문화라는 것은 다양한 형태의 사치, 그것들을 가능케 하는 세련된 기술적 지식들을 의미할 뿐이다. 그것은 예를 들면 음식, 의복, 건물, 카펫, 도구, 기타 가정용품 등에 관심을 쏟는다. 이들 각각은 그것을 개선하고 세련되게 하기 위한 독자적이고 특별한 기술을 필요로 하며, 결국 쾌락과 향락의 종류를 늘리고, 사치스러운 생활을 즐기는 방법과 수단들 그리고 사람들이 익숙해지는 습관의 숫자를 증가시킨다.

이와 비슷한 일이 아랍인들의 정복시기에 일어났다. 그들은 페르시아와 비잔틴 사람들을 정복하고 그 아이들을 하인으로 삼았다. 그 당시 아랍인들은 아무런 도회문화를 누리지 않았다. 심지어 누군가가 그들에게 베개를 주자 그것이 헝겊 뭉치인 줄 알았다는 이야기가 있을 정도였다. 그들은 페르시아 왕이 소유하던 보물 가운데에서 찾아낸 장뇌를 밀반죽을 할 때 소금으로 썼다고 한다. 이와 비슷한 일들이 많이 있었다. 그리고 나서 아랍인들은 이전 왕조의 관계자들을 노예로 만들어 자기 직무와 가사를 위해서 부리기 시작했다. 그들은 다양한 기술이 탁월한 장인들을 선발했는데, 이제는 오히려 그런 기술들을 사용하고 숙련하고 개발하는 방법을 스스로 배우게 되었다. 게다가 아랍인들이 생활하게 된 환경은 광범위해지고 다양해졌다. 이런 점에서 그들은 그 극한에 도달했고, 마침내 도회문화의 단계, 즉 음식, 음료수, 의복, 건물, 무기, 카펫, 가내용구, 음악, 물품, 가구 등에서 사치와 세련을 추구하는 단계에 들어가게 된 것이다. 마찬가지 방식으로 그들은 축제, 연회, 결혼식 등에서도 극한을 넘는 사치를 보였다.

알 마수디나 앗 타바리 혹은 다른 사람들의 글에서 칼리프 알 마문이 알 하산 이븐 사흘의 딸인 부란과 혼인할 때의 기록을 읽어보면 누구나 경악할 것이다.[12] 칼리프가 부란에게 청혼하려고 배를 타고 품 앗 실흐(Fumm aṣ-ṣilḥ)에 있는 알 하산의 집으로 왔을 때, 부란의 아버지가 알 마문을 대동하고 온 사람들에게 준 선물, 그리고 알 마문이 그녀에게 준 선물과 결혼에 사용한 비용에 대한 묘사가 있다. 결혼식 날 알 하산 이븐 사흘은 알 마문의 수행원들이 참가한 호화로운 연회를 열었고, 제1급의 손님들에게는 한 덩어리 사향을 농장과 경지의 소유권이 쓰여진 종이에 싸서 나누어주었다. 그들이 무엇을 받았는지는 각자의 행운과 재수에 따라서 달랐다. 제2급의 손님들에게 그는 1만 디나르의 금화가 담긴 가방을 나누어주었고, 제3급의 손님들에게는 1만 디르함의 은화가 담긴 가방을 주었다. 여기에다가 그는 알 마문이 그의 집에 머물 때에 이미 그보다 몇 배 더 많은 비용을 썼다. 알 마문도 역시 부란에게 결혼식 날 밤에 1천 개의 히야신스(즉 루비)를 선물로 주었다. 그는 100만(mann) ─ 1'만'은 1과 2/3파운드 ─ 의 무게가 나가는 호박으로 만든 초들을 수없이 불 밝혔고, 그녀를 위해서 금실로 짜고 진주와 히야신스로 장식한 카펫을 깔았으며, 결혼식 날 밤 주방에서 사용하기 위해서 140마리의 나귀가 하루에 세 번씩 1년 내내 장작을 날라놓았으며, 그 많은 장작들이 그날 하룻밤에 모두 소비되었다고 한다. 종려나무 가지들에는 기름을 발라 불을 밝히고, 뱃사공들은 지체 높은 손님들을 티그리스 강변으로 모시기 위해서 대기하라는 명령을 받았다. 그런 목적으로 대기하던 배의 숫자만 3만 척이었고, 하루 종일 사람들을 실어날랐다고 한다. 이와 비슷한 일들이 수도 없이 많았다. 또 이와 유사한 일이 톨레도의 알 마문 이븐 딘 눈의 결혼식에서도 있었다.

---

12) 이에 관해서는 이 책의「서론」을 참조할 것.

이들 모두는 과거에 제1단계인 전야생활을 영위했던 사람들이다. 당시에는 낮은 생활수준과 단순한 생활을 영위했기 때문에 그런 사치품들을 전혀 가질 수 없었으며, 그렇게 할 만한 수단도 없었지만 설사 기술적 능력을 갖추고 있다고 하더라도 그런 것을 소유하지 않았다.…… 도회문화는 항상 전대의 왕조로부터 후대의 왕조로 전달된다. 페르시아인들의 도회문화는 아랍인들이 세운 우마이야와 압바스 왕조로 전달되었고, 스페인 우마이야 왕조의 도회문화는 오늘날 마그리브 지방의 알모아데 왕조와 자나타 왕조의 군주들에게 전해졌다. 압바스 왕조의 도회문화는 다일람 왕조, 셀주크 투르크, 이집트의 투르크, 이란과 이라크 지방의 타타르인들에게로 전해졌다.

왕조가 크면 클수록 그만큼 도회문화는 발달된다. 왜냐하면 도회문화는 사치에서 생긴 결과이고, 사치는 부와 번영의 결과이며, 부와 번영은 왕권에서 생기고 또 그 왕조가 차지하는 영토의 규모에 비례하기 때문이다. 따라서 도회문화가 지니는 모든 요소들은 왕권의 강도에 비례한다. 문명과 왕조들을 자세히 살펴보면, 이것이 타당한 진술이라는 사실이 확인될 것이다.

14) 사치도 처음에는 왕조에 힘을 더해준다

그 까닭은 한 부족이 왕권과 사치를 누리면, 그들은 발전하고 자손을 많이 낳아서 그 집단의 규모가 커지기 때문이다. 뿐만 아니라 많은 수의 가신과 추종자들도 생긴다. 새로운 세대는 번영과 사치의 환경 속에서 자라고, 그들을 통해서 왕조는 많은 사람과 세력을 얻게 된다. 왜냐하면 사람들의 숫자가 늘어남에 따라서 많은 수의 집단들이 생기기 때문이다. 제1세대와 제2세대가 지나가고 왕조가 노쇠하기 시작하면, 그 추종자와 가신들은 왕조와 왕권을 확고한 기반 위에 유지하기 위한 아무런 일도 스스로 할 수 없게 된다. 그 까닭은 그들이 한번도 자신의 힘으로 권력을 가져보지 못했고 오로지 왕가의 사람들에 의지하거나 그들의 지지를 받으며 살아왔기 때문이다. 뿌리가 없어지면 가지도 자기 힘으로 버티지 못하고 완전히 사라져버리듯이, 왕조도 과거와 같은 힘을 더 이상 유지할 수 없게 된다.

이것은 이슬람 시대의 아랍 왕조를 통해서도 확인된다. 예언자와 초기 칼리프들이 있을 당시 아랍인들은 대략 15,000명의 무다르족과 카흐탄족으로 이루어져 있었다. 왕조 시대에 사치생활은 절정에 이르렀고, 번영과 함께 인구도 빠른 속도로 증가했다. 칼리프들은 수많은 가신과 추종자를 가지게 되었고, 따라서 원래의 숫자는 몇 배로 늘어났다. 아모리움(Amorium)[13]을 정복할 때 칼리프 알 무타심[14]이 그 도시의 포위에 투입한 사람의 숫자는 90만 명이었다고 한다. 동서 원근의 변경지대에 배치된 무슬림 수비대의 규모를 고려하고 또 군주 휘하에 예속되어 있던 군인들의 숫자를 생각할 때, 이 숫자가 결코 틀렸다고 말하기는 어려울 것이다.

15) 왕조가 거치는 단계들. 각 단계에 따라서 사람들의 전야적 태도는 어떻게 달라지는가

한 왕조는 상이한 단계들을 거치며 새로운 상황을 만나게 된다. 각 단계에 맞는 특정한 상황을 거치면서 왕조의 지지자들은 다른 단계에서는 존재하지 않던 특성을 획득하게 되는데, 이 특성은 그들이 처한 특수한 상황의 결과이다. 한 왕조가 겪는 상황과 단계는 대체로 다섯을 넘지 않는다.

제1단계는 모든 저항을 억누르고 전 왕조로부터 왕권을 탈취하는 성공의 단계이다. 이 단계에서 군주는 백성들의 모범이 되어, 영광을 획득하고 세금을 징수하며 재산을 보호하고 군사적 방위를 제공한다. 그는 백성들을 배제하고 자기만이 모든 것을 독차지하려고 하지 않는데, 그 까닭은 그의 그와 같은 행동이 그에게 지배권을 가져다준 연대의식에 의해서 촉발된 것이며 이 연대의식이 이전과 마찬가지로 여전히 존재하고 있기 때문이다.

제2단계는 군주가 백성들에 대해서 완전한 통제력을 확보하고, 그들을 배제한 상태에서 자신만의 왕권을 주장하면서 그들이 왕권을 공유하려는 것을 막는 단계이다. 이 단계에서 왕조의 군주는 많은 새로운 추종자와 가신들을 모음으로써, 그와 함께 연대의식을 공유하는 사람들, 즉 군주와 동일한 혈통을 가지고 있으며 그와 마찬가지로 왕권에 대해서도 요구할 수 있는 권한이 있는 동일한 집단에 속한 사람들의 요구를 묵살하려고 노력한다. 그는 그들을 권력에서 멀리하고 그

---

[13] 중부 아나톨리아에 있던 비잔틴 제국의 중요한 도시였으나, 838년 아랍군에 의해서 정복, 파괴되었다.
[14] 재위 833-842년.

들이 권력의 원천에 접근하는 것을 막는다. 군주는 그들이 권력을 잡으려는 것을 저지하여, 결국 모든 권력은 그의 일족의 수중에 장악되며, 그가 쌓아올린 모든 영광을 자기 가문의 사람들에게만 부여한다. 그는 왕조 초기의 사람들이 권력을 추구하기 위해서 기울였던 노력만큼 아니 그 이상으로 다른 사람들을 배척하고 복속시키려고 노력한다. 왕조 초기의 사람들은 이방인들을 배제하려고 했고, 그들과 연대의식을 공유했던 모든 사람들은 이 점에서 지원을 아끼지 않았다. 그러나 이제 그는 자기 친척들을 멀리하려고 하는데, 이 점에서 그는 혈연관계가 없는 극소수의 사람들에 의해서만 지지될 뿐이다. 따라서 그는 매우 어려운 과업을 수행하지 않을 수 없다.

제3단계는 왕권의 열매, 즉 재산의 획득, 항구적인 기념물의 건설, 명성 등과 같이 인간의 본성이 희구하는 것들을 향유하는 휴식과 평온의 단계이다. 군주의 모든 능력은 세금의 징수, 수입과 지출의 규제, 예산의 계획과 기록, 거대한 건물의 건설, 대형 공사, 광대한 도시, 높은 기념물, 외국에서 온 고위 사신들이나 부족의 귀족들에 대한 선물 하사, 자기 백성들에 대한 은사 등과 같은 일에 허비되고 만다. 이밖에도 그는 추종자나 가신들의 요구를 받아들여 그들에게 돈과 지위를 나누어준다. 그는 군대를 사열하고, 넉넉한 봉급을 주며 그것을 매달 똑같이 나누어 지급한다. 결국 이러한 관대함의 결과는 열병식 때 그들의 복장, 정교한 장비, 무기 등에서 나타난다. 이렇게 해서 군주는 우호적인 관계를 가지는 나라들에게는 깊은 인상을 주고, 적국에 대해서 겁을 주려고 한다. 이 단계는 군주가 완전한 권력을 행사하는 마지막 단계이다. 이 단계와 전단계에 속하는 군주들은 독자적인 의견을 가지며, 자신의 권력을 강화하여 후대의 사람들의 선례를 보인다.

제4단계는 만족과 평화의 단계이다. 군주는 전임자들이 세워놓은 것에 만족하면서 왕족들과 함께 평화롭게 살아간다. 그는 전임자들이 세운 전통을 받아들이고, 그들의 전철을 그대로 따르며, 그들이 살아갔던 방식을 철저하게 모방한다. 그는 전통과의 결별이 곧 자기 권력의 파멸을 의미한다고 생각하고, 영광을 어떻게 하면 보존할 수 있을지에 대해서도 전임자들이 더 잘 알고 있었다고 생각한다.

제5단계는 낭비와 소모의 단계이다. 이 단계에서 군주는 조상들이 비축해놓은 재산을 쾌락과 향락으로, 또 자신의 측근들에게 과도한 인심을 씀으로써 허비해 버린다. 또한 그는 하층민 출신의 못된 사람들을 고용하여 국가의 중요한 사무를 맡기지만, 그들은 그런 일을 할 만한 자격도 없거니와, 어떤 일을 처리하고 어떤 일을 건드리지 말아야 하는지조차 분간할 줄 모르는 자들이다. 군주는 전임자들을 위해서 봉사하던 가신과 추종자들을 파멸시키고, 그래서 그들은 그를 증오하며 돕지 않으려고 한다. 그는 병사들에게 주어야 할 봉급을 자신의 쾌락을 위해서 쓰고 또 그들이 개인적으로 자기에게 접근하는 것도 허락치 않으며 군대를 적절히 검열하지도 않기 때문에, 군대의 숫자는 감소될 수밖에 없다. 이렇게 해서 그는 자기 조상들이 다져놓은 기반과 그 위에 쌓아올린 것을 허물어뜨리고 만다. 이 단계에 들어가면 왕조는 노쇠와 고질적 질병의 포로가 되어 거기서 거의 풀려나기 어렵게 된다. 그 치료책은 어디에서도 찾을 수 없고, 궁극적으로 왕조는 파멸된다.

16) 한 왕조가 남긴 기념물은 그 왕조의 본래의 힘에 비례한다

기념물은 왕조를 탄생시킨 힘에서 비롯된 것이고, 왕조가 남긴 유적은 그 힘에 비례한다.

한 왕조의 기념물로는 건물과 거대한 건조물 등이 있는데, 이것들은 그 왕조가 지녔던 본래의 힘과 비례한다. 그것들은 많은 노동자, 통일된 행동, 협력 등이 있을 때에 비로소 실체를 가지게 된다. 왕조가 거대하고 광범위하며 수많은 속주와 백성들을 보유하고 있을 때, 극도로 많은 노동자들을 각 지역에서 불러모을 수 있고, 따라서 아무리 큰 건조물이라도 건설할 수 있다.

『코란』도 언급하고 있는 아드족과 사무드족의 건물들을 생각해보라. 혹은 페르시아인들이 남긴 위대한 성취라고 할 수 있는 페르시아의 군주 호스로우의 궁전을 눈으로 직접 보라. 칼리프 알 라시드는 그것을 부수고 파괴하려고 그렇게 애썼지만, 목적을 달성할 수 없었다. 그는 부수는 작업을 시작하긴 했으나, 계속할 수 없었다. 건물을 세우는 것보다 부수는 것이 훨씬 더 쉬운 데도 불구하고 한 왕조가 세운 건물을 다른 왕조가 부수지 못했다는 것은 매우 흥미로운 사실이며, 이는 두 왕조 사이의 커다란 차이점을 드러내준다.

다마스쿠스에 있는 알 왈리드 모스크, 코르도바에 있는 우마이야 모스크, 코르도바를 가로질러 흐르는 강 위에 놓여진 다리, 카르타고로 물을 끌어들이기 위해서 세워진 수도교의 아치들, 마그리브의 셰르셸에 있는 기념물, 이집트의 피라미드, 그리고 아직도 우리가 볼 수 있는 그와 같은 많은 건축물들을 비교해보아도 좋을 것이다. 이것들은 여러 왕조가 보유했던 힘의 차이를 보여준다.

고대의 이러한 기념물들은 뛰어난 토목기술과 수많은 노동자의 협력에 의해서만 가능했던 것이며, 그렇지 않았다면 건설될 수 없는 것들이었다. 우리는 보통 사람들이 흔히 믿고 있듯이, 고대인들의 신체가 우리보다 더 컸기 때문에 그런 것을 세울 수 있었다고 생각해서는 안 된다. 기념물과 유적들이 다를 뿐이지 사람이 다른 것은 아니었다. 만담가들은 이런 주제를 이야깃거리로 삼아 과장을 일삼곤 한다. 그런 기이한 이야기들 가운데 하나가 시리아에서 이스라엘 사람들과 싸웠던 가나안 사람 아낙의 아들인 옥에 관한 것이다. 만담가들에 의하면 그는 키가 얼마나 컸는지 바다에서 서서 고기를 잡고는 그것을 들어올려 태양에 구워 먹었다고 한다. 여기서 만담가들은 인간사에 대한 무지에다가 천체에 대한 무지까지도 드러내고 있다. 그들은 태양은 열이고 태양에 가까이 갈수록 그 열은 더 심하게 느껴진다고 믿는데, 이는 태양의 열은 그 빛에 의한 것이고 그 빛은 지상에서 가까울수록 지구 표면에서의 반사 때문에 더 강해진다는 사실을 모르기 때문이다. 따라서 지상에서의 열기는 태양에 가까울 때보다 몇 배 더 강하다. 빛이 반사되어 효력을 미치는 범위를 벗어나면 아무런 열기도 없고 추위만 있을 뿐이다. 구름이 있는 곳이 그러하다. 태양은 뜨겁지도 차갑지도 않으며, 빛을 내뿜는 단순한 비합성 물질에 불과하다.

만담가들의 오류는 과거의 민족들이 남긴 건축물들의 거대함에 대한 경외 때문에 생긴 것이지만, 각각의 왕조들이 사회의 조직이나 운영에서 서로 다른 조건을 가지고 있었다는 사실을 몰랐던 것이다. 그들은 탁월한 사회조직이 토목기술과 결합될 때 거대한 기념물의 건축이 가능하다는 점을 이해하지 못했다. 따라서 그들은 그러한 기념물들이 과거의 인간들이 신체가 컸고 엄청난 힘과 에너지를 쓸 수 있기 때문에 가능했다고 생각한 것이다. 그러나 이는 사실과 다르다.……

왕조가 남긴 문화유산의 또 다른 형태는 혼인과 연회를 어떻게 치렀느냐 하는 것인데, 이에 대해서는 이미 앞에서 설명했다.

왕조의 또 다른 문화유산으로 선물을 꼽을 수 있다. 선물은 그 왕조의 국력에 비례해서 나타나며, 이러한 현상은 왕조가 말기에 가까웠을 때까지도 계속된다. 바르멕 가문이 어떻게 선물과 급여를 나누어주고 돈을 어떻게 썼는지를 보아도 우리는 이 점을 알 수 있다. 그들이 가난한 사람들에게 선물을 나누어주면, 그것은 그 사람에게 항구적인 재산이요 고위관직이자 영화가 되었으니, 그와 같은 선물은 받은 사람이 하루 이틀에 다 써버릴 수 있는 그런 것이 결코 아니었다.……

이러한 사실들을 접하게 될 때 우리는 여러 왕조들 사이에 존재하는 상대적인 힘의 차이를 깨닫게 되며, 우리의 시대에 그와 유사한 현상을 찾아볼 수 없다고 해서 그런 사실들을 부인해서는 안 될 것이다. 만약 그렇지 않을 경우 현실적으로 가능한 많은 사실들이 불가능한 것으로 여겨져 우리의 관심 밖으로 벗어나게 된다. 과거 왕조들에 관한 이와 같은 이야기들을 들은 많은 훌륭한 사람들이 그것을 믿지 않았는데, 이는 옳지 못한 태도이다. 세상과 문명이 처한 조건들은 항상 동일한 것이 아니다. 저급 혹은 중급의 문명만을 아는 사람이 다른 정도의 문명에 대한 지식을 가질 수는 없다. 압바스, 우마이야, 파티마 등의 왕조에 관한 우리들의 정보를 검토하면서, 그중에서 의심 없는 사실이라고 인정되는 것과 오늘날 보다 소규모 왕조들의 경우를 비교해보면, 거기에 커다란 차이가 있다는 점을 발견하게 될 것이다. 그와 같은 차이는 왕조와 문명들이 본래 지닌 힘의 차이에서 비롯된 것이다. 앞에서도 서술했듯이 한 왕조의 모든 기념물들은 그 왕조의 본래의 힘에 비례한다. 우리에게는 그와 관련된 정보들을 부인할 자격이 없다. 그런 정보들 가운데 다수는 매우 잘 알려져 있으며 명백한 사실이기 때문이다. 그 일부는 부단한 전승을 통해서 알려진 것이고, 또 다른 일부는 건축물이나 그런 유사한 것들을 관찰한 사람의 보고에 의거한 직접적인 정보이다.

전승을 통해서 전해져 내려오듯이, 여러 왕조들이 가지는 국력의 강약과 대소에 많은 차이가 있었다는 사실을 우리는 알아야 한다. 다음의 흥미로운 일화는 이 점을 잘 말해준다. 즉 마린 왕조의 술탄 아부 이난15)의 시대에 탄지에르 출신의 유명한 장로인 이븐 바투타16)가 마그리브로 돌아왔다. 그로부터 20년 전 그는 동방으로 여행을 떠나 이라크, 예멘, 인도 등 여러 나라를 돌아다녔다. 그가 인도 군주들의 수도인 델리에 도착했을 때, 술탄이었던 무함마드 샤17)가 이븐

---

15) 재위 1351-1358년.
16) 1304-1377년. 약 30년간 아시아, 아프리카, 유럽 3대륙을 편력했던 대여행가. 자신의 여행기록을 담은 『여행기』를 남겼다.
17) 재위 1325-1351년.

바투타를 높이 평가하여 그를 말리키 법학파의 판관으로 임명했다. 그뒤 그는 마그리브로 돌아와서 술탄 아부 이난과 접촉하게 되었다. 그는 자신이 여행 도중에 겪었던 체험에 대해서 그리고 여러 다른 지방에서 목격했던 놀라운 것들에 대해서 이야기하곤 했는데, 주로 인도의 군주에 대해서 자주 언급했다. 그 군주에 대한 이야기들 중에는 듣는 사람이 기이하다고 여길 만한 것도 있었다. 예를 들면 인도의 군주가 여행을 떠났다가 어느 도시에 사는 주민, 즉 남녀노소의 숫자를 헤아려서 그들이 6개월간 필요로 하는 식량을 자신의 재고에서 지불하라고 지시했다고 한다. 또 그가 여행에서 돌아와서 시내로 들어올 때 마침 축제일이어서 수많은 사람들이 광장에 나와 여기저기 돌아다니고 있었다. 그러자 그 군주는 큰 동물(즉 코끼리)의 등에 투석기들을 실어 그 군중들 가운데 설치하게 한 뒤, 그 투석기를 이용해서 금화와 은화가 든 주머니들을 사람들에게 던져주었고, 그뒤에 비로소 자기 궁전으로 돌아갔다고 한다.

　이븐 바투타는 이와 비슷한 여러 가지 이야기들을 했는데, 사람들은 그가 분명히 거짓말을 하는 것이라고 수군거렸다. 그러던 어느 날, 나는 술탄을 위해서 봉사하던 유명한 재상인 파리스 이븐 와드라르와 만날 기회가 있었다. 나는 그 문제에 관해 그와 이야기를 하다가, 이 나라에 있는 사람들이 대체로 그를 거짓말쟁이로 생각하고 있기 때문에 나도 이븐 할둔이 하는 이야기를 믿지 못하겠고 말했다. 그러자 재상 파리스는 내게 이렇게 말했다. "당신이 직접 눈으로 보지 못했다고 해서, 왕조들의 상황에 대한 그런 정보를 부정해버리지 않도록 조심하시오. 당신이 그렇게 한다면 마치 감옥 안에서 자란 재상의 아들과 같이 될 것이오. 어떤 재상이 군주의 명령으로 투옥되어 여러 해 감옥에서만 지내게 되었고 그의 아들도 감옥에서 자라게 되었는데, 그가 이성을 가질 나이가 되자 아버지에게 그가 옛날에 어떤 고기를 먹었었는지 물어보았소. 그러자 아버지는 양고기였다고 대답했고, 아들은 그것이 무엇이냐고 물었소. 아버지가 그에게 양에 관해 자세히 설명해주자 아들은 '아버지! 그럼 그것이 쥐처럼 생겼단 말이에요?'라고 물었다오. 이에 아버지는 버럭 화를 내면서 '도대체 양이 쥐와 무슨 상관이 있단 말이냐?'라고 말했소. 똑같은 일이 다시 소고기와 낙타고기를 설명할 때에도 벌어졌다오. 그가 감옥에서 본 유일한 동물이 쥐였기 때문에, 그는 모든 동물들이 쥐와 같은 종에 속하는 것이라고 믿었던 것이지요."

사람들이 무엇인가 깜짝 놀랄 만한 것을 이야기하기 위해서 어떤 정보를 과장하려는 유혹을 느끼는 것과 마찬가지로, 역사적인 정보들에 대해서 좀처럼 믿지 않으려는 일도 흔히 생긴다. 이 점에 대해서는 이 책의 앞부분에서 설명했다. 따라서 우리는 주어진 자료를 살펴보고 자신의 판단에 의존하지 않으면 안 되는데, 명철한 마음과 올바르고 자연적인 상식을 가지고 가능한 것과 불가능한 것을 구분해야 할 것이다. 가능의 범주에 들어오는 것은 무엇이나 받아들여야 하고, 그 밖의 모든 것들은 부정해야 할 것이다. 우리가 '가능'이라고 말할 때 그것은 지적으로 가능한 모든 것들을 지칭하는 절대적인 의미는 아니다. 그것은 너무나 넓은 범위를 포괄하기 때문에 현실 속에서 실제로 가능한 것들이 무엇인지를 결정할 때에는 유용하지 못하다. 우리가 말하려는 것은 어떤 특정한 사물에 내재적으로 존재하는 가능성일 뿐이다. 우리가 어떤 사물의 기원, 종류, 차이, 크기, 강도 등을 탐구해보면, 그것과 관련하여 보고된 자료가 가능한 것인지 아니면 불가능한 것인지에 대해서 결론을 내릴 수 있다. 이런 의미에서 가능의 영역 밖에 있는 모든 것들에 대해서는 불가능한 것이라는 결론을 내리는 것이다.

17) 지배자는 동족이나 연대의식을 공유한 사람들에게 대항하는 가신과 추종자들을 원한다

지배자는 동족의 도움을 통해서만 권력을 장악할 수 있으며, 그들은 그런 과정에서 그를 지지하는 집단이자 조력자이기도 하다. 그는 그들을 이용하여 자기 왕조에 대하여 반란을 일으키는 사람들과 싸울 수 있고, 그들을 행정관직에 배치하거나 또 재상과 징세관으로 임명하기도 한다. 그는 그들의 도움으로 지배권을 확보할 수 있다. 그들은 정권에 동참하고, 그가 추진하는 다른 중요한 사무에도 참여한다.

그러나 우리가 앞에서 서술했듯이 이러한 현상은 왕조의 제1단계가 지속될 때까지만 보인다. 제2단계가 시작될 때가 되면 지배자는 자신이 동족으로부터 독립되었다는 것을 보이면서 모든 영광을 독차지하려고 하고 그들을 밀어내버린다. 그 결과 그의 동족들은 사실상 적이 되어버린다. 그들이 권력을 장악하는 것을 막고 또 정권에 참여하는 것을 배제하기 위하여, 지배자는 동족이 아닌 다른 조력자들, 즉 동족들에 맞서서 대항하고 그들의 자리를 대신하여 새로운 친구가 될 사람들을 필요로 하게 된다. 이들은 누구보다도 더 그와 친밀하게 되고, 누구보다도 더 좋은 대우를 받아 그의 측근이자 추종자가 되고 또 총애를 받으며 고위직을 받는다. 왜냐하면 그들은 자신의 목숨을 던져서라도 지배자의 동족이 과거에 누렸던 권력과 지위를 되찾거나 회복하려는 것을 막기 때문이다.

　이런 상황에서 지배자는 오로지 이 새로운 추종자들만 보살피게 된다. 그는 그들을 선호하고 그들에게 많은 영광을 부여하며, 과거에 동족들에게 했던 것과 마찬가지로 그들에게 많은 재화를 분배한다. 지배자는 그들에게 재상, 장군, 징세관과 같이 가장 중요한 관직을 주고, 또 자신만의 특권이자 일찍이 동족들조차 공유할 수 없었던 왕의 호칭을 그들에게 주기도 한다. 그가 이렇게 하는 것은 이들이 이제 자신의 가장 가까운 벗이자 가장 진실한 조언자이기 때문이다. 그렇지만 이런 현상은 곧 왕조의 붕괴와 고질적인 질병의 엄습을 선고하는 것이며, 또 왕조의 지배권이 기반을 두고 있는 연대의식의 상실을 선포하는 것이다. 왕조를 건설한 사람들의 감정은 지배자의 적대와 멸시로 인해서 병들게 되는데, 그를 증오하며 그가 누리는 행운이 추락할 기회만을 기다린다. 이런 상황에 잠재해 있는 커다란 위험은 왕조에 악영향을 끼치게 되고, 왕조가 이 질병으로부터 회복할 희망은 사라진다. 과거의 실책은 세대가 지나갈수록 더욱 심각한 영향을 미치고 궁극적으로 왕조체제의 붕괴를 가져온다.

　대표적인 예가 우마이야 왕조이다. 그들은 전쟁과 통치를 위하여 아랍인들, 예를 들면 우마르 이븐 사이드 이븐 아비 와카스,[18] 우베이둘라 이븐 지야드 이븐 아비 수피얀,[19] 알 하자즈 이븐 유수프와 같은 사람들을 활용했다. 압바스 왕조도 한동안 이러한 아랍인들을 이용했다. 그러나 이 왕조들이 모든 영광을 홀로 독차지하고 아랍인들이 관직에 진출하는 것을 막으려고 하면서, 재상의 직책은 바르멕 가문과 같은 비아랍인들에게 돌아가버렸다. 이렇게 해서 왕조는 그것을 건설한 사람들이 아닌 다른 사람들에게 속하게 되었고, 권력은 최초로 그것을 장악했던 사람이 아닌 다른 사람들에게 넘어가버렸다. 이것이 바로 신께서 자기 종들을 처리하시는 방법이다.

---

18) 원문에 'Amr는 'Umar의 잘못이다. 그는 680년 우마이야 군대를 지휘하여 카르발라(Karbala)에서 칼리프 알리의 아들 후세인 일파를 섬멸한 장군이다.
19) 칼리프 야지드 2세 치세의 이라크 총독.

18) 왕조에서 가신과 추종자가 처한 상황

왕조에서 추종자들이 어떤 지위를 차지하느냐는 그들이 지배자와 오래 전부터 관계를 맺고 있었는가 아니면 최근에 알게 된 사람인가에 따라서 달라진다. 그 이유는 다음과 같다. 연대의식의 목표인 공격과 방어는 동일한 혈통을 가진 사람들의 도움을 통해서만 성취될 수 있다. 앞에서도 설명했듯이 혈족이나 다른 가까운 친척들은 서로 도움을 주지만, 이방인이나 국외자는 그렇지 않다. 가신관계, 예속관계, 동맹관계 등도 혈연관계와 동일한 효력을 발휘한다. 혈연관계는 비록 자연적인 것이기는 하지만, 여전히 관념적인 면을 보였다. 긴밀한 감정을 불러일으키는 확실한 것은 사회적인 접촉, 우호적인 교제, 장기간에 걸친 친숙함, 혹은 동일한 유모(乳母)를 두었거나 함께 자라난 사이, 생사의 순간을 같이함으로써 생기는 친구관계 등이다. 만약 이러한 방식으로 긴밀한 접촉이 이루어지게 될 때 그 결과는 애정과 협력으로 나타난다. 이러한 사실은 사람들을 관찰해보면 확인할 수 있다.

이와 유사한 현상을 주군과 가신 사이의 관계에서도 발견할 수 있다. 이 양자 사이에는 혈연관계와 동일한 효력을 발휘하면서 긴밀한 접촉을 강화시켜주는 특수한 관계가 형성된다. 비록 이들 사이에는 혈연관계가 존재하지 않지만, 혈연관계가 가져오는 결과가 존재하게 된다.

어떤 부족이 왕권을 획득하기 전부터 그 부족과 다른 추종자들 사이에 그러한 주종관계가 존재했다면, 그 관계의 뿌리는 보다 확고하게 서로 연결되어 상호간의 감정과 신뢰 역시 한층 돈독하다. 이들 사이의 관계는 다음과 같은 두 가지 이유에서 보다 분명하게 확립된다.

(1) 어느 집단이 왕권을 획득하기 전에는 그들은 분화되지 않은 단일한 형식으로 존재하기 때문에, 혈연관계와 주종관계는 극히 예외적인 경우를 제외한다면 거의 차이를 보이지 않는다. 추종자의 지위는 근친이나 혈족의 지위와 다름이 없다. 그러나 만약 그들이 왕권을 확립한 뒤에 추종자들을 선택했다면, 그들이 가지게 된 왕위로 인해서 주군과 가신 사이에 구별이 생기고, 또 가까운 친족과 가신-추종자 사이에도 차별이 생긴다. 지배자로서의 신분과 왕권이 확립됨으로써 지위상의 구별과 차이가 필요하기 때문이다. 따라서 추종자의 처지도 바뀌어,

그들은 이제 이방인들과 동일한 위치에 놓이게 된다. 지배자와 추종자 사이의 긴밀한 접촉은 점차 약해지고 이에 따라서 협력도 어렵게 된다. 즉 지배자가 왕권을 획득하기 전에 비해서 그 후에 추종자가 된 사람들은 그와 긴밀한 관계를 가지지 못하게 됨을 의미한다.

(2) 지배자가 왕권을 획득하기 전부터 그를 추종했던 사람들은 왕조가 건립되기 오래 전부터 이미 추종자였기 때문에, 당대인들은 그들 사이의 긴밀한 관계가 어떻게 해서 생겼는지 잘 알지 못한다. 흔히 그들이 혈연관계를 가졌으리라고 추정하기도 하는데, 그럴 경우 연대의식은 강화된다. 반면에 왕권이 확립된 이후에 주종관계가 형성되었다면, 그것은 최근의 일이기 때문에 대부분의 사람들도 그 관계의 연유를 잘 알게 된다. 긴밀한 관계의 연원이 분명하기 때문에 혈연관계와도 확연히 구분될 수밖에 없다. 그럴 경우 발생되는 연대의식은 왕조 탄생 이전부터 존재했던 주종관계에 의해서 생기는 연대의식에 비해 취약하다.

왕조를 비롯해서 정치적 지배권을 발휘하는 집단들을 살펴보면 이와 같은 사실이 분명히 드러난다. 지배권이나 왕권이 탄생되기 전에 발생한 주종관계는 주군과 가신 사이에 보다 강력하고 긴밀한 관계를 맺게 함으로써 가신들은 주군의 자식, 형제, 친족들과 대등한 지위를 차지한다. 반면 왕권이나 지배권이 형성된 이후에 생긴 주종관계는 전자에 비견될 만큼 긴밀한 관계를 나타내지 못한다.

왕조권력이 말기에 이르면 군주는 이방인들을 고용하고 그들을 가신으로 받아들이기 시작한다. 그러나 이 사람들은 왕권이 생기기 전부터 가신으로 있었던 사람들과 같은 영광을 확보할 수 없다. 가신으로서의 그들의 지위는 이제 금방 생긴 것이고, 또한 왕조의 붕괴도 목전에 다가온 상태이다. 따라서 그들은 매우 낮고 비천한 지위를 가지게 된다. 지배자가 그들을 자신의 가신으로 삼아서 원래부터 그를 따르던 옛 가신들을 제외시키려고 하는 까닭은 옛 가신들이 점차 거만해지기 때문이다. 그들은 그에게 아무런 존경심을 표시하지 않을 뿐만 아니라, 같은 부족민이나 친족을 대할 때와 마찬가지로 행동한다. 그와 옛 가신들 사이에는 장기간에 걸쳐 긴밀한 접촉이 존재해왔기 때문에, 그들은 함께 성장했고 그의 조상이나 왕족의 연장자, 대인들과도 연결되어 연맹관계를 맺고 있다. 그 결과 그들은 자부심에 차 있고 그에게 불손한 태도를 보이는 것이다. 지배자가 그들을 멀리하고 대신 다른 사람들을 고용하는 것은 바로 이러한 까닭에서이다. 그러나

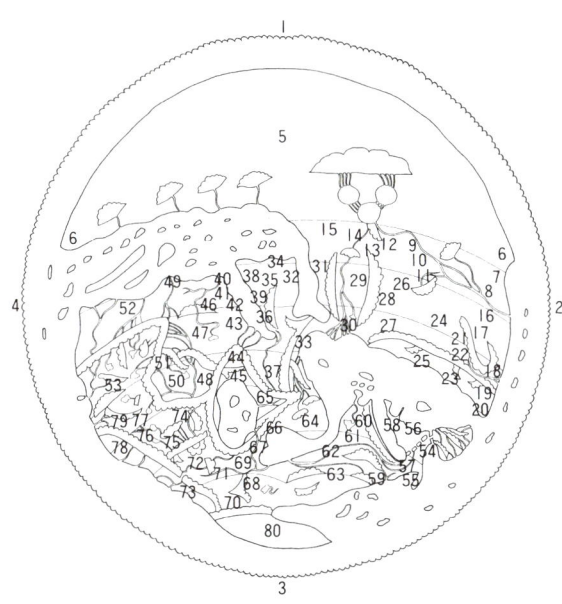

『루지에로의 책』에 나오는 지도(p.77 참조)

1 남 2 서 3 북 4 동 5 혹서 무인지대 6 적도 7 람람 8 마그자와 9 카넴 10 보르누 11 가우가우 12 자가이 13 타주원 14 누비아 15 아비시니아 16 가나 17 람타 18 수스 19 모로코 20 탄지에르 21 신하자 22 다라 23 이프리키야 24 페잔 25 자리드 26 카와르 27 베레니스 사막 28 내륙 오아시스 29 상(上)이집트 30 이집트 31 베자 32 히자즈 33 시리아 34 예멘 35 야마마 36 바스라 37 이라크 38 시호르 39 오만 40 서부 인도 41 무크란 42 키르만 43 파르스 44 바흐루스 45 아제르바이잔 46 사막 47 후라산 48 호레즘 49 동부 인도 50 타슈켄트 51 소그드 52 중국 53 토쿠즈구즈 54 가스코뉴 55 부르타뉴 56 칼라브리아 57 프랑스 58 베네치아 59 알마니아(게르마니아) 60 마케도니아 61 보헤미아 62 쟈술리아 63 자르마니아 64 바일라칸 65 아르메니아 66 타바리스탄 67 알란 68 바쉬키르 69 불가르 70 페체네그 71 악취의 땅 72 황무지 73 마곡 74 구즈 75 튀르기시 76 드키시 77 카를룩 78 곡 79 키멕 80 혹한 무인지대

(1)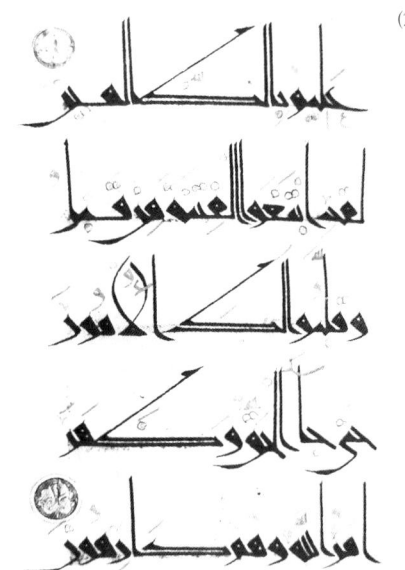

(2)

『코란』의 필사와 서체. (1) 쿠파체, 3/9세기. (2) 페르시아 쿠파체, 5/11세기. (3) 바그다드의 나스히체. (4) 마그리브체, 6/12-7/13세기(p.105, p.394 참조)

(3)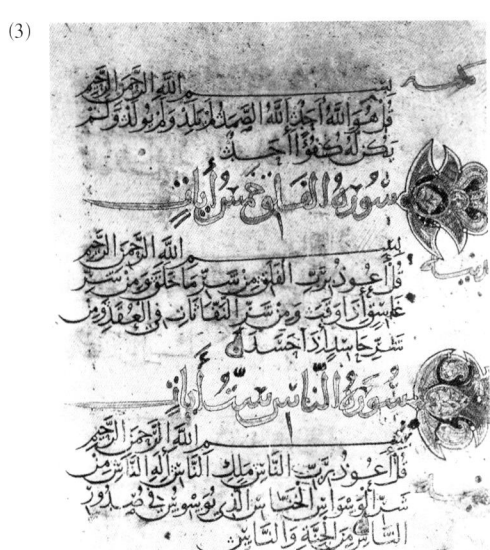

코란 사본(p.105 참조)

모래점(p.122 참조)

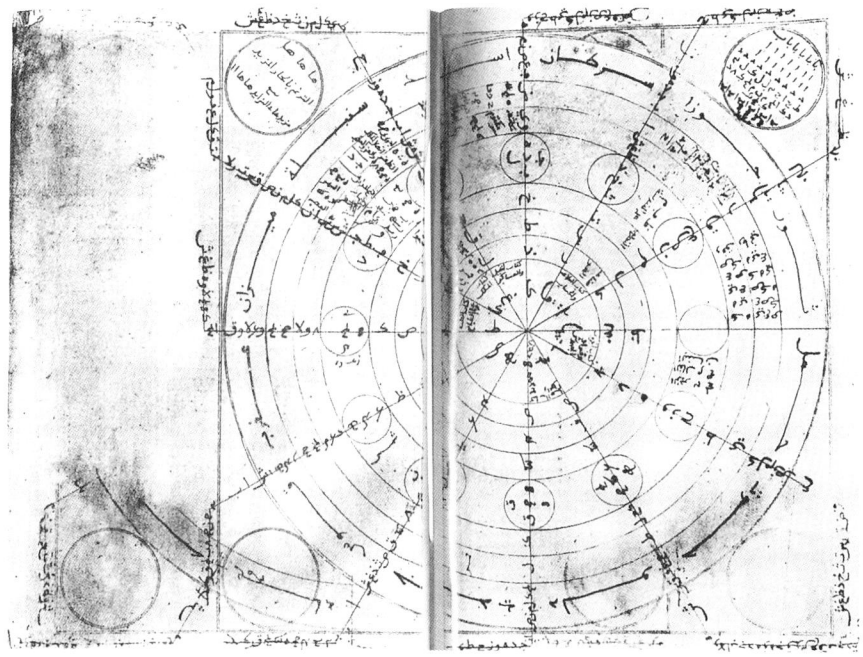

점복표(占卜表)의 앞면(p.122 참조)

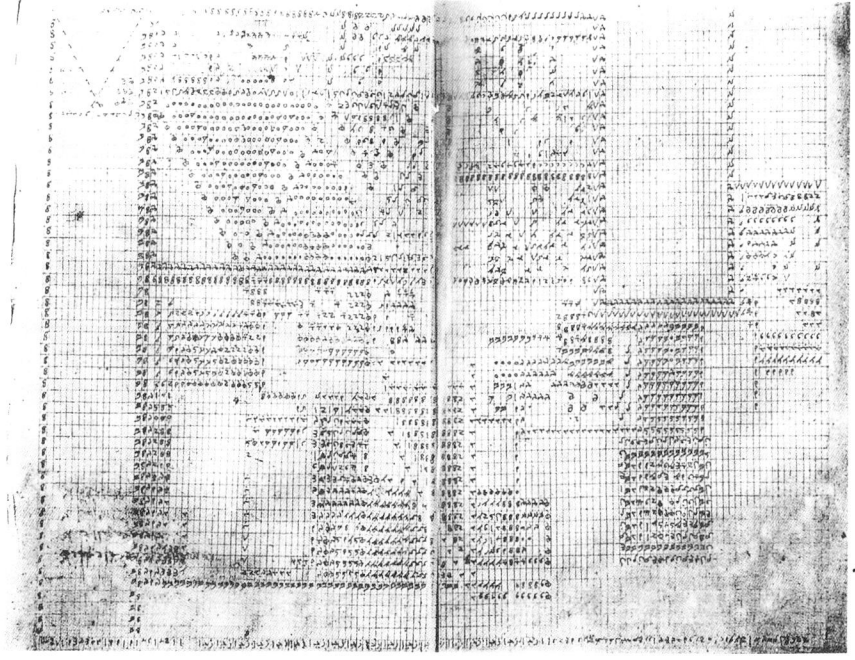

점복표(占卜表)의 뒷면(p.122 참조)

옥좌에 앉은 군주(p.270 참조)

"12이맘파"는 이맘이 신성을 가진 인간 또는 인간의 육체를 가진 신이라고 주장하는(예수에 관한 그리스도교의 "육화"(肉化) 교리와 일치한다) 시아파의 일파로서 구세주의 출현을 지금도 믿고 있다. 12명은 다음과 같다. 알리, 하산, 후세인, 알리 제인 알 아비딘, 무함마드 알 바키르, 자파르 앗 사딕, 무사 알 카짐, 알리 알 리다, 무함마드 알 자와드, 알리 알 하디, 하산 알 아스카리, 무함마드 알 마흐디 알 후자(p.200 참조)

판관에게 탄원하는 모습(p.222 참조)

(1-2) 우마이야 왕조 시대 후라산 지역에서 주조된 은화로 사산 왕조의 양식을 모방한 것. (3) 132/750년 주조된 압바스 시대의 은화. (4-5) 3/9세기에 주조된 은화. (6) 387/ 997-420/1029년 사이에 주조된 부이 왕조의 금화. (7) 5/11세기에 주조된 파티마 왕조의 금화(p.229 참조).

바자르와 시장감독관(p.228, p.337 참조)

시장(p.337 참조)

저술가와 서기(p.255 참조)

시리아 북부의 중요한 상업도시인 알레포 시의 성채(p.328 참조)

'펜의 사람' (p.267 참조)

'검의 사람' (p.267 참조)

전투시 사용하는 깃발(p.268 참조)

13세기의 맘루크 병사들(p.279 참조)

공성전(攻城戰)(p.279 참조)

투르크 계의 카라한 왕조의 일레크 한의 항복을 받는 마흐무드(p.279 참조)

그가 이런 사람들을 육성하고 가신으로 활용하는 것도 단기간에 불과하기 때문에, 그들은 영광스런 지위를 차지하지 못하고 이방인으로서의 지위를 보지할 뿐이다.

이것이 왕조 말기에 나타나는 현상이다. 일반적으로 '추종자'나 '가신'이라는 말은 첫번째 집단에 대해서 사용되고, 최근에 추종자가 된 사람들에 대해서는 '시종'이나 '조력자'라는 표현이 사용된다.

19) 왕조에서는 지배자가 타인에 의해서 격리되거나 통제되는 경우도 발생한다

왕권이 왕조를 지지하는 어느 특정한 가문이나 씨족에 의해서 확립될 때, 또 그 가문이 모든 왕권을 독차지하면서 부족 내 다른 집단들을 배제하려고 할 때, 혹은 그 가문의 자손들이 지명에 의해서 교대로 왕권을 계승할 때, 그 왕조의 재상이나 근신들이 왕권에 대해서 통제력을 발휘하는 경우가 종종 발생한다. 이런 현상은 특히 그 가문에서 어린 아이나 심약한 일원이 부친에 의해서 계승자로 지명되거나 측근, 시종들에 의해서 군주로 추대되었을 경우에 흔히 일어난다. 그가 지배자로서의 기능을 충실히 수행할 능력이 없다는 것은 분명하며, 따라서 그러한 기능은 그의 후견인이나 부친 재위시의 재상, 측근이나 가신 중의 일원, 혹은 그와 동일한 부족의 일원에 의해서 수행된다. 그러한 사람은 유약한 지배자를 위하여 그의 권력을 보호해주고 있다는 인상을 주지만, 종국에 가서는 통제력을 행사하는 당사자가 바로 그 자신이며 보호를 빌미로 스스로 왕권을 장악하려고 한다는 사실이 분명하게 드러난다. 그는 어린 군주를 그의 동족들로부터 멀리 떼어놓고, 그를 사치스런 생활이 주는 쾌락에 젖게 하고 그런 것에 탐닉하도록 모든 기회를 제공한다. 그렇게 함으로써 그로 하여금 국사를 돌보는 일을 망각하도록 만들고, 결국 자신이 그를 완전히 장악하는 것이다. 그는 어린 군주로 하여금 지배자가 왕권을 행사하는 것은 단지 왕좌에 앉아 있으며 악수를 나누고 '폐하'라는 존칭어를 듣고 또 하렘에 들어앉아 여인들과 노닥거리는 정도라고 생각하게 한다. 어린 군주는 실질적인 행정력을 행사하거나, 혹은 군대, 재정, 변경방위를 감독하는 등 군주와 관련된 사무들을 직접 처리하고 감독하는 업무가 재상의 권한에 속하는 것으로 여기게 되고, 이런 것들을 모두 재상에게 위임한다. 결국 재상은 지배자와 통제자로서의 풍모를 확고하게 갖추게 되며, 왕권은 그의 것이 되어버리고 만다. 그리고 그는 그것을 자신의 가족과 자식들에게 물려준다. 동부에서는 부이 왕조나 투르크인들의 왕조, 이흐시드 왕조의 카푸르[20] 등이 좋은 예이고, 스페인에서는 알 만수르 이븐 아비 아미르[21]가 그러했다.

이처럼 격리되어 왕권을 빼앗긴 지배자가 자신이 처한 상황을 깨닫고 거기서 벗어나려고 시도하여 자기 가문의 왕권을 되찾는 경우도 있다. 그는 자신을 통제하는 사람을 살해하거나 해직시킴으로써 목적을 달성하기도 한다. 그러나 이러한 경우는 극히 드물 뿐이다. 일단 왕조가 재상이나 가신의 손에 넘어가게 되면 그런 상태로 계속되는 것이 일반적이다. 거기서 벗어나는 예가 극히 드문 까닭은 외부인에 의한 통제라는 것은 대부분 왕족들이 영화에 파묻혀서 성장하고 사치스러운 생활에 빠진 결과로 생겨난 것이기 때문이다. 그들은 남자다운 생활방식을 잊어버리고 유모들이 보여주는 특징에 길들여져 성장하기 때문에 지배권을 희망하지도 않는다. 그들은 독자적인 권력의 행사나 지도자의 특권이라는 것이 무엇인지 잊어버리기 때문에, 바라는 것이라고는 오로지 허세와 여러 가지 쾌락과 사치일 뿐이다. 가신과 추종자들은 지배자의 가문이 백성들에 대한 독점적인 통제권을 장악하고 있을 때 지배권을 확보하지만, 그뒤에는 지배가문을 배제한 채 모든 왕권을 스스로 차지하려고 한다. 이러한 현상은 앞에서도 설명했듯이, 왕조에게 필연적으로 발생하는 것이다. 왕조에게 나타나는 위의 두 가지 질병은 극히 예외적인 경우를 제외하고는 치유되기 어렵다.

20) 지배자를 농단하는 사람들은 왕권을 나타내는 특별한 칭호를 취하지는 않는다

그 이유는 다음과 같다. 왕조를 건설한 최초의 인물이 왕권과 지배권을 획득하게 되는 것은 동족과 그 자신의 연대의식의 도움을 통해서 사람들의 추종을 얻게 되고, 나아가서 그 자신이 왕권과 지배권의 소유자으로서의 풍모를 분명히 나

---

[20] 이흐시드 왕조는 935년부터 969년까지 이집트와 시리아 지방을 통치했던 왕조이다. 카푸르는 원래 이 왕조의 창건자인 Muḥammad ibn Tughj의 노예였으나, 그의 아들들(Unujur와 'Alî)이 통치하던 20년간(946-966) 왕국의 실질적인 지배자로 군림했다.
[21] 코르도바에 근거를 둔 우마이야 왕조의 재상으로 24년간(978-1002) 실질적인 지배자로 군림한 인물이며, 스페인에서는 Almanzor라는 이름으로 유명했다.

타내게 되기 때문이다. 이러한 풍모는 그뒤에도 존속하게 되고, 그것을 통해서 왕조의 정체성과 지속성이 보장되는 것이다.

지배자를 농단하는 사람은 왕권을 확보한 부족이나 그 가신과 추종자들이 보유했던 연대의식을 어느 정도 공유하고 있을런지도 모른다. 그러나 그의 연대의식은 여전히 지배가문의 연대의식에 종속적이고 그것에 속하는 일부를 구성할 뿐이기 때문에, 그 자신이 왕권의 소유자로서의 풍모를 가질 수는 없다. 따라서 그가 통제력을 가지게 된다고 하더라도 공개적으로 자신이 왕권을 탈취하지는 않으며, 다만 그 열매, 즉 통치와 행정 및 다른 모든 권력의 행사에 만족할 뿐이다. 그는 백성들에게 자신이 단지 지배자를 대신해서 행동하며 지배자의 결정을 장막 뒤에서 실행에 옮길 뿐이라는 인상을 심어준다. 그는 왕권을 나타내는 상징, 문장(紋章), 칭호를 사용하지 않으려고 조심하며, 설령 자신이 전권을 휘두르고 있다고 하더라도, 이런 점에서 의심을 살 만한 행동을 하지 않으려고 노력한다. 비록 그가 전권을 행사하는 것은 사실이라고 하더라도, 그는 지배자와 그 조상들이 왕조를 건설할 때 자신들을 같은 부족으로부터 보호하기 위해서 쳐놓은 장막 뒤에 몸을 숨기고 있다. 그는 자신이 지배자의 대리인으로 권력을 행사하고 있는 것처럼 가장하는 것이다.

만약 그가 왕권에 고유한 특권을 스스로 취하게 될 경우, 지배자의 연대의식을 대표하는 사람들이나 부족은 그에게 반발하면서 그를 밀어내고 자기들이 그와 같은 특권을 차지하려고 할 것이다. 그는 왕권을 보유하기에 적합하다는 인상을 주거나 다른 사람들로 하여금 그에게 복종케 할 만한 아무런 풍모도 갖추고 있지 못하다. 따라서 그가 왕권에 고유한 특권을 차지하려고 시도한다면, 그것은 즉시 그의 몰락을 초래하고 말 것이다.……

21) 왕권의 진정한 의미와 다양한 종류

왕권이란 인간에게 필수불가결한 제도이다. 앞에서 설명했듯이 인간은 식량이나 기타 생활필수품을 확보해야 하기 때문에 사회조직과 협력하지 않으면 생존할 수 없다. 인간이 조직을 가지게 되면 상호관계를 가질 수밖에 없고 또 각자의 욕구도 충족되어야 한다. 인간에게는 불의와 침탈이라는 동물적 본성이 있기 때문에, 각자는 필요한 것을 얻으려고 무엇에나 손을 뻗쳐 차지하려고 할 것이다.

반면 다른 사람들은 자신의 소유물이 위협을 받을 때에 나타나는 인간의 강력한 대응, 분노, 원한 등의 감정에 격발되어 그것을 빼앗기지 않으려고 노력할 것이다. 이것은 분열을 초래하고, 분열은 적대감을 낳고, 적대감은 다시 혼란과 유혈사태와 살인을 불러일으키며, 그것은 곧 인류의 멸망을 초래한다. 그러나 창조주는 인류가 존속할 수 있도록 특별히 배려했다.

따라서 인간은 무정부적인 상태에서는 살 수 없으며, 그들을 서로 분리시켜놓는 지배자 없이는 살 수 없다. 인간은 자신들을 억제하는 사람을 필요로 하는데, 그가 바로 그들의 지배자인 것이다. 이와 같은 인간의 본성으로 인해서 그는 권위를 발휘하는 강권력을 지닌 군주가 될 수밖에 없다. 앞에서도 지적했듯이 이런 점에서 연대의식은 절대적으로 필요하다. 대규모의 공격과 방어는 연대의식의 도움이 없이는 성공할 수 없기 때문이다. 따라서 이런 종류의 왕권은 고귀한 제도이며, 그에 대한 필요성도 일반적일 뿐만 아니라, 수호되어야 마땅한 제도이다. 그러나 이미 전술했듯이 이런 것은 연대의식의 도움이 없다면 실현될 수 없다.

연대의식에도 종류가 있다. 모든 연대의식들은 그것을 추종하는 사람과 가문에 대해서 권위와 지배권을 발휘하지만, 그렇다고 어느 연대의식이나 모두 왕권을 확보하는 것은 아니다. 왕권이란 피치자를 지배하고 세금을 징수하며 원정군을 파견하고 변경지역을 보호하며 다른 사람들보다 강력한 힘을 발휘하는 사람들에게 속하는 것이다. 이것이 일반적으로 받아들여지고 있는 왕권의 진정한 의미이다.

어떤 집단의 연대의식은 왕권의 일부를 구성하는 이러한 기능들, 즉 변경의 방위나 세금의 징수 혹은 군대의 파견 등의 기능을 온전히 수행하지 못하기도 한다. 이럴 경우 왕권은 불완전한 것이며 진정한 의미에서의 왕권이라고 할 수 없다.

그런가 하면 어떤 집단의 연대의식이 다른 연대의식들을 통제하거나 모든 사람들을 장악할 정도로 강력하지 못한 경우도 있는데, 이는 그들의 연대의식보다 우위를 점하는 또 다른 권위가 있음을 의미한다. 그들의 왕권 역시 불완전한 것이며 이는 온전한 의미에서의 왕권이라고 할 수 없다. 예를 들면 한 왕조에 복속하면서도 지방의 태수나 부족의 수령들이 발휘하는 권위가 그러하다. 이러한 상황은 영토가 광대한 왕조들의 경우에 자주 나타난다. 즉 내가 말하려고 하는 것은 지방이나 멀리 떨어진 지역의 지배자들이 중앙의 왕조권력에 복속하면서 동시에 자기 영내의 사람들을 지배하는 경우이다.

22) 가혹한 지배는 왕권에 해로우며 대부분 그 파멸을 초래한다

피지배자들이 지배자에 대해서 가지는 관심은 그 사람 개인이나 외모, 예를 들면 늘씬한 몸매나 잘생긴 얼굴, 당당한 풍채나 해박한 지식, 수려한 필체나 예리한 사고 등에 대한 것이 아니다. 그들의 관심은 지배자와 피지배자 사이의 관계에 있다. 왕조와 국가의 권위는 지배자와 피지배자 사이의 상호관계에서 비롯된다. 국가는 군주가 백성을 지배하고 그들의 문제를 처리할 때에 현실화된다. 백성이 있어야 군주가 되고, 군주가 있어야 백성이 될 수 있다. '지배권'이란 군주가 백성들과의 상호관계를 통해서 발휘하는 속성이다. 이는 곧 그가 백성들을 지배한다는 것을 뜻하며, 만약 그러한 지배권 및 그 속성들이 선한 것일 때에 국가의 목적은 가장 완벽하게 성취될 수 있다. 그러한 지배권이 선하고 유익한 것이라면 백성들의 이익은 증진되겠지만, 악하고 부당한 것이라면 그들에게 해를 끼치고 파멸을 가져다줄 것이다.

선량한 지배권은 온후함에 있다. 만약 군주가 폭력을 사용하고 형벌을 마음대로 가하며 백성들의 잘못을 들추어내어 그들의 죄를 헤아리기 시작한다면, 백성들은 두렵고 짓눌려 자신을 보호하기 위해서 거짓말을 하고 잔꾀를 부리고 기만행위를 하게 된다. 이것이 그들의 성품이 되고 그들의 마음과 성품은 타락하게 된다. 그들은 전쟁터에서 종종 군주를 버리기도 하고 국방의 임무를 방기하기도 한다. 백성들의 의욕의 저하는 국방을 이완시키고, 그들은 군주를 시해하려는 음모를 꾸민다. 이렇게 해서 왕조는 쇠퇴하고 그것을 보호하는 울타리는 황폐하게 된다. 만약 군주가 백성들에 대해서 강압적인 지배를 계속한다면 연대의식은 파괴될 것이고, 만약 그가 온후하며 백성들의 결점을 눈감아준다면 그들은 그를 신뢰하고 그에게서 안식처를 찾으려고 할 것이다. 또한 그들은 마음 속 깊이 그를 사랑하고 적과의 전쟁터에서 그를 위해서 목숨을 바치려고 할 것이다.

자기 백성에 대한 친절과 보호야말로 선량한 지배권의 속성이다. 왕권의 진정한 의미는 군주가 자기 백성을 보호할 때에 실현된다. 그들에게 친절하고 자상하다는 것은 백성들의 생활에 관심을 가지고 다정하게 대하는 것이기도 하다. 이런 것들은 군주가 백성들의 사랑을 얻기 위해서 중요한 것이다.

기민하고 명석한 사람이 온후함의 습성을 가지는 경우는 드물다. 온후함은 일반적으로 무신경하고 무관심한 사람들에게서 보이는 것이다. 군주의 기민함이 초래하는 약점 중의 하나는 그가 백성들의 능력을 넘는 것들을 요구한다는 것인데, 그 까닭은 그가 백성들이 인식하지 못하는 것까지 알고 있고, 어떤 일을 시작할 때에 이미 자신의 명석한 두뇌로 그 결과를 예견하기 때문이다. 군주의 지나친 요구는 백성들의 파탄을 초래할 수도 있다. 무함마드는 일찍이 "너희들 가운데 가장 약한 자와 보조를 맞추어라!"고 말했다.

그래서 무함마드는 지나치게 명민하지 않은 것을 군주의 조건으로 들었다. 왜냐하면 지나친 명민함은 전제적이고 악한 통치를 수반하고 나아가서 사람들로 하여금 천성적으로 할 수 없는 일을 하도록 만드는 경향을 나타내기 때문이다.

결론을 말하자면 지나친 명석과 기민은 정치지도자로서는 하나의 결함이다. 어떤 사람이 우둔하다면 그것은 곧 그가 지나치게 완고하다는 것을 뜻하듯이, 명석과 기민이라는 것은 곧 그가 너무 많은 생각을 한다는 것을 의미한다. 인간의 모든 품성이 그러하듯이 극단은 비난받아 마땅한 것이며 중용의 길이야말로 칭찬받을 만한 것이다. 낭비와 인색 사이의 관대, 혹은 만용과 비겁 사이의 용기도 이와 마찬가지이며, 인간이 지닌 다른 품성들도 그러하다. 이러한 이유로 매우 영리한 사람은 악마의 자질이 있다고도 말할 수 있고, 그래서 '악마' 혹은 '악마 같은 사람' 등으로 불리는 것이다.

23) 칼리프위와 이맘위의 의미

왕권의 진정한 의미는 그것이 인류에게 필수적인 일종의 유기체이며, 따라서 그것은 지배력과 강제력을 발휘하며 분노라든가 인간성이 가지는 동물적 욕구를 표현하기도 한다. 그래서 많은 경우 군주의 결정은 올바른 것으로부터 벗어나게 되고, 그와 같은 결정은 지배를 받는 백성들의 생업을 파멸로 몰고 가기 쉽다. 왜냐하면 그는 백성들에게 자신의 의도와 욕구를 수행하라고 강요하지만, 그것은 그들의 능력범위를 벗어나는 일이기 때문이다. 파멸의 상태는 각 세대가 보여주는 의지에 따라서 달라지는데, 그렇기 때문에 사람들은 군주에게 복종하지 않으려고 하고, 불복종이 눈에 띄게 드러나면 곧 혼란과 유혈사태가 이어지게 되는 것이다.

  따라서 대중들이 수용하고 순종하는 일정한 정치적 규범을 준거로 삼을 필요가 있다. 페르시아인이나 다른 민족들은 그러한 규범을 가지고 있었다. 이와 같은 규범에 근거한 정치를 펴지 않는 왕조는 자신의 지배권을 올바로 확립하지 못한다.

  만약 이러한 규범이 왕조에 속한 지식인과 지도층 인사들에 의해서 제정된 것이라면, 그 결과는 지적 근거 위에 선 정치제도로 나타날 것이다. 만약 그것이 종교법을 제시하는 입법자를 매개로 신이 제정한 것이라면 그 결과는 종교적 근거 위에 선 정치제도로 나타날 것이며, 그 제도는 현세와 내세의 생활에 모두 유익한 것이 될 것이다.

  이렇게 말하는 까닭은 인간의 목적이 단지 현세적인 안녕에만 있지 않기 때문이다. 이 세상의 모든 것은 사소하고 무익하며, 결국 죽음과 소멸로 끝나고 만다. 인간의 목적은 종교인데, 종교는 그들을 내세의 행복으로 인도한다. 그러므로 종교법은 인간이 신과 혹은 다른 인간과 교유할 때 그러한 길을 따르도록 유도하는 것을 목적으로 삼는다. 이것은 인간의 사회조직에 필연적으로 존재하는 왕권의 경우에도 마찬가지이다. 종교법은 왕권을 종교의 길에 따라서 인도함으로써 모든 것이 종교법의 감독 아래 머물도록 한다. 왕권이 무력이나 구속력 혹은 제어되지 않은 분노를 통해서 수행하는 어떠한 것도 전제와 불의이고, 따라서 그것은 종교법에 의해서는 물론 정치적 지혜의 관점에서도 비난받아 마땅한 것이다. 뿐만 아니라 종교법의 감독에서 벗어난 여하한 정책이나 정치적 결정 역시 비난받아 마땅하다. 왜냐하면 그것은 신의 광명을 결여한 환영에 불과하기 때문이다. 부활의 날, 인간의 행위는 그것이 왕권과 관련된 것이건 아니건 모두 자신에게로 다시 되돌아오게 될 것이다.

  정치적 법률은 오로지 현세적 이해만을 고려하는 반면, 입법자가 인류에 대해서 걱정하는 것은 내세에서의 안녕이다. 따라서 현세와 내세에 관련된 모든 사무에서 대중들로 하여금 종교법에 부응해서 행동하도록 유도해야 할 것이다. 그렇게 할 수 있는 권위를 지닌 사람은 종교법의 대리자, 즉 예언자들이며, 그 다음으로는 예언자의 뒤를 이은 칼리프들이다.

  이상의 논의를 통해서 칼리프의 지배권이 의미하는 바가 분명해진다. 자연적 왕권이란 자신의 목표와 욕구에 따라서 대중들이 행동하도록 요구하는 것을 의미하며, 정치적 왕권이란 현세적 이익을 증진시키고 그것에 배치되는 일을 피하는 방법을 아는 지적, 합리적 통찰력에 근거하여 대중들의 행동을 유도하는 것을 의미한다. 칼리프위는 대중들로 하여금 현세뿐만 아니라 내세에서의 이해를 염두에 두는 종교적 통찰에 따라서 행동하도록 하는 것을 의미한다. 현세의 모든 조건은 내세의 가치와의 연관성 속에서 고려되어야 한다는 무함마드의 지적처럼, 현세적 이해는 내세에서의 이해와 연관되어 있다. 따라서 칼리프위는 무함마드가 그러했던 것처럼 종교를 보호하면서 현세에서의 지배력을 행사한다는 점에서 사실상 그를 대리한 것이다.

24) 칼리프위를 규제하는 법률과 조건들에 관한 무슬림들의 상이한 견해

앞에서 칼리프위의 진정한 의미에 대해서 설명했다. 무함마드가 그러했던 것처럼 종교를 보존하고 현세에서 정치적 지도권을 행사한다는 점에서 칼리프는 그를 대신한 것이라고 할 수 있다. 이 지위는 '칼리프위' 혹은 '이맘위'라고 불리며, 그것을 주관하는 사람은 '칼리프' 혹은 '이맘'이라고 한다.[22]

후대에 내려와서 그는 '술탄'이라고 불리게 되었는데, 이것은 그 지위를 차지하려는 사람들이 많아졌거나 지리적으로 서로 멀리 떨어진 곳에 있어서 본래의 제도를 규율하는 조건들이 무시되었기 때문에, 백성들은 권력을 장악한 사람이라면 누구에게나 복속의 서약을 할 수밖에 없게 된 경우이다.……

이맘위는 필수불가결한 것이다. 무함마드 주위에 있던 사람들과 그 다음 세대에 속하던 사람들은 이맘위가 종교법에 따라서 필수적인 것이라는 데에 일치된 의견을 보였다. 예언자 무함마드가 사망하자 그 주위에 있던 사람들은 아부 바크르에게 충성을 서약하고 그에게 제반 사무의 감독권을 위임했다. 그 후의 시대에도 사정은 마찬가지였다. 어느 시대에도 사람들은 무정부 상태에 처해진 적이 없었는데, 이는 이맘위가 필수적이라는 점에 대한 일반적인 합의에 따른 것이었다.

혹자는 이맘위의 필수불가결성이 합리적 이성의 관점에서도 자명하게 드러나

---

[22] 이븐 할둔은 이 책에서 칼리프와 이맘을 동의어로 사용하면서 양자를 혼용하고 있는데, 번역에서도 그의 용례를 그대로 따랐다.

며, 이렇게 볼 때 과거에 이루어졌던 합의도 지성의 권위를 확인시켜주는 것에 불과하다는 견해를 표명한 바 있다. 그들의 주장에 따르면 이맘위의 필연성은 인간이 사회조직을 필요로 하며 홀로 생존과 생활을 영위하는 것이 불가능하기 때문에 생겼다는 것이다. 즉 사회조직은 상치되는 목적의 충돌로 인해서 의견대립이 반드시 발생할 수밖에 없으며, 억제력을 발휘하는 군주가 없다면 그와 같은 대립은 분란을 야기시키고 결국 인류의 파괴와 파멸로 연결될 수밖에 없다는 것이다. 이렇게 볼 때 인류의 보존이야말로 종교법의 필연적인 목적의 하나이다.

바로 이러한 관념은 철학자들이 인류의 생존을 위해서 예언자는 필요한 존재라고 이성적으로 입증하는 것과 다를 바 없는데, 이미 그러한 주장이 잘못되었음은 지적한 바이다. 그와 같은 주장의 전제의 하나는 억제력은 신으로부터 나오는 종교법을 통해서만 가능하며 대중들은 그것을 신앙과 종교적인 신념으로 여기며 복종한다는 것이다. 그러나 이러한 전제는 받아들일 수 없다. 억제력은, 설령 종교법이 없다고 하더라도, 왕권의 위세와 권력의 힘을 통해서 생길 수 있기 때문이다. 이는 아무런 경전도 소유하지 못하고 예언자의 전도를 접하지도 않았던 이교도나 다른 민족들에게서 확인된다.

우리는 다음과 같이 논박할 수도 있다. 즉 사회조직 안에서 불화를 제거하기 위해서는 각자 불의를 행해서는 안 된다는 사실을 이성의 권위를 통해서 깨닫는 것으로 충분하다고. 그렇다면 불화의 제거가 종교법을 통해서만 혹은 이맘의 존재를 통해서만 이루어진다는 그들의 주장은 타당하지 못한 셈이다. 그와 같은 불화는 이맘의 존재를 통해서도 제거될 수 있지만, 강력한 지도자가 존재할 때나 아니면 사람들이 불화와 상호침해를 피하려고 할 때에도 제거될 수 있다. 따라서 종교법을 통해서만 그것이 가능하다는 전제에 기초한 그들의 지적인 입증은 지탱되기 어렵다. 이와 같은 사실은 이맘위의 필요성이 종교법, 즉 앞서 설명했듯이 합의에 의해서 생긴 것이라는 점을 보여준다.

어떤 사람들은 아주 극단적인 입장을 취하여, 이맘위는 이성의 관점에서도 혹은 종교법의 관점에서도 결코 필요한 것이 아니라고 주장하기도 한다. 이러한 주장을 하는 사람 가운데에는 무타질라파의 알 아삼[23]과 일부 하리지파[24] 인물들

---

23) 800년경에 태어난 인물.
24) 제1대 칼리프 우마르, 제2대 칼리프 아부 바크라를 정통적으로 계승한 제3대 칼리프 우스만이

왕조, 왕권, 칼리프위(位), 정부 관직 및 이와 관련된 모든 사항들…… 201

이 속한다. 그들은 종교법에 따르는 것만으로 충분하다고 생각했다. 무슬림들이 정의의 실행과 신성법의 준수에 대해서 합의하는 한, 이맘도, 이맘위도 필요하지 않다는 것이다. 그들이 이와 같은 주장을 펴는 까닭은 왕권의 횡포와 지배와 세속성을 피하려고 하기 때문이다. 그들은 종교법이 그러한 권력과 그것을 행사하는 사람들을 비판하고 그런 것들을 근절시키려는 목적도 가지고 있다고 생각했다.

그러나 종교법은 왕권 그 자체를 비난하거나 왕권의 행사를 금지하지도 않는다. 그것은 단지 왕권이 독재나 불의 혹은 탐욕과 같은 폐단을 파생시키는 것을 규제하려는 것뿐이다. 분명히 이러한 폐단은 줄곧 금지되어왔음에도 불구하고 왕권에 부수하여 생기게 마련이다. 종교법은 정의와 공정, 종교적 의무의 수행과 호교를 찬양하며, 이러한 덕목은 반드시 내세에서 그 보상을 받을 것이라고 말한다. 그런데 위의 모든 폐단 역시 왕권에 부수되어 나타나는 것이기 때문에, 종교법이 왕권을 규제하는 것은 그와 같은 일부 특징과 조건에 대해서일 따름이다. 종교법은 왕권 그 자체를 규제하지도, 그것을 완전히 묵살하지도 않는다. 그것은 또한 책임있는 지위에 있는 사람의 욕망과 분노를 규제하지만, 그렇다고 이러한 특성들을 완전히 금지하려고 하지도 않는다. 왜냐하면 그런 것들은 필연적으로 존재할 수밖에 없기 때문이다. 단지 그런 특성들이 적절히 사용되기를 희망할 뿐이다. 다윗과 솔로몬은 어느 누구도 누릴 수 없었을 만큼의 왕권을 소유했음에도 불구하고, 그들은 신성한 예언자였고 신의 눈에는 이제까지 살았던 인간들 가운데 가장 고귀한 존재였다.

또한 우리는 이렇게 반박한다. 즉 이맘위는 불필요하다고 주장함으로써 왕권을 폐지하려는 시도 자체가 우리에게 아무런 도움이 되지 않는다고. 종교법의 준수가 필수적이라는 것에 대해서 우리는 동의하고 있다. 그 까닭은 종교법이 연대의식과 권력을 통해서만 실현될 수 있고, 연대의식은 그 본질상 왕권을 필요로 하기 때문이다. 따라서 이맘을 두지 않는다고 하더라도 왕권은 존재할 수밖에 없다. 그런데 그 왕권이 바로 전술한 비판론자들이 폐지하려고 하는 것이 아닌가?

만약 이맘위가 필요하다는 것이 무슬림들의 합의를 통해서 인정되었다면, 이

서기 656년에 피살된 뒤, 제4대 칼리프 알리와 그 반대파가 대립하며 충돌이 발생했을 때, 알리가 그 해결을 장로들의 중재에 의뢰하자 이에 반발하여 알리를 버리고 떨어져나간 집단을 하리지(Khâriji)파라고 부른다.

제도는 모든 무슬림이 지켜야 할 공동체의 의무이다. 모든 사람은 이맘위가 확립될 수 있도록 해야만 하고 다음과 같은 코란의 구절에 따라서 이맘에게 복종해야 할 것이다. "알라께 복종하라. 또한 사도와 그대들 가운데 권능있는 자에게 복종하라!"[25]

대부분의 종교학자들은 전승에 기초하여, 두 사람의 이맘을 동시에 임명하는 것은 불가능하다는 견해를 가지고 있다. 그러나 다른 사람들은 두 명의 이맘에 대한 금지는 동일한 지역이나 서로 인접한 곳일 경우에만 적용되는 것이라고 주장한다. 즉 지리적으로 멀리 떨어져 있어 한 사람의 이맘이 통제하기 어려울 정도라면, 대중의 이익을 보호하기 위해서 또 다른 이맘을 두어도 무방하다는 것이다.……

이맘이 되기 위해서 필요한 네 가지 조건이 있다. 지식, 성실, 능력, 그리고 판단과 행동에 영향을 줄 만한 어떠한 결함도 없는 감각과 지체의 온전함이 그것이다. 다섯째 조건으로 쿠라이시 혈통을 들기도 하지만, 이에 대해서는 의견이 일치되지 않는다.

(1) 지식이 선결조건으로 왜 필요한지는 자명하다. 이맘은 신성한 종교법에 대한 지식이 있어야 그것을 집행할 수 있다. 지식이 없다면 그것을 온전히 나타내지 못하게 된다. 그의 지식은 스스로 독자적인 결정을 할 수 있을 정도가 되어야 한다. 전승을 맹목적으로 추종하는 것은 하나의 결함이 되며, 이맘에게는 모든 자질과 조건의 완벽함이 요청된다.

(2) 성실이 필요한 것은 이맘위가 하나의 종교적 제도이며, 성실을 필요로 하는 다른 모든 제도들을 관장하기 때문이다. 이맘이 금지된 행동을 했을 때 그의 성실성이 무효화된다는 점에 대해서는 하등의 이견이 없으나, 그가 교의를 혁신했을 때에도 성실성이 무효화되느냐에 대해서는 이견이 있다.

(3) 능력이란 이맘이 법에 의해서 규정된 처벌을 집행하고 전쟁을 수행할 의지가 있음을 의미한다. 그는 전쟁에 대해서 알아야 하고 사람들을 전투에 투입시키는 책임을 져야 한다. 그는 또한 연대의식과 외교의 세부사항에 대한 지식을 갖추고 있어야 하며, 정치적 책무를 수행할 만큼 강인해야 한다. 이 모든 것들이

---

[25] 『코란』 4:59.

전제되어야 그는 종교를 보호하고 적에 대한 성전을 주도하며 종교법을 유지하고 공공의 이익을 관장할 수 있다.

(4) 광기, 실명, 농아와 같은 신체적, 감각적 결함과 장애, 혹은 수족과 생식기의 불구와 같이 행동에 지장을 줄 정도의 지체의 결함이 없는 것이 이맘의 전제조건이 되는 까닭은 그러한 각종 결함으로 인해서 그가 자신의 책무를 수행할 만한 충분한 능력을 갖출 수 없게 되기 때문이다. 단지 외관상의 손상만을 가져온 결함, 예를 들면 사지 가운데 하나만 없는 것과 같은 경우도, 이맘이 건전한 지체를 가져야 한다는 조건에서 볼 때 부족함의 여지가 있다고 할 수 있다. 행동의 부자유함은 지체의 결함과 연관되어 있다. 그와 같은 부자유함에는 두 가지 종류가 있을 수 있다. 하나는 투옥과 같은 일을 당해서 자유로운 활동이 완전히 불가능해진 경우인데, 지체의 온전함이 이맘의 선결조건인 것과 마찬가지로 활동의 완전한 자유도 이맘에게 필요한 조건이다. 또 하나는 이와는 다른 부류의 것으로, 다른 사람이 이맘을 좌지우지할 정도의 권력을 가지게 되어, 비록 이맘에 대해서 불복하거나 반대하는 것은 아닐지라도 실제로 이맘을 유폐시키게 되는 경우이다. 이렇게 되면 문제의 초점은 권력을 장악한 그 사람에게로 옮겨진다. 만약 그가 이슬람과 정의와 올바른 정책에 따라서 행동한다면, 그의 존재를 인정할 수도 있다. 그렇지 못할 경우, 무슬림들은 그를 제어하고 그가 조성한 유해한 상황을 제거할 만한 사람들에게 도움을 요청하여 칼리프에게 다시 행동의 자유를 가져다줄 필요가 있다.

(5) 쿠라이시 혈통을 이맘의 조건으로 하는 것은 아부 바크르가 칼리프에 등극했을 때에 무함마드의 교우들 사이에 이루어진 합의에 기초를 두고 있다.…… 쿠라이시 혈통이 전제조건이라는 것을 반대하는 사람들 가운데에는 판관 아부 바크르 알 바킬라니가 있다. 그의 시대에 쿠라이시 부족의 연대의식은 이미 사라지고 해체되어, 비아랍인 통치자들이 칼리프를 농락했다. 따라서 당시 칼리프의 상황을 목도한 그는 쿠라이시 혈통을 이맘의 전제조건에서 배제했던 것이다. 그러나 학자들은 대체로 쿠라이시 혈통을 전제조건으로 고수하고 있으며, 비록 쿠라이시가 무슬림들의 사무를 관장하기에 너무 약해져버린 것은 사실이라고 하더라도, 여전히 이맘의 지위는 그들에게 속해야 마땅하다고 생각한다. 하지만 이런 주장을 하는 사람들은 이맘의 지위에서 능력이라는 전제조건, 즉 자신의 의무를

수행할 만한 힘이 필요하다는 점에 대해서 논박하지 않으면 안 될 것이다. 만약 연대의식의 소멸과 함께 이맘의 권력도 사라진다면, 그것은 지식과 종교라는 면에 대해서까지 악영향을 미치게 될 것이다. 그렇게 될 경우 이맘위를 지탱하는 모든 조건들도 무의미해지며, 이는 곧 학자들의 합의에 배치되는 것이 된다.……

그런데 만약 우리가 신이 의도한 칼리프위가 어떤 것이었는가를 생각해본다면, 거기에는 하등의 애매함도 있을 수 없다. 즉 신은 칼리프를 자신의 대리인으로 만들어 자신의 종들의 일을 처리토록 한 것이다. 칼리프는 신도들로 하여금 선행을 하도록 유도하고 또 유해한 일을 못 하도록 금해야 한다. 신은 직접 계시를 통해서 그에게 그런 임무를 부여하셨다. 종교지도자인 이븐 하팁은 대부분의 종교법이 남자에게뿐만 아니라 여자에게도 동일하게 적용된다고 말했다. 그런데 여자가 종교법을 따라야 한다는 구절은 경전 속의 어디에도 명시적으로 기록되지 않았다. 다만 이븐 하팁과 같은 학자의 견해에 따르면, 유추를 통해서 여자들도 포함된다고 보아야 한다는 것이다. 여자가 하등의 권력을 가지지 못하는 것도 바로 이런 이유 때문이다. 신을 섬기는 의무는 각자가 자신의 의지를 통제할 수 있기 때문에 예외가 되지만, 나머지 다른 방면에서는 남자가 여자를 통제한다. 여자가 신을 섬기는 의무를 다해야 한다는 점은 유추에 의해서가 아니라 경전에 나타난 명시적인 언급을 통해서 확인되는 것이다.

더구나 존재계는 연대의식이 칼리프 위에 필수불가결한 요소임을 증명하고 있다. 어떤 민족이나 종족에 대한 지배권을 장악하는 사람만이 그러한 임무를 수행할 수 있기 때문이다. 종교법의 요건들이 존재계의 요건과 상반되는 경우는 거의 없다.……

25) 이맘위의 문제에 관한 시아파의 교리

(본문 번역 생략)

26) 칼리프위의 왕권으로의 변질

연대의식이 자연적으로 추구하는 목표는 왕권이다. 왕권은 연대의식이 낳은 결과인데, 앞에서 서술한 것처럼 그것은 선택에 의해서라기보다는 그 내재적 필요와 요청에 의한 것이다. 일체의 종교법과 그 시행 나아가서 대중들이 기대하는 모든 것들은 연대의식을 필요로 한다. 오로지 연대의식의 도움을 통해서만 어떤 주장이 성공적으로 관철될 수 있다는 사실은 앞에서 이미 설명한 바이다.

연대의식은 무슬림 공동체에 필요한 것이다. 그것이 있어야 비로소 공동체는 신이 기대하는 것들을 실현할 수 있다. 그렇지만 무함마드가 연대의식을 비판했고 또 우리에게 그것을 거부하고 방기하라고 말했던 사실을 알고 있다. 그는 이렇게 말했다. "주는 너희들에게서 이슬람 이전 시대에 가지고 있었던 자만심과 조상에 대한 자부심을 없애버렸다. 너희는 아담의 자손이며, 아담은 흙에서 만들어졌다." 신은 또한 "하나님이 보시기에 가장 고귀한 자는 너희들 가운데 하나님을 가장 두려워하는 자이니라."26)라고 말했다. 우리는 또한 무함마드가 왕권과 그 대표자를 비판했음도 알고 있다. 그가 이런 것들을 비난한 까닭은 행운에 대한 탐닉, 무절제한 낭비, 신의 길로부터의 일탈 때문이었다. 그는 모든 무슬림 사이의 우애를 권했고 불화와 분란에 대해서 경고했다.

우리가 잊어서는 안 될 점은 무함마드가 현세의 모든 것들은 우리를 내세로 인도해주는 운반수단에 불과할 뿐이라고 생각했다는 것이다. 이 운반수단을 잃어버린 사람은 어디에도 갈 수가 없다. 무함마드는 우리들에게 특정한 행동을 금지 혹은 억제하거나 방기하도록 요구했는데, 그렇다고 그가 그런 행동을 완전히 무시하라거나 아니면 철저히 제거하라고 한 것도 아니었고 또한 그런 행동이 파생시키는 힘을 전혀 사용하지 말라고 한 것도 아니었다. 그는 그와 같은 힘이 가능하면 올바른 목적을 위해서 사용되기를 바랐던 것이다. 그래서 모든 의도가 궁극적으로 올바른 것으로 수렴되고, 인간의 모든 행위가 동일한 지향을 가지게 되기를 희망했던 것이다.

무함마드가 분노를 억제하라고 말했을 때, 인간이 지니고 있는 한 자질을 없애려고 그랬던 것은 아니다. 만약 인간이 분노라는 힘을 더 이상 가지지 못하게 되면, 진리가 승리할 수 있도록 도움을 줄 만한 능력도 상실하게 될 것이다. 더 이상 성전도 존재하지 않을 것이고 신의 말씀을 영광되게 하는 것도 불가능할 것이다. 무함마드는 사탄을 위해서 봉사하며 비난받아 마땅한 목적을 지닌 분노를

---

26) 『코란』 49 : 13.

비판한 것이지, 신과 하나가 되고 그를 위해서 봉사하는 분노는 찬양받아 마땅하다. 이렇게 칭찬받을 만한 분노야말로 무함마드의 자질 가운데 하나였다.

마찬가지로 그가 욕망을 억제하라고 했을 때에도 그것은 욕망을 완전히 제거하라는 뜻은 아니었다. 어떤 사람에게서 강렬한 욕망을 완전히 제거한다면, 그는 장애인이나 열등인이 되고 말 것이다. 욕망이 대중의 이해를 증진하기 위해서 용인될 수 있는 목적에 사용됨으로써 인간이 신의 명령에 기꺼이 순종하는 적극적인 종이 되어야 한다는 것이 무함마드의 참뜻이었다.

이와 마찬가지로 종교법이 연대의식을 비판하며 "너희의 혈육도 자식도 (최후 심판의 날에는) 아무 도움도 되지 않을 것이다"[27]라고 했을 때, 이는 이슬람 출현 이전에 그러했던 것처럼 연대의식이 가치 없는 목적에 이용되는 것에 대한 경고일 뿐이다. 또한 그것은 사람으로 하여금 자만심과 우월감을 가지게 하는 연대의식에 대한 경고이기도 하다. 지혜로운 사람의 눈으로 볼 때 그러한 태도는 영원의 세계, 즉 내세에는 아무런 소용도 없는 무익한 것일 뿐이다. 반면 신의 명령을 수행하고 진리를 위해서 봉사하는 연대의식은 바람직한 것이다. 만약 그런 것이 사라져버린다면, 종교법은 더 이상 존재하지 못하게 된다. 왜냐하면 앞에서도 이야기했듯이 종교법은 오로지 연대의식을 통해서만 실현될 수 있기 때문이다.

무함마드는 왕권도 비판했는데, 이 역시 진리를 위해서 지배권을 확립하거나 대중들에게 신앙을 받아들이도록 요구하고 나아가서 공공의 이익을 보살피는 목적으로 사용되는 왕권에 대한 것은 아니었다. 그가 반대한 것은 위에서도 지적했듯이 형편없는 방법을 동원하여 지배권을 확립하려고 한다거나 사람으로 하여금 이기적인 목적과 욕망에 탐닉하기 위해서 사용되는 왕권에 대해서였다. 만약 왕권이 신에게 봉사하려는 목적으로 인간에 대한 지배권을 행사함으로써 사람들로 하여금 신을 숭배하고 신의 적에 대한 투쟁에 참가하도록 하는 것이라면, 거기에는 하등 비난받을 만한 것이 없다.……

신의 사도께서 임종에 앞서서 아부 바크르를 자신의 대리인으로 임명하여, 가장 중요한 종교적 활동이라고 할 수 있는 기도를 인도하도록 했다. 그래서 사람

---

27) 『코란』 60 : 3.

들은 그를 칼리프로 모시는 것에 동의하였으니, 칼리프란, 곧 대중으로 하여금 종교법에 따라서 행동하도록 유도하는 사람이다. 그때 왕권에 대해서는 아무런 언급도 없었는데, 그 까닭은 왕권이 아무런 가치도 없는 것으로 여겨졌을 뿐 아니라 당시 불신자들이나 이슬람의 적들이 소유하는 것이라고 생각했기 때문이다. 아부 바크르는 자신의 지위에 상응하는 의무를, 전임자의 전통에 충실함으로써, 신이 기뻐하는 방식대로 수행했다. 그리고 난 뒤 우마르를 자신의 후계자로 임명했고, 우마르 역시 아부 바크르의 전례를 따라서 다른 민족들과 싸웠다. 그는 그들을 패배시켰고, 아랍인들이 세속적인 재산과 왕권을 소유할 수 있도록 허용했으며, 아랍인들은 그렇게 했다.

그뒤 칼리프위는 우스만 이븐 아판[28]과 알리에게로 넘어갔다. 이들 칼리프는 모두 왕권을 배척했고 그와 관련된 방식들로부터 거리를 두었다. 그들의 이러한 태도가 강건할 수 있었던 까닭은 이슬람을 믿으며 소박한 생활수준을 유지하고 아랍인들의 야인과 같은 면모를 지킬 수 있었기 때문이었다. 다른 어느 민족에 비해서도 그들은 현세와 사치에 거리를 두었는데, 이는 인생을 즐겁게 하는 재화가 풍성할지라도 금욕적 정신을 고취시키는 그들의 종교가 있었기 때문이요, 그들이 길들여져 있던 거칠고 엄혹한 생활과 야인과 같은 면모와 주거환경이 있었기 때문이었다. 무다르족보다 더 배고픔의 생활에 익숙한 민족은 없었다. 히자즈 지방에서 무다르족은 농경이나 목축 생산물이 없는 곳에서 살았다. 그들은 곡식이 풍부한 비옥한 평야에서 떨어진 곳에 살고 있었는데, 그것은 그런 지역이 자신의 거주지에서 너무 먼 곳에 위치해 있었을 뿐 아니라 라비아족이나 예멘족이 독점적으로 사용하고 있었기 때문이다. 그들은 그런 지역이 주는 풍요함을 시기하지 않았다. 그들은 전갈이나 딱정벌레를 먹을 때도 많았고, 낙타의 털을 돌가루와 같이 빻아서 피를 넣어 섞은 뒤에 요리한 '일히즈'(ilhiz)라는 것을 먹는 것도 자랑스럽게 여겼다. 식사나 주거에 관한 한, 쿠라이시족도 그와 비슷한 상황이었다.

마침내 아랍인들의 연대의식은 예언자 무함마드를 통해서 신께서 그들에게 영광을 준 이슬람 안에서 공고해지게 되었다. 그리고 그들은 페르시아인과 비잔틴

---

[28] 제3대 칼리프.

인들을 향해서 진격했고 신이 그들에게 진실로 약속하고 점지해준 땅을 찾았다. 그들은 페르시아인과 비잔틴인들의 왕권을 거두었고 세속적인 재산들도 압수했다. 이렇게 해서 그들이 축적한 부는 실로 엄청났으니, 기병 한 명이 한 번의 약탈에서 받은 몫이 금화 3만 전에 이를 정도였다. 그들이 차지한 재화의 양은 대단했지만, 여전히 소박한 생활을 그대로 유지하고 있었다. 우마르는 하나뿐인 겉옷이 헤어져 가죽조각으로 꿰매 입었고, 알리는 "금은 보화여! 가서 다른 사람들을 유혹하라. 나는 아니다!"라고 말하곤 했다. 아부 무사[29]는 닭고기를 입에 대지 않으려고 했는데, 그것은 당시 닭고기가 아랍인들 사이에서는 희귀했고 잘 알려지지도 않은 음식이었기 때문이었다. 곡물을 켜는 체라는 것은 아예 있지도 않았고, 베두인들은 겨가 그대로 붙은 밀알을 먹었다. 그러나 그들이 획득한 부는 이제껏 어떠한 사람도 가지지 못했을 정도였다.

알 마수디는 이렇게 기록했다. "우스만의 시대에 무함마드의 교우들은 영지와 돈을 가지게 되었다. 우스만이 살해되던 날 그의 창고에는 15만 디나르와 1백만 디르함이 있었다. 와디 알 쿠라, 후나인 등지에 있던 그의 영지의 값어치는 20만 디나르를 호가했다. 이밖에도 그는 많은 낙타와 말이 있었다. 앗 주바이르[30]가 사망할 당시 그의 영지의 1/8이 5만 디나르의 가격이었으며, 1천 두의 말과 1천 명의 여자노예를 남겼다. 탈하[31]가 이라크에서 거두는 수입은 하루에 1천 디나르였는데, 앗 샤라흐 지방에서 거두는 수입은 그보다 더 많았다. 압둘 라흐만 이븐 아우프[32]의 마구간에는 1천 두의 말이 있었고, 이밖에도 1천 두의 낙타와 1만 두의 양이 있었다. 그가 사망할 때 영지의 1/4은 84,000 디나르의 가격이었다. 자이드 이븐 사비트[33]는 영지나 기타 재산 이외에도 도끼로 조각낸 금과 은을 남겨놓았는데, 10만 디나르의 가치였다. 앗 주바이르는 바스라에 저택을 한 채

---

29) 무함마드의 교우들 가운데 한 사람. 알리와 무아위야 사이에 벌어진 시핀의 전투(657) 이후, 양측의 협상을 위해서 알리가 자신의 대표로 파견한 인물이다.
30) 무함마드의 교우들 가운데 한 사람. 우스만 피살 뒤에 알리측에 대항하여 싸우다가 656년에 사망했다.
31) 무함마드의 교우들 가운데 한 사람. 앗 주바이르와 함께 연맹하여 알리와 싸우다가 전사했다.
32) 무함마드의 교우들 가운데 한 사람. 바드르의 전투에 참가하여 공을 세웠고, 우스만을 칼리프로 옹립하는 데에도 큰 기여를 한 인물. 652년경 사망.
33) 무함마드의 서기였으며, 우마르와 우스만의 시대에 『코란』 편찬에 기여한 인물.

지었고, 이집트, 알 쿠파, 알렉산드리아에도 저택들을 건설했다. 탈하는 알 쿠파에 한 채의 저택만을 새로 지었는데, 메디나에 있던 자신의 집은 수리했다. 그는 회반죽, 벽돌, 티크 나무 등을 사용했다. 사아드 이븐 아비 와카스는 알 아키크(메디나 교외)에 저택을 지었는데, 그것은 높고 넓직했으며 꼭대기에는 난간을 달았다. 알 미크다드34)는 메디나에 저택을 지으면서 안팎으로 회칠을 하도록 했다. 얄라 이븐 문야흐는 5만 디나르와 영지와 30만 디르함에 달하는 재산을 남겨놓았다.”

당시 사람들의 소득은 이 정도였다. 그들의 종교는 그토록 많은 재화를 축적하는 것을 금하지 않았으니, 전리품이란 합법적인 재산이었기 때문이다. 그들은 재산을 낭비하지 않았고 앞에서 기록했듯이 모든 상황에 맞추어 계획을 세워 사용했다. 세속적인 재산을 축적하는 것은 비난받을 만한 것이지만, 그들에게는 적용되지 않는다. 왜냐하면 비난받아 마땅한 것은 낭비와 무계획성이기 때문이다. 그들의 소비는 계획에 따라서 이루어졌고 진리와 진리를 달성하는 길을 위해서 사용되었다. 그렇게 많은 재산을 축적하는 것은 오히려 그들로 하여금 진리의 길을 걷고 내세를 얻는 데에 도움이 되었을 뿐이다.

얼마 지나지 않아 아랍인들의 야인적인 태도와 소박한 생활수준은 막을 내리기 시작했다. 왕권 —— 앞에서 지적했듯이 이것은 연대의식이 낳는 불가피한 결과이다 —— 의 본성이 자신의 모습을 드러내기 시작했고, 이와 함께 지배권과 강권이 나타났다. 왕권이라는 것도 초기 무슬림들이 생각했듯이 사치나 축적된 재산과 같은 부류에 속하는 것이었다. 즉 초기 무슬림들은 지배권을 가치 없는 것들을 위해서 쓰지 않았으며, 종교의 목적이나 진리의 길을 포기하지도 않았다.

연대의식의 필연적인 결과로서 알리와 무아위야 사이에 분쟁이 일어났을 때에도 그들은 진리와 독자적인 판단에 따라서 행동했다. 그들은 어떠한 세속적인 목적을 위해서도 싸우지 않았으며, 가치가 없는 것을 내세우거나 개인적인 적개심으로 행동하지도 않았다. 아마 이에 대해서 의심을 품을지도 모른다. 이단자들은 더욱 그러할 것이다. 그러나 그들 사이에 차이를 만든 것은 진리가 어디에 있는가 하는 문제에 대한 각자의 독자적인 판단이었고, 양측이 상대방에 대해서 반대했던 것도 바로 이 점이었다. 비록 알리가 옳았다고 하더라도, 무아위야의 의도

---

34) 653/54년 경에 사망.

가 사악한 것은 아니었다. 그 역시 진리를 원했지만, 놓친 것뿐이었다. 각자는 그 의도에 관한 한 옳았다. 그러나 왕권의 본성은 한 사람이 모든 영광을 홀로 요구하고 차지하려는 것이다. 무아위야는 왕권의 이러한 본성을 자기 자신에게나 주위의 사람들에게 부인하지 않았다. 왕권이란 연대의식이 바로 그 자체의 본성의 결과물로 잉태하는 것이다. 진리를 추구하려고 했던 무아위야와 같지는 않았지만, 우마이야 일가나 그 추종자들도 그 점은 알고 있었다. 그들은 무아위야 주위에 모여들었고, 그를 위해서 목숨을 기꺼이 바치려고 했다. 만약 무아위야가 그들의 행동의 지향점을 다른 곳으로 유도하거나 그들의 의사에 반하여 모든 권력을 장악하려고 하지 않았다면, 그것은 곧 자신이 쌓아올린 모든 것의 붕괴를 의미했을 것이다. 그에게 더욱 중요했던 것은 별다른 비판을 야기하지 않을 만한 행동의 지향점이 무엇일까 고민하는 것보다, 차라리 비판을 받더라도 그들을 결속시키는 조치를 취하는 것이었다.

누군가가 왕권을 장악하고 그 한 사람이 모든 것을 소유하게 되었을 때, 만약 그가 그 왕권을 진리를 위해서 다양한 방식으로 행사한다면, 그것에 반기를 들 수는 없다. 솔로몬과 그의 아버지 다윗은 이스라엘인들의 왕권을 가졌고 왕권의 본성이 그러하듯이 그것을 전유했지만, 그들이 예언과 진리라는 면에서 얼마나 큰 역할을 했는가는 잘 알려져 있다.

마찬가지로 무아위야 역시 그 동안 쌓은 모든 것이 사라질 것을 우려하여 자신의 후계자로 야지드[35]를 임명했고, 우마이야 일족 역시 권력이 외부인들에게 넘어가는 것을 바라지 않았다. 만약 무아위야가 다른 사람을 후계자로 지명했다면, 아마 우마이야 일족은 반대했을 것이다. 더구나 그들은 야지드에 대해서 좋은 인상을 가지고 있었다. 무아위야는 만약 야지드가 정말로 그렇게 사악한 사람이었다는 사실을 사전에 알았더라면, 그를 자기 후계자로 임명할 사람은 아니었을 것이다. 그렇지 않았으리라는 가정은 무아위야의 경우에는 절대적으로 배제되어야 할 것이다.

---

35) 우마이야 왕조의 제2대 칼리프(재위 680-683). 그의 치세 첫해인 680년에 벌어진 카르발라의 전투에서 알리의 아들 후세인이 비극적인 죽음을 맞이함으로써, 시아파의 분열은 결정적인 것이 되었다. 후세인의 죽음으로 인해서 야지드 이븐 무아위야는 심지어 순니파 무슬림들에게도 비난의 대상이 되었다.

마르완 이븐 알 하캄36)과 그 아들들의 경우도 마찬가지이다. 비록 그들 역시 왕이었다고 하더라도, 쓸모없는 인간이나 압제자들이 왕권을 행사하는 방식과는 달랐다. 그들은 혼신의 힘을 기울여 진리가 의도하는 바에 부합하려고 노력했다. 다만 필요에 의해서 어쩔 수 없이 가치 없는 일을 한 적은 있었다. 그러한 필요란 모든 것이 붕괴되지 않을까 하는 두려움이 생길 때였다. 그러한 상황을 피하는 것이 다른 어떤 것보다도 더 중요했다. 그들의 태도가 그러했다는 사실은 그들이 초기 무슬림들을 본받고 따르려고 했다는 사실로써 입증된다.

그리고 우마이야 왕조의 후기가 되었다. 세속적인 목표와 의도라는 면에서 그들은 왕권의 본질이 요구하는 바에 따라서 행동했고, 선조들이 행동할 때 지침으로 삼았던 점, 즉 사려 깊은 계획과 진리에 대한 의존이라는 것을 망각해버렸다. 이것이 사람들로 하여금 그들의 행동을 비판하고 우마이야 왕조 대신 압바스측의 '선전'37)을 받아들이도록 만들었다. 압바스 일가의 성실성은 놀라울 정도였다. 그들은 힘 닿는 데까지 진리의 실현을 위해서 다양한 방식으로 왕권을 행사했다. 그러다가 마침내 칼리프 하룬 알 라시드의 후손들이 압바스 왕조의 초기 군주들을 계승했다. 그들 중에는 좋은 사람도 있었고 나쁜 사람도 있었다. 후일 권력이 그들의 후손에게로 전해지면서 당연한 것처럼 왕권과 사치를 즐겼다. 그들은 아무런 가치도 없는 세상사에 휘말리기 시작했고 이슬람에 등을 돌리고 말았다. 따라서 신은 그들을 황폐하게 만들었고, 아랍인들은 완전히 권력을 상실하게 되어, 신은 그것을 다른 사람들에게 주었다. 칼리프들의 전기를 읽고 진실된 것과 허망한 것에 대해서 그들이 취했던 상이한 입장들을 이해하는 사람이라면, 어느 누구라도 지금 진술한 내용이 옳다는 것을 알게 될 것이다.……

이제 칼리프위가 왕권으로 변모하게 되었다는 사실이 분명해졌다. 처음에 정부의 형태는 칼리프제였다. 모든 사람은 자제력, 즉 이슬람이 발휘하는 억제력을 지니고 있었고, 세속적인 문제보다 이슬람에 더 경도되었으며, 설령 세속적인 문제를 등한히 함으로써 자기 자신이 파멸한다고 하더라도 그러했다.

---

36) 무아위야 치세에 메디나와 히자즈 지방의 총독으로 임명되었다가 684년에 칼리프의 지위에 오름으로써 마르완 가문의 치세를 연 인물.
37) 압바스 왕조에 의한 우마이야 왕조의 퇴출은 대규모의 조직운동에 의해서 이루어졌는데, 이를 보통 "압바스 왕조 혁명"이라고 한다.

우스만이 자기 집에 갇혀 포위되었을 때, 알 하산, 알 후세인, 압둘라 이븐 우마르, 이븐 자파르 및 다른 사람들이 와서 그를 보호하겠다고 자청하고 나섰다. 그러나 그는 이를 거절하고 무슬림들끼리 칼을 빼는 것을 허락하지 않았다. 그는 분열을 걱정했고, 설사 자기 자신의 파멸을 대가로 치른다고 할지라도 화목을 통해서 공동체의 보전을 바랐던 것이다.

알리가 칼리프로 즉위한 직후에도 알 무기라[38]는 이렇게 충고했다. 즉 사람들이 그에게 충성을 맹세하고 상황이 안정될 때까지는 일단 앗 주바이르, 무아위야, 탈하 등에게 그들의 직위를 그대로 유지하도록 하고, 그뒤에 자신이 원하는 대로 해도 좋을 것이라고 말했다. 이는 물론 정략적으로 좋은 방책이었다. 그러나 알리는 받아들이지 않았다. 그는 기만적 행위를 하지 않으려고 했는데, 그것은 이슬람이 기만을 금하고 있기 때문이었다. 알 무기라는 다음날 아침 다시 그에게 와서 이렇게 말했다. "제가 어제 방책을 올렸는데, 그뒤에 곰곰이 생각해보니, 그것은 결코 정당하거나 좋은 방책은 아니었습니다. 귀하가 옳았습니다." 이에 알리가 대답하기를 "아니, 그렇지 않네. 나는 자네가 어제 내게 해준 충고가 좋은 충고라는 것, 또 오늘 자네는 나를 속이고 있다는 것을 알고 있네. 그렇지만 진리를 지키려는 나의 마음이 내게 자네의 좋은 충고를 따를 수 없게 만들고 있네."라고 했다. 이런 정도로 초기 무슬림들은 세속적인 것을 희생해가면서까지 자신들의 종교에 충실하려고 했던 것이다.

이상에서 정부의 형태가 어떻게 왕조제로 바뀌어갔는가 하는 점을 보여주었다. 그렇지만 왕조제의 시대에서도 칼리프제에 독특했던 측면들, 즉 이슬람과 그 길에 대한 존중, 진리에 대한 추종 등은 여전히 남아 있다. 바뀌어진 것이라면 억제력을 발휘하던 것이 과거에는 이슬람이라는 종교였으나, 이제는 연대의식과 칼이 그 역할을 대신하게 되었다는 점이다. 무아위야, 마르완, 그의 아들인 압둘 말리크 등의 우마이야 왕조의 칼리프들, 그리고 알 라시드에 이르는 압바스 왕조 초기 칼리프들과 그의 몇몇 자식들의 시대가 바로 그러했다. 그리고 나서는 칼리프제의 고유한 특징들이 사라졌고 오직 그 이름만 남게 되었다. 정권의 형태는

---

[38] 칼리프 우마르의 치세에 바스라 총독이었고 후일 쿠파의 총독도 역임했다. 그런데 그의 노예였던 인물이 우마르를 암살하자 정계를 은퇴했다. 그가 알리에게 했다는 이야기는 은퇴시절의 일화이다.

문자 그대로 순수한 왕조제가 되었다. 지배권은 그 본래의 특징을 완전히 구현하게 되고 특정한 쓸모없는 목표 —— 예를 들면 강권력의 사용, 욕망과 쾌락의 무절제한 충족 등 —— 를 위해서 사용되고 말았다.

이것은 우마이야조의 칼리프 압둘 말리크의 자식들의 후계자들, 알 무타심과 알 무타와킬 이후 압바스 왕조의 칼리프들의 경우가 그러했다. 아랍인들의 연대의식이 아직 사라지지 않았기 때문에, 그들은 여전히 칼리프라는 이름은 소유했다. 그러나 뒤이어 아랍 연대의식의 붕괴, 종족의 소멸과 완전한 파괴 등으로 인해서 마침내 칼리프위는 그 정체성마저 상실하게 되었고 정부의 형태는 순수한 왕조제로 바뀌어버렸다.

동부에 있던 비아랍계 통치자들의 경우가 그러했다. 그들은 칼리프에게 복종하는 것처럼 보이기는 했으나 단지 그 축복을 받으려는 것일 뿐, 왕권은 그들에게 속했고 거기에 수반되는 칭호와 특권 역시 오로지 그들의 소유였다. 칼리프는 거기에 아무런 몫도 차지하지 못했다.

이제 우리는 칼리프위가 처음에는 왕권이 없이 존재했으나, 그뒤에 칼리프위의 고유한 특성이 다른 것들과 뒤섞이고 혼란스러워졌으며, 마지막으로 왕권을 지탱하는 연대의식이 칼리프위의 연대의식과 분리되면서 오로지 왕권만이 존재하게 되었다는 사실을 분명히 알게 되었다.

27) 복종서약의 의미

'바이야'(bay'ah)란 복종을 맹세하는 계약이라는 것을 알아야 할 것이다. 이 복종서약은 말하자면 어떤 사람이 수령(amîr)과 맺는 계약, 즉 자기 자신과 무슬림 대중의 사무에 대한 감독권을 수령에게 위임하고 수령의 권위에 도전하지 않을 것이며, 나아가서 수령이 부여하는 모든 의무 —— 호오를 불문하고 —— 를 순종적으로 수행하겠다는 의미를 지닌 계약과 같은 것이다.

사람들이 수령에게 복종서약을 행하고 계약을 체결할 때 자신의 손을 그의 손 위에 올려놓음으로써 계약을 확인한다. 이것은 마치 거래가 끝난 뒤 판매자와 구매자가 취하는 행동과도 같다. '바이야'라고 불리는 복종서약을 표현하는 말의 동사 원형인 '바아'(bâ'a)도 '판매하다' 혹은 구매하다는 뜻을 지니고 있다. 즉 '바이야'는 악수를 의미하며, 언어적으로 혹은 종교적으로 보통 그런 뜻으로 이해되고 있다.

오늘날 흔히 볼 수 있는 복종서약은 페르시아식 관습에 따라서 군주에게 인사할 때 땅이나 군주의 손, 혹은 그의 발이나 옷의 아랫단에 입맞춤을 함으로써 표현된다. 복종서약을 의미하는 '바이야'라는 말은 이러한 행위를 나타내려고 비유적으로 사용되는데, 그 이유는 그와 같은 굴욕적인 형태의 인사법과 검손함이야말로 복종의 필연적인 결과이자 파생물이기 때문이다. 이러한 예법이 아주 널리 퍼져서 과거에 악수하던 방식을 대신하여 이제는 그것이 하나의 보편적 관습으로 자리잡게 되었으니, 누구하고나 악수를 한다는 것은 군주가 자신을 낮추어 값싼 존재로 격하시키는 것을 의미하며 왕좌의 권위나 지도력에 손상을 가져다주기 때문이다. 그러나 자신을 낮추어 검손하고자 하는 일부 군주들이 신하나 유명한 성자들에게 악수를 청하는 사례는 아직도 남아 있다.

복종서약이 지니는 이러한 관용적인 의미를 이해해야 할 것이다. 왜냐하면 자신의 군주와 이맘에 대해서 어떠한 의무를 져야 하는지를 알아야 하기 때문이다. 따라서 그의 행동은 경박하거나 무례해서는 안 될 것이다. 군주와 상대할 때에는 이 점을 염두에 두어야 할 필요가 있다.

28) 계승

이제까지 이맘위(칼리프위)에 대해서 논의했고, 그것이 공공의 이익을 위해서 봉사하는 것이기 때문에 종교법의 일부라는 사실에 대해서도 언급했다. 그 진정한 의미는 세속적이거나 종교적 사무에서 무슬림들의 이해를 감독하는 것이라는 점도 지적했다. 칼리프는 그들의 보호자이자 관리인이다. 그는 자신의 목숨이 붙어 있을 때까지 그들을 돌본다. 그러나 자신이 죽은 뒤에도 그들을 돌보아야 하기 때문에, 누군가를 임명하여 자신이 했던 것과 같은 역할을 하도록 해야 하며, 사람들이 자신을 믿고 따랐던 것처럼 후임자도 사람들이 신뢰할 수 있는 그런 사람이어야 할 것이다.

후계자의 임명은 종교법의 일부로 인정되고 있으며, 무슬림들의 합의에 의해서 이루어지며 일단 합의가 이루어지면 그것은 합법적인 것으로서 승인되어야 한다. 따라서 아부 바크르가 무함마드의 교우들이 참석한 가운데 우마르를 자신의 후계자로 임명했고, 그들은 이 임명을 합법적이라고 보았으며 그에게 복종하는 것을 자신들의 의무라고 생각했다. 마찬가지로 우마르도 후계자 선출 위원회에 6인의 교우를 지명했다.

따라서 이맘에 대한 회의는 정당화될 수 없다. 설사 후계자가 전임자의 아버지나 아들이라고 할지라도 마찬가지이다. 그에게는 살아 있을 때까지 무슬림의 사무를 관할하는 책무가 부여되었다. 더구나 그는 자신의 사후 발생할지도 모를 사악한 사태에 대해서까지 생전에 예방조치를 취해놓아야 할 책무까지 지고 있다. 바로 이것이 전임자가 자기 아들이나 아버지를 지명하는 것에 대해서 비판을 제기하는 사람들, 혹은 아버지가 아니라 아들만을 지명하는 것에 대해서 비판적 견해를 표명하는 사람들에 대한 반론이 된다. 사실상 그가 아버지건 아들이건 누구를 지명한다고 해도, 그것 때문에 지탄의 대상이 되어서는 안 될 것이다. 특히 후계자 선정에 어떤 특별한 이유가 있을 때, 예를 들면 공공의 이해를 증진하고자 하는 욕구라든지 어떤 위험이 발생할지도 모른다는 우려와 같은 것이 있을 때, 이맘의 지위에 대한 의심은 있을 수 없다.

예를 들면 무아위야가 자기 아들인 야지드를 임명했던 것이 바로 그런 경우이다. 그의 결정은 사람들의 동의를 얻었기 때문에, 이미 그 자체만으로도 현재 우리가 논의하고 있는 후계자의 적합성 문제에 대한 정당성을 획득한 셈이다. 그러나 무아위야가 다른 사람이 아닌 자기 아들 야지드를 특히 선호했던 까닭은 그렇게 함으로써 사람들 사이에 단합과 화목을 유지하고 나아가서 공공의 이익을 확보할 수 있다고 생각했고, 당시 권력을 장악하고 있었던 사람들, 즉 우마이야 일족이 야지드를 앉히는 것에 동의했기 때문이었다. 무아위야에게 그밖에 다른 동기가 있었다고 생각할 수 없다. 그가 지닌 성실함, 그리고 그가 무함마드의 교우들 가운데 한 사람이었다는 사실은 다른 설명의 가능성을 배제한다.

무아위야 이후에도 진리를 따르고 그것에 부응하는 행동을 했던 칼리프들은 그와 비슷한 결정을 내렸다. 우마이야 왕조에서 그러한 칼리프로는 압둘 말리크와 술레이만이 있고, 압바스 왕조에서는 앗 사파, 알 만수르, 알 마흐디, 알 라시드, 그리고 그밖에도 무슬림에 대한 배려와 성실함으로 잘 알려진 사람들이 있다. 그들이 자기 자식이나 형제를 선택했다고 해서 비난의 대상이 되어서는 안 되며, 네 명의 초대 칼리프들이 걸었던 '순나'(Sunnah)[39]에서 일탈했다고 보아서도 안 될 것이다. 그들이 처했던 상황은 애당초 왕권이라는 것이 존재하지 않았고 종교만이 억제력을 발휘하던 시대에 살았던 네 명의 초대 칼리프들과는 달랐다. 그 당시에는 각자 마음 속에 억제력을 지니고 있었다. 따라서 그들은 이슬람에 합당한 사람을 지명했고 다른 사람들보다 그러한 사람을 선호했던 것이다. 그들은 어떤 후보자라고 할지라도 모두 스스로의 억제력을 지니고 있다고 믿었다.

그들이 지나간 다음 무아위야 이후에 아랍인들의 연대의식은 그 최종적인 목적지인 왕권에 도달하게 되었다. 종교가 지니는 억제력은 약화되고, 대신 정부와 집단의 억제력이 필요해졌다. 만약 그런 상황에서 연대의식을 발휘하는 집단의 동의를 받지 못하는 사람이 후계자로 임명될 경우, 그와 같은 임명은 거부되고 말았을 것이다. 그렇게 되면 임명된 사람에게 주어진 기회는 신속하게 사라지고 공동체는 분열되고 반목으로 찢겨졌을 것이다.

누군가가 알리에게 이렇게 물었다. "어째서 사람들은 아부 바크르나 우마르가 칼리프로 선출되었을 때에는 아무런 이의를 제기하지 않았는데, 이제 당신의 선출에 대해서는 동의하지 않습니까?" 이에 대해서 알리는 이렇게 대답했다. "그 이유는 아부 바크르나 우마르는 나와 같은 사람들을 데리고 있었지만, 이제 나는 자네 같은 사람들을 옆에 두고 있기 때문이라네!" 그가 말하려고 한 것은 바로 이슬람의 억제력이었다.

알 마문이 알리 이븐 무사 이븐 자파르 앗 사딕을 후계자로 임명하고 그에게 '알 리다'(ar-Ridâ)라는 칭호를 주었을 때, 압바스 일족은 그의 결정에 크게 불만을 나타냈다. 그들은 알 마문에게 표시했던 복종서약이 무효화되었다고 선언하고 그의 숙부인 이브라힘 알 마흐디에게 복종서약을 했다. 이로써 극심한 혼란, 분열, 교통의 두절이 생기고, 너무나 많은 반란군과 이탈자가 생겨서 나라가 거의 붕괴될 지경이었다. 결국 알 마문이 후라산에서 바그다드로 급거 귀환하여 비로소 사태를 원상으로 회복시킬 수 있었다.

후계자의 문제를 고찰할 때 우리는 위에서 말한 것과 같이 칼리프위와 왕권

---

39) 이는 무슬림 공동체가 준수해야 할 사회적, 법적 관행을 의미한다. '순나'의 근거로는 이슬람 출현 직후 메니나에서 생활하던 사람들의 행동 혹은 무함마드의 교우들의 선례 등이 제기되었으나, 8세기 말 법학자 앗 샤피이의 견해에 따라서 무함마드의 언행을 가장 중심적인 것으로 여기는 견해가 널리 받아들여지게 되었다. 그의 언행을 기록한 것이 바로 『하디스』이다.

왕조, 왕권, 칼리프위(位), 정부 관직 및 이와 관련된 모든 사항들…… 217

사이에 존재하는 그와 같은 차이를 고려에 넣으지 않으면 안 된다. 시대가 바뀌면 그에 따라서 생기는 문제의 성격, 부족, 연대의식도 달라진다. 이런 방면에서의 차이들은 결국 공공의 이익에도 변화를 가져오고, 서로 상이한 공공의 이익은 그것에 맞는 특정한 법률을 필요로 한다.

그러나 이슬람은 군주권의 부자상속을 후계자 임명의 정당한 목적이라고 간주하지 않는다. 왜냐하면 원칙적으로 계승이란 원하는 인물이 누구이건 그 사람을 드러내어 세우는 신의 뜻에서 나오는 것이기 때문이다. 후계자를 지명할 때 가능한 한 선의로써 임해야 할 필요가 있다. 그렇지 않다면 종교적 제도와 상충될 위험이 있기 때문이다.……

어떤 사람들은 이맘위를 신앙의 기본적 의무의 하나로 꼽아야 한다고 잘못된 주장을 하기도 한다. 그러나 이맘위는 공공의 보편적 이익과 관련된 것으로, 사람들은 그 지위를 이맘에게 위탁했을 뿐이다. 만약 이맘위가 예배와 같이 신앙의 기본 의무에 속하는 것이라면, 무함마드는 예배할 때 자신의 대리인으로 아부 바크르를 임명했던 것처럼 누군가를 이맘(즉 후계자)으로 임명했을 것이고, 그러한 사실이 예배의 대리인의 경우처럼 대중에게도 알려졌을 것이다. 무함마드의 교우들이 칼리프의 지위를 예배의 대리인과 유사한 것으로 생각하고 바로 그런 판단에 기초하여 아부 바크르를 칼리프로 선출했다는 사실 그 자체가 이미 후계자 임명이 존재하지 않았음을 보여주는 증거이다. 또한 그것은 이맘위와 그 후계자의 임명이라는 것이 당시에는 오늘날처럼 그렇게 중요하지 않았음을 보여주기도 한다. 일상적으로 발생하는 상황에서 결속과 분열을 결정짓는 연대의식이 지금처럼 과거에도 동일한 중요성을 지녔다고 말할 수는 없다. 이슬람은 사람들의 마음을 사로잡고 그들로 하여금 일상적인 생활이 파탄을 맞을지라도 기꺼이 죽음을 감수하게 만들었다. 그렇게 할 수 있었던 까닭은 그들 자신의 눈으로 천사들이 도움을 주고 하늘의 계시가 그들 가운데 거듭해서 나타나는 것을 보았으며, 사건이 벌어질 때마다 신의 메시지가 끊임없이 낭송되는 것을 알았기 때문이다. 때문에 연대의식이라는 것에 주의를 기울일 필요가 없었다. 인간은 일반적으로 굴종과 복종의 특성을 지니고 있다. 그들은 놀라운 기적과 신기한 사건들 그리고 천사의 잦은 강림에 의해서 완전히 경외심을 품게 되었다. 칼리프, 왕권, 계승, 연대의식 등등의 문제는 놀라운 일들이 일어나는 그와 같은 혼돈 속에 파묻혀버렸다.

그러나 기적이 사라지고 그것을 자기 눈으로 목도했던 세대가 소멸되면서 그 같은 상황도 끝나버렸다. 앞에서 말한 사람들의 성품도 조금씩 변해갔고, 기적이 남겼던 인상도 희미해지면서 일상적인 상황이 제자리를 잡아갔다. 연대의식과 일상적 생활의 영향력이 발휘되면서 결과적으로 좋고 나쁜 제도들이 생겨났다. 칼리프제와 왕조제, 그리고 그 두 제도에서의 계승문제가 사람들에게 대단히 중요한 사안으로 비쳐지기 시작했다. 그 중요성은 초기 칼리프 시대에 더욱 부각되었는데, 그 까닭은 당시 방위, 성전, 무함마드 사후 일부 아랍 부족들의 이반, 정복전 등과 같은 상황이 있었기 때문이었다. 초기 칼리프들은 스스로 후계자를 임명하든지 안 하든지 할 수 있었다. 그러나 마치 오늘날에도 그러하듯이 그 후로 이 문제는 방위를 위한 단결이나 공공의 이익을 위한 행정 등의 문제와 관련하여 가장 중요한 것이 되었다. 거기서 연대의식이 일정한 역할을 하게 되었다. 연대의식은 사람들로 하여금 분열하거나 서로 이반하는 것을 억제하는 신성한 요인이 된 것이다. 그것은 단결과 화합의 원천이자 이슬람의 종교법과 목적의 수호자이다. 우리가 이런 점들을 이해할 때에 피조물에 대한 신의 현명한 계획이 무엇인지 분명해질 것이다.

이슬람의 역사에서 무함마드의 교우들 및 제2세대에 속한 사람들 사이에 벌어졌던 분쟁에 대해서 말한다면, 그들 사이에 존재했던 이견은 오로지 종교적인 문제에 국한된 것이었고 제시된 증거와 그것에 대한 통찰력의 타당성에 관해서 내린 독자적인 판단이 달랐기 때문에 생긴 것이었다. 독자적인 판단을 행하는 사람들 사이에는 이견이 발생하는 법이다. 즉 그것은 종교와 관련된 애매한 문제들에 대한 독자적인 해석의 차이일 뿐이기 때문에, 초기의 분쟁은 이런 측면에서 이해되어야 할 것이다.……

29) 칼리프위의 종교적 기능

칼리프라는 것이 사실은 '입법자'(무함마드)의 대리인의 자격으로 종교를 수호하고 현세의 정치적 지도력을 발휘하는 존재라는 것이 분명해졌다. '입법자'는 다음 두 가지에 모두 관여했다. 즉 하나는 대중에게 종교법이 부과하는 의무가 무엇인지를 알려주고 그들로 하여금 그것에 준하여 행동하도록 하는 임무를 부여받은 사람의 자격으로 행하는 종교적인 측면이고, 또 하나는 인류문명의 이익을 책임지는 사람의 자격으로 행하는 현실정치적인 측면이다.

우리는 앞에서 문명이란 인류에게 필수불가결한 것이며, 인류가 멸망하지 않으려면 공공의 이익을 보전하는 것 역시 그에 못지않게 중요한 것이라는 점을 지적한 바 있다. 아울러 왕권과 그것의 추진력 —— 왕권이 종교법을 통해서 성립된 것이라면 공공의 이익을 보다 잘 이해할 수 있기 때문에, 그와 같은 왕권은 훨씬 더 완벽한 것이 될 수 있겠지만 —— 이 공공의 이익을 위해서 봉사하는 제도들을 만들어내기에 충분하다는 사실도 지적했다.

왕권은 만약 그 소유자가 무슬림이라면 칼리프위의 범주에 속하며 그 부수적 현상의 하나이다. 무슬림이 아닌 민족에 의해서 세워진 왕권은 독립적으로 존재하는 것이다. 그 어느 경우이든 왕권은 그 아래에 여러 직위와 종속적인 직책들을 두어 특정한 기능을 수행하도록 한다. 왕조의 성원들은 관직을 부여받고, 통치권을 장악하고 있는 군주가 지시하는 대로 각자 자기 직책에 상응하는 임무를 수행한다. 이렇게 해서 군주의 권력은 완전히 실현되고 자신의 행정적 책무를 완수할 수 있게 된다.

앞에서 지적한 대로 칼리프위가 비록 왕권을 그 안에 포괄하는 개념이기는 하지만, 그 종교적 성격으로 말미암아 무슬림 칼리프위에서만 고유하게 보이는 기능과 직책들이 생겼다. 따라서 우리는 이처럼 칼리프위에 특유한 종교적 직책을 먼저 언급하고, 후에 다시 왕권의 기능에 대해서 논의하기로 하겠다.

종교법과 관련된 모든 종교적 직책 —— 예를 들면 예배, 판관, 무프티(mufti),[40] 성전, 시장감독관 등 —— 은 '대(大)이맘',[41] 즉 칼리프의 관할하에 있다. 칼리프는 말하자면 거대한 근원이나 포괄적인 토대와 같은 것이어서, 모든 종류의 직책은 그 가지이며 그 아래에 포섭된다. 그 까닭은 칼리프위가 광범위한 관할성, 성속을 불문하고 무슬림 공동체의 모든 상황에 대한 적극적인 간여, 성속 양면에 걸쳐 종교법을 집행하는 능력이 있기 때문이다.

---

40) 무프티는 사건에 대한 법적인 견해(fatwa)를 제출할 수 있는 식견과 자격을 갖춘 사람을 가리킨다.
41) 이맘(imâm)이라는 명칭은 일반적으로 사원에서 무슬림들의 예배를 지도하는 사람을 가리키는 것으로 사용된다. 이븐 할둔은 지구상의 모든 무슬림들의 지도자인 칼리프도 이맘이라고 부르고 있기 때문에, 이 양자를 구별하기 위해서 후자를 '대이맘'이라고 한 것이다.

예배의 지도권

　예배의 지도권은 여러 직책들 가운데에서도 가장 높으며 왕권 —— 이 역시 칼리프위에 포함된 것이다 —— 보다도 더 높다. 이는 무함마드가 아부 바크르를 예배의 지도자로 임명하여 자신의 대리인으로 삼았던 점을 근거로 하여 무함마드의 교우들이 추론을 통해서 아부 바크르를 정치적인 면에서도 무함마드의 대리인으로 지명했다는 사실을 통해서도 입증된다. 그들은 이렇게 말했다. "신의 사도는 그를 우리 종교에 합당한 인물로 생각했다. 그렇다면 우리가 세속적인 사무에서 그를 합당한 인물로 받아들이지 않을 이유는 없지 않은가?" 만약 예배의 지도가 정치의 지도보다 더 높지 않다고 한다면, 교우들이 내렸던 추론은 옳지 않은 것이 된다.

　예배의 지도권과 그 권한을 위임받은 사람에 관한 법규와 조건들은 이미 법학서들에 기록되어 있다. 초기의 칼리프들은 예배의 지도권을 타인에게 이양하지 않았다. 어떤 칼리프는 모스크에서 예배를 드리다가 칼에 찔려 죽기도 했는데, 이는 암살자들이 예배시간에는 그가 반드시 그곳에 있을 것이라고 예상했기 때문이며, 칼리프들이 예배를 몸소 지도했고 그것을 다른 사람에게 위임하지 않았음을 보여주는 증거이다. 이러한 관습은 후일 우마이야의 시대에도 계속되었고, 그들은 예배를 지도하는 것이 양도할 수 없는 특권이자 고위 직무라고 생각했던 것이다.

　후일 종교적이나 세속적인 면에서 사람들을 거칠고 불평등하게 취급하는 특성을 지닌 왕권의 본질이 표면으로 드러나게 되자, 군주들은 자기를 대리하여 예배를 지도할 사람을 선출했다. 그러나 군주들은 양대 제일(祭日)[42]이나 금요예배와 같이, 특정한 시기에 혹은 집단으로 예배를 드릴 때에 지도권은 그대로 유지했는데, 그것은 자신의 지위를 과시하려는 목적 때문이었다.

무프티의 직책

　무프티의 직책과 관련해서 칼리프는 종교학자나 교사들의 자질을 잘 살핀 뒤,

---

[42] 라마단 금식월의 종말을 축하하는 금식 종료제(Id al-Fitr)와 메카 성지순례의 종결을 기념하는 순례제(Id al-Hajj).

그 직책을 감당하기에 적합한 사람을 임명해야 한다. 그는 그들이 직무를 잘 수행할 수 있도록 도와주어야 하며, 그 직책에 합당치 못한 사람이 그 자리를 차지하지 못하도록 막아야 한다. 무프티의 직책은 무슬림 종교공동체의 공공이익과 관련된 것이기 때문에, 칼리프는 자격도 없는 사람이 무프티 직을 맡아서 오히려 사람들을 미망에 빠지게 하지 않도록 주의해야 할 것이다.

교사들은 종교적인 지식을 가르치고 확산시킬 책무가 있고, 또 그런 목적으로 모스크에서 수업을 행할 수 있다. 만약 그 모스크가 군주의 관할하에 있는 모스크들 가운데 가장 크고 또 군주가 예배의 지도권을 행사하는 곳이라면, 교사는 군주로부터 수업을 해도 좋다는 허락을 받아야 한다. 만약 평범한 모스크라면, 허락을 받을 필요는 없다. 그러나 교사나 무프티는 자기를 억제할 수 있는 자제심을 가져야 하며, 그래서 사람들에게 온당치 않은 일을 하지 않도록 권면할 수 있고, 올바른 길을 찾는 사람들을 그른 길로 인도하거나 인도받기를 원하는 사람들을 실족케 하는 일이 없어야 할 것이다.

판관의 직책

판관은 칼리프의 관할하에 있는 직책의 하나로서, 소송을 처리하고 분쟁과 분열을 해결할 목적으로 만들어진 제도이다. 그런데 그것은 『코란』과 '순나'에 의해서 지시된 종교법의 지침에 따라서 처리된다. 이 직책은 칼리프 위에 귀속되며 전반적으로 그 범위 안에 들어간다.

이슬람이 처음 생겼을 때, 칼리프들은 스스로 직접 판관의 직무를 수행했고 여하한 사안에 대해서도 다른 사람이 판관의 직무를 수행하는 것을 허용하지 않았다. 이 직무의 수행을 위하여 다른 사람을 처음으로 임명한 칼리프는 우마르였다. 그는 메디나에는 아부 앗 다르다를 판관으로 임명했고, 바스라에는 슈라이흐를, 알 쿠파에는 아부 무사 알 아샤리를 임명했다. 아부 무사를 임명할 때 그는 판관의 직무에 관한 모든 규정들, 특히 가장 기본이 되는 규정들을 기록한 편지를 한 통 썼다. 그 편지 속에서 그는 이렇게 썼다.

판관이라는 직책은 종교적으로 분명히 규정된 책무이며 일반적으로 받아들여지고 있는 제도이다. 그대에게 제출된 진술서들을 이해하도록 하라. 왜냐하면 유효하지도 않은 탄원을 고려하는 것은 무용한 일이기 때문이다. 그대의 법정 안에서는 모든 사람들을 평등하게 대우하고 관심을 기울이도록 하라. 그래서 귀족들로 하여금 그대가 편파적일 것으로 기대하지 않도록 하고, 평민들도 그대로 인해서 불의를 당하지 않도록 하라. 원고는 반드시 증거를 제시해야 하며, 피고로부터는 서약을 받아내야 한다. 무슬림들끼리 합의를 하는 것은 가능하지만, 그 합의는 금지된 어떤 사항을 용인하는 것이나 혹은 허용된 어떤 사항을 금지하는 것이어서는 안 된다. 그대가 어제 (잘못된) 판결을 내렸으나, 오늘 재고한 결과 올바른 견해를 가지게 되었을 경우, 첫번째 판결을 철회하는 것을 주저하지 말라. 왜냐하면 정의가 가장 우선적인 것이고, 가치 없는 것을 고집하는 것보다는 철회하는 편이 더 낫기 때문이다. 『코란』이나 순나를 적용하기 어려워 그대를 곤혹스럽게 만드는 사안에 대해서는 그대의 두뇌를 활용하라. 유사한 사건들에 관해서 연구하고 유추를 통해서 상황을 판단하도록 하라. 어떤 사람이 증명 여부가 불확실한 문제를 가지고 고소했을 때, 그에게 일정한 시간을 주도록 하라. 만약 그가 기한 안에 증거를 제출한다면 그대는 그의 주장을 받아들여야 할 것이나, 그렇지 못할 경우 그에게 반대되는 결정을 내려도 좋다. 이것이 의심의 여지를 없애는 보다 나은 방법이다. 무슬림이라면 누구라도 증인으로 채택되어도 좋으나, 다만 위증을 범했거나 혹은 주종관계나 친족관계로 인해 (편파적인 증언을 했다는) 의심을 받는 사람은 제외되어야 할 것이다. 신께서는 서약을 한 뒤에 행하는 증언에 대해서는 그것을 받아들이고 처벌을 연기시켜주시기 때문이다. 소송인들에 대해서 피곤하거나 짜증스러움을 보이지 않도록 하라. 정의의 법정에서 정의를 확립하는 일에 대해서 신께서는 그대에게 풍부한 보상과 좋은 명성을 부여하실 것이기 때문이다.

판관이라는 직무의 수행은 원래 칼리프의 임무였지만, 그가 정치적인 사무 전반이나 성전, 정복전, 변경 방위, 수도 방어 등으로 인해서 너무 바쁘기 때문에 다른 사람에게 위임한 것이다. 이와 같은 일들은 그 막중한 중요성 때문에 다른 사람이 처리할 수 없는 것들이다. 칼리프들은 사람들 사이에서 발생하는 소송사건에서 판관의 역할을 하는 것은 용이한 일이라고 생각했고, 따라서 자신들의 업무 부담을 덜려고 판관의 일을 타인에게 대리토록 한 것이다. 그렇지만 여전히 그들은 공통의 혈통이나 주종관계를 통해서 연대의식을 공유하는 사람들에게만 그 직책을 위임했다. 그런 측면에서 자신과 가깝지 않은 사람들에게는 그 일을 맡기지 않았다.

칼리프의 시대에 판관의 의무는 단지 소송인들 사이의 분쟁을 해결하는 것이었으나, 그뒤 칼리프나 군주들이 고위 정책적인 문제에 시간을 빼앗기게 되면서 점차로 더 많은 다른 사무들이 그에게 맡겨지게 되었다. 마침내 판관의 직무는 소송의 해결 이외에도, 보호자의 보살핌을 받는 정신이상자, 고아, 파산자, 무능력자들의 재산 감독, 유언의 집행, 유산의 헌납, 나아가서 일부 권위 있는 법학자들의 견해에 따르면 보호자가 없는 혼인적령기 여성들의 혼사, 공공도로와 건물의 관리, 증인과 변호인과 대리인들의 신빙성 여부 숙지와 확인 등을 포함한다. 이러한 모든 사무가 판관의 지위와 의무의 일부를 이루는 것들이다.

과거의 칼리프들은 판관에게 탄원소의 감독직도 맡겼는데, 이는 정치적 권력과 사법적 판단이라는 두 가지 요소가 동시에 필요한 일이었다. 또한 두 소송인 가운데 범법자를 제압하고 행악자를 억누르기 위해서는 강력한 권력과 권위가 필요했다. 어떻게 보면 그 직무는 판관이나 다른 사람들이 할 수 없는 일을 하는 것이라고 할 수 있다. 나아가서 증거를 조사하고, 종교법이 예견하지 못했던 처벌을 시행하며, 법적인 정황이 명백해질 때까지 판결을 연기하고, 소송인들 사이에 화해를 중재하기도 하며, 또한 증인을 서약케 하는 일도 처리한다. 이것은 판관이 해야 할 일보다 더 광범위한 분야에 미치는 것들이다.

압바스 왕조의 알 무흐타디[43]의 시대에 이를 때까지 최초의 칼리프들은 이러한 직무를 자신들이 직접 처리했다. 그들은 하계 원정시 성전의 지휘권을 판관에게 위임한 일도 많았다. 그런 직무를 수행하는 사람에 대한 임명권은 칼리프 개인 혹은 그로부터 전권을 위임받은 재상과 같은 사람, 또는 지배권을 장악하게 된 군주의 수중에 있었다.

경찰

압바스 왕조 시대, 스페인의 우마이야 왕조 시대, 이집트와 마그리브 지방의 파티마 왕조 시대에 범죄의 단속과 종교법에 근거한 형벌의 집행은 경찰 지휘관에게 부여된 특별한 임무였다. 이런 왕조가 통치하던 시대에 경찰은 종교법과 관

---

[43] 재위 869-870년.

련된 종교적 직책의 하나였다. 경찰이 담당하는 분야는 판관의 직무보다 약간 더 광범위하다. 즉 용의자를 법정에 세우는 일, 범죄가 저질러지기 전에 예방적인 처벌을 하는 일, 종교법에 의거하여 적절한 처벌을 하는 일, 동해형(同害刑)이 적용되는 신체상해범의 경우 응징의 수준을 결정하는 일, 종교법에 규정되지 않은 처벌을 하는 일, 미수범에게 교정조치를 취하는 일 등을 담당한다.

경찰과 탄원소의 본래의 기능은 칼리프위의 본질이 더 이상 기억되지 않았던 왕조들의 시대로 들어가면서 잊혀지게 되었다. 탄원소의 직무는 세속 군주들에게 넘어갔고, 그들은 칼리프로부터 그런 권한을 위임받았건 아니건 상관없이 직무를 처리했다. 경찰의 기능은 둘로 나누어졌다. 하나는 용의자의 처리, 종교법에 규정된 형벌의 부과, 신체절단형에 처해져야 한다고 규정된 범죄자에 대한 절단형의 실시, 적절하다고 판단되는 경우의 동해형의 적용 등이다. 이러한 직무를 수행하기 위해서 왕조들은 관리를 임명했고, 관리는 종교법과는 무관하게 정부를 위해서 봉사하며 임무를 처리했다. 그는 때로는 왈리(wâlî), 때로는 슈르타(shurṭah)라고 불렸다. 경찰의 또 다른 기능은 종교법에 규정되지 않은 처벌을 행하는 일과, 종교법에 규정된 형벌을 가하는 일이다. 이것들은 앞에서 서술한 것처럼 판관의 직무에 포괄되어 그 일부가 되어버렸고, 오늘날까지 그런 상황이 계속되고 있다.

이 직책은 왕조의 연대의식을 공유하는 사람들의 손에서 멀어져버렸다. 칼리프위가 존속했던 시대에 칼리프는 그 직무가 종교적인 사무였기 때문에 연대의식을 공유하고 그 직무를 수행할 수 있는 능력이 있다고 믿을 만한 아랍인이나 가신(동맹자, 노예, 추종자 등)에게만 맡겼다.

칼리프위의 성격과 양상이 변하고 왕권과 정부권력이 그것을 대체하면서 종교적인 직무는 권력과의 연관성을 상당히 상실하게 되었고, 그 직책도 왕권을 상징하는 칭호나 영예와 점차 무관한 것이 되어버렸다. 후일 아랍인들은 국가에 대한 통제권을 완전히 상실했고, 투르크인이나 베르베르족이 그것을 장악했다. 칼리프제에서 존재하는 직책들도 전임자들의 경우와 비교할 때 그 성격이나 연대의식이라는 면에서 더욱 더 권위를 상실하게 되었다. 이러한 결과가 초래된 까닭은 아랍인들의 눈에는 종교법이 그들의 종교에 기반을 둔 것이고 예언자는 그들 가운데 한 사람이었으며 그가 제정한 종교법은 그들의 신앙이요, 행동이므로 다른 민족들의 것과 다르다고 생각한 데에 반해, 비아랍인들은 그런 식으로 생각하지 않았기 때문이었다. 비아랍인들이 그러한 직책에 대해서 약간이라도 존경심을 보였다면, 그것은 그들이 무슬림이 되었기 때문일 뿐이다. 따라서 그들은 비록 자기 집단에 속하지는 않아도 과거 칼리프 시대의 정황을 잘 알고 있는 사람에게 그런 직책을 맡겼다. 그들은 수백 년 동안 몸에 밴 왕조적 사치의 영향을 받아 과거 사막시대의 강인함을 망각하고, 도회문화, 사치 관습, 안정된 생활, 의타심과 같은 것만 배우게 된 것이다. 칼리프 체제를 계승한 왕조들에서 칼리프 체제하에 존재했던 직책들은 이처럼 도시의 약골들의 전유물이 되었고, 권위를 지닌 사람이라기보다는 빈약한 가문출신으로 도회문화에 젖은 무능한 사람들의 손으로 넘어가게 된 것이다. 그들은 군주의 연대의식과 아무런 관련도 없어 다른 사람에게 자신의 안위를 의존해야 하는 사람들이며, 사치와 무사안일에 빠져 도회민들과 마찬가지로 경멸의 대상이 되었다. 왕조 안에서 그들이 누리는 지위는 그들이 무슬림 종교공동체를 돌보고 종교법을 준수하며, 법에 대한 지식을 기초로 법률적 판단을 내리고 법을 해석할 수 있다는 사실에서 비롯된다. 그들은 개인으로서는 존경의 대상일지 몰라도 왕조 안에서는 아무런 존재도 아니다. 그들이 왕족회의에 자리를 차지하고 앉을 수 있는 것도 종교직에 대한 존경심을 보이기 위한 겉치레 때문일 뿐, 그 회의 석상에서 그들은 하등의 결정권을 행사하지 못한다. 그들이 결정과정에 참여한다손 치더라도, 그것은 단지 형식에 불과한 것이지 아무런 실질적인 내용이 없다. 사실상 결정권은 그 결정을 강제할 수 있는 사람의 손에 있는 것일 뿐, 그런 힘이 없는 사람이 소유하는 것은 아니다. 그들은 단지 종교법에 관해서만 권위를 지니며 적어도 그것에 관한 그들의 법적인 결정은 받아들여진다.

일부 학자들은 이것이 옳지 못하며 법학자나 판관들을 회의에 참여시키지 않는 군주는 잘못을 범하는 것이라고 하면서, 무함마드도 "학자는 예언자의 후예이다"라고 말했다고 상기시킨다. 그러나 왕권과 통치권은 문명의 필연적 요청에 따라서 결정되는 것이고, 만약 필연적인 것이 아니라면 그것은 정치와 전혀 무관한 것이 되고 만다. 그런데 법학자나 학자들이 권력을 분담하는 것은 문명의 필연적인 조건이 아니다. 자문과 집행에 관한 권한은 연대의식을 장악하는 사람에게만 속하는 것이고, 그는 연대의식에 의해서 비로소 권력을 행사하며 어떤 일을 하느냐 하지 않느냐를 결정한다. 연대의식을 지니지 못하는 사람, 자신의 사무에 대해서 아무런 힘을 발휘하지 못하는 사람, 또한 자신을 방어할 수 없는 사람들은 타인에게 의존할 수밖에 없다. 그렇다면 그들은 어떻게 해서 회의에 참여할 수 있으며 그들의 조언이 경청되어야 할 까닭이 무엇이겠는가? 종교법에 관한 지식에서 도출된 그들의 조언은 법률적 결정에 관해서 자문을 구할 때만 비로소 고려의 대상이 된다. 정치에 관해서 조언하는 것은 그들의 영역이 아니며, 이는 그들이 하등의 연대의식을 가지지 못하고 연대의식을 지배하는 조건과 법칙을 알지 못하기 때문이다. 법학자와 학자들을 예우로써 대하는 것은 군주나 아미르의 입장에서는 친절을 베푸는 행위이며, 그들이 이슬람에 대해서 깊은 관심이 있다는 사실과 어떤 방식으로든 이슬람과 관련되어 있는 사람을 존경하고 있다는 사실을 입증한다.……

공증인의 지위

이것은 판관직과 법정업무에 부속된 종교적 지위이다. 이 직책을 맡는 사람은 '판관의 허가를 받아', 소송인의 주장에 동의 혹은 반대되는 증언을 한다. 그들은 법정이 증거를 접수할 때 증인의 자격으로 임하며, 소송이 벌어지는 동안 증언하고, 나아가서 채권, 소유권, 채무를 비롯한 법적인 판결내용을 기록하는 증서에 기재한다.

여기에서 '판관의 허가를 받아'라는 점을 언급한 까닭은 사람들의 판단에 혼란이 생길 경우 오로지 판관만이 누구를 믿을 수 있을지 알기 때문이다. 따라서 판관은 확실한 증언을 하리라고 판단되는 사람에게 허가를 주어, 사람들의 소송과 거래가 정당하게 보호될 수 있도록 한다.

공증인의 지위에 필요한 전제조건은 그가 종교법에 의거하여 거짓을 말하지 않는 진실성을 구비하는 것이다. 나아가서 그는 종교법적인 관점에 합당한 조건과 규정에 따라서 법정문서와 계약서를 올바른 서식과 순서로 기재할 수 있는 능력을 갖추고 있어야만 하며, 따라서 그러한 목적에 필요한 법률적인 지식도 있어야 한다. 이와 같은 조건과 경험과 훈련이 요구되기 때문에 공증인의 지위는 진실성이 있는 사람에게만 제한되며, 진실성이란 이러한 직능을 수행하는 사람에게 요구되는 특별한 자질이다. 진실성은 그 직책을 맡는 사람에게 필요한 선결

조건이다.

  판관은 공증인이 될 사람의 여건과 생활방식을 면밀히 조사하여 이와 같은 진실성의 조건을 충족하고 있는지를 확인해야 하며, 판관의 임무란 사람들의 권리를 보호하는 것이므로 이와 같은 일을 소홀히 해서는 안 될 것이다. 모든 것에 대한 책임은 그에게 있으며 결과에 대해서도 그가 책임을 져야 한다.

  일단 공증인들이 직책에 걸맞는 자격을 갖추었음이 입증되면, 판관은 그들을 보다 광범위한 분야에서 활용한다. 그들은 아직 진실성이 확인되지 않은 다른 사람들의 신빙성을 확인하기 위해서 활용되는데, 이는 도시가 규모가 크고 생활이 매우 복잡하기 때문이다. 사람들은 증거의 신빙성을 확인받기 위해서 일반적으로 이와 같은 전문적인 공증인에게 의뢰한다. 도시마다 그들이 운영하는 사무소나 늘 앉을 수 있는 벤치가 있어서, 수속을 필요로 하는 사람은 그들을 공증인으로 세우고 문서에 그들의 공증내용을 기재하는 것이다.

  이처럼 '성실성'('adâlah)이라는 용어는 지금 그 의미를 설명한 공증인의 지위를 의미하지만, 동시에 종교법에서 불성실의 반대어로서도 사용되는 말이다. 비록 양자는 단어는 동일하지만, 내용은 같지 않다.

<h2 style="text-align:center;">시장감독관</h2>

  시장감독관은 종교직이다. 이 직책은 무슬림들의 사무를 담당하는 사람이 수행해야 할 의무, 즉 '선행을 독려하고 악행을 금한다'는 종교적인 의무와 관련된다. 따라서 그 책임자는 이에 적합한 자격을 갖추었다고 판단되는 사람들을 임명해야 하고, 임명받은 사람은 그와 같은 의무를 수행해야 한다. 시장감독관은 자기 직무를 도와줄 다른 사람을 고용할 수 있다. 그는 위법사항을 조사하고 적절한 벌칙과 교정조치를 적용하며, 사람들이 공공의 이익에 부합되게 행동하도록 한다. 예를 들면 도로를 막는 행위나, 짐꾼과 뱃사람이 과적물을 운반하는 것을 금지한다. 또한 붕괴의 위험이 있는 건물은 건물주에게는 허물도록 지시함으로써 행인들이 처할지도 모를 위험을 제거한다. 그는 학교나 다른 곳에서 일하는 교사들이 어린 학생들에게 지나친 체벌을 가하는 것을 방지한다. 그의 권위는 분쟁이나 탄원과 같은 것에만 국한된 것이 아니라, 그에게 보고되는 모든 종류의 사무를 살피고 결정하는 것까지 포함한다. 그는 법적인 소송 일반에 대해서 아무

런 권한이 없지만, 식료품이나 도량형에 관련된 모든 형태의 기만과 협잡에 대해서는 관할권을 가진다. 채무를 갚지 않고 미루는 사람에게 빚을 갚도록 하는 것, 증언의 청취라든가 법적인 판결을 요하지 않는 안건들, 다시 말해서 너무 일반적이고 단순한 것들이어서 판관이 간여하지 않는 그런 업무들을 처리하는 것도 그의 직무에 속한다. 따라서 이러한 일들이 시장감독관의 직무를 맡은 사람이 처리해야 하는 것들이다.

시장감독관은 판관에게 예속되어 있다. 이집트와 마그리브 지방의 파티마 왕조나 스페인의 우마이야 왕조와 같은 여러 무슬림 국가에서 시장감독권은 판관의 권한 일반에 속하며 판관은 자신의 판단에 따라서 누군가를 그 직책에 임명할 수 있었다. 그러나 후일 왕권이 칼리프위에서 분리되어 모든 정치적인 문제에 대한 전반적인 통제권을 장악하면서부터, 시장감독관의 자리도 군주가 임명하는 별도의 관직이 되었다.

조폐소

조폐소는 무슬림들이 사용하는 화폐에 관한 일을 담당하는데, 화폐를 중량이 아니라 개수로 헤아려 거래를 할 때 일어나기 쉬운 위조화폐나 저질화폐의 유통을 방지하는 것은 물론이고 화폐와 관련된 기타 모든 사무를 처리한다. 또한 이 직책은 화폐에 군주의 각인을 찍어 정품이고 양질임을 표시하는 일도 담당한다. 각인은 이를 위해서 특수하게 제작되고 특정한 명문(銘文)이 새겨진 철인을 찍음으로써 만들어지는데, 적정한 중량으로 제작된 금화와 은화 표면에 철인을 올려놓은 뒤 그 명문이 화폐에 박힐 때까지 망치로 두드린다. 이것은 왕조의 통치하에 사는 특정 지역의 주민들 사이에서 통용되는 최상의 주조와 정련 방식에 의거해서 만들어진 양질의 화폐임을 나타내는 징표이다. 화폐의 주조에 관해서는 기준이 엄밀하게 정해져 있는 것은 아니고 개별적인 판단에 맡겨진다. 특정 지역의 주민들이 일단 화폐의 순도 기준에 대해서 어떤 결정을 내리게 되면, 그들은 그것을 준수하며 '기준' 및 '표준'이라고 부른다. 그들은 자기들이 사용하는 화폐를 그 기준 화폐에 비교하여, 만약 거기에 미치지 못하면 저질이라고 평가한다.

이 모든 사무를 감독하는 일은 조폐소 책임자의 임무이며, 그런 점에서 그것은 종교직이고 칼리프위에 속하는 직책이다. 이것은 판관의 일반 관할업무에 속했는데, 시장감독관이나 마찬가지로 지금은 그것에서 독립된 직책이 되었다.

이상에서 설명한 것들이 칼리프위에 속하는 직책들이다. 이밖에 이미 업무분야가 사라져서 없어져버린 다른 직책들도 있다. 또한 칼리프가 아니라 군주에게 속하게 된 직책들도 있는데, 예를 들면 아미르(amîr)나 재상(wazîr), 혹은 전쟁과 징세에 관련된 관직들이 그러하다. 이것들은 뒤에 적절한 부분에서 논의하게 될 것이다.

성전(聖戰)의 수행과 관련되는 직책도 성전이 중단되면서 사라졌다. 다만 몇몇 왕조에서는 성전을 규정하는 법규를 칼리프가 아니라 군주의 권한 아래 귀속시키는 경우가 있다. 또한 칼리프의 친족으로 이루어진 귀족들은 그 혈통으로 인해서 칼리프가 될 수 있는 자격이나 공식적인 연금을 받을 권한이 있었는데, 그들의 지위 역시 칼리프위가 폐지되면서 사라지고 말았다. 일반적으로 말해서 칼리프위와 관련되어 존재하던 명예와 직위들은 왕권이나 세속권력 속으로 흡수되었고, 이것이 오늘날 모든 왕조에서 보이는 현상이다.

30) '신도들의 아미르'[44]라는 칼리프 고유의 칭호

이 칭호는 최초 4인의 칼리프의 시대에 만들어졌다. 그 연유는 다음과 같다. 무함마드의 교우들과 초기의 모든 무슬림들이 아부 바크르에게 충성을 서약할 때, 그를 신의 사도의 '대리인'(khalîfa, 즉 caliph)라고 불렀다. 이러한 호칭은 그가 죽을 때까지 사용되었고, 그뒤 아부 바크르에 의해서 선임된 우마르가 충성서약을 받을 때, 사람들은 그를 신의 사도의 '대리인의 대리인'이라고 불렀던 것이다. 그러나 이러한 호칭은 상당히 번거롭다고 생각되었다. 우선 그것이 장황할 뿐만 아니라 소유격이 중복 연결되어 있기 때문이었다. 뒤이어 나올 칼리프들의 호칭은 점점 더 길어져 혀는 꼬이게 되고, 많은 수의 소유격으로 말미암아 분명히 식별하기조차 힘들어지게 될 것이 자명했다. 그래서 그들은 칼리프에 적절한 다른 호칭으로 그것을 대치하려고 했던 것이다.

---

44) 아랍어로는 amîr al-mû'minîn이다.

당시 군사적인 임무를 담당하는 지휘관은 아미르(amîr)라는 칭호로 불려왔다. 사람들은 무슬림으로 개종하기 전에 이미 예언자를 '메카의 아미르' 혹은 '히자즈의 아미르'라고 부르기도 했다. 그러던 중에 무함마드의 교우들 가운데 누군가가 우마르를 '신도들의 아미르'라고 불렀고, 사람들은 이 호칭을 선호하게 되고 인정하게 된 것이다. 이렇게 해서 우마르는 이러한 호칭으로 불렀고, 그의 뒤를 이은 칼리프들도 다른 어느 누구도 취할 수 없는 이 특수한 칭호를 취하게 된 것이다.……

칼리프들은 '신도들의 아미르'라는 칭호를 차례로 계승했고, 아랍인들의 고향이자 무슬림 왕조들의 중심지이고 이슬람 정복전의 근거지였던 히자즈, 시리아, 이라크 지방의 군주들도 그것을 사용했다. 따라서 압바스 왕조가 번영의 정점에 이르렀을 무렵이 되면 군주는 누구나 '신도들의 아미르'라는 칭호를 가지게 되었기 때문에, 칼리프가 다른 사람으로부터 구별될 수 있는 또 다른 호칭이 통용되기 시작했다. 압바스 왕조의 칼리프들은 앗 사파(as-Saffâh : 관용자), 알 만수르(al-Mansûr : 승리자), 알 마흐디(al-Mahdî : 인도자), 알 하디(al-Hâdî : 지도자), 알 라시드(ar-Rashîd : 영도자) 등의 별칭을 취함으로써 자신들의 고유한 명칭이 평민들의 용어에 의해서 남용되고 천박하게 되는 것을 막으려고 했다. 그들은 이러한 관행을 왕조 말기까지 계속했고, 이프리키야와 이집트의 파티마 왕조 역시 그 관례를 따랐다.

우마이야 왕조는 오랫동안 그런 별칭을 사용하지 않았고, 특히 동부의 우마이야 왕조는 초기에 위엄과 소박함을 지키려고 그렇게 했다. 그때까지만 해도 그들은 아랍의 행동과 목표를 버리지 않았고, 유목민의 특징을 도회문화의 특징으로 바꾸지 않았던 것이다. 스페인의 우마이야 왕조 역시 자기 조상들의 전통을 따랐기 때문에 그와 같은 별칭의 사용을 기피했다. 더구나 그들은 자신들의 열세를 의식하고 있었다. 왜냐하면 그들은 압바스 왕가가 차지한 칼리프위를 제어할 능력이 없었고, 아랍인과 이슬람의 본거지인 히자즈 지방을 장악하지 못했으며, 아랍의 연대의식의 중심이 위치한 칼리프 체제의 터전으로부터 먼 곳에 떨어져 있었기 때문이다. 먼 곳의 지배자에 불과했던 그들은 압바스 왕조의 압박으로부터 자신들을 방어하기에 급급했을 따름이었다. 그러나 마침내 그들은 동부의 칼리프 체제가 얼마나 약화되었는지, 또 압바스 가문의 예속민들이 어떻게 왕조를 장

왕조, 왕권, 칼리프위(位), 정부 관직 및 이와 관련된 모든 사항들……

악하고 칼리프들을 폐위, 교체, 살해, 맹인화시킬 정도로 완전한 권력을 수중에 넣었는지를 알게 되었다. 이렇게 되자 압둘 라흐만 3세는 동부와 이프리키야 지방의 칼리프들이 취했던 방식을 본받아 스스로 '신도들의 아미르'라고 불렀고, '안 나시르 리 딘 알라'(an-Nâṣir-li-dîn Allâh : 신의 종교의 보호자)라는 별칭을 취했다. 그가 처음으로 시작한 이 관행은 후계자들에게 계승되어 자리잡게 되었다.

이러한 상황은 아랍의 연대의식이 완전히 파괴되고 칼리프위가 그 정체성을 상실할 때까지 계속되었다. 비아랍 예속민들이 압바스 왕가에 대해서 우위를 장악하고, 그 추종자들이 카이로의 파티마 왕조의 권력을 농단하게 되었으며, 신하자족은 마그리브 지방을 석권했고, 자나타족은 마그리브 지방을 지배했고, 스페인의 '제후들'은 우마이야 왕조에 대해서 우위를 점하게 되었다. 이렇게 해서 무슬림 제국은 해체되고 말았고, 과거 '술탄'이라는 칭호로 불리던 동부와 서부의 군주들은 이제 서로 다른 칭호들을 취하기 시작했다.

칼리프는 동부의 비아랍계 군주들에게 그들의 순종과 고위직을 나타내기 위해서 특별한 존칭을 하사했는데, 그들이 칼리프에 대해서 우위를 점하게 된 뒤에도 칼리프위에 대한 경외심을 표시하는 동시에 칼리프에게만 고유한 권위를 찬탈했다는 인상을 주지 않으려고 — 권력을 장악하고 기존의 체제를 통제하는 사람들은 대체로 그러하다 — 스스로 칼리프의 칭호를 취하지 않았다. 그러나 후일 동부의 비아랍인들이 왕권을 보다 더 확고히 장악하고 국가와 정부에서의 역할이 점차 더 두드러지게 되면서, 칼리프 체제의 연대의식은 사라지고 완전히 해체되어버리고 말았다. 그렇게 되자 이 비아랍인들은 칼리프의 지배권을 표상하는 칭호, 즉 안 나시르 혹은 알 만수르와 같은 칭호를 사용하는 경향을 드러냈다. 이것은 그들이 이제까지 가지고 있던 칭호에 부가해서 취했으니, 더 이상 예속인도 추종자도 아니라는 사실을 보여주는 것이다.

부족적인 연대의식을 소유한 덕분에 칼리프위에 대하여 확고한 통제력을 행사했던 스페인의 '제후들'은 칼리프의 칭호들을 자기들끼리 나누어 사용했다. 신하자족은 파티마 왕조의 칼리프들이 하사한 칭호를 사용하는 데에 만족했으나, 후일 칼리프와의 관계가 점차 소원해지면서 그런 칭호를 망각하고 술탄이라는 호칭만 사용하게 되었다. 마그리브 지방에 있던 마그라와족(Maghrâwah)의 경우도 마찬가지로서, 그들은 유목민의 관습과 전야생활의 소박함에 합치되는 술탄이라는 호칭만 사용했다.

칼리프라는 명칭이 소멸되고 그 영향력도 사라지게 되었을 때, 마그리브 지방의 베르베르족 가운데에서 알모라비데 왕조의 군주 유수프 이븐 타쉬핀[45]이 출현했다. 그는 지중해 남북 두 해안의 지배자가 되었다. 그는 선량하고 보수적인 인물이었기 때문에 종교가 규정하는 모든 형식들을 따르려고 했고, 따라서 칼리프의 권위에 복종하려고 했다. 그는 세비야에서 압바스 왕조의 칼리프 알 무스타즈히르[46]에게 두 사람의 대사를 파견했는데, 압둘라 이븐 알 아라비와 그의 아들인 판관 아부 바크르였다. 그들의 임무는 알 무스타즈히르에게 복속을 서약하고 이븐 타쉬핀을 마그리브의 군주로 책봉해달라고 요청하는 것이었다. 그들의 요청이 받아들여져 이븐 타쉬핀은 마그리브의 군주로 임명되었고, 의상과 깃발에도 칼리프의 문양을 사용할 수 있다는 허락을 받아서 돌아왔다. 임명장에서 칼리프는 이븐 타쉬핀을 예우하여 '무슬림들의 아미르'라고 불렀고, 이븐 타쉬핀 역시 그것을 자신의 칭호로 삼았다.

알모아데 왕조의 알 마흐디[47]가 출현하여 알모라비데 왕조의 뒤를 이었다. 그는 진리를 선포했고 자신의 추종자들을 알 무와히드[48](신의 유일성을 믿는 사람이라는 뜻)라고 불렀다. 그는 각 시대마다 '무류(無謬)의 이맘'이 존재하며 그러한 존재로 인해서 세상의 질서가 유지된다고 주장한 알리 일파(즉 시아파)의 견해를 받아들였다. 알 마흐디는 시아파가 칼리프를 부르는 호칭에 따라서 처음에는 이맘이라고 불렸고, 자신의 주장을 강화하려고 이맘이라는 칭호 뒤에 알 마슘(al-Ma'ṣûm : 무류자)이라는 표현을 첨가했다.

마그리브에서 왕조의 권력이 쇠퇴하고 자나타족이 발호하기 시작했을 때, 그

---

[45] 재위 1061-1106년. 마그리브 지방의 일부에 국한되었던 알모라비데 왕조의 영토를 모로코와 알제리, 나아가서 스페인까지 확장시킨 인물.
[46] 재위 1094-1118년.
[47] 모로코 지방의 아틀라스 산지에 살던 베르베르족을 규합한 Ibn Tumart는 1121년 스스로를 알 마흐디라고 부르며 알모라비데 왕조에 대한 전투를 시작했다. 그는 1130년경에 사망했으나, 그의 후계자인 al-Mu'mîn은 1147년에 마그리브 지방을 정복하고 알모라비데 왕조의 수도였던 마라케시를 점령했다.
[48] 아랍어로는 al-muwaḥḥid. '알모아데'(Almohade)는 이를 스페인어로 옮긴 말이다.

들의 지배자들은 처음에 황야의 단순소박한 생활방식을 계속했고, 알모라비데 왕조의 전례를 따라서 '무슬림들의 아미르'라는 칭호를 사용함으로써 최고의 호칭인 칼리프에 대해서 경외감을 나타냈다. 자나타족의 후대 지배자들은 '신도들의 아미르'라는 칭호를 사용했는데, 이는 왕권의 희구하는 바와 그 특징 및 방식과 완전히 합치되는 것이었다.

31) 기독교의 교황 혹은 총주교라는 말과 유태인의 사제라는 호칭

어느 종교 집단이건 그 예언자가 사망하고 난 뒤에는 그 집단을 돌보아야 할 누군가를 필요로 하며, 그는 사람들이 종교법에 따라서 행동하도록 유도해야만 한다. 예언자가 사람들에게 부과했던 의무들을 준수하게 만든다는 점에서 볼 때에 그는 예언자를 대신하는 존재이기도 하다. 그렇지만 더 나아가서, 사회조직 안에서는 정치적 지도력이 필요하다는 점을 앞에서도 지적했다시피, 인류는 스스로의 복지를 위해서 행동하고 또 해악을 낳는 행동을 하지 못하도록 억제하는 누군가를 필요로 하는데, 바로 그런 사람이 군주라고 불리는 사람이다.

무슬림 공동체에게 성전은 종교적인 의무이다. 왜냐하면 이슬람의 포교는 보편적으로 확대되어야 할 사항이고, 또 모든 사람을 반드시 설득이나 강제에 의해서 이슬람으로 개종시켜야 하기 때문이다. 따라서 칼리프의 지위와 군주의 지위는 이슬람 안에서 통합되어, 그 지위를 담당하는 사람은 자신의 능력을 그 두 가지에 모두 동시에 쏟을 수 있게 된다.

이슬람이 아닌 다른 종교 집단들은 보편적인 포교의 의무가 없고, 따라서 방어를 위한 경우가 아니라면 성전도 그들의 종교적 의무가 아니다. 그렇기 때문에 다른 종교에서 종교적 사무를 관장하는 사람은 정치권력과 전혀 무관하다. 그들의 경우, 왕권은 어떤 우연한 계기에 의해서, 종교와는 무관한 방식으로 그것을 장악한 사람의 수중에 들어간다. 즉 왕권은 연대의식 ─ 앞에서도 설명했듯이 이것은 본질상 왕권의 장악을 추구한다 ─ 에 의해서 생기는 것이지, 이슬람의 경우처럼 다른 민족에 대한 지배권을 확보해야 할 의무 때문에 생기는 것은 아니다. 그들은 단지 자기 민족 내부에 종교를 확립하는 정도의 의무가 있을 뿐이다.

모세와 여호수아가 죽은 뒤 이스라엘 사람들이 약 400년 동안 왕권에 관심을 가지지 않았던 것도 바로 이런 이유에서였다. 그들의 유일한 관심사는 자기들의 종교를 확립하는 것이었다. 그들은 종교를 책임지는 사람을 코헨(kôhên)이라고 불렀다. 어떤 의미에서 그는 모세의 '칼리프'(대리인)였던 셈이다. 그는 이스라엘 사람들의 기도와 제사를 관장했다. 신성한 계시에 따라서 아론의 후예만이 그러한 직무를 수행할 수 있었다. 인간사회에서 자연적으로 생기는 정치적 사무를 처리하기 위해서 이스라엘 사람들은 70명의 장로를 선출하여 그들에게 전반적인 율법적 권위를 부여했다. 이러한 상태는 이스라엘 사람들 사이에서 연대의식의 본질이 완전히 드러나고 모든 권력이 정치적인 것으로 바뀔 때까지 계속되었다. 마침내 이스라엘 사람들은, 신이 모세를 통해서 설명해주었듯이, 자신들의 세습 재산으로 받은 예루살렘과 그 주변 지역에서 가나안 사람들을 몰아내었다. 나아가서 그들은 블레셋, 가나안, 아람, 에돔, 암몬, 모압 등의 종족과도 싸웠다. 이 기간 동안 정치적 지도권은 장로들에 맡겨져 있었다. 이스라엘 사람들은 이런 식으로 약 400년간 살았다. 그들은 아무런 왕권도 보유하지 못했고 이방민족들의 공격에 시달려야 했다. 그래서 그들은 예언자 사무엘을 통해서 신께 탄원하여, 누군가를 그들의 왕으로 정해달라고 했고, 사울이 그들의 왕이 되었던 것이다. 그는 이방민족들을 무찌르고 블레셋 족속의 장수 골리앗을 죽였다. 사울의 뒤를 이어 다윗이 왕이 되었고 그 다음에는 솔로몬이 이었다. 그의 왕국은 번영하여 영토는 히자즈 지방의 경계를 넘어 예멘과 비잔틴의 국경까지 확대되었다. 솔로몬이 죽은 뒤 부족들은 두 개의 왕조로 분열했는데, 이는 우리가 앞에서 언급했듯이 왕조의 연대의식이 불가피하게 초래한 결과였다. 이 가운데 열 개의 부족으로 이루어진 한 왕조가 나블루스 지방에 세워졌고 사마리아(사바스티야)를 수도로 했다. 또 하나의 왕조가 예루살렘에 근거를 두었는데, 유다와 벤야민 두 부족으로 이루어졌다. 그뒤 바빌론의 왕 느부갓네살이 그들의 왕권을 빼앗아버렸다. 그는 먼저 사마리아에 있던 열 부족을 처치한 뒤, 예루살렘에 있던 유다의 후손들마저도 병합했다. 그들의 왕권은 천 년 동안 단절되지 않고 계속되었는데, 이제 성전은 파괴되고 『토라』는 불타버렸으며 그들의 종교는 멸절되고 말았다. 그는 사람들을 이스파한으로 또 이라크로 추방했는데, 예루살렘에서 추방된 지 70년 뒤 페르시아의 카얀 왕조의 군주가 그들을 다시 고향으로 귀환시킨 것이다. 그들은 성전을 재건하고 종교를 원래의 형태로 다시 세웠다. 그러나 사제들만 두었을 뿐, 왕권은 페르시아인들에게 속하게 되었다.

왕조, 왕권, 칼리프위(位), 정부 관직 및 이와 관련된 모든 사항들······ 235

그뒤 알렉산드로스와 그리스인들이 페르시아를 무너뜨렸고 유태인들은 그리스의 지배하에 들어가게 되었다. 그리스인들이 약해지자 유태인은 자기들 고유의 연대의식을 바탕으로 그리스인들에게 저항하여 일어나서 그 속박에서 벗어났다. 유태인들의 왕권은 하스몬(Hasmon) 가문의 사제들에게 위임되었다. 하스몬 가문은 그리스인들과 싸워 마침내 그들을 무너뜨렸지만, 로마인들이 다시 그들을 패배시켜 유태인은 로마의 지배를 받게 되었다. 로마인들은 하스몬 왕조 최후의 후예들의 근거지이자, 하스몬 가문과 혼인으로 맺어진 헤롯 왕의 후손들이 살고 있던 예루살렘을 향해서 진격했다. 그들은 한동안 그곳을 포위한 끝에 마침내 힘으로 밀고 들어가서 피비린내 나는 살육과 파괴와 방화와 함께 예루살렘을 정복했다. 그들은 예루살렘을 황폐화했고 유태인들을 로마나 그보다 더 먼 곳으로 추방했다. 이것이 제2차 성전파괴이며 유태인들은 이를 대유수(大幽囚)라고 부른다. 그뒤 그들은 왕권을 소유하지 못하게 되었는데, 이는 연대의식을 상실했기 때문이다. 그들은 로마인과 그 후계자들의 지배를 받았고, 그들의 종교적인 사무는 코헨이라고 불리는 사제가 돌보았다.

　주지하듯이 메시아(구세주, 곧 예수)는 유태인들에게 그의 종교를 전해주었다. 그는 『토라』의 종교법 일부를 폐지했고, 광인을 고치거나 죽은 자를 살리는 등의 놀라운 기적을 행했다. 많은 사람들이 그와 합류했고 그를 믿었다. 그의 추종자들 가운데 가장 큰 집단이 사도(使徒 : Apostle)라고 불리는 그의 교우 12명이었다. 그는 이들 가운데 일부를 지구 여러 곳에 살도록 파견했고, 그들은 그의 종교를 선전했다. 이때는 로마 제국 최초의 황제인 아우구스투스의 시대였고, 또 하스몬 가문과 혼인으로 맺어졌지만 결국 그들로부터 왕권을 탈취한 유태인의 왕 헤롯의 시대에 일어난 일이었다. 유태인들은 예수를 질투하여 그를 거짓말쟁이라고 비난했고, 헤롯 왕은 예수를 비방하는 내용의 서한을 로마 황제 아우구스투스에게 보냈다. 로마 황제는 예수를 죽여도 좋다는 허락을 유태인들에게 했고, 『코란』에 적혀진 것과 같은 일들이 예수에게 일어났다.

　사도들은 여러 무리로 나누어졌다. 대부분은 로마인들의 고장으로 가서 기독교를 전파했는데, 그들 가운데 가장 큰 인물은 베드로였다. 그는 황제의 수도인 로마에 정착했다. 사도들은 예수에게 계시된 복음을 기록했는데, 서로 다른 전승에 의거하여 네 종류가 생겨났다. 마태는 예루살렘에서 복음서를 썼는데, 세베대의 아들인 사도 요한이 이것을 라틴어로 번역했다. 누가는 로마의 어떤 귀족을 위해서 라틴어로 복음서를 썼고, 세베대의 아들 요한은 로마에서 복음서를 썼다. 베드로는 라틴어로 복음서를 썼는데 제자인 마가의 이름으로 했다. 이 네 종류의 복음서는 서로 다르다. 그것들 모두 오로지 계시만이 있는 것이 아니고, 예수의 말과 사도들의 말이 섞여 있으며, 주로 설교와 일화들로 이루어져 있다. 종교법에 관한 것은 매우 적다.

그 당시 사도들은 로마에 모여 기독교 공동체의 규율을 정했다. 그들은 그것을 베드로의 제자인 클레멘트에게 맡기면서 공인될 만한 서적들의 명단을 적어서 주었는데, 거기에 적힌 내용에 따라서 행동해야 할 그런 서적들이었다.

유태인의 옛 종교법에 속하는 책들(즉 구약) : 토라 5권, 여호수아, 사사기, 룻기, 유디스기, 열왕기 4권, 이븐 고리온이 지은 마카비서 3권, 에스라, 에스더와 하만의 이야기, 정의로운 욥의 이야기, 다윗의 시편, 다윗의 아들 솔로몬의 책 5권(잠언), 대소 예언자들의 16예언, 솔로몬의 재상인 시라의 아들인 예수의 책.

사도들이 받아들인 예수의 종교법에 관한 책들(즉 신약) : 4복음서, 14개의 서한으로 이루어진 바울의 글, 7통의 서한과 8번째 서한인 사도행전 등으로 구성된 합동서한(Katholika), 종교법을 포함하고 있는 클레멘트 서(書), 세베대의 아들 요한의 계시를 담은 계시록.

기독교에 대한 로마 제국 황제들의 태도는 일정치 않았다. 그들은 때로는 기독교를 받아들여 신도들을 우대하기도 했지만, 어떤 때는 인정하지 않고 신도들을 박해하고 처형하고 추방하기도 했다. 마침내 콘스탄티누스가 나타나서 기독교를 받아들인 뒤, 그 이후의 모든 황제들은 기독교도가 되었다.

기독교도의 지도자이자 종교적 제도들을 관장하는 사람을 총주교(Patriarch)라고 부른다. 그는 종교적 수장이자 동시에 메시아의 대리인이다. 그는 자신의 특사와 대리인들을 먼 곳에 사는 기독교도들에게 파견했는데, 이들은 주교(bis-hop)라고 불렸으며 총주교의 대리인을 뜻한다. 기도를 주관하고 종교적인 문제에 관한 결정을 내리는 사람을 사제(priest)라고 부르며, 세속에서 물러나 신앙을 위해서 은거하는 사람을 수도사(monk)라고 부른다. 수도사는 흔히 수도원의 승방에 은거한다.

사도들의 우두머리이자 예수의 제자들 가운데 가장 연장자인 베드로는 로마에

왕조, 왕권, 칼리프위(位), 정부 관직 및 이와 관련된 모든 사항들······ 237

머물며 기독교를 확립했다. 제5대 황제인 네로는 베드로를 죽였고, 그를 계승하여 로마 교구를 맡게 된 사람은 아리우스였다.

전도사 마가는 알렉산드리아, 이집트, 마그리브 등지에서 복음을 전파하며 7년간을 보냈다. 그의 뒤로는 총주교라고 불린 아나니아스였고, 그가 그곳의 초대 총주교였다. 그는 자기와 함께 할 12명의 사제들을 임명했고, 총주교가 사망하면 12명의 사제 가운데 한 사람이 그 자리를 잇고 평신도들 가운데 한 사람이 12번째 사제의 자리를 차지하도록 했다. 이렇게 해서 총주교직은 사제들에게 귀속되었다.

후일 종교의 기본적 원칙 및 조항들에 관해서 기독교들 사이에 내분이 벌어졌다. 콘스탄티누스 황제의 시대에 그들은 기독교의 진정한 교의를 확정하기 위해서 니케아에 모였다. 318명의 주교들은 기독교의 유일한 교의에 합의했고, 그것을 문서로 남겨 (니케아) 신경(信經. Creed)이라고 불렀으며, 모두 다 준거해야 할 근본적인 원칙으로 삼았다. 또한 문서로 남긴 원칙들 가운데 하나는 기독교회의 우두머리인 총주교를 임명할 때, 마가의 제자 아나니아스가 규정했던 것처럼 사제들의 독자적인 판단에 맡겨서는 안 된다는 점이었다. 그와 같은 규정은 폐지되었다. 총주교는 보다 큰 집단에서 나와야 하며 신도들의 지도자와 우두머리들에 의해서 선출되도록 정해졌고, 그뒤로는 이런 방식대로 행해졌다. 그리고 기독교의 기본교리와 관련한 또 다른 내분이 일어나서, 이를 규정하기 위한 공의회(Synod)가 열렸으나 총주교 선출 방식에 관한 기본적인 원칙에 대해서는 아무런 이견이 없었다. 따라서 그것은 그 후로도 여전히 같은 방식으로 계속되었다.

총주교는 주교를 항상 자신의 대리인으로 임명했다. 주교는 총주교를 일컬어 아버지(Father)라고 부르며 존경을 표시했다. 사제들도 총주교가 동석하지 않았을 때에는 주교를 아버지라는 존칭으로 불렀다. 이것은 오랜 기간에 걸쳐 호칭의 혼란을 낳았는데, 마침내 알렉산드리아의 총주교 헤라클리우스 시대에 와서야 비로소 종식되었다. 존칭에서 총주교와 주교를 구별해야 할 필요가 있었고, 따라서 총주교는 '아버지들 중의 아버지'란 의미에서 교황이라고 불리게 된 것이다. 지르지스 이븐 알 아미드가 자신의 저술 『역사』에서 개진한 이론에 따르면, 이 칭호는 이집트에서 처음 출현했다고 한다. 그뒤 이 칭호는 앞에서 말한 것처럼 기독교에서 가장 중요한 교구, 즉 사도 베드로가 관리하던 로마 교구를 담당하는 사람에게 붙여지게 되었고, 이렇게 해서 교황이라는 칭호는 오늘날까지 로마 교구의 전유물로 남게 된 것이다.

그뒤 기독교도 사이에서 자신들의 교리와 기독론과 관련하여 분열이 일어났다. 그들은 몇몇 집단으로 나누어져, 다양한 기독교 군주들의 지원을 얻은 뒤 서로 대립했다. 마침내 이 집단들은 크게 셋으로 정리되어 중요한 교파의 성립을 보게 되었고, 나머지 교파들은 별 중요성을 가지지 못하게 되었다. 이들은 멜키트파(Melchites), 야곱파(Jacobites), 네스토리우스파(Nestorians)인데, 이 불신자들의 교리를 설명하기 위해서 이 책의 페이지를 할애할 필요는 없으리라고 생각한다. 이들 교파는 대체로 잘 알려져 있고 모두 다 불신자들이며, 이 점은 성스러운 『코란』에 분명히 서술되어 있다. 따라서 그들의 교리에 대해서 왈가왈부하는 것은 우리가 해야 할 일이 아니며, 이슬람으로 개종하느냐, 인두세를 내느냐, 아니면 죽음을 택하느냐는 그들의 선택일 따름이다.

후일 각 교파는 독자적인 총주교를 가지게 되었다. 오늘날 '교황'이라고 불리는 로마의 총주교는 멜키트파에 속한다. 로마는 유럽의 기독교도들에 속하며, 그들의 왕권은 그 지방에 확립되어 있다. 이집트에 있는 기독교도들의 총주교는 야곱파에 속한다. 아비시니아 사람들은 이 교파를 따르며, 이집트의 총주교는 그들을 위해서 주교를 파견한다. 이 주교들이 아비시니아의 종교적 사무들을 처리한다. 현재 '교황'이라는 칭호는 로마의 총주교에게만 국한되어 있고, 야곱파 교도들은 자기네 총주교를 '교황'이라고 부르지 않는다. 교황이라는 어휘는 파파(Pappa)라고 한다.

교황은 유럽의 기독교도들에게 한 사람의 군주에게 복속하라고 권유하고, 문제들을 처리할 때에도 그 사람에게만 의뢰하라고 말하는데, 이는 교도들의 분열을 막기 위함이다. 교황의 목표는 그 군주로 하여금 가장 강력한 연대의식을 가지고 그들에 대한 지배권을 확립하도록 하는 데에 있다. 그와 같은 군주는 황제(inbaraẓūr : Emperador)라고 불린다. 교황은 몸소 제관을 황제의 머리 위에 씌워줌으로써 축복이 깃들도록 한다. 따라서 황제는 '제관이 씌워진 사람'(mutawwja)이라고 불리며, 아마 그것이 inbaraẓūr라는 말의 의미일 것이다.

이상이 간략하나마 '교황'과 '사제'라는 두 단어에 대한 설명이다.

왕조, 왕권, 칼리프위(位), 정부 관직 및 이와 관련된 모든 사항들······ 239

32) 왕권과 정부에 관련된 직책과 그 칭호들

군주란 그 개인으로서는 나약한 한 인간에 불과하고 과중한 업무를 안고 있기 때문에, 동료들의 도움을 구하지 않으면 안 된다. 그는 생활에 필요한 물자나 다른 모든 수요의 충족을 위해서 그들의 도움을 필요로 한다. 또한 신께서 그에게 백성으로 위탁하신 인간들, 즉 그와 동일한 종에 속하는 인간들에게 대해서 정치적 지도력을 행사하기 위해서는 그 이상의 것들도 필요하다. 즉 그는 적으로부터 공동체를 보호해야만 하고, 내적으로는 상호 적대하면서 재산을 침해하는 것을 막기 위해서 강제력이 수반된 법률을 시행하지 않으면 안 된다. 이를 위해서 그는 도로의 안전을 높이고, 사람들에게 공공의 이해에 부합되게 행동하도록 권유하며, 백성들의 생존에 필요한 식량 혹은 도량형과 같이 거래에 필요한 사항들에서 속임수가 없도록 감시해야만 한다. 사람들이 거래에서 위조화폐를 사용하지 못하도록 조폐 사무도 감독해야 한다. 또한 그는 정치권력을 행사하여 백성들로 하여금 만족할 만한 수준까지 복종하도록 함으로써, 영광을 소유하는 자는 백성들이 아니라 오로지 군주 한 사람뿐이라는 점을 인식시켜야 한다. 이것은 심리적으로 사람들을 장악하는 비상한 조치를 필요로 한다. 한 현자는 이렇게 말했다. "나로서는 서 있는 산을 움직이는 것이 사람들의 심리를 움직이는 것보다 더 수월하다."

그런 도움은 군주와 혈통이 같은 가까운 사람들, 성장배경이 같은 사람들, 왕조에 오랜 애착심을 가진 사람들로부터 구하는 것이 좋다. 왜냐하면 군주는 그런 사람들과 일할 때 동류의식을 느낄 수 있기 때문이다. 군주에게서 도움을 요청받은 사람은 칼로, 펜으로, 충고나 지식으로, 혹은 다른 사람들이 군주에게 몰려들어 정사를 돌보기 힘들게 하는 것을 막는 일 등으로 군주를 보좌할 수 있다. 군주는 그들의 능력을 믿고 나라 전체의 일을 위임하기도 한다. 따라서 군주가 얻고자 하는 도움은 한 사람에게만 요청될 수도 있고, 여러 사람들에게 나누어질 수도 있다.

이슬람에서의 관직들은 칼리프에게 종속된다는 사실을 알아둘 필요가 있다. 이것은 칼리프위가 종교적이자 동시에 세속적인 성격이 있기 때문이다. 종교법은 모든 관직을 규정할 뿐 아니라 각각의 관직이 수행하는 여하한 업무에 대해서도 관장하는데, 이는 종교법이 인간의 모든 행위를 규제하는 것이기 때문이다.

따라서 법학자들은 군주나 술탄이라는 지위가 어떠한 상황에서 칭해지느냐에 대해서 관심이 있다. 즉 뒤에서 설명하겠지만, 칼리프에 대한 우위를 장악하면서 나타난 경우는 술탄이라고 부를 수 있으며, 칼리프에 의해서 권위를 위임받은 경우는 재상이라고 부를 수 있다. 또한 법학자들은 사법적, 재정적, 기타 정치적 사항에 관한 군주의 권한에 대해서도 관심을 가지는데, 이러한 권한은 절대적일 수도 또 제한적일 수도 있다. 나아가서 그들은 군주의 퇴위를 불가피하게 하는 요인들에 대해서도 관심이 있으며, 재상이나 세리나 다른 여러 행정관들과 같이 군주나 술탄에게 예속된 모든 관직들에도 관심이 있다. 법학자들은 이러한 모든 사항들에 대해서 관심을 가져야만 하는데, 그 까닭은 앞에서도 지적했듯이 이슬람에서 칼리프란 종교법에 의해서 규정된 제도이며 술탄이나 군주의 지위도 그것에 따라서 결정되기 때문이다.

그러나 우리가 왕권과 정부에 관련된 직책들에 관해서 논의할 때, 그런 것들이 문명의 본질상 또 인간의 생존을 위해서 불가피한 것이라는 사실도 잊어서는 안 될 것이다. 그것은 어떤 특정한 종교법에서만 나타나는 현상이 아니며, 그런 것이 이 책에서 다루려는 주제도 아니다. 그것은 행정에 관한 다른 저술들에서 이미 상세하게 다루어져 있다. 우리가 여기에서 칼리프위와 관련된 직책들을 개별적으로 다루려고 하는 목적은 그런 것들과 세속적 국가의 직책들과의 차이점을 분명히 하려는 것일 뿐이지, 그 직책들의 법적인 지위에 대해서 상세한 연구를 하기 위함은 아니다. 그것은 이 책의 목표가 아니다. 따라서 우리는 문명과 인간 존재의 본질로 인해서 불가피하게 생기는 현상으로서만, 이 직책들에 대해서 논의할 것이다.

재상

재상(宰相: wazîr)의 직책은 왕권과 정부에 속한 여러 직책들의 어머니이지만, 명칭 자체는 단지 '도움'을 의미한다. 우리는 이 장의 모두에서 군주의 조건과 활동이 다음 네 분야에 국한되어 있다는 사실을 언급한 바 있다.

1) 공동체의 보호에 필요한 방법과 수단에 관한 사항. 예를 들면 군대, 무기, 전투작전 및 기타 군사적 방위와 침공에 관한 사항들에 대한 감독. 이들 사

항에 관한 책임자는 재상이다. 동부의 옛 왕조에서 재상은 보통 이런 의미로 사용되었는데, 서부에서는 지금도 여전히 그런 의미로 사용된다.
2) 시간적으로, 공간적으로 군주로부터 멀리 떨어져 있는 사람들과의 연락에 관한 사항 그리고 군주와 직접적인 접촉이 없는 사람들에 관해서 내려진 명령의 수행. 이런 업무의 책임자는 서기이다.
3) 세금의 징수와 지출 그리고 이런 업무와 관련된 모든 방면에서의 안전한 시행. 이런 업무의 책임자는 징세 재무를 관장하는 장관인데, 오늘날 동부에서는 재상(wazîr)이라고 한다.
4) 군주가 정무를 수행하지 못할 정도로 많은 탄원자들이 몰려들는 것을 예방하는 일. 이러한 업무의 책임자는 궁문을 지키는 집사(ḥâjib)이다.

군주의 업무는 이 네 가지 방면을 넘지 않으며, 왕권이나 정부에 속한 모든 직책들도 이들 가운데 하나에 속한다. 그러나 가장 중요한 방면은 군주가 처리하는 모든 사무에 대해서 전반적인 도움을 제공하는 분야이다. 이는 군주와의 끊임없는 접촉, 정부의 모든 활동에의 참여를 의미한다. 특정한 집단의 사람이나 특정한 부서와 관련된 업무는 하위 직책에 속하는 것이다. 예를 들면 변경지방에서의 군사적 지휘, 어떤 특정한 세금의 관리, 식료품 조사나 조폐소 감독과 같이 특수한 업무의 감독 등이 그러하다. 이러한 활동은 모두 특정한 조건에만 관련된 것들이며, 따라서 그것을 담당하는 사람들도 전반적인 감독의 일을 수행하는 사람에게 종속되며 직책도 하위일 수밖에 없다.

이슬람 출현 이전의 시대에는 줄곧 이와 같은 방식이 행해졌다. 그러나 이슬람이 나타나고 칼리프에게 권력이 부여되자, 왕권의 여러 형태는 더 이상 존속할 수 없게 되었고 그 모든 기능들도 사라져버렸다. 단지 조언이나 자문을 하는 몇몇 직책들은 본질적으로 필요한 것이므로, 계속 유지되었다. 예언자(무함마드)는 주위에 있던 교우들에게 자문을 구했고 일반적인 혹은 특수한 사무에 대해서 그들과 상의했다. 게다가 그는 다른 특정한 문제들에 관해서 아부 바크르와 의논했다. 그래서 페르시아, 비잔틴, 아비시니아 등지의 왕조의 제도를 잘 알고 있던 일부 아랍인들은 아부 바크르를 가리켜 재상(wazîr)이라고 불렀던 것이다. wazîr라는 단어는 원래 무슬림들 사이에는 존재하지 않았다. 이슬람의 단순소박함이 왕권에 속한 직책들을 없애버렸기 때문이었다.

초기 무슬림들에게 징세, 지출, 문서기록과 관련된 특정한 직책은 존재하지 않았다. 당시 무슬림들은 어떻게 글을 쓰고 문서를 정리하는지도 모르는 무식한 아랍인들이었기 때문에, 문서기록을 위해서 글을 잘 아는 유태인, 기독교도, 혹은 일부 비아랍계 예속민들을 활용했다. 문서기록은 아랍인들에게 생소했고 귀족들 역시 잘 모르기는 마찬가지였다. 무지함은 그들이 보여준 특징의 하나였다.

마찬가지로 초기 무슬림들은 서신의 교환이나 칙령의 전달과 같은 일을 위해서 아무런 직책도 두지 않았다. 그 까닭은 그들이 무지했을 뿐만 아니라 문서의 비밀을 지키고 안전하게 전달하는 일을 누구에게나 맡길 수 있을 정도로 신뢰할 만한 사람들이었기 때문이다. 또한 은밀히 서기를 두어야 할 만큼 정치적으로 민감한 사무도 없었다. 왜냐하면 칼리프의 업무는 종교적인 것이지 권력정치와는 하등 관계가 없었기 때문이다. 더구나 서기라는 직무는 아직 하나의 확립된 기능이 아니었고, 칼리프도 고도로 숙련된 서기의 존재를 필요로 하지도 않았다. 사람들은 각자 자기가 표현하고자 하는 바를 유창하게 말할 수 있었으며, 단지 그것을 글로 옮기는 지식이 없었을 뿐이었다. 이를 위해서 칼리프는 글쓰는 법을 아는 사람을 항상 옆에 두고, 필요한 경우에는 그에게 글로 옮기도록 했다.

탄원인을 칼리프의 궁정 문에서 멀리 쫓는 것은 종교법에서 금했던 일이며, 실제로 그들은 그렇게 하지도 않았다. 그러나 칼리프의 지위가 왕권으로 변화되고 왕권을 나타내는 형식과 칭호가 등장하게 되자, 왕조는 대중들이 군주에게 접근하는 것부터 차단하기 시작했다. 군주들은 우마르, 알리, 무아위야, 아므르 이븐 알 아스[49]를 비롯한 사람들이 당했던 것처럼 반도들의 공격으로 자신의 목숨이 위험에 처하지 않을까 걱정했다. 뿐만 아니라 평민들이 군주에게 마음대로 접근할 수 있다면, 그의 주위에 한꺼번에 많은 사람이 몰려 제대로 국사를 처리하지 못하게 될 우려도 있었다. 그래서 군주는 이런 문제를 처리할 사람을 지정한 뒤에 집사(ḥâjib)라는 직명을 부여한 것이다.

그뒤에 왕권은 더욱 발전했다. 부족이나 집단에 관한 문제를 상담해주는 공적인 자문관과 보좌관이 출현했고, 그런 사람을 재상이라는 칭호로 불렀다. 문서의 기록은 유태인이나 기독교도와 같은 예속민들이 담당했다. 공적인 문서를 다룰

---

49) 663년 사망. 이집트를 정복한 아랍의 장군.

때에는 군주의 비밀이 누설되어 정치적 지도자로서 그의 역할에 치명적인 타격을 주지 않도록 하기 위해서 특별한 서기가 임명되었다. 이 서기는 재상에 비교할 만큼 중요하지는 않았다. 왜냐하면 그는 오로지 글로 쓰여지는 사항에 관해서만 필요했을 뿐, 구두로 논의되는 문제와는 무관했기 때문이다. 그 당시에는 구두로 논의하는 것이 과거와 같이 여전히 중요했고 구어도 아직 훼손되지 않은 상태였다. 따라서 재상직은 우마이야 왕조 전시기에 걸쳐 최고의 직위였다. 재상은 그에게 위임된 모든 업무에 대한 전반적인 감독권이 있었고 상담역으로서의 기능을 수행했으며, 그밖에 방어와 공격에 관한 사무도 관할했다. 따라서 군사적 사무의 처리를 비롯하여 매달 초순에 군인들에게 봉급을 배정하는 문제 등 여러 가지 사무도 그의 분야에 속했다.

그리고 나서 압바스 왕조가 출현했고 왕권은 더욱 강화되었다. 왕권과 연관된 직책들은 많아졌고 또 위상도 높아졌는데, 이에 따라서 재상직도 한층 더 중요성을 가지게 되었다. 즉 그는 칼리프를 대신하여 행정 책임자가 되었고, 왕조 안에서 그의 직책도 두드러졌다. 모든 사람들이 재상을 우러러보았고 그에게 복속했다. 문서기록을 감독하는 업무도 재상에게 위임되었는데, 이는 그가 직능상 군인들에게 봉급을 나누어주는 일도 할 수밖에 없었기 때문이었다. 따라서 그는 재화를 징발하고 분배하는 일을 감독했다. 나아가서 '펜'을 쥔 사람들을 감시하는 일과 공적인 문서를 주고받는 일도 그에게 맡겨졌다. 이는 군주의 비밀을 보호하고 우아한 문체를 유지하기 위해서였는데, 다수의 대중이 말하는 구어는 당시 이미 훼손된 상태였다. 군주의 문서에는 인장이 찍혀져 대중들에게 공개되지 못하도록 했고, 그 인장은 재상이 맡았다.

이렇게 해서 재상이라는 직책은 부과된 모든 업무와 군주에게 자문을 하는 역할 이외에 '펜'과 '칼'의 권능까지도 포괄하게 되었다. 칼리프 알 라시드의 치세에 자파르 이븐 야흐야는 실제로 술탄이라고 불렸는데, 이는 왕조에 대한 그의 통제력이 어느 정도이고 그가 장악하던 감독권이 어느 정도인지를 잘 보여준다. 그가 가지지 않았던 단 하나의 관직은 집사의 직책인데, 이는 그가 그러한 직책을 받아들이는 것을 수치스럽게 생각했기 때문이다.

그뒤 압바스 왕조는 칼리프가 괴뢰화되는 시대로 접어들었다. 권력은 때로는 재상의 손에 들어갔고, 때로는 세속 군주들의 손으로 넘어갔다. 재상이 통제력을 장악했을 때에는 종교법에 부합하기 위해서 자신을 칼리프의 대리인으로 임명할 필요가 있었다. 그 당시 재상은 '집행 재상,' 즉 군주가 자신의 업무를 장악하고 있고 다만 재상은 그의 결정을 집행에 옮기는 역할만을 하는 경우와, '위임 재상', 즉 재상이 칼리프를 좌지우지하고 칼리프는 국가의 모든 사무를 재상의 감독과 독자적인 판단에 위임한 경우의 둘로 구분되었다. 이러한 현상으로 말미암아 두 명의 재상이 동시에 '위임 재상'으로 임명될 수 있는가 여부에 대해서는 상이한 견해들이 제기되었다.

군주는 이런 식으로 계속 조종당했고, 비아랍인들이 권력을 장악했으며 칼리프는 본래의 정체성을 상실하고 말았다. 찬탈자들은 칼리프위에 종속된 칭호들에 대해서는 관심을 가지지 않게 되었고 재상과 같은 칭호도 수치스럽게 여겼다. 왜냐하면 재상은 칼리프의 하인에 불과하다고 생각했기 때문이다. 따라서 그들은 아미르나 술탄과 같은 칭호를 사용했다. 왕조를 장악한 사람들은 스스로를 '아미르들 중의 아미르'(amîr al-umarâ') 혹은 술탄(sulṭân)이라고 불렀고, 여기에 칼리프가 하사한 장식적 호칭들이 덧붙여졌다. 재상이라는 직함은 칼리프를 개인적으로 모시는 사람들에게나 주어졌고, 이런 상황은 압바스 왕조 말기까지 계속되었다.

이렇게 오랜 시간이 흐르는 동안 아랍어도 훼손되었다. 올바른 아랍어를 사용하는 것은 특정한 사람들이 사용하는 기술이 되어버렸고 열등한 직책으로 간주되었다. 재상은 그런 것에 신경을 쓰는 것이 자신의 자존심을 해치는 것이라고 생각했다. 또한 재상이 된 비아랍인들에게 화술이나 문체에서 유창함을 기대할 수도 없었다. 따라서 유창한 아랍어 지식으로 그런 기능을 수행할 수 있는 사람들이 다른 계층에서 선발되어 재상을 위해서 봉사하게 되었다.

아미르는 원래 전쟁이나 군대 혹은 그와 연관된 사무를 관할하는 사람들에게 국한된 칭호였지만, 군주의 대리인으로서 혹은 자신의 독자적인 권력을 통해서 다른 직책에 있는 사람들을 통제하고 제반 업무를 장악하기도 했다. 이런 상황은 오랫동안 계속되었다.

그런데 아주 최근에 들어와서 투르크계 왕조(맘루크 왕조)가 이집트에 출현했다. 그 군주들은 재상이라는 직책이 고유의 정체성을 상실했다고 보았다. 또한 아미르들은 자존심 때문에 그러한 직책을 받아들이려고 하지 않았고, 이에 따라서 재상직은 권력을 상실한 채 유폐된 칼리프의 시중이나 드는 것으로 간주하는 경향이 생겼다. 재상은 예속되고 무력한 직책이 되어버렸고, 따라서 왕조에서 고위직을 차지하고 있는 사람은 재상이라는 이름으로 불리는 것을 싫어하게 되었다. 오늘날 사법적 결정을 책임지고 군대를 감독하는 임무를 맡은 사람들은 스스로 집정(nâ'ib)이라는 칭호를 취하고, wazîr라는 이름은 징세를 담당하는 사람을 일컫게 되었다.

스페인의 우마이야 왕조는 처음에는 재상이라는 직함을 원래의 의미대로 사용했다. 그러나 후에 재상의 기능을 여러 부문으로 나누고, 각 부문에 재상들을 별도로 임명했다. 회계를 담당하는 재상, 공문서를 책임지는 재상, 억울한 일을 당한 사람들을 처리하는 재상, 변경지역의 주민들을 담당하는 재상 등이 그러하다. 이 모든 재상들이 일할 수 있는 가옥이 하나 마련되었고, 거기서 그들은 카펫 위에 앉아 자기가 맡은 부문에 관한 군주의 지시를 집행했다. 이 재상들과 칼리프 사이의 연락업무를 담당하는 재상도 별도로 두어졌다. 그는 항상 군주와 접촉할 수 있었기 때문에 다른 재상들보다 지위가 더 높았고, 그에게는 집사라는 칭호도 부여되었다. 이러한 상황이 우마이야 왕조 말기까지 계속되었고, 집사의 기능과 지위는 다른 관직들에 비해 우월했다. 그러다가 결국 '제후들'이 그 칭호를 받아들이면서 그들 중에서 가장 중요한 인물이 집사라고 불리게 되었다.

그뒤 이프리키야와 알 카이라완 지방에서 시아파 왕조(파티마 왕조)가 출현했다. 이 왕조를 지지하는 사람들은 전야생활에 굳건히 뿌리를 내린 사람들이었고, 따라서 그들은 처음에는 그러한 기능들을 별로 중요하게 여기지 않았고 그것에 걸맞는 적절한 칭호도 사용하지 않았다. 그러나 결국 왕조가 도회문화의 단계에 도달하게 되자 선행했던 두 왕조(우마이야조와 압바스조)의 전통에 따라서 관직의 칭호들을 사용하게 되었으니, 이는 왕조의 역사가 증명하는 바이다.

후일 출현한 알모아데 왕조 역시 전야적인 태도로 말미암아 처음에는 그런 것들을 무시했지만, 종국에 가서는 기존의 직함과 칭호들을 수용했다. 처음에 재상이라는 칭호를 원래의 의미대로 사용했지만, 나중에는 정부의 업무와 관련하여 스페인의 우마이야 왕조의 전통을 받아들였다. 즉 재상이라는 칭호는 궁정 안에서 군주를 모시면서, 외국의 사신이나 방문객들이 알현시 적절한 형식의 인사와 공손한 어투를 갖추는지를 감독하는 사람에게 붙여졌다. 알모아데 왕조 후기에 집사는 대단한 고위직으로 여겨지게 되었고, 오늘날까지 그런 식으로 계속되고 있다.

동부의 투르크계 왕조에서 외국사절이 군주를 알현할 때 궁정에서 적절한 인사법과 어법을 갖추는지를 살피는 사람을 의전관(dawîdâr)이라고 불렀다. 그의 직책은 '개인 비서들'을 통제하며, 원근 각지에서 군주의 눈과 귀가 되어 활동하는 비밀 요원들을 감독하는 일도 포함한다. 오늘날 투르크계 왕조들의 상황은 이러하다.

집사

앞에서 살펴보았듯이 우마이야 왕조와 압바스 왕조에서 집사(ḥâjib)가 하는 일은 평민들이 정해진 시간과 방법에 의거하지 않고서는 마음대로 군주에게 접근하지 못하도록 통제함으로써 군주를 보호하는 것이었다. 당시 집사직은 다른 직능에 비해서 하위였고 종속적인 것이었으며, 재상은 자신의 판단에 따라서 아무 때나 그의 일에 간섭할 수 있었다. 이는 압바스 왕조 내내 그러했으며, 오늘날에도 여전히 지속되고 있다. 이집트에서 집사는 집정(mâ'ib)이라고 불리는 고위 관리에게 종속되었다.

스페인의 우마이야 왕조의 경우, 집사는 군주를 그 수행원 및 평민들로부터 보호하는 일을 한다. 그는 군주와 재상 그리고 하급 관리들을 이어주는 연락관이었고, 이 왕조에서 집사직은 지극히 높은 직책이었다. 후일 왕조가 다른 사람들의 손에 좌우되었는데, 집사라는 칭호가 매우 영예로운 것이었기 때문에 실권을 장악한 사람이 바로 그 칭호로 불렸다. 스페인의 '제후들' 가운데 가장 강력한 사람이 군주다운 양식과 칭호를 사용하게 되면서, 집사라는 칭호와 함께, '두 재상직의 소유자(dhû al-wizâratayn)' — '펜'과 '칼'의 재상직을 의미한다 — 라는 칭호도 동시에 취하게 되었다.

마그리브와 이프리키야 지방의 왕조들에서는 유목민들의 전야적인 태도로 인해서 집사라는 칭호는 언급되지 않았다. 이집트의 파티마 왕조에서도 드물기는 했지만, 가끔씩 언급되곤 했는데, 그것은 이 왕조가 강력해져서 도회문화에 익숙해진 다음의 일이었다.

알모아데 왕조의 경우, 정부기능의 분화에 따라서 특정한 칭호의 사용이 요구되는 도회문화가 후기에 가서야 굳건한 뿌리를 내렸기 때문에, 처음에 그들은 재상이라는 칭호만 사용했고 이는 군주의 개인적인 사무를 관할하는 사람에게 부여되었다. 나아가서 그는 문서행정은 물론 모든 재정업무도 관할했다. 후일 재상이라는 칭호는 알모아데 왕가의 친족들에게 주어졌다.

이프리키야 지방의 하프스 왕조의 경우, 군주에게 자문과 조언을 해주던 재상에게 최고의 직책이 맡겨졌고, 그는 '알모아데 왕가의 장로'(shaykh)라고 불렸다. 그는 관리의 임면, 군대의 지휘권, 전쟁시의 작전권 등을 장악했으며, 부기와 징세청의 업무 역시 그가 담당했다. 이 업무를 책임지는 사람은 재무관(ṣâhib al-ashghâl)이라고 했고, 수입과 지출을 완전히 장악했다. 그는 회계업무를 감사하고 세금을 징수했으며 체납자를 처벌했다. 단 한 가지 조건은 그가 알모아데 왕가의 일원이어야 한다는 점이었다. 이 왕조에서 '펜' 역시 하나의 독자적인 직책이었는데, 공적인 문서작성에 관해서 충분한 지식을 갖추고 또 기밀을 다루는 데에 믿을 만한 사람에게만 이 직책이 맡겨졌다. 왕조의 유력자들은 공적인 문서를 작성하는 데에 필요한 전문적인 지식을 갖추지 못했기 때문에, 이 직책을 담당하는 사람이 특정한 가문 출신이어야 한다는 조건은 없었다.

하프스 왕조의 왕권은 대단히 광범위해서 수많은 수행원이 왕궁 안에 거주했다. 따라서 군주는 왕궁의 사무를 책임질 집사가 필요했다. 그는 봉급과 수당과 의복을 할당, 분배하고, 주방과 축사의 운영에 필요한 경비를 집행하는 등의 임무를 수행했다. 또한 왕실 창고를 관리하고, 징세관들에게 왕실 운영에 필요한 경비의 지급을 요청하는 일도 했다. 그는 집사라는 칭호로도 불렸다. 만약 그가 글을 잘 알고 있으면 서류에 서명하는 일도 부수적 임무로 주어지곤 했는데, 경우에 따라서는 다른 사람이 그 임무를 대행하기도 했다. 오늘날까지 이런 방식이 계속되고 있다. 군주는 일반 사람들과 유리된 곳에 머물러 있었기 때문에, 집사는 평민이나 관리들과 그를 연결해주는 연락관이 되었다. 왕조 후기로 가서 '칼'과 전쟁에 관한 업무도 그에게 추가되었으며, 조언과 자문을 하는 것도 당시 그의 임무였다. 이렇게 해서 집사직은 가장 고위의 직책이 되었고 모든 통치기능을 포괄하기에 이르렀다. 하프스 왕조의 제12대 군주 이후 한동안 다른 사람들이 정치를 좌지우지했고 군주는 격리되었다. 그뒤 그의 손자인 술탄 아불 압바스50)가 권력을 회복했다. 그는 군주를 격리시키는 관행의 잔재를 없애버리고 집사직을 폐지함으로써 외부의 간섭을 배제하고 중앙집권을 향한 초석을 놓았다. 그는 다른 어느 누구의 도움도 청하지 않고 스스로 정사를 처리해나갔는데, 오늘날까지 이러한 상황이 계속되고 있다.

마그리브 지방의 자나타족 왕조들, 특히 그중 가장 중요한 마린 왕조에서는 집사직의 흔적을 찾아볼 수 없다. 전쟁과 군대의 지휘권은 재상에게 속했다. 문서행정과 공적 서신왕래에 관한 일을 담당하는 '펜'의 직책 역시 그와 같은 사무를 잘 아는 사람들에게 위임되었는데, 특정한 가문 혹은 왕조의 추종자들에게 독점적으로 주어지는 경우도 있다. 이 직책을 한 가문이 대대로 독점하기도 하지만, 다른 가문들에게 주어지기도 한다.……

오늘날 스페인 사람들은 문서행정, 정무, 기타 모든 재무를 총괄하는 사람을 대리인(wakîl)이라고 부른다. 재상은 과거의 재상과 동일한 임무를 수행하지만, 문서작성의 일을 추가로 담당하고 있다. 군주가 모든 문건에 직접 서명을 한다. 따라서 스페인 사람들은 다른 왕조의 경우와는 달리 별도의 서명관('alâmah)을 두지 않았다.

이집트의 투르크계 왕조에서 집사라는 칭호는 지배층 투르크인들 중에서 치안관(ḥâkim)에게 주어진다. 그들은 도회민들에게 법의 준수를 강제하는 임무를 맡았다. 다수의 집사들이 있는데, 투르크인들에게 집사직은 집정직보다 더 낮다. 집정은 지배층과 평민들 모두에 대해서 전반적인 사법권을 행사하고, 또 적절한 시기에 관리들을 임면하는 권리를 가지고 있으며, 소액의 봉급을 분배하기도 한다. 그의 명령과 포고는 군주의 그것과 마찬가지로 효력을 발휘하여, 모든 면에서 군주의 권한을 위임받았다고 할 수 있다. 반면 집사는 불평이 제소될 경우에만 다양한 계층의 평민과 병사들에 대한 사법권을 행사하며, 그의 결정에 복종하지 않는 사람에 대해서는 강제력을 행사할 수 있다.

투르크계 왕조들에서 재상은 지세, 관세, 인두세 등 각종 세금을 징수하는 업무를 처리하는 사람이다. 그는 정부의 지출에 필요한 세금을 할당하고 군인과 관리들에게 지급하는 봉급을 할당하기도 한다. 이밖에도 그는 징세와 지출에 관련

---

50) 재위 1370-1394년.

된 모든 관리들에 대해서는 지위와 직능을 불문하고 임면권을 가지고 있다. 투르크인들은 문서행정과 징세의 업무를 담당하는 사람을 콥트인들 가운데에서 뽑아 임명하는데, 이는 그들이 이 지방에서 옛날부터 이런 종류의 업무에 익숙해 있었기 때문이다. 때로 필요하다면 군주는 지배층, 즉 투르크 귀족이나 그 자손들 중에서 한 사람을 뽑아서 임명하기도 한다.

재무-징세청

징세청은 왕권에 필수불가결한 관직이다. 이것은 징세활동을 수행하며, 수입과 지출에서 왕조의 이익을 보호한다. 모든 병사들의 이름을 등재하고 그들의 봉급을 결정하며 적절한 시기에 수당을 지급하는데, 이는 징세의 책임자와 왕조의 집사들이 정한 규정에 준해서 수행한다. 수입과 지출에 관한 상세한 사항들은 모두 장부에 기록으로 남긴다. 징세업무에 상당한 전문 지식이 있는 사람들만이 처리할 수 있는 회계에 근거해서 작성되는 이 장부는 디완(dîwân)이라고 불린다. 나아가서 디완이라는 말은 이러한 사무를 처리하는 관리들이 근무하는 장소를 뜻하기도 한다.

한 사람이 이 직무를 책임지고 관련된 모든 사무를 감독하는 경우도 있지만, 분야마다 별도의 감독관이 두어지는 경우도 있다. 어떤 왕조에서는 군대, 봉토(封土), 급여회계에 대한 감독업무가 각기 별도의 관직을 구성한다.

징세와 관련된 직책은 왕조의 권력과 지배력이 확고히 자리잡았을 때, 또는 왕권이 보여주는 다양한 면모와 효율적 행정에 대한 왕조측의 관심이 분명해졌을 때 생기는 것이다. 이슬람의 역사에서 디완을 처음으로 설치한 인물은 칼리프 우마르였다. 그 이유는 아부 후라이라[51]가 바레인으로부터 돈을 지참하고 왔기 때문이라고 한다. 무슬림들은 그 돈이 너무 많아 분배하는 데에 애를 먹었고, 액수를 계산하고 그것을 수당으로 분배하는 방법을 만들어내려고 했는데, 이때 할리드 이븐 알 왈리드[52]가 다음과 같이 말하면서 디완을 만들 것을 종용했다고 한다. "나는 시리아의 군주들이 디완을 가지고 있는 것을 보았다." 우마르는 할리

---

51) 무함마드의 교우들 가운데 한 사람. 우마르에 의해서 바레인 총독으로 임명되었으나, 후일 파면되어 막대한 재산이 몰수되었다. 678년경 사망.
52) 아부 바크르와 우마르 치세에 대외 정복전을 주도한 장군. 642년 사망.

드의 제안을 받아들였다.

우마르에게 디완을 소개한 사람이 알 후르무잔[53]이었다는 주장도 있다. 그는 원정군이 디완(즉 군적부)도 없이 파견되는 것을 보고 우마르에게 이렇게 말했다고 한다. "(병사들 가운데) 누가 없어진다고 해도, 누가 그것을 알 수 있겠습니까? 후방에 머무는 사람들이 임지를 이탈하고 병사들에게 지급되어야 할 돈을 가지고 도망칠 우려도 있습니다. 따라서 이런 사항들은 정확하게 장부에 기록해 두어야 합니다. 그러려면 디완을 만드십시오!" 우마르가 '디완'이라는 말의 뜻을 묻자 그에게 그 의미를 설명해주었다. 이에 그는 측근에게 명령을 내려 무슬림 군대의 디완을 작성토록 했던 것이다. 이 디완은 가족별로 기재되었고, 예언자의 친척들을 필두로 하여 그 관계의 친소 정도에 따라서 기록해나갔으니, 이것이 바로 군대의 '디완'의 효시이다.

처음에 지조(地租)와 징세 업무와 관련된 디완(세무청)의 관리를 뽑을 때 이라크에서는 페르시아인을, 시리아에서는 비잔틴계 그리스인들을 등용했다. 디완에서 일하는 서기들은 이 두 집단에 속하며 무슬림으로 개종한 사람들이었다. 그뒤 압둘 말리크 이븐 마르완이 즉위하면서 왕권이 확립되자 사람들은 전야생활의 저급한 단계에서 도회문화의 화려함으로, 또 무지하고 소박한 생활에서 세련된 독서생활로 이행하게 되었다. 서법과 부기 전문가들이 아랍인과 그 추종자들 사이에도 출현하기 시작했다. 그래서 압둘 말리크는 당시 시리아 총독이던 술레이만 이븐 사이드로 하여금 시리아 지방의 디완에 아랍어를 사용하도록 지시했고, 술레이만은 하루도 안 틀리는 1년 만에 그 과업을 성취했다.

알 하자즈는 자기 비서였던 살리흐 이븐 압둘 라흐만에게 이라크 지방의 디완에 페르시아어 대신 아랍어를 사용하라고 지시했다. 살리흐는 아랍어와 페르시아어를 둘 다 사용할 줄 알았기 때문에, 페르시아인 서기들의 반대를 누르고 아랍어를 도입하는 데에 성공했다. 후일 압바스 왕조의 시대에 이 직책은 그와 같은 업무를 총괄하게 된 재상의 직무 속에 추가로 포함되었다. 바르멕 가문을 비롯하여 압바스 왕조의 재상들의 시대에도 사정은 마찬가지였다.

이 직책은 왕권의 중요한 부분을 이룬다. 사실 그것은 왕권을 지탱하는 세 가

---

53) 사산조 페르시아의 장군으로서 이라크 정복시에 포로가 된 al-Ahwâz 지방의 군주.

지 기둥들 가운데 하나이다. 왕권은 군대, 재화 그리고 먼 곳에 있는 사람들과의 통신수단이 필요하다. 따라서 군주는 '칼'과 '펜'과 재정에 관한 업무를 도와줄 사람이 필요하며, 징세업무를 담당하는 사람은 왕권의 중요한 부분을 이루게 된다.

스페인의 우마이야 왕조나 그 계승자들인 '제후들'의 시대의 상황이 바로 그러했다. 알모아데 왕조에서 이 직책을 담당한 사람은 왕가의 일원이었다. 그는 세금을 징수하고 사용할 뿐 아니라 이와 관련된 관리와 직원들의 활동을 통제하고, 나아가서 적절한 시기에 적절한 액수의 돈을 분배하는 일에 관한 절대적인 권한을 소유했다. 그는 재무관(Ṣâḥib al-ashghâl)이라고 불렸다. 어떤 곳에서는 알모아데 왕족은 아니지만, 그런 문제에 대해서 많은 지식이 있는 사람이 그 직책을 담당하는 경우도 있었다.

스페인으로부터의 대이주가 시작될 즈음 이프리키야 지방을 통치하던 왕조가 하프스 왕조였다. 스페인에서 추방된 귀족들이 하프스 왕조로 망명해왔다. 그들 가운데에는 스페인에서 이러한 종류의 일에 종사하던 사람들이 있었는데, 그라나다 부근에 있는 알칼라(Alcalá)의 영주였던 사이드 가문(Banû Sa'îd) — 아빌 후세인 가문(Banû Abî l-Husayn)으로도 알려졌다 — 이 그러하다. 하프스 왕조는 그들이 스페인에서 담당했던 세무의 책임을 맡겼다. 그래서 그들과 알모아데 왕족들은 교대로 그런 직책에 임명되었다. 후일 회계사와 서기들이 이 직책을 도맡아 수행하게 되면서 알모아데 왕족들은 배제되었다. 집사의 직책이 점점 더 중요해지고 그의 권한이 정무의 모든 분야로 확대되면서, 재무관 제도는 중요성을 상실했다. 이 직책을 담당하는 사람은 집사의 지휘를 받게 되어 단지 징세관으로 전락했고, 과거 왕조들에서 소유하던 권력을 잃어버렸다.

오늘날 마린 왕조의 경우, 지세와 병사들의 봉급은 한 사람의 수중에 있다. 그는 모든 회계를 감사하고 그의 디완은 핵심적인 역할을 하며, 그의 권위는 군주나 재상을 제외하면 가장 높다. 그의 서명은 지세와 병사들의 봉급과 관련된 회계가 정확함을 입증하는 것이다.

이상이 정부의 주요한 직책과 기능들이며, 그 지위가 높고 전반적인 권력을 행사하고 군주와 직접적으로 접촉하는 것들이다.

투르크계 왕조들의 경우 이러한 기능들은 나누어져 있다. 병사들의 급여를 담당하는 관청을 책임지는 사람은 병무관(nâẓir al-jaysh)이라고 하지만, 재무행정의 총책임자는 재상(wazîr)이라고 한다. 그는 왕조의 전반적인 세금징수를 관할하는 디완을 감독하는데, 이는 재무방면에서 일하는 사람들 가운데에서는 최고의 지위이다. 투르크인들의 경우, 재정을 감독하는 사무는 많은 관리들에게 분산되어 있다. 이는 왕조가 강력한 권력을 행사하며 광대한 지역을 통치함으로써, 아무리 뛰어난 능력이 있더라도 한 사람이 재정과 세금에 관한 사무를 모두 처리할 수 없기 때문이다. 따라서 재상이 임명되어 전반적인 감독의 임무를 수행한다. 그의 지위가 중요한 것은 사실이지만, 군주와 연대의식을 공유하며 군사귀족에 속하는 궁정대신(ustâdh ad-dâr)에는 미치지 못한다. 그의 지위는 재상을 능가하며, 재상은 그가 지시하는 모든 것을 행해야 한다. 그는 고위 아미르 중의 한 사람이며 군사 집단에 속하는 인물이다.

이밖의 다른 직책들은 재상에게 종속되어 있다. 그것은 모두 재정업무와 문서 행정에 관한 것이고, 권한은 특정한 부분에만 국한되어 있다. 예를 들면 내탕관(內帑官 : nâzir al-khâṣṣ), 즉 군주의 개인적 재정을 관리하는 사람이 그러하다. 그는 군주의 직할령, 지조 가운데 군주의 몫으로 할당된 부분, 무슬림 일반을 위한 용도로 배정된 것 이외의 과세지 등을 관할한다. 그는 궁정대신의 감독을 받지만, 만약 재상이 군출신 인물이라면 궁정대신은 그를 통제하지 못한다. 내탕관 역시 군주에게 직속된 재고관(財庫官 : khâzindâr)의 감독을 받는다. 군주의 개인 노예 가운데 한 사람이 재고관으로 임명되는데, 이 직책이 군주의 사적 재산에 관한 것이기 때문이다. 이상이 동방의 투르크계 왕조들의 재정 관련 관직들의 명칭이다.

문서청

이 관청은 왕권의 본질상 요구되는 것은 아니며, 전혀 존재하지 않았던 왕조들도 많았다. 예를 들면 사막에 뿌리를 두었기 때문에 세련된 도회문화와 고도로 발달된 기술에 영향을 받지 않았던 왕조들이 그러했다.

초기 이슬람 왕조에서는 초기 아랍어의 특징과 자신의 뜻을 잘 표현하고자 하는 관습으로 인해서 이 관청에 대한 필요성이 높아졌다. 사실 일반적으로 말로 표현하는 것보다 훌륭한 문체로 글로 쓰는 것이 핵심을 더 잘 전달한다. 아랍 아미르의 서기는 대체로 그의 친척이거나 같은 부족에 속하는 유력자였다. 칼리프의 경우는 물론이지만, 예언자 무함마드의 교우들 가운데 시리아나 이라크 지방을 통치하던 지도자들의 경우도 그러했다. 왜냐하면 친척이나 부족민이라면 높은 신뢰성과 사려분별을 가졌다고 인정되기 때문이었다.

아랍어가 변질되어 학습을 통해서 획득하는 기술처럼 되자, 이 직책은 아랍어를 잘 아는 사람들에게 맡겨졌다. 압바스 왕조에서 서기는 고위직이었다. 그는 자유롭게 문서를 발부하고 그 말미에 자신의 서명을 첨가했다. 그리고 그것을 군주의 인장, 즉 군주의 이름이나 문장(紋章)이 새겨진 인장으로 봉했다. 인장은 붉은 색 진흙에 물을 섞어 만든 소위 인장용 진흙 위에 찍혀졌다. 문서를 접어서 풀을 붙인 뒤 양면 모두 봉했다. 후일 문서는 여전히 군주의 이름으로 발부되었지만, 그 처음과 끝에 모두 서기의 서명이 첨가되었다. 그는 서명에 사용되는 문구나 서명이 쓰일 부분을 자기 마음대로 선택했다.

그뒤 이 직책은 이러한 위상을 상실하게 되었다. 그것은 정부의 다른 직책들이 군주의 신망을 얻고 재상이 통제권을 장악하게 되었기 때문이다. 서기의 서명은 위력을 잃었고 상급자의 서명으로 대체되었으며, 오늘날에는 상급자의 서명이 보다 확실한 것으로 인정된다. 서기도 자신의 공식적 서명을 넣지만, 상급자의 서명이 없으면 문서는 효력이 없다. 하프스 왕조 후기에 이러한 현상이 벌어졌는데, 집사직이 위세를 얻어서 군주의 대리인이 되고 심지어 그를 좌우지하게 되었을 때의 일이다. 서기의 서명은 효능을 잃었지만, 여전히 문서에 첨가되었는데, 이는 과거의 관례에 따른 것일 뿐이다. 집사가 서기에게 서명을 하도록 허가할 때에도, 자신이 선택한 문구를 적어넣도록 했고, 서기는 그의 명령에 복종하여 정해준 문구를 써넣을 뿐이었다. 만약 국정을 장악하고 있는 군주라면, 그가 직접 정사를 관장하고 서기에게 서명을 첨가토록 하는 것이 일반적이다.

서기가 수행하는 직능들 가운데 하나는 칙서(tawqī')의 작성이다. 이것은 군주가 사람들을 접견할 때 서기가 그의 앞에 앉아 각종 청원에 대해서 군주가 내리는 결정을 가장 간결하고 문체상으로도 완벽한 방식으로 기록하는 것을 의미한다. 이러한 결정은 그 상태 그대로 공포되거나, 문서로 필사되어 청원자의 손에 건네진다. 칙서를 작성하는 사람은 작문에 탁월한 재능이 있어야 한다. 자파르 이븐 야흐야는 칼리프 알 라시드를 위해서 칙서를 작성하고, 그것을 청원인에게 돌려주곤 했다. 당대의 문장가들은 그의 칙서를 얻으려고 경쟁했는데, 이는 그것을 통해서 각종의 기술과 좋은 문체를 배우려고 함이었다. 자파르가 지은 그러한 칙서들은 심지어 한 통당 1디나르에 팔리기까지 했다고 한다. 다른 왕조들에서도 이러한 방식으로 사무가 처리되었다.

이러한 일을 담당하는 사람은 상층계급의 인사들 가운데 선발되어야 했고, 그는 많은 지식을 소유하고 문장력도 뛰어난 교양인이어야만 했다. 또한 그는 군주의 접견이나 회합시에 언급될지도 모르는 중요한 학문분야에 대해서도 알고 있어야 했을 것이다. 나아가서 왕의 말벗이 되기 위해서는 세련된 매너와 좋은 성품의 소유자가 아니면 안 된다. 그는 좋은 문장을 쓰는 갖가지 비밀들을 알아야 하고, 표현하고자 하는 의미에 적합한 단어를 찾아 서류를 작성하는 능력을 갖추고 있어야 한다.

어떤 왕조들의 경우, 서기라는 직책을 군인에게 맡기기도 하는데, 이는 그들 왕조가 소박한 연대의식을 소유함으로써 본질적으로 학자에 대한 존경심을 가지지 않기 때문이다. 군주는 정부의 각종 직책을 자신과 연대의식을 공유한 사람들에게 나누어준다. 재정에 관한 직책, 무관직, 서기직 등도 모두 그런 사람들로 충원된다. 물론 무관직은 학식이 없어도 무방하지만, 재정직과 서기직은 그렇지 않다. 왜냐하면 서기직은 좋은 문장을 필요로 하고, 재정직은 회계술을 필요로 하기 때문이다. 따라서 군주는 필요가 생기면 식자층에서 서기를 뽑아 그 일을 위임한다. 그러나 서기는 군주와 연대의식을 공유하는 사람들이 행사하는 보다 강력한 권력에 종속되어 있기 때문에, 그의 권위는 상급자에게 의존적인 것일 수밖에 없다. 오늘날 동부의 투르크계 왕조의 경우가 그러하다. 수석 서기직은 국새관(國璽官 : ṣâḥib al-inshâ')이 담당한다. 그러나 국새관은 군주와 동일한 연대의식을 가진 사람들 가운데에서 임명된 아미르의 통제를 받는다. 이 아미르는 의전관(dawîdâr 혹은 dawâdâr)이라는 칭호로 불리는데, 군주는 그를 신임하여 기밀을 논의하며 그에게 의존한다. 그러나 군주가 서기에게 의존하는 것은 오로지 좋은 문장을 만드는 일, 표현하고자 하는 것을 정확하게 표현하는 문체 등에 관해서뿐이다.

군주가 각종 계층에서 서기를 선발 임용할 때 고려해야 할 여러 가지 조건들이 있다. 그것은 서기 압둘 하미드54)가 동료 서기들에게 보낸 다음과 같은 『서

---

54) 우마이야 왕조의 붕괴(750)와 함께 사망한 인물.

한』에 가장 잘 표현되어 있다.

신께서 서기직을 수행하는 그대들을 보호하시고, 그대들에게 성공과 보살핌을 베푸시기를 기원합니다. 우선 세상에는 예언자들, 사도들 그리고 드높이 존경받는 왕들이 있습니다. 그 다음으로 각계 각층의 사람들이 존재하는데, 이들 모두는 신께서 창조하셨습니다. 모두 비슷해 보이기는 하지만, 사실 다른 종류의 사람들입니다. 신께서는 그들에게 상이한 기술과 다양한 직업을 부여하심으로써 각자 생명을 보존하고 생계를 꾸릴 수 있도록 하셨습니다. 신께서는 서기인 그대들에게 교육과 교양을 갖추고 지식과 판별력을 지닌 사람이 되도록 기회를 부여하셨습니다. 그대들은 칼리프를 위하여 그 좋은 점을 선양하고 그 정사를 강화합니다. 신께서는 그대들의 조언을 도구로 삼아 인류의 이익을 위해서 정부를 개선하고 왕국들을 문명화시키십니다. 군주에게는 그대들이 없으면 안 됩니다. 그대들만이 군주를 유능하게 만들 수 있습니다. 군주에게 그대들의 역할은, 비유해서 말하면, 귀요, 눈이요, 혀요, 동시에 손이기도 합니다. 따라서 그대들이 신으로부터 부여받은 탁월한 기술을 발휘할 수 있도록 신께 기도하는 바입니다. 신께서 그대들을 높여주시고, 그대들에게 보여준 크나큰 은총을 거두지 않으시기를!

오, 서기들이여. 그대들이 이 서한에서 묘사된 대로 하기를 소원한다면, 다른 어느 기술자들보다 더 훌륭한 성품과 탁월한 덕성을 모두 갖추어야 할 것입니다. 서기들은 이러한 덕성들을 스스로를 위해서도 필요로 하지만, 군주들은 그대들에게 중요한 사무를 맡기면서 그대들이 부드러워야 할 필요가 있을 때에는 온화함을, 판단이 필요할 때에는 분별력을, 일을 해야 할 때에는 왕성한 활동을, 조심스러워야 할 때에는 주저함을 기대하고 있습니다. 서기는 겸양과 정의와 공평을 사랑해야 합니다. 또 비밀을 지켜야만 하고, 어려운 상황에서도 충직해야 합니다. 장차 생길 재난을 미리 알 수 있어야 합니다. 사물들을 적절한 지점에 배치할 줄 알아야 하며, 불행도 담담히 받아들일 줄 알아야 합니다. 그는 갖가지 학문분야를 공부해서 그것을 숙지하고 있어야 합니다. 만일 그가 그것을 잘 모른다면 적어도 어느 정도라도 알고는 있어야 합니다. 타고난 지능, 훌륭한 교육, 남다른 경험 등을 통해서 서기는 사전에 자신에게 어떤 일이 벌어질지 알 수 있어야 하며, 스스로 행동을 하기 전에 그 결과를 예측할 수 있어야 합니다. 그는 어떠한 사무라도 올바르게 준비해야 하고, 적절하고 또 관행에 맞는 형식으로 갖추어놓아야 합니다.

그러므로 서기 여러분! 다양한 지식을 획득하고 종교를 이해할 수 있도록 서로 경쟁하십시오. 먼저 신께서 주신 경전에 대한 지식과 종교적 의무의 수행에서부터 시작하십시오. 그리고 난 뒤 아랍어를 학습하여 교양있는 화술을 배우십시오. 그뒤에 그대들이 쓸 서한을 장식하게 될 좋은 서체를 배우도록 하십시오. 시를 낭송하십시오. 그래서 시에 담겨 있는 희귀한 표현이나 생각을 익히도록 하십시오. 아랍뿐 아니라 비아랍 세계에서 일어난 정치적 사건들, 그와 관련된 일화와 인물들의 전기 등을 배우도록 하십시오. 그대들의 업무에 도움이 될 것입니다. 지세 장부를 작성할 때에 무엇보다도 필요한 회계를 공부하는 것을 게을리하지 마십시오. 고상하건 저급하건 모든 편견을 멀리하고, 나태하고 비열한 모든 것을 거부하십시오. 왜냐하면 그런 것들이야말로 수치스러운 것이고 서기직을 망치는 것이기 때문입니다. 그대들의 기술을 낮다고 생각하지 말고, 험담과 비난 그리고 우둔한 자들의 행동으로부터 스스로를 보호하십시오. 오만과 우둔과 자만을 경계하십시오. 그것은 아무 이유도 없이 적대감만 불러일으킵니다. 신에게 의지하고 자기 직업에 자부심을 느끼며 서로를 사랑하십시오. 공정함과 재능과 덕성을 갖추었던 선배들처럼 행동하라고 그대의 동료들에게 충고하십시오.

  그대들 가운데 누군가가 어려운 처지에 빠진다면, 모든 문제가 잘 해결될 때까지 그를 위로하고 친절하게 대하십시오. 만약 그대들 가운데 한 사람이 나이가 들어 더 이상 같이 지내지 못하게 되어 생계를 위해서 다른 일을 하다가 다른 친구들을 만나게 된다면, 그를 찾아가서 예우해주고 조언을 구하십시오. 그래서 그의 풍부한 경험과 완숙한 지식이 주는 혜택을 누리십시오. 그대들은 자기 자식이나 형제보다도 차라리 필요한 경우에 도움을 줄 동료들에게 더 관심을 쏟으십시오. 만약 업무를 처리하는 도중에 누군가가 칭찬을 해온다면 그 공을 동료들에게 돌리고, 누군가가 비난을 한다면, 그 허물은 자신이 지도록 하십시오. 또한 실수를 범하거나 어떤 일을 간과할 수도 있다는 점, 또한 상황이 바뀌면 전전긍긍할지 모른다는 사실도 알고 있어야 합니다. 그대들 각자에게는 스승이 있습니다. 그 스승은 자기의 모든 것을 그대들에게 주었기 때문에, 그대들 역시 보답할 의무가 있습니다. 즉 충성과 감사와 인내, 차분함과 좋은 조언과 사려 분별을 가지고 그를 대해야 하며, 그가 하는 일에 관심을 표하고, 언제라도 그가 그대들을 필요로 할 때면 선의로써 그를 대해야 할 것입니다. 좋을 때나 나쁠 때나, 풍족할 때나 곤고할 때나, 행복할 때나 불행할 때나 언제나 그대들이 지니고 있는 의무를 생각하십시오. 온갖 미덕을 지닌 이 고귀한 직업에 종사하는 사람도 마찬가지로 좋은 덕성의 소유자입니다.

그대들 가운데 누군가가 관직을 맡게 되거나 혹은 신의 아이들을 돌보는 것과 관련한 문제를 다루게 되었을 때, 반드시 신을 생각하고 그에게 복종하도록 하십시오. 약자에게 친절하고 불의를 당한 사람에게 공정해야 할 것입니다. 모든 피조물은 신의 아이들입니다. 나아가 정의로써 판정을 내려야 하며, 무함마드의 고귀한 후예들을 존경하고, 이교도들과의 싸움에서 획득하는 전리품을 늘여야 하며, 나라 안에 문명을 도입해야 할 것입니다. 또한 백성들에게 친절하여 해를 끼치는 일을 삼가야 할 것입니다. 관청에서는 온화하며 겸손해야 하고, 지세장부를 다룰 때나 사건 당사자들을 소환할 때에도 친절하도록 하십시오.

그대들은 일을 할 때 마주하게 되는 사람의 성격을 잘 살펴서 알아야 합니다. 그의 성격의 좋은 점과 나쁜 점이 확인된다면, 좋은 점은 더욱 발전시키고 나쁜 점은 멀리하도록 도울 수 있을 것입니다. 그렇게 할 때 그대들은 아주 은근하고 신사다운 방식으로 해야 합니다. 여러분도 알다시피 동물을 조련하는 직업을 가진 사람은 동물의 성격을 파악하려고 노력합니다. 만약 질주하려는 성질이 있는 동물이라면 조련사는 가능한 한 그 놈을 흥분시키지 않으려고 하고, 자주 발길질을 하는 동물이라면 그 앞 발을 조심해야겠지요. 암띤 녀석이라면 그 머리를 조심해야겠지요. 또한 흥분을 잘하는 녀석이라면 아무 데로나 가려고 하는 욕망을 누그러뜨려야 하는데, 만약 그래도 진정이 안 된다면, 옆으로 잠시 돌려서 고삐를 조금 늦추어주어야 합니다. 동물을 다루는 법에 관한 이 간단한 설명은 대중을 상대하면서 긴밀한 관계를 유지하고 나아가서 그들을 위해서 봉사하거나 지휘하려는 사람에게는 시사하는 바가 큽니다. 서기는 탁월한 교육, 고귀한 기술, 세련된 태도로 사람들과 자주 접촉하게 되는데, 사람들은 그에게 일을 상의하고 배우기도 하지만, 동시에 그의 엄정함에 경외심을 품기도 합니다. 따라서 그는 동료들에게 친절하고 기분 좋게 해주어야 하며, 그들의 필요를 충족시켜주어야 합니다. 대답할 줄도 모르고 옳고 그름을 판단할 줄도 모르며 명령을 이해조차 하지 못한 채 오로지 주인이 가라고 하는 대로만 가는 동물을 다루는 조련사에 비해서, 서기는 사람들에게 더 많은 주의를 기울여야만 할 것입니다. 사무를 처리할 때 친절히 하도록 하십시오. 가능한 한 심사숙고하고 많은 생각을 기울이십시오. 신께서 허락하신다면, 이렇게 함으로써 그대들은 상대방의 가혹함과 불만 그리고 무례함을 피할 수 있을 것이며, 다른 사람들과 화합하게 되고 그들의 우정과 보호를 얻게 될 것입니다.

그대들은 자신의 직업에 대해서 우쭐하지 말아야 하며, 의복, 승마, 음식, 음료, 가옥, 하인, 기타 지위와 관련된 것들에서 적당한 범위를 넘어서는 안 될 것입니다. 왜냐하면 신께서 그대들을 구별하여 고귀함과 기술을 부여하셨지만, 그대들은 봉사를 게을리해서는 안 되는 하인이기 때문입니다. 그대들은 낭비와 사치가 허락되지 않는 관리자입니다. 내가 언급한 모든 사항들에 관해서 조심스럽게 절제하고 신중함을 잃지 않도록 하십시오. 낭비와 사치가 가져올 나쁜 결과를 알아야 할 것입니다. 그것은 가난을 낳고 치욕을 가져올 것입니다. 낭비와 사치 생활을 하는 사람은 치욕을 당하게 될 것이고, 특히 서기와 교육받은 사람들의 경우는 더욱 그러합니다.

현상은 반복되어 나타납니다. 한 가지 현상 속에는 다른 현상의 열쇠가 들어 있습니다. 장차 어떤 일을 할 때 과거의 경험을 지침으로 삼으십시오. 그리고 나서 가장 분명하고 정확하며 최상의 결과를 약속하는 방법을 골라 일을 처리하십시오. 그대들은 지나치게 말을 많이 하는 것이야말로 성공을 망치는 결과를 낳는다는 사실을 알아야 할 것입니다. 그것은 자신의 지식이나 사고의 능력을 활용하지 못하도록 만듭니다. 따라서 여러분 각자는 업무를 처리할 때에 필요 이상으로 말하지 않도록 조심하고, 어떤 문제를 제기하고 대답을 할 때에도 간결해야 하며, 자신의 모든 주장에 대해서 심사숙고해야 할 것입니다. 이는 그대들의 업무에 도움이 될 것이며, 다른 일에 지나치게 매몰되는 것을 막아줄 것입니다. 또한 그대들은 신께 성공을 기원하고 신께서 올바른 인도로써 도움을 주도록 간구해야 합니다. 왜냐하면 실수를 범함으로써 자신의 신체에 위해를 주고 지능과 교육이 의심받을 수도 있기 때문입니다. 그대들 가운데 누구라도 만약 자기 업무의 높은 효용과 질이 자신의 명석함과 사무처리 능력에 기인하는 것이라고 생각하거나 말한다면, 그것은 분명히 신을 거스르는 일입니다. 그러면 신께서는 그를 스스로의 힘에만 의존하게 내버려두실 것이며, 그는 자신이 업무에 얼마나 부적절한 인물인가를 깨닫게 될 것입니다. 통찰력을 가진 사람에게 이 사실은 결코 비밀이 아닙니다.

그대들 가운데 누구라도 같은 직종에 종사하고 함께 일하는 다른 사람들보다 자기가 업무를 더 잘 이해하고 있고 어려운 사무를 더 잘 처리할 수 있다고 말해서는 안 됩니다. 분별력이 있는 사람이라면, 자만을 버리고 동료들의 지능과 수완을 더 높이 평가하는 사람을 지혜롭다고 판단할 것입니다. 그러나 누가 더 똑똑하건 양측 모두 신의 은총이 얼마나 중요한지를 인정해야 할 것입니다. 누구라도 자신의 생각만 믿고 실수를 범

왕조, 왕권, 칼리프위(位), 정부 관직 및 이와 관련된 모든 사항들...... 259

하지 않으리라고 생각해서는 안 되며, 자기 친구와 동료와 가족들을 이기려고 노력해서도 안 됩니다. 모두 다 신의 위대함 앞에 겸손하고, 그의 전능함 앞에 겸허하며, 그의 은총을 찬미하라는 명령을 받들어야 할 것입니다.

이 서한에서 나는 "충고를 받아들이는 사람은 성공한다."는 오랜 격언을 인용하고자 합니다. 이것이야말로 이 편지에서 신에 대해서 언급한 것을 빼놓고는, 가장 중요한 요체이며 최상의 것입니다. 그러므로 나는 이 구절을 말미에 삽입하면서 서한을 마치고자 하는 것입니다. 신께서 그 전지하심으로 정의롭게 인도하시고 행복하게 만드셨던 사람들에게 하셨던 것과 마찬가지로, 우리와 그대들을 그리고 많은 학생과 서기들을 돌보아주시기를 기원합니다. 신은 그럴 능력을 가지고 계시니, 그것은 신의 손에 달려 있습니다.

신의 자비와 축복이 그대들과 함께 하기를!

경찰

오늘날의 이프리키야 지방에서는 경찰의 우두머리를 치안관(ḥâkim)이라고 부른다. 스페인에서는 시장(市長 : ṣâhib al-madînah)이라고 부르며, 이집트의 투르크계 왕조에서는 총독(wâlî)이라고 부른다. 이 직책은 왕조에서 군사업무를 총괄하는 사람에게 종속되어 있는데, 그는 때로 자신의 명령을 집행하기 위해서 경찰을 활용한다.

경찰직은 원래 압바스 왕조 때 처음으로 설치되었다. 그 직책을 수행하는 사람은 두 가지 임무가 있는데, 하나는 범죄를 조사하는 것이고 또 하나는 법적인 처벌을 집행하는 것이다. 종교법은 예상되는 범죄행위의 혐의를 다루는 것이 아니라, 행해진 범죄에 대한 법적인 처벌에 관한 것일 뿐이다. 그렇지만 정치적 지도력은 법적인 처벌이 필요한 범죄에 대해서 이미 수사 단계에서부터 간여한다. 이 업무는 모든 상황 증거들을 가지고 범인으로 하여금 범죄를 자백케 하는 치안관이 공공의 이익이 요구하는 바에 따라서 수행한다. 수사의 임무를 수행하고, 나아가서 판결이 내려져 사건이 판관의 손을 떠난 뒤 법적인 처벌을 집행하는 사람은 경찰청장이라고 불렸다. 경우에 따라서 그는 사형을 비롯한 법적인 처벌에 관해서 독점적인 재판권을 행사하여, 판관으로부터 그러한 권한을 빼앗기도 했다. 이 직책은 매우 높은 직책 가운데 하나로 꼽혀, 군 최고지휘관이나 궁정 중신(重臣)에게 맡겨졌다. 그러나 그의 직권이 모든 계층에 두루 미치는 것은 아니었고, 단지 하층민이나 용의자들, 소란을 피우거나 범죄를 저지르는 사람들을 다스리는 데에 국한되었다.

스페인의 우마이야 왕조에서 경찰은 대단한 명망을 누렸다. 그것은 '대경찰'과 '소경찰'로 나누어졌다. 대경찰의 권한은 상층과 하층에 모두 미쳐, 잘못을 저지른 정부의 주요 인사들, 그들의 친척과 추종자들까지 제압할 수 있었다. 그러나 소경찰의 책임자는 평민들만 처리하였다. 대경찰의 책임자가 일하는 관청은 궁문 근처에 위치해 있고, 그의 옆에는 그가 지시하는 일을 처리하는 것 이외에는 자리를 뜨지 않고 지키는 라질(rajl)이 있었다. 그 직책은 왕조의 고관들에게만 맡겨져, 심지어 재상이나 집사의 직위로 승진하는 중간 계단이 되기도 했다.

마그리브의 알모아데 왕조에서 경찰은 비록 상하층 모두에 대해서 전반적인 관할권을 행사하지는 못했지만, 나름대로 상당한 위세를 지니고 있어 왕실의 중요 인사에게만 맡겨졌다. 정부의 고관들에 대해서는 관할권이 미치지 않았다. 오늘날에는 그 중요성이 크게 감소되어, 더 이상 알모아데 왕족의 독점물이 아니게 되었고, 왕실 이외의 다른 추종자들에게도 맡겨지고 있다. 현재 서부의 마린 왕조에서 이 직책은 왕가의 가신과 추종자들에게 주어진다. 동부의 투르크계 왕조에서는 투르크 출신 인사나 아니면 이전에 존재했던 쿠르드계 왕조의 인사들에게 맡겨지고 있다. 그들은 법을 집행할 때 얼마나 열성적이고 결단력이 있는가를 보고 사람을 선발한다. 그렇게 하는 이유는 도시에서의 공공의 이해와 관련하여 부패와 범죄를 척결하고 범죄행위의 소굴이 되는 곳을 소탕하며, 나아가서 종교법과 국가에서 요구하는 처벌을 확실하게 집행할 수 있기 위해서이다.

제독

제독(提督)은 마그리브와 이프리키야 지방의 왕조들에서는 중요한 관직의 하나로서, 군권을 장악한 사람에게 종속되어 여러 가지 측면에서 그의 지휘를 받는다. 관습적인 용어로 제독은 알밀란드(almiland)라고 불리는데, 첫번째 발음에 강세가 있다. 이 단어는 유럽 기독교도의 언어에서 차용된 것으로, 그들의 언어에서 이 직책을 가리키는 전문적 용어이다.[55]

제독직은 이프리키야와 마그리브 지방에만 제한적으로 보이는데, 이는 이 두 지방이 지중해 남부 해안에 접해 있기 때문이다. 이 남부 해안을 따라서 베르베르인들의 영토가 세우타에서 알렉산드리아를 거쳐 시리아까지 뻗쳐 있다. 그 북부 해안을 따라서는 스페인과 유럽 기독교도들(프랑크인들)과 슬라브인과 비잔틴 사람들이 있으며, 시리아까지 이어진다. 이 바다는 그 해안에 거주하는 사람들이 누구냐에 따라서 비잔틴해 혹은 시리아해라고도 불린다. 지중해 남북의 양측 해안을 따라서 거주하는 사람들은 다른 어떤 연안 민족들에 비해 바다의 상황에 많은 관심이 있다.

비잔틴인, 유럽 기독교도, 고트족 등이 지중해 북부 연안을 따라서 살았다. 대부분의 전쟁과 교역은 바다에서 이루어졌고, 따라서 그들은 항해와 해상전에 능숙하다. 비잔틴인이 이프리키야를 탐내고 고트족이 마그리브 지방에 욕심을 냈듯이, 이들 민족은 남부 해안을 장악하려고 함대를 거느리고 바다를 건너 정복전을 벌였다. 그래서 그들은 베르베르인들에 대해서 우위를 점하고 그 세력을 꺾었다. 그들은 그곳에 있는 대도시들을 점령했는데, 카르타고, 스베이틀라(Sbeitla), 잘룰라(Jalûlâ), 무르나크(Murnâq), 세르셀(Cherchel), 탄지에르(Tangier) 등이 그러하다. 카르타고의 고대 주민들은 로마의 군주와 맞서 싸우며, 군대와 장비를 실은 함대를 보내 전쟁했다. 이렇게 해서 항해는 지중해 양쪽 해안에 거주하는 사람들에게는 관습이 되었으며, 옛날이나 마찬가지로 오늘날에도 이러한 사실은 잘 알려져 있다.

무슬림들이 이집트를 장악했을 때 칼리프 우마르 이븐 알 하탑[55]은 아므르 이븐 알 아스에게 편지를 보내, 바다가 어떠한가를 자기에게 설명해줄 것을 요청했다. 이에 아므르가 답장을 보내 "벌레가 나무 위를 기어다니는 것처럼, 바다는 약한 동물들이 다니는 거대한 것"이라고 하면서, 당시 무슬림들이 항해를 멀리하도록 충고했다고 한다. 그래서 우마르가 알지 못하는 사이에 몰래 항해하거나 혹은 그렇게 했다가 처벌받은 사람들을 빼놓고는 어떠한 무슬림도 바다로 나가지

---

55) 스페인의 카탈루냐와 카스티야 지방의 방언으로는 almirant/almirante이라고 발음되며, 오늘날 영어의 admiral과 같은 어원이다. 그러나 이들 용어는 모두 아랍어의 'amîr al-', 즉 '……의 지휘관'이라는 말에서 차용된 것이다.
56) 제2대 정통 칼리프.

않았다. 이런 상황은 무아위야의 치세에 이르러서야 바뀌게 되었다. 그는 무슬림들이 바다를 항해하고 선박을 이용하여 성전을 벌이는 것을 허용했다. 이렇게 오랫동안 항해가 금지된 이유는 아랍인들이 유목민적 태도로 말미암아 항해에 능숙하지 못했기 때문이다. 그러나 비잔틴인과 유럽의 기독교도들은 바다에서의 경험이 풍부하고 배를 타고 여행하며 자랐기 때문에, 바다에 익숙했고 항해 훈련도 잘 받았다.

아랍의 왕권과 국가권력이 확고한 자리를 잡게 되자, 비아랍계 민족들이 아랍인들을 위해서 봉사하고 그 통제를 받게 되었다. 온갖 기술자들은 있는 힘을 다해서 봉사했다. 아랍인들은 항해의 필요성을 느끼게 되었고 해양민족들을 활용하기 시작했다. 그러다가 아랍인들 자신의 항해 경험이 쌓여갔고 마침내 전문가로까지 변모하게 되었다. 그들은 바다를 통한 성전을 원했다. 선박과 갤리선을 건조했고, 함선에는 병사와 무기들을 가득 실었다. 바다를 건너 이교도들과의 전투를 위해서 전사들을 보냈던 것이다. 특히 지중해 연안에 아주 가까운 지역, 예를 들면 시리아, 이프리키야, 마그리브, 스페인과 같은 지방에서 이런 일은 매우 중요한 관심사였다. 칼리프 압둘 말리크는 이프리키야 총독인 하산 이븐 안 누만에게 튀니스에 조선소를 건설하여 항해에 필요한 장비들을 생산하라고 독려했는데, 이는 그가 성전을 원했기 때문이었다. 무슬림들은 그곳에서 출정하여 시칠리아를 정복했던 것이다.

그뒤 이프리키야 지방의 파티마 왕조의 함대와 스페인의 우마이야 왕조의 함대는 끊임없이 상대방을 공격했고, 그 결과 연안지역은 완전히 초토화되었다. 압둘 라흐만 안 나시르57)의 치세에 스페인 함대는 약 200척 규모로 증강되었고, 이프리키야 함대도 그와 같은 숫자이거나 거의 육박하는 숫자였다. 스페인측의 제독은 이븐 루마히스였고, 정박과 출항을 위해서 사용된 항구는 페치나(Pechina)와 알메리아(Almería)였다.58) 각 지방에서 함선들이 징발되었고, 배를 이용하는 지방들은 함대 일체를 보내 전투, 무기, 병사 등과 관련된 일체의 사무를 감독하는 사령관의 지휘를 받도록 했다. 이밖에 돛이나 노를 사용하는 함대의 기동을 지휘하는 함장도 참가했는데, 그는 선박이 항구에 닻을 내리는 작업도 감독

---

57) 재위 929-961. 스페인 우마이야 왕조의 건립자.
58) 두 도시 모두 스페인 남부에 서로 인접해 있는 항구이다.

했다. 대규모 습격이나 국가의 중요한 작전을 위해서 함대 전체가 집결할 때에는 근거지가 되는 모항에 모였다. 군주는 휘하에서 최상의 병사들과 추종자들을 배에 태우고 그들을 한 사람의 사령관의 지휘하에 맡겼는데, 이 사령관은 왕국에서 최고위층에 속하며 모든 작전을 책임지는 인물이었다. 군주는 그들을 출정시킨 뒤 그들이 전리품을 가지고 개선하기를 기다렸던 것이다.

이슬람 왕조들이 등장한 뒤 무슬림들은 지중해 전역에 대한 제해권을 장악했다. 그들의 세력과 장악력은 엄청났고, 기독교 민족들은 지중해 어디에서도 무슬림 함대에 대항할 방법이 없었다. 무슬림들은 언제나 파도를 넘어 정복에 나섰기 때문에, 당시 정복과 약탈과 관련된 수많은 일화들이 생겼다. 그들은 해안 가까이에 위치한 모든 섬들, 예를 들면 마요르카(Mallorca), 미노르카(Minorca), 이비자(Ibiza), 사르데냐(Sardegna), 시칠리아, 판텔레리아(Pantelleria), 말타, 크레타, 키프로스를 위시하여 비잔틴인과 유럽 기독교도의 많은 연안 지역을 정복했다. 아불 카심 앗 시이59)와 그의 후손들은 알 마흐디야를 출항하여 제노바의 섬들을 약탈한 뒤 전리품을 거두고 개선했다. '제후들' 가운데 한 사람이었던 데니아(Denia) 지방의 군주 무자히드 알 아미리는 405/1014-1015년 함대를 이끌고 사르데냐 섬을 정복했다. 기독교도는 얼마 후 그곳을 다시 탈환했다.

이 시기에 무슬림들은 바다의 대부분을 장악했다. 그들의 함대는 끊임없이 왕래했고 군대는 배를 타고 시칠리아를 출항하여 그 북쪽에 있는 대륙으로 갔다. 그들은 유럽 기독교도 군주들을 공격했고 그 지역의 주민들을 학살했다. 이것은 파티마 왕조를 지지했던 시칠리아의 지배자 아빌 후세인 가문의 시대에 일어났던 일이다. 기독교 민족들은 지중해 동북방의 연안지대, 즉 기독교도와 슬라브인들이 사는 지역으로 함대를 철수시켰고, 에게해의 도서지대로 물러나 거기서 더 이상 나오지 않았다. 무슬림 함대는 마치 사자가 사냥감을 공격하듯이 그들을 덮쳤다. 무슬림의 군대와 무기들이 지중해 대부분의 수역을 뒤덮었고, 그들은 평화적으로 혹은 군사적으로 그곳을 오갔으며, 단 한 척의 기독교 선박도 그곳을 항해하지 못했다.

그러나 마침내 파티마 왕조와 우마이야 왕조는 약해지고 쇠퇴하게 되었다. 그

---

59) 파티마 왕조의 제2대 칼리프인 al-Qâ'im(934-946).

러자 기독교도들은 지중해 동부에 있는 섬들, 예를 들면 시칠리아, 크레타, 말타와 같은 지역으로 손길을 뻗치기 시작했다. 그들은 이 시기에 시리아 연안을 압박했고, 트리폴리, 아스칼론(Ascalon), 티레(Tyre), 악코(Acco) 등을 수중에 넣었고, 시리아의 항구도시들을 장악했다. 마침내 그들은 예루살렘을 정복하고, 자기네 종교를 대외적으로 드러내기 위하여 그곳에 교회를 세웠다. 그들은 트리폴리타니아(Tripolitania)의 하즈룬(Khazrûn) 가문을 무너뜨리고 가베스(Gabés)와 스팍스(Sfax)를 정복한 뒤 그 주민들에게 인두세를 부과했다. 이어 파티마 왕조의 원래 근거지였던 알 마흐디야(al-Mahdîyah)를 점령하여 불루긴 이븐 지리의 후손들을 그곳에서 밀어냈다. 5/11세기에 들어와서 그들은 지중해를 석권했다. 이집트와 시리아에서는 함대에 대한 관심은 엷어져갔고 마침내 사라져버렸다. 그뒤 무슬림들은 과거 파티마 왕조의 시대에 그렇게 많은 관심을 두었던 해군력에 대해서 아무런 흥미도 보이지 않게 되었다. 이에 따라서 제독이라는 직책도 그 지방에서는 사라졌고, 오로지 이프리키야와 마그리브 지방에만 남게 되었다. 현재 서부 지중해 지역은 거대한 함대를 소유하고 있고 그 힘도 매우 강력하여, 어떤 적도 그곳을 넘보거나 노략질하지 못할 정도이다.

알모라비데 왕조에서 함대의 제독직은 카디즈(Cadiz) 반도의 토호였던 마이문 가문이 차지했는데, 후일 알모아데 가문의 압둘 무민에게 복속하게 되었다. 그들이 거느린 함대는 지중해 양쪽 해안에서 100척에 육박했다.

6/12세기에 들어와서 알모아데 왕조는 번영을 구가했고 양쪽 해안을 모두 장악했다. 그들은 어느 때보다도 완벽한 형태로 함대를 조직했고 그 규모도 일찍이 보지 못했을 정도로 컸다. 제독은 아흐마드 앗 시킬리였다. 그는 기독교도들에 의해서 포로가 되어 그들 사이에서 성장했는데, 시칠리아의 군주 루지에로 2세가 그를 발탁하여 기용했다. 그러나 그가 죽은 뒤 후계자가 된 그의 아들은 무엇 때문인지 그에게 분노를 느끼게 되었고, 생명의 위협을 느낀 그는 튀니스로 가서 그곳의 수령과 함께 지내게 되었다. 이어 그는 마라케시로 건너가서 알모아데 왕조의 칼리프 유수프 알 아쉬리 이븐 압둘 무민[60]의 환대를 받았고, 칼리프는 그에게 많은 선물을 하사하면서 함대의 지휘권을 위임했다. 그는 함대를 이끌고 기

---

60) 재위 1163-1184.

독교 민족들에 대한 성전을 감행했고, 알모아데 왕조를 위해서 중요하고 기억할 만한 업적들을 이룩했다.

그의 시대에 무슬림의 함대는, 내가 아는 한, 전무후무할 정도의 규모를 자랑했다. 당시 이집트와 시리아의 군주였던 살라흐 앗 딘 유수프 이븐 아유브[61]가 기독교도들로부터 시리아의 항구들을 수복하고 예루살렘에서 불신앙의 오욕을 깨끗이 씻어내려고 했을 때, 이교도들은 이 항구 도시들을 구원하려고 예루살렘 근처에 있는 지역에서부터 함대들을 연이어 파견했고 무기와 식량을 보내 지원했다. 알렉산드리아의 함대는 그들과 맞설 수 없었다. 기독교도는 동부 지중해에서 너무나 오랫동안 우위를 누려왔고 수많은 함대를 소유했던 반면, 무슬림들은 앞에서 설명한 것처럼 장기간 약화되어 있었기 때문에 저항할 만한 힘도 없었다. 이런 상황에서 살라흐 앗 딘은 압둘 카림 이븐 문키드[62] —— 샤이자르(Shayzar) 지방의 지배자인 문키드 가문 출신 —— 를 마그리브 지방의 알모아데 왕조의 군주 야쿱 알 만수르[63]에게 사신으로 보내, 시리아의 항구들에 있는 기독교도를 구원하러 온 이교도의 함대를 막아내기 위해서 지원함대를 파견해달라고 요청했다. 알 만수르는 이 요청을 들어주지 않은 채 사신을 살라흐 앗 딘에게 돌려보내고 말았다.

이 일화는 마그리브 지방의 군주들만이 함대를 보유하고 있다는 사실, 기독교도들이 지중해 동부 연안을 장악하고 있다는 사실 그리고 이집트와 시리아에 있던 왕조들은 그때나 그뒤에나 해군 문제에는 관심이 없었고 함대를 건설하는 데에도 신경을 쓰지 않았다는 사실을 입증한다.

그리고 나서 야쿱 알 만수르가 죽고 알모아데 왕조도 약화되었다. 갈리시아 지방의 사람들은 스페인을 대부분 점령했고, 무슬림은 해안지역으로 도피하여 지중해 서부의 섬들을 손에 넣었다. 그들은 다시 과거의 힘을 회복했고 지중해 해상에서의 세력도 증대되었다. 함대는 늘어났고 무슬림의 해군력이 다시 기독교도들과 어깨를 견줄 만하게 되었다. 이것은 마그리브의 자나타족 군주인 아불 하산의 치세에 일어난 일이다. 그가 성전을 수행하려고 했을 때, 그가 거느린 함

---

[61] 재위 1169-1193년. 서방 십자군측에는 살라딘(Saladin)이라는 이름으로 유명한 인물.
[62] 1203/4년에 사망.
[63] 재위 1184-1199년.

대는 기독교도들의 함대에 못지않을 정도로 수도 많았고 장비도 잘 갖추어져 있었다.

그뒤 무슬림 세력은 다시 한번 퇴조했는데, 이는 왕조의 힘이 약해졌기 때문이었다. 마그리브 지방을 압도한 강력한 유목민적 태도가 가져온 충격, 스페인 사람들의 습속의 단절 등으로 말미암아 항해의 관습은 잊혀져갔다. 기독교도들은 과거에 이름이 높았던 항해훈련을 재개했고 지중해에서의 부단한 활동과 그곳에 대한 풍부한 경험을 되살려내었다. 그들은 지중해 항해에서 예전에 누리던 우위를 다시 장악했고, 무슬림들은 지중해에서 이방인이 되어버렸다. 예외라고는 연안지역에 사는 소수의 주민들뿐이었다. 많은 조력자와 지원자들이 그들을 도와줄 필요가 있었고, 그들이 항해의 목표를 향해서 노력하고 사람들을 충원할 수 있도록 왕조측이 적극적으로 후원할 필요가 있었으나, 결국 실현되지 못하고 말았다.

제독직은 오늘날까지 마그리브 지방의 왕조에서는 보존되어오고 있다. 그곳에서는 제독이 무슨 일을 하는 직책이며, 함대를 어떻게 유지하고 배를 어떻게 만들며 항해를 어떻게 하는가 하는 사실들이 잘 알려져 있다. 혹시 연안지역에 어떤 정치적 기회가 도래한다면, 무슬림들은 다시 한번 이교도를 향해서 몰아치는 바람이 불기를 희망할 것이다. 마그리브의 주민들은 예언서들의 내용에 의지하여, 무슬림들이 언젠가 다시 한번 기독교도들에 대한 성공적인 공격을 감행하고 바다 너머에 있는 유럽 기독교도들의 나라를 정복하게 될 것이라고 믿고 있다. 그리고 이런 일이 성취되는 것은 바다를 통해서라고 말한다.

33) 여러 왕조에서 '칼'과 '펜'의 관직이 보이는 중요성의 차이

'칼'과 '펜' 둘 모두 군주가 국사를 처리할 때에 활용되는 도구라는 사실을 알아야 할 것이다. 그러나 무엇보다도 권력을 확립하는 일에 몰두하는 왕조의 초창기에는 '칼'에 대한 필요성이 '펜'에 대한 필요성보다 훨씬 더 큰 것이 사실이다. 그런 상황에서 '펜'은 단지 군주의 권위를 위해서 봉사하는 하인이자 심부름꾼에 불과하지만, '칼'은 그를 적극적으로 지원하는 힘이다.

왕조 말기에도 이와 동일한 상황이 연출된다. 즉 연대의식이 약화되고 노쇠의 영향으로 추종자들의 숫자가 줄어들면, 왕조는 군부의 지원을 필요로 한다. 왕조가 보호와 방어를 위해서 군부를 필요로 하는 정도는 왕조의 말기나 초기나 모두 비슷하다. 이 두 상황에서 '칼'은 '펜'에 비해서 우위에 서 있고, 그때에는 군부가 더 고위직을 차지하게 되며 더 많은 혜택과 봉토를 향유했다.

왕조의 중기에 군주는 어느 정도 '칼'을 멀리할 수 있다. 그의 권력은 확고하게 자리잡고, 그의 희망이라고는 세금을 걷고 재산을 유지하며 다른 왕조들을 압도하고 법을 집행하는 것과 같이 오로지 왕권이 가져다주는 과실을 향유하는 일뿐이다. '펜'은 그 모든 면에서 도움이 되며, 따라서 그것을 활용할 필요성은 더욱 커진다. 위급한 일이 생겨 그 처방을 위해서 부름을 받지 않는 한, '칼'은 칼집 안에 머물며 사용되지 않는다. 이런 상황에서 '펜'을 쥔 사람들은 더 높은 권위를 누리며 고위직을 차지한다. 그들은 더 많은 혜택과 부를 누리고 군주와 보다 더 빈번하고 긴밀한 접촉을 할 수 있다. 그렇게 되면 재상이나 군부 인사들은 없어도 괜찮은 존재가 되고, 군주의 최측근 그룹에서 밀려나 그의 눈치나 살필 수밖에 없게 된다.

34) 왕권과 국가권력의 독특한 장식들

군주는 그 위세와 장엄함의 불가피한 결과물로 독특한 장식과 장비들을 갖추게 된다. 이것들은 그에게만 적용되는 것으로, 군주는 그것을 사용함으로써 그의 지배를 받는 평민이나 신하들 혹은 여타 지도급 인사들과 스스로를 구별한다. 이제 우리의 지식이 허락하는 한, 가장 잘 알려진 장식들에 대해서 살펴보도록 하자.

나팔과 깃발

왕권이 보여주는 장식들 가운데 하나는 깃발을 게양하고 북을 두드리며 나팔을 부는 것이다. 아리스토텔레스의 저술로 알려진 『정치학』에 의하면 이런 것이 지니는 진정한 의미는 전투에서 적을 경악케 하려는 것이었다고 한다. 요란한 소리는 공포를 일으키는 심리적 효과를 발휘한다는 것이다. 사실 모두 자신의 경험을 통해서 알고 있듯이, 전쟁터에서 감정적인 요인들이 어떤 역할을 하는 것은 사실이고, 아리스토텔레스가 제시한 설명은 일면 타당하다고 할 수 있다. 분명히 음악이나 소리를 듣는 것은 영혼 속에서 기쁨과 감정을 움직이고, 인간의 정신은 일종의 고양된 느낌을 받아서, 난관을 대수롭지 않게 생각하고 자기가 처한 위기의 상황에서 기꺼이 목숨을 바치려는 생각까지 하게 한다. 이러한 현상은 동물들에게서도 나타난다. 낙타가 몰이꾼의 소리에 영향을 받고, 말이 휘파람이나 고함소리에 영향을 받는다는 것은 모두가 다 아는 사실이다. 그와 같은 소리가 음악의 경우처럼 화음을 갖춘 것일 때에 효과는 더욱 커진다. 사람들이 음악을 들을 때 어떻게 되는가는 주지하는 바이다. 그래서 비아랍인들은 북이나 나팔과 같은 악기를 전장으로 가지고 간다. 가수들은 군주의 행렬을 따라가며 악기에 맞추어 노래를 부르는데, 그렇게 함으로써 용사들의 영혼을 감정적으로 움직여 목숨까지 기꺼이 던지게 한다.

서북 아프리카에서 아랍인들이 전쟁을 할 때에 우리는 행렬의 앞에 선 사람들이 운율에 맞춰 노래를 부르고 악기를 연주하는 모습을 보았다. 용사들의 마음은 노래 가사에 감동되어, 모두 다 전장을 향해서 달려가 주저없이 적과 맞서려고 했다. 이런 모든 현상의 근원은 영혼 안에 창조되는 기쁨이다. 이것은 마치 술 취한 상태에서 그러하듯이 기쁨으로 말미암아 용기가 솟아나는 것이다.

수많은 깃발, 다양한 색깔, 그 길이 등은 공포를 불러일으키려는 목적일 뿐, 그 이상의 아무 것도 아니다. 공포는 영혼 안에 강력한 공격심을 만들어낸다. 심리적 상태와 그 반응은 불가사의한 것이다. 여러 왕조와 군주들이 이러한 장식을 사용하는 방식은 다양하다. 어떤 사람은 많이 또 어떤 사람은 적게 사용하는데, 그 왕조의 규모와 세력에 따라서 각기 다르다. 깃발은 천지창조 이래 전쟁의 상징물이었다. 민족들은 전쟁터나 약탈시 항상 깃발을 내걸었는데, 예언자의 시대나 칼리프들의 시대에도 이러한 사정은 마찬가지였다.

그러나 무슬림은 이슬람 초기 시대부터 북을 치거나 나팔을 부는 것을 꺼려해 왔다. 그들은 왕권의 거친 표현을 싫어했고 제왕적 관습을 없애고자 했으며, 진리와는 아무런 관계도 없는 위세를 경멸했다. 그뒤 칼리프위가 왕권으로 변모하면서 무슬림들도 현세적인 화려와 사치를 알게 되었고, 과거 이슬람 이전의 왕조 치하에 있던 사람들, 즉 페르시아와 비잔틴 사람들이 그들과 섞여 살면서 그와 같은 위세와 사치를 보여주었다. 무슬림이 좋아하게 된 것들 가운데 하나가 바로 '장식물'이었다. 이렇게 해서 그들은 장식을 사용하게 되었고, 관리들은 그것을 이용하여 왕조나 그 대리인들의 특권을 드높이려고 했던 것이다. 압바스나 파티마 왕조의 칼리프들은 변방의 총독과 군사령관들에게 깃발을 게양할 수 있도록 허용했다. 그렇게 되자 이 관리들은 사절의 임무를 띠고 파견될 때, 칼리프의 궁전을 나설 때, 혹은 자신의 집에서 관청으로 향할 때, 깃발과 나팔을 든 행렬을 대동하고 다니게 되었다. 관리들의 행렬과 칼리프의 행렬이 보이는 차이점은 단지 깃발의 숫자, 깃발의 색깔뿐이었다. 이렇게 해서 검은색이 압바스 왕가의 깃발을 장식하게 되었다. 검은색은 그들 가문, 즉 하심가의 순교자들을 애도하는 징표이자 동시에 그들을 살해한 우마이야 왕가에 대한 비난의 표시였다.

하심 가문이 당파들로 분열하자 알리파는 기회가 있을 때마다 압바스 왕조에 대해서 반기를 들었다. 그렇게 되자 알리파는 깃발의 색깔을 달리하기 위해서 흰색을 채용했다. 흰색 깃발은 알리파였던 파티마 왕조 시대 내내 사용되었고, 당시 동부에서 분리 독립했던 알리파도 마찬가지로 흰색을 사용했다. 칼리프 알 마문은 검은색 옷이라든가 왕조의 상징인 검은색 문양을 사용하지 않고, 녹색을 채용하여 녹색 깃발을 사용하기 시작했다.……

오늘날 스페인에 있는 유럽 기독교도인 갈리시아 사람들은 소수의 깃발만을 사용하고 그것을 공중에 높이 내건다. 또한 전쟁터에서는 현악기와 관악기를 사용한다. 그들을 비롯하여 그 너머에 사는 비아랍계 군주들에 대해서 우리가 알고 있는 지식은 이것이 전부이다.

옥좌

옥좌, 단상, 소파, 의자와 같은 것들은 모두 군주를 위해서 설치된 목제 가구이다. 이것들은 군주가 궁정에서 다른 사람들보다 더 높은 곳에 자리잡고 동등한 위치에 있지 않도록 하기 위해서 만들어진 것이다. 이것은 이슬람 출현 이전부터 비아랍계 왕조들에서 나타났던 왕권의 관습이었다. 이슬람 이전의 군주들은 황금으로 만든 옥좌를 사용했다. 다윗의 아들 솔로몬은 황금으로 장식된 상아 옥좌를 소유했다. 그러나 왕조들은 번영과 사치를 구가하게 된 이후에야 비로소 옥좌를 사용했고, 이는 다른 장식들을 채택하게 된 것과 마찬가지 현상이다. 왕조가 초기 단계를 벗어나지 못해서 아직 유목민적 태도를 지니고 있을 때에는 그런 것들을 바라지 않는다.

이슬람에서 옥좌를 처음 사용한 사람은 무아위야였다. 그는 자신의 비대함을 이유로 들며 옥좌를 사용하도록 허용해달라고 요청했다. 그래서 사람들은 그 요청을 받아들였고, 그는 옥좌를 사용하게 된 것이다. 다른 무슬림 군주들은 그의 선례를 따랐고, 장식된 옥좌의 사용은 그들이 위세를 지향했음을 보여준다.

어느 날 아므르 이븐 알 아스가 이집트에 있는 성채 안에서 아랍인들과 함께 바닥에 앉아 있었는데, 마침 무카우키스[64]가 그곳에 도착했다. 수행원들은 그가 사용하던 황금 의자를 갖다놓았고 그는 그 위에 앉았다. 그러나 아랍인들은 그것에 대해서 질투하지 않았다. 왜냐하면 그들은 협약에 따라서 그를 보호해야 한다고 생각했고, 나아가서 그들 자신이 그러한 왕권적 위세를 거부했기 때문이었다. 그 뒤 압바스와 파티마 왕조를 비롯하여 동부와 서부의 모든 무슬림 지배자들은 페르시아나 로마의 황제들보다 더 화려한 옥좌와 단상과 소파를 소유하게 되었다.

조폐소

조폐소는 상거래를 할 때에 사용되는 금화와 은화을 주조하는 일을 담당한다. 화폐는 그림과 글자가 역으로 새겨진 철제 압형(押型)을 사용해서 제작된다. 금화와 은화 위에 압형을 누르면, 압형에 새겨진 문양이 화폐 위에 명확하게 각인되는 것이다. 이런 작업을 하기 전에, 여러 차례의 정련을 거쳐 특정 화폐의 순도를 충족시킬 수 있는 각각의 금화와 은화는 이미 합의된 적정 중량을 지니도록 한다. 그렇게 되면 각각의 화폐의 무게를 일일이 재보지 않아도 화폐의 숫자만으로도 거래를 할 수 있기 때문이다. 만약 개별 화폐가 확정된 중량을 가지지 못한다면, 화폐의 중량을 반드시 재어보지 않으면 안 될 것이다.

조폐라는 말은 나타내는 아랍어 sikkah(시카)는 압형, 즉 동전을 주조할 때 사용되는 금형을 가리킨다. 그러다가 이 단어는 압형을 사용해서 만들어진 것, 다시 말해서 금화와 은화 표면에 나타나는 각인을 지칭하게 되었다. 더 나아가서 각인의 과정을 통제하는 일, 주조의 전 과정을 감독하는 일, 화폐의 주조와 그에 관련된 모든 작업들을 통칭하게 되었다. 이렇게 해서 마침내 이 단어는 조폐소를 지칭하게 되었고, 정부 용어에서는 관습적으로 그런 의미로 통용되고 있다. 이것은 왕권에 필요한 직책인데, 상거래를 할 때에 양화와 악화를 구별해

---

[64] 무슬림 사가들은 비잔틴 지배 말기에 이집트 총독이었던 Cyrus를 무카우키스라고 불렀다. 그는 무슬림들이 이집트를 정복한 직후 그곳의 사실상의 지배자였다.

주기 때문이다. 그 화폐가 악화가 아니라는 사실은 군주에 의해서 압인된 문양으로써 보증된다.

비아랍인들은 화폐에 특별한 그림을 새겨넣어 사용했다. 예를 들면 발행 당시 군주의 초상이나 성채나 어떤 동물이나 물건 등을 표시했는데, 비아랍계 세력이 종말을 고할 때까지 이러한 관행이 계속되다가 이슬람이 출현한 뒤 중단되었다. 이슬람의 소박성과 아랍인들의 유목민적 태도 때문이었다. 그들은 거래시 금과 은을 무게로 달아 사용했다. 페르시아인들의 금화와 은화도 사용했는데, 이 역시 무게를 재서 지불수단으로 삼았다. 정부는 이런 것에 아무런 관심도 기울이지 않았다. 그 결과 금화와 은화를 위조하는 일이 생기고 사태는 심각한 단계에 이르렀다. 보고된 바에 따르면, 칼리프 압둘 말리크는 알 하자즈에게 은화를 주조하고 악화와 양화를 구별하라고 지시했다고 하는데, 693년 혹은 694년의 일이다. 695년에 압둘 말리크는 다른 모든 지역에서도 은화를 주조하라는 명령을 내렸다. 후일 야지드 이븐 압둘 말리크[65]의 시대에 이라크 총독이 된 이븐 후바이라, 그뒤를 이은 할리드 알 카스리와 유수프 이븐 우마르 등은 모두 제도를 개선하기 위해서 많은 노력을 기울였다.……

압둘 말리크는 무슬림들이 상거래에서 사용하는 금화와 은화 두 종류의 화폐의 위조를 막기 위해서는 조폐소가 필요하다고 생각하여, 우마르의 시대에 통용되던 화폐가치를 표준으로 정했다. 그는 철제 압형을 사용했지만, 그 표면에는 그림이 아니라 문자를 새겨넣었다. 아랍인들에게는 그림보다 아름다운 말이 더 친근하게 느껴졌기 때문이다. 더구나 종교법에 따라서 그림은 금지되었다.

압둘 말리크 이후에도 조폐는 이슬람 전 시기를 통해서 동일한 형태를 유지했다. 금화와 은화는 모두 원형이었고, 그 위에 동심원의 형태로 문자가 새겨졌다. 한쪽 면에는 신의 이름과 함께 "알라 이외에 다른 신은 없다", "신께 찬미를" 등의 문구와, 예언자 및 그의 가족에 대한 기도문이 새겨졌다. 다른쪽 면에는 칼리프의 이름과 통치년도가 새겨졌다. 이러한 형태의 화폐는 압바스, 파티마, 스페인의 우마이야 왕조의 시대에 공통된 것이었다. 신하자족은 부지에(Bougie)의 군주였던 알 만수르의 시대 말기를 제외하고는 조폐를 한 적이 없었다.

---

[65] 재위 720-724년. 우마이야 왕조의 제9대 칼리프.

알모아데 왕조의 알 마흐디는 은화를 방형으로 주조하고, 금화는 원형으로 하되 방형의 문양을 새겨넣는 선례를 남겼다. 그는 화폐의 한 면에 "알라 이외에 신은 없다"와 "신께 찬미를"이라는 구절을 새기고, 다른 면에는 그의 이름이 들어가는 몇 줄의 문구를 넣었다. 그의 계승자들은 이름만 바꾸었을 뿐, 이런 형태의 화폐주조는 알모아데 왕조의 관행이 되어 오늘날까지 지켜지고 있다. 이미 알 마흐디가 나타나기 이전부터, 그의 왕조의 출현을 예견했던 점쟁이들은 그를 '방형(方形) 은화의 주인'으로 불렀다는 보고가 있다.

오늘날 동부의 주민들은 고정된 가치의 화폐를 가지지 않았다. 상거래를 할 때 그들은 무게를 달아 금화와 은화를 사용하되, 그 가치를 나타낼 때에는 표준 중량으로 환산하여 상응하는 화폐의 숫자, 즉 은화 몇 냥이라고 말한다. 표면에 새겨진 구절은 마그리브 화폐와 마찬가지로 "알라 이외에 신은 없다"라든가, 예언자를 위한 기도, 군주의 이름 등으로 되어 있다.……

인장

인장의 사용은 정부의 기능과 왕권에 속하는 것이다. 편지와 증서에 인장을 찍는 것은 이슬람 출현 이전과 이후의 군주들에게 알려져 있었다. 확인된 바에 의하면 예언자가 비잔틴 황제에게 편지를 쓰려고 했을 때, 그는 비아랍인들이 인장으로 봉해진 편지만 접수한다는 말을 들었다. 그래서 그는 "무함마드는 신의 사도"라는 글귀가 새겨진 은인(銀印)을 만들도록 했다. 그리고 "아무도 이와 비슷한 인장을 사용해서는 안 된다."라고 말했다. 아부 바크르, 우마르, 우스만도 봉인할 때 그 인장을 사용했다고 한다.……

인장을 찍는 것은 '종지' 혹은 '완료'라는 관념을 표현하며, 인장과 함께 끝나는 내용이 정확하고 유효하다는 것을 의미한다. 어떤 특정한 편지들은 그와 같은 날인을 통해서 비로소 유효하게 되고, 그것이 없으면 불완전하고 무효가 된다. 봉인은 편지의 시작이나 끝에 손으로 직접 서명함으로써 유효하게 되기도 하는데, 이때 신께 영광과 찬양을 드리는 정선된 구절, 혹은 군주나 아미르의 이름, 혹은 작성자가 누구이건 그의 이름, 작성자를 나타내는 문구 등이 사용된다. 손으로 직접 쓰인 그러한 구절은 편지의 내용이 정확하고 유효하다는 것을 표시한다. 이것은 통상 '서명'이라는 이름으로 알려져 있지만, 반지 도장을 누르는 것에도 비견되기 때문에 '인장'이라고도 불린다.

　판관이 소송인들에게 보내는 '인장'은 바로 이러한 용례를 보여준다. 이때 '인장'은 자신의 서명이며 결정이 유효하다는 것을 나타낸다. 군주나 칼리프의 '인장', 즉 서명 역시 이러한 용례를 보여준다.

　인장을 어떤 부드러운 물질 위에 찍어 눌러서 거기에 새겨진 문구가 그 물질 표면에 나타나게 하거나, 편지를 묶은 끈 위에 인장이 찍힌 그 물질을 부착시키는 것도 가능하다. 또는 창고나 금고와 같이 물건을 보관하는 곳에 인장을 찍기도 한다.

　처음으로 편지를 봉인한 사람, 즉 서명을 도입한 사람은 무아위야였고, 인장청을 처음 둔 사람도 바로 그였다. 이 관청은 몇 명의 서기들로 구성되어 있었는데, 그들은 군주의 편지가 올바로 처리되었는지, 혹은 서명을 하거나 끈으로 묶어서 제대로 봉인을 했는가 하는 것들을 살폈다.

　편지를 봉하는 방법으로는 마그리브의 서기들이 하듯이 구멍을 뚫어서 실로 꿰매거나, 혹은 동부에서의 관행처럼 편지의 상단에 풀을 발라 접어서 붙이거나 하는 방법이 있다. 봉인은 편지에 구멍을 뚫어서 꿰맨 부분, 혹은 풀로 붙인 부분에 하는데, 이로써 그 편지가 개봉되지 않았으며 아무도 그 내용을 읽지 않았다는 것을 보증한다. 마그리브 사람들은 편지에 구멍을 뚫어서 꿰맨 부분에 밀랍을 놓고 서명이 새겨진 인장을 눌러서 찍는다. 동부의 옛 왕조들에서는 편지에 풀이 발라진 부분에 특별히 준비된 붉은 진흙을 놓고 인장을 찍어서 그 문양을 남겼는데, 압바스 왕조의 시대에 이 진흙은 '봉니'(封泥)라고 했다.

　인장의 사용은 문서청의 고유한 업무였다. 압바스 왕조에서 이 직무는 재상에게 속했지만, 후일 이러한 관행이 바뀌어 공식 문서를 관리하는 서기와 같은 관리들에게 넘겨졌다. 마그리브에서는 반지 인장이 왕권을 나타내는 표지이자 문장으로 여겨지게 되어, 루비, 투르크석, 에메랄드와 같은 보석으로 장식하고 금으로 상감한 예술적인 것이 만들어졌다. 군주들은 관습에 따라서 이러한 도장을 반지처럼 손에 끼고 다녔다.

티라즈

　지배자의 이름이나 그를 상징하는 독특한 표시로 장식된 비단 혹은 양단 의복을 걸치는 것은 왕권과 정부의 위세를 나타내는 관습의 하나이다. 거기에 보이는 글귀는 금실로 수를 놓거나 원단과는 다른 색깔의 실을 짜넣음으로써 표현되며, 그 결과는 직공의 디자인 및 직조 기술에 따라서 달라진다. 군주의 의복은 이와 같은 티라즈(tirâz : 특수한 방식으로 자수된 직물)로 장식된 것이다. 이것은 군주나 그보다 낮은 지위에 있는 사람들이 그것을 착용함으로써 위세를 높이고자 할 때, 혹은 군주가 어떤 사람을 관직에 임명하거나 영예를 주는 사람에게 자신의 의복을 하사함으로써 그를 높이 추켜줄 때 사용된다.

이슬람 출현 이전 비아랍계 군주들은 그림이나 왕의 초상, 혹은 특별히 고안된 도상으로 장식된 티라즈를 제작하는 경향이 있었다. 후일 무슬림 군주들은 자신의 이름을 짜넣기도 하고, 상서로운 구절이나 기도문 등을 넣기도 했다. 우마이야와 압바스 왕조의 시대에 티라즈는 가장 화려하고 영예로운 것들 가운데 하나였다. 궁정 안에서 티라즈가 제작되는 곳은 '티라즈의 집'이라고 불렸고, 그곳을 감독하는 사람은 '티라즈의 장(長)'이라고 칭해졌다. 그는 기술자, 도구, 직조인, 급료, 도구들의 관리, 작업과정 등을 감독했다. 압바스 왕조에서 '티라즈의 장'의 직책은 칼리프와 가장 가깝고 신임받는 사람에게 위촉되었고, 스페인의 우마이야 왕조, 그뒤를 이은 '제후들', 이집트의 파티마 왕조, 이들과 동시대의 동부의 비아랍계 군주들도 마찬가지였다. 거대한 왕조의 세력이 쇠퇴하면서 사치와 문화적 다양성이 퇴조하게 되고 소규모 왕조들이 난립하게 되자, 그 직책과 업무는 대부분의 왕조에서 완전히 사라져버렸다. 12세기 초 우마이야 왕조를 계승한 알모아데 왕조는 초기부터 '티라즈의 장'을 두지 않았는데, 이는 그들의 지도자 무함마드 이븐 투마르트 알 마흐디가 종교적 성실함과 생활의 소박함을 가르쳤기 때문이었다. 그들의 근엄함은 비단옷이나 금실로 짠 의복을 허락하지 않았고, 따라서 '티라즈의 장'이라는 직책도 설 자리가 없었다. 왕조 후기로 들어가면서 그 후손들이 부분적으로 과거의 관행을 부활시켰지만, 여전히 예전처럼 화려한 것은 아니었다.

오늘날 우리는 마그리브 지방에서 번영을 구가하며 자부심이 대단한 마린 왕조에서 상당히 많은 양의 티라즈가 제작되는 현상을 목격하고 있다. 마린 왕조는 같은 시기의 스페인의 이븐 알 아흐마르,[66] 즉 나스르 왕조에서 이것을 배워왔

---

66) 1273년 사망. 그라나다를 근거로 했던 나스르 왕조의 군주. 알람브라 궁전을 지은 군주로 유명하다.

는데, 나스르 왕조는 '제후들'의 티라즈 제작 관습을 보고 따라한 것으로 그 직접적인 영향을 받았다.

오늘날 이집트와 시리아의 투르크계 맘루크 왕조에서 티라즈는 그 지방의 문명과 왕조의 광대한 강역에 걸맞게 크게 발달하고 있다. 그러나 그곳의 티라즈는 왕궁 안이나 왕조가 설치한 관청에서 생산되는 것이 아니다. 왕조에서 필요로 하는 티라즈는 그 기술을 숙지하고 있는 장인들이 비단과 순금을 이용해서 제조하고 있다. 이것은 자르카시(zarkash)[67]라고 불리며, 군주나 아미르의 이름이 그 위에 수놓여진다. 왕조를 위해서 일하는 기술자들은 이것을 비롯하여 다른 정교한 물품들도 제작한다.

대형 천막과 천개

왕권과 그 영화를 나타내는 장식으로는 크고 작은 천막, 리넨이나 모직 혹은 면으로 만든 천개(天蓋)가 있다. 이것들은 군주가 여행할 때 위세를 과시하기 위해서 사용되며, 왕조의 부유함의 정도에 따라서 크고 작은 차이가 있다. 왕조의 초기에 건국자들은 왕권을 획득하기 전에 사용하던 주거의 형태를 그대로 계속해서 사용한다. 우마이야 왕조 초기에 아랍인들은 가죽과 털로 만든 천막을 사용했으며, 유목민 방식의 주거를 포기한 사람은 극소수에 불과했다. 그들은 약탈을 하거나 원정을 갈 때에도 낙타를 데리고 고유의 유목민 가옥을 가지고 다녔고 부녀자들도 동반해서 갔는데, 이는 오늘날의 아랍인들도 마찬가지이다. 따라서 그들의 군대는 다수의 유목 가옥으로 이루어져 있었고, 둔영들 사이의 거리는 대단히 멀었다. 집단들은 널리 분산되어 있어 각 집단은 서로를 보지 못할 정도로 떨어져 있었다.

그뒤 아랍인 왕조는 다양한 방식의 도회문화와 그 표상들을 채용하기 시작했다. 사람들은 도시에 정착했고, 천막 거주자에서 궁전 거주자로 바뀌어갔으며, 낙타 대신 말이나 나귀를 타고 다녔다. 현재 그들은 리넨으로 천막을 만들어 여행할 때 사용하는데, 그 모양은 원형, 타원형, 방형 등 다양하고 크기도 다르다. 이렇게 함으로써 그들은 가능하면 최대한으로 위세와 기술을 자랑한다.

---

67) 페르시아어로 금사 직물(金絲織物)이라는 뜻.

이렇게 되자 호화로운 생활은 부녀자들을 궁전이나 저택 안에 머무르게 만들었고, 사람들은 여행할 때 간소하게 움직이게 되었다. 군대의 둔영들 사이의 거리도 가까워졌고, 군주와 그의 군대는 동일한 지점에 둔영을 쳐서 한눈에 다 볼 수 있게 되었다. 갖가지 색깔로 말미암아 둔영은 장관을 이루었고, 이는 왕조의 영화를 나타내는 방식이 된 것이다.

알모아데 왕조와 자나타 왕조에서도 이러한 방식은 계속되었고, 그것은 우리들에게까지 영향을 미치고 있다. 처음 권력을 장악했을 무렵 그들은 예전부터 잠잘 때에 사용하던 통상적인 천막을 가지고 다녔지만, 왕조는 마침내 사치스러운 생활방식을 채용하고 궁전 안에서 살게 되었다. 그러자 그들이 원래 의도했던 것보다는 훨씬 더 많은 숫자의 크고 작은 천막들이 사용되었다.

이것은 대단한 사치이다. 그러나 군대는 한곳에 모여 있기 때문에 적의 기습적인 공격에 노출되어 더 많은 위험부담을 안게 되었다. 나아가서 그들은 가족과 아이들과 유리되어 있는데, 가족과 아이들이야말로 그들이 목숨을 바쳐서 싸우는 이유이다. 따라서 그들은 별도의 방어적 조치들을 취하지 않으면 안 되었다.

마크수라(maqṣûrah)[68]와 금요 예배 설교시의 기도

이 두 가지는 이슬람에서 칼리프의 특권이자 왕권의 표지이며, 비무슬림 왕조에서는 존재하지 않는 것들이다. 군주가 기도를 올리는 차폐된 공간은 벽감(miḥrâb) 바로 옆에 위치하며 격자 칸막이로 둘러싸여 있다. 이런 것을 처음으로 사용한 사람은 무아위야 이븐 아비 수피얀으로, 하리지파 자객이 그를 칼로 찌른 사건이 있은 뒤부터였다. 예멘 출신의 자객으로부터 공격을 받은 뒤에 마르완 이븐 알 하캄이 처음으로 그것을 사용했다는 주장도 있다. 그뒤 모든 칼리프들이 이 관례를 따랐다. 이는 기도할 때 군주와 일반 백성들을 구분하는 하나의 관례가 되었으며, 다른 모든 위세와 마찬가지로 왕조가 영화와 번영을 누릴 때에 나타나는 현상이다.

압바스 왕조가 약화되고 동부에 여러 왕조들이 등장했을 때에도 이러한 관습은 계속되었고, 스페인에서 우마이야 왕조가 붕괴되고 '제후들'의 정권이 난립했

---

[68] 모스크에서 군주와 왕족들이 예배하고 기도하기 위해서 특별히 마련된 전용 공간으로 로열 박스와 동일한 개념이다.

을 때에도 마찬가지였다. 마그리브의 경우에는 카이라완에서 아글라브 왕조가 이 관습을 채용했고, 후일 파티마 왕조와 마그리브를 지배한 신하자족 총독들도 그러했다. 그뒤 알모아데 왕조가 마그리브와 스페인 전역을 장악하자, 그들 특유의 황야적 태도에 따라서 이 관행을 폐지시켜버렸다. 그러나 왕조가 번영하고 응분의 사치를 누리게 되면서, 제3대 군주인 야쿱 알 만수르는 마크수라를 사용하기 시작했다. 그뒤 이것은 마그리브와 스페인의 군주들에게 하나의 관행으로 정착했고, 다른 모든 왕조에서도 사정은 마찬가지였다.

금요 예배의 설교시에 사용하는 설교단(minbar)에서 행하는 기도는 처음에 칼리프들이 주재했다. 그렇기 때문에 그들은 예언자를 위해서 먼저 기도를 올리고 그의 교우들을 위해서 축도를 올린 뒤, 자기 자신을 위한 간구를 신께 드렸다. 설교단은 아므르 이븐 알 아스가 이집트에 모스크를 건축할 때 처음 도입했다. 칼리프 우마르 이븐 알 하탑은 그에게 보낸 편지에서 "그대가 설교단을 만들어 자신을 다른 무슬림들보다 머리 하나 더 높이 두었다는 말을 들었다. 다른 무슬림들과 마찬가지로 두 발로 서 있는 것이 그대에게는 족하지 않았단 말인가? 그래서 그대에게 권하노니 그것을 남김없이 부셔버리라!"라고 했다고 한다.

위세를 표상하는 것들이 도입되고, 칼리프들 역시 직접 설교와 기도를 할 수 없게 되자, 그들은 이 두 가지 일을 위해서 대리인을 임명했다. 설교자는 설교단에서 칼리프에 대해서 언급하며, 그의 이름을 들어 찬양하고 그를 위해서 기도를 드렸다. 왜냐하면 칼리프는 신께서 이 세상의 공익을 위해서 임명한 자이며 기도시간에 그를 위한 기도는 적절한 것으로 여겨졌기 때문이었다.

처음에는 칼리프의 이름만 언급되었지만, 칼리프가 유명무실한 존재로 전락하고 다른 사람들이 그를 좌지우지하게 되자, 왕조를 장악한 사람들의 이름도 칼리프와 함께 언급되었는데, 그들의 이름은 칼리프의 이름 뒤에 나왔다. 이러한 왕조들이 사라지자 그와 같은 관습도 없어져버렸다. 오직 군주의 이름만이 설교단에서 행해지는 기도에 언급되었고, 다른 어느 누구도 군주와 함께 그런 특권을 누릴 수 없었고 그러기를 바랄 수도 없었다.

왕조의 창건자들은 왕조체제가 아직 소박한 수준에 머물러 있어 거칠고 무관심한 태도를 가지고 있을 때, 이와 같은 제도에 대해서 별다른 관심을 보이지 않는 경향이 많았다. 그들은 무슬림들에 관한 일을 책임지며 돌보는 사람이라고 익명으로 간략히 언급되는 정도로 만족했다.……

그러나 그들의 정치적 안목이 열리면서 왕권이 지닌 모든 측면들에 눈을 뜨기 시작했고 정주 문화의 세밀한 부분들과 위세, 과시를 표현하는 관념을 완전히 이해하게 되자, 왕권을 표현하는 온갖 외적 치장들을 채용했고 그와 관련된 모든 방도를 강구했다. 그들은 다른 어느 누가 자신과 왕권을 나타내는 표지들을 공유한다는 것을 싫어했고, 왕조가 그런 것들을 상실하여 그것이 주는 효력을 빼앗길까 두려워했던 것이다.

35) 여러 민족이 행하는 전쟁과 그 방법

전쟁을 비롯한 각종의 투쟁은 신이 세상을 창조한 이래 줄곧 존재해왔다. 전쟁의 기원은 인간이 타인에게 복수하려는 욕망에서 비롯된다. 그 당사자들은 연대의식을 공유하는 사람들의 지원을 받는다. 양측이 그런 의도를 가지고 상대방을 충분히 자극하여 서로 대치했을 때, 한 쪽은 복수를 하려고 하고 다른 쪽은 자신을 방어하려고 하면서 전쟁이 벌어지는 것이다. 이것은 인간에게 본질적인 것이어서, 어떤 민족이나 종족도 전쟁으로부터 자유로울 수는 없다. 그러한 복수를 원하는 까닭은 일반적으로 질투와 시기, 적대감, 신과 종교를 위한 열성, 왕권을 세우고 왕국을 건설하려는 열의 등이다.

전쟁의 첫번째 유형은 통상 이웃하는 부족과 경쟁하는 가문 사이에 벌어진다. 두번째는 적대에 의해서 생기는 전쟁인데, 흔히 황야에 사는 야만적 민족들 사이에서 벌어진다. 예를 들면 아랍인, 투르크인, 투르코만인, 쿠르드인 등이 그러하다. 그들은 창으로 생존수단을 확보하고 다른 사람의 소유물을 탈취함으로써 생활을 한다. 그들은 자기 재산을 보호하려는 사람들에 대하여 전쟁을 선포하며, 지위나 왕권과 같은 것에 대해서는 관심이 없기 때문에, 그들의 마음과 눈은 오로지 다른 사람의 소유물을 빼앗는 데에만 쏠려 있다. 세번째 유형은 종교법에서 성전(聖戰)이라고 부르는 것이다. 마지막으로 네번째는 이탈하는 사람이나 복종을 거부하는 사람들을 대상으로 수행되는 왕조의 전쟁이다. 이상이 전쟁의 네 가지 유형이며, 처음 두 가지는 부당하고 불법적이나, 뒤의 두 가지는 성스럽고 정의로운 것이다.

인간이 존재하기 시작한 이래 이 세상에서 전쟁은 두 가지 방식으로 이루어져

왔다. 하나는 밀집대형으로 진군하는 것이고, 다른 하나는 먼저 공격한 뒤에 후퇴하는 전술이다. 밀집대형을 이루어 진군하는 것은 비아랍계 민족들이 줄곧 행하던 방식이며, 공격과 후퇴의 전술은 아랍인과 마그리브의 베르베르인들이 취했던 방식이다.

밀집대형의 전투는 공격과 후퇴의 전술보다 훨씬 더 강고하고 격렬하다. 왜냐하면 밀집대형에서 전열은 질서정연하게 배치되어, 화살을 열지어 놓은 것 같기도 하고 기도할 때 예배자들이 도열한 것과 비슷하기도 하다. 이러한 대형은 공격시 훨씬 더 강한 힘을 발휘하고 적절한 전술의 효과적인 활용에도 좋으며, 적을 더욱 겁먹게 하기도 한다. 밀집대형은 어느 누구도 움직일 엄두를 내기 힘든 긴 장벽이나 단단하게 지어진 성채와도 같다.

적이 공격을 해올 때, 그것을 상대하는 밀집대형은 전열을 견고하게 지키며 누구도 뒤로 물러나게 해서는 안 된다는 것은 분명하다. 적에게 등을 돌리는 자들은 전열에 혼란을 가져올 것이며 패배를 초래한 죄를 범하게 될 것이다. 무함마드는 밀집대형의 전투가 다른 어떤 방식보다도 더 중요하다고 생각했다.

공격과 후퇴의 전술을 이용한 전투는 전투 중에 후퇴하는 사람들을 보호해주는 견고한 전열이 후방에 준비되어 있지 않다면, 밀집대형에 비해서 강력하지도 않고 또 승리를 거둘 가능성도 높지 않다. 후방의 그와 같은 전열은 밀집대형의 역할을 대신하는 것이다.

고대의 왕조들은 수많은 병사와 광대한 영역을 소유했는데, 군대는 소규모 단위로 나누어졌다. 그 까닭은 아주 먼 지방에서도 병사들이 징발되어 그 숫자가 엄청나게 늘어났고, 그래서 그들이 전쟁터에서 적과 뒤섞여 활을 쏘고 백병전을 벌일 때 아군들끼리도 제대로 알아보지 못하는 상황이 되었기 때문이다. 그와 같은 아수라장 속에서 아군들끼리 서로를 알아보지 못하고 아군을 공격하지나 않을까 하는 우려가 생겼고, 그래서 군대를 보다 작은 단위로 나누어 서로를 알아볼 수 있도록 한 것이다. 그들은 군대를 동서남북의 네 방위에 맞추어서 편성했고, 군대의 사령관, 즉 군주 자신이나 장군은 그 중앙에 위치했다. 이러한 배치를 '전투대형'이라고 불렀다. 이는 페르시아, 비잔틴 제국 그리고 이슬람 초기의 우마이야와 압바스 왕조들의 역사에 언급되어 있다. 군주의 전방에는 장군과 깃발이 있는 전열을 갖춘 부대가 배치되었는데 이를 '전위'라고 불렀다. 군주가 있는 곳 우측에 또 다른 부대가 있었고 이를 '우익'이라고 불렸으며, 좌측에도 역시 '좌익'이 배치되었다. 본대의 배후에는 '후위'라고 불리는 또 다른 부대가 두어졌다. 군주와 그의 참모들은 이 네 부대의 중앙에 위치했으며, 그가 있는 곳을 '중군'이라고 불렀다. 이처럼 정교한 전열은 한 사람의 시야에 들어올 수 있을 정도의 지역에 배치되었고, 더 넓은 지역에 분포되는 경우도 있었으나 각 부대 사이의 거리는 하루나 이틀 거리를 넘지 않았고, 병력의 다과를 고려하여 그들을 최대한 활용할 수 있는 형태로 완성되었다. 이렇게 해서 완성된 전열은 전투개시의 명령이 떨어지면 밀집대형으로 진군할 수 있었다. 이와 같은 사실은 무슬림들의 정복전과 우마이야 및 압바스 왕조들의 역사를 통해서 입증된다.

이와 상당히 유사한 대형이 스페인의 우마이야 왕조에서도 보였다. 그러나 오늘날에는 그런 대형을 잘 알지 못하는데, 그 이유는 현재의 왕조들이 전쟁터에서 아군과 적군을 혼동할 정도로 많은 수의 병력을 소유하지 못하고 있기 때문이다. 양측의 병력 대부분이 조그만 마을에 모두 집결될 수 있을 정도이다. 병사들은 전우들을 서로 알고 있어 치열한 전투시에도 이름이나 성을 서로 부르곤 한다. 따라서 그와 같은 특수한 형태의 대형은 없어도 무방한 셈이다.

공격과 후퇴의 전술을 사용하는 사람들은 군대의 배후에 단단한 물체나 짐승들로 이루어진 방어벽을 설치하여 필요할 경우 아군 기병들이 피신처로 사용하도록 하는 방법을 쓴다. 이것은 병사들의 힘을 북돋아서 지속적인 전투를 수행하고 그래서 승리의 가능성을 높이려는 목적에서 고안된 것이다.

밀집대형으로 전투하는 사람들도 지구력과 전투력을 증진시키기 위해서 동일한 방법을 사용한다. 밀집대형으로 싸우는 페르시아인들은 코끼리를 활용했다. 코끼리 등 위에 나무로 된 성채 같은 것을 싣고 그 속에 무기와 깃발과 함께 병사들을 배치했다. 그래서 치열한 전투가 벌어질 때 군대의 후방에 그런 것들을 여러 겹 배치해놓음으로써, 병사들에게 심리적으로 용기를 불어넣어주고 자신감을 증대시키려고 했다.

이와 관련하여 알 카디시야의 전투에서 벌어진 일을 생각해볼 필요가 있다. 전투가 벌어진 지 셋째 날 페르시아인들은 코끼리로 무슬림군을 강하게 밀어붙였다. 마침내 일부 용맹한 아랍인들이 반격에 나서 코끼리들 사이를 뚫고 들어가서 그 옆구리를 칼로 찔러대었다. 코끼리들은 도망쳐서 알 마다인에 있는 축사로 돌아가버렸다. 그러자 페르시아군 진영은 마비되었고, 그들 역시 넷째 날에는 도주하고 말았다.

비잔틴인, 스페인의 고트족 군주들, 그리고 대부분의 비아랍계 민족들은 전열을 강화하기 위해서 옥좌를 활용하기도 한다. 전투가 벌어질 때 군주가 앉는 옥좌가 세워지고 그의 주위를 그를 위해서 목숨을 바칠 각오가 되어 있는 집사와 수행원과 병사들이 에워싼다. 옥좌의 한 쪽 귀퉁이에는 깃발이 세워지고, 탁월한 궁수와 보병들이 한 겹 더 그를 둘러싼다. 이렇게 되면 옥좌가 베풀어진 자리는 꽤 커지게 되는데, 병사들에게는 공격과 후퇴를 할 때 그곳이 일종의 피난처가 되는 셈이다. 페르시아인들은 알 카디시아 전투에서 바로 이러한 방식을 사용했고 루스툼은 그렇게 준비된 옥좌에 앉았다. 그러나 결국 페르시아의 전열이 무너져 아랍인들이 옥좌가 있는 곳까지 압박해 들어가자, 그는 옥좌를 버리고 유프라테스로 도망쳤으나, 거기서 살해되었다.

아랍인과 대부분의 베르베르인들은 이동생활을 하면서 공격과 후퇴의 전술을 사용하는데, 낙타와 운송용 동물들을 여러 겹으로 배치하여 병사들의 사기를 북돋운다. 그러한 전열은 병사들로 하여금 물러나서 피신할 수 있게 한다. 어느 민족이나 전투력을 증강시키고 적의 급습으로부터 스스로를 보다 더 잘 방어하려고 이러한 전술을 사용한다. 이것은 이미 충분히 검증된 사실이지만, 오늘날의 왕조들은 이를 완전히 무시하고 있다. 그 대신 그들은 짐을 실은 동물들과 커다란 천막들을 배후에 일종의 후위로 배치시킨다. 그러나 이러한 동물들이 코끼리나 낙타를 대신할 수는 없으며, 자연히 군대는 적의 공격에 노출되는 위험을 안고 있으며 전투가 벌어지면 항상 도망칠 생각을 한다.

아랍인들은 공격과 후퇴의 전술을 알고 있었지만, 이슬람 초기에 모든 전투는 밀집대형으로 치러졌다. 그 시기에 그들이 밀집대형의 전투로 전환한 데에는 두 가지 요인이 있었다. 하나는 적들이 밀집대형으로 전투했기 때문에 그들도 동일한 방식으로 싸울 수밖에 없었다는 점이다. 또 하나는 그들이 불굴의 정신을 과시하고자 했으며 또 굳건한 신앙을 가지고 있었기 때문에 성전에서의 죽음도 마다하지 않았다는 점이다. 밀집대형은 죽음을 두려워하지 않는 사람들에게 가장 적합한 전투방식이다.

여러 왕조들이 사치에 물들기 시작하자 용사들의 뒤에 보강대열을 두지 않게 되었다. 왜냐하면 그들이 유목민으로서 천막에서 살 때에는 많은 수의 낙타를 소유했고 부녀자들도 그들과 함께 운영을 했지만, 왕권의 사치를 향유하고 궁전과 정주적 환경 속에서 사는 것에 익숙해지면서 사막과 전야에서의 생활방식을 버렸기 때문이었다. 그렇게 되자 그들은 낙타와 동물 등에 싣는 들것을 사용하던 시대를 망각하고 그런 것을 사용하지 않게 되었다. 여행할 때에도 여자들은 남겨두고 다녔고, 짐과 천막을 싣는 동물들만 가지고 가는 것이 고작이었다. 그들은 이런 것들을 전투시에 방어선을 치기 위해서 사용했지만, 결코 충분하다고 할 수는 없었다. 이런 것들은 가족이나 재산과 같은 것과는 달리 죽음까지도 불사하는 용기를 전사들에게 불어넣어주지는 못한다. 따라서 사람들은 인내심을 잃어버리고, 전투와 함께 벌어지는 혼란은 그들을 겁먹게 하여 전열이 붕괴되고 마는 것이다.

이상에서 우리는 군대의 후방 대열이 공격과 후퇴의 전술을 사용하는 전사들에게 주는 힘에 대해서 설명했다. 마그리브 지방의 군주들이 유럽의 기독교도들을 용병으로 고용한 이유도 여기에 있다. 마그리브인들은 공격과 후퇴의 전술밖에 모르기 때문에, 그런 방식의 전투를 수행하지 않으면 안 되었기 때문이다. 즉 군주의 위치는 전면에 있는 병사들을 지원하는 후위 대열을 둠으로써 강화되며, 그런 대열에 배치된 병사들은 밀집대형으로 굳건히 버티어낼 수 있는 사람들이어야 한다. 그렇지 못할 경우 그들은 마치 공격과 후퇴의 전술을 사용하는 사람들처럼 도주해버리고 말 것이고, 그러면 군주와 군대는 패배하고 말 것이기 때문이다. 따라서 마그리브의 군주들은 밀집대형을 강하게 지킬 수 있는 민족 출신의 병사들을 고용하게 되었고, 그런 민족이 바로 유럽의 기독교도들이었다. 마그리브의 군주들은 이교도의 도움을 받는다는 사실을 알면서도 그렇게 할 수밖에 없다. 그들은 후위 대열에 속한 사람들이 도주하지 않을까 우려했기 때문이다. 그러나 유럽 기독교도들은 밀집대형을 이루어 전투하는 데에 익숙한 사람들이었기 때문에 그 대형을 굳게 지킨다는 사실이 잘 알려져 있었고, 따라서 기독교도들은 다른 사람들보다 그런 목적에 더 적합했던 것이다. 그렇지만 마그리브의 군주들은 아랍이나 베르베르 민족들과 싸울 때에만 그런 기독교도들을 활용하고, 성전을 할 때에는 그렇게 하지 않는다. 왜냐하면 그들이 무슬림의 적과 한 편이 될 것을 두려워하기 때문이다. 이것이 오늘날 마그리브에서의 상황이다.

왕조, 왕권, 칼리프위(位), 정부 관직 및 이와 관련된 모든 사항들······ 283

전하는 바에 의하면, 현재 투르크인들의 전투방식은 활을 쏘는 것이라고 한다. 그들의 전열은 횡대로 이루어져 있는데, 군대를 나누어 3열로 만든다. 그들은 말에서 내려 활통에 든 화살을 땅바닥에 쏟아 부은 뒤 앉은 자세로 활을 쏜다. 각 열은 그 앞에 있는 열이 적의 공격에 압도되지 않도록 보호하며, 어느 한 쪽의 승리가 분명해질 때까지 그렇게 한다. 이것은 매우 훌륭하며 주목할 만한 전투대형이다.

전쟁에서 고대인들은 공격을 하기에 앞서 군영 둘레에 참호를 팠는데, 이는 야음을 틈타 적이 기습하는 것을 두려워했기 때문이다. 어둠과 황야는 공포를 증대시킨다. 그런 상황에서 병사들은 목숨을 보전하려고 도망을 치고, 어둠은 그들에게 도주의 수치를 가려주는 심리적 보호막이 된다. 만약 모든 병사들이 이런 식으로 행동한다면, 군영은 무너지고 패배를 맛볼 수밖에 없다. 따라서 군영 주변에 참호를 파는 관습을 가지게 된 것이다. 그들은 천막을 치고 그 주변 사방에 참호를 파서, 적이 거기를 통과하여 야습할 수 없도록 하는 것이다.

확고하게 기반을 닦은 왕조라면, 대규모 인력을 집중시켜 이와 같은 공사를 할 수 있는데, 이는 문명이 번영하고 왕권이 강력하게 되었기 때문이다. 그러나 문명이 황폐화하고 소수의 병사와 노동자만을 동원할 수 있는 미약한 왕조가 뒤를 잇게 되면, 그러한 작업은 마치 존재조차 하지 않았던 것처럼 완전히 잊혀지게 되는 법이다.

이와 관련하여 우리는 알리가 시핀의 전투가 있던 날, 부하들에게 했던 충고와 격려의 말을 생각하게 된다. 거기에는 상당한 군사적 지식이 내포되어 있는데, 당시 알리보다 군사적인 문제에 더 깊은 통찰력을 지닌 사람은 없었다. 그의 연설 가운데에는 다음과 같은 대목들이 발견된다. "그대들의 전열을 튼튼하게 지은 건물들처럼 똑바로 펼쳐라!" "무장한 사람들을 앞에 배치하고 그렇지 않은 사람들은 후방에 두어라!" "어금니를 꽉 깨물어라. 그러면 그대의 머리를 내리치는 칼도 해를 미치기 어렵게 되리라!" "그대들의 창 끝을 무엇인가로 감싸두도록 하라. 그러면 그 예리함을 보존할 수 있을 것이다." "눈을 아래로 향하게 하라. 그렇게 하면 그대들의 영혼은 더 집중되고 마음은 평온을 얻을 수 있을 것이다." "그대들의 깃발을 기울이거나 치우지 말라. 그대들 가운데 용맹한 자들의 손에 깃발을 쥐어주도록 하라!" "도움을 바란다면 진리와 인내에 기대어라. 인내한 뒤에 비로소 승리가 찾아올 것이기 때문에."

장비와 병사의 수적 우세가 승리를 가능케 하는 한 요인이기는 하지만, 그것이 반드시 전쟁에서의 승리를 보장하는 것은 아니다. 전쟁에서의 승리와 우위는 행운과 기회를 통해서 찾아온다. 이 점은 우위를 가능케 하는 요인이 일반적으로 몇 가지 요소들의 결합에 의한 것이라는 사실로써 설명될 수 있다. 우선 외적인 요소들이 있다. 예를 들면 병사의 숫자, 무기의 질적인 완성도, 용사들의 숫자, 전투대형의 배치, 적절한 전술 등과 같은 것이다. 그렇지만 내적인 요소들도 있다. 그것은 인간이 부리는 술책의 결과일 수 있다. 예를 들면 적진을 동요시켜 이탈자를 만들게 하는 놀라운 소식과 소문을 퍼뜨리는 것, 고지대를 장악함으로써 위에서 아래를 공격하고 그래서 아래에 있는 사람들이 놀라서 도망치게 하는 것, 덤불이나 협곡에 매복하거나 산악 지형에서 적의 눈을 피해 잠복해 있다가 적이 공격에 노출되는 취약한 상황이 될 때 갑자기 덮치는 것 등이 그러하다. 이러한 내적인 요소에는 인간의 힘으로는 통어할 수 없는 숙명적인 것들도 있다. 이러한 요소들은 사람에게 심리적인 영향을 미치고 마음 속에 공포를 일으키며, 군대의 중심에 혼란을 야기시켜 패배를 결과하는 것이다. 패배는 이러한 내적인 요소의 결과인 경우가 많은데, 그것은 양측 모두 승리를 위해서 그러한 것들을 적극적으로 활용하기 때문이다. 양측 가운데 어느 한 쪽은 성공을 거둘 수밖에 없다. "전쟁은 계략이다"라고 무함마드는 말했고, 아랍의 속담에는 "하나의 부족보다 많은 계략이 더 낫다."라는 말이 있다.

이렇게 볼 때 전쟁에서의 승리는 일반적으로 외적인 요인보다는 내적인 요인의 결과라는 사실이 분명하다. 내적인 요인의 결과로 생긴 기회를 우리는 '행운'이라는 말로 표현한다. 바로 이것이 소수의 인원만이 휘하에 있던 무함마드가 생전에 다신교도들에 대해서 승리를 거둘 수 있었던 것이나, 무함마드 사후 무슬림들이 정복의 시대에 연승을 거두었던 것을 설명해준다. 적의 마음 속에 생겨나는 공포심이야말로 무슬림 정복기간 중에 거두었던 수많은 승리의 원인이며, 이것은 인간의 눈에는 보이지 않는 숨어 있는 요소이다.

앗 투르투쉬[69]는 전쟁에서 승리의 원인을 어느 한 쪽이 다른 쪽보다 더 많은

---

[69] 13세기 전반 스페인에서 활동했던 판관.

수의 용사와 유명한 기사들을 가졌기 때문이라고 말했다. 예를 들면 한 쪽이 열명 혹은 스무 명의 유명한 장수가 있고, 다른 쪽은 여덟이나 열여섯 명밖에 없을 때, 더 많은 장수가 있는 쪽은 설령 단 한 명만 더 많다고 하더라도 승리를 거두게 될 것이다. 그는 이 점을 매우 강조하고 있다. 그는 우리가 앞에서 설명한 것 가운데 외적인 요인에 대해서 언급한 것인데, 그의 주장은 타당하지 않다. 우열을 결정짓는 것은 연대의식과 관련되어 나타나는 상황이다. 만약 한 쪽이 모든 사람들을 포괄하는 연대의식을 가지고 있고, 다른 쪽이 수많은 서로 다른 집단으로 이루어져 있다면, 그리고 양측이 수적으로 서로 엇비슷하다고 가정한다면, 단합된 연대의식을 가지고 있는 쪽이 여러 다른 집단으로 이루어진 쪽보다 더 강력하며 우위를 점하는 법이다.……

36) 징세와 세수증감의 원인

왕조의 초기에는 부과액은 낮지만 높은 징세액을 기록하는 반면, 말기가 되면 높은 부과액에도 불구하고 징세액은 낮은 현상이 나타난다. 그 이유는 다음과 같다. 이슬람 왕조는 이슬람의 정신에 따라서 구휼세, 지세, 인두세와 같이 종교법에 규정된 세금만을 부과한다. 이러한 세목은 어느 한도 이상을 넘을 수 없는 확정된 상한이 있다. 왕조가 처음에 연대의식과 정치적 우위를 유지하고 있을 때에는 앞에서도 설명했듯이 황야적인 태도를 가진다. 황야적인 태도는 다른 사람의 재산에 대해서 관용과 겸양과 존경으로 대하고, 극히 드문 경우를 제외하고는 그 재산을 취하려고 하지 않는다. 따라서 개인에 대한 부과액과 할당액 ── 이것들이 합쳐져서 세수(稅收)를 이룬다 ── 은 낮을 수밖에 없다. 따라서 백성들에 대한 부과액과 할당액이 낮으면, 백성들은 일을 할 힘과 의욕을 가지게 된다. 낮은 세금은 만족을 주고 이는 다시 생산활동을 증대시킨다. 생산활동이 증대되면 개인에 대한 부과액과 할당액은 증가하게 되고, 그 결과 징세 총액은 증가하게 될 것이다.

왕조의 지배가 계속되고 군주들의 승계가 이루어지면서 군주들은 점점 더 영악해져간다. 유목적인 태도와 소박함은 그 의미를 상실하고 절제와 자제심은 사라지며, 인간을 영악하게 만든 도회문화와 전제적인 왕권이 모습을 드러낸다. 그렇게 되면 왕조 관계자들은 영악함과 연관된 성품을 가지게 된다. 그들의 관습과 수요는 점점 더 다양해지는데, 이는 그들이 탐닉하는 번영과 사치 때문이다. 그 결과 백성, 경작자, 농민, 기타 모든 담세자들에 대한 부과액과 할당액이 증가하게 된다. 보다 많은 징세를 실현하기 위해서 모든 개인에 대한 세금이 증대된다. 상품에 대해서는 상세(商稅)가 부과되고 그것은 도시의 성문 앞에서 징수된다. 부과액의 점진적인 증가는 꼬리를 물고 계속되며, 이는 사치습관의 만연과 왕조의 다양한 수요, 그리고 이와 관련하여 요구되는 지출의 증가에 상응한다. 마침내 세금은 백성들의 어깨를 무겁게 짓누르고 그들이 감내할 수 있는 범위를 넘게 된다. 무거운 세금은 의무이자 전통이 되어버리는데, 그 까닭은 그와 같은 증가가 점진적으로 발생할 뿐만 아니라 누가 그것을 증가시켰는지 혹은 누가 징수했는지 아무도 모르기 때문이다. 그래서 그것은 백성들 위에 마치 의무와 전통처럼 짐지워지는 것이다.

부과액이 평형의 한계를 넘어서 증가하게 되면, 그 결과는 생산활동에 대한 백성들의 관심의 소멸로 나타난다. 왜냐하면 자신들의 수입과 소득을 지출과 세금에 비교했을 때 극히 적은 이익밖에 거둘 수 없다는 것을 깨닫게 되고 따라서 모든 희망을 잃어버리기 때문이다. 그 결과 개인에 대한 부과액이 낮아짐으로써 세수 총액도 감소된다. 그와 같은 감소가 포착되면 개인에 대한 부과액을 증대시키는 경우가 많은데, 이는 그렇게 함으로써 감소분을 보충할 수 있으리라는 판단 때문이다. 그러나 최종적으로 개인에 대한 부과액과 과세액은 마침내 그 한계에 봉착하고, 더 이상 그것을 증대시키는 것도 아무 소용이 없다. 이제 모든 생산활동에 소요되는 경비는 너무 높고 세금도 지나치게 무거워져서, 예상되는 이익을 실현시킬 수 없다. 결국 생산활동을 유도하는 동기가 사라지면서 문명은 파괴되어버린다. 이와 같은 상황으로 피해를 입는 것은 왕조일 수밖에 없으니, 그 까닭은 생산활동의 수혜자가 바로 왕조이기 때문이다.

만약 이 점을 이해하는 사람이라면, 생산활동을 자극하는 가장 강력한 동기유발은 가능하면 최대한 개인에 대한 과세액을 낮추는 것이라는 점을 깨달을 수 있을 것이다. 그렇게 함으로써 개인들은 생산활동을 통해서 이익을 거둘 수 있으리라고 확신하게 되고, 따라서 심리적으로 그런 활동을 하려는 마음이 생기게 된다.

37) 왕조 말기에는 상세가 부과된다

왕조는 초창기에 유목민적 태도를 유지한다. 따라서 왕조에 걸맞는 사치나 관습이 아직 존재하지 않기 때문에 그들이 필요로 하는 것은 극히 적다. 이때에는 담세자들이 부담하는 수입은 필요한 경비보다 훨씬 더 많기 때문에 커다란 잉여가 생긴다.

그뒤 왕조는 신속하게 사치와 도회문화의 호사스러운 관습을 받아들이면서 앞의 왕조가 걸었던 전철을 밟기 시작한다. 그 결과 왕조 관계자들의 경비는 증대된다. 특히 군주가 사용하는 경비는 엄청나게 늘어나는데, 그것은 자신의 추종자들을 위해서 사용하는 비용과 방대한 규모의 하사품 때문이다. 조세수입만으로는 그 모든 것을 충당할 수 없게 되고, 따라서 왕조는 수입을 증대시키지 않으면 안 된다. 더구나 군대는 날이 갈수록 더 많은 봉급을 받으려고 하고 군주는 그 지출을 감당하려고 더 많은 경비를 필요로 하게 된다. 처음에는 개인에 대한 부과액과 과세액을 늘리지만, 그 뒤에는 사치풍조의 점진적 확산과 추가 지급액의 증대에 상응하여 경비가 더욱 증가됨으로써 왕조는 노화에 걸리게 된다. 왕조 관계자들은 여러 지방과 멀리 떨어진 변경에서 세금을 거둘 만한 힘도 없어진다. 그래서 조세수입은 줄어들지만, 그러나 돈이 필요한 습관은 늘어난다. 병사들에게 주는 봉급과 수당도 증대되고, 따라서 군주는 새로운 종류의 세금을 고안할 수밖에 없다. 그는 상품에 대해서 세금을 매기기 시작하고, 시장에서 거래되는 상품의 가격에 대해서 일정한 세액을 정하여 성문으로 들어오는 물품에 세금을 부과한다. 군주가 이렇게 할 수밖에 없는 것은 사람들이 풍족한 급여에 길들여지고 병사와 민병대의 숫자가 증가하기 때문이다. 왕조 후기가 되면 세금은 과도하게 된다. 따라서 이익을 거둘 희망이 깨어지면서 상거래는 쇠퇴하고, 이는 문명의 해체를 낳고 왕조 자체에 영향을 미치게 된다. 이러한 상황은 왕조가 해체될 때까지 점점 더 악화되어간다.

거의 이런 종류의 현상들이 압바스와 파티마 왕조의 후기에 동부지역의 도시에 나타났다. 심지어 성지순례를 가는 참배객들에게까지 세금이 부과될 정도였다. 동일한 현상이 '제후들'의 시대에 스페인에서도 벌어졌다.

38) 군주의 상업활동은 백성에게 유해하며 조세수입의 파탄을 초래한다

앞에서 설명한 바와 같이 왕조는 여러 가지 사치스러운 습관이나 지나친 소비 그리고 지출에 필요한 조세수입의 부족 등의 이유로 인해서 재정적인 곤경에 처하게 된다. 따라서 더 많은 재화를 모으고 더 높은 세수를 올려야 한다. 그렇게 되면 때로는 백성들의 상업적 활동에 상세를 부과하는 일이 벌어지게 되고, 때로는 상세 —— 이미 상세제도가 도입된 상태라면 —— 를 늘려야 한다. 때로는 관리나 징세리들을 고문하여 그 고혈을 짜내는 경우도 있는데, 이것은 기록상으로는 포착되지 않지만 그들이 상당한 세금을 착복한다는 사실이 명백하게 드러날 때 그런 일이 벌어진다.

때로 군주는 세수를 증대시키려는 욕심에서 자신들이 직접 상업과 농업에 개입하는 경우도 있다. 그는 상인과 농민들이 막대한 이익을 거두고 많은 재산을 소유한다는 사실 그리고 그들의 이익이 투자한 자본에 비례한다는 사실을 알게 된다. 그래서 그는 가축과 농토를 확보하여 경작을 하거나 상품을 구입하고 시장의 가격변동에 부응하여 이익을 올리기 시작한다. 그는 이렇게 함으로써 자신의 수입을 개선하고 이익을 증대시킬 수 있을 것이라고 생각하는 것이다.

그러나 이것은 커다란 잘못이며 백성들에게 여러 가지로 해를 미친다. 첫째, 농민과 상인은 가축과 상품을 사기 힘들어질 뿐 아니라 저렴한 가격으로 구입할 수 없게 된다. 백성들은 모두 거의 비슷한 규모의 재산을 소유하기 때문에, 자기들끼리의 경쟁으로 이미 재원이 고갈되거나 거의 고갈된 상태에 있다. 그런데 엄청나게 많은 재화를 지닌 군주가 그들과 경쟁을 하게 되면, 백성들 가운데 거의 한 사람도 자기가 원하는 물자를 획득할 수 없게 되며, 모두 다 불안해지고 불만족스럽게 된다.

나아가서 군주는 다량의 농산물과 상품을 확보할 수 있다. 왜냐하면 그는 강권력을 동원하거나 혹은 가장 싼 가격에 물건을 구입할 수 있기 때문이다. 그뿐만 아니라 아무도 군주에 대항하여 가격조건을 제시하려고 하지도 않는다. 따라서 그는 판매자에게 가격을 낮추도록 강요할 수 있다. 또한 곡물, 비단, 꿀, 설탕 등과 같은 농산물이나 기타 어떤 종류의 물품이 시장에 나오게 되더라도, 군주는 시장 조건과 경기가 호전되는 것을 기다릴 필요도 없다. 왜냐하면 그는 정부에서 필요한 물자를 확보해야 하며, 따라서 그와 같은 특정한 물품을 취급하는 상인이나 농민들을 강요하여 자신에게 팔도록 할 수 있기 때문이다. 그는 가능한 한 최고의 가격이나 그 이상이 되어야 만족할 것이다. 반면 상인이나 농민은 그런 거래를 통해서 자신들의 유동재산을 모두 탕진하게 되고, 수중에 있는 상품들조차 무용지물이 되어버리고 만다. 그들은 더 이상 교역을 할 수 없고, 이익을 올리고 생계를 꾸리는 것조차 불가능하게 된다. 그들은 종종 돈이 필요하기 때문에 경기가 폭락했을 때 최저 가격으로 물건을 내다팔 수밖에 없다. 상인과 농민이 이런 일을 몇 차례 반복하다보면, 결국 그의 자산은 바닥이 나고 더 이상 교역을 할 수 없게 되는 것이다.

이러한 과정은 자주 반복되어 일어나며, 이로써 백성들이 입는 손실과 경제적 어려움은 그들로부터 애써 일하려는 모든 동기를 앗아가버리고 그들의 재정을 파탄으로 몰고간다. 대부분의 조세수입은 농민과 상인에게서 나오는 것이며, 특히 상세가 도입되어 그것이 조세수입의 중요 부문으로 정착된 뒤라면, 더욱 그러하다. 따라서 농민이 농업을 방기하고 상인이 교역을 포기하면, 조세수입은 완전히 사라져버리거나 위험할 정도로 감소한다.

만약 군주가 세금으로 거두어들이는 수입과 자신이 교역을 통해서 얻는 조그만 이익을 비교해본다면, 후자는 거의 무시할 정도에 불과하다는 것을 알 것이다. 설사 그가 교역을 통해서 이익을 거둔다고 할지라도, 교역 전체를 놓고 볼 때는 그로 인해서 그가 세금으로 거두어들일 수 있는 수입의 상당 부분을 잃게 된다. 왜냐하면 군주가 거래하는 상품에 대해서 상세가 부과되지는 않겠지만, 만약 다른 사람이 동일한 거래를 한다면 상세가 부과되어 조세수입으로 들어온 것이기 때문이다.

나아가서 군주가 행하는 교역은 문명을 파괴하고 왕조를 해체할 수도 있다. 백성들이 농업이나 상업을 통해서 더 이상 자신의 자본을 증가시키지 못하게 될 때, 자본은 감소되고 비용의 지출로 말미암아 마침내 탕진되고 말 것이니, 이는 상황을 파탄에 이르게 한다.

페르시아인들은 왕가에 속한 사람이 아니면 왕위에 앉히지 않았다. 나아가서 그들은 덕, 신앙, 교육, 관용, 용기, 고귀함 등의 자질을 소유한 사람을 선출했다.

또한 왕이 공정해야 한다는 조건을 추가로 명시했고, 이웃에게 손해를 끼치지 않게 하려고 농경지조차 소유하지 못하도록 했다. 그는 교역에 종사해서도 안 되었는데, 만약 그렇게 한다면 모든 상품의 가격이 반드시 올라가기 때문이었다. 또한 노예를 하인으로 부리지도 못하게 했는데, 이는 그들이 유익하고 좋은 충고를 할 수 없기 때문이었다.

군주의 재정과 재원은 오로지 조세수입을 통해서만 증대될 수 있다는 사실을 알아야 할 필요가 있다. 그리고 조세수입은 재산을 소유한 사람들에 대한 공정한 대우와 그들에 대한 배려를 통해서만 증대될 수 있다. 그래야만 그들의 희망이 커지고 자본을 증식시키려는 의욕을 가지게 되며, 그것은 다시 군주의 조세수입을 증대시킬 것이다.

나라 안에서 권력을 가지고 있는 아미르와 같은 사람들은 상업과 농업에 종사하여, 마침내 자기가 만족할 만한 가격에 농산품과 상품을 매입하는 단계에 도달하게 된다. 그뒤에 그들은 예속되어 있는 사람들에게 적절한 시점에 자신들이 정한 가격에 그것들을 되판다. 이것은 앞에서 언급했던 군주가 개입하는 것보다 백성들에게는 훨씬 더 위험하고 유해하며 파괴적이라고 할 수 있다. 군주는 상인이나 농민과 같이 그런 방면에 대해서 잘 알고 있는 사람들과 접촉하면서 그들의 영향을 받아 교역이나 농업과 같은 방면에 눈을 뜨는 경우가 많다. 그들은 군주와 함께 일하지만 자신의 이익을 위해서 그렇게 할 뿐이고, 지세나 상세를 지불하지 않고 교역을 함으로써 가능한 한 단기간에 돈을 축적하려고 한다. 지세나 상세의 면제는 다른 무엇보다도 자본의 증식을 가능케 하는 첩경이며 신속하게 이익을 가져다준다. 이런 사람들은 조세수입의 감소가 군주에게 얼마나 큰 타격을 주는지에 대해서 이해하지 못한다. 따라서 군주는 그런 종류의 사람들을 경계해야 하며, 그의 조세수입과 통치를 해롭게 하는 건의에 귀를 기울여서도 안 될 것이다.

39) 군주와 그의 측근들은 왕조의 중기에만 부유하다

왕조의 초기에 조세수입은 군주와 연대의식을 공유하는 사람들과 부족민 사이에 분배되는데, 분배는 왕조를 건설할 때에 요구되는 그들의 유용성과 연대의식의 강도에 상응해서 이루어진다. 이러한 상황하에서 그들의 지도자는 그들이 분배를 바라고 있는 조세수입에 손을 대는 것을 가능하면 자제하고, 그 대신 그들에 대한 통제력을 장악하고자 했던 자신의 희망이 성취되었다는 것으로 심리적인 보상을 받는다. 그들은 그에게 압력을 가할 수 있고, 그는 그들을 필요로 한다. 조세수입 가운데 군주가 차지하는 몫은 그가 필요로 하는 극히 적은 액수로 제한되기 때문에 재상, 서기, 가신들로 이루어진 그의 측근과 권속은 대체로 가난하다. 주군의 지위에 의존하는 그들의 지위 역시 제한될 수밖에 없고, 군주의 권한은 연대의식을 공유하는 사람들과의 경쟁으로 인해서 축소되기 때문이다.

그뒤 왕권이 자리를 잡고 군주가 휘하의 사람들에 대한 통제력을 장악하게 되면, 그는 그들이 조세수입에서 공적으로 배당된 몫보다 더 많이 가져가지 못하도록 막는다. 왕조에 대한 그들의 유용성이 줄어들었기 때문에 차지하는 몫도 줄어든다. 그들의 영향력 발휘는 견제를 받고, 군주의 가신과 추종자들도 왕조권력의 확립과 지지에 동참하게 된다. 이때가 되면 군주 한 사람이 조세수입의 전부 혹은 대부분을 장악한다. 그는 이 재화를 스스로 차지하고 중요한 사업에 사용하며, 그의 재산은 늘어가고 창고는 꽉 찬다. 그의 지위가 가지는 권위는 확대되고 모든 신하들을 압도한다. 그 결과 그의 재상, 서기, 집사, 가신, 경찰 등의 그의 측근과 권속이 더욱 중요해지고 그 지위는 강화되며, 재산을 획득하여 부유해진다.

그뒤 왕조가 연대의식이 해체되고 왕조를 세웠던 부족이 사라지면서 노쇠해지기 시작하면, 수많은 이탈자와 경쟁자와 반도들이 출현하고 왕조는 붕괴의 위험에 직면하게 된다. 군주는 자신을 도와줄 지지자와 조력자들을 필요로 하게 되고, 그의 조세수입은 그런 사람들이나 혹은 독자적인 연대의식을 가진 군부 인사들에게 쓰여진다. 그는 왕조의 권력을 회복하기 위해서 자신의 재물과 조세수입을 소비한다. 그렇게 되면 지급액이 늘어가고 지출이 많아지기 때문에 조세수입에서 군주가 차지하는 부분은 줄어들게 된다. 토지에서 거두어들이는 세금도 감소하여, 금전에 대한 필요성은 더욱 절박해진다. 군주의 측근과 집사와 서기들은 군주의 권한이 축소되고 자신들의 지위가 지니는 중요성을 상실하기 때문에 더 이상 영화와 호사를 누리며 살 수 없게 된다.

이때가 되면 군주의 입장에서 금전에 대한 필요성은 한층 더 절박해진다. 군주의 가까운 측근과 신하들의 후손은 조상들이 모아놓은 재화를, 군주를 돕기 위해서 쓰여져야 할 그 본래의 목적과는 다른 곳에, 탕진해버린다. 그들은 조상들처럼 그렇게 진심으로 충성을 바치지도 않는다. 군주는 군주대로 자기 선임자들의 치세에 축적된 재화를 사용할 권리가 다른 사람들보다 더 많다고 생각하게 된다. 그는 그 재화를 차지하고 자신을 위해서 사용하게 되니, 왕조는 점점 더 그들에게 인기를 잃어간다. 왕조는 신하들과 탁월한 인물을 잃고, 부유한 측근들마저 떨어져나간다. 결국 과거에 운명을 같이 했던 사람들에 의해서 지탱되고 높이 쌓아 올려졌던 영광의 건물은 대부분 무너져내리고 만다.

왕조에 속한 대부분의 사람들은 이러한 위험한 상황을 예견하고 어떠한 관직도 맡지 않으려고 피한다. 그들은 정부의 통제를 피해서 자신들이 획득한 정부의 재산을 가지고 다른 지방으로 가버린다. 그렇게 하는 것이 더 유리하고 보다 안전하게 재화를 쓰고 즐길 수 있는 길이라고 생각하는 것이다. 그러나 그러한 생각은 큰 잘못이고 스스로에게 물질적 파탄을 가져다주는 자기 기만에 불과하다.

일단 관직에 몸을 담게 되면, 거기서 빠져 나온다는 것은 어렵고 불가능하다는 사실을 알아야 할 것이다. 만약 그런 생각을 하는 사람이 군주라면, 그와 연대의식을 공유하며 그의 주위에 있는 막료와 신하들은 한순간이라도 그에게 도망갈 기회를 주지 않을 것이다. 만약 그의 그런 의도가 분명히 드러난다면, 그것이 가져오는 당연한 결과는 자기 왕국의 파멸과 그 자신의 파탄일 뿐이다. 왜냐하면 왕조가 절정에 도달한 뒤, 그 권위가 축소되고 과거의 영광과 덕성에서 더욱 멀어져 나쁜 자질들을 가지게 되는 때일수록, 왕권의 속박에서 벗어나기는 더욱 어렵기 때문이다.

만약 도피하려는 사람이 군주와 아주 가까운 측근이나 고위 인사에 속하는 사람이라면, 그는 그런 계획을 실행에 옮길 만한 기회를 얻지 못할 것이다. 그 이유는 첫째, 군주가 자기 밑의 사람들과 측근, 나아가서 모든 백성들에 대해서, 자신의 생각과 기분을 잘 알고 있는 노예와 같은 존재로 보기 때문이다. 따라서 군주는 그런 사람들을 묶어두고 있는 예속의 굴레를 벗겨주려고 하지 않는다. 그는 누군가가 그들에게 다가와서 자신의 비밀과 처지를 탐지하지 않기를 바라고, 그래서 그들이 다른 사람의 하인이 되는 것을 원치 않는다. 스페인의 우마이야 왕가가 왕조 관계자들이 순례의 의무를 다하기 위해서 외국으로 나가는 것을 막은 것도 이 때문이었다. 그들이 나갔다가 압바스 왕조의 손아귀에 들어가지 않을까 겁을 냈던 것이다. 그래서 그 왕조가 통치하는 동안에는 아무도 성지순례를 가지 못했다. 스페인의 왕조에 속했던 사람들이 순례를 허락받은 것은 우마이야 왕조의 통치가 끝난 뒤, 즉 '제후들'의 지배로 돌아갔을 때였다.

두번째 이유는 설령 군주가 다른 곳으로 떠나려는 사람에게 속박의 굴레를 벗겨줄 정도로 아량이 있다고 하더라도, 그의 아량이 그 사람의 재산에 대해서까지 미치지는 않기 때문이다. 군주는 그 사람의 재산이 왕조를 통해서 획득되었고 자신의 권력의 그늘 아래에서 축적된 것이기 때문에 자기 재산의 일부로 간주하고, 재산의 소유자인 그 사람 자신도 왕조의 일부에 불과하다고 생각한다. 군주는 그의 재산을 왕조의 소유물이며 왕조가 당연히 사용할 수 있는 것이라고 보기 때문에, 그것을 빼앗아 원래 있던 곳에 그대로 남겨두기를 원한다.

매우 드문 경우이긴 하지만 어떤 사람이 자기 재산을 가지고 다른 지역으로 간다고 가정하자. 그는 거기에서도 안전할 수 없는데, 그 까닭은 그가 옮겨간 지방의 군주가 그를 주목하게 되고 간접적인 위협이나 협박 혹은 공공연한 강압을 통해서 그의 재산을 빼앗아버리기 때문이다. 그 군주는 이 재산을 마치 공공의 이익을 위해서 사용되어야 할 조세수입이나 정부재산으로 여긴다. 만약 그가 사업을 통해서 재산을 모아 부자가 된 사람이라면, 군주의 눈은 그를 더욱 주목할 것이다. 왜냐하면 그 재산은 법과 관례에 따라서 징세의 대상이 되기 때문이다.……

40) 군주가 지급하는 수당의 삭감은 조세수입의 감소를 의미한다

왕조와 정부는 세상에서 가장 큰 시장이고 문명의 질료(質料)를 제공한다. 만약 군주가 재산과 조세수입에 집착하거나 혹은 그것을 상실한다든지 적절히 사용하지 못한다면, 군주 측근들의 재산은 줄어들 수밖에 없다. 그렇게 되면 군주의 측근들이 자기 추종자들에게 주는 선물도 끊기고 지출도 줄어들 수밖에 없다. 이들은 지출하는 사람들의 대부분을 이루고 그들이 지출하는 것은 다른 어느 집단보다도 더 교역을 활성화시키는데, 그들이 지출을 중단하면 자본부족 현상이 나타나서 장사는 불황에 빠지고 상업적 이익은 줄어들게 된다. 지세와 다른 세금들 역시 노동, 상거래, 장사의 활성화, 이윤추구를 위한 사람들의 노력 등에 의존하는 것이기 때문에 조세수입은 자연히 감소하고 말 것이다. 이러한 상황에 의해서 피해를 받는 것은 왕조 자신이다. 왜냐하면 세액의 감소로 말미암아 군주의 재산도 줄어들기 때문이다. 왕조는 가장 큰 시장이요, 모든 교역의 기반이자 어머니이고, 수입과 지출을 가능케 하는 질료이다. 만약 정부의 사업이 불황에 빠지고 교역량이 적어지면, 그것에 의존하는 시장도 자연히 그와 동일한 정도, 아니 그보다 훨씬 더 심각한 증상을 보이게 된다. 게다가 재화는 군주와 백성들 사이를 순환하면서 오고 가는데, 군주가 그것을 자기 자신에게만 묶어두면 백성들은 그것을 잃어버리고 만다.

41) 불의는 문명의 파괴를 불러온다

타인의 재산에 대한 침해는 재산을 획득하려는 사람들의 의욕을 빼앗아버린다. 그렇게 되면 사람들은 재산을 획득하려는 목적 혹은 궁극적인 목표를 상실했다고 생각하게 된다. 재산권이 침해되는 정도와 크기는 재산을 획득하려는 사람들의 노력이 약해지는 정도와 크기를 결정한다. 그 침해의 정도가 광범위하고 전반적이어서 모든 생계수단에 미칠 때, 작업의 침체 역시 전반적인 것이 되지만, 재산 침해가 가벼운 것에 불과하다면 이윤을 위한 작업의 중단도 경미한 것에 그칠 것이다. 문명과 그 번영 그리고 작업의 활기는 생산성에 의존하고, 이익과 이윤을 획득하기 위해서 각 방면에서 일하는 사람들의 노력에 의존한다. 사람들이 생계를 위한 작업을 더 이상 하지 않을 때, 그리고 이윤을 창출하는 모든 활동을 중지할 때, 문명의 활동은 침체에 빠지고 모든 것은 쇠퇴해버린다. 사람들은 생존수단을 찾으려고 사방으로 흩어지고 현 정부의 관할범위 바깥으로 나간다. 따라서 그 지역의 인구는 희소해지고 거주지는 텅 비게 되며, 도시는 황폐해진다. 이와 같은 붕괴는 왕조와 군주의 지위를 붕괴시킨다. 왜냐하면 그들의 지위가 문명의 형상(形相)을 이루는 것이고, 그 형상은 질료(즉 문명)가 쇠퇴되면 반드시 쇠퇴하기 때문이다.

이것을 우리는 페르시아인들의 역사와 관련해서 알 마수디가 언급했던 일화와 비교할 수 있다. 바흐람 이븐 바흐람[70]의 치세에 종교 귀족들의 우두머리인 대사제(Môbedhân)가 왕의 불의와 그 불의가 왕조에 어떤 결과를 가져올지에 대

---

70) 사산 왕조의 군주인 바흐람 2세. 재위 276-293년.

해서 왕이 무관심한 것을 비판했다. 그는 올빼미의 입에서 그런 말이 나왔다고 왕에게 말했다. 왕은 올빼미가 외치는 소리를 듣고, 대사제에게 올빼미가 하는 말을 이해할 수 있는가 하고 물었다. 그러자 그는 이렇게 대답했다. "수놈 올빼미가 암놈 올빼미와 짝짓기를 원했으나, 암놈은 다음과 같은 내용을 승락의 조건으로 제시했습니다. 즉 수놈이 바흐람의 치세에 황폐화된 마을 스무 곳을 선물로 자기에게 주어, 그곳에서 자기가 마음대로 소리칠 수 있도록 해달라는 것이었습니다. 수놈은 이 조건에 동의하면서 암놈에게 이렇게 말했습니다. '만약 왕이 계속해서 통치한다면, 나는 황폐한 마을 천 곳을 주겠다. 이것은 소원 가운데에서도 가장 들어주기 쉬운 것이지.'"

왕은 이 이야기를 듣고 자신의 나태함을 깨닫고, 대사제를 은밀히 불러 그가 마음 속에 생각하고 있는 것이 무엇이냐고 물었다. 대사제는 이렇게 대답했다. "오, 왕이시여! 왕권의 힘은 오로지 종교법, 신에 대한 복종, 신의 명령과 금령에의 순종을 통해서만 실현될 수 있습니다. 강력한 왕권은 백성을 통해서만 성취됩니다. 백성은 재화의 도움을 통해서만 생존할 수 있습니다. 재화를 얻을 수 있는 유일한 방법은 경작입니다. 경작을 실현하는 유일한 길은 정의입니다. 정의는 인류 사이에 세워진 천칭입니다. 신께서는 그 천칭을 세우시고 감독자를 두셨으니, 그가 바로 군주입니다. 오, 왕이시여! 전하는 농경지를 뒤져서 그 주인과 경작자들로부터 그것을 빼앗았습니다. 그들은 바로 지세를 내는 사람들이며 전하는 그들로부터 재화를 거두어들입니다. 전하는 그들의 농토를 측근과 가신과 건달들에게 봉토로 주어버렸습니다. 그들은 그곳을 경작하지도 않거니와 그 결과에 대해서도 관심이 없습니다. 그들은 왕과 가깝기 때문에 지세를 덜 내도 처벌받지 않습니다. 그렇게 되니 토지를 경작하면서 지세를 내는 다른 지주들은 부당한 부담을 질 수밖에 없습니다. 그들은 농토를 떠나고 자기 거주지를 버렸습니다. 아주 먼 곳이나 권력의 손길이 미치기 어려운 곳으로 피신해서 살게 됩니다. 이렇게 해서 농경은 폐기되고 농토는 황폐화되어버렸습니다. 재화가 없어지니 병사와 신하들이 소멸하고, 이웃 군주들은 페르시아의 영토를 탐내게 된 것입니다. 왜냐하면 기본적 물자만이 나라의 기초를 지탱할 수 있는데, 그것이 고갈되어버렸다는 사실이 드러났기 때문입니다."

이 말을 들은 왕은 나라 안 사정을 살펴보기 시작했다. 군주의 측근들에 의해서 탈취된 농토는 주인에게 되돌려졌다. 지주들은 과거와 같은 처우를 회복했고 땅을 다시 일구기 시작했다. 약해진 사람들은 힘을 회복했고, 그들이 농토를 경작하자 나라는 번영을 구가했다. 지세도 많아졌고 군대는 강화되었으니, 적들의 힘의 근원은 차단되었다. 변경의 초소에는 병사들이 배치되었다. 왕은 정사를 직접 처리했고, 이렇게 해서 그의 치세는 번영을 구가했고 왕국은 잘 정비되었다.

이 교훈은 불의가 문명을 황폐화시키고 그 결과 왕조의 완전한 파괴를 가져온다는 사실을 가르쳐준다. 이와 관련해서, 대도시들에 근거를 둔 왕조가 자주 정의를 침해하면서도 붕괴되지 않는 사실에 대해서 언급할 필요가 있다. 그것은 정의의 침해와 도시인구의 상황 사이에 존재하는 연관성 때문에 생긴 결과이다. 어떤 한 도시의 규모가 크고 인구는 조밀하며 조건의 다양성이 무한할 경우, 적대적인 행동과 불의로 인해서 그 도시가 입는 피해는 점진적으로 발생하기 때문에 그다지 크지 않다. 조건의 다양성이 많고 생산활동도 크기 때문에 피해가 있다고 하더라도 금세 드러나지 않는다. 따라서 상당한 시간이 흐른 뒤에야 비로소 그 결과가 나타나며, 도시가 황폐화되기 전에 정의를 침해한 왕조는 다른 왕조에 의해서 대체되기도 한다. 새로 등장한 왕조는 재화를 동원하여 도시를 복구한다. 그렇기 때문에 과거에 생겼지만, 드러나지 않은 채 남아 있던 피해는 회복되고 거의 인식되지 못하는 것이다. 그러나 이러한 경우는 매우 드물다. 앞에서도 살펴보았듯이 문명이 불의와 적대적 행위로 타격을 받는다는 것, 그리고 그 결과 피해를 입는 것이 바로 왕조라는 것은 분명한 사실이다.

불의라는 것이 반드시 소유주에게 아무런 이유도 보상도 없이 금전과 여타 재산을 몰수하는 것만을 의미한다고 생각해서는 안 된다. 보통은 그런 식으로 생각하지만, 불의는 그 이상의 보다 더 일반적인 것이다. 누군가가 다른 사람의 재산을 강탈하거나 강제로 노역을 시키거나 부당한 요구를 하거나 종교법에서 요구하지 않는 의무를 부과하거나 한다면, 그는 특정한 사람에게 불의를 행하는 것이다. 그러나 정당화될 수 없는 세금을 징수하는 사람도 불의를 행하는 것이다. 즉 재산권을 침해하는 사람, 강제로 남의 재산을 빼앗는 사람도 불의를 행하는 것이니, 이러한 모든 행위로써 피해를 보는 것은 왕조이며, 사람들이 모든 의욕을 상실하게 되면 왕조의 질료인 문명도 왕조 못지않은 피해를 입게 된다.

왕조, 왕권, 칼리프위(位), 정부 관직 및 이와 관련된 모든 사항들······ 297

이것이 바로 무함마드가 불의를 금지했을 때에 염두에 두었던 점이다. 그는 불의로 인해서 초래되는 문명의 파괴와 황폐화 그리고 그것이 궁극적으로 야기하는 인류의 멸망을 생각했던 것이다. 종교법이 다섯 가지 사항, 즉 종교, 영혼, 지성, 자손, 재산의 보존을 필수적인 것이라고 강조하는 것도 바로 그런 점을 생각한 현명하고 포괄적인 지시인 것이다.

우리가 검토했듯이 불의는 문명을 황폐화시킴으로써 인류의 파멸을 불러오기 때문에, 그 자체가 이미 금지되어야 충분한 이유가 있다. 따라서 불의를 금지하는 것은 매우 중요하다. 만약 불의가 누구나에 의해서 행해질 수 있는 것이라면, 그런 행위를 저지하기 위해서 필요한 형벌의 목록은 간통, 살인, 술중독처럼 모든 사람들이 저지를 수 있는 범죄를 비롯하여 인류를 파멸로 이끄는 온갖 종류의 범죄들의 목록만큼이나 엄청나게 많을 것이다. 그러나 심각한 불의는 오로지 남이 저지할 수 없는 사람, 즉 권력과 권위를 가지고 있는 사람들에 의해서만 저질러진다. 따라서 불의에 대해서 강도 높게 비난하고 그 위험성을 거듭해서 지적하여 위협하는 것은 불의를 행할 만한 처지에 있는 사람들이 혹시 스스로 자제력을 가지게 되지 않을까 하는 희망 때문이다.

문명을 파괴시키는 데에 가장 결정적이며 불의 가운데에서도 가장 심각한 것은 백성들에게 부당한 임무를 부과하고 그들을 강제노동에 동원하여 이용하는 것이다. 이렇게 말하는 까닭은 노동이 자본을 구성하는 것이고, 소득과 생계는 문명인에 의한 노동가치의 실현을 의미하기 때문이다. 그들은 노력과 각종 노동을 통해서 자본을 획득하고 이윤을 창출한다. 그들에게 노동이 아니고는 달리 이윤을 창출할 방법이 없다. 백성들은 농사를 지어 자신의 생계수단을 확보하고 그런 행위를 통해서 이윤을 얻는다. 만약 그들이 자기 토지가 아닌 다른 곳에서 일하도록 강요되고 자신의 생계와는 무관한 일로 강제노역에 동원된다면, 그들은 더 이상 아무런 이윤도 얻지 못할 것이고 따라서 그들의 가장 큰 자산인 노동의 대가도 빼앗기고 말 것이다. 그들은 고통받게 되고, 생계의 대부분 아니 전부가 날아가버린다. 만약 이런 일이 거듭해서 일어난다면, 토지를 경작할 모든 의욕은 파괴되고 일체의 노력은 중지될 것이다. 이것은 문명의 파괴와 황폐화를 초래한다.

이보다 더 크고 또 문명과 왕조에 더 파괴적인 불의는 백성들의 소유물을 가능하면 가장 싸게 사들인 뒤에 그것을 강제 판매나 매입의 방법을 동원하여 가능한 한 가장 비싸게 상품으로 되파는 것이다. 사람들은 뒤에 갚아도 좋다는 조건으로 높은 가격을 받아들일 수밖에 없는 경우도 흔하다. 그들은 그렇게 높은 가격으로 상품을 살 수밖에 없었지만, 시장 상황이 유리하게 호전되면 손실분도 결국 상쇄될 것이라는 기대를 가지고 마음을 달랜다. 그러나 곧 그들은 강제로 구매한 물건의 대금을 일시에 지불하라는 강요를 받게 되고, 물건을 가장 싼 값에 팔지 않을 수 없게 된다. 강요된 구입과 판매를 통한 두 차례의 이와 같은 거래에서 생긴 손실은 그들의 자본을 잠식한다.

이러한 상황은 식료품과 과일을 취급하는 행상이나 상점주인들처럼, 도시에 거주하며 다른 곳에서 물건을 수입하는 각종 상인들, 혹은 많이 사용되는 도구와 장비들을 제작하는 수공업자들에게 영향을 미친다. 손실은 모든 직업과 계층의 사람들에게 전반적으로 나타난다. 시간이 갈수록 상황은 악화되고 자본금은 축소된다. 자본이 고갈됨으로써 더 이상 이윤을 통해서 보충될 가능성이 없어졌기 때문에, 이제 상인들에게 남은 유일한 길은 장사를 그만두는 것뿐이다. 이렇게 되면 다른 곳에서 상품을 매매하러 오는 상인들의 걸음은 느려진다. 장사는 쇠퇴하고 백성들은 일반적으로 교역을 통해서 얻는 생계를 잃어버린다. 따라서 시장에서 아무런 거래가 이루어지지 않으면 그들의 생계도 사라지고 군주의 조세수입도 감소되거나 악화된다. 왜냐하면 왕조의 중기나 그 이후에는 대부분의 조세수입이 상품에 부과되는 세금에서 나오기 때문이다. 이것은 왕조의 붕괴와 도시 문명의 쇠퇴로 이어지는데, 이와 같은 해체는 천천히 그리고 느낄 수 없는 정도로 진행된다.

이와 같은 현상은 위에서 묘사한 재산탈취의 방법과 수단들이 동원될 때면 반드시 나타난다. 그러나 만약 재산을 일거에 탈취하고 그러한 적대적인 행위가 재산, 부인, 생명, 체형(體刑), 명예 등에까지 미친다면, 그것은 왕조의 신속한 해체와 쇠퇴와 붕괴를 초래하며 완전하게 파괴시키는 혼란을 야기한다.

바로 이러한 나쁜 결과 때문에 그러한 모든 부당한 행위는 종교법으로써 금지되고 있다. 종교법은 장사에서 술수를 부리는 것은 합법화해주었지만, 다른 사람의 소유물을 불법적으로 빼앗는 것은 금지한다. 그 목적은 그같이 나쁜 결과들이 혼란을 낳고 그것이 다시 문명을 파괴하거나 생존의 가능성을 박탈하는 것을 사전에 예방하기 위해서이다.

그러한 온갖 행위들은 왕조나 군주들이 사치스러운 생활에 젖어서 보다 더 많은 재화를 필요로 하기 때문에 생긴다. 그들의 지출이 증가하고 소비의 규모가 증대하면, 평범한 수입으로는 부족하게 된다. 따라서 군주는 조세수입을 늘리고 예산의 균형을 맞추기 위해서 새로운 종류의 세금을 개발한다. 그러나 사치는 계속해서 늘어가고 그로 인해서 소비도 늘어간다. 그러면 백성들의 재산을 빼앗으려는 욕구도 더욱 강해지는 것이다. 이렇게 해서 왕조의 권력은 축소되기 시작하여 마침내 그 영향력은 말끔히 사라지고 그 정체성도 상실하여 새로운 침입자에게 정복당하고 만다.

42) 군주에 대한 접근 제한은 왕조에서 왜 생기는가. 그러한 제한은 왕조가 노쇠해지면 중요해진다

왕조는 처음에 왕권적 추구와 거리가 멀다. 왕조는 권력과 지배력을 실현시키는 연대의식을 필요로 하고, 연대의식의 특징은 황야적 태도이다. 종교에 기반을 둔 왕조도 왕권적 추구와는 거리가 멀다. 오로지 우월한 정치권력에 기반을 둔 왕조 역시 황야적 태도에서 정치적 우위가 생기므로 왕권적 추구나 그 방식과는 거리가 멀다.

만약 어떤 왕조가 그 통치 초기에 유목민적인 성격을 지니고 있다면, 군주는 소박함과 황야적 태도를 소유한다. 백성들은 그와 가깝고 쉽게 접근할 수 있다. 그러나 권력이 일단 확고하게 뿌리를 내리게 되면, 그는 모든 영광을 자기 자신에게 돌리며 사람들로부터 떨어져 있을 필요가 생긴다. 이미 그때쯤 되면 그는 추종자들도 많이 가지게 되고 그들과 자신의 사무를 조용히 의논해야 할 필요를 느끼기 때문이다. 그래서 그는 평민들로부터 가능하면 떨어져 있으려고 하며, 누군가를 문 앞에 배치하여 그가 접견을 피할 수 없는 왕조의 신하나 동료들만 입장시키고 평민들은 차단하는 일을 맡긴다.

그뒤 왕권이 더욱 발전하여 왕권적 방식과 추구가 모습을 드러내는 때가 되면, 군주는 국왕으로서의 특징을 받아들이게 된다. 그것은 매우 기이하고 특별한 특징들이기 때문에, 사람들은 적절한 방식으로 매우 조심스럽게 그런 특징들을 대해야 한다. 그런 특징들과 대면하는 사람들은 그것에 대해서 잘 모르는 경우가

많고, 따라서 군주의 기분을 상하게 하는 어떤 행동을 할지도 모른다. 군주는 그런 사람들에게 불쾌감을 느끼고 처벌하고 싶은 기분을 느끼게 된다. 따라서 군주와 회견할 때 사용되는 예법에 대한 지식은 그의 특별한 친구들의 전유물이 된다. 군주는 최측근을 제외한 다른 모든 사람들과는 아무 때나 만나는 것을 피하는데, 이는 자신을 언짢게 하는 것과 마주치는 상황이 일어나지 않도록, 그래서 사람들이 처벌을 받게 되는 일이 없도록 하기 위해서 그렇게 하는 것이다. 그러므로 군주는 처음보다 더 엄격한 접근 제한 규정을 정하게 된다. 첫째 제한은 군주와 함께 국사를 논의하는 특별한 친구들에 관한 것이고 그밖의 다른 사람들의 접근을 막는 것이지만, 둘째 제한은 궁정 예법을 아는 친구들과의 회견에 관한 것이고 다른 일반 평민들의 접근을 막는 것이다.

첫째 접근 제한은 무아위야, 압둘 말리크, 우마이야 왕조의 칼리프들의 시대에 처음 생겼다. 그뒤 압바스 왕조가 등장하고 그 유명한 사치와 영화가 나타나자 왕권적 특징은 극치에 달하게 되었다. 이는 둘째 접근 제한을 필요로 하게 되었다. '집사'(ḥâjib)라는 칭호의 의미도 거기에만 국한된 것이었다. 칼리프의 궁정에는 수행원들이 기거하는 건물 두 채가 있는데, 하나는 특별한 사람들을 위한 것이고 다른 하나는 평민들을 위한 것이다. 이것은 압바스 시대의 역사서에 기록된 바이다.

후대 왕조들에서 셋째 접근 제한 규정이 도입되었다. 이것은 앞의 둘보다 더욱 선택적인데, 군주를 폐쇄시키려는 시도가 있었던 시대에 만들어진 것이다. 그것은 다음과 같은 과정을 거쳐 생겼다. 즉 젊은 왕자를 추대하고 그를 좌지우지하려는 군주의 측근과 왕조 관계자들은 그를 부왕과 아주 가까왔던 사람들이나 친구들로부터 떼어놓아야 했다. 젊은 군주를 마음대로 농락하려는 사람은 그에게 그와 같은 사람들과 접촉하게 되면 군주의 체면이 손상되고 궁정의 예법이 훼손될 것이라고 귀띔했다. 그의 목적은 물론 젊은 군주가 다른 어느 누구와도 만나지 못하게 하려는 것이고, 그와 지내는 것에 너무나 익숙해져 다른 사람으로 대체할 생각조차 못하게 하려는 것이다. 셋째 접근 제한은 분명히 이러한 상황 속에서 필요한 것이었다. 그것은 왕조의 노쇠를 나타내며, 왕조에 속하는 사람들이 두려워하는 것 가운데 하나이다. 왕조가 노쇠기에 이르러 뒤늦게 태어난 왕족들이 국정에 대한 통제력을 상실하게 될 때, 왕조를 지지했던 사람들은 당연히 이와 같은 시도를 할 것이다. 인간은 왕권을 농락하려는 욕심이 대단히 많은데, 특히 모든 조건과 징후들이 갖추어졌을 때에는 더욱 그러한 법이다.

43) 왕조의 분열

왕조의 노쇠가 보여주는 최초의 결과는 왕조의 분열이다. 그 이유는 다음과 같다. 왕권이 확립되고 최고의 사치와 번영을 이룩했을 때, 군주가 모든 영광을 장악하고 스스로 독차지하게 되었을 때, 그는 그런 것들을 어느 누구와도 나누려고 하지 않을 정도로 자부심이 크다. 그는 옥좌를 두고 자신과 경쟁할지도 모를 일족이나 기타 수상한 사람들을 파멸시켜버림으로써 가능한 한 그와 같은 도전을 모두 제거한다.

따라서 지배자와 함께 일을 했던 사람들은 종종 자신의 안위를 걱정하여 영내에서 아주 먼 곳으로 피신한다. 그러면 그들과 똑같은 처지에 있음으로써 의심을 받고 위험을 느끼는 사람들이 그들과 연합하면서 그 주위에 모이게 된다. 이때쯤 되면 왕조의 권력은 이미 쇠퇴하기 시작하고 영토의 먼 곳에 대한 통제력을 잃게 된다. 도피자의 세력은 계속해서 커지는 반면 왕조의 권력은 약화되며, 마침내 그들은 왕조 안에서 대등한, 아니면 거의 대등한 상대가 되는 것이다.

이러한 현상은 아랍계 무슬림 왕조에서 발견된다. 그 세력은 막강했고 집중되어 있었으며 그 권한은 아주 먼 곳에까지 미쳤다. 그뒤 우마이야 왕조가 통제력을 상실하자 압바스 왕조가 대신했다. 그때가 되면 아랍계 왕조는 최고의 우월함과 사치를 성취한 뒤 위축되기 시작했다. 압둘 라흐만 앗 다힐[71]은 왕조의 영토에서 가장 먼 곳인 스페인으로 피신했다. 거기에서 그는 새로운 왕국을 창건했고 압바스측과의 관계를 단절했다. 이렇게 해서 그는 한 왕조를 둘로 나누었던 것이다. 그뒤 이드리스[72]가 마그리브에 피신한 뒤 독립하여 독자적인 권력을 장악했다.

후일 압바스 왕조는 더욱 더 축소되어갔다. 아글라브 왕조[73]가 일어나서 저항했고, 시아파(파티마 왕조)가 떨어져나가자 쿠타마족과 신하자족이 이들을 지지

---

71) 스페인 우마이야 왕조의 건국자인 압둘 라흐만 1세(재위 756-788).
72) 재위 789-791년. 모로코 지방의 베르베르족을 통치했던 이드리스 왕조(789-921)의 창건자.
73) 튀니지와 동부 알제리, 즉 이프리키야 지방을 지배했던 왕조(800-909).

하여 이프리키야와 마그리브를 점거한 뒤 이집트, 시리아, 히자즈 지방을 정복했다. 그들은 이드리스 왕조를 병합함으로써 압바스 왕조를 다시 한번 더 분열시켰다. 이렇게 해서 아랍인의 왕조는 셋으로 나누어졌다. 압바스조는 아랍 세계의 근거지이자 이슬람의 원천인 중앙에, 우마이야 왕조는 동방에서의 과거의 칼리프의 권위를 재생시켜 스페인에, 파티마 왕조는 이프리키야, 이집트, 시리아, 히자즈 지방에 자리잡게 된 것이다. 이 왕조들은 최종적으로 붕괴될 때까지 존속했다.……

분열의 과정은 원래의 지배 가문에 의해서 통제되지 않는 두세 개 이상의 왕조를 탄생시킬 수도 있다. 스페인에서 '제후들'의 경우가 동방의 비아랍계 군주들의 경우가 그렇고, 다른 지방에서도 그런 예를 찾아볼 수 있다.……

44) 왕조에 일단 노쇠 현상이 나타나면 그것을 막을 수 없다

우리는 앞에서 노쇠의 징후와 원인을 하나씩 설명했다. 노쇠의 원인들이 왕조에 영향을 미치는 것은 당연하다는 사실도 설명했다. 그렇다면 만약 노쇠가 왕조의 일생에 나타나는 무엇인가 자연적인 것이라면, 자연현상들이 생기는 것과 동일한 방식으로, 마치 노쇠가 생물체의 기질에 영향을 주듯이, 그렇게 생기는 것임에 틀림없을 것이다. 노쇠는 무엇인가 자연적인 것이며 자연적인 것은 변하는 일이 없기 때문에, 그것은 치유될 수도 또 제거할 수도 없는 고질적인 질환이다.

왕조의 지배자들 가운데 정치적인 의식을 가진 많은 사람들은 이 점을 예의 주시하며, 자기 왕조에 영향을 미치는 노쇠의 징후와 원인에 주목한다. 그는 노쇠를 사라지게 하는 것도 가능하다고 생각한다. 따라서 그는 왕조를 회복시켜 그것의 노쇠의 기질을 제거해보려고 노력한다. 그는 노쇠가 과거의 통치자들의 부주의나 부족함에서 기인한 것이라고 생각한다. 그러나 그렇지가 않다. 이런 현상은 왕조에게는 자연적인 것이다. 왕조에서 생긴 습성은 그것을 고칠 수 없게 만든다. 습성은 제이의 천성과 같은 것이다. 예를 들면 누군가가 자신의 아버지와 집안의 어른들이 비단옷을 입고 무기나 말에 황금 장식을 사용하는 것을 보고, 그들이 내실에 있을 때나 기도할 때나 평민들의 접근이 금지되었던 것을 보면서 자랐다고 한다면, 그는 자기 조상들의 습관에서 벗어나지 못할 것이다. 그는 거친 옷을 입고 사람들과 어울리며 살지 못할 것이다. 만약 그가 그렇게 하고 싶어

한다고 하더라도 습성은 그를 방해할 것이다. 만약 그가 실제로 그렇게 한다면, 그는 관습을 무시하는 광기를 부렸다는 비난을 면치 못할 것이며, 오히려 그의 정부에 악영향을 미칠 위험성이 있다.

혹자는 이것을 예언자들이 관습을 무시하고 반대했던 것과 비교할지도 모른다. 그러나 예언자들은 신의 가호와 천상의 도움을 받은 사람이다.

왕조가 노쇠하게 되면 연대의식은 종종 소멸되고 인간의 영혼 안에는 그것 대신에 위세가 자리잡는다. 연대의식이 약화된 데다가 위세마저 없어지면, 백성들은 왕조에 맞설 정도로 대담해진다. 따라서 왕조는 가능한 한 최대로 위세에 기대어 자신을 방어해보려고 하지만, 결국 모든 것은 끝장나고 만다.

왕조 말기에는 때때로 마치 왕조의 노쇠함이 사라져버린 듯한 인상을 주는 힘의 시위가 나타나기도 한다. 그것은 마치 꺼지기 직전에 환하게 타오르는 촛불의 심지와 같아서, 겉으로는 새로 타오를 것처럼 보이지만 사실은 꺼져가는 것이고 소멸하기 전의 마지막 작열에 불과하다.

45) 왕조는 어떻게 붕괴하는가

여하한 왕권도 두 가지 기초 위에 세워져야만 한다. 하나는 무력과 연대의식이며, 그것의 표현은 군대이다. 또 하나는 자금인데, 이것이 군대를 지원하고 왕권이 필요로 하는 전체 구조를 제공한다. 이 두 기초가 흔들릴 때 왕조에 붕괴가 찾아온다. 먼저 무력과 연대의식을 통해서 일어나는 붕괴에 대해서 설명하고, 그 뒤에 금전과 세금을 통해서 일어나는 붕괴에 대해서 설명하기로 하자.

왕조는 오직 연대의식에 의지해서 창건될 수 있고, 이를 위해서는 종속하는 다른 모든 연대의식들을 통합하는 더 큰 연대의식이 존재해야만 한다. 이 더 큰 연대의식은 군주만이 소유하는 일족과 부족의 연대의식이다.

왕권의 필연적인 결과물인 사치가 왕조 안에서 생기고 왕조의 연대의식을 공유한 사람들이 굴욕을 당하게 될 때, 제일 먼저 굴욕을 당하는 사람은 군주와 같은 성을 가진 그의 일족과 친척들이다. 그들은 다른 사람들보다 더 심한 굴욕을 당하게 된다. 더구나 그들은 왕권, 권력, 존엄성을 군주와 함께 나누어가졌기 때문에 어느 누구보다도 사치에 물들어 있다. 따라서 두 가지의 파괴 요인, 즉 사치와 강권이 그들을 둘러싸고, 강권은 결국 그들의 피살로 이어진다. 군주가 왕권을 확고히 다진 것을 본 그들은 내심 불안을 느낀다. 군주 역시 그들에게 질투심을 느끼지만, 이는 곧 자신의 왕권에 대한 우려로 바뀐다. 그래서 군주는 그들에게 치욕을 주고 살해하기 시작하며, 그들이 누리고 있는 사치와 번영을 빼앗기 시작한다. 그들은 절멸하여 거의 남지 않게 되고, 따라서 군주가 그들을 통해서 가질 수 있었던 연대의식도 파괴되어버린다. 연대의식은 용해되고 그 장악력은 약화된다. 그것은 군주의 총애와 은사를 향유하는 내부의 측근과 추종자들에 의해서 대체된다. 새로운 연대의식이 이들을 통해서 형성되기는 하지만, 그것은 직접적이고 긴밀한 혈연관계를 결여하고 있기 때문에 강력한 장악력과 같은 것이 없다.

　이렇게 해서 군주는 그 자신에게 대해서 타고난 애정을 가지고 있는 가족과 조력자들로부터 자신을 소외시킨다. 다른 집단에 속한 사람들은 이 사실을 눈치채고, 아주 당연히 군주와 그의 내부 측근들에 맞서 대담해진다. 따라서 군주는 그들을 하나씩 파괴하고 박해하고 살해한다. 왕조 후기의 사람들도 이 점에서는 전기의 전통을 답습한다. 이외에도 그들은 앞에서 언급했다시피 사치가 주는 유해한 영향을 받게 된다. 마침내 그들은 하등의 연대의식도 가지지 못하게 되고, 그것과 함께 존재했던 애정과 강인함도 잊어버린다. 그들은 왕조의 군사적 방어를 위해서 고용된 용병과 같은 처지가 되고, 따라서 숫자도 매우 적어진다. 그 결과 먼 지방이나 변방에 주둔하는 수비군은 수적으로 극도로 축소된다. 이것은 다시 먼 지방에 사는 백성들을 고무시켜 왕조에 반발케 한다. 왕가의 일원이나 기타 사람들로 이루어진 반란자들은 이처럼 먼 지방으로 나간다. 그들은 이런 상황하에서는 멀리 떨어진 지방의 주민들을 자기 편으로 확보할 수 있을 것이고, 나아가서 정부군에 의해서 체포될 염려도 없을 것이라고 기대한다. 이런 추세는 계속되고 통치 왕조의 권력은 쇠퇴를 거듭해서, 마침내 반군들이 왕조의 중심부에까지 매우 가까이 접근하게 된다. 그렇게 되면 왕조는 본래의 힘의 정도에 따라서 둘 혹은 세 개의 왕조로 분열하는 경우가 많다. 연대의식을 공유하지 않았던 사람들은 비록 왕조의 연대의식을 소유한 사람들에게 복종하고 그들의 우위를 인정하긴 하지만, 자신들이 직접 국사를 장악하여 처리해나간다.

　이것은 아랍계 무슬림 왕조들의 사례를 통해서 확인된다. 초기에 왕조의 힘은 스페인, 인도, 중국에까지 미쳤다. 우마이야 왕조는 압드 마나프[74]의 연대의식을 통해서 아랍인 모두에 대해서 완전한 통제력을 가지게 되었다. 심지어 다마스쿠스의 술레이만 이븐 압둘 말리크[75]가 코르도바의 압둘 아지즈 이븐 무사 이븐 누사이르[76]의 살해를 지시할 수 있을 정도였다. 결국 술레이만의 명령에 따라서 그는 살해되었다. 그뒤 우마이야 왕조는 사치에 물들었고 연대의식은 사라져버려 마침내 왕조는 파괴되고 말았다. 압바스 왕조가 출현하여 하심 가문을 억누르면서, 아부 탈리브[77]의 후손 전부를 죽이거나 유배했다. 그 결과 압드 마나프의 연대의식은 해체되고 소멸되어버렸다. 아랍인들은 압바스 왕조에 대항하여 점점 더 대담해졌고, 왕국의 먼 지방에 있는 사람들, 예를 들면 이프리키야의 아글라브 일족이나 스페인에 사는 사람들이 통제력을 장악하게 되면서 왕조는 분열했다. 그뒤 이드리스 왕조가 마그리브에서 독립하자, 베르베르인들은 그 왕조의 연대의식을 받아들였고 지지했다. 또한 그들은 왕조의 군대나 수비군들에게 붙잡힐 염려도 없었다.

 일정한 목적하에서 정치적 선전을 하는 사람들은 결국 이탈하고 만다. 그들은 변경지역과 벽지에 대한 통제권을 장악하고, 거기서 자신들의 목표를 알리는 선전을 하고 마침내 왕권을 세울 수 있게 된다. 그 결과 왕조는 분열하고, 기존의 왕조의 판도는 점점 더 줄어들며, 이러한 과정은 그 중심이 영향을 받을 때까지 계속되는 경우가 많다. 그뒤 왕조 내부의 측근들은 사치에 물들면서 약화되어 소멸되어버린다. 분열한 왕조 전체도 약체화되는데, 이런 과정은 그뒤에도 한동안 지속되곤 한다. 왕조는 이제 더 이상 연대의식을 소유하지 못하게 되는데, 그 이유는 백성들의 영혼이 오랜 세월 동안 굴종과 복속에 물들어 생존해 있는 사람들 가운데 어느 누구도 왕조의 시작과 기원을 기억하지 못하게 되었기 때문이다. 그들은 군주에게 공손하게 복속하는 것 이외에는 어떤 것도 생각할 수 없다. 따라서 군주도 연대의식의 힘을 필요로 하지 않게 되고, 자기 권력을 확고히 하기 위해서는 용병들로 구성된 군대면 충분했다. 일반적으로 인간의 영혼에 자리잡고 있는 복종심은 이런 면에서 도움이 된다. 만약 어떤 사람이 불복종이나 이탈

---

74) 예언자 무함마드의 고조부이며 쿠라이시 중핵 씨족인 하심 가문의 창시자.
75) 제7대 칼리프(재위 715-717).
76) 초기 아랍인이 스페인을 정복할 때의 지휘관. 716년 칼리프 술레이만의 명령으로 살해되었다.
77) 무함마드의 삼촌이자 알리의 부친.

을 생각한다면 — 물론 이런 일은 거의 일어나지 않지만 — 압도적인 다수의 사람들은 그의 생각에 동의하지 않고 반대할 것이다. 때문에 그가 아무리 애를 쓴다고 하더라도, 그런 일을 하지 못하게 된다. 복종심이 확고히 뿌리를 내리는 이런 상황하에서 왕조는 반군이나 경쟁자들에 대해서 더욱 안전해진다. 개인들은 왕조에 반대한다든지 복종에서 이탈한다는 생각은 꿈에도 할 수 없다. 따라서 왕조는 집단이나 부족들이 일으킬지도 모를 혼란이나 파괴에 대한 걱정이 없이 어느 때보다 더 안전해진다. 왕조는 이런 상태에서 존속하지만, 실제로 그 본체는 마치 영양분이 보충되지 않은 체온처럼 서서히 쇠미해져가고, 마침내 왕조는 그 운명의 시간을 맞이하게 되는 것이다.

왕조 붕괴의 두번째 방식인 금전을 통해서 붕괴가 일어나는 것과 관련하여, 먼저 알아두어야 할 것은 앞에서 지적했듯이 왕조가 처음에는 황야적 태도를 가지고 있다는 사실이다. 그것은 백성들을 따뜻하게 대해주는 것, 소비할 때에는 계획에 따라서 자제하는 마음, 타인의 재산에 대한 존중 등의 자질을 내포하고 있다. 그것은 과도하게 세금을 부과하는 것을 거부하거나, 세금을 징수할 때 혹은 관리가 회계를 할 때 간교한 계략을 사용하는 것을 거부한다. 이와 같은 초기에 과도한 소비를 필요로 하는 것은 아무 것도 없고, 따라서 왕조는 많은 금전을 필요로 하지도 않는다.

그러다가 지배와 팽창의 시대가 도래한다. 왕권은 발전하고 이는 사치를 불러오며 그것은 다시 소비를 증가시킨다. 군주의 지출 그리고 왕조에 속하는 사람들의 지출 전반이 증가한다. 이러한 경향은 도시민들에게까지 확대되고, 병사들의 수당과 왕조 관계자들의 급여 인상이 불가피해진다. 과도한 지출이 생기고, 그러한 경향은 백성들에게까지 미치게 되니, 이는 백성들이 왕조의 관습과 방식에 따르기 때문이다.

그렇게 되면 군주는 자신의 예산을 증대시키려고 시장에서 판매되는 물품들에 상세를 물리지 않을 수 없다. 그 까닭은 그가 보기에 도시민들의 사치는 그들의 번영의 증거이기도 하지만, 또 실제로 정부의 지출과 병사들의 봉급을 위해서 많은 돈이 필요하기 때문이다. 사치의 습관은 그뒤 더욱 깊어지고, 상세로도 그것을 충당할 수 없게 된다. 이때가 되면 왕조는 자신의 지배하에 있는 백성들에 대한 통제력과 강권력이 크게 신장된다. 왕조는 상세를 부과하거나 아니면 군주 자신의 상업적 거래를 통해서, 혹은 어떤 구실을 대거나 심지어 아무 이유도 없이 적대적인 행동을 자행함으로써, 백성들의 재산을 빼앗으려고 손을 뻗친다.

이 단계에서 왕조의 연대의식은 이미 약해지고 노쇠해져버렸기 때문에, 병사들은 왕조에 대해서 대담하게 행동한다. 왕조는 병사들에게서 연대의식을 기대하면서, 넉넉한 수당과 경비를 제공하고 그래서 상황을 개선하고 타개하려는 시도를 한다.

이 단계에서 왕조의 세리들은 많은 재산을 소유하게 되는데, 이는 엄청난 조세 수입이 그들의 수중에 있고 그래서 그들의 지위가 더욱 중요해지기 때문이다. 따라서 세금을 착복했을 것이라는 혐의가 그들을 따라서 다닌다. 세리들은 서로를 비방하는 경우가 흔한데, 이는 그들이 서로를 시기하고 질투하기 때문이다. 그 결과 그들은 하나씩 재산을 몰수당하고 고문을 받게 되며, 마침내 재산을 탕진하고 파탄에 이른다. 그리고 왕조는 세리들을 통해서 얻을 수 있었던 위세와 장엄함을 상실하게 된다.

세리들의 영화가 사라진 뒤에 왕조는 그밖의 다른 부유한 백성들에게로 눈길을 돌린다. 이 단계에서 왕조는 취약성으로 말미암아 과거와 같은 군사력을 이미 상실하고 권력과 강제적 지배력을 유지하기에는 너무 취약한 상태가 된다. 이 시기에 군주가 쓸 수 있는 정책은 돈을 주어서 문제를 외교적으로 해결하는 것이다. 그는 그렇게 하는 쪽이 이제는 별 쓸모가 없어진 칼보다 더 낫다고 생각한다. 그래서 그는 지출과 병사들의 급료에 들어가는 것보다 훨씬 더 많은 돈이 필요하게 되지만, 그의 수요는 결코 충족되지 못한다. 노쇠는 점점 더 왕조에 영향을 미치게 되고, 다른 지방의 사람들은 더욱 대담해지게 되는 것이다.

46) 왕조의 강역은 처음에 한계까지 팽창하지만, 그뒤 차츰 줄어들다가 마침내 왕조는 해체, 소멸된다

각 왕조는 각각 일정한 규모의 강역을 차지할 뿐 그 이상은 지배하지 못한다. 그 판도는 왕조를 건설한 집단이 자기들의 강역과 지방을 지키기 위해서 어떻게 분포되는가에 따라서 결정된다. 원정의 횟수가 얼마가 될지 모르지만, 결국 원정은 '변경'이라는 한계에서 중지할 수밖에 없고, 변경은 왕조를 사방으로 둘러싸

게 된다. 최대의 판도는 선행 왕조가 지배했던 '경계선'과 일치할 수도 있으나, 만약 새로운 집단이 수적으로 선행 왕조보다 더 많다면 그보다 더 먼 곳까지 확대될 수도 있다. 이 모든 것은 왕조가 황야의 생활과 거친 용기를 지니고 있을 때에 일어난다.

 그뒤 권력과 우위가 확고하게 자리잡고, 조세수입이 많아진 결과 은사품과 급료도 풍부해진다. 사치와 도회문화가 넘쳐나고 새로운 세대들은 이러한 상황에 익숙해지며 자라난다. 수비대의 기풍도 연약해져 강인함을 상실하여 겁 많고 게으른 오합지졸이 되어버리고, 용기와 남자다움의 특징을 잃어버린다. 그들은 황야적이고 거친 태도를 포기한 채 치열한 경쟁을 벌이며 권력을 추구할 따름이다. 그 결과 지도권을 차지하기 위해서 서로가 서로를 살해하는 결과가 나타나고, 군주는 이를 막으려고 휘하의 주요한 명사와 지도자들을 죽인다. 이렇게 해서 아미르와 주요 인사들은 더 이상 존재하지 않게 되고 군주의 추종자와 속료들만 증가한다. 이것은 왕조가 지닌 예리한 날을 무디게 만들고 그 힘을 위축시키는 결과를 가져온다.

 이와 병행하여 극도로 과도한 지출이 나타난다. 왕조 관계자들은 누가 더 좋은 음식, 의복, 저택, 무기, 말을 소유하느냐를 둘러싸고 서로 경쟁하면서 자신의 권력을 과시하고 끝없는 허식을 부린다. 이때가 되면 왕조의 수입은 그와 같은 경비를 감당하기에는 너무 적고, 그래서 붕괴의 두번째 요소인 금전과 세금이 왕조에 영향을 미치기 시작한다. 왕조의 약화와 파멸은 이 두 가지 붕괴 요인의 필연적인 결과이다.

 왕조의 지도자들은 종종 자기들끼리의 경쟁에 휩싸이는데, 내분으로 다른 경쟁자나 이웃들에 대항하여 스스로를 방어하기에는 너무 약해진다. 변경이나 먼 지방 사람들은 배후에 있는 왕조의 취약성을 눈치채고 자신들의 힘을 과시한다. 그들은 마침내 관할하에 있는 지역에 대한 독립적인 통제권을 장악하지만, 군주는 그들을 물리치고 원래의 위치로 돌려놓기에는 너무나 힘이 약하다. 이렇게 해서 왕조의 판도는 초창기에 비해서 더 축소되고, 행정력은 좁은 지역에 국한된다. 마침내 왕조의 연대의식의 힘에 영향을 주었던 취약성과 나태함 그리고 처음에 광대한 지역에서 재정과 세수의 부족 현상이 이제 축소된 지역에서도 동일하게 나타나게 된다.

왕조, 왕권, 칼리프위(位), 정부 관직 및 이와 관련된 모든 사항들…… 309

왕조를 통치하는 사람은 병사, 금전, 행정기능 등에 관해서 그동안 왕조가 채택했던 기준들을 변화시키려고 시도한다. 그 목적은 예산의 균형을 꾀하고 수비대를 만족시키며, 관할지역을 안전하게 보호하고 조세수입을 적절한 방식에 의해서 급료로 지급하며, 왕조 초기에 존재했던 제도들을 새로운 상황에 맞게 재조정하려는 것이다. 그러나 도처에서 나쁜 사건들이 계속 발생할 가능성은 여전히 존재한다.

후기에 들어서면 전에 발생했던 일들이 다시 일어난다. 군주는 과거의 군주들이 고안했던 것과 동일한 조치를 생각하고, 왕조가 처한 새로운 조건에 옛날 방식을 그대로 적용한다. 그는 나라 안 모든 곳에서 또 모든 단계에서 재현되는 해체의 나쁜 영향을 제거하려고 시도하지만, 왕조의 영역은 과거보다 더 협소해지고 과거에 일어났던 일들은 반복해서 다시 일어난다.

왕조가 이전에 취했던 방식들을 변화시키려고 하는 사람은 어떤 면에서는 새로운 왕조의 건국자요 새로운 왕국의 설립자라고 할 수 있다. 그러나 왕조는 궁극적으로 파괴된다. 그 주변의 민족들은 우위를 장악하기 위해서 계속해서 압박을 가하고, 결국은 자기들의 독자적인 새 왕조를 세운다.

이것은 무슬림 왕조들의 예에서 확인된다. 정복과 승리를 통해서 그 강역은 확대되었다. 그뒤 수비대는 증가하고, 병사들에게 주어지는 은사품과 급료 때문에 수적으로 팽창하기 시작했다. 후일 우마이야 왕조가 무너지고 압바스 왕조가 득세했는데, 사치가 다시 팽배하면서 도회문화가 고개를 들었고 해체의 조짐이 나타났다. 스페인의 우마이야 왕조의 마르완 가문과 시아파 이드리스 왕조는 스페인과 마그리브 지방에서 압바스 왕조의 권위를 꺾어버렸고, 이 두 변경지역은 압바스 왕조의 영토에서 잘려져나갔다.

그뒤 칼리프 알 라시드의 자식들 사이에서 내분이 벌어졌다. 시아파 선동가들이 각지에서 출현했고 그들의 왕조가 건설되었다. 칼리프 알 무타와킬이 사망한 뒤 아미르들은 칼리프들을 농단하고 유폐시키기 시작했다. 멀리 떨어진 지방의 총독들은 독립했고 그곳에서 거두어지는 조세는 더 이상 중앙정부로 들어오지 않았다. 그러나 사치는 계속해서 기승을 더 부렸다. 칼리프 알 무타디드가 등장하여 왕조의 기준을 변화시키고 새로운 정책을 도입했다. 그는 총독들이 장악하고 있는 먼 변경 지방을 그들에게 봉읍으로 주었다. 그뒤 아랍인들의 세력은 파괴되었고, 비아랍인들이 우위를 장악했다. 이어서 셀주크 투르크인들의 왕조가 흥기하여 무슬림 제국에 대한 지배권을 확보했다. 그들은 자신들의 왕조가 멸망할 때까지 줄곧 칼리프를 격리시켰다. 칼리프 안 나시르의 시대 이후 칼리프들은 달무리보다 더 작은 지역을 통치했다. 왕조는 칼리프의 권력이 타타르와 몽골의 군주 훌레구의 손에 파괴될 때까지 그런 식으로 계속되었고, 몽골인들은 셀주크를 패배시킨 뒤 무슬림 제국의 영토 가운데 셀주크가 지배하던 부분을 모두 점유했다.

이처럼 왕조의 강역은 처음 건국될 때에 비해 계속해서 줄어들며, 이러한 과정은 왕조가 붕괴될 때까지 단계적으로 진행된다.

47) 신왕조는 어떻게 일어나는가

왕조가 노쇠와 파멸의 길로 접어들기 시작할 때 신왕조의 흥기는 다음과 같은 두 가지 방식으로 이루어진다.

첫번째는 왕조가 멀리 떨어진 지방에 대한 통제력을 상실했을 때 총독들이 지배권을 장악하는 것이다. 그들은 각자 자기 일족을 위해서 새로운 왕조를 건설하고 또 그들에 의해서 지배되는 강역을 만든다. 그의 자식과 추종자들은 그것을 물려받고 번창하는 왕국을 소유하게 된다. 그들은 종종 서로 치열하게 경쟁하면서 독점적인 소유권을 장악하려고 하는데, 결국 경쟁자들보다 더 강한 힘을 가진 사람이 우위를 장악하고 다른 사람들이 가진 것을 탈취하게 된다.

이것은 압바스 왕조가 노쇠하기 시작하여 그 영향력이 먼 지방에서 약화될 무렵에 일어났던 현상이며, 동일한 현상이 스페인의 우마이야 왕조에서도 발생하여 지방 총독들이었던 '제후들'이 그 영토를 분할해버렸다. 즉 몇 명의 군주들이 각자 왕조를 건설했고 그들이 사망한 뒤 그 영토는 일족이나 신하들에게 넘겨졌다. 신왕조가 이런 식으로 건설될 경우, 기존 통치 왕조와의 전쟁 가능성은 회피될 수 있다. 새로운 군주는 이미 확고한 지도력을 소유하고 기존의 왕조를 장악하려고 하지 않고, 기존의 왕조는 노쇠의 영향을 받아 먼 지역에 대한 지배력을 상실했기 때문에 더 이상 그곳에 도달할 힘이 없다.

새로운 왕조가 일어나는 또 다른 방식은 이웃 민족이나 부족들 가운데 일부 반란 지도자가 왕조에 대해서 반기를 들고 일어나는 것이다. 그는 사람들의 마음을 사로잡으려고 특정한 목표를 내세우며 선전하는 사람일 수도 있고, 혹은 동족들 사이에서 강력한 연대의식과 막강한 힘을 소유한 사람일 수도 있다. 그의 세력은 이미 그들 사이에 굳게 자리잡고 그들의 도움으로 왕권을 장악하려고 시도한다. 그는 현 왕조보다 우위에 서 있다고 느끼기 때문에 왕권을 얻을 수 있으리라고 확신한다. 이처럼 반란 지도자와 그를 따르는 무리는 왕권 장악을 불문가지의 사실로 확신하기 때문에, 그들은 왕조를 끊임없이 공격하고 패배시킨 뒤 권력을 물려받게 된다.

48) 신왕조는 돌발적인 행동이 아니라 인내를 통해서 현왕조에 대한 지배권을 장악한다

앞에서 신왕조가 흥기하는 두 가지 방식에 대해서 설명했다. 첫번째는 현왕조의 영향력이 먼 지방에서 쇠퇴할 때 그곳의 총독들이 권력을 장악하는 경우인데, 일반적으로 그들은 이미 소유하고 있는 것에 만족하기 때문에 현왕조를 공격하지 않는다. 두번째는 특정한 목표를 가지고 선전을 하거나 왕조에 대해서 반란을 일으키는 사람들의 경우인데, 그들의 세력이 충분하기 때문에 현왕조에 대한 공격이 불가피하다. 그들은 성공을 기약할 만큼 충분한 연대의식과 힘을 갖춘 일족이 있는 경우에만 반란을 일으킨다. 그들과 현왕조 사이에서 승패가 불분명한 전투가 벌어지고 그러한 전투는 거듭해서 계속되는데, 결국 인내를 통해서 지배권과 승리를 성취한다. 일반적으로 그들의 승리는 돌발적인 행동을 통해서 성취되지 않는다.

전쟁에서의 승리는 보통 가상의 심리적 요인에 의한 결과인 경우가 많다. 물론 병력의 수, 무기, 적절한 전술 등이 승리를 보장하지만, 앞에서도 언급했듯이 이러한 것들은 심리적 요인에 비해 덜 효과적이다. 계략은 전투에서 활용되는 가장 유용한 수단이고, 승리를 가져오는 가장 결정적인 요소이다.

널리 받아들여진 관습으로 인해서 현왕조에 대한 복종은 불가피하며 의무이기도 하다. 이것은 신왕조의 창건자를 여러 가지로 방해하며, 그의 추종자와 지원자들의 용기를 꺾는다. 그와 가장 가까운 측근들은 혼신을 다해 그를 따르며 도우려고 하지만, 그보다 더 많은 사람들이 현왕조에 당연히 복종해야 한다는 생각에 영향을 받아 약해지고 임무를 소홀히 하며 의욕은 감소된다. 따라서 신왕조의 창건자가 현왕조에 정면으로 맞선다는 것은 대단히 어렵기 때문에, 현왕조의 노쇠가 분명해질 때까지 인내할 수밖에 없다. 그때가 되면 그를 추종하는 사람들 사이에서도 현왕조에 복종할 의무가 있다는 믿음이 사라진다. 그들은 서로 힘을 합해서 정면공격을 할 정도로 의욕에 넘치게 되고, 그 결과는 승리와 지배권의 획득이다.

나아가서 현왕조는 다양한 사치를 즐긴다. 왕조 관계자들의 권위는 일찍이 확고하게 자리잡혀, 다른 사람들을 배제한 상태에서 조세수입의 상당 부분을 차지했다. 마구간에는 수많은 말들이 준비되고 훌륭한 무기들을 소유하고 있다. 왕권의 장엄함도 괄목할 만하며, 군주는 자발적이건 혹은 강압적인 것이건 그들에게 많은 선물을 하사한다. 그들은 이런 것들로 적을 주눅들게 한다.

신왕조의 구성원들은 이런 것을 소유하지 못하고 있다. 그들은 전야적, 유목적이며 빈곤하고 궁핍하기 때문에, 그런 것들에 대해서는 아무런 준비도 되어 있지 않다. 현왕조의 상황이나 탁월한 준비상태를 듣게 된 그들은 겁을 먹는다. 따라서 그 지도자들은 현왕조가 노쇠라는 질병에 걸리고 그 연대의식과 재정적 구조가 해체될 때까지 기다릴 수밖에 없다. 그뒤 신왕조의 창건자는 현왕조에 대한 공격을 시작하고, 얼마가 지난 후 우위를 점할 수 있는 기회를 포착한다.

신왕조의 사람들은 현왕조에 비해 혈통과 관습 등 모든 면에서 상이하다. 계속적인 공격과 우위를 점하려는 욕망은 그들을 현왕조의 사람들로부터 점점 더 멀어지게 만든다. 이렇게 해서 두 왕조의 사람들은 내적으로나 외적으로나 서로 철저하게 이질화되는데, 현왕조에 관한 정보는 공개적이건 은밀하게건 신왕조측에 도달하지 않으며, 그들의 미비함을 드러내는 소식도 차단된다. 이것은 두 왕조 사이의 모든 연락과 교류가 끊어졌기 때문이다. 그들은 끊임없이 압박하지만, 두려움을 느끼고 있기 때문에 돌발적인 행동을 피하려고 한다.

결국 신의 허락으로 현왕조는 종지부를 찍고 그 생명은 중단되며 모든 방면에서 붕괴의 질환이 드러나기 시작한다. 그동안 은폐되어왔던 현왕조의 노쇠와 부패가 이제는 신왕조의 사람들에게 명백해진다. 반면에 먼 지방을 지배해왔던 신왕조의 힘은 더욱 커지고, 마침내 돌발적인 행동을 취해도 좋을 정도로 충분한 사기를 얻는다. 그것이 최종적으로 지배권을 가져다준다.

이와 같은 사실은 압바스 왕조의 등장에서도 확인된다. 압바스 가문이 정치적 선전을 강화하고 공격에 필요한 힘을 갖춘 뒤에도 10년 혹은 그 이상의 기간 동안 압바스 가문의 시아파는 후라산 지방에 머물러 있었다. 그뒤에 비로소 그들의 승리가 현실로 나타났고 우마이야 왕조에 대한 우위를 확보하게 되었다.……

오랜 공격과 인내로 특징되는 끊임없는 투쟁은 신왕조와 현왕조 사이의 관계에 나타나는 특징이다. 이것이야말로 신께서 자기의 종들을 다루시는 방법이다.

무슬림의 정복전은 이상의 주장에 대한 반대 논거가 될 수 없다. 무슬림들은 예언자가 사망한 뒤 3-4년 만에 페르시아와 비잔틴에 대해서 우위를 점했고, 거기에는 기다리는 시간이 없었다. 그러나 이는 우리 예언자가 행한 기적 가운데 하나라는 사실을 깨달아야 할 것이다. 그 비밀은 올바른 종교적 통찰력이 있다고 믿음으로써 적과의 성전에서 기꺼이 목숨을 던지려고 했던 무슬림들의 열정에 있고, 또 신께서 적들의 마음 속에 불어넣어주신 공포와 패배주의에 있다. 이 모든 기적 같은 일은 우리가 알고 있듯이 신왕조와 현왕조 사이에 벌어지는 길고 긴 기다림의 대결과 상치된다. 이슬람에서 이와 같은 기적은 일반적으로 인정되고 있다. 기적들은 통상적인 사건에 대한 유추로 사용되어서는 안 되며, 그것을 반대하는 논거가 될 수 없다.

49) 왕조 말기에는 인구과다 현상, 역병, 기아 등이 자주 나타난다

왕조들이 초기에 필연적으로 너그러운 권력행사와 공정한 행정을 한다는 사실은 이미 앞에서 입증된 바이다. 그 이유는 종교적 선전에 근거한 경우에는 그들이 종교 때문에, 아니면 왕조 초기에 당연히 나타나는 황야적 태도에서 비롯된 다른 사람들에 대한 점잖고 관대한 태도 때문이다.

친절하고 관대한 통치는 백성들에게 의욕을 불러일으키고 경작활동을 하려는 힘을 준다. 이 모든 것은 점진적으로 이루어지며, 그 효과는 빨라야 한두 세대가 지나간 뒤에야 나타난다. 두 세대가 지난 뒤 왕조는 그 자연생명의 정점에 근접하며, 그때가 되면 문명은 풍요와 성장의 정점에 도달한다.

혹자는 왕조 말에 백성들에 대한 강압과 그릇된 통치가 나타난다는 앞에서의 진술을 들어 반론을 제기할지도 모르겠다. 그 진술은 타당하다. 그러나 그것은 우리가 방금 말한 내용과 상반되지 않는다. 비록 그때가 되면 강압이 모습을 드러내고 조세수입이 감소하지만, 그와 같은 상황이 초래하는 파괴적 영향은 얼마간 시간이 지난 뒤에야 드러난다. 자연의 사물들은 모두 점진적으로 변화해간다.

왕조 후반기에 들어가면 기아와 역병이 많아진다. 기아라는 현상은 그때 대부분의 사람들이 토지를 경작하지 않기 때문에 생긴다. 왜냐하면 후반기가 되면 재산과 조세에 대한 침해 그리고 상세를 매개로 한 교역에 대한 침해가 생기기 때문이다. 혼란은 백성들의 동요에 의해서, 또 왕조의 노쇠에 자극받은 수많은 사람들의 반란 등에 의해서 초래된다. 따라서 일반적으로 비축된 곡식은 바닥이 나고, 작황과 추수는 해가 갈수록 안정성을 잃고 나빠진다. 지상에서는 자연조건에 따라서 강우량이 각기 달라 많은 수도 적을 수도 있으며, 곡물, 과일, 동물에서 짜는 젖의 양도 강우량에 따라서 달라진다. 그래서 사람들은 필요한 식량을 확보하기 위해서 곡식을 비축하려고 노력한다. 만약 아무런 비축도 없다면 사람들이 기대할 것은 기아밖에 없다. 곡가는 치솟고, 가난한 백성들은 아무 것도 구입할 수 없어 죽어간다. 수년 동안 아무런 비축도 하지 못한다면, 기아는 만연하게 될 것이다.

역병의 빈발은 지금 말한 기아로 촉발되며, 혹은 왕조의 해체로 생기는 여러 가지 혼란에 의해서 발생하기도 한다. 수많은 소요와 유혈사태와 역병이 일어난다. 역병의 가장 큰 원인은 인구 과다로 초래되는 공기의 오염이고, 인구가 과다한 곳에서는 공기가 접촉하는 부패와 나쁜 습기 등으로 그런 오염이 생긴다. 그런데 공기는 동물에게 생기를 주고 항상 그것과 함께 하는 것이다. 그 공기가 오염되면 생기의 성질에까지 영향을 주며, 이는 특히 폐에 영향을 미치는 전염병을 일으킨다. 설령 오염이 심각하지 않다고 하더라도 부패는 심해지며, 그것은 기질에 영향을 미치는 여러 가지 열병을 초래하고 인체는 병에 걸려 사망하게 된다. 부패와 나쁜 습기가 늘어나는 원인은 과밀한 인구의 풍요로운 문명이며, 이는 왕조 말기에 나타나는 현상이다. 그와 같은 문명은 왕조 초기에 존재했던 선정, 관용, 안전, 가벼운 세금의 결과로 생긴 것이며, 이는 명백한 사실이다. 따라서 도시와 도시 사이에 공터나 황무지를 둘 필요가 있다는 점은 학문적 연구에 의해서 분명해졌다. 그렇게 되면 공기의 소통이 가능해지고, 생물 접촉 뒤 공기에 영향을 미치는 오염과 부패를 제거하여 건강한 공기를 가져다줄 수 있게 되기 때문이다. 역병이 다른 곳이 아니라 하필이면 동방의 카이로나 서방의 페즈와 같이 인구가 밀집된 지역에서 자주 발생하는 까닭도 바로 여기에 있다.

50) 인류문명은 질서 유지를 위해서 정치적 지도력이 필요하다

이미 앞에서 사회조직은 인간에게 필수불가결한 것이라는 점을 여러 차례 지적했다. 우리가 말하는 '문명'이 의미하는 것도 바로 그것이다. 사람들은 어떤 사회조직에서도 억제력을 발휘하고 자신들을 지배하며 의존할 수 있는 누군가를 필요로 한다. 그런 인물에 의한 지배는 때로 신에 의해서 계시된 종교법에 바탕을 둔 것일 수도 있는데, 이 경우 사람들은 내세에서의 보상과 형벌을 믿기 때문에 그런 지배에 순종한다. 때로는 그런 인물의 지배가 현실정치에 바탕을 둔 것일 수 있는데, 사람들이 군주가 그들의 이익을 위해서 지시하는 행동을 순순히 따르는 것은 군주로부터 받으리라고 예상하는 보상 때문이다.

첫번째 유형의 지배는 현세와 내세에 모두 유용한 것이다. 왜냐하면 입법자는 사람들의 궁극적 이익이 무엇인지 알 뿐 아니라 내세에서의 구원까지 배려하기 때문이다. 두번째 유형의 지배는 오직 현세에서만 유용한 것이다.

우리가 여기서 말하는 것은 소위 '정치적 이상향'을 의미하는 것이 아니다. 철학자들에 의하면 이 말은 사람들이 궁극적으로 군주가 없이 지내기 위해서 사회조직의 각 성원들이 가져야 할 영혼과 자질의 상태를 의미한다. 그들은 이와 같은 요구조건을 충족시키는 사회조직을 '이상적 도시'라고 부르며, 거기서 나타나는 규범을 '정치적 이상향'이라고 부른다. 그들의 주장에 따르면, 이것은 사회조직의 구성원들이 공통의 이익을 실현하기 위해서 법률을 통해서 구현되는 그런 종류의 정치를 의미하지 않는다. 그것과는 달리, 철학자들이 말하는 '이상적 도시'는 희귀하고 요원한 것이며, 그들은 하나의 가설로 그것을 논의할 뿐이다.

그런데 앞에서 언급한 현실정치에는 두 가지 유형이 있을 수 있다. 현실정치의 첫번째 유형은 백성 전체의 이해에 관심을 둘 뿐 아니라, 왕국의 경영과 관련한 군주의 이해에도 관심을 두는 것이다. 이것은 페르시아인들의 정치이며, 철학에서도 논의되는 주제이다. 신께서는 칼리프 지배의 시대에 이슬람권에서는 이러한 유형의 정치를 불필요한 것으로 만드시었다. 왜냐하면 종교법의 규정이 전체의 이해와 특수한 이해를 대체하고, 그 안에 철학자의 주장들과 왕권의 규범들까지 포괄했기 때문이다.

현실정치의 두번째 유형은 군주의 이해, 즉 그가 권력의 강제적 사용을 통해서 어떻게 그의 지배권을 유지할 수 있는가에 관심을 두는 것이다. 따라서 전체의 이해는 부차적인 것에 불과하다. 이것은 무슬림이건 이교도건 모든 군주들에 의해서 실천되는 정치의 유형이다. 그러나 무슬림 군주들은 가능한 한 이슬람의 종교법이 요구하는 바에 준해서 이러한 유형의 정치를 실현하려고 한다. 그러므로 이 경우 정치적 규범은 종교법과 도덕률의 혼합이고, 이는 무력과 연대의식에 대한 어느 정도의 배려가 불가피한 사회조직에서는 통상적으로 나타나는 현상이다.……

51) 마흐디에 대한 사람들의 의견과 사태의 진상

어느 시대의 무슬림이건 그들 모두는 말세가 다가오면 반드시 예언자 가문에서 한 사람이 출현하여 이슬람을 강화하고 정의의 승리를 이룩하리라는 사실을 인정한다. 무슬림들은 그를 따르고 그는 무슬림 지역을 모두 지배하게 될 것이다. 그는 '마흐디'(Mahdî : 구세주)라고 불릴 것이다. 그의 뒤를 이어 적(敵) 그리스도가 출현하고 최후 심판의 날의 모든 징조들이 뒤이어 나타날 것이다. 혹은 예수가 마흐디와 함께 세상에 내려와서 그를 도와 적 그리스도를 죽일 것이다.

이러한 내용들은 종교 지도자들이 저술한 전승들 속에 보인다. 그것들은 이에 동의하지 않는 사람들에 의해서 비판되어왔고 또 일부 전승들에 근거해서 반박을 받기도 했다.……

최근에는 수피들이 마흐디에 관해서 또 다른 이론을 내놓으면서, 마흐디가 출현할 시점, 인물, 장소를 구체적으로 적시했다. 그러나 예견된 시간이 지나가지만, 그런 징후는 조금도 보이지 않는다. 그뒤에도 언어의 장난, 허구적 관념, 점성술적 판단 등에 기초한 새로운 제안들이 나왔는데, 그런 사람들은 인생을 그런 추측으로 허비해버렸다.

우리와 동시대의 대부분의 수피들은 이슬람의 법규와 진리의 규범을 새롭게 해줄 어떤 사람이 출현할 것이라고 말한다. 그리고 그의 출현이 우리 시대에 매우 근접한 시기에 일어날 것이라고 가정한다. 그는 파티마[78]의 후손일 것이라고

---

[78] 무함마드의 딸이며 알리와 혼인하여, 후세인을 비롯한 시아파 이맘들의 조상이 되었다.

말하는 사람들이 있는가 하면 보다 일반적인 의미로 이야기하는 사람들도 있다.

우리가 알아두어야 할 진실은 어떠한 종교적, 정치적 선전도 그와 같은 종교적, 정치적 목표를 지지하거나 아니면 그것을 거부하는 사람들로부터 보호해줄 만한 무력과 연대의식을 가지지 못한다면 성공할 수 없다는 점이다.

파티마 가문과 탈리브 가문의 연대의식, 사실 모든 쿠라이시 부족의 연대의식은 어디에서도 찾아볼 수 없다. 쿠라이시 부족보다 더 강력한 연대의식을 획득한 다른 민족들이 존재하는 것이다. 단 하나의 예외가 있다면, 히자즈, 메카, 알 얀부(al-Yanbu‘),79) 메디나 등지에 있는 탈리브 가문의 잔존 인물들인데, 그들은 이들 지역에 흩어져 살면서 그곳을 지배하고 있다. 그들은 유목민 집단이고 서로 다른 곳에 정착하고 지배하며 다른 의견들을 가지고 있다. 그 수는 수천 명을 헤아린다. 마흐디의 출현이 사실이라면, 그의 출현을 선전하는 길은 단 한 가지뿐이다. 즉 그는 그들 가운데 한 사람이지 않으면 안 되고, 신께서 그들을 통합시켜 그를 추종케 하시는 것이다. 그래서 그가 자신의 목표를 성취하고 사람들의 지지를 얻을 수 있을 정도로 충분한 무력과 연대의식을 소유하는 것이다. 그밖의 다른 어떤 방법 —— 예를 들면 파티마 가문에 속하는 어떤 사람이 연대의식이나 무력의 도움을 받지 못한 채, 단지 자신이 무함마드의 가문과의 관계에만 의존하면서 스스로 마흐디를 자처하고 나서는 것 —— 도 우리가 이미 앞에서 지적한 정당한 이유 때문에 성공을 거둘 수 없을 것이다.

마흐디의 출현과 관련하여 어떤 지식과 지성에 의해서도 인도되지 못하고 이런 저런 주장들을 하는 어리석은 일반 대중들은 마흐디가 출현할 상황과 지점들에 대해서 운운하지만, 그들은 문제의 진정한 의미를 이해하지 못하고 있다. 그들 대부분은 마흐디가 현왕조의 권한이 미치지 않는 어느 먼 지방에서 출현할 것이라고 막연하게 상상할 뿐이다. 따라서 그들은 그런 지방이 왕조의 지배하에 있지 않고 법과 무력의 범위 밖에 있기 때문에, 마흐디는 바로 그런 곳에서 나타날 것이라고 굳게 믿는다. 사려가 깊지 못한 많은 사람들은 그런 곳으로 가서 기만적인 선전을 추종하게 되는데, 망상과 우매에 빠진 인간의 영혼은 그런 선전이 성공을 거둘 수 있으리라고 믿지만, 그들 가운데 많은 사람들은 살해되고 만다.……

---

79) 아라비아 반도 서부, 즉 제다 북방의 홍해 연안에 위치한 도시.

52) 예언과 '점'에 관한 논의를 포함해서, 왕조와 민족의 미래를 예견하는 것

인간의 영적인 본능 가운데 하나는 생사의 문제건 선악의 문제건 자신과 관계된 일의 결과나 앞으로 어떤 일이 벌어질지를 알고자 하는 욕구이다. 이러한 욕구는 매우 중요한 사건일수록 더 크다. 예를 들면 사람들은 얼마나 이 세상이 혹은 어떤 왕조들이 지속될지에 대해서 궁금해 한다. 이렇게 볼 때 호기심은 인간의 본성이며 내재적인 것이다. 때문에 많은 사람들은 꿈을 통해서 이러한 것들을 알고자 희망하기도 한다. 지배자건 평민이건 예언을 해달라고 하면서 점쟁이를 찾아가는 이야기는 널리 알려져 있다.

도시에는 점치는 것으로 생계를 유지하려는 사람들이 있는데, 그것은 미래를 알고자 하는 사람들의 욕구가 대단히 크기 때문이다. 그들은 길거리에 혹은 가게 안에 앉아서 문의하러 오는 사람들을 상대한다. 도시의 부녀자들이나 사려 깊지 못한 사람들은 하루 종일 그를 찾아와서 미래를 알아봐달라고 부탁한다. 예를 들면 사업, 지위, 우정, 분쟁 등에 관한 것들이다. 모래점을 치는 사람도 있고, 조약돌이나 밀알을 던지는 사람도 있으며, 거울이나 수면을 들여다보는 사람도 있다. 이런 것들은 도시에서는 매우 흔하며, 종교법은 그것이 지닌 나쁜 점들을 분명히 지적했다.

왕조의 수명에 대해서 알고자 하는 군주나 아미르들은 이런 것들에 대단한 관심이 있다. 그렇기 때문에 학자들도 왕조의 수명을 예견하는 데에 관심을 집중해 왔다. 어느 왕조에서나 이런 것들에 관해서 말했던 점쟁이, 점성술사, 성자들을 찾아볼 수 있다. 그들은 장차 치르려고 하는 전쟁의 결과, 현왕조의 수명, 옥좌를 계승할 군주들의 숫자와 이름 등을 맞히려고 했다. 아랍 사회에도 이런 문제에 의존해서 존재를 인정받는 점쟁이들이 있었다. 그들은 아랍인들이 장차 가지게 될 왕권과 왕조에 대해서 예언했다.……

무슬림 왕조의 시대에도 그런 예언들은 자주 행해졌다. 어떤 예언은 세상이 얼마나 오래 존속할까에 대한 것이고, 또 어떤 예언은 특정한 왕조의 수명에 관한 것이었다.

이슬람 초기에 예언은 무함마드 주위에 있던 사람들, 특히 이슬람으로 개종한

왕조, 왕권, 칼리프위(位), 정부 관직 및 이와 관련된 모든 사항들……

유태인들의 발언에 근거한 것들이었다. 그 초기 시대가 지나간 뒤 사람들은 학술적, 전문적 용어들을 사용하기 시작했다. 그리스 철학자들의 저작이 아랍어로 번역되면서 점성학적 논의가 예언의 주된 근거를 이루게 되었다. 왕권과 왕조 등 일반적인 문제들은 별들의 합(合)에 달려 있는 것으로 여겨졌고, 출생과 심문 등 개인적인 문제들은 그 사람의 '운세', 즉 그 문제가 생겼을 때 천체의 성좌에 달려 있다고 생각했다.

이슬람과 세상이 얼마나 오래 존속할 것인가 하는 문제에 대해서 전승가들은 이슬람이 출현하고 나서 500년 동안 세상이 존속할 것이라고 예견했다. 이것이 허위임은 이미 명백해졌기 때문에 그러한 이론은 무너지고 말았다.……

왕조에 관한 특수한 예언의 근거로는 『점서』(Kitâb al-Jafr)가 사용된다. 사람들은 이 책이 전승이나 점성술적 예언의 형태를 지닌 정보들을 담고 있다고 생각한다. 그들은 그 이상 생각하지 못하며 그 책의 기원이나 근거에 대해서도 알지 못한다. 이 책은 『코란』구절들에 대한 해석과 자파르 앗 사딕[80]의 해석을 통해서 전승된 내밀한 의미 등에 관한 주목할 만한 내용을 포함하고 있다. 이 책은 연속적인 전승에 의해서 전해진 것도 아니며 또 그런 책이라고 알려지지도 않았다.……

점성사들은 왕조에 관해서 예언할 때 점성술적인 판단에 기초한다. 왕권이나 왕조와 같이 일반적인 문제에 관해서는 별들의 합, 특히 토성과 목성이라는 두 중요한 혹성의 합을 기준으로 한다.

이 두 중요한 혹성들의 합은 대, 중, 소의 세 종류로 나뉘어진다. 두 별이 천구의 동일한 위도에서 합하는 것을 '대합'(大合)이라고 부르는데, 이것은 960년에 한 번씩 일어난다. '중합'(中合)은 12회 반복되는 삼궁(三宮)에서 합하는 것을 말하며 240년 뒤에 또 다른 삼궁으로 이행한다. '소합'(小合)은 두 별이 동일한 궁에서 만나는 것을 말하며 20년 뒤에 우측 120도에 위치한 또 다른 궁 안에서 동일한 도(度)와 분(分)의 지점에서 다시 만난다.

대합치는 왕권과 왕조의 교체, 혹은 한 민족에서 다른 민족으로 왕권이 넘어가는 것과 같은 대사건을 가리킨다. 중합은 지배권과 왕권을 추구하는 인물의 출현

---

80) 765년경 사망. 알리의 후손이며 시아파 이맘들 가운데 한 사람. 시아파 교리의 해석에서 권위로 인정받는 인물.

을, 소합은 반도나 선동가의 출현 혹은 도시와 문명의 파괴 등을 암시한다.

이러한 합들이 일어나는 중간에, 두 개의 불운의 별인 토성과 화성이 게자리에서 30년에 한번씩 만난다. 이 합은 혼란, 전쟁, 유혈사태, 반군의 출현, 군대의 이동, 군인들의 불복종, 역병, 한발 등의 출현을 강하게 암시한다. 이러한 일들은 별들이 합할 때의 행운 혹은 불운에 따라서 계속되기도 하고 종식되기도 한다.……

칼리프 알 라시드와 알 마문을 위해서 봉사한 점성가 야쿱 이븐 이스학 알 킨디는 이슬람에 영향을 미치는 별들의 합에 관한 책을 저술했다. 거기에서 그는 압바스 왕조와 관련된 모든 예언들을 해놓았다고 한다. 그는 7/13세기 중반에 왕조의 붕괴와 바그다드의 함락이라는 사건이 일어날 것이라고 했다.

그러나 우리는 알 킨디의 책에 관해서 아무런 정보도 없으며, 그것을 보았다는 사람을 만난 적도 없다. 아마 그 책은 타타르의 군주 훌레구가 바그다드를 점령하고 마지막 칼리프 알 무스타심[81]을 살해했을 때, 티그리스 강에 던져진 많은 책들과 함께 사라졌을지도 모른다.……

---

81) 1258년 사망. 압바스 왕조 최후의 칼리프

제4장 지방과 도시, 기타 모든 형태의 도회문명. 그곳에서 생기는 조건들. 이에 관한 일차적 및 이차적 고려

1) 왕조는 도시에 선행하며, 도시는 왕권의 부산물이다

그것은 우리가 앞에서도 설명했듯이 건축물과 도시계획이 사치와 안정을 통해서 발생하는 도회문화의 특징이기 때문이다. 이런 것들은 유목민적 생활 그리고 그것에 수반되는 특징들이 있는 후에 나타난다.

더구나 도시 그리고 거기에 세워진 기념물과 방대한 축조물과 거대한 건물 등은 소수가 아니라 대중들을 위해서 만들어진 것이다. 그러므로 그것을 만들기 위해서는 단합된 노력과 상당한 협력이 필요하다. 그것은 인간이라면 보편적으로 관심을 가지는 필수불가결한, 즉 모든 사람이 그것을 가지기를 바라고 또 바랄 수밖에 없는 그런 것들 가운데 하나가 아니다. 실제로 도시를 건설하기 위해서는 사람들을 강제로 동원해야만 하며, 왕권이 휘두르는 채찍은 그들을 강제하는 도구이다. 혹은 왕권과 왕조만이 감당할 수 있는 막대한 재화를 상급이나 보상으로 주겠다는 약속을 하면서 그들을 부추기기도 한다. 따라서 도시의 계획과 건설에는 왕조와 왕권이 절대적으로 필요하다.

건설자가 계획한 대로 또 기후와 지리적 요건에 따라서 도시의 건설이 완료된 뒤, 왕조생활은 곧 도시생활을 의미하게 된다. 만약 왕조가 단명에 그칠 경우, 도시생활도 왕조의 종말과 함께 중지되고 말 것이다. 도시의 문명은 퇴조하고 도시 자체는 퇴락해버린다. 반면 왕조가 장수를 누리고 오랫동안 존속한다면, 도시에는 새로운 건축물들이 계속해서 올라갈 것이고, 거대한 저택들의 숫자도 증가하며 도시의 성벽들은 더욱 더 멀리 뻗어가게 될 것이다. 궁극적으로 도시의 구역은 광대한 지역을 점하게 되고 측량하기 힘들 정도로 넓어질 것이다. 바그다드나 그와 유사한 도시들에서 바로 이러한 현상이 나타났다.

하팁[1]은 자신의 저서 『바그다드 역사』(Tā'rīkh Baghdād)에서 칼리프 알 마문의 시대에 바그다드에 있는 공중욕탕의 숫자가 65,000을 헤아렸다고 썼다. 바그다드는 하나의 성벽으로 둘러싸인 단일한 도시가 아니라, 주위에 인접한 40개가 넘는 도시와 읍들을 포함한 것이었다. 한 도시 안에 살기에는 인구가 너무 많았다. 이슬람 시대에 알 카이라완, 코르도바, 알 마흐디야와 같은 도시도 마찬가지였고, 우리가 듣기로는 오늘날 이집트의 카이로도 그러하다고 한다.

어떤 도시를 건설한 왕조가 붕괴된다고 하더라도, 그 도시를 둘러싼 산지와 평지는 끊임없는 인구의 유입을 가능케 하는 전야이다. 이를 통해서 도시는 왕조가 사멸한 뒤에도 계속 존속하고 생명을 유지할 수 있다. 서부에서는 페즈와 부지에, 동부에서는 페르시아에서 이런 상황이 벌어졌는데, 그 도시들은 산지에서 인구를 충원받았다. 전야에 사는 사람들이 극도로 편안해지고 많은 소득을 얻게 되면, 그들은 안정과 평안을 추구하고 그래서 도시에 정착하는 것이다.

반면에 왕조에 의해서 건설된 도시가 주변의 전야로부터 이주민의 유입이 계속해서 이루어지지 않음으로써 인구를 보충받지 못하는 경우도 생긴다. 이 경우 왕조의 붕괴는 도시를 무방비 상태로 방치하는 셈이 된다. 도시는 유지될 수 없고 그 문명도 서서히 쇠퇴하다가 마침내 주민들은 흩어지고 사라져버린다. 바그다드와 알 카이라완 및 다른 도시에서도 이런 현상이 벌어졌다.

어떤 도시가 원래의 건설자들이 멸망한 뒤, 다른 왕국과 왕조가 그 도시를 도읍으로 이용하는 경우도 흔하다. 그렇게 되면 신왕조는 정착하기 위해서 새로운 도시를 건설할 필요가 없다. 신왕조는 그 도시를 보호할 것이며, 그 왕조의 상황이 개선되고 사치가 심해져가는 것에 비례해서 건물과 건설이 증가할 것이다. 신왕조의 생명은 도시에 새로운 생명을 불어넣어준다. 오늘날 페즈와 카이로에 이와 같은 현상이 벌어졌다.

2) 왕권은 도시에의 정착을 촉진한다

어떤 부족이나 집단이 왕권을 획득할 때 그들은 다음과 같은 두 가지 이유에

---

[1] 1002-1071년.

서 도시를 강제로 빼앗지 않으면 안 된다. 하나는 왕권에 의지해서 사람들이 평온과 휴식과 여유를 추구하게 되고, 전야에서는 찾아볼 수 없는 문명의 여러 측면들을 제공받으려고 하기 때문이다. 또 하나는 경쟁자나 적들이 쳐들어올 염려가 있으므로, 그들에 대비하여 스스로를 보호하지 않으면 안 되기 때문이다.

왕조의 경쟁자들이 있는 지역에 위치한 도시는 현재 권력을 장악하고 있는 부족이나 집단에 반기를 들고 공격을 감행하여 왕권을 탈취하려는 열망을 가진 사람의 피난처가 되는 경우가 많다. 그는 그 도시 안에서 자신을 강화하고 상대방과 투쟁한다. 그런데 도시를 점령한다는 것은 힘들고 골치 아픈 일이다. 하나의 도시는 많은 병사들과 맞먹는데, 그것은 성벽이 안전한 보호막이 되고 공격자들에게는 어려움을 주어서, 소수의 병력과 군사력으로도 충분히 방어할 수 있기 때문이다. 그러한 군사력과 집단지원이 필요한 경우는 병사들이 서로에 대한 애정을 통해서 강인함을 확보해야 하는 그런 전투에서이다. 그러나 도시민의 강인함은 성벽을 통해서 확보될 수 있고, 그렇기 때문에 그들은 강력한 집단지원이나 많은 병사들을 필요로 하지 않는다. 도시의 존재 그리고 그 도시 안에서 스스로 무장하고 적에게 대항하는 경쟁자들의 존재는 그 도시를 부수고 장악하려는 사람들의 힘을 소진시킨다. 따라서 왕조가 통제할 수 없는 부족의 영토 안에 도시들이 있을 경우, 왕조는 자신이 안전을 위해서 그것들을 통제하에 두려고 할 것이다. 만약 그러한 도시가 없을 경우, 왕조는 첫째로 자기 영역 안에 문명을 완성하고 과도한 노고를 하지 않기 위해서, 둘째로 왕조 내부에 권력을 추구하고 저항하려는 무리들에 대한 하나의 위협으로 도시를 이용하기 위해서 새로운 도시를 건설하지 않으면 안 된다.

따라서 왕권이 도시에의 정착과 도시에 대한 통제를 촉진한다는 사실은 명백하다.

3) 강력한 왕권만이 거대한 도시와 높은 기념물을 건설할 수 있다

이 점에 대해서 우리는 앞에서 건축물을 비롯하여 왕조가 세우는 여타의 기념물에 관한 부분에서 이야기한 바 있다. 기념물의 크기는 왕조들의 중요도에 비례한다. 도시의 건설은 단합된 노력, 수많은 인력, 노동자들의 협동 등을 통해서만이 성취될 수 있다. 왕조가 강력하고 광범위할 때에 각 지방에서 노동자들을 불러들일 수 있고 그들의 노동력을 공동의 작업에 투입할 수 있다. 건축에 필요한 자재들을 운반하기 위해서 요구되는 힘이 기계의 도움으로 배가되어 작업이 진행되는 경우도 많다. 그런 도움을 받지 않은 상태에서의 인간의 근력만으로는 불충분하기 때문이다. 그런 기계들 중에는 도르래와 기타 다른 것들이 있다.

고대에 만들어진 거대한 기념물과 건축물, 예를 들면 호스로우의 궁전, 이집트의 피라미드, 카르타고의 말가의 아치, 마그리브의 세르셀의 아치와 같은 것을 보았던 많은 사람들은 고대인들이 집단으로건 개인으로건 자기들의 근력만으로 그런 것을 건설했다고 생각한다. 그들은 고대인들이 그런 기념물에 비례하는 체격을 가짐으로써 그들의 몸은 우리보다 훨씬 더 크고 체중도 더 무거웠고, 따라서 그들의 체격과 그런 건물들을 짓는 데에 필요한 신체적 힘 사이에는 적절한 비례관계가 존재했을 것이라고 상상한다. 그들은 이와 관련하여 기계와 도르래 그리고 토목기술의 중요성을 망각하고 있다. 여행의 경험이 있는 많은 사람들은 비아랍계 왕조들의 건축 현장을 직접 목격했고, 따라서 건축 자재들을 운반할 때에 기계를 어떻게 사용하는지를 보았기 때문에, 우리가 위에서 진술한 내용이 사실임을 알 수 있을 것이다.……

4) 거대한 기념물은 일대(一代)에 세워지는 것만은 아니다

그 까닭은 앞에서도 언급했듯이 어떠한 건축작업에도 인간의 힘을 서로 결합하고 배가시켜야 할 필요성 때문이다. 인간의 체력에만 의존하든 아니면 기계의 도움을 받아 배가하든, 통상적인 사람의 힘으로는 도저히 감당하기 힘든 엄청나게 큰 건물들도 때로는 존재한다. 따라서 그러한 건물을 짓기 위해서는 거의 같은 크기의 힘이 반복적으로 가해지지 않으면 안 된다. 어떤 군주가 건축을 시작하면 그 다음 군주가 그것을 이어서 계속하고 또 세번째 군주가 계속하는 식이다. 그들 각자는 공동작업에 투입할 노동자들을 불러 모으기 위해서 최대한의 노력을 기울이고, 마침내 건물이 계획된 대로 이루어져서 우리의 눈 앞에 우뚝 서게 되는 것이다. 시대가 지난 뒤 그 건물을 보는 사람들은 그것이 일대에 지어진 것처럼 생각한다.

이와 유사한 사례가 카르타고의 건축물, 즉 수도교(水道橋)와 그것을 받치는 거대한 아치에 대해서 보고된 바 있으며, 그밖의 대부분의 거대한 건물의 경우도 마찬가지이다. 이 점은 우리 시대에 짓는 거대한 건축물에 의해서도 확인된다. 우리는 어떤 군주가 그 기초를 놓기 시작하는 것을 보는데, 만약 그를 계승하는 군주들이 선대의 유업을 계승하여 완성시키지 않는다면, 그것은 그대로 남게 되고 계획대로 완성하지 못하게 될 것이다.

우리의 이론을 확인시켜주는 또 다른 사실은 후대의 왕조들이 다수의 거대한 건축 기념물들을 부수어버리거나 파괴하지 못한다는 점이다. 비록 파괴가 건설보다 훨씬 더 용이할지는 모르지만, 파괴는 원래의 상태, 즉 무로 돌리는 것인 반면에 건설은 바로 그 반대이기 때문에 그러하다. 따라서 어떤 것을 부수어버리는 것이 비록 수월하다고 할지라도 인간의 힘으로 부수기에는 도저히 역부족인 그런 건물을 보게 되면, 우리는 그와 같은 기념물을 건설하는 데에 들어간 힘이 엄청났을 것이고 일대에는 도저히 지을 수 없는 것이라는 사실을 깨닫는다.

아랍인들이 호스로우의 궁전을 목격했을 때 바로 그런 일이 일어났다. 알 라시드는 그것을 부수려고 했으나 할 수 없었다. 이집트의 피라미드를 부수어버리려고 했던 알 마문의 경우도 마찬가지였다. 그는 그것을 뜯어내려고 일꾼들을 불러 모았지만, 성공을 거두지 못했다. 일꾼들은 피라미드에 구멍을 뚫고 외벽과 거기서 한참 떨어진 내벽 사이에 있는 내실로 들어갔다. 그러나 그것이 고작이었다. 오늘날에도 볼 수 있는 그 구멍이 그들의 노력을 보여준다. 어떤 사람들은 알 마문이 두 벽 사이에서 매장된 보물을 발견했다고 말하기도 한다.

오늘날 카르타고의 말가의 아치도 마찬가지이다. 튀니스의 주민들은 건물을 지을 때 석재를 필요로 하고, 기술자들은 수도교를 받치는 아치에 사용된 양질의 돌을 좋아한다. 따라서 오래 전부터 그들은 그것을 떼어내려고 했으나, 엄청난 노력을 기울여도 아주 소량의 돌을 얻을 수 있을 뿐이다. 사람들은 이를 위해서 무리를 이루어 시도하는데, 나도 어렸을 때 그런 사람들을 많이 본 적이 있다.

5) 도시계획의 조건들, 그러한 조건들을 무시할 때 생기는 결과

도시라는 것은 어떤 민족이 누리고자 했던 사치와 그 사치가 수반하는 것들을 소유하게 되었을 때 사용하는 주거이다. 그들은 평안과 안정을 선호하게 되고 가옥 안에서 살기를 원한다.

도시건설의 목적은 주택과 대피처를 마련하려고 하는 데에 있다. 따라서 유해한 것들이 도시 안에 들어오지 못하도록 막고, 유용한 것들은 들여와서 온갖 편의물들을 사용할 수 있도록 할 필요가 있다.

도시의 방어를 위해서 모든 가옥은 성벽 안에 위치해야 한다. 또한 도시는 험준한 언덕 위에 위치하거나 바다와 강과 같은 것에 둘러싸여 다리를 이용하지 않으면 건널 수 없는, 다시 말해서 용이하게 접근하기 힘든 곳에 위치해야 한다. 그래야 적이 도시를 점령하기 힘들어지고, 그 도시가 지닌 접근 불가능성의 정도도 몇 배나 증가할 것이다.

유해한 대기현상으로부터 도시를 보호하기 위해서는 공기가 신선함을 유지하도록 신경을 써야 하며 그래야 질병으로부터 안전할 수 있다. 도시의 공기가 정체되고 나빠지거나 혹은 썩은 물이나 부패한 연못과 늪 가까운 곳에 있다면, 금방 부패의 영향을 받아 도시에 사는 모든 생물이 질병에 걸리게 되는 것을 피할 수 없다. 이러한 사실은 직접적인 관찰을 통해서 확인된다. 좋은 공기에 아무런 주의도 기울이지 않는 도시에는 일반적으로 질병이 많다. 이런 면에서는 마그리브 지방의 가베스가 악명이 높다. 그곳에 사는 주민들이나 방문자들 가운데 열병에 걸리지 않는 사람은 거의 없다. 과거에는 그렇지 않았는데, 최근에 이렇게 되었다고 한다. 알 바크리는 어떻게 해서 이런 일이 벌어지게 되었는지 다음과 같이 설명한다. 그곳에서 땅을 파던 도중에 구리로 만든 솥이 발견되었는데, 그 솥은 연(鉛)으로 밀봉되어 있었다고 한다. 그 봉인을 떼어내자 솥 안에서 연기가 치솟아올라 대기 중으로 사라졌고, 그때 이후로 그곳에서 열병이 발생하기 시작했다는 것이다.

알 바크리가 의미하는 것은 그 솥 안에 역병을 막는 어떤 마법이 들어 있었는데, 그것이 사라지면서 마법도 효력을 잃어버렸으며, 그래서 열병과 역병이 다시 나타났다는 것이다. 이 일화는 대중들의 어리석은 믿음과 생각을 잘 보여주는 예이다. 알 바크리는 그와 같은 이야기를 반박하거나 그 속에 담긴 어처구니 없는 내용을 꿰뚫어볼 정도로 충분한 학식도, 명석함도 없었다. 문제의 진실은 신체에 이상을 가져오고 열병을 일으키는 원인은 대부분 부패한 공기의 정체에 있다는 점이다. 이프리키야가 문명의 번영과 인구의 팽창을 구가했을 때, 가베스 주민들 다수의 활동은 공기의 지속적인 소통에 도움이 되었고, 따라서 그 당시에는 독한 기운이나 질병이 많지 않았다. 그러나 주민들의 숫자가 적어지고 공기가 정체되면서, 독한 기운과 질병의 발생이 증가하게 된 것이다. 이것이 가베스에서 열병의 만연에 관한 유일하고 정확한 설명이다.

　유용하고 편의를 제공하는 것들이 도시 안으로 유입되는 문제와 관련해서 우리는 많은 점들을 고려해야 할 것이다. 먼저 물 문제가 있다. 도시는 강가 혹은 신선한 물이 풍부하게 나오는 샘 부근에 위치해야 한다. 물의 존재는 주민들의 전반적인 편의에 관계된 것이다. 도시가 갖추어야 할 또 다른 유용한 것은 가축에게 필요한 좋은 목초지이다. 각 가구는 번식, 착유(窄乳), 기승(騎乘) 등의 이유로 가축을 필요로 하기 때문에, 만약 가까이에 좋은 목초지가 있다면 매우 편리할 것이다. 나아가서 경작에 적절한 농토도 갖추어야 한다. 곡식은 기본적인 식량이기 때문이다. 경작지가 가까이에 있다면 곡식을 쉽게 그리고 신속하게 거둘 수 있다. 그 다음에는 연료와 건축 자재가 되는 나무가 필요할 것이다. 또 먼 외국의 상품의 수입을 촉진하기 위해서는 도시를 바다 가까이에 두도록 해야 한다. 그러나 이것은 앞에서 언급한 조건들과 동일한 정도의 중요성이 있는 것은 아니다.

　도시의 건설자는 종종 양호한 자연적 입지조건을 선택하지 못하거나, 자기 자신 혹은 추종자들에게 가장 중요해 보이는 것만 신경쓸 뿐, 다른 사람들의 요구에 대해서는 생각하지 않는 경우가 있다. 아랍인들도 이슬람 초기에 이라크, 히자즈, 이프리키야 등지에 도시를 세울 때 그러했다. 그들은 자신에게 중요해 보이는 것, 즉 목초지, 나무, 낙타가 마시기에 적당한 짠 물 등만을 고려했다. 그들은 사람이 마셔야 할 물, 경작에 필요한 토지, 땔감, 소와 양과 염소와 같은 가축에게 필요한 목초지와 같은 것은 생각하지도 않았다. 이렇게 해서 세워진 도시로는 알 카이라완, 알 쿠파, 알 바스라 등이 있다. 따라서 이런 도시는 도시가 갖추어야 할 자연적 조건들을 결여하고 있기 때문에 황폐화될 위험성이 매우 높다.

　해안의 도시는 언덕 위에, 혹은 적이 공격할 때 구원하러 올 사람들이 많이 사는 곳 중간에 위치하도록 배려해야 한다. 왜냐하면 바다 근처에 있는 도시가 연대의식을 공유하는 부족들을 그 주변에 두지 못하거나 험준한 산지에 위치하지 못할 경우, 밤중의 갑작스런 공격에 노출될 위험이 있기 때문이다. 적들은 그런 도시에 구원을 요청할 사람이 아무도 없고 도시민들은 안정된 생활에 익숙해져 전투하는 방법도 모를 것이라고 확신한다. 이런 유형의 도시로는 예를 들면 동방에는 알렉산드리아, 서방에는 트리폴리, 보네, 살레 등이 있다.

이 점은 분명히 이해할 필요가 있다. 압바스 왕조는 그 판도가 알렉산드리아를 넘어 바르카와 이프리키아에까지 미쳤지만, 알렉산드리아를 두고 '변경도시'라고 불렀다. 그렇게 부른 이유는 알렉산드리아가 지리적으로 무방비 상태에 노출되어 있어 바다로부터 공격을 받을지도 모른다고 두려워했기 때문이다. 아마도 이런 이유로 알렉산드리아와 트리폴리는 이슬람 시대에 적의 공격을 받은 것 같다.

6) 모스크를 비롯한 지상의 경건한 건물들

신께서는 지상의 어떤 곳들을 골라 특별한 영광을 부여하시고, 신을 숭배하는 전당으로 삼으셨다. 그곳에서 예배를 올리는 사람들은 훨씬 더 큰 보답과 보상을 받는다. 신께서는 자신의 사도와 예언자들을 통해서 우리에게 그 점을 알려주셨는데, 자신의 종들에 대한 자비의 표현으로 또 지복에 이르는 방도를 용이하게 할 목적으로 그렇게 하신 것이다.

우리가 보기에 지상에서 가장 뛰어난 곳은 세 군데, 즉 메카, 메디나, 예루살렘의 모스크이다. 메카는 아브라함의 집이고, 신께서는 아브라함에게 그것을 지으라고 명령했으며 사람들에게는 그곳으로 순례를 가라고 권유하셨다. 예루살렘은 다윗과 솔로몬의 집이다. 신께서는 그들에게 그곳에 성전을 건설하고 기념물을 세우라고 명령하셨다. 이삭의 후손들 중 많은 예언자들이 그 주위에 묻혔다. 메디나는 우리의 예언자가 신의 명령에 따라서 이주하여 이슬람이라는 종교를 세운 곳이며, 그는 메디나에 성스러운 모스크와 자신이 묻힐 묘소를 지었다.

이 세 모스크는 무슬림들의 안식처이며 마음이 갈구하는 곳이고 이슬람의 성스러운 피난처이다. 그곳이 지닌 탁월함, 그리고 그 부근에 살며 거기서 기도하는 사람들이 받은 커다란 보상에 대해서는 아주 잘 알려진 전승들이 많다.……

이 세 곳을 제외하고 지상에 존재하는 다른 모스크들에 대해서 우리는 아무런 정보도 가지고 있지 않다. 다만 인도양의 섬 세일론에 있는 아담의 사원에 관한 이야기를 들었을 뿐이지만, 그 사원에 관해서 우리가 신뢰할 수 있는 확실한 정보는 전혀 없다.

고대의 민족들은 나름대로 종교적 헌신의 정수라고 생각하며 숭배했던 모스크들을 소유하고 있었다. 페르시아인들의 배화(拜火) 사원, 그리스인들의 사원, 예언자가 원정을 할 때 파괴하라고 명했던 히자즈 지방의 아랍인들의 사원 등이 있었다.

7) 이프리키야와 마그리브 지방에는 도시가 드물다

그 까닭은 이 지방이 이슬람 출현 이전 수천 년 동안 베르베르인들에게 속해 있었기 때문이다. 그들의 문명은 모두 유목민적이어서, 그들이 가졌던 도회문화는 완벽한 단계에 도달할 정도로 오래 지속되지 못했다. 그들을 지배했던 유럽 기독교도와 아랍인들의 왕조들도 그곳에 도회문화가 굳게 뿌리를 내리기에 충분할 정도로 오랫동안 통치하지 못했다. 따라서 그들은 많은 건물을 가지지 못하게 된 것이다. 나아가서 베르베르인들에게는 기술이라는 것도 낯설었는데, 그것은 그들이 전야생활에 뿌리를 두고 있었고 기술은 도회문화에서 생기며 건물은 기술의 도움으로 현실화되는 것이다. 그것을 배우기 위해서는 숙련이 필요한데, 베르베르인은 그런 연습을 하지 않았다. 그들은 도시는 고사하고 건물을 짓는 데에도 관심이 없었다.

뿐만 아니라 그들은 연대의식과 공통의 혈통을 소유하고 있으며, 이것을 결여한 베르베르인은 아무도 없다. 공통의 혈통과 연대의식은 도시생활보다는 황야에 더 끌린다. 오직 평안과 안정만이 도시를 요구할 뿐이다. 도시의 주민들은 수비대에 의존하기 때문에, 전야민들은 도시에 정착하거나 그곳에 거주하기를 꺼려한다. 오직 사치와 재화만이 그들을 도시에 정착하도록 유인하는데, 이는 흔치 않은 것들이다. 이렇게 해서 이프리키야와 마그리브 전체 혹은 그 대부분의 지역에 있는 모든 문명은 유목민적이다. 사람들은 천막, 이동용 소옥, 산채 등지에서 생활한다.

반면 비아랍권 지역 전체 혹은 그 대부분의 지역에 있는 모든 문명은 촌락, 도시, 군(郡)이다. 스페인, 시리아, 이집트, 페르시아와 같은 지역이 그러하다. 비아랍인들 사이에서 순수하고 폐쇄적인 혈통을 가지고 그것에 대해서 자부심을 느끼며 보존하려는 경우는 극히 드물다. 전야에 거주하는 사람들은 대부분 공통의 혈통을 가졌는데, 그 까닭은 긴밀한 공통의 혈통이야말로 다른 어떤 요소보다도 더 강력하고 긴밀한 유대를 만들어주기 때문이다. 따라서 공통의 혈통에 수반되는 연대의식도 강력하다. 그런 것을 소유한 사람들은 전야생활에 이끌리며, 용기를 앗아가고 다른 사람에게 의존할 수밖에 없게 만드는 도시생활을 기피하게 된다. 이 점은 분명히 이해되어야 하며, 거기에서 온당한 결론을 도출해야 할 것이다.

8) 이슬람 시대의 건물과 건축은 이슬람의 세력에 비해 또 선행 왕조들에 비해 더 적다

그 까닭은 앞에서 베르베르인을 설명했던 것과 완전히 동일하다. 아랍인들 역시 전야에 굳게 뿌리를 내렸기 때문에 기술을 잘 알지 못했다. 나아가서 이슬람 출현 이전에 아랍인들은 후일 정복하게 된 지역에 대해서 무지했다. 그들이 그곳을 통치하게 되었지만, 도회문화의 모든 제도들이 완전히 발달되기에는 시간이 충분치 못했다. 또한 아랍인들은 다른 사람들이 이미 그곳에 건축해놓았던 건물들만으로도 만족했다. 뿐만 아니라 그들의 종교는 지나치게 건축에 몰두하여 별다른 목적도 없이 건물을 짓는 데에 돈을 낭비하는 것을 금지했다.

그뒤 그런 문제에 관한 이슬람과 절제의 관념이 약화되고, 왕권과 사치가 우위를 차지하기 시작했다. 아랍인들은 페르시아 민족을 복속시키고 그들의 건축과 건물을 자기 것으로 삼았다. 그들이 평안과 사치를 향유하게 될 즈음 건축도 활기를 띠게 되었지만, 그때는 왕조의 붕괴가 가까워진 시대이기도 했다. 광범위한 건축활동과 도시건설을 하기에는 시간적 여유가 너무 적었다. 그러나 다른 민족들의 경우는 그렇지 않았다. 페르시아인들은 수천 년의 시간을 가졌고, 콥트인, 나바타에인, 로마인도 마찬가지였다. 그들은 많은 시간을 가졌고 기술은 확고한 뿌리를 내릴 수 있었다. 그래서 그들이 세운 건물과 기념물은 수효도 더 많고 보다 지속적인 흔적을 남기게 된 것이다.

9) 극히 예외적인 경우가 아니라면, 아랍인들이 세운 건물은 빨리 붕괴된다

이는 기술에 대한 베두인들의 태도와 미숙함 때문이다. 아랍인들의 건물은 견고하게 지어지지 못했다.

이 문제에 관해서는 보다 적절한 또 다른 견해가 있을 수 있다. 즉 아랍인들이 도시를 건설할 때 입지조건, 공기의 질, 물, 농토, 목초지 등과 관련하여 올바른 선택을 하지 못했다는 점이다. 이러한 요소들에 관해서 생기는 차이는 자연조건에서 도시의 좋고 나쁨의 차이를 만들어내는데, 아랍인들은 이런 문제에 무관심했다. 그들은 오직 낙타가 풀을 뜯을 수 있는 목초지만을 생각했지, 물의 좋고 나쁨이나 많고 적음에는 전혀 신경쓰지 않았던 것이다. 그들은 농지나 채마지나 공기가 적절한지는 묻지 않았는데, 그것은 그들이 이곳저곳 돌아다니고 곡식은 먼 곳에서 수입했기 때문이다. 사막에서 바람은 온 사방으로 분다는 점 그리고 아랍인들이 항상 이동한다는 점은 그들에게 언제나 양질의 공기를 보장했다. 사람이 정주하여 한 곳에 머무를 때, 그래서 그곳에 배설물들이 많아질 때에만 공기가 나빠지는 것이다.

이 점은 예를 들면 쿠파, 바스라, 카이라완과 같은 도시를 아랍인들이 어떻게 건설했는지를 보면 알 수 있다. 그들이 이들 도시를 세울 때 원했던 것은 오로지 낙타에게 필요한 목초지, 사막이나 대상로와의 근접성뿐이었다. 그렇기 때문에 이 도시들은 자연적 입지조건을 갖추지 못했고, 후일 도시민들을 부양할 자원을 결여하게 된 것이다. 문명이 존속하기 위해서 그러한 자원은 반드시 존재해야 한다.

10) 도시 붕괴의 시작

도시가 처음 건설될 때에는 가옥의 수가 적고 돌이나 석회와 같은 건축 자재도 부족하며, 타일, 대리석, 모자이크, 흑옥, 진주조개, 유리와 같이 벽면을 덮는 장식용 재료도 많지 않다. 그래서 건물은 유목적 양식으로 지어지고 그것에 사용된 재료들도 조악하다.

그뒤 도회문명이 발전하고 도회민의 수가 증가한다. 그러면 노동자와 기술자들이 증가하기 때문에 건축에 쓰이는 재료들도 많아진다.

마침내 도회문명이 퇴조하고 도회민의 수도 감소한다. 이것은 기술의 퇴보를 낳고, 그 결과 훌륭하고 견고한 건물과 건축장식들은 더 이상 만들어지지 않는다. 그리고 나서 주민의 부족으로 가용 노동력도 줄어든다. 돌이나 대리석과 같은 자재는 거의 수입되지 않고 따라서 건축 자재를 구할 수 없게 되자, 기존 건물에 있는 자재들이 건축과 보수를 위해서 다시 사용된다. 과거에 비해 인구가 감소하여 성채나 저택과 같은 큰 건물들이 텅 빈 채 서 있게 되었기 때문에, 그런 자재들은 이 건물에서 저 건물로 옮겨져 사용된다. 동일한 재료가 이 성채에서 저 성채로, 이 가옥에서 저 가옥으로 옮겨져 쓰이다가 마침내 그 대부분은 완전히 사라져버린다. 그러면 사람들은 다시 유목민적인 건축으로 되돌아간다. 그들은 돌 대신 흙벽돌을 사용하고 모든 장식은 사라진다. 도시의 건축은 촌락이나 산촌의 수준으로 바뀌고, 황야의 모습들이 나타난다. 도시는 점차 쇠퇴하다가 마침내 완전한 폐허의 운명을 맞이하게 된다.

11) 도시의 번영과 거래의 규모는 인구의 규모에 따라서 달라진다

그 까닭은 한 인간이 생활에 필요한 모든 것들을 획득할 수 없기 때문이다. 모든 인간은 그와 같은 목적을 달성하기 위해서 문명 속에서 서로 협력해야만 한다. 그러나 한 집단이 협력을 통해서 획득하는 것은 그 집단이 필요로 하는 것보다 몇 배나 더 많다. 예를 들면 어느 누구도 혼자서 자신의 식량으로 필요한 만큼의 밀을 획득할 수 없다. 그러나 도구를 제작하는 대장장이와 목수, 혹은 소를 다루고 땅을 갈며 추수하는 것과 같이 모든 농업활동을 책임지는 사람 등, 여섯 명이나 열 명 정도가 식량을 획득하기 위한 목적으로 개별적으로 혹은 집단적으로 작업을 한다면, 그들의 노동을 통해서 일정한 양의 식량이 확보될 수 있을 것이며 그래서 얻어진 식량은 그들이 필요로 하는 것보다 몇 배 더 많은 양이 될 것이다. 노동의 결합은 노동자들의 필요보다 더 많은 생산물을 낳는다.

만약 한 도시의 주민들이 필요로 하는 것을 획득할 정도로만 자신들의 노동을 배분한다면, 그 노동은 최소의 것으로도 충분할 것이다. 그러나 가용 노동력은 필요로 하는 것보다 더 많다. 따라서 그 여분의 노동력은 사치의 습관과 조건을 충족시켜주기 위해서 또 다른 도시 주민들의 필요를 충족시켜주는 데에 사용된다. 그들은 잉여물을 생산하는 사람들로부터 자기가 필요로 하는 것들을 교환이나 구입의 방법으로 들여온다. 그래서 잉여를 만드는 사람들은 엄청난 재화를 가지게 되는 것이다.

이윤과 생계를 다루는 제5장에서 보다 분명해지겠지만, 이윤은 노동에 의해서 실현된 가치이다. 더 많은 노동이 투여되면 거기서 실현되어 사람들이 소유하게 되는 가치도 증대되고 이윤도 필연적으로 증대된다. 그들이 누리는 번영과 재화는 거기에 수반해서 나타나는 사치를 낳는다. 예를 들면 화려한 주택과 의복, 고급 그릇과 집기, 하인과 기승용 동물의 사용 등이 그러하다. 그런데 이 모든 것들에는 적절한 가격이 요구되는 활동이 포함되고, 또 그런 것들을 제작하고 관리하는 데에 필요한 숙련공이 있어야 한다. 따라서 노동과 기술은 번창하고, 도시의 수입과 지출은 증대된다. 자신의 노동을 통해서 이런 것들을 제작하고 생산하는 사람들은 부유해진다.

인구가 증가하면 가용 노동력도 증가한다. 그렇게 되면 사치의 정도도 이윤의 증가에 상응하여 높아지고, 사치의 습관과 필요 역시 증가한다. 사치품을 얻는 데에 필요한 기술이 생겨나고, 그것을 통해서 실현되는 가치도 증가하며, 그 결과 도시 안에서는 이윤이 다시 늘어난다. 생산 역시 전보다 더욱 번창한다. 이렇게 해서 그와 같은 증가는 두 차례, 세 차례에 걸쳐서 거듭된다. 원초적 노동이 생활필수품의 획득을 위해서 봉사하는 것과는 대조적으로, 일체의 잉여노동은 사치와 재화를 위해서 봉사한다. 다른 도시보다 더 많은 인구를 가진 도시는 증대된 이윤과 번영, 혹은 다른 곳에서는 보이지 않는 사치의 풍습을 통해서도 다른 도시에 대해서 우위를 가지게 된다. 한 도시의 인구가 많으면 많을수록 그 주민들의 생활은 그만큼 더 사치스러워진다. 이것은 모든 계층의 주민들에게 똑같이 적용된다.

이와 같은 사실은 예를 들면 마그리브 지방에서 페즈와 다른 도시들 — 부지에, 틀렘센, 세우타 등 — 을 비교해보면 금방 드러난다. 이 양자 사이에는 일반적인 것이건 국부적인 것이건 광범위한 차이가 존재한다. 페즈에 있는 판관은 틀렘센에 있는 판관보다 더 낫고, 다른 모든 계층의 주민들의 경우도 마찬가지이다. 이와 마찬가지의 차이가 틀렘센과 오란이나 알제 사이에도 존재하며, 오란이나 알제와 그보다 더 작은 다른 도시들 사이에도 존재한다. 이러한 층차는 주민들이 자신의 노동을 통해서 겨우 생필품을 얻거나 그것도 제대로 확보하지 못하는 촌락 단위로 내려갈 때까지 계속된다.

이러한 현상이 생기는 유일한 원인은 가용 노동력의 차이이다. 그 도시들은 노동력의 입장에서 보면 모두 일종의 시장이고, 각각의 시장에서 소비되는 돈은 그곳에서 행해지는 거래의 양에 상응한다. 페즈에 사는 판관의 수입은 그의 지출을 충족시키고, 틀렘센에 사는 판관의 경우도 마찬가지이다. 수입과 지출의 총액이 더 큰 곳에서는 생활조건도 더 좋고 편안하다. 사치품에 대한 수요로 생산활동이 활발한 페즈에서의 수지 총액이 보다 더 크고, 따라서 페즈에서의 생활은 극히 풍요롭다. 똑같은 사실이 오란, 콘스탄티노플, 알제, 비스크라와 같은 도시에도 적용된다. 이 점은 자체의 노동으로 생필품을 충당하지 못하는 도시들의 단계에 내려갈 때까지 마찬가지인데, 그런 도시는 도시라고 간주할 수 없고 차라리 촌락과 산촌의 범주에 속한다. 따라서 그러한 소규모 도시의 주민들은 자기 노동으로는 필수품을 감당하지 못할 뿐만 아니라 이윤을 축적함으로써 생기는 잉여도 얻을 수 없기 때문에 모두 취약하고 빈곤하며 결핍 상태에 있다. 그들은 이윤의 증식을 기할 수 없고 따라서 극히 예외적인 경우가 아니라면 가난하고 궁핍하다.

  이 점은 빈민과 거지의 상황을 통해서도 확인할 수 있다. 페즈의 거지는 틀렘센이나 오란의 거지보다 더 낫다. 나는 페즈의 거지들이 희생제가 열리는 시기에 구걸을 해서 자신의 희생용 동물을 구입할 정도로 버는 것을 본 적이 있다. 그들이 고기, 버터, 요리, 외투, 체, 그릇과 같이 맛난 음식이나 사치품을 구걸하는 것도 목격했다. 만약 틀렘센이나 오란에서 거지가 그런 것을 달라고 한다면, 무시당하고 거친 대접을 받고 쫓겨나기 십상일 것이다. 주민들의 풍습 속에 스며든 사치나 재화와 관련해서 요즘 우리는 카이로와 이집트에서 벌어지는 놀라운 이야기들을 듣는다. 마그리브에 사는 수많은 빈민들은 이집트로 이주할 생각까지 하고 있는데, 이집트의 부유함이 다른 어느 곳보다 더 대단하다는 이야기를 그들이 들었기 때문이다. 일반 사람들은 그 지역에는 원래 재산이 많아서 주민들이 그 재산을 숨겨놓았기 때문에 그렇게 된 것이라고 믿고 있지만, 사실은 그렇지 않다. 그 이유는 이집트와 카이로의 인구가 우리가 알 만한 다른 어떤 도시들보다 더 많기 때문이다.

  어느 도시에서건 수입과 지출은 균형을 이룬다. 만약 수입이 많으면 지출도 많고, 그 반대의 경우도 그러하다. 만약 수입과 지출이 모두 크다면 그 주민들의 생활은 부유하고 도시는 성장한다.

  이러한 종류의 이야기를 들을 때 우리는 틀렸다고 부정해서는 안 된다. 그것은 고도의 문명의 결과이자 파생되는 커다란 이윤 때문이라고 이해해야 할 것이다. 그와 같은 이윤이 있기 때문에 소비가 촉진되고, 사람들은 누군가가 무엇을 달라고 요구할 때 선심을 베풀 수 있는 것이다. 이것은 심지어 한 도시 안에서도 동물들이 잘 가는 집과 피하는 집이 있는 그런 차이에도 비유할 수 있다. 성찬이 차려진 식탁이 있고 곡식과 빵 부스러기가 여기저기 흩어져 있는 부유한 사람의 집마당과 그 주변에는 개미와 벌레들이 들끓는 법이다. 그런 집 창고에는 큰 쥐들이 많고 고양이들도 들락거린다. 새들의 무리가 공중을 배회하다가 마침내 음식으로 배를 채운 뒤에는 날아간다. 그러나 먹을 것조차 부족한 궁핍한 사람의 집 주위에는 기어다니는 벌레도 날아다니는 새도 없고, 그 창고에는 쥐도 고양이도 서식하지 않는다.

이러한 현상에 대한 신의 은밀한 의도가 무엇인지 곰곰이 생각해볼 필요가 있다. 우리는 인간의 집단을 동물의 무리에 비유하고, 식탁에서 떨어진 부스러기를 생계의 잉여와 사치 그리고 그런 것을 소유한 사람이 다른 사람에게 베푸는 행위의 용이함에 비유할 수 있다. 일반적으로 말해서 풍부한 물자를 가진 사람은 그런 것이 없어도 충분히 살 수 있기 때문이다. 생활의 부유함과 문명의 번창은 바로 그 규모에 의한 것이라는 사실을 알아야 할 것이다.

12) 도시에서의 가격

모든 시장은 사람들의 수요를 충족시킨다. 이러한 수요들 가운데에 생필품으로는 밀과 보리와 같은 곡식이 있는가 하면, 콩, 병아리콩, 완두콩과 같은 여타의 곡물 혹은 양파나 마늘과 같은 부식들이 포함된다. 그밖의 다른 것으로는 양념, 과일, 의복, 집기, 기승용 동물, 갖가지 기술, 건물 등과 같이 편의와 사치를 위한 물품도 있다. 도시가 고도로 발달하여 주민들이 많아지면, 필수적인 식량과 그것에 버금가는 물품들의 가격은 낮아지고, 양념이나 과일처럼 그것에 부수되는 사치품의 가격은 높아진다. 도시 주민의 수가 적고 문명의 수준이 낮으면 그 반대 현상이 나타난다.

그 까닭은 다음과 같다. 여러 종류의 곡물은 필수적인 식량에 속하는 것이고, 따라서 그 수요는 매우 크다. 누구라도 자기 자신이나 가정을 위해서 한 달 혹은 일 년분의 식량을 준비해둔다. 곡물 확보는 도시민 전체 혹은 그 대부분에 관련되는 사항이며, 이는 도시 안에 거주하는 사람이나 인근에 사는 사람이나 다 마찬가지로서 피할 수 없다. 자기를 위해서 식량을 생산하는 사람은 누구나 자기 자신과 가족이 수요하는 것 이상의 훨씬 더 많은 잉여분을 만들어내게 된다. 이 잉여는 그 도시 주민들 대다수의 수요를 충족시키며, 주민들은 필요 이상의 식량을 가지게 된다. 따라서 어떤 해에 기후조건이 악화되어 식량공급에 차질이 빚어지는 불운이 닥치지 않는 한, 일반적으로 그 가격은 낮을 수밖에 없다. 만약 생길지도 모를 재난에 대비해서 사람들이 식량을 비축하지 않는다면, 많은 인구로 인해서 발생하는 풍요 때문에 그 잉여분을 모두 공짜로 줄 수도 있을 정도이다.

양념이나 과일과 같은 편의품들과 그런 부류에 속하는 물품은 곡물의 경우처럼 전반적인 관심의 대상이 아니다. 그런 것을 생산하는 데에 도시 주민의 전부 혹은 대다수의 노동이 투입되지는 않는다. 어떤 도시가 고도로 성장하여 풍부한 문명과 넘치는 사치품을 소유하게 되면, 그런 편의품에 대한 엄청난 수요가 생긴다. 그 결과 그런 물품의 공급은 크게 부족하게 되고, 많은 사람들은 동이 날 것을 걱정하여 높은 가격을 제시한다. 그런 물품은 여러 가지 용도에 필요하기 때문에, 사치품에 익숙해진 부유한 사람들은 다른 사람들보다 더 그런 물건이 필요하고 따라서 엄청나게 높은 가격에도 구입하려고 한다.

풍요한 문명의 도시에서는 기술과 노동도 고가이다. 여기에는 세 가지 이유가 있다. 첫째, 많은 인구가 사는 도시에서는 사치가 극도로 증대되어 그런 것들에 대한 수요가 많아지기 때문이다. 둘째, 도시에는 식량이 풍부하여 편안하게 살 수도 있으므로 사람들은 일을 안 해도 되고 따라서 근로자들은 자신의 노동에 높은 가격을 매기기 때문이다. 셋째, 돈이 있어 쓰려고 하는 사람들의 수는 많고 또 그들이 필요로 하는 것들도 많은데, 그러기 위해서는 다른 사람을 고용하고 다수의 노동자와 그들의 기술을 이용해야만 하기 때문이다. 따라서 그들은 노동에 통상적으로 매겨지는 가치 이상의 대가를 노동자에게 지불하는데, 이는 노동력을 얻으려는 경쟁이 치열한 상황에서 다른 사람들을 배제한 채 자신이 그것을 독점하려고 하기 때문이다. 그래서 노동자, 기술자, 전문인들은 오만해지고, 그들의 노동은 고가가 되며, 그런 것을 확보하기 위한 도시 주민의 지출은 증대된다.

인구가 많지 않은 소도시에서는 노동의 공급이 적기 때문에 식량이 부족할 수밖에 없다. 또한 도시의 규모가 작아서 사람들은 식량 부족을 걱정하고, 따라서 수중에 들어오는 식량은 내놓지 않고 비축하기 때문에 더욱 그러하다. 식량은 그들에게 매우 귀중한 것이 되고, 그것을 사려고 하는 사람은 비싼 값을 치르지 않으면 안 된다. 편의품에 대한 수요도 없는데, 그 까닭은 주민의 숫자가 적고 생활수준도 낮기 때문이다. 그런 물건에 대한 거래는 거의 없고 따라서 가격도 아주 낮아지는 것이다.

군주를 대신해서 시장에서 혹은 성문 앞에서 식량에 매기는 상세나 기타 세금 그리고 세리들이 상거래에서 발생하는 이윤에 부과해서 거두어가는 잡세는 모두 식량가격에 포함되어 반영된다. 따라서 도시에서의 가격은 전야에서의 가격에 비해 높을 수밖에 없다. 전야에서는 상세와 기타 잡세는 거의 없거나 전무한 형편이지만, 도시에서의 양상은 특히 왕조 후반기에 그와 전혀 반대이기 때문이다.

농업노동에 들어가는 비용 역시 식량가격에 포함되어 반영된다. 오늘날 스페인의 상황이 이를 말해준다. 기독교도들은 무슬림을 해안지방과 험한 산지로 밀어붙였는데, 그곳은 경작을 하기에는 토양이 척박하고 식물이 자라기에도 적합하지 않다. 그래서 무슬림들은 품종을 개량하고 수확을 올리려고 경작지를 개선하지 않으면 안 되었다. 그러나 이와 같은 개선을 위해서는 값비싼 노동이라든가, 구입을 통해서나 얻을 수 있는 비료 등의 물자가 필요했다. 따라서 농업활동은 상당한 비용을 필요로 하게 되었고, 그들은 가격을 정할 때 이 비용을 계산하여 넣었다. 기독교도가 무슬림들을 해안지역으로 밀어낸 뒤 스페인이 특히 물가가 비싼 지역이 된 것은 바로 이러한 이유 때문이다.

스페인의 물가가 비싸다는 이야기를 들은 사람들은 그 지방에서 나는 식량과 곡식이 적기 때문이라고 생각하지만, 사실은 그렇지 않다. 우리가 알고 있듯이, 스페인 사람들은 모든 문명화된 민족들 가운데에서도 농업에 가장 헌신적인 사람들이다. 그곳에서는 권력을 가진 사람이건 평범한 사람이건 경작지를 소유하지 않고 어떤 형태로든 농사를 짓지 않는 사람은 매우 드물다. 유일한 예외라면 소수의 기술자와 전문인들, 혹은 최근에야 그곳에 건너간 성전사들 정도이다. 따라서 군주는 이런 사람들에게 주는 급료 속에 식량과 사료에 쓰일 곡식을 포함시킨다.

베르베르인들이 사는 지방은 이와 정반대이다. 그들의 경작지는 비옥하고 토지는 양질이다. 그곳에서는 최근 농업이 크게 확대되어 시행되었는데, 사람들은 농사를 짓기 위해서 다른 것들을 따로 구입할 필요가 없었다. 그 지방에서 식량가격이 저렴한 이유도 이 때문이다.

13) 유목민은 인구가 많은 도시에 정주할 수 없다

그 까닭은 앞에서도 지적했듯이 많은 인구를 가진 도시에서는 사치가 증대되기 때문이다. 사치가 증대되면 주민들의 수요도 증가하고, 사치품에 대한 수요가 증가하면 그것은 습관적인 것이 되어 마침내 필수품이 되어버린다. 게다가 도시에서는 모든 노동이 고가가 되고 편의품의 가격이 높아지는데, 이는 팽배한 사치로 인해서 그런 물품의 용도가 다양해질 뿐만 아니라 정부가 시장에서의 상거래에 세금을 부과하기 때문이다. 그것은 판매가에 반영되며, 편의품, 식량, 노동 등은 모두 매우 비싸지게 된다. 그 결과 주민들의 지출은 도시인구의 증가에 비례하여 엄청나게 늘어난다. 이런 상황하에서 그들은 자기 자신뿐 아니라 가족들을 위한 생필품 및 기타 필요한 물건들을 구입하는 비용을 충당하려고 엄청난 지출이 필요하게 되는 것이다.

반면 유목민들은 이윤의 원천이 되는 노동에 대한 수요가 거의 없는 지역에 살기 때문에 수입도 많지 않다. 그러므로 그들은 여하한 이윤이나 재산도 축적하지 않는다. 이런 이유로 편의품이 매우 비싸고 구매해야 할 물건들의 가격이 매우 높은 대도시에 그들이 정주하기는 어렵다. 사치에 물들지 않는 그들은 황야에서 최소한의 노동만으로도 자신의 수요를 만족시킬 수 있다.

도시로 들어가서 생활하게 된 유목민들은 다른 사람들과 경쟁할 수 없다는 사실을 곧 깨닫고 수모를 당하게 된다. 다만 일찍이 재산을 축적해서 자신이 필요로 하는 것들 이상으로 물품들을 구입하여 문명화된 사람들에게는 당연한 평안과 사치를 어느 정도 경험한 사람들은 예외라고 할 수 있다. 그들은 도시로 이주하여 도시민들과 섞이면서 그 관습과 사치에 동화된다. 이것이 도시의 문명이 시작되는 방식이다.

14) 도시에서나 지방에서나 빈부 차이는 마찬가지이다

풍요한 문명과 수많은 민족과 주민들이 있는 지역의 사람들은 생활조건이 매우 양호하다. 그들은 많은 재산이 있고 도시의 숫자도 많다. 그것은 풍부한 가용 노동력을 통해서 재화를 산출하기 때문이다. 주민들의 수요를 충족시킨 뒤에도 엄청난 양의 잉여생산물이 존재하고, 이것은 실제로 존재하는 인구보다 훨씬 더 많은 사람들을 부양할 수 있기 때문에, 그런 잉여분은 축적된 이윤으로 사람들에게 되돌아온다. 따라서 재산이 증가하고 생활수준은 높아지며, 사치와 재화가 생겨나는 것이다. 활발한 상거래로 지배 왕조의 조세수입도 늘어나고, 왕조의 재산이 늘어나면서 그 권한도 확장된다. 그래서 성벽과 성채를 만들고, 도시와 성읍을 건설한다.

이러한 사실은 이집트, 시리아, 인도, 중국과 같은 동방의 여러 지역들 그리고 지중해 너머의 모든 북방지역에서 확인된다. 그들의 문명이 증가하면서 주민들의 재산도 늘어났고 왕조도 거대해졌으며, 그들의 도시와 취락도 많아졌고 상업과 생활도 개선되었다.

오늘날 우리는 마그리브의 무슬림들을 찾아오는 기독교 국가의 상인들이 어떤 상태인지를 관찰할 수 있는데, 그들의 번영과 풍요가 얼마나 대단한지 이루 말로 다 묘사할 수 없을 정도이다. 동방에서 온 상인들과 그들의 생활수준도 그러하며, 특히 페르시아, 인도, 중국 등 극동 지방에서 온 상인들은 더욱 그러하다. 우리는 그들의 재화와 번영에 관해서 여행자들이 전해주는 놀라운 이야기들을 듣는데, 이런 이야기들은 흔히 의심스러운 것으로 받아들여지고 있다. 일반 사람들은 그 민족들의 번영이 그들이 소유했던 엄청난 재화, 혹은 그 지방에 풍부하게 존재하는 금광과 은광 혹은 고대 민족들이 소유했던 금을 다른 사람을 배제한 채 혼자서 독차지했기 때문이라고 생각하지만, 이는 사실과 다르다. 이들 지방에 존재하는 금광들 가운데 우리가 알고 있는 유일한 것은 마그리브와 가까운 지방인 수단에 있다. 뿐만 아니라 그들의 지방에 있는 모든 상품은 상업을 통해서 수출된다. 만약 그들이 이미 풍부한 재화를 가지고 있다면, 돈을 벌기 위해서 상품을 수출하지는 않을 것이며, 아예 다른 사람들의 재화를 필요로 하지도 않을 것이다.

점성사들은 이 점에 주목하고 동방에 존재하는 풍부한 재화와 높은 생활수준에 경탄을 금치 못했다. 그들은 서방에서보다 동방에서의 천궁(天宮)이 훨씬 더 많은 선물과 축복을 주기 때문이라고 해석했다. 천문상의 배치와 지상에서의 상황이 서로 조응한다는 점에서 볼 때, 그들의 입장은 옳다고 할 수 있다. 그러나 점성사들은 오로지 천문적인 원인만을 우리에게 제시했다. 그들은 지상의 원인, 즉 동부지역에서는 문명이 대규모적이고 집중적이라는 사실에 대해서도 말해주었어야 했다. 큰 규모의 문명은 이윤의 원천인 가용노동력을 많이 소유하고 있기 때문에 많은 이윤을 산출하는 것이다. 동방이 다른 지역에 비해 더 큰 번영을 누리는 것도 이 때문이지 오로지 별이 영향을 미친 결과만은 아니다. 앞에서 나온

지방과 도시, 기타 모든 형태의 도회문명…… 341

우리의 논의는 별의 영향이 그 자체만으로는 그와 같은 결과를 만들 수 없다는 사실을 분명히 했다. 천문상의 배치와 지상에서의 문명 및 특징 사이에 존재하는 조응은 어느 정도 불가피한 것이지만 이와 같은 지상의 원인을 무시해서는 곤란하다.

번영과 문명 사이의 상호관계는 이프리키야와 바르카 지방의 사례를 통해서 확인될 수 있다. 그곳의 인구가 줄어들고 문명이 위축되었을 때 주민들의 생활수준도 악화되었다. 그들은 가난해지고 궁핍해졌고 조세수입은 줄어들었으며, 그곳을 지배하던 왕조의 재화도 줄어들게 되었다.……

15) 도시에서 부동산과 경작지의 축적, 그 활용과 수익

도시 주민의 많은 부동산과 경작지 확장은 일시에 이루어진 것이 아니다. 어느 한 사람도 무한한 부동산을 사들일 정도의 재산을 가질 수 없기 때문이다. 설령 번영이 극에 달한다고 하더라도 부동산의 구입과 축적은 점진적이다. 예를 들면 조상이나 친족으로부터의 유산이 상속되다가 결국 여러 사람의 재산이 한 사람에게 집중되기도 한다. 혹은 부동산 시장의 변동을 통해서 축적이 이루어지기도 한다. 한 왕조가 끝나고 다른 왕조가 시작되면 수비대도 사라지고, 보호해줄 사람도 잃은 도시는 무너지고 폐허가 된다. 그러한 전반적인 혼란 상황에서 부동산은 아무도 행복하게 해줄 수 없기 때문에, 그 가격은 폭락하고 낮은 가격으로도 구입할 수 있게 된다. 그리고 그것은 상속을 통해서 다른 사람의 소유로 넘어간다. 그때가 되면 신왕조가 번영을 구가하면서 도시는 다시 젊은 활력을 되찾고 상황도 아주 호전된다. 그 결과 이제 매우 유용하게 쓸 수 있게 된 부동산이나 경작지를 소유한 사람은 만족을 느끼고, 그 가치는 증대되어 과거에는 가지지 못했던 중요성을 가지게 된다. 이것이 바로 부동산 시장의 '변동'이 뜻하는 바이다. 부동산의 소유자는 이제 도시의 부자로 변신하는데, 이것은 그 자신의 노력이나 경제활동의 결과가 아니다. 그는 자신의 힘만으로는 그런 것을 도저히 획득할 수 없기 때문이다.

부동산과 경작지는 그 소유주가 필요로 하는 만큼의 충분한 수입을 주지 못한다. 거기서 들어오는 수입은 사치의 관습 혹은 그것에 수반되는 것들을 충당하기에도 충분치 못하다. 일반적으로 그 수입은 생활필수품을 댈 수 있을 정도이다.

학자들은 부동산과 경작지의 구입 동기가 자기가 죽은 뒤에 누구의 도움도 없이 남게 될 자식들 때문이라고 말한다. 부동산 수입은 그들이 독립적으로 생계를 꾸려나갈 수 없을 때까지 교육, 성장, 양육에 필요한 비용을 제공하고, 그러다가 그들이 스스로의 생계를 꾸려나가게 되면 경제적으로 독립하게 될 것이다. 그러나 경우에 따라서는 신체의 질병이나 정신적 질환으로 말미암아 자신의 생계를 꾸리지 못하는 아이들도 있다. 부동산은 그들에게 생활의 버팀목이 된다. 바로 이것이 사람들로 하여금 많은 돈을 투자하여 부동산을 구입하게 하는 동기가 된다.

부동산 구입의 동기는 그와 같은 구입을 통해서 자본을 축적하거나 호사스러운 생활을 영위하려는 것이 아니다. 그것은 오로지 극소수만 누릴 수 있을 뿐, 시장상황의 변동이나 많은 부동산의 구입, 혹은 도시에서의 부동산 가격의 상승 등에 의해서 성취되는 경우는 아주 드물다. 만약 누군가가 그런 방법을 통해서 사치를 누리게 된다면, 아미르나 총독의 눈은 그를 주목하게 될 것이며, 그럴 경우 그는 부동산을 빼앗아버리거나 팔라고 강요하기 때문에, 그것은 오히려 소유주에게 해악과 고통만을 안겨준다.

16) 도시민 가운데 자본가는 지위와 보호를 필요로 한다

그 까닭은 만약 어떤 주민이 많은 자본과 부동산이나 경작지를 소유함으로써 도시에서 아주 부유한 사람이 되고 사람들에게도 그런 식으로 인식되고, 사치에 물들어 매우 호사스러운 생활을 하게 되면, 그는 바로 그런 점에서 아미르나 군주들과 경쟁하는 셈이 되고 그들의 질투를 사게 될 것이기 때문이다. 인간의 본성인 공격성은 그들로 하여금 그 부자의 재산에 눈독을 들이게 하고, 시기심이 발동하여 온갖 계략을 동원함으로써 정부가 쳐놓은 덫에 그를 빠트려 처벌함으로써 그의 재산을 몰수할 명백한 이유를 찾게 한다. 정부의 결정은 일반적으로 불공정하다. 왜냐하면 순수한 정의는 아주 단기간 지속되었던 합법적인 칼리프의 시대에만 존재했기 때문이다. 무함마드는 이렇게 말했다. "내 뒤로 칼리프 체제가 30년간 지속된 뒤, 다시 전제적 왕권체제로 돌아갈 것이다."

따라서 어떤 공동체 안에서 상당한 재산의 소유자는 그를 보호해줄 힘과 자신이 기댈 만한 지위가 필요하다. 이러한 목표는 군주의 일족이나 가까운 친구 혹은 군주가 경외하는 연대의식 등을 통해서 성취될 수 있다. 그 그림자 아래에서 그는 적대적인 공격으로부터 안전하게 휴식하며 평화로운 생활을 누릴 수 있다. 만약 그가 그런 것을 가지지 못한다면, 온갖 계략과 법적인 구실에 의해서 재산을 강탈당하고 말 것이다.

17) 도회문화는 왕조로부터 나오며, 왕조가 지속적이고 안정적일 때 확고해진다

도회문화는 생활관습에 의해서 생기는 상태이며 문명에 의해서 필연적으로 요구되는 조건을 훨씬 뛰어넘는 것이다. 그 정도의 차이는 각 민족의 번영의 정도라든가 인구의 다과에 따라서 달라진다. 도회문화는 민족을 구성하는 다양한 하부집단들 사이에 많은 다양성이 존재할 때 생긴다. 따라서 그것은 기술과 비슷하다. 즉 특수한 분야의 기술은 그것을 담당하는 숙련된 사람을 필요로 하며, 기술의 하위부문들이 많아질수록 기술자의 숫자도 많아진다. 시간이 지나면서 기술의 각 부문이 분명히 구분되기 시작하면 기술자들은 각자의 다양한 기술분야에서 경험을 쌓게 되며, 오랜 시간이 흐르고 유사한 경험이 반복되면 기술은 안정되고 확고한 뿌리를 내리게 된다.

이러한 현상은 주로 도시에서 일어나는데, 그 까닭은 도시가 고도로 발달된 문명을 소유하고 그 주민들은 번영을 누리기 때문이다. 또한 그 밑바탕에는 왕조가 있는데, 왕조는 백성들의 재화를 모아서 내부의 측근들이나 왕조와 관련된 사람들, 즉 지위나 재산에 힘입어 많은 영향력을 지니게 된 사람들에게 나누어준다. 백성들로부터 나온 돈은 왕조 관계자들 및 그들과 연관을 맺고 있는 도시민들을 위해서 지출되고, 따라서 도시민의 대다수를 점하는 그들의 재산도 증대된다. 사치의 관습과 방식도 배증되고 다양한 종류의 기술이 확고하게 자리잡는다. 이것이 도회문화이다.

따라서 왕국의 변방 도시들은 비록 인구가 많다고 하더라도, 여러 가지 면에서 유목적 특징이 지배적이고 도회문화와는 거리가 멀다. 이는 왕조의 수도 혹은 중앙부에 위치한 도시들의 경우와는 대조적인 현상인데, 이러한 차이가 생기는 단 한 가지 이유는 정부가 가까이에 위치해 있어 재화가 그곳으로 쏟아져 들어오기 때문이다. 이것은 마치 물이 있으면 그 주변이 온통 푸르게 변하고 근처의 토양은 비옥해지지만, 물에서 멀리 떨어진 곳은 여전히 척박한 채로 남아 있는 것과 마찬가지이다. 왕조와 정부는 세계의 시장이다. 각종 상품이 시장과 그 주위에 모이지만, 시장에서 멀리 떨어진 곳에서 상품은 완전히 찾아볼 수 없다. 어떤 왕조가 특정한 도시에 자리잡고 오랫동안 통치하면서 군주들이 계승을 해나간다면, 도회문화는 날로 확대되며 확고해지고 그 도시의 주민들 사이에 확고한 뿌리를 내리게 된다.

이런 현상은 유태인들의 경우를 통해서도 알 수 있다. 시리아에서 그들의 지배는 1,400년간 지속되었고, 그들 사이에서 도회문화는 확고해졌다. 그들은 생계를 꾸리는 데에 필요한 관습과 방식, 또한 음식이나 의복 혹은 여타의 가내 경제와 관련된 다양한 기술들을 고도로 발달시켜, 심지어 오늘날에도 그들에게서 배울 점이 많이 남아 있을 정도이다. 시리아에서의 도회문화와 관습은 그들을 통해서 그리고 그들의 뒤를 이어 600년간의 통치를 거치면서 굳게 정착되었던 것이다. 그들은 가장 고도의 도회문화를 발달시켰던 사람들이다.

이라크 지방의 경우도 마찬가지이다. 그곳은 수천 년 동안 나바타에인과 페르시아인, 즉 칼데아 왕조, 아케메네스 왕조, 사산 왕조 등을 건설한 사람들이 이어가면서 지배했고 그뒤를 이어 아랍인이 통치했다. 오늘날까지 지구상에는 시리아, 이라크, 이집트의 주민들처럼 발달된 도회문화를 소유한 사람들이 존재하지 않았다.

도회문화의 관습은 스페인에서도 확고히 뿌리를 내렸는데, 그곳은 막강한 고트 왕조 그리고 그 뒤를 이어 우마이야 왕조에 의해서 수천 년 동안 지배를 받았다.[2] 이 두 왕조는 모두 강력했다.

이프리키야와 마그리브 지방에는 이슬람 이전에 강력한 왕권이 존재하지 않았다. 로마인과 유럽의 기독교도는 바다를 건너 이프리키야로 와서 해안지방을 점령했지만, 그곳에 살던 베르베르인들을 확고히 복속시키지 못했기 때문에 그 지배는 일시적인 것으로 그쳤다. 마그리브에서 가까운 곳에 위치한 왕조는 없었다. 가끔씩 그곳의 주민들이 바다를 건너 침입한 고트족에 복속했을 뿐이다. 아랍인

---

[2] 서고트족(Visigoth) 왕국은 스페인에서 서기 497년 무렵부터 지배권을 확립하여 2세기 정도 지속되었다. 사라센 제국 제1기의 왕조인 우마이야 왕조(661-750) 몰락 후 스페인으로 도주한 우마이야 일족은 756년 코르도바를 점령하여 스페인의 지배자가 되어 1031년까지 존속했다. 그렇다고 하더라도 "수천 년 동안"이라는 표현은 과장된 것이라고 할 수밖에 없다.

들이 이프리키야와 마그리브를 정복한 뒤에도 그 지배는 이슬람 초기의 단기간에 불과했다. 당시의 주민들의 생활은 유목적인 단계에 머물러 있었다. 이프리키야와 마그리브에 정착하게 된 사람들은 그곳에서 도회문화의 오랜 전통을 찾아볼 수 없었는데, 이는 그 원주민인 베르베르인들이 유목적 생활에 깊이 물들어 있었기 때문이었다. 얼마 안 있어 모로코의 베르베르인들이 반란을 일으켰고 그 뒤로는 아랍인의 지배에서 영구히 벗어나서 독립해버렸다. 비록 이드리스에게 복속하게 되었지만, 그의 왕조는 베르베르인들이 주도했고 아랍인의 숫자도 별로 많지 않았기 때문에 아랍인의 지배라고 부르기는 어렵다. 그뒤 이프리키야는 아글라브 왕조 및 그들과 연합했던 아랍인들의 소유가 되었다. 이들은 왕권이 가져다주는 사치와 번영의 결과로 어느 정도 도회문화를 소유했고, 또한 원래 그들이 지배하던 카이라완의 거대한 문명에 힘을 입기도 했다. 아글라브 왕조의 뒤를 이어 쿠타마족, 신하자족 등이 지배권을 이어갔지만, 단기간에 그쳤고 400년도 채 넘기지 못했다. 그들의 왕조는 종말을 고했고, 확고한 뿌리를 내리지 못했던 도회문화의 각인은 지워져갔다. 그러다가 아랍계 베두인인 힐랄족이 그 지방을 정복하고 폐허로 만들어버렸다.

  지금도 그곳에는 도회문화의 희미한 흔적들이 다소간 남아 있어, 그 주민들의 가내 경제와 관습 속에서 찾아볼 수 있다. 그런 요소들이 다른 것과 뒤섞여 있지만, 정주지역에서 온 사람이라면 그런 정주적 요소를 식별할 수 있다. 그러나 이것은 이프리키야에 있는 대부분 도시들에서의 상황이지, 마그리브 지방의 도시들의 경우는 다르다. 왜냐하면 이프리키야에는 아글라브 왕조 이래 파티마와 신하자 등의 왕조가 오랫동안 통치했기 때문이다.

  한편 마그리브는 알모아데 왕조의 시대 이래 스페인으로부터 도회문화의 영향을 크게 받았는데, 이와 같은 도회문화의 관습은 마그리브에 자리잡은 왕조들이 스페인을 지배할 때 뿌리를 내리게 된 것이다. 스페인 주민의 상당수가 자발적이든 강제적이든 마그리브 지방의 알모아데 왕조로 건너갔다. 주지하듯이 알모아데 왕조의 영향은 매우 광범위했고, 스페인 출신 사람들이 대부분 전해준 것이긴 하지만, 도회문화의 요소가 대단히 많았다. 후일 동부 스페인의 주민들은 기독교도에게 추방되어 이프리키야로 이주했고, 그곳의 도시에 도회문화의 흔적을 남겼다. 그 대부분은 튀니스에서 발견되는데, 거기서 그런 요소는 여행자들에 의해서 전달된 이집트의 도회문화나 관습 등과 혼효되었다. 이렇게 해서 마그리브와 이프리키야는 상당 정도 도회문화를 지니게 되었지만, 곧 소멸되어 사라져버리고 말았고, 마그리브의 베르베르인들은 원래의 유목민적 방식과 거친 생활로 되돌아갔다. 그렇지만 도회문화의 흔적은 마그리브에 비해서 이프리키야에 더 많이 남아 있다. 그것은 이프리키야에 있던 왕조의 수명이 더 길었을 뿐만 아니라 이집트인들과의 긴밀한 교류를 통해서 그 관습의 영향을 받았기 때문이다.

이와 같은 사실에 숨겨진 의미는 사람들에게 비록 널리 알려져 있지 않으나, 분명히 알아두어야 할 것이다. 왕조의 강약, 민족이나 종족 인구의 다과, 도시 규모의 대소, 번영과 재화의 대소 등은 서로 모두 연관된 것들이라는 사실을 깨달을 필요가 있다. 왜냐하면 왕조와 왕권은 세계와 문명의 형상이지만, 반면 백성과 도시와 기타 많은 것들은 왕조와 왕권의 질료를 구성하기 때문이다. 세금으로 거두어진 돈은 백성들에게로 환원되고, 그들의 재화는 일반적으로 말해서 거래나 상업활동을 통해서 축적된다. 만약 군주가 백성들에게 증여물과 금전을 쏟아부으면, 그것은 그들 사이에서 유통되다가 다시 그에게로 돌아오고, 그것은 다시 그에게서 백성들에게로 돌아간다. 재화는 세금과 지세를 통해서 백성들로부터 걷히고, 증여물의 형태로 백성들에게 환원된다. 백성들의 재화는 왕조의 재정에 상응하고, 왕조의 재정은 백성의 숫자와 재화에 상응한다. 이 모든 것의 원천이 문명이자 그 문명이 지니는 규모이다. 만약 왕조에 관해서 이러한 점들을 고찰한다면, 이와 같은 사실을 깨닫게 될 것이다.

18) 도회문화는 문명의 절정이자 성장의 종말이며 퇴락의 징후이다

왕조와 왕권은 연대의식의 궁극점이고, 도회문화는 유목민적 생활의 궁극점이라는 사실은 위에서 설명한 바이다. 또한 유목문명이건 도회문화이건 혹은 군주나 백성 누구를 위한 것이건 관계없이 어떠한 형태의 문명도, 마치 개인이 자연생명을 가지고 있듯이 그 나름의 자연생명을 가지고 있다는 점도 설명했다.

40년이면 한 인간의 체력과 성장이 중지한다는 사실은 전승과 이성적 사유를 통해서 확인된다. 한 인간이 40세의 나이에 도달하면 한동안 자연적 성장이 멈추고 뒤이어 쇠퇴가 시작된다. 이와 동일한 현상이 도회문화에서도 나타나는데, 이는 넘어갈 수 없는 한계가 있기 때문이다. 문명화된 사람들이 사치와 번영을

지방과 도시, 기타 모든 형태의 도회문명······ 347

누리게 되면, 그것은 필연적으로 도회문화의 방식을 따르고 그 관습을 채용하도록 만든다. 주지하듯이 도회문화는 다양한 사치품의 사용, 거기에 수반되는 것들에 대한 장려, 온갖 정교한 물품에 우아함을 더해주는 기술 —— 예를 들면 요리, 재단, 건축, 카펫, 용기, 기타 일상생활에 필요한 물품들 —— 의 발전 등을 의미한다. 이러한 물건들을 정교하게 만들기 위해서는 그와 같은 정교함을 결여한 전야 생활에서는 필요하지 않는 여러 기술들이 존재해야 한다. 일상생활에서 정교함이 정점에 도달하게 되면, 그것은 욕망에의 추종이라는 결과를 낳게 된다. 이런 모든 관습을 통해서 인간의 영혼은 자신의 종교와 세속적 영화를 해치는 여러 가지 낙인을 받게 된다. 이제는 버리기 힘든 관습에 깊이 물들어버렸기 때문에 자신의 종교를 온전히 보존하기 어렵고, 수입만으로는 감당하기 힘든 온갖 물품에 대한 수요로 인해서 세속적인 영화도 보장받기 어렵게 된다.

이와 같은 점은 도회민의 지출이 도회문화의 다양화와 함께 증가되어간다는 사실을 통해서 설명할 수 있다. 도회문화는 문명발전의 정도에 따라서 달라지며, 문명이 발전함으로써 도회문화도 더욱 완벽해진다. 앞에서 우리는 많은 인구가 사는 도시에서 가격의 등귀현상이 나타난다는 사실을 지적했다. 그 가격은 상세의 부과로 더욱 상승한다. 왜냐하면 왕조가 최전성기에 도달했을 때 도회문화도 완벽을 구현하지만, 동시에 그것은 왕조가 필요로 하는 막대한 지출로 인해서 상세를 거두어들이는 시점이기도 하기 때문이다. 게다가 소규모 업자와 상인들은 그러한 모든 경비, 심지어 개인적인 지출까지도 자기 물품의 가격에 포함시켜버리기 때문에, 결국 상세는 판매가격을 상승시키는 결과를 낳는다. 따라서 증대된 도회민의 지출은 합리적인 수준을 넘어 과도한 단계에 접어든다. 그럼에도 불구하고 사람들은 관습에 지배되고 종속되기 때문에 이런 상황에서 벗어날 수 없다. 모든 이윤은 지출로 나가고, 한 사람씩 차례로 생활수준이 낮아지면서 궁핍해져 간다. 빈곤이 그들을 덮치고 구입 가능한 물품을 살 수 있는 사람도 거의 없어지게 되며, 거래는 위축되고 도시의 상황은 악화된다.

이 모든 것은 도회문화와 과도한 사치에 의해서 초래된다. 그런 것들은 도시의 상거래와 문명을 전반적으로 타락시키기도 하지만, 주민 개개인의 타락도 가져온다. 개개인의 타락은 사치의 관습 때문에 비롯된 수요를 충족시키기 위한 고통스럽고 힘든 노력의 결과이며, 그런 수요를 충족시키는 과정에서 나타나는 나쁜 품성의 결과이고, 동시에 그런 악습으로 영혼이 받게 되는 손상의 결과인 것이다. 정당하건 부당하건 어떻게 해서든지 생활을 유지하기 위해서 저지르는 부도덕, 악행, 불성실, 기만 등이 늘어간다. 인간의 영혼은 생계를 유지하기 위한 방도를 생각하고, 그것을 연구하며, 그 목적을 실현하려고 가능한 모든 기만술을 동원한다. 사람들은 거짓말, 도박, 사기, 협잡, 절도, 위증, 고리대금업 등에 몰두하게 된다. 사치가 만들어내는 수많은 욕망과 쾌락을 충족시키기 위해서 그들은 온갖 부도덕한 수단과 방법을 배운다. 그런 것에 관한 이야기도 이제는 아무런 거리낌없이 하게 될 정도여서, 일족들 사이에서도 공개적으로 이야기하고, 심지어 순결을 지키고 외설을 피해야 하는 유목민적 태도가 요구되는 여성 친척들에게도 이야기할 정도가 된다. 그들은 사기와 기만에 관한 모든 것을 알게 되고, 그것을 통해서 그런 악행을 막으려는 여러 가지 강제 수단과 처벌로부터 자신을 보호하려고 한다. 결국 이런 것이 신께서 보호하시는 일부를 제외한 나머지 대부분의 사람들에게 하나의 습관과 성품이 되어버린다.

그렇게 되면 도시는 비열한 성격을 가진 저속한 사람들로 북적거린다. 그들은 왕족들 가운데 교육을 제대로 받지 못하고 왕조의 일원으로 받아들여지지도 않는 신세대의 여러 사람들과 어울린다. 신세대 왕족들은 비록 고귀한 혈통과 조상을 가지고 있을지는 몰라도 그들을 둘러싼 환경과 무리들의 품성을 받아들이게 된다. 인간이란 서로를 닮게 마련이기 때문이다. 다만 각자 타고난 자질이 다르고, 선을 함양하고 악을 피하려는 성품이 다를 뿐이다. 악에 깊이 물들어 타락한 성품을 가지게 된 사람들에게는 훌륭하고 순수한 혈통도 아무런 소용이 없다. 따라서 우리는 명문의 후예, 존경받는 뿌리를 지닌 사람, 왕족의 일원들이 생계를 유지하려고 깊은 진탕에 빠져 저열한 일을 하는 것을 보게 된다. 왜냐하면 그들의 성격이 악행과 불성실에 물들어 타락해버렸기 때문이다. 만약 이와 같은 상황이 도시나 민족 사이에 확대된다면, 신께서는 그들의 붕괴와 파멸을 허락하신다. 다음과 같은 신의 말씀도 바로 그것을 뜻한다. "내가 한 마을을 멸하고자 할 때, 그들 가운데 사치스럽게 생활하며 거기서 죄를 범하는 자에게 먼저 명령을 내린다. 그래서 그 말은 진실이 되고 나는 그곳을 파괴한다."[3]

---

[3] 『코란』 17:16.

이와 같은 사실은 사치의 관습이 극대화되면서 그것을 충족시키려는 욕구도 증대되어 사람들이 얻는 이윤으로는 지출을 감당하기 힘들게 된다는 것으로 설명할 수 있다. 따라서 사람들의 생활은 혼란에 빠지고, 개인의 생활이 조금씩 악화되면 도시는 해체되고 폐허로 변해버리는 것이다.

도시 안에 오렌지 나무가 많이 자라면, 그 도시는 폐허가 된다는 말을 하는 일부 전문가들의 주장에 담긴 의미도 바로 이것이다. 바로 이런 불길한 말 때문에 많은 사람들은 자기 집 주위에 오렌지 나무를 키우지 않으려고 한다. 그런데 정원과 수로는 도회문화의 결과이다. 오렌지 나무, 보리수, 사이프러스, 혹은 이처럼 과일을 맺지 않는 나무들[4]은 아무런 효용도 없지만, 다만 그 모양을 보기 위해서 정원에 심는다. 따라서 이런 나무들은 도회문화의 궁극점을 보여주는 것이고, 사치의 방식들이 다양화된 뒤에야 비로소 심어지는 것들이다. 이것은 앞에서도 말했듯이, 도시의 파괴와 붕괴를 두려워할 만한 단계에 나타나는 현상이다. 같은 범주에 들어가는 협죽도(夾竹桃)도 마찬가지이다. 그것을 심는 유일한 목적은 빨갛고 하얀 꽃으로 정원을 장식하려는 것인데, 이것은 사치이다.

도회문화를 타락시키는 것들 가운데 사치의 만연으로 인한 쾌락에의 경도와 탐닉도 꼽을 수 있다. 그것은 맛난 음식과 음료를 추구하는 욕망을 다양화시키고, 이는 다시 다양한 방법의 성교, 예를 들면 간음이나 동성애와 같은 방식을 통한 성적 쾌락의 다양화로 이어지며, 그것은 종의 소멸을 가져온다. 그 결과는 간접적으로 나타날 수도 있는데, 간음으로 발생하는 혈통에 대한 혼란 때문에 그렇게 된다. 즉 자궁 안에 다른 남자의 정자들이 뒤섞이기 때문에 누구도 자기의 진짜 자식이 누구인지 모르게 되며, 이로 인해서 사람이 자기 자식에 대해서 느끼는 본능적인 애정과 그 자식을 키우려는 의무감도 상실되어버린다. 그래서 그들은 절멸하게 되고 종의 종말을 초래하는 것이다. 만약 동성애와 같은 방식이 만연한다면, 후손은 단절되고 종의 소멸이 직접적으로 발생할 수도 있다. 동성애는 간음보다 종의 절멸에 더 치명적이다. 왜냐하면 간음은 세상 속으로 존재하게 된 사람들의 사회적 부재(不在)를 초래하지만, 동성애는 어떠한 인간도 존재할 수 없게 만들기 때문이다. 따라서 말리키 법학파는 다른 어느 학파보다도 동성애

---

[4] 실제로 감귤류의 나무에는 과일이 달리지만, 그것이 식량으로서의 효용이 없기 때문에 이븐 할둔은 이렇게 진술한 것 같다.

에 관해서 명백한 입장을 취하고 있으며, 그것은 말리키 법학파가 종교법이 어떤 목적을 지니고 있고 또 공공의 이익에 어떤 영향을 미치는가에 대해서 더 잘 이해하고 있음을 보여준다.

우리가 분명히 알아야 할 점은 도회문화와 사치가 문명의 궁극점이라는 사실이다. 문명이 그 궁극점에 도달하면 생물의 자연적 생명에서 나타나는 현상처럼, 타락으로 돌아서고 노쇠하기 시작한다. 실제로 도회문화와 사치로써 나타나는 성품의 특징은 타락과 동일하다고까지 말할 수 있다. 인간은 스스로 유용한 물자를 만들어내고 유해한 것을 물리칠 수 있을 때, 그리고 그러한 목적을 위해서 노력하는 데에 적합한 성품을 소유할 때, 그는 비로소 인간이라고 할 수 있다. 도회민은 개인적으로 자신의 수요를 감당할 수 없다. 자신이 즐기는 평안으로 인해서 너무 나약하거나, 번영과 사치에 젖어 성장했기 때문에 너무 오만하다. 나약과 오만 이 두 가지는 모두 나쁜 품성이다. 그는 교육과 훈도의 영향으로 또 사치로 인해서 용기를 상실했기 때문에 그런 유해한 것들을 물리칠 능력이 없다. 이렇게 해서 그는 자신을 방어해주는 힘에 의존할 수밖에 없다.

이런 사람은 자신의 종교에 관해서도 타락하는 경우가 많다. 앞에서도 설명했듯이, 사치의 관습과 그것에 대한 굴종은 그를 타락시키고, 그의 영혼은 사치의 습관에 깊이 물들게 된다. 한 인간의 힘과 그의 성격과 종교가 타락하면 그의 인간성도 타락하고, 그는 실제로 짐승처럼 변하게 된다.

국가의 병사들 가운데 유목민적 생활과 강직함에 보다 가까운 사람들이 도회문화 속에서 자라서 도회문화의 전형적 성품을 지니게 된 사람들보다 더 유용하다는 것은 바로 이런 이유 때문이다. 이러한 현상은 모든 왕조에서 확인된다. 이렇게 해서 도회문화의 단계가 문명과 왕조의 수명이 정지하는 지점이라는 사실이 분명해졌다.

19) 왕조가 붕괴하면 왕권의 소재지인 도시도 폐허가 된다

우리는 왕조가 해체되면서 붕괴될 때, 군주가 머무는 도읍의 문명도 무너지고, 그 과정에서 그것이 완전히 폐허로 변하는 일이 흔하다는 사실을 확인했다. 그리고 이러한 일은 거의 즉각적으로 발생한다. 거기에는 몇 가지 이유가 있는데 다음과 같다.

(1) 왕조 초기에 왕조 관계자들은 유목민적인 풍모로 인해서 사람들의 재산을 강탈하거나 교묘한 술책을 부리지 않는다. 따라서 왕조의 재정적 기초가 되는 세금과 상세도 낮은 상태를 유지하며, 경비지출은 적고 사치도 거의 없다. 사치를 거의 모르는 신왕조가 어떤 도시를 수도로 삼게 되면, 그 도시주민들의 사치풍조도 줄어든다. 백성들은 왕조를 본받기 때문이다. 그들이 왕조의 특징을 닮아가는 것은 주군의 전통을 따르는 인간의 본성에 의한 자발적인 것일 수도 있지만, 가능하면 사치를 자제시키고 사치풍습에 소요되는 물자를 가능케 하는 이윤을 축소시키려는 왕조의 성격으로 인해서 강제된 것일 수도 있다. 그 결과 도시의 도회문화는 감퇴되고 많은 사치풍습도 사라진다. 이것이 도시의 황폐화가 발생하는 한 이유이다.

(2) 왕조는 적대와 전쟁을 통해서만 획득되는 우위를 통해서 비로소 왕권과 권력을 장악할 수 있다. 적대는 두 왕조의 당사자들 사이에 존재하는 대립, 사치스러운 관습과 생활에 대한 견해 차이 등을 의미한다. 이 두 경쟁자 가운데 어느 한 쪽의 승리는 다른 쪽의 소멸을 의미한다. 그래서 전왕조의 생활조건, 특히 사치스러운 관습은 신왕조의 사람들에 의해서 사악하고 혐오스러운 것이라고 비난을 받게 되며, 신왕조가 그것을 반대하기 때문에 그런 풍습은 사라진다. 그러나 결국 새로운 사치풍습이 서서히 신왕조 사람들 사이에서 생기기 시작하고, 그들도 새로운 도회문화를 만들어낸다. 이 두 시기의 사이에 첫번째 즉 전왕조의 도회문화의 약화와 쇠퇴가 발생하는데, 이것이 도시에서 문명의 해체가 발생하는 한 이유이다.

(3) 각 민족은 원래의 뿌리가 생겨나고 성장한 발상지, 즉 고향이 있다. 그들이 새로운 고향을 소유하게 되었을 때, 그곳은 첫번째 고향에 다음가는 두번째 고향으로 간주되며, 그곳의 도시들도 마찬가지이다. 왕국의 강역과 영향력이 확대되면, 왕조에 속하는 지방들 가운데 중심, 즉 전체 왕국의 중심에 정부의 소재지를 두는 것은 불가피하다. 따라서 정부의 새로운 소재지는 원래의 소재지가 있었던 곳으로부터 멀어진다. 사람들의 마음은 새로운 소재지로 끌리는데, 그것은 왕조와 정부가 그곳에 자리를 잡았기 때문이다. 인구가 그곳으로 이동하고, 원래의 소재지가 있던 도시의 인구는 서서히 사라진다. 도회문화는 많은 인구에 의존하는데, 인구의 이동으로 말미암아 원래의 소재지에 있던 정주적이고 도시적인 문

화는 쇠퇴한다. 이것이 도시문명의 해체가 일어나는 또 하나의 이유이다.

(4) 전왕조에 대해서 신왕조가 우위를 장악하게 되면, 전왕조의 주민과 지지자들을 다른 지역으로 옮김으로써, 그들이 비밀리에 공격을 감행할 수 없도록 조치를 취한다. 수도에 거주하는 주민 대다수는 전왕조의 지지자들이다. 그들은 왕조 초기부터 그곳에 정착한 군대이거나 그 도시의 귀족들이다. 일반적으로 다양한 계층과 유형에 속하는 주민 모두는 전왕조와 접촉을 유지해왔고, 그 왕조 안에서 성장하면서 그 지지자가 된 사람들이다. 비록 그들이 권력과 연대의식을 매개로 해서 전왕조와 연결되어 있지 않다고 하더라도, 공감, 애정, 신뢰 등을 통해서 연결되어 있다. 신왕조는 본질적으로 전왕조의 모든 잔재를 씻어낼 수밖에 없다. 따라서 신왕조는 옛 수도의 주민들을 자신들이 확고한 지배권을 행사하고 있는 자신들의 고향으로 옮기는 것이다. 일부는 그곳에 유배자나 포로로 끌려오기도 하지만, 경우에 따라서는 반발을 야기하지 않기 위해서 존경받고 우대받는 손님으로 데려오기도 한다. 결국 전왕조의 수도에는 상인, 떠돌이 노동자, 불한당을 비롯하여 평민 대중들만이 남게 된다. 옮겨진 사람들이 살던 곳은 신왕조의 수비대와 지지자들이 차지하고, 그들의 수효는 도시를 채우기에 충분하다. 다양한 계층의 명망가들이 그 도시를 떠나면 주민의 숫자는 감소한다. 이것이 바로 수도에서 문명의 해체가 발생하는 한 이유이다.

이렇게 되면 전왕조의 수도는 신왕조의 그늘 아래에서 새로운 문명을 만들어야만 한다. 그곳에서는 신왕조의 강력함에 상응하는 또 다른 도회문화가 일어난다. 이러한 현상은 내부가 완전히 퇴락한 가옥을 소유한 사람에 비유될 수 있다. 방들에 있는 장치와 편의물들은 주인의 뜻에 맞지 않는다. 주인은 이러한 장치들을 개조하고 자신의 희망과 계획에 맞게 다시 만들 힘이 있다. 그래서 그는 집을 허물고 새로운 건물을 짓게 되는 것이다. 이와 비슷한 일이 한때 왕조의 소재지였던 도시에서도 일어난다. 우리는 그런 것을 우리의 눈으로 직접 보아서 알고 있다.

간단히 말해서 이러한 상황이 벌어지게 되는 일차적인 본질적 원인은 왕조 및 왕권과 문명 사이의 관계가 형상과 질료 사이의 관계와 동일하다는 데에 있다. 형상은 그것이 나타내는 특정한 종류의 현상을 통해서 질료라는 존재를 보존하는 형식이다. 이 양자가 서로 분리될 수 없다는 것은 철학에서 이미 확립된 이론이다. 우리는 문명이 없는 왕조를 생각할 수도 없거니와, 왕조나 왕권이 없는 문명도 불가능하다. 왜냐하면 인간은 본질적으로 협력할 수밖에 없고, 그러한 협력은 억제적 영향력을 필요로 하기 때문이다. 따라서 종교적 혹은 왕권적 권위에 기초한 정치적 지도력은 불가피하며, 왕조가 바로 그것이다. 양자가 분리될 수 없기 때문에, 둘 가운데 하나의 해체는 반드시 다른 하나에 영향을 미치며, 어느 하나의 소멸이 다른 하나의 소멸을 초래하는 것이다.

대대적인 해체는 왕조 전체의 해체에서 기인한다. 이것은 페르시아인이나 비잔틴인이 건설한 왕조들에, 그리고 우마이야 왕조와 압바스 왕조, 나아가서 아랍인 전체에게서 일어났던 현상이다. 아누시르완, 헤라클리우스, 압둘 말리크 이븐 마르완, 알 라시드와 같은 개별 군주의 치세는 이와 같은 방식의 해체에 결정적인 영향력을 발휘하지는 못한다. 개인들은 차례로 뒤를 이으면서 기존의 문명을 수용하고 그 상태를 그대로 물려받기 때문에, 서로 매우 유사하게 된다. 나아가서 문명의 질료에 영향을 미치는 진정한 힘은 연대의식과 그 힘인데, 이것은 왕조의 군주들이 바뀌어도 그대로 존속한다. 따라서 이와 같은 연대의식이 사라지고 새로운 연대의식이 그것을 대치할 때, 비로소 대대적인 문명의 해체가 시작되는 것이다.

20) 어떤 도시는 다른 도시가 가지지 못하는 기술을 소유한다

그 까닭은 상호협력이 문명에 내재해 있는 특징이고 한 도시의 주민들의 작업은 서로를 필요로 하기 때문이다. 필요한 작업은 도시의 일부 주민들에 의해서만 수행되고 그들은 그 작업을 맡아서 하게 된다. 그들은 그 방면의 기술에 숙련공이 되고, 그러한 작업은 그들에게 고유한 직업이 되며, 이를 통해서 생계를 꾸리고 식량을 확보한다. 왜냐하면 그런 작업은 도시에서 전반적인 중요성을 지니고 또 필요로 하는 것이기 때문이다. 반면 도시에서 필요로 하지 않는 작업들은 무시되는데, 그것을 수행하는 사람들에게 아무런 이윤을 가져다주지 않기 때문이다.

생활에 필수불가결한 작업들, 예를 들면 재단, 야금, 목공 등과 같은 직업은 모든 도시에 존재한다. 그러나 사치의 풍습과 생활에 필요한 작업들은 고도로 발달된 문화를 지닌 도시, 즉 사치풍습과 도회문화를 가진 도시에만 존재한다. 그런 작업으로는 유리가공, 금은세공, 향수 제작, 요리, 금속세공, 제과, 비단직조 등이 있고, 그 수준도 다양하다. 도회문화의 관습과 사치생활의 수요가 증가함으로써 이런 종류의 기술들이 생기며, 그것은 특정한 도시에는 존재하지만 다른 도시에서는 찾아볼 수 없다.

공중 욕탕도 이런 부류에 속한다. 그것은 고도로 발달된 문명이 있고 조밀한 인구를 지닌 도시에만 존재하며, 사치와 부에서 생기는 일종의 탐닉이다. 따라서 공중 욕탕은 중간 규모의 도시에는 존재하지 않는다. 물론 일부 군주나 수령들은 중급 도시에도 그런 것이 있으면 하고 희망하여, 공중 욕탕을 짓고 운영하게 한다. 그러나 다수 대중의 수요가 없기 때문에 그것은 곧 잊혀지고 폐허로 변하며, 그것을 맡아서 운영하던 사람들도 이윤과 수입이 적어서 곧 떠나버리고 만다.

21) 도시에서의 연대의식의 존재와 일부 도시민들의 다른 도시민들에 대한 우위

사람들이 설사 공통의 혈통을 소유하지는 않더라도, 긴밀한 접촉하에서 서로 결합하려는 경향이 인간의 본성 안에 존재한다는 점은 이미 명백해졌다. 그러나 그와 같은 결합은 공통의 혈통에 기반을 둔 것에 비해서는 약하고, 그로 인해서 생기는 연대의식도 비례적으로 약하다. 도시의 대다수 주민들은 혼인을 통해서 서로 긴밀한 접촉을 하고, 이는 그들을 가깝게 결합시키고 마침내 개별적인 연결 집단을 형성케 한다. 그런 집단 안에는 부족과 가족 사이에 존재하는 우의와 적대가 마찬가지로 나타나기 때문에, 더 작은 당파와 집단으로 갈라진다.

왕조가 노쇠해져 그 영향력이 변방에서 약화될 때, 왕조 치하의 도시에 사는 주민들은 자신들의 업무를 스스로 처리하고 방어할 방도를 모색하지 않으면 안 된다. 영혼은 본질상 우위와 지배를 추구하기 때문이다. 강제력을 발휘하던 정부와 왕조가 힘을 잃게 되었기 때문에 유력자들은 자신들이 직접 완전한 통제권을 장악하고자 한다. 이리하여 만인의 만인에 대한 경쟁이 시작된다. 그들은 가신, 지지자, 동맹자 등 추종자를 원하며, 오합지졸의 군중을 확보하기 위해서 자신의 모든 재산을 소비한다. 사람들은 동지들로 이루어진 각각의 집단들을 형성하고, 그들 가운데 하나가 우위를 장악한다. 그렇게 되면 그는 자기와 견줄 만한 사람들을 공격하여, 그들을 암살이나 추방의 방법으로 억압한다. 결국 그는 그들에게서 전권을 박탈하고 그들을 어떤 피해도 줄 수 없는 존재로 만든다. 그는 도시 전체에 대한 독점적 통제권을 장악한다. 그리고 자신이 자손들에게 물려주어도 좋을 왕국을 건설했다고 믿겠지만, 실은 더 큰 왕국에서 노쇠와 함께 나타난 권력의 쇠퇴 징후가 그의 소왕국에서도 마찬가지로 발견된다.

이들 가운데 일부는 대군주, 즉 부족, 가족, 연대의식을 소유하고 전투에 참가하거나 원정을 지휘하고 광대한 지역을 지배하게 된 군주들과 같이 되기를 열망하기도 하지만, 실은 그러한 연대의식을 소유한 것은 아니다. 그들은 옥좌에 앉는 관습의 채택, 군주에 어울리는 의관의 사용, 지방 여행시 기마행렬의 동원, 인장 반지의 사용을 비롯하여 접견 의례를 도입하고 '전하'라는 칭호로 부르게 하기도 하지만, 이를 보는 사람에게는 고소를 금치 못하게 하는 일이다. 그들은 자격도 없으면서 군주의 문장을 채용한다. 그가 이렇게 할 수 있는 것은 통치 왕조의 영향력이 약화되었고, 그 자신이 긴밀한 관계를 맺게 된 추종자들을 통해서 연대의식을 가지게 되었기 때문이다. 어떤 사람들은 이와 같이 엉뚱한 야심을 자제하고 소박하게 살기도 하는데, 이는 스스로를 조롱거리로 만들고 싶지 않기 때문이다.

이러한 현상이 오늘날 이프리키야 지방의 하프스 왕조 후기에 들어와서 자리드 지방, 즉 트리폴리, 가베스, 토제우르, 나프타, 가프사, 비스크라, 자브 및 그 인근 지역의 주민들 사이에서 일어나고 있다. 그들은 왕조의 영향력이 지난 수십 년 동안 쇠퇴해가는 동안 그런 야심을 꿈꾸었다. 각자 자기가 있는 도시에서 권력을 장악하고 왕조로부터 사법권과 재정권을 탈취했다. 그들은 현왕조에 충성을 다짐하면서 어느 정도의 공손, 환대, 복종 등을 표시하고 있지만, 내심은 전혀 다르다. 그들은 자신의 지위를 후손들에게 물려주어 오늘에까지 이르고 있다. 군주의 계승자나 후손들 사이에 흔히 보이는 잔혹과 학정을 그들에게서도 찾아볼 수 있다. 그들은 진정한 군주와 어깨를 나란히 할 만하다고 생각하지만, 실제로 최근까지도 그들은 평민에 불과했다.

일반적으로 그러한 지배력은 도시의 지도자나 장로의 지위를 차지하기에 합당한 명문가 출신의 사람들에게 돌아간다. 그러나 때로는 어떤 운명의 힘으로 폭도들과 긴밀한 접촉을 가지고 연대의식을 획득한 최하층 출신의 사람이 차지하는 경우도 있다. 그렇게 되면 그는 연대의식의 지원을 상실한 장로들이나 상층 인사들에 대해서 우위를 장악하게 되는 것이다.

22) 도시민의 방언

도시민의 방언은 그 도시를 건설하고 지배하는 민족과 종족의 언어를 따른다. 따라서 오늘날 동부와 서부의 모든 무슬림 도시에서는, 비록 고전 아랍어를 말하는 습관은 변질되었고 단어 말미의 모음(i'râb)도 바뀌었다고 하더라도, 아랍어를 주된 방언으로 하고 있다. 그 이유는 무슬림들이 이 이방민족들을 지배했기 때문이다. 종교와 종교조직은 존재와 왕권의 형상을 이루고, 존재와 왕권은 종교의 질료를 구성한다. 형상은 질료에 우선한다. 종교는 종교법에서 나온 것인데, 예언자가 아랍인이었기 때문에 종교법은 아랍어로 되어 있다. 따라서 이슬람 치하의 모든 지방에서는 아랍어가 아닌 다른 언어를 사용하는 것은 피해야 할 일이다.

이와 같은 사실은 칼리프 우마르가 비아랍인들 사이에 통용되던 관용어들을 금지했던 예를 통해서도 알 수 있다. 이슬람이 비아랍계 방언들을 기피했기 때문에, 그런 방언들은 각 지방에서 완전히 금기시되었다. 왜냐하면 사람들은 정부를 따르고 그 방식을 추종하기 때문이다. 이렇게 해서 아랍어의 사용이 이슬람의 상징이 되고 아랍인에 대한 복종의 징표가 되었다. 이방 민족들은 모든 도시와 지방에서 자신들의 방언과 언어의 사용을 기피했고, 마침내 아랍어는 구어로서 확고한 뿌리를 내리게 되었으며, 심지어 그런 곳에서 비아랍어는 외래적이고 마치 수입된 것처럼 보일 정도가 되었다. 아랍어가 외래 언어와 접촉하게 되면서 그 규칙의 일부나 어미에서 변질이 나타났다. 그러나 의미론적인 측면에서는 기본적으로 변화가 없었는데, 이런 형태의 아랍어는 '도회민의 언어'라고 불렀고 이슬람 치하의 모든 도시에서 사용되었다.

또한 오늘날 이슬람권 도시들의 대다수 주민은 그곳을 지배하고 사치스러운 생활 속에서 소멸되었던 아랍인들이 후예이다. 그들의 숫자는 그곳에 살면서 그 지방을 물려받았던 비아랍인들을 압도했다. 그런데 언어라는 것도 계승되는 것이다. 따라서 아랍의 후손들이 말하는 언어는 설령 비아랍인들과의 접촉으로 서서히 변질되긴 했지만, 그 조상들의 것과 매우 근접한 채로 남아 있다. 다만 그것을 '도회민의 언어'라고 부르는 이유는 정주화된 지방과 도시의 주민들이 사용하기 때문이며, 황야에 살면서 아랍적 전통을 굳게 지키고 있는 아랍인들의 언어와는 구별되기 때문이다.

비아랍인들이 군주가 되어 왕권을 장악하고 이슬람권 전역에 대한 지배권을 차지했을 때, 아랍어도 변질되지 않을 수 없었다. 만약 이슬람의 근원이 될 뿐 아니라 아랍어로 쓴 『코란』과 순나에 대한 무슬림들의 관심이 없었다면, 아랍어 자체가 거의 사라졌을지도 모른다. 그와 같은 관심이 도시에서 사용되는 도회민들의 방언의 존속을 도운 한 요인이 되었다. 그러나 무슬림이 아닌 타타르와 몽골이 동방의 지배자가 되자, 아랍어의 존속을 도운 그 요인은 사라지고 말았고 아랍어는 완전히 소멸될 수밖에 없었다. 페르시아, 후라산, 남부 페르시아, 동부와 서부 인도, 트란스옥시아나, 북방의 여러 나라, 아나톨리아 등지의 이슬람 세계에서는 아랍어의 흔적조차 남아 있지 않다. 아랍어로 된 시와 구어도 사라졌다. 아랍어 교육은 문법을 통해서 배울 수 있는 규칙들을 활용하거나 간단한 회화를 암기하는 방식으로 진행되는 기술적인 차원에 그쳤으며, 그것도 신께서 재능을 부여하신 소수의 사람에게만 국한된다. 도회민의 아랍어 방언은 주로 이집트, 시리아, 스페인, 마그리브 등지에 남아 있는데, 그곳에는 이슬람이 아직 보존되고 있어 아랍어의 지식이 요구되기 때문이다. 그래서 그나마 보존될 수 있었던 것이다. 그러나 페르시아와 그 너머의 동방에서는 아랍어의 흔적도 기반도 사라져버렸으며, 심지어 과학서적을 저술할 때나 교실에서 아랍어를 가르칠 때에도 페르시아어가 사용될 정도이다.

제5장 이윤과 기술 등 다양한 생계수단 및 그것들과 연관되어 생긴 조건들. 기타 이 주제에 관한 여러 가지 문제점들

1) 식량과 이윤의 진정한 의미와 그것에 대한 설명. 이윤은 인간 노동을 통해서 실현된 가치이다

인간은 성장기와 장년기 또 노년기를 거치는 인생의 여러 조건과 단계에서 생래적으로 요구되는 식량을 필요로 한다. 『코란』의 구절들에도 나타나 있듯이, 신은 인간에게 필요한 모든 것을 세상에 창조했고, 인간에게 그것들을 주었다. 신께서는 인간을 지상에 자신의 대리인으로 삼으셨기 때문에, 인간은 온 세상에 손을 뻗쳐 그 안에 있는 것들을 소유할 수 있게 되었다.

모든 인간은 사물을 획득하려고 노력하는데, 이 점에서 모든 인간은 동일하다. 따라서 누가 어떤 것을 손에 넣으면, 그가 교환을 통해서 타인에게 주지 않는 한, 절대로 그것을 양도하려고 하지 않는다. 인간이 최초의 유약한 단계를 지나 스스로를 통어할 능력을 갖추게 되면, 이윤을 만들려고 노력한다. 그래서 그는 신께서 필수품으로 주신 것들을 교환이라는 형태로 사용할 수 있는 것이다.

인간은 자신의 노력을 들이지 않고도 이윤을 거두는데, 예를 들면 비가 내려 농사가 풍성한 결실을 맺는 것과 같은 경우이다. 그러나 이런 현상은 보조적인 것에 불과하며, 그 자신의 노력이 그것과 결합되지 않으면 안 된다. 그가 거두는 이윤이 필요로 하는 물자를 충당할 수 있다면, 그것은 곧 생계의 유지가 되고, 만약 자신이 필요로 하는 것보다 이윤이 더 많다면, 그것은 곧 자본의 축적이 된다. 어떤 사람이 이처럼 이윤을 획득, 축적하고 그 과실을 자신의 이익과 필요를 위해서 사용한다면, 그것은 양식(糧食)이라고 부른다.

만약 어떤 사람이 수입을 자신의 이익과 필요를 위해서 사용하지 않는다면, 그것은 '양식'이라고 부르지 않는다. 한 사람이 자신의 노력과 체력을 통해서 획득하는 수입의 일부는 '이윤'이라고 부른다. 예를 들면 사망한 사람의 부동산은 그 사람의 이윤이라고 부를 수 있지만, 그에게는 더 이상 소용이 없기 때문에 양식이라고 부를 수 없는 것이다. 그러나 상속자들이 그것을 사용한다면, 그것은 양식이라고 부를 수 있다.

나아가서 이윤이 물자를 획득하려는 의도와 노력의 결과라는 사실도 알아야 할 필요가 있다. 모든 것은 신에게서 나오는 것이기 때문에, 양식을 획득하려는 노력도 신의 결정과 영감에 기인한다. 그러나 이윤과 자본축적을 이루기 위해서는 인간의 노동이 요구된다. 이러한 사실은 예를 들면 기술의 사용과 같이 이윤의 원천이 노동일 경우에 분명하게 드러난다. 소득의 원천이 동물이나 식물 혹은 광물일 경우에도 여전히 인간의 노동은 요구된다. 그것이 없이는 아무런 소득도 얻을 수 없고 유용한 결과도 거두지 못할 것이다.

신께서는 모든 자본축적에 대한 가치측정의 기준으로 금과 은이라는 두 광물을 창조하셨다. 지구상의 주민들은 이것들을 선호하며 보물과 재화로 여긴다. 어떤 특수한 상황하에서 다른 물자를 획득한다고 하더라도, 그 궁극적인 목표는 금과 은을 획득하는 데에 있다. 금과 은을 제외한 다른 모든 것들은 시장상황의 변동에 영향을 받기 때문에, 금과 은은 이윤, 재산, 보물의 토대이다.

이상의 사실을 인정한다면, 어떤 사람이 기술을 통해서 획득한 자본은 곧 그의 노동을 통해서 실현된 가치라는 사실도 분명해진다. 이것이 바로 '이익'(자본)의 의미이다. 노동이 없다면 아무 것도 존재할 수 없기 때문이다. 노동은 그 자체로서 이익을 목적으로 하는 것이 아니지만, 거기에서 실현된 가치는 이익을 만든다.

어떤 기술은 노동 이외의 다른 것들과도 부분적인 결합을 이룬다. 예를 들면 목공기술과 직조기술은 나무나 실과 결합된다. 그러나 이 두 기술의 경우 재료보다는 노동이 더 중요하고 더 큰 가치를 지니고 있다.

만약 이윤이 기술 이외에 다른 무엇인가와의 결합의 결과라고 한다면, 그렇게 해서 생긴 이윤과 획득자본의 가치에는 거기에 투입된 노동의 가치도 포함되어야 할 것이다. 노동이 없다면, 그런 가치는 얻어질 수 없기 때문이다.

대부분의 경우 이윤에서 차지하는 노동의 몫은 명백히 확인되며, 많든 적든 가치의 일정 부분은 노동으로부터 발생한다. 그러나 노동이 차지하는 부분이 은폐될 수도 있다. 곡물 가격을 예로 들어보면 그렇다. 그 가격에는 투여된 노동과 비용이 포함되어 있다. 그러나 거의 아무런 주의도 기울이지 않고 기구도 별로 사용하지 않는 형태로 농사가 이루어지는 지역에서의 곡물 가격에는 그러한 부분이 은폐되어 있다. 따라서 극소수의 농민들만이 그러한 요소를 인식하고 있다.

이제 분명해진 사실은 소득과 이윤은 그 전부 혹은 대부분이 인간의 노동에 의해서 실현된 가치라는 점이다. '양식'이라는 말의 의미도 명백해졌으니, 이윤 가운데 유용하게 사용되는 부분을 뜻한다. 이렇게 해서 이윤과 양식이라는 말의 의미는 분명해졌다.

만약 문명의 위축으로 인해서 가용 노동력이 감소되고 사라진다면, 신의 의지에 따라서 이윤도 없어지게 된다는 사실을 알아야 할 것이다. 주민이 거의 없는 도시에는 양식과 이윤도 거의 없거나 전무한데, 이는 인간의 가용 노동력이 부족하기 때문이다. 반대로 노동력의 공급이 풍부한 도시에서는 주민들이 한층 풍요로운 생활과 사치를 향유한다.

어떤 지방에서 문명이 위축되면 양식도 귀해진다고 일반 사람들이 말하는 이유도 여기에 있다. 이것은 황무지에 있는 샘이나 강에 대해서도 적용된다. 샘은 그것을 파서 물을 끌어낼 때 비로소 사용할 수 있는 것이고, 거기에는 인간의 노동이 요구된다. 동물의 젖도 마찬가지이다. 굴착되지 않아 사용되지 않는 샘의 물이 지하로 흡수되어 완전히 사라지는 것과 마찬가지로, 젖도 짜주지 않으면 말라버리기 때문이다. 이것은 한때 문명이 존재하던 시대에 사용되었던 샘이 있는 지방을 가보면 확인할 수 있다. 그 샘들은 (문명이 사라진 뒤) 폐허로 변하고 마치 존재조차 하지 않았던 것처럼 땅 속으로 완전히 사라져버렸다.

2) 생계를 유지하는 다양한 수단과 방법

'생계'는 양식을 획득하려는 욕구와 노력이다. 양식과 이윤은 타인으로부터 그것들을 취하기 위해서 권력을 사용함으로써, 또 일반적으로 인정되는 규범에 따라서 획득할 수 있는데, 그것을 우리는 부과와 징세라고 부른다. 혹은 지상이나 해상에서 야생동물을 포획, 살해함으로써 획득하기도 하고, 가축에서 사람들이 필요로 하는 잉여물을 추출함으로써 획득하기도 하는데, 동물에서 젖을 짠다든가 누에고치에서 비단실을 뽑는다든가, 벌에서 꿀을 얻는 것 등이 그런 예이다. 혹은 밭에 채소나 나무를 심고 그 과실을 거둠으로써 획득하기도 한다. 이 모든 것들을 농업이라고 부른다.

인간의 노동이 특정한 물질에 가해져서 그 결과로서 이윤을 내기도 하는데, 우리는 그러한 노동을 '기술'이라고 부른다. 서예, 목공, 재단, 직조, 승마술 등이 그러하다. 반면 특정한 물질에 대해서 노동이 가해지지 않는 경우도 있는데, 기타 각종 직업과 활동이 여기에 속한다.

이윤은 상품으로부터 혹은 상품의 교환을 통해서 획득되기도 한다. 상인들은 상품을 가지고 다니면서 판매함으로써, 또는 그것을 비축한 뒤 시장상황의 변동을 관찰함으로써 그러한 이윤을 거둔다. 이것을 '상업'이라고 부른다.

농업은 그 본질상 다른 모든 생계수단보다 우선적이다. 왜냐하면 그것은 단순할 뿐만 아니라 극히 자연적이어서, 깊은 사고나 이론적 지식이 필요하지 않기 때문이다. 따라서 농업을 처음 실시한 사람이 인류의 조상인 아담이며, 그가 처음으로 농업을 가르치고 실시했다고 말한다.

기술은 농업에 비해 이차적이고 더 뒤에 생긴 것이다. 그것은 복잡하고 과학적이어서 사고와 고찰을 요한다. 따라서 일반적으로 기술은 도회민들에게만 존재한다. 도회문화는 유목민적 생활보다 뒤에 출현했고, 그것에 비해 이차적이다.

상업은 이윤을 창출하는 자연적인 방식의 하나이다. 그러나 상업을 행하는 방법과 실제는 교묘하며 구입가와 판매가 사이의 잉여 차액을 얻으려고 하는 것이다. 이 잉여가 이윤획득을 가능케 한다. 따라서 상업은 도박의 요소를 내포하고 있는 셈이고, 법률도 상업의 경우에는 계략을 허용하고 있다. 그렇다고 그것이 타인의 재산을 아무런 대가도 없이 무작정 빼앗는 것을 의미하지는 않는다.

3) 봉사를 통해서 생계를 유지하는 것은 자연적인 방법이 아니다

군주는 그가 관할하는 정치권력과 왕권의 전분야에서 군인, 경찰, 서기와 같은 사람들의 봉사를 활용하지 않으면 안 된다. 그는 각 분야에 적절하다고 생각하는 사람들을 고용하고 자신의 재고에서 그들이 필요로 하는 생계를 제공한다. 이 모든 것은 정치권력에 종속되는 것이며 그것에 의존하는 생계수단들이다. 정치권력은 이들 모두에게 미치고, 그 정점에 위치한 왕권은 다양한 분야에서 일하는 이들의 힘의 원천이다.

이와 같은 하급 봉사자가 존재하는 까닭은 사치스러운 생활을 하는 대부분의 사람들이 자신의 개인적인 일들을 처리할 능력이 없거나 그러기에는 너무 자존심이 강하기 때문이며, 그들이 탐닉과 사치 속에 길들여져 성장했기 때문이다. 따라서 그들은 그런 일을 처리할 사람을 고용하고 급료를 주는 것이다. 이러한 상황은 인간에게 본질적인 남자다움이라는 관점에서 보면 좋은 일은 아니다. 왜냐하면 다른 사람에게 의존한다는 것은 곧 유약함이기 때문이다. 더구나 그것은 개인의 지출과 경비를 증가시키고, 나아가서 남자다움의 관점에서는 피해야 마땅할 나약함을 보여준다. 그러나 습관은 인간본성에 영향을 주어 익숙해진 것에 기울도록 만든다. 인간은 조상의 자식이 아니라 습관의 자식이다.

뿐만 아니라 믿을 만하고 만족할 만한 하인도 거의 찾아보기 힘들다. 하인에는 네 가지 부류가 있다. 우선 자신이 수행해야 할 일을 처리할 수 있고 맡은 일에 대해서는 신뢰할 만한 하인이 있다. 또한 이 두 가지 면에서 모두 반대되는 경우, 즉 능력도 없고 신뢰성도 없는 하인이 있다. 마지막으로 한 가지 면에서만 반대되는 경우, 즉 능력은 있지만 신뢰할 수 없거나, 신뢰할 수 있어도 능력이 없는 하인이 있다.

첫번째 경우, 즉 능력도 있고 믿을 만한 하인에 대해서 말한다면, 누구도 그런 사람을 얻을 수 없을 것이다. 그와 같은 능력과 신뢰성이 있다면 하급 봉사자가 될 이유도 없거니와, 스스로의 힘으로 더 많이 벌 수 있는 자격이 있음에도 불구하고 봉사를 통해서 급료를 받는 것을 경멸할 것이기 때문이다. 따라서 고위관직에 있는 아미르들이나 그런 사람을 고용할 수 있다. 높은 지위에 대한 욕구는 보편적인 것이기 때문이다.

두번째 경우, 즉 능력도 신뢰성도 없는 하인에 대해서 말한다면, 그 두 가지 면에서 모두 주인에게 해를 끼치기 때문에, 현명한 사람이라면 그런 하인을 고용해서는 안 될 것이다.

아무도 이런 두 부류의 하인을 고용하려고 하지는 않는다. 따라서 한 가지 남은 선택은 다른 두 종류의 하인, 즉 신뢰는 가지만 능력이 없거나, 신뢰할 수는 없어도 능력이 있는 사람들을 고용하는 것이다. 이 두 부류 가운데 어느 쪽이 더 좋은가에 대해서는 사람들의 의견이 갈라진다. 그런 주장에는 각자 나름대로 이유가 있지만, 믿기는 어려워도 능력이 있는 하인이 더 낫다. 왜냐하면 그가 어떤 손해를 끼치지 않으리라는 점은 확신할 수 있으며, 그가 사기를 치는 것에 대해서는 최대한 경계하면 되기 때문이다. 그러나 비록 믿을 만하다고 하더라도, 손해를 끼치는 하인은 득보다는 실이 더 많다. 그가 끼치는 손해를 막을 길이 없기 때문이다. 이 점에 대해서는 만족할 만한 하인을 찾을 때 원칙으로 분명히 인식해둘 필요가 있다.

4) 매장된 물건이나 보물을 찾아서 돈을 벌려는 것은 생계를 유지하는 자연스러운 방법이 아니다

도시민 가운데 사려 깊지 못한 많은 사람들은 땅 속에 묻힌 재화를 찾아내어 이윤을 얻으려는 희망을 품고 있다. 그들은 옛 민족들의 재화가 모두 지하에 묻혔으며 마술의 주문에 의해서 봉인되었다고 믿고, 필요한 지식을 가진 사람이 적절한 향이나 기도 혹은 희생물을 바친다면 그 봉인을 열 수 있을 것이라고 생각한다.

이프리키아의 도시에 사는 사람들은 이슬람 출현 이전 그곳에 살았던 유럽 기독교도들이 재화를 땅 속에 묻고 언젠가 때가 되면 그것을 다시 파내기 위해서 그 숨겨진 지점들을 기록한 장부를 남겨놓았다고 믿고 있다. 동부 도시에 사는 사람들 역시 콥트인, 비잔틴인, 페르시아인 등의 민족들에 관해서 이와 비슷한 생각을 하고 있으며, 우스갯소리처럼 들리는 이런 이야기들을 퍼뜨리고 다닌다. 그래서 보물 사냥꾼들은 돈이 묻혀 있는 곳을 찾아내려고 땅을 파지만, 주문이나 그 비슷한 것을 알지 못하기 때문에, 빈 구덩이나 벌레들만 우글거리는 곳만 발견하게 된다고 말한다. 혹은 돈이나 보석이 있는 곳을 찾긴 했지만, 칼을 빼들고 지키는 호위병들이 있었다든가, 아니면 지축이 요동쳐서 거의 땅 속에 파묻힐 뻔 했다는 둥 말도 안 되는 이야기들을 하고 있다.

마그리브 지방에는 자연적인 방법과 수단으로 생계를 꾸리지 못하는 베르베르인 '학도들'이 많다. 그들은 가장자리가 찢겨지고 아랍어가 아닌 다른 문자로 된 종이를 들고 부자들을 찾아간다. 그들의 주장에 의하면 그 종이는 매장된 보물의 주인이 쓴 문서를 번역한 것이며 보물이 숨겨진 곳을 알려주는 열쇠가 있다고 한다. 이렇게 해서 그들은 부자들에게 땅을 파고 보물을 찾으러 자기들을 보내달라고 설득한다. 그리고 자기들이 도움을 청하는 단 하나의 이유는 만약 당국에 체포되어 처벌을 받게 될 때 유력자의 보호가 필요하기 때문이라고 말한다. 때로는 이와 같은 보물 사냥꾼들 가운데에는 사람들을 속여서 자기 말을 믿게 하는 희한한 정보나 어떤 놀라운 술수를 부리는 자도 있지만, 사실상 그는 마법이나 그 절차에 관해서는 아무런 지식도 없는 사람이다.

이와 같은 무분별함이 사람들로 하여금 보물 사냥에 나서게 하는 하나의 이유이지만, 상업이나 농업이나 기술과 같은 자연적인 방법을 통해서 이윤을 거둠으로써 생계를 유지하지 못하는 무능력도 또 다른 이유가 된다. 따라서 그들은 보물 사냥과 같이 일탈된 방법으로 생계를 꾸리려고 하는 것이다. 그들은 무엇인가를 획득하는 데에 필요한 노력을 할 수 없기 때문에, 노력과 고통을 들이지 않고서도 양식을 얻을 수 있다고 믿는다. 그들은 비정상적인 방법으로 생계를 꾸리려고 노력하는 것이 오히려 그들 자신을 더 큰 고통과 고난과 정력 낭비로 몰고 간다는 사실을 깨닫지 못하고 있다. 나아가서 그들은 처벌의 위험에 자신을 노출시키고 있다.

사람들이 보물 사냥에 나서는 가장 큰 동기가 점점 더 만연하는 사치에 익숙해졌기 때문인 경우도 있다. 그 결과 돈을 버는 다양한 방법과 수단이 그것을 따라가지 못하고 그들이 필요로 하는 것을 감당할 수 없게 된다. 그런 사람은 자연적인 방식으로는 충분히 벌지 못하므로, 결국 유일한 탈출구는 아무런 노력도 들이지 않고 일확천금을 벌어서 자신이 젖어 있는 습관을 유지하는 데에 필요한 돈을 확보하는 것뿐이다. 그래서 그는 보물을 찾았으면 하고 열망하고 모든 노력을 기울이게 된다. 사치가 만연한 카이로와 같은 도시의 주민들 다수가 보물 찾기에 혈안이 되어 있다. 그들은 여행자들에게 숨겨진 보물에 관한 진기한 이야기를 탐문하는가 하면, 연금술에도 남다른 열성을 보인다. 뿐만 아니라 그들은 지상에서 물을 사라지게 하는 가능성에 대해서도 탐구하는데, 이는 매장된 보물의 대부분이 나일 강을 따라서 분포되어 있고, 나일 강이 그 지방에 묻혀진 보물들의 위를 대부분 덮고 있다고 믿기 때문이다. 그들은 앞에서 언급했던 위조 문서를 가지고 다니는 사람에게 사기를 당하기도 한다.……

보물 사냥에 관한 이야기들은 아무런 과학적 근거도 없고 사실의 정보에 바탕을 둔 것도 아니다. 설사 보물을 찾는 경우가 있다고 하더라도, 그것은 드문 일이고 체계적인 탐사가 아니라 우연히 생긴 일이라는 사실을 알아야 할 것이다.

더구나 자신의 돈을 묻고 마술을 이용해서 봉인하는 등 엄청난 노력을 들여 그것을 감춘 사람이 무엇 때문에 그것을 찾으려는 다른 사람에게 힌트를 남기겠는가? 또 후대의 어떤 사람들이 용이하게 찾을 수 있도록 그 숨겨진 지점에 대한 목록을 무엇하러 만들겠는가? 이것은 보물을 숨기려는 의도와 배치되는 일이다.

그렇다면 이런 의문이 제기될 것이다. 우리보다 앞서 존재했던 민족들의 재화는 어디에 있으며, 그런 민족들이 소유했던 것으로 알려진 엄청난 부는 어디에 있는가? 이에 대한 대답으로 먼저 알아두어야 할 사실은 금, 은, 보물, 집기 등의 재화도 철, 동, 납, 부동산 및 기타 통상적인 광물과 전혀 다를 것이 없다는 점이다. 인간의 노동을 통해서 그런 것을 나타나게 하고 또 사라지게 하는 것은 문명이다. 사람들이 수중에 있는 이런 모든 것들은 상속을 통해서 이전되고 계승된다. 그런 것들이 소용되는 바에 따라서 혹은 그런 것들을 필요로 하는 특정한 문명에 따라서 한 지역에서 다른 지역으로 옮겨가기도 하고 한 왕조에서 다른 왕조로 이전되기도 한다. 이집트와 시리아에 그런 것들이 희귀하다고 해서, 인도나 중국에도 희귀한 것은 아니다. 그것은 단지 물자요 자본에 불과하다. 그런 것을 풍부하게 생산하기도 하고 또 희소하게 하는 것도 문명이다. 또한 광물 역시 다른 모든 존재들과 마찬가지로 파괴될 수 있다. 진주와 보석은 다른 것보다 더 빨리 망가지고, 금, 은, 동, 철, 납, 주석 등도 모두 단시간 내에 본질을 파괴하는 힘, 즉 파손과 소멸의 영향을 받는다.

이집트에서 보물이 발견되는 까닭은 그곳이 2,000년 이상 콥트인들의 지배하에 있었기 때문이다. 그들은 고인을 그가 생전에 소유했던 금, 은, 보석, 진주 등과 함께 매장했고, 이는 고대 왕조 사람들의 관습이었다. 콥트인의 왕조가 끝나고 페르시아인들이 이집트를 지배하게 되었을 때, 그들은 그런 물건을 찾아내려고 무덤들을 뒤졌다. 그들은 일반 무덤은 물론 왕족의 무덤인 피라미드에서 그런 물건들을 이루 말로 표현하기 어려울 정도로 많이 찾아내었다. 페르시아인의 뒤를 이어 그리스인들도 그러했다. 그러한 무덤들이 보물 사냥의 목표가 되었고 오늘날까지도 계속되어 매장된 보물이 있는 무덤들이 자주 발견된다. 그 안에는 콥트인들이 묻어놓은 화폐 혹은 고인을 매장할 때 경의를 표시하려고 함께 묻은 금, 은으로 만든 그릇과 관이 있는 수도 있다. 무덤 안에 있는 보물 때문에 이집트인들은 보물 찾기에 혈안이 된 것이다. 왕조의 후기가 되면 여러 가지 물자에 세금이 부과되는데, 보물 사냥꾼들도 징세의 대상이 된다. 어리석고 미혹에 빠진 사람들에게 부과되는 세금인 셈이다.

이런 것들에 정신을 빼앗긴 사람들은 생계를 꾸리지 못하는 무능력과 나태함에서 벗어나서 신에게서 피난처를 찾아야 할 것이며, 그같이 어리석고 공상적인 이야기에 빠져서는 안 될 것이다.

5) 지위는 재산 획득에 유용하다

우리는 명망이 높고 지위를 가진 사람이 아무런 지위가 없는 사람보다 모든 물자를 더 풍부하게 가지고 있다는 사실을 알고 있다. 그 이유는 지위를 가진 사람은 타인의 노동 봉사를 받기 때문이다. 사람들은 그의 지위가 제공할 수 있는 보호를 필요로 하기 때문에 그와 가까이 지내기를 원하고, 그래서 자신의 노동을 그에게 바치며 접근하려고 한다. 사람들은 필수품이건 편의품이건 사치품이건 그가 필요로 하는 모든 것들에 대해서 자신의 노동을 통해서 도움을 준다. 그러한 노동을 통해서 실현된 가치는 그의 이윤의 일부를 이룬다. 일반적으로 그와 같은 봉사를 받기 위해서 상당한 보상을 해야 하지만, 그는 아무런 대가도 치르지 않고 사람들을 부리며, 따라서 그들의 노동을 통해서 매우 높은 가치를 실현하게 되는 것이다. 그것은 바로 무임노동을 통해서 실현되는 가치와 대가로 치러주는 가격 사이의 차이이며, 그 차이가 많은 이윤을 만든다. 지위를 가진 사람은 많은 양의 무임노동을 제공받게 되므로 짧은 시간 안에 부유해질 수 있으며, 시간이 지나감에 따라서 그의 재산은 더욱 증가한다. 바로 이런 의미에서 정치권력의 소유는 생계유지의 한 방식이라고 말할 수 있다.

아무런 관직도 없는 사람은 설령 그가 재산을 모으게 된다고 할지라도, 자신이 기왕에 가진 재산에 비례하는, 또 그가 기울이는 노력에 비례하는 정도의 부를 획득할 수 있을 뿐이다. 대부분의 상인이 이와 같은 상황에 처해 있다. 따라서 관직을 가진 상인이라면, 그렇지 못한 사람보다 훨씬 더 유리해질 것이다.

이를 입증하는 증거로는 높은 신망이 있는 많은 법학자, 종교학자, 경건한 사

이윤과 기술 등 다양한 생계수단 및 그것들과 연관되어 생긴 조건들...... 367

람들의 예를 들 수 있다. 수많은 대중은 그들에게 보시를 바치고 그들은 신을 위해서 봉사한다. 따라서 사람들은 세속적인 방면에서 그들을 기꺼이 도우려고 하고 그들의 이익을 위해서 일하려고 한다. 그 결과 그들은 스스로 아무런 재산을 일구지 않아도 다른 사람들이 그들을 위해서 일한 노동을 통해서 실현된 가치만으로도 금세 부유해진다. 우리는 이러한 현상을 황야에서뿐 아니라 도시에서도 자주 볼 수 있다. 사람들은 집 안에 머물며 자리를 뜨지 않는 그들을 위해서 땅을 갈고 장사를 하는데, 그래서 그들의 재산은 늘어나고 이윤도 증대된다. 그들은 아무런 노고도 하지 않고 재산을 축적하기 때문에, 그들의 부유함과 행운은 풍요의 비밀을 이해하지 못하는 사람들에게 그저 놀라운 일일 뿐이다.

6) 행복과 이윤은 주로 아부하는 사람들이 얻고, 그런 성품은 행복을 가져다주는 한 요인이다

앞에서 우리는 인간이 만들어내는 이윤이 노동으로부터 실현된 가치라고 썼다. 만약 어떤 사람이 노동을 할 만한 아무런 능력도 없다고 한다면, 그는 여하한 이윤도 가지지 못하게 될 것이다. 개인의 노동으로부터 실현된 가치는 그 노동의 양과, 그 노동이 다른 노동에 대해서 상대적으로 지니는 가치 및 그 노동에 대한 사람들의 수요에 비례한다. 따라서 이윤의 증감 역시 그런 요인들에 달려 있다. 우리는 지위가 재산의 획득에 유용한 것이라는 사실도 분명히 밝혔다. 사람들은 자신의 노동과 재산을 가지고 지체 높은 사람에게 접근하는데, 이것은 손해를 피하고 이익을 얻기 위해서이다. 사람들이 그에게 접근하며 제공하는 노동과 재산은 그 사람이 지닌 지위의 비호 아래 그들이 얻고자 하는 좋은 것 혹은 피하고자 하는 나쁜 것에 대한 보상으로 지불되는 것이라고도 할 수 있다. 그와 같은 노동은 지위를 지닌 사람이 거두는 이윤의 일부가 되고, 그것을 통해서 실현된 가치는 그에게 재산과 부가 되는 셈이다. 그렇기 때문에 그는 단기간에 재산을 모을 수 있다.

지위란 여러 사람들이 소유하는 것인데, 지위에도 다양한 단계가 있다. 그렇게 된 것은 신께서 자신의 피조물에 대한 현명한 계획이 있기 때문이다. 신께서는 사람들의 생계를 규제하고 그들의 이익을 돌보며 그들의 영원을 보장하신다.

인류의 존재와 존속은 모두의 선을 위한 만인의 협력을 통해서만 실현될 수

있다. 앞에서도 입증했듯이 인간은 홀로 온전하게 존재할 수 없으며, 설령 극히 예외적으로 그런 일이 있다손 치더라도 그의 존재는 매우 위태로울 것이다. 그런데 그러한 협력은 강제력의 사용을 통해서만 이루어질 수 있다. 왜냐하면 사람들은 대체로 인류의 이익이라는 것에 무지할 뿐 아니라, 협력을 할지에 대해서 선택할 자유가 있고, 그들의 활동은 자연적 본능이 아니라 사고와 성찰의 결과이기 때문이다. 그들은 협력을 기피하기도 한다. 따라서 그들에게 협력하도록 강제해야 할 필요가 있고, 그러기 위해서는 사람들이 인류의 이익을 돌볼 수 있게 만드는 어떤 동기가 필요하다. 그래야 인류를 존속시키려는 신의 현명한 계획이 실현된다.

그런데 지위라는 것은 그것을 지닌 사람이 가지는 권력, 즉 허가와 금지의 권한을 가지고 아랫 사람들을 지배하고, 그들이 해로운 것을 피하고 유익한 것을 소유할 수 있도록 유도하는 강제적인 지배력을 부여하는 힘이다. 지위를 가진 사람들은 정의롭게 행동하고 종교법과 정치를 실행에 옮기기도 하지만, 오로지 자신의 목적만을 좇아 행동할 수도 있다.

그러나 신의 섭리는 지위를 정의롭게 사용하는 것을 근본적인 것으로 의도한 반면, 지위를 사사로이 사용하는 것은 마치 신이 악을 규정했던 것처럼 우연적인 것으로 정했다. 다수의 선은 오로지 소수의 악 ─ 질료가 빚어낸 결과 ─ 과 함께 할 때에만 비로소 온전히 존재할 수 있다. 그러나 선은 악과의 혼합으로 인해서 소멸되는 것이 아니고 단지 그 주위에 작은 악들을 달고 있을 뿐이다. 이 세상에 불의가 생기는 이유는 바로 이 때문이다.

하나의 도시 혹은 하나의 문명권에 거주하는 사람들 사이에 존재하는 여러 계급들은 각각 그보다 아래 단계의 계급에 대해서 지배력을 가진다. 낮은 계급에 속하는 사람들은 자기보다 한 단계 더 높은 계급에 속하는 사람의 지원을 받으려고 노력하고, 그런 지원을 받은 사람은 그것을 통해서 획득한 이윤의 정도에 비례해서 자기 밑에 있는 사람들에 대한 지배력을 강화시켜나간다. 따라서 지위는 그들이 어떤 방식으로 생계를 꾸려나가건 영향을 미치게 된다. 그 영향력이 얼마나 큰가 하는 문제는 특정한 지위를 소유한 사람의 계급과 위상에 달려 있는데, 만약 그 지위가 큰 영향력이 있는 것이라면 거기에서 얻어지는 이윤도 비례해서 커진다. 만약 그 지위가 제한적이고 중요한 것이 아니라면, 이윤도 그에 따라서 적어진다. 아무런 지위도 없는 사람은 설사 돈이 있다고 하더라도, 자신이 할 수 있는 노동 혹은 자신이 가진 재산 그리고 그 재산을 늘리려고 하는 그의 노력 등에 비례해서만 부를 축적할 수 있다. 일반적으로 대부분의 상인과 농민들이 그러하며, 기술자도 마찬가지이다. 그들이 지위가 없고 자기 기술에 의한 이윤에만 국한된다면, 그들은 배고픔의 고통을 겨우 물리치면서 최소한의 생계 정도를 꾸려나갈 수 있을 것이다.

만약 지위라는 것이 광범위하게 존재하고, 인간의 행복과 번영이 지위의 획득 여부와 긴밀하게 연결된 것이라는 사실이 명백하다면, 누군가에게 지위를 주는 것은 매우 큰 특혜이며 그것을 주는 사람은 대단한 시혜자라는 사실도 분명해질 것이다. 그는 오직 자기 휘하에 있는 사람들에게만 그것을 준다. 지위의 하사는 곧 영향력과 권력의 부여를 의미하고, 따라서 지위를 바라고 얻으려는 사람은 유력자나 군주의 요구에 따라서 아양을 떨고 아부해야만 할 것이다. 그렇지 않으면 그는 아무런 지위도 얻지 못할 것이다. 따라서 사람들이 아양과 아첨을 떠는 이유는 행복과 이윤을 가져다주는 지위를 얻기 위해서이고, 대부분의 부자와 행운을 지닌 사람들이 그러한 성품을 가진 까닭도 이 때문이다. 마찬가지로 자존심이 강하고 오만한 사람들은 지위를 무시하므로 가난과 궁핍으로 떨어지게 되는 것이다.

그와 같은 오만과 자존심은 비난받아 마땅한 성품이다. 자신은 완벽하고 다른 사람들은 자기가 제공하는 과학적, 전문적 기술을 필요로 할 것이라는 가정에서 그런 성품이 생긴다. 예를 들면 학문의 깊은 수준에 도달한 학자들, 문장가로 소문난 서기, 훌륭한 시를 짓는 시인 등이 그러하다. 자기 기술을 잘 알고 있는 사람은 누구나 다른 사람들이 그가 소유한 기술을 필요로 한다고 생각하며, 따라서 그들에 대해서 일종의 우월감을 느낀다. 군주나 유명한 학자 혹은 어떤 방면에서 대가로 알려진 사람을 조상으로 둔 귀족 자제들 역시 이러한 환상을 가지고 있다. 그들은 자신이 그런 조상들의 후예이기 때문에 그와 비슷한 대우를 받을 자격이 있다고 생각하지만, 실제로는 이미 지나가버린 과거에 매달려 있는 것일 뿐이다. 왜냐하면 완벽함은 상속을 통해서 전달되는 것이 아니기 때문이다. 그런 사람은 자기가 자신에 대해서 생각하는 만큼 남들도 그를 그렇게 대우해주기를 바라며, 조금이라도 그런 식으로 대우해주지 않으면 그 사람을 미워한다. 또한 그는 근심이 많은데, 그 까닭은 그가 자신의 몫이라고 생각하는 만큼을 남들이 그에게 주지 않기 때문이다. 결국 사람들은 그가 인간의 본성인 이기주의를 가지고 있다고 생각하고 그를 미워하게 된다. 인간은 자기보다 우월한 힘에 의해서 강제되지 않는 한, 다른 사람의 완벽성과 우월성을 인정하는 경우가 극히 드문데, 그와 같은 강제력과 우월한 힘은 지위에 내재되어 있다. 그래서 오만한 사람이 아무런 지위도 없으면 ― 이미 앞에서 설명한 것처럼 그는 어떠한 지위도 가질 수 없다 ― 사람들은 그의 오만함을 미워하게 되고 눈곱만큼의 친절도 베풀지 않는다. 그는 자기보다 한 단계 더 높은 계급에 속하는 사람들로부터 미움을 사게 되므로, 아무런 지위도 얻지 못하게 된다. 따라서 그는 그들과 어울릴 수도 없고 그들의 집에 드나들지도 못하게 되며, 결과적으로 그의 생계는 파멸에 이르고 만다. 그는 가난과 궁핍에 쪼들리거나 겨우 그것을 면할 정도로 살게 되니, 그가 재산을 획득한다는 것은 어불성설이라고 할 수 있다.

완전한 지식을 갖춘 사람은 현세의 재물을 아무 것도 소유하지 못한다고 흔히들 말한다. 그가 가지게 된 지식을 생각한다면, 그것이야말로 그에게 주어진 몫이라고 할 수 있다.

한 왕조 안에서 위에서 언급한 성품을 지닌 사람은 여러 지위 사이에 혼란을 일으킨다. 그로써 하층계급에 속한 많은 사람들이 상층으로 올라가고, 상층계급에 속한 많은 사람들이 하층으로 내려온다. 그 이유는 왕조가 지배력과 권력의 정점에 도달했을 때, 왕족은 왕권과 국가권력에 대한 독점적 소유를 주장하기 때문이다. 다른 어느 누구도 거기서 몫을 차지하지 못하고, 군주보다 낮은 단계의 지위에 머물며 국가의 통제를 받게 된다. 말하자면 그들은 군주의 하인인 셈이다. 왕조가 지속되고 왕권도 커지면, 군주를 위해서 봉사하거나 이런저런 조언을 하며 그에게 접근하는 사람들, 혹은 중요한 일을 처리하는 데에 능력을 인정받아 측근으로 받아들여진 사람들은 모두 군주와 동일한 계급에 속하게 된다. 많은 평민들은 군주에게 열심히 조언하면서 온갖 봉사를 통해서 그에게 접근하려고 한다. 그들은 목적을 성취하려고 군주와 측근과 일족들에게 아첨을 떨고, 마침내 확고한 자리를 차지하고 군주가 하사하는 관직을 가지게 된다. 이렇게 해서 그들은 커다란 행운을 잡고 왕조의 일원으로 받아들여지게 된다.

이때가 되면 왕조의 신세대, 즉 왕조가 어려움에 처했던 시기를 거치며 그 힘로를 탄탄하게 만들었던 사람들의 후손들은 자기 조상들의 탁월한 성취에 기대어 오만해진다. 그들은 군주를 깔보고, 자신의 영향력에 의존하면서 대단히 건방져진다. 이로써 군주는 그들을 증오하고 멀리하게 된다. 대신 기댈 만한 과거의 업적이 없기 때문에 건방지지도 오만하지도 않은 새로운 추종자들에게 의지한다. 이런 사람들의 태도는 군주에 대한 아첨, 그가 어떤 일을 계획하건 그것을 위해서 열심히 일하려는 의지 등을 특징으로 하며, 따라서 그들의 지위도 높아지고 위상도 올라간다. 탁월한 능력을 가진 사람들이 군주의 주변에 모이는데, 이는 군주가 그들에게 내려준 수많은 은총으로 궁궐 안에서 커다란 영향력을 가질 수 있기 때문이다. 반면 왕조의 신세대들은 오만한 태도를 버리지 않고 과거의 업적에 계속해서 의존하지만, 거기서 얻는 것이라고는 아무 것도 없다. 단지 군주로 하여금 그들을 점점 더 멀리하고 미워하게 할 뿐 아니라, 새로 대두된 지지자들에게 더욱 호의를 가지게 만들 뿐이다. 이러한 상황은 왕조가 붕괴될 때까지 계속된다.

7) 판관, 무프티, 교사, 기도사, 설교자, 무에진[1] 등 종교적인 사무를 담당하는 사람들은 통상 많은 부를 누리지 못한다

그 까닭은 이윤이 노동을 통해서 실현된 가치이고, 그 가치는 각종 노동에 대한 수요의 정도의 차이에 상응하여 달라지기 때문이다. 어떤 종류의 노동은 문명에서 필요하고 전체적인 관심의 대상이 되는 물건을 생산하며, 따라서 이러한 생산물을 통해서 실현되는 가치는 더 크고 그것에 대한 수요도 더 절실하다.

그러나 일반 사람들은 종무직에 종사하는 사람들이 제공하는 것에 대해서 절박한 필요를 느끼지는 않는다. 단지 종교에 특별한 관심이 있는 특수한 사람들이 필요로 할 뿐이다. 판관이나 무프티로서의 직책을 수행하고 있는 사람들이 분쟁 해결에 필요하다고 하더라도, 그것은 절박하고 전체적인 필요는 아니며, 그들이 없어도 무방하다고 할 수 있다. 다만 군주들만이 공공의 이익을 돌보아야 하는 자신의 임무와 관련하여 종무직과 종교적 제도에 관심을 가진다. 그는 종무자들에게 앞에서 지적했던 것처럼 필요에 상응하는 만큼의 양식만 제공한다. 비록 종

---

[1] 아랍어로 mu'azzin. 하루에 다섯 번 기도시간을 알리기 위해서 소리 치는 사람.

무자들이 종교와 법적인 제도를 관리하고 있기 때문에 보다 고상한 일을 하고 있는 것은 사실이지만, 군주는 권력이 있는 사람들 혹은 필수적인 기술을 제공하는 사람들과 동등하게 그들을 대접하지 않는다. 따라서 그들이 차지하는 비중은 더 작을 수밖에 없다.

종무자들은 자기들이 제공할 수 있는 것이 더 고상하다고 생각하기 때문에 다른 사람들에 대해서 우월감과 자부심을 지닌다. 그래서 그들은 생계를 개선시킬 목적으로 무엇인가를 얻기 위해서 지위를 가진 사람에게 아부하지 않는다. 사실상 그들은 그렇게 할 만한 시간적인 여유도 없다. 그들은 자신들이 종사하는 고상한 일들에 몰두하느라 몸과 마음이 소진된 상태이다. 그들이 행하는 일들이 지닌 이러한 고상한 특징은 그들에게 자신을 드러내놓고 파는 것을 허용하지 않으며, 그들은 그렇게 하려고 하지도 않는다. 따라서 그들은 일반적으로 많은 부를 누리지 못하는 것이다.

나는 이 점에 대해서 어떤 훌륭한 사람과 토론한 적이 있는데, 그는 나의 의견에 동의하지 않았다. 그런데 칼리프 알 마문의 궁정의 사무실에 보관되어 있던 회계장부에서 떨어져나온 몇 장이 내 손에 들어오게 되었다. 거기에는 당시의 수입과 지출에 관한 상당한 정보가 기록되어 있었는데, 그 가운데 나의 눈을 끌었던 것은 판관, 기도사, 무에진들의 봉급이었다. 나는 그 사람에게 이 점을 말해주었고, 그는 나의 말이 옳았다는 것을 깨닫게 되었다.

8) 농업은 유약한 사람이나 빈곤한 전야민의 생계 방식이다

그 까닭은 농업이라는 것이 자연적이고 단순한 과정이기 때문이다. 따라서 일반적으로 도회민 혹은 사치에 젖어 사는 사람들은 농사를 짓지 않는다. 그것을 하는 사람들은 굴종적인 성품을 지니고 있다.……

9) 상업의 다양한 종류와 그 의미 및 방법

상업은 노예, 곡물, 동물, 무기, 의류 등 여러 가지 상품을 저가에 구입하여 고가에 판매함으로써 자본을 늘리고 그래서 이윤을 만들어내는 행위이다. 이렇게 해서 증식된 부분을 '이윤'이라고 부른다.

그러한 이윤은 상품을 비축했다가 시장가격이 저가에서 고가로 변동할 때까지 그것을 보유하는 노력에 의해서도 성취되며, 그런 방법으로 큰 이윤을 얻을 수 있다. 또한 상인은 상품을 자신이 구입한 지방보다 훨씬 더 큰 수요가 있는 다른 지방으로 수송하기도 한다.

어떤 늙은 상인이 상업에 관한 진실을 알고자 하는 사람에게 이렇게 말했다고 한다. "나는 그대에게 단 두 마디만 해주겠소. 싸게 샀다가 비싸게 파시오!" 이 말은 우리가 위에서 밝힌 내용과 같은 의미이다.

10) 상인에 의한 상품의 수송

장사를 잘 아는 상인은 부자나 빈자, 군주나 평민을 막론하고 모두가 필요로 하는 그런 상품을 가지고 여행할 것이다. 전반적인 수요는 그 상품에 대한 많은 수요를 낳기 때문이다. 만약 그가 소수의 사람들만에게 필요한 상품에만 국한한다면, 그런 것을 판다는 것은 불가능해질 것이다. 왜냐하면 그 소수의 사람들은 어떤 이유에서 그런 상품을 사기 힘들어질지도 모르기 때문이다. 따라서 그의 장사는 불황에 빠지고 아무런 이윤도 거두지 못하게 된다.

또한 수요가 많은 상품을 가지고 다니는 상인들은 중질의 상품만을 가지고 다녀야 할 것이다. 어떤 종류의 상품이건 최고품은 부자나 군주의 측근들에게만 소용되기 때문이며 그 숫자는 극소수로 제한되어 있다. 주지하듯이 중질의 상품은 대다수 사람들에게 적당하다. 상품을 잘 파느냐 못 파느냐의 문제가 달려 있으므로 이 점을 상인들은 명심해야 할 것이다.

뿐만 아니라 만약 상인이 도중에 위험이 도사리고 있는 먼 지방에서 상품을 들여온다면, 그것은 그의 사업에 더 많은 이윤을 거두게 할 것이다. 그럴 경우 상품의 원산지는 매우 멀리 떨어져 있고 중간에는 온갖 위험이 도사리고 있으므로 그런 일을 하려는 사람은 적을 것이고, 따라서 수입되는 상품도 희소할 수밖에 없다. 상품이 희귀하면 가격은 상승한다. 반면에 수송에 이용되는 길이 안전하고 또 가까운 지방에서 들여온다면, 상품은 다량이 되고 가격도 낮을 것이다.

따라서 수단 지방과 같은 곳으로 감히 들어가서 모험을 하는 상인들은 가장 부유하고 돈이 많다. 그들이 거쳐 가야 하는 도로 사정과 거리가 최악이기 때문이다. 그들은 온갖 공포와 갈증으로 거의 접근조차 하기 힘든 고난의 사막을 지나가야 한다. 그러므로 우리가 있는 이곳에 수단의 상품은 극히 소량에 불과하고 아주 고가일 수밖에 없다. 반대로 우리의 상품은 그들에게서도 마찬가지이다.

따라서 상인들이 이 지방에서 저 지방으로 수송하는 상품은 더 높은 가치를 지니게 되고, 그런 상인들은 빠른 시일 내에 부유해진다. 이곳에서 동방으로 여행하는 상인들의 경우도 마찬가지이다. 엄청난 거리를 가야 하기 때문이다. 반면에 어느 지역 안에 있는 도시들 사이를 오고가는 상인들의 경우는 상품의 양도 굉장히 많고 그런 상인의 숫자도 많기 때문에 별로 벌지도 못하고 극히 적은 이윤만을 거둔다.

11) 매점매석

도시에 거주하는 지능이 뛰어나고 경험이 많은 사람들은 상품을 매점한 뒤에 가격이 오를 때까지 기다리는 것이 위험할 수도 있다는 사실을 잘 알고 있다. 왜냐하면 기대했던 이윤이 생기지 않을 수도 있기 때문이다. 그 이유는 다음과 같다. 사람들은 식량을 필요로 하고 따라서 그것을 구입하기 위해서는 돈을 쓰지 않을 수 없다. 그러나 식량 이외에 거래되는 상품에 대해서는 사람들은 절박한 필요성을 느끼지 않는다. 그들이 그런 상품에 주의를 기울이는 까닭은 단지 욕구의 다양화 때문이다. 그렇게 절박한 수요가 없는 물건에 대해서 사람들은 기꺼이 돈을 쓰고 자신이 써버린 돈에 대해서는 집착하지 않는다. 따라서 매점을 한다고 소문이 난 사람은 그에게서 돈을 빼앗긴 사람들의 공분이 가져다주는 심리적 힘 때문에 고통받게 되며, 결국 자신의 이윤을 잃어버리게 된다.……

12) 계속되는 물가의 하락은 저가로 교역하는 상인들에게 해롭다

그 까닭은 이윤과 생계가 기술과 상업에서 생기는 것이기 때문이다. 상업은 상품을 구입하고 매점했다가 시장의 변동상황이 그런 상품의 가격을 상승시킬 때까지 기다리는 것을 의미한다. 이렇게 해서 이윤이 생긴다. 상업에 의해서 직업 상인들은 이윤과 생계를 도모한다. 그런데 음식이나 직물 등 여하한 종류의 상품, 혹은 자본을 가져다주는 그밖의 어떤 것일지라도 그러한 물품의 가격이 낮은 상태로 지속된다면, 상인은 아무리 시장상황이 변동된다고 하더라도 이윤을 거둘 수 없고, 만약 이와 같은 상황이 오랜 기간 지속된다면, 그의 이윤은 사라지고 말 것이다. 그가 종사하는 특정한 부분의 교역은 침체에 빠지고 아무런 교역

도 이루어지지 않은 채 상인들은 자본을 잃어버리게 된다.

이것은 곡물의 예를 통해서 확인될 수 있다. 곡물 가격이 계속 낮은 상태에 머문다면, 모든 농민 혹은 곡물생산의 각 단계에 관여하는 생산자들은 타격을 받아, 그들이 거두는 이윤은 미소하거나 전무하게 될 것이다. 그들은 자본을 증식시키지도 못하고, 설사 증식시킨다고 해도 극히 적은 것에 불과하다. 따라서 그들은 자신의 자본을 소비할 수밖에 없고, 그들의 상황은 어려워지면서 가난과 궁핍으로 떨어지게 된다. 이것은 다시 제분업이나 제빵업 등 곡식이 파종되어서부터 사람의 입으로 들어갈 때까지 곡물과 연관된 각종 직업에 종사하는 사람들의 상황에도 영향을 미친다. 또한 병사들의 상황도 타격을 받는다. 왜냐하면 그들의 양식은 농민이 생산하는 곡식의 형태로 혹은 봉읍의 형태로 지급되기 때문이다. 조세수입은 줄어들고, 따라서 병사들은 그들의 존재이유이자 군주가 그들에게 양식을 지급하는 까닭이기도 한 군사적 임무를 수행할 수 없게 된다. 군주는 그들의 양식을 중단할 수밖에 없으니, 그들이 생활이 타격을 입게 되는 것이 물론이다.

그러나 곡물에 대한 수요는 일반적이고 또 부자나 빈자나 모두 곡식을 구입하지 않으면 안 되기 때문에, 곡물을 비롯하여 다른 모든 상품들이 낮은 가격을 유지하는 것은 바람직한 현상이다. 문명사회의 대다수 주민은 곡물에 의존하는 사람들이기 때문에, 식량의 낮은 가격은 전반적으로 유익하다. 식량, 무엇보다도 곡물은 상업보다도 더 중요한 문제이다.

13) 상업에 종사해야 할 사람과 그래서는 안 될 사람의 부류

우리가 앞에서도 밝혔듯이 상업은 저가로 구입한 상품을 고가로 판매하는 것, 시장상황이 변동될 때까지 기다리는 것, 어떤 상품에 대한 높은 수요로 인해서 높은 가격이 형성된 지역으로 그 상품을 수송하는 것, 혹은 나중에 돈을 받기로 하고 고가로 판매하는 것 등의 방법으로 자본을 증식시키는 것을 의미한다. 그렇게 해서 거두어진 이윤은 투자된 자본에 비해 많다고 할 수는 없다. 그러나 티끌 모아 태산이라는 말처럼 자본의 규모가 크면 이윤도 커지는 법이다.

이윤을 가능케 하는 자본의 증식을 위해서, 사람들은 상품을 매매하고 값이 지불될 때까지 기다리는 과정에서 자신의 자본을 다른 상인의 손에 쥐어주지 않을

수 없다. 그러나 정직한 상인은 드물다. 속임수를 쓰기도 하고 상품에 손을 대어 망치기도 하며, 지불을 지체하여 이윤창출의 가능성을 앗아가기도 한다. 계약내용을 문서로 남겨놓지 않거나 적절한 공증을 받지 않았을 경우, 상대방이 그와 같은 계약의 이행을 거부함으로써 자본을 날리는 경우도 생긴다. 그럴 경우 재판도 별다른 소용이 없는데, 그것은 법률도 분명한 증거를 요구하기 때문이다.

이 모든 것들은 상인에게 엄청난 고통을 안겨준다. 그가 근소한 이윤을 거둘 수 있을지는 모르지만, 많은 고통과 어려움을 겪고서야 가능하다. 혹은 아무런 이윤을 거두지 못할 수도 있고 자본을 날릴 수도 있다. 만약 그가 분쟁하는 것을 두려워하지 않는다든지, 문제를 해결하는 방법을 알고 있다든지, 언제라도 법정으로 가서 소송을 할 각오가 되어 있다든지 한다면, 다른 상인으로부터 보다 공정한 대접을 받을 가능성이 더 높다. 그렇지 않다면, 그는 지위가 있는 사람의 보호를 받아야만 한다. 그러면 상인들도 그를 경외하게 되고, 판관도 채무자에 대한 그의 권리를 인정해줄 것이다. 앞의 경우는 상대방이 자발적으로 하는 것이고 뒤의 경우는 강제에 의해서 그렇게 되는 것이지만, 이런 방식으로 그는 정당함을 인정받고 자본도 되찾을 수 있을 것이다.

반면에 두려움이 많거나 소극적인 사람, 나아가서 법정에 미칠 만한 영향력이 없는 사람은 상업을 하지 말아야 한다. 그는 자본을 날릴 위험성을 안고 있다. 다른 상인의 먹잇감이 되기 십상이고 자기 권리조차 인정받기 어려울 것이다. 사람들은 다른 사람의 재산을 탐내는 것이 일반적이다. 법이 가하는 억제적 영향력이 존재하지 않는다면 누구의 재산도 안전할 수 없다. 이 점은 특히 상인과 하층 대중들에게 해당된다.

14) 상인의 성품은 지도층의 성품에 비해 열등하며 남자다움과도 거리가 멀다

앞의 절에서 우리는 상인이 상품의 판매, 이윤의 획득 등에 관여해야 한다는 사실에 대해서 말했다. 그러기 위해서는 교활함, 분쟁도 마다않는 적극성, 영리함, 끊임없는 다툼, 집요함 등이 필요하며, 이런 것들은 상업과 연관된 것들이다. 그러나 그러한 성품은 덕성과 남자다움을 해치고 파괴한다. 왜냐하면 행위는 영혼에 영향을 미칠 수밖에 없기 때문이다. 만약 사악하고 기만적인 행위가 미덕을 갖춘 성품보다 우선시되면, 전자는 굳게 뿌리를 내리고 훌륭한 성품은 흐트러지고 말 것이다. 행위에서 기원한 모든 습관이 그러하듯이 사악한 행위가 미치는 나쁜 영향이 인간의 영혼에 그 낙인을 남기게 되기 때문이다.

이러한 영향은 어떠한 부류의 상인이냐에 따라서 다르다. 만약 사기와 기만과 위증을 일삼으며 거래나 가격에 관한 계약 내용을 제멋대로 주장하는 저질 상인들과 가깝게 지내는 사람 혹은 아주 하층에 속하는 상인이라면, 이와 같은 사악한 성품에 훨씬 더 큰 영향을 받을 것이다. 기만이 그의 주된 성품이 되어버리고, 남자다움은 그로부터 완전히 멀어져 그의 힘으로는 도저히 가지기 힘든 것이 되고 만다.

또 한 부류의 상인들도 존재한다. 앞에서도 언급했듯이, 지위가 유력한 사람의 보호를 받고 있기 때문에 그와 같은 상업상의 술수를 부리지 않아도 괜찮은 사람들이다. 그러나 이런 경우는 매우 드물며, 갑자기 어떤 비상한 방법으로 거금을 손에 넣은 사람이나 일족으로부터 유산을 상속받은 사람들이 해당된다. 그들은 왕조 관계자들과 교제하고 또 동료들 사이에서 명망을 얻기에 충분할 정도로 재산이 많다. 따라서 그들은 강한 자부심이 있어 그와 같은 상업상의 술수를 자기가 직접 부리지 않으며, 다만 그런 것을 자기 대리인이나 하인들에게 맡긴다. 판관은 그들이 주는 혜택과 선물에 익숙해 있기 때문에 곧잘 그들의 권리를 인정한다.……

15) 기술은 스승을 필요로 한다

어떤 기술은 단순하고 어떤 기술은 복잡하다. 단순한 것은 필수품에 관련된 것이고, 복잡한 것은 사치품에 관련된 것이다. 단순한 기술이 먼저 습득되는데, 이는 그것이 단순하기 때문에 그리고 생활필수품과 관련된 것이어서 많은 수요가 있기 때문이다. 그래서 그것은 먼저 가르쳐지며, 그 학습은 초보적인 것이다.

복잡한 것을 포함한 모든 종류의 기술은 사고의 힘에 의해서 잠재태에서 현실태로 변용되며, 이는 하나씩하나씩 점진적인 발견의 과정을 통해서 완벽의 단계에 이를 때까지 계속된다. 시간이 흐르고 세대가 지나가면서 이런 과정이 이루어지는데, 모든 사물 특히 기술과 관련된 것들은 어느 한 순간에 갑자기 잠재태에서 현실태로 변용되지 않는다. 따라서 불가피하게 상당한 시간이 필요하다. 소도시에 존재하는 기술이 열등한 것일 수밖에 없는 까닭도 여기에 있다. 그런 도시에서 도회문명이 발전하고 사치스러운 생활이 기술의 활용을 촉진시키게 되면, 기술은 잠재태에서 현실태로 변용된다.

16) 기술은 거대하고 완벽한 도회문명이 있는 곳에서만 완벽해진다

그 까닭은 다음과 같다. 도회문명이 완전하지 않고 도시가 철저하게 조직화되지 않는 한, 사람들은 생활필수품, 즉 밀이나 기타 식량을 얻는 데에만 관심을 기울인다. 도시가 조직화되고 가용 노동력이 증가하여 필수품을 구입할 만한 여유를 가지거나 그보다 더 부유해졌을 때, 잉여분은 사치품을 사는 데에 소비된다.

기술과 학문은 동물에게서는 찾아볼 수 없는 인간의 사고능력의 결과이다. 반면 식량을 구하려는 인간의 욕구는 그의 동물적, 영양적 힘의 결과이다. 그것은 없어서는 안 될 필수적인 것이므로 학문이나 기술보다 우선한다. 학문과 기술은 필수적인 것이 충족된 뒤에야 생기기 때문이다. 기술이 세련될 가능성이 있는가의 여부, 혹은 사치와 부가 낳은 수요를 충족시켜주는 것을 목적으로 하는 그 기술의 질적 수준 등은 당해 지역의 문명의 수준에 상응한다.

소규모이거나 유목민적인 문명은 단순한 기술, 즉 목공, 야금, 재단, 도살, 직조 등과 같은 것만을 필요로 한다. 이런 기술이 거기에 존재하는 것은 사실이지만, 완벽하지도 잘 발달되지도 않는다. 다만 필요한 정도만큼의 수준으로만 존재하고 있을 뿐이다. 왜냐하면 그것들은 모두 어떤 목적을 위한 수단에 불과하지, 그 자체를 위해서 존재하는 것이 아니기 때문이다.

문명이 번영을 구가하고 사치품에 대한 수요가 생기면 기술도 세련되고 발달된다. 그리고 위에서 말한 기술들은 극도의 정치함을 보이게 되고, 사치스런 풍습과 생활의 요청에 따라서 그밖의 다른 여러 기술들도 생긴다. 이 가운데에는 제화, 피혁, 견직, 금세공 등이 속한다. 문명이 극도로 발달하면 이런 다른 기술들이 완벽해지고 극한까지 세련된다. 도시에서는 그런 기술을 가진 사람들이 그것으로 생계를 유지하게 되며, 사치품에 대한 도시민의 요구로 사실상 그런 기술은 가장 돈 잘 버는 직업이 된다. 이밖에 향수제조, 동세공, 욕탕, 요리, 제과, 음악교습, 무용, 타악기 연주 등도 생기고, 서적의 복제, 제본, 교정에 필요한 기술을 발휘하는 출판업도 등장한다. 마지막으로 언급된 기술은 지적인 문제와 결부

된 도시민의 사치를 충족시켜준다. 문명이 과도하게 발달하면 기술도 과도하게 발달한다. 예를 들면 이집트에는 새나 노새와 같은 짐승을 가르치는 사람, 어떤 사물을 변화시키는 환상을 불러일으키는 마술을 부리는 사람, 공중에 매달린 줄 위를 걷거나 그 위에서 춤추는 법을 가르치는 사람, 무거운 동물이나 돌을 들어 올리는 방법을 가르치는 사람들이 있다고 한다. 이러한 기술을 마그리브 지방에서는 찾아볼 수 없는데, 그것은 마그리브의 도시들에 존재하는 문명이 이집트와 카이로에 있는 문명과 비교될 수 없기 때문이다.

17) 도회문화가 확고한 뿌리를 내리고 장기간 계속될 때, 기술도 도시 안에 뿌리를 내린다

그 까닭은 명백하다. 모든 기술은 문명의 관습이자 특색이다. 관습은 반복과 오랜 지속을 통해서 비로소 확고한 뿌리를 내린다. 그렇게 되면 그 특색이 여러 세대에 걸쳐 자리잡게 되고, 한번 그렇게 되면 그 특색은 지우기 어려워진다. 따라서 고도로 발달된 도회문화를 가진 도시의 문명이 쇠퇴하게 된다고 하더라도, 거대한 인구를 배경으로 하여 최근에 문명화된 다른 도시에서는 찾아볼 수 없는 기술의 흔적을 보존한다. 이는 오랜 문명을 지닌 도시에서는 기술이 끊임없는 반복과 오랜 지속 기간을 통해서 확고한 뿌리를 내린 데 반해, 최근에야 문명화된 다른 도시는 아직 그 정점에 도달하지 못했기 때문이다.

예를 들면 오늘날의 스페인에서 이러한 상황을 찾아볼 수 있다. 그곳에는 아직도 다양한 기술과 제도가 존재하고 있다. 그것들은 확고하게 뿌리를 내리고 있는데, 이는 스페인 도시들의 관습이 아직도 그런 것을 요구하고 있기 때문이다. 예를 들면 건축이나 요리 기술을 위시해서, 현악기의 연주와 가무 등 다양한 연예, 궁정에서 사용하는 카펫 제작, 고도의 계획에 따른 주택 건축, 금속이나 흙을 사용한 그릇 제작, 각종의 집기류, 연회와 결혼식의 개최, 이밖에도 사치스러운 풍습이 요구하는 온갖 기술들이 존재한다. 스페인에서의 문명은 쇠퇴했고 그 수준이 지중해 연안에 있는 다른 나라들과 비교할 수 없게 되었지만, 여전히 그 주민들은 다른 어느 민족들보다 이러한 기술들을 잘 이해하고 실현하고 있다. 그 이유는 단 하나, 즉 고트족 왕조, 우마이야 왕조, '제후들'의 왕국의 시대에 마련된 안정 속에서 도회문화가 스페인에 깊이 뿌리내렸기 때문이다.……

18) 기술은 많은 사람들의 요구가 있을 때에만 개선되고 증대된다

그 까닭은 사람이 자신의 이윤과 생계의 원천이 되는 노동을 무상으로 제공할 수는 없는 노릇이기 때문이다. 그는 자신의 전생애를 통틀어 노동 이외에는 다른 이점이 없기 때문에, 이윤을 획득하기 위해서 도시 안에서 가치를 지닌 것이 있다면 무엇이건 거기에 자신의 노동을 들이게 된다.

만약 어떤 특정한 기술이 남들에 의해서 요구되고 그것을 구매하려는 사람이 있다면, 그것은 대단히 많은 수요를 지니고 또 판매를 위해서 수입되어야 하는, 말하자면 일종의 상품이라고 할 수 있다. 따라서 도시에 사는 사람들은 생계를 유지하기 위해서 기술을 배우려고 애쓴다. 반면 어떤 기술에 대해서는 수요도 없고 구매자도 없다면, 아무도 그것을 배우려고 하지 않을 것이고, 결국 고립되어 사라지고 말 것이다.

이와 관련해서 알아두어야 할 또 다른 중요한 점이 있는데, 그것은 기술과 그 기술의 개선을 요구하는 것이 바로 왕조라는 사실이다. 또한 왕조는 그 기술에 대한 수요를 창출하고 또 그것을 추구하도록 한다. 왕조는 필요로 하지 않지만 도시의 다른 주민들이 필요로 하는 기술이 있을 수 있다. 그러나 왕조야말로 가장 큰 시장이기 때문에, 그것이 필요로 하는 기술은 필연적으로 주요한 것이 될 수밖에 없다.

19) 붕괴 직전의 도시에서 기술은 퇴보한다

기술은 많은 사람들이 필요로 할 때, 발전될 수 있다. 문명의 쇠퇴와 인구의 수적 감퇴의 결과 도시에서의 상황이 악화되고 노쇠가 시작되면, 사치도 줄어들고 그 주민들은 필수품을 충족하는 단계로 회귀한다. 사치스러운 생활에 필요한 기술들은 희귀해지고, 그러한 기술을 가진 장인들도 더 이상 그것으로 생계를 충당하지 못하게 된다. 그러므로 그는 그 기술을 버리고 다른 일을 하게 되며, 계승자도 없이 사망하게 된다. 예를 들면 화가, 금세공인, 서예가, 필사자를 비롯하여 사치품을 조달하던 기능인들이 사라지는 것이다.

20) 모든 민족 가운데 아랍인이 기술에 가장 미숙하다

그 까닭은 아랍인이 전야생활에 더 깊이 뿌리를 내리고 있고, 도회문명 및 그것이 요구하는 기술과 여타의 것들로부터 더 멀리 떨어져 있기 때문이다. 동부의 비아랍인들과 지중해 연안의 유럽 기독교 민족들은 기술에 능한데, 이는 그들이 보다 더 도회문명에 뿌리를 내리고 전야나 전야문명과 멀리 떨어져 있기 때문이다.

따라서 아랍인들의 고향이나 이슬람 출현 이후 그들이 정복한 지역에는 기술이 거의 없어 다른 지방에서 수입해왔던 현상을 볼 수 있다. 중국, 인도, 투르크인들의 지방, 기독교 국가들과 같이 비아랍계 나라에는 수많은 기술들이 존재했고, 다른 민족들은 그들로부터 그 기술을 수입했던 것이다.

이 점에서는 오랫동안 전야생활에 뿌리를 두고 있던 서부의 비아랍계 민족인 베르베르인들도 아랍인과 마찬가지이다. 그들이 사는 지역에 있는 수많은 소도시들이 이를 말해준다. 따라서 마그리브 지방의 기술은 숫자도 적고 확고하게 정착되지도 못했다. 예외가 있다면 모직업과 피혁업이다. 그 까닭은 이러한 기술들이 전반적인 관심의 대상이었고, 동물의 털과 가죽은 그 지방에 유목적 생활이 풍미했던 관계로 가장 흔한 원료였으므로, 그들이 처음 정착했을 때 이와 같은 기술들을 크게 발전시켰기 때문이다.

반면 동부에서는 페르시아, 나바타에, 콥트, 이스라엘, 그리스, 로마 등 고대 민족들이 지배하는 오랜 기간 동안 기술이 뿌리를 내릴 수 있었고, 도회문화의 조건들도 그들 사이에 확고하게 정착되었다.

예멘, 바레인, 오만, 자지라 등지는 장기간 아랍인의 지배를 받았지만, 과거 수천 년에 걸쳐 여러 다른 민족들도 뒤를 이어가면서 그곳을 지배했다. 그들은 도시를 건설하고 도회문화의 발전을 촉진했으며 도회문화와 사치를 최고도로 발전시켰다. 또 왕권과 도회문화의 전통도 매우 오래 되었다. 이러한 도회문화는 그곳에 깊은 각인을 남겨놓았고, 기술도 다양하고 확고해지게 되었다. 지금까지도 그와 같은 기술은 그 지방의 특성으로 남아 있는데, 자수, 줄무늬 직조, 정교한 견직 등이 그 예이다.

21) 어떤 기술을 습득한 사람이 그뒤에 다른 기술을 완전히 습득하는 경우는 드물다

예를 들면 재단술을 습득하여 그것을 매우 잘 알게 되고 그 습성이 그의 영혼 속에 깊이 자리잡게 된 재단사는, 그 후에 목공술이나 건축술과 같은 것을 완전히 습득할 수 없다. 그 이유는 다음과 같다. 습성은 영혼이 지닌 자질이며 갑자기 생기는 것이 아니다. 어떤 사람이 아직 자연상태에 있다면, 그는 특정한 습성을 몸에 익히고 그것을 자기 것으로 만들기에 더 유리한 입장에 있다. 영혼이 하나의 습성에 물들게 되면 그것은 더 이상 자연상태라고 할 수 없고, 이미 그 습성의 강력한 영향 아래에 있기 때문에 새로운 습성을 체득하기가 어려워진다.

이 점은 여러 가지 사실로써 명백하게 확인된다. 우리는 어떤 기술을 잘 알고 있는 기술자가 그뒤 다른 기술을 익혀서 두 가지를 다 완벽하게 습득하는 경우를 거의 보지 못한다. 이것은 생각을 많이 하는 습관이 있는 학자들에게도 적용된다. 어떤 특정한 학문분야를 습득하여 그것을 통달한 학자가 다른 학문에서도 그와 동일한 정도의 통달을 성취하는 경우는 매우 드물다. 설사 그가 다른 분야의 학문을 공부한다고 하더라도, 극히 예외적인 경우를 제외하고는 그 결과가 만족스럽지 못하다.

22) 기초적인 기술의 간단한 목록

문명에는 수많은 노동이 끊임없이 활용되므로 인류가 습득하는 기술도 다양하다. 너무도 다양하기 때문에 그 모두를 나열한다는 것은 불가능하다. 그러나 그 가운데 어떤 것은 문명에서 필수적인 자리를 점하기도 하고, 또 어떤 것은 그 취급 대상 때문에 고귀한 자리를 점하기도 한다. 우리는 여기에서 이 두 종류만 뽑아서 언급하고 나머지 것들은 생략하기로 한다.

먼저 필수적인 기술에는 농업, 건축, 재단, 목공, 직조 등이 속한다. 그 대상 때문에 고귀하게 여겨지는 기술로는 조산, 서예, 출판, 노래, 의술 등이 있다.

조산은 신생아의 생명을 확보하는 것이기 때문에 전반적 관심의 대상이자 문명에서 필수적이다. 의술은 인간의 건강을 보존하고 질병을 퇴치하며, 자연과학의 한 분야인데, 그 대상은 인체이다. 쓰기 그리고 그것에 의존하는 출판은 인간

에게 중요한 사항들이 보존되고 망각되지 않도록 한다. 그것은 영혼의 가장 깊은 사고를 지리적으로 멀리 떨어져 있거나 시간적으로 아직 존재하지 않는 사람들에게 전달한다. 성찰과 연구의 결과가 책 안에 남아 영속화되는 것이다. 노래는 소리들의 조화이자 그 아름다움이 귀에 현현되는 것이다.

이 세 가지 기술2)은 사적인 장소에 가까운 사람들이 모인 자리에서 강력한 군주와의 접촉을 가능케 해주기도 하므로, 다른 기술들에는 결여된 고귀함을 가진다. 일반적으로 다른 기술들은 부차적이거나 종속적이다.

23) 농업기술

이 기술의 목표는 식량과 곡물의 획득에 있다. 이를 위해서 사람들은 땅을 일구고 씨를 뿌리고 곡식을 재배해야 한다. 또한 밭에 물을 대고 완전히 익을 때까지 보살펴야 하며, 그리고 난 뒤에는 추수를 하고 겨를 벗겨내야 한다. 사람들은 이러한 작업과 관련된 일들을 이해해야 하며 필요한 모든 것들을 구매해놓아야 한다.

농업은 인간생활을 가능케 하는 가장 큰 요소인 식량을 제공하기 때문에 모든 기술 가운데에서도 가장 오래된 것이다. 인간은 다른 것이 없어도 생존할 수 있지만, 식량이 없이는 살 수 없다. 전야에서의 생활이 도회생활보다 선행했고 또 더 오래된 것이기 때문에, 이 기술은 전야에서 먼저 생겨났다.

24) 건축기술

이것은 도회문명에서 가장 처음이자 가장 오래된 기술이다. 건축기술은 몸을 건사하기 위한 가옥과 주택의 사용에 관한 지식이다. 인간은 어떤 사물의 결과에 대해서 사고하는 생래적인 자질을 가지고 있다. 그렇기 때문에 벽과 지붕이 있는 가옥을 사용함으로써 자신을 둘러싸고 있는 외부와 자신을 차단하고, 그럼으로써 열기와 한기가 가져오는 피해를 어떻게 피할 수 있을까 하는 점에 대해서 인간이 사고한다는 것은 당연한 일이다. 인간을 인간답게 만드는 사고라는 이 생래

---

2) 이븐 할둔이 구체적으로 어떤 '세 가지'를 지칭하는지는 분명치 않다. 소위 고귀한 기술로 꼽은 것들이 그것에 속하는 것으로 보이는데, 혹시 설명한 순서에 따라서 (1) 조산과 의술, (2) 서예와 출판, (3) 노래를 염두에 둔 것이 아닌가 생각된다.

카바(p.26 참조)

세계의 중심으로 그려져 있는 카바(6세기 페르시아의 지도)(p.26 참조)

691년에 완성된 최초의 거대한 이슬람 건축인 예루살렘의 바위의 성전(p.330 참조)

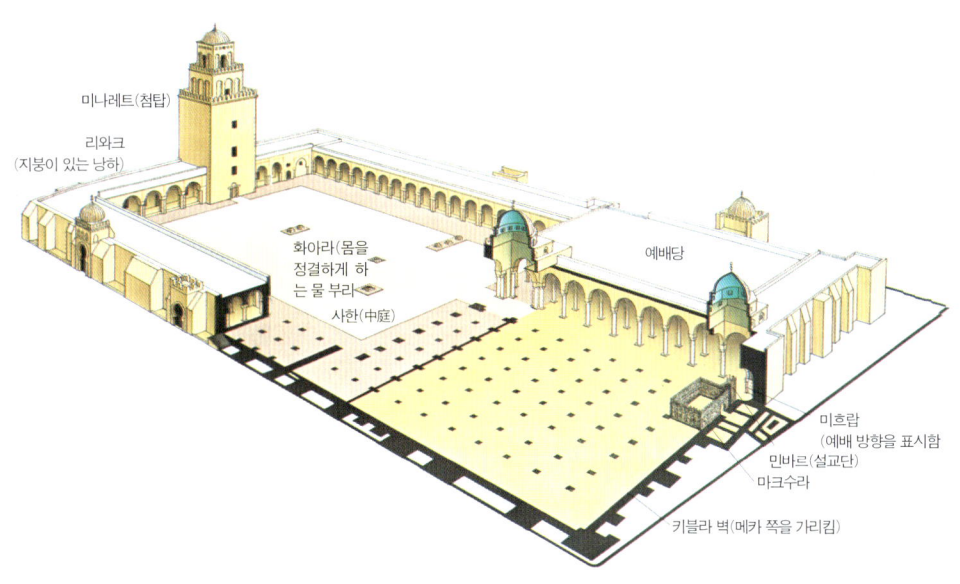

모스크의 구조도(p.330 참조)

부유한 아랍인들의 일상(p.334 참조)

음악과 노래를 즐기는 아랍인들(p.394 참조)

교육을 마친 사람에게 증서를 주는 장면(p.493 참조)

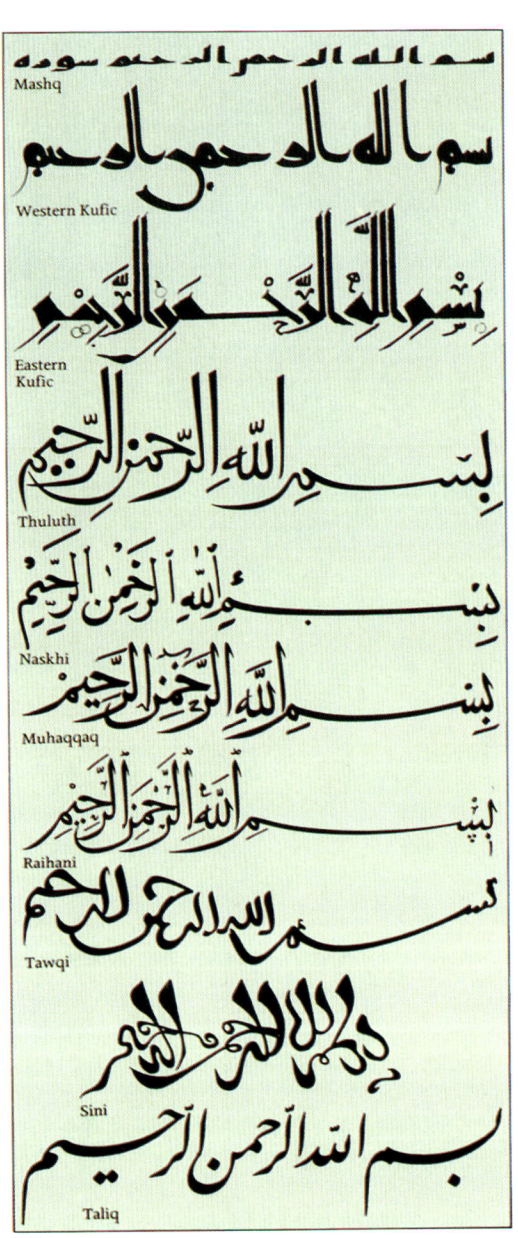

서법 (p.393 참조)

제본된 책(p.394 참조)

소크라테스와 두 제자
(p.445 참조)

물소를 이용하여 밭을 가는 농부(p.384 참조)

곡식을 빻는 여자(p.384 참조)

망치와 끌로 맷돌을 다듬는 석공(p.384 참조)

출산과 산파(p.388 참조)

수피들의 의식(p.428 참조)

방랑하는 수피(p.428 참조)

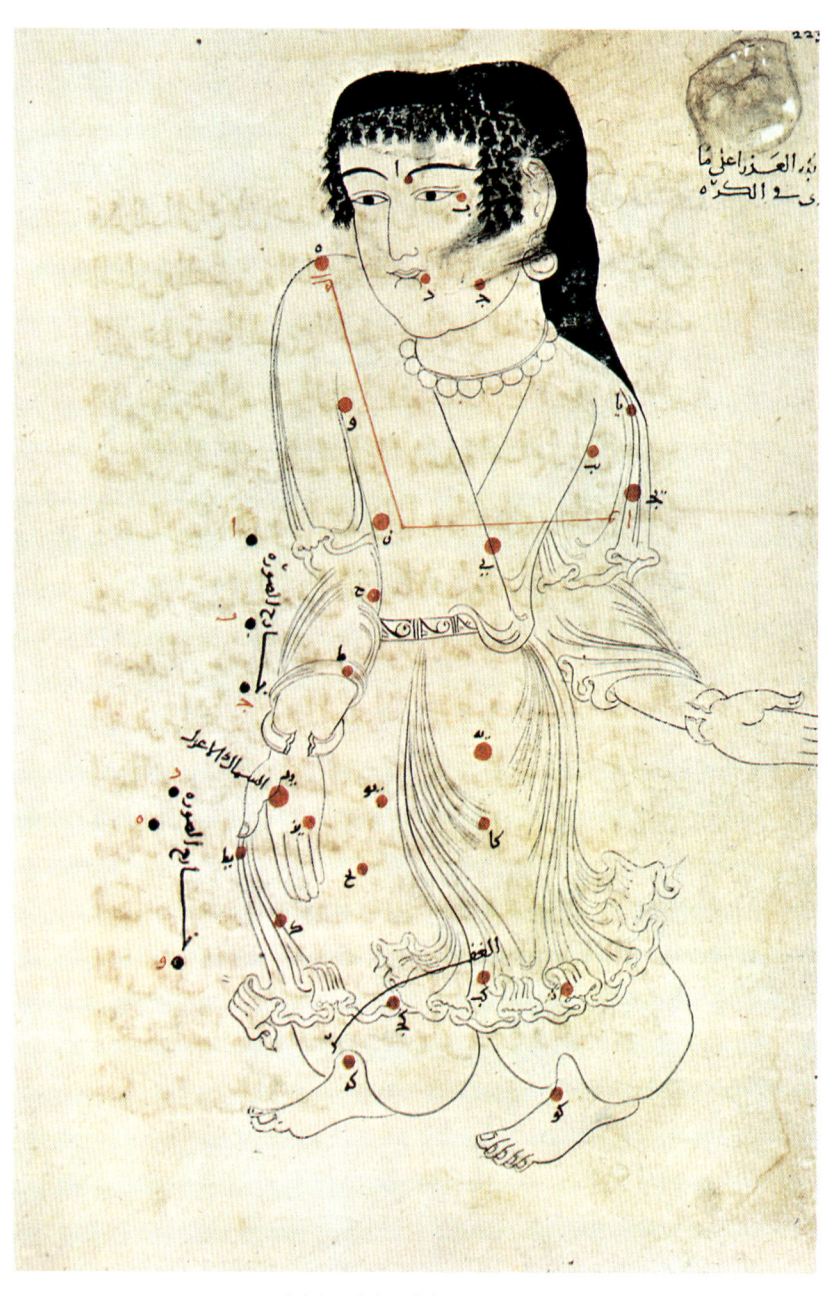

인체에 그려넣은 항성들(p.453 참조)

천체를 관측하는 천문가 (p.453 참조)

1285년 이란에서 제작된 천체의(p.454 참조)

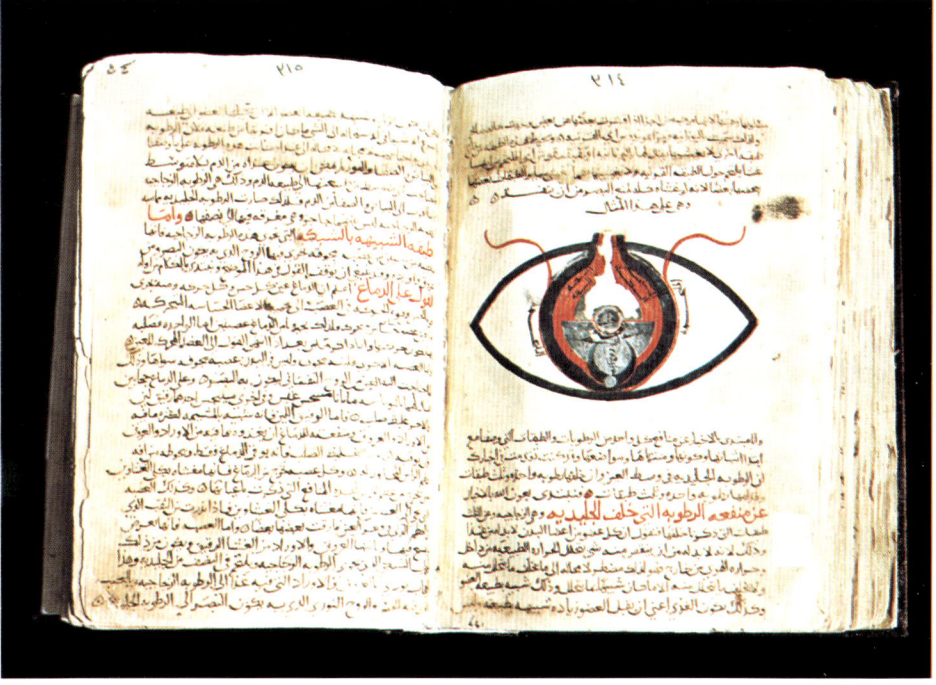

9세기 후세인 이븐 이스학은 『눈(眼)에 대한 열 가지 논의』라는 책에서 갈레노스의 의학이론을 차용하여 설명한다(p.461 참조).

모세가 마법사를 격퇴하는 장면(p.465 참조)

적인 자질에도 사람마다 여러 단계가 있어, 적절한 사고를 하는 사람들은 적절한 형태의 가옥을 소유하지만, 극단적인 사고를 하는 사람들은 주택 사용에 익숙치 않다. 이런 사람들의 사고는 인간이 구사할 수 있는 각종 기술을 사용할 정도로 충분히 발달되지 않아서, 동굴에 거주하고 조리하거나 익히지도 않은 음식을 먹는다.

이렇게 해서 차폐물이 있는 가옥을 사용하는 온화한 기후대의 사람들은 인구가 많아졌다. 그리고 한 지역에 수많은 주택이 생기게 되었다. 그들은 서로를 낯설어 했고 알지 못하는 사이가 되어, 밤이 되면 누가 급습해오지 않을까 겁을 낸다. 그들은 자기 공동체를 보호하려고 둘레에 성벽을 쌓음으로써 그 전체 단위가 하나의 읍이나 도시를 이루게 된다. 그 내부에서 그들은 그들을 서로 분리해놓는 권력자들에 의해서 보호받는다. 뿐만 아니라 외적의 침입으로부터도 역시 보호받는다. 따라서 통치자는 자기 자신은 물론 그 지배를 받는 사람들을 보호하려고 성벽과 성채를 사용한다. 이러한 통치자들은 지배자나 아미르 혹은 그에 상응하는 지위에 있는 부족장과 같은 사람들이다.

건축의 조건도 도시에 따라서 상이하다. 즉 각각의 도시는 그 주민들이 소유한 기술적인 능력, 기후 조건, 주민들의 부유함의 정도 등에 따라서 달라질 수밖에 없다. 각 개별 도시에 사는 주민들의 상황 역시 다르다. 어떤 도시는 많은 수의 아이, 하인, 식솔, 추종자들 때문에 다수의 가옥과 주택과 방들로 이루어진 광범위한 건물과 성채를 가진다. 이런 도시에는 석회를 발라 연결한 석벽이 있다. 또한 그들은 가옥에 대한 자신들의 큰 관심을 나타내기 위해서 건물 겉에다 그림을 그려넣거나 온갖 장식을 한다. 이밖에도 그들은 식량을 비축하기 위해서 지하실을 만들기도 하고, 다수의 추종자를 거느리는 아미르와 같은 군부 요인들의 경우에는 말을 매어놓는 마구간도 준비해놓는다.

그런가 하면 자기와 자기 식구들이 살 정도로 작은 주택들로 이루어진 도시도 있다. 그 주민들이 처한 상황 때문에 그 이상 더 욕심을 부릴 수도 없다. 따라서 인간에게는 필수적이라고 할 수 있는, 단지 몸을 피할 정도의 주택에 만족하는 것이다. 이상과 같은 두 극단 사이에는 수많은 층차들이 발견된다.

군주를 위시해서 왕조 관계자들이 대도시와 높은 기념물을 지을 때에도 건축술이 요구된다. 그들은 최선의 노력을 다해서 설계하고, 건축물이 가장 높이 올라갈 수 있도록 기술적 완벽을 기하려고 한다. 이러한 모든 측면에서 필요한 사항들을 충족시켜주는 기술이 건축이다. 이 기술은 대체로 온대지방에서 존재하며, 비온대지방에서는 건축활동을 찾아볼 수 없다. 사람들은 짚이나 진흙으로 벽을 만든 가옥을 만들거나 동굴 속에서 살기도 한다.

이 기술을 발휘하는 건축가들도 다양해서, 어떤 사람은 지능과 기술이 뛰어나지만 어떤 사람들은 그렇지 못하다.……

그들의 자질은 왕조와 왕조 권력에 달려 있다. 왕조 초기는 유목적인 단계이므로 건축활동에는 다른 지역 주민의 도움이 필요하다. 알 왈리드 이븐 압둘 말리크가 메디나와 예루살렘에 모스크를 건설하고 다마스쿠스에 자신을 위한 모스크를 세우기로 결정했을 때에 그러했다. 그는 콘스탄티노플의 비잔틴 황제에게 사람을 보내 건축에 능숙한 인부들을 요청했고, 황제는 설계된 대로 모스크들을 건축하기에 충분한 수의 사람들을 파견했다.

건축가는 기하학과 토목학을 활용하기도 한다. 예를 들면 그들은 벽을 수직으로 세우기 위해서 추를 이용하고, 물을 길어 올리거나 흐르게 하는 장치 등을 사용한다. 즉 그들은 토목과 연관된 문제들을 잘 알고 있어야만 한다. 기계의 도움으로 무거운 물건들을 들어올리는 것에 대해서도 알아야 하는데, 이는 아무런 외부의 힘의 도움 없이 커다란 돌덩어리를 그냥 들어올릴 수는 없기 때문이다. 따라서 건축가는 기하학적 비율에 따라서 고안된 고리들, 즉 '도르래'라고 부르는 장치 속으로 줄을 통과시켜서 힘을 몇 배로 증가시키지 않으면 안 된다. 그것을 사용함으로써 물건을 쉽게 들어올리고 의도했던 작업을 어렵지 않게 완성시킬 수 있다. 이는 건축가라면 보통 알고 있는 토목원리의 도움을 통해서만 이루어질 수 있다. 이슬람 이전 시대에 건축된 것으로 믿어지지만, 오늘날까지 남아 있는 기념물들도 이렇게 해서 만들어질 수 있었던 것이다.

25) 목공기술

이 기술은 문명에서 필수적인 것이며, 그 재료는 나무이다. 신께서는 인간이 필요로 하는 것들을 공급하기 위해서 유용한 것들을 많이 만들었는데, 나무도 그 가운데 하나이다. 나무는 땔감으로도, 무거운 하중을 받치는 버팀목으로도 사용된다.

유목민은 나무를 천막의 지주나 말뚝으로 사용하기도 하고, 여자들을 태우는 낙타용 가마나, 무기로 사용하는 창, 활, 화살 등을 만들 때에도 사용한다. 도회민들은 가옥의 지붕, 문의 자물통, 앉는 의자 등에 나무를 사용한다. 이들 각각의 형태는 기술의 결과이다. 각종 목제품이 그 고유한 형태를 갖추도록 하는 기술이 목공술이며, 여기에도 여러 단계가 있다.

이 기술을 수행하는 사람이 목수이며, 그는 문명에 필요한 존재이다. 도회문화가 발달하고 사치가 모습을 드러내어 사람들이 고상한 지붕, 문, 의자, 가구 등을 가지고자 하면, 그런 것들은 놀랄 만한 기술의 습득—— 그 자체도 결코 필수적인 것이 아니며 사치이다—— 을 통해서 가장 우아한 형태로 만들어지게 된다. 예를 들면 문이나 의자를 만들 때 조각을 해넣기도 하고, 작은 나무조각들을 여러 가지 모양으로 정교하게 다듬어서 특정한 대칭적 배열로 맞춘 뒤에 못을 박아 전체가 마치 하나의 조각인 것처럼 보이게 하기도 한다. 목공술은 나무 판자와 못으로 만드는 선박 건조에도 필요하다.

목공기술은, 그 기원을 생각할 때, 각종 기하학에 대한 상당한 지식을 요한다. 즉 비율과 측량에 관한 일반적인 혹은 특수한 지식이 있어야 어떤 형태를 적절한 방식에 의해서 잠재태에서 현실태로 전환시킬 수 있으며, 비율에 관한 지식을 얻기 위해서는 기하학자에게 의존할 수밖에 없다. 따라서 그리스의 탁월한 기하학자들은 모두 목공술의 장인이었다. 『기하학원론』의 저자 유클리드(에우클레이데스)는 목수로도 유명했고,[3] 『원추 곡선론』을 쓴 아폴로니오스[4] 역시 그러했으며, 메넬라오스[5]를 비롯한 다른 사람들도 마찬가지였다.

26) 직조 및 재봉 기술

인간성이라는 면에서 적절한 품성을 지닌 사람은 거처를 마련할 때도 그렇지만 자기의 몸을 따뜻하게 보호하려는 생각을 하지 않을 수 없다. 사람은 직물을 짜서 몸을 덮음으로써 더위와 추위를 피하려고 한다. 이를 위해서는 실을 짜서 하나의 완성된 옷을 만들어야 되는데, 이것이 바로 직조이다.

---

[3] 아랍의 전승에서 목수로 알려져 있는 사람은 유클리드가 아니라 아폴로니오스이다.
[4] 기원전 3세기 후반의 그리스 수학자.
[5] 100년경의 그리스 수학자, 천문학자. 구면기하학 등으로 유명하다.

전야민들은 그 정도로 만족하지만, 도회문화에 경도된 사람들은 직조된 재료를 신체의 여러 부분들을 덮기에 적당한 조각들로 잘라서, 각각 크기가 다른 그 조각들을 실로 꿰매어 몸에 잘 맞는 완성된 의복을 만들어낸다. 몸에 맞게끔 만드는 이 기술이 바로 재봉이다.

인간은 반드시 따뜻하게 지내야 하므로, 이 두 기술은 문명에 필수적인 것이다. 그러나 재봉은 도회문화에만 국한된 기술이고, 전야의 거주민들은 그것이 없어도 무관하다. 그들은 천으로 몸을 덮기만 하면 그만이다. 직물의 재단, 즉 재료를 자르고 맞추고 바느질하는 것은 도회문화의 다양한 양상 중의 하나이다.

이 점을 이해해야만 성지순례시에 왜 재봉된 옷을 입는 것이 금지되어 있는지를 알 수 있다. 종교법에 의하면 성지순례를 하는 사람들은 다른 무엇보다도 우선 세속적인 것들을 전부 떼어내고 신이 처음에 우리를 창조할 때의 모습으로 돌아가야만 한다. 인간은 향수, 여자, 재봉된 옷, 부츠 등 일체의 사치스러운 습관에 마음을 두어서는 안 된다. 그동안 영혼과 성품에 영향을 주었던 모든 습관, 예를 들면 사냥을 가는 것과 같은 행동을 해서도 안 된다. 마치 최후 심판의 날에 나가는 것처럼 오로지 신께 헌신하는 겸허한 마음으로 성지 순례를 가야 할 것이다.……

27) 조산술

조산이란 어떻게 하면 태아를 어머니의 자궁에서 부드럽게 나오게 하는가, 그와 관련된 것들을 어떻게 준비하는가 그리고 갓 태어난 신생아를 잘 처리하는 방법이 무엇인가를 보여주는 기술이다. 이 기술은 일반적으로 여자에게 국한되어 있는데, 그 까닭은 여자라야 다른 여자의 음부를 보는 것이 허용되기 때문이다. 이러한 기술을 행하는 사람은 산파라고 한다.

조산의 과정은 다음과 같다. 태아가 성장의 단계를 모두 거쳐 자궁 안에서 완전한 형태를 갖추게 되면 —— 그것이 자궁에 머무는 기간을 신은 보통 9개월 정도로 정해놓았다 —— 태아는 신이 미리 부여한 욕망에 따라서 밖으로 나오려고 한다. 그러나 출구가 너무 작기 때문에 태아가 나오는 데에는 어려움이 있다. 그 압박으로 인해서 때로 질의 벽이 손상을 받기도 하고 자궁과 연결되어 있는 점막에 파열이 생기기도 한다. 분만시의 고통은 바로 이로 인해서 발생한다. 그래서 산파는 등이나 둔부 혹은 자궁 부근의 하복부를 부드럽게 마사지해줌으로써 도움을 주고, 태아를 밖으로 밀어내려는 힘을 강화시키며 또 그 과정에서 발생하는 어려움을 가능하면 완화시키려고 한다. 산파는 출산의 어려움의 정도에 따라서 적절한 힘을 가한다. 태아가 밖으로 나오게 되면 그 동안 영양을 공급하던 탯줄이 배꼽에 연결된 채로 있는데, 그것은 출산 후 아이를 양육하는 데에 불필요한 기관이다. 따라서 산파는 그것을 잘라버리는데, 다만 불필요한 부분 이 시작되는 곳을 잘라서 아이의 위장이나 산모의 자궁에 손상이 가지 않도록 한다. 그리고 나서 산파는 잘라낸 부위를 불로 지지거나 다른 적절한 방법으로 처리해야 한다.

태아는 쉽게 휘거나 구부려질 정도로 뼈가 연약하며 협소한 출구를 통해서 나오기 때문에, 그 사지나 관절의 모양이 바뀌는 일도 생긴다. 그것은 사지나 관절이 생겨난 지 얼마 안 되어 그 질료가 습하기 때문이다. 따라서 산파는 신체의 각 부위가 자연적인 형태와 위치를 회복하여 아이가 정상적인 모양을 갖출 수 있도록 마사지를 하거나 교정조치를 취한다. 그뒤 산파는 산통을 겪고 있는 산모에게로 돌아가서 부드럽게 마사지를 해주어 태아의 태반이 밖으로 나올 수 있도록 해준다. 그것은 때로 늦게 나오기도 하는데, 그럴 경우 태반이 모두 빠져나오기도 전에 근육이 수축하여 본래의 자연적인 위치로 돌아갈 위험성이 있다. 태반은 불필요한 것이기 때문에 부패하기 쉽고, 만약 그 부패한 성질이 자궁 안으로 들어가면 치명적일 수 있다. 산파는 그 점을 조심해야 하며, 모든 태반이 배출될 수 있도록 자극을 가해야 한다.

그리고 나서 산파는 다시 신생아에게로 돌아간다. 기름과 수렴성 파우더를 아이의 사지에 발라줌으로써 사지를 강화시키고 몸에 묻은 자궁의 분비물을 건조시킨다. 산파는 아이의 목젖을 들어올리기 위해서 구개 부위에 무엇인가를 바르고, 비강을 비우기 위해서 아이의 코 안에 무엇인가를 넣는다. 또한 산파는 아이의 내장이 막히거나 내장의 벽이 협착되는 것을 막기 위해서 약을 먹인다.

그뒤 산파는 태아가 자궁으로부터 분리될 때 생기는 산통 때문에 지쳐 있는 산모에게 간다. 물론 아이가 어머니의 신체의 자연적인 일부분은 아니지만, 태아가 자궁 안에서 생성됨으로써 그것은 마치 분리될 수 없는 신체의 일부분처럼 되었기 때문에, 태아가 자궁으로부터 분리되는 것은 마치 사지의 절단이 초래하

이윤과 기술 등 다양한 생계수단 및 그것들과 연관되어 생긴 조건들…… 389

는 것과 비슷한 고통을 준다. 산파는 또한 태아가 나오면서 가하는 압력으로 파열되고 손상을 입은 질의 고통을 치료해준다.

우리는 어린 아이가 젖먹을 때부터 이유할 때까지의 기간 동안에 걸리는 여러 가지 질병을 처리하는 방법에 대해서 산파들이 숙련된 의사들보다 더 잘 아는 경우를 흔히 본다. 그러나 아이가 젖을 떼게 되면 산파보다는 의사가 더 필요하다.

이와 같은 조산술은 문명에서 인간에게 필수적인 기술이며, 그것이 없으면 인류의 개인들은 세상에 나올 수 없을 것이다.……

28) 의술. 의술은 전야가 아니라 정주지나 도시에서 필요한 것이다

이 기술이 도시에서 필요한 까닭은 그 공인된 효용성 때문이다. 그것은 의학적인 처리를 통해서 건강한 사람들의 건강을 보존하고 병에 걸린 사람들에게서는 질병을 퇴치하는 결과를 가져온다.

질병의 근원은 음식에 있다는 사실을 알아야 할 것이다. 무함마드가 의학에 관해서 말했던 포괄적인 말이 의사들 사이에 전승으로 전해지고 있으나, 종교학자들은 그것에 대해서 회의적이다. 즉 "위장은 질병의 고향이고, 식이요법은 가장 중요한 약이다. 모든 질병의 근원은 소화불량에 있다."는 말을 그가 했다는 것이다. '위장이 질병의 고향이다'라는 진술은 명백하다. 그러나 '식이요법은 가장 중요한 약이다'라는 진술에서 '식이요법'은 '굶는 것'의 의미로 이해되어야 한다. 왜냐하면 '굶는 것'은 음식을 멀리하는 것을 의미하기 때문이다. 따라서 굶는 것이 가장 훌륭한 약이고 그것이 모든 약의 근원이라는 뜻이다. '모든 질병의 근원은 소화불량에 있다.'는 구절에서 '소화불량'이란 위장 속에 있는 음식이 채 소화되기도 전에 새로운 음식이 첨가된다는 의미로 이해되어야 할 것이다.

신은 인간을 창조했고 영양화를 통해서 그 생명을 보존한다. 인간은 식사를 통해서 음식물을 섭취하고, 그것을 소화하고 영양분으로 만듦으로써 신체의 부분을 이루는 뼈와 살에 적절한 피를 만들어낸다. 그렇게 되면 생장력이 생기고 그것은 뼈와 살로 전환된다. 소화는 음식물이 인체의 열에 의해서 단계적으로 비등(沸騰)하고 마침내 몸의 일부가 된다는 것을 의미한다. 이것은 다음과 같이 설명될 수 있다. 입을 통해서 들어가 턱뼈에 의해서 썹혀진 음식물은 입의 열기의 영

향을 받아 약간 비등하고 그것에 의해서 그 구성물은 조금 변화한다. 씹혀진 음식 조각을 꺼내어 살펴보면, 그 구성이 원래의 음식과 달라졌다는 사실을 알 수 있다.

그뒤 음식은 위장으로 들어가고 위장의 열이 그것을 비등시켜 즙을 만드는데, 즙이란 곧 비등된 음식의 정수인 셈이다. 위장은 이 즙을 간으로 보내고, 나머지 다른 부분은 장으로 보내어, 두 군데의 배설기관을 통해서 밖으로 배출한다. 간의 열기는 즙을 비등시켜 신선한 피를 만들어낸다. 비등이 일어난 결과 그 피 위에는 거품과 같은 것이 떠다니는데, 이것이 황색의 담즙이다. 그중의 일부는 건조해져 굳어지는데, 그것이 흑색의 담즙이다. 체열만으로는 음식물의 거친 부분을 비등시킬 수 없으니, 그렇게 해서 생긴 것이 점액이다. 그뒤 간은 이 모든 것들을 동맥과 정맥으로 보낸다. 체열은 그것을 거기에서 다시 비등시키는데, 이 과정에서 신선한 피는 동물의 정신을 지탱하는 덥고 습한 증기를 만들어낸다. 생장력이 혈액에 작용하면서 살이 만들어지고, 그 가운데 조밀한 부분은 뼈가 된다. 그리고 난 뒤 인체는 땀, 침, 콧물, 눈물 등과 같이 필요없는 불순물을 제거한다. 이것이 바로 영양화의 과정이고, 음식이 잠재태의 육체에서 현실태의 육체로 전환되는 것이다.

그런데 질병은 열병에서 비롯되고 대부분의 질병은 열병이다. 열병이 생기는 이유는 체열이 앞에서 말한 각 단계에서 비등의 과정을 완성시키는 데에 너무 미약하여 음식물이 충분히 동화되지 못하기 때문이다. 일반적으로 말해서 그렇게 되는 까닭은 체열이 감당하기에 너무 많은 음식이 위장에 들어오거나 아니면 먼저 들어온 음식이 완전히 비등하기 전에 또 다른 음식이 위장으로 들어오기 때문이다. 그럴 경우 체열은 새로 들어온 음식을 끓이는 데에 전념하여 먼저 들어온 음식이 소화되다가 만 상태로 남아 있게 되거나, 아니면 체열이 새 음식과 옛 음식을 소화시키는 데에 나누어 사용되어 그것들을 충분히 끓여서 동화시키지 못하게 된다. 위장은 그런 상태로 음식을 간으로 보내고, 간의 열도 역시 그것을 동화시키기에는 불충분하다. 먼저 섭취된 음식 가운데 동화되지 못한 불순물이 간에 그대로 남아 있는 경우도 흔하다. 간은 그 동화되지 않은 모든 것을 혈관으로 보낸다. 인체는 음식을 섭취한 뒤에 가능하다면 동화되지 않은 불순물과 여타의 불순물 —— 땀, 눈물, 침 등 —— 을 제거한다. 그러나 동화되지 않은 불

이윤과 기술 등 다양한 생계수단 및 그것들과 연관되어 생긴 조건들…… 391

순물의 대부분을 감당하지 못하는 경우도 많은데, 그렇게 되면 그것은 시간이 지나갈수록 혈관, 간, 위장 등에 남게 된다. 채 비등하지 못하여 동화되지 않은 습한 혼합물은 부패의 과정을 거치게 되며, 그 결과 동화되지 않은 음식물은 부패한다. 부패의 과정에 있는 것은 무엇이건 이상한 열을 발생시키는데, 인체 안에서 발생하는 열을 열병이라고 부른다.

이와 같은 사실은 먹다 남은 음식이 부패하거나 똥이 부패하는 것을 보면 확인할 수 있다. 그 속에서 열이 발생하여 부패하는데, 이것이 바로 인체에서 생기는 열병이 의미하는 바이다. 예언자의 전승에서도 언급되었듯이, 열병은 질병의 중요한 원인이자 근원이다. 그와 같은 열병은 여러 주일 동안 환자에게 아무런 음식물을 주지 않음으로써 치유될 수 있다. 그리고 난 뒤 환자는 완전히 치유될 수 있을 때까지 적절한 음식물을 섭취해야 한다. 건강한 상태에서도 이와 동일한 과정을 통해서 열병이나 기타 다른 질병에 대한 예방조치를 취할 수 있다.

부패는 인체의 특정한 부분에만 국한될 수도 있다. 그럴 경우 질병은 그 부분에서만 발생하기도 하고, 아니면 인체의 주요 부분 혹은 다른 부분으로 옮겨지기도 한다. 왜냐하면 어떤 특정한 부분이 병에 걸리면, 그 부분이 힘을 잃어버리기 때문이다. 이것은 모든 질병에 해당되며, 그 근원은 일반적으로 음식물에 있다. 이런 것들은 의사가 다루어야 할 몫이다.

이와 같은 질병은 풍요로운 생활을 누리는 정주지나 도시의 주민들에게 가장 흔하게 발생한다. 그들은 과식할 뿐만 아니라 어느 특정한 종류의 음식만 먹는 것도 아니다. 음식을 먹을 때나 준비할 때 혹은 요리할 때에도 주의를 기울이지 않고, 신선한 것이건 건조한 것이건 가리지 않고 조미료, 향초, 과일 등을 뒤섞는다. 이런 것들을 한 두가지 종류만 먹는 것이 아니다. 우리는 하나의 요리 속에 40가지의 서로 다른 채소와 고기를 찾아볼 수 있었던 적이 있다. 이것은 음식물에 이상한 성질을 부여하여, 인체나 그 각각의 부위에 제대로 맞지 않는 경우가 자주 발생한다.

나아가서 도시의 공기는 수많은 불순물에 의해서 발생하는 부패한 증기의 혼합물로 부패하게 된다. 공기야말로 인간의 정신에 힘을 주고, 소화작용에 가해지는 체열의 영향력을 강화시킨다.

또한 도시민들에게는 운동이 부족하다. 대체적으로 그들은 휴식을 취하고 가만히 있다. 따라서 질병의 발생은 도시에서 더 많고, 의약에 대한 주민들의 요구도 그에 따라서 크다.

반면 전야의 주민들은 대체로 적게 먹는다. 곡식이 많지 않기 때문에 굶주림이 보편적이다. 그런 것이 결국 그들의 관습이 되고, 너무 오래 지속되다 보니 그런 상태를 일종의 자연적인 것처럼 생각하는 경우도 많다. 그들이 사용하는 조미료도 얼마 안 되거나 아예 없는 것이 보통이다. 따라서 그들이 취하는 음식물은 단순하고 혼합물이 없는 것이다. 따라서 그 특성은 인체에 잘 조화된다. 그들이 마시는 공기도 거의 부패되지 않은 것이다. 경마나 사냥을 하고 혹은 그들이 필요로 하는 것을 찾으려고 돌아다니기 때문에 운동량도 많다. 이런 모든 이유 때문에 그들의 소화는 매우 양호하고, 그들의 기질은 건강하며 질병과는 거리가 멀다. 그 결과 의약에 대한 필요성도 적으며, 전야 어디에서도 의사를 찾아볼 수 없다. 전야에 의사가 없는 유일한 이유는 수요가 없기 때문이다. 만약 전야에서도 의사가 필요하다면 그들은 거기에 가서 정착하고 생계를 확보할 것이다.

29) 서예는 인간에게 고유한 기술의 하나이다

글쓰는 것은 귀로 들을 수 있는 말을 글자의 윤곽과 형태를 통해서 나타내는 것이고, 말은 정신 속에 있는 것을 표현하는 것이다. 이것은 인간과 동물을 구별하는 하나의 특수한 자질이기 때문에 고귀한 기술이다. 나아가서 그것은 마음 속에 있는 것을 드러낸다. 한 사람의 의중을 먼 곳에 있는 사람에게 전달하는 것을 가능케 하고, 그렇게 함으로써 그가 하고자 하는 일을 스스로 직접하지 않아도 처리할 수 있도록 한다. 그것은 사람으로 하여금 학문과 교육 그리고 고대인들에 의해서 저술된 학문과 정보들을 익힐 수 있게 한다.

인간에게 글쓰기가 잠재태에서 현실태로 전환하는 것은 교육을 통해서이다. 글쓰기도 하나의 기술이기 때문에, 어떤 도시에서 글쓰기의 수준은 사회조직, 문명, 사치를 위한 경쟁 등에 상응한다. 대부분의 유목민들이 문맹인 까닭도 여기에 있다. 그들은 읽지도 쓰지도 못하며, 설사 그렇게 할 줄 아는 사람이 있다고 하더라도 글씨는 엉망이고 읽는 것도 더듬거린다. 우리는 고도의 문명을 가진 도시에서 글쓰기에 관한 교육이 다른 어느 곳보다 더 효율적이고 수월하며 조직적으로 잘 되어 있다는 사실을 발견한다. 그래서 오늘날 카이로와 같은 도시에는 서예를 가르치는 일에만 전념하는 전문가들이 있다는 이야기를 듣는데, 그들은 학생들에게 하나 하나의 문자를 어떻게 쓰는지 그 규범과 규칙을 가르친다.……

30) 출판기술

과거에 사람들은 학문적 저술이나 공적인 문서에 관심을 가졌고, 그런 것들을 기술과 정확성을 다해서 필사, 제본, 교정해왔다. 그 이유는 왕조의 강력함과 도회문화의 다양성 때문이었다. 그러나 왕조가 사라지고 문명이 쇠퇴한 오늘날에는 이런 모든 것들이 없어져버렸다. 이슬람권에서는 과거 이라크와 스페인에서 출판술이 엄청난 비중을 차지했고, 학술적인 저서와 문헌도 수없이 많았다. 사람들은 그런 것을 언제 어디서나 전수하려고 했고, 필사와 제본의 대상으로 삼았다. 그렇게 해서 출판의 기술이 생기게 된 것이다. 기술자들은 책을 필사하고 교정하고 제본하는 일, 나아가서 서적과 서예에 관련된 모든 문제들에 관심을 가졌다. 출판술은 거대한 문명을 지닌 도시에만 국한된 것이었다.

원래 학술적인 저작이나 정부문서 혹은 증명서와 같은 것의 복사본은 장인들에 의해서 특별히 만들어진 양피지 위에 쓰어졌다. 그럴 수 있었던 이유는 이슬람 초기에 대단한 번영을 누렸지만 썼던 것이 많지 않았고, 게다가 정부문서나 증명서도 수적으로 적었기 때문이다. 그뒤 서적과 문헌들이 많이 만들어지고, 정부문서와 증명서도 많아지자, 이 모든 것을 충당할 만큼 양피지가 충분치 못했다. 그래서 알 파들 이븐 야흐야6)는 종이 생산을 권유했다. 이렇게 해서 정부문서와 증명서에 종이가 사용되었고, 그뒤 사람들은 공문서나 학술서를 쓸 때 낱장으로 된 종이를 사용했으며, 그 제작기술도 상당히 높은 수준에 이르렀다.……

31) 노래와 음악의 기술

이 기술은 시를 이미 정해진 음절에 따라서 운율을 맞추고 그렇게 해서 구성된 음이 선율을 지닌 박자가 될 수 있도록 하는 것이다. 이와 같은 박자가 일정한 비율에 따라서 다른 박자들과 결합되면, 그로 인해서 생기는 화음 그리고 그

---

6) 바르멕 가문의 일원이며, 이슬람권에서 종이는 일반적으로 바르멕 가문이 전권을 행사하던 9세기 초에 널리 사용되기 시작한 것으로 알려져 있다. 751년 압바스조의 군대가 당나라의 고선지 장군을 탈라스에서 패퇴시켰는데, 당시의 중국인 전쟁포로가 제지기술을 이슬람권에 전했다.

화음이 소리에 주는 특질로 인해서, 듣기에 매우 좋은 음이 된다.

노래의 선율을 통해서 만들어지는 음악은 다른 단단한 물체, 즉 타악기나 취주 악기를 통해서 만들어지는 음들로써 보강된다. 이러한 악기는 청악의 즐거움을 더해준다.……

그러면 음악을 들을 때 왜 즐거움을 느끼는지를 설명해보자. 즐거움은 마음에 드는 무엇인가를 획득하는 것이다. 감각의 영역에서 그것은 오로지 질(質)일 뿐이다. 만약 그러한 질이 감각을 가진 누군가에게 조화롭고 마음에 맞는다면 즐거운 것이고, 조화롭지 않고 역겹다면 고통스러운 것이다. 마음에 드는 음식은 그 질이 미각에 잘 어울린다는 뜻이고, 촉각에 대해서도 동일한 논리를 적용할 수 있다. 마음에 드는 냄새라는 것은 후각이 증기와 같은 정기(精氣)에 잘 맞는 것인데, 왜냐하면 후각으로써 냄새를 받아들이고 느끼는 것이 바로 그 정기이기 때문이다. 마음에 맞는 모습과 소리도 보이거나 들리는 것들의 형태와 질이 조화롭게 배치되어 있기 때문이다.

만약 시각의 대상이 되는 물체의 형태와 선이 그 구성재료에 상응하여 조화로운 모습을 갖춘 것이라면, 그래서 그 특정한 재료가 요구하는 완벽한 조화와 배열이 무시되지 않았다면 ── 즉 시각의 대상물이 아름답고 사랑스럽다는 의미이다 ── 시각의 대상물은 그것을 지각하는 영혼과 조화를 이루는 셈이고, 영혼은 무엇인가 마음에 맞는 대상물을 지각한 결과로 기쁨을 느끼게 된다. 따라서 연인들은 사랑의 절정에 몰입했을 때의 경지를 자신의 영혼이 사랑하는 사람의 영혼과 서로 혼연일체가 되었다는 말로 표현한다. 철학자들이 말했듯이 이를 다른 말로 표현한다면, 존재하는 모든 것들은 존재를 공유한다(존재하는 모든 것들은 서로 공존한다)는 의미이다. 따라서 존재하는 것들은 완벽한 것으로 인식되는 대상물과 하나가 되고 혼연일체를 이루기를 희구한다.

인간에게 가장 적합한 대상물, 또 인간이 흔히 완벽한 조화를 느끼는 것은 인간의 자태이다. 따라서 인간이 인간의 자태와 소리에서 아름다움과 사랑스러움을 느끼는 것은 가장 자연스러운 일이다. 모든 인간은 본성적인 요구에 따라서 시각과 청각의 대상물 속에서 아름다움을 희구한다. 청각의 대상물에서 아름다움은 음의 조화이며 불협화음의 부재이다.

소리는 특수한 성질을 가지고 있다. 속삭이거나 시끄럽기도 하며, 부드럽거나 강하기도 하고, 떨리거나 눌려지기도 한다. 그런 것들 사이에 이루어지는 조화가 아름다움을 부여한다.

그러한 조화는 단순한 것일 수도 있다. 그런 조화를 만드는 데에 천부적인 자질을 가진 사람도 많다. 특별한 교육이나 훈련을 받지도 않았는데도 천성적으로 시의 운율이나 춤의 박자 같은 것을 잘 맞추는 사람을 볼 수 있다.

조화는 작곡에 의한 결과일 수도 있다. 모든 사람이 다 똑같이 이에 관한 지식을 가질 수는 없을뿐더러, 설사 그런 지식이 있다고 하더라도 그것을 다 똑같이 실행할 수는 없다. 이것이 음악학이 다루는 분야인 운율이다.……

노래는 문명이 풍부해지고 사람들의 요구가 필수품에서 편의품으로 또 사치품으로 옮겨갈 때 생긴다. 왜냐하면 생계를 꾸려야 할 절박함에서 자유롭고 생활이나 기타 사무를 신경쓰지 않아도 되는 사람들만이 그것이 필요하기 때문이다. 노래는 다른 모든 근심으로부터 해방되어 다양한 방법으로 쾌락을 추구하는 사람들에게나 필요한 것이다. 이슬람 출현 이전 비아랍계 국가들의 경우 음악은 도시에서 고도로 발달되었고, 그 군주들 역시 음악을 애호했다. 심지어 페르시아 군주들은 음악가들을 크게 배려하여, 그들은 왕조 안에서 높은 지위를 누리고 회합이 열리면 그 자리에서 노래를 부르기도 했다. 그 지방에서는 오늘날에도 여전히 이러한 현상이 보인다.

아랍인들은 초기에는 시만을 가지고 있었을 뿐이고 그것을 매우 높이 평가했다. 화음을 지닌 것이라곤 시밖에 없었기 때문에 시는 그들의 대화에서도 고귀한 것으로 여겨졌다. 그들은 시를 통해서 자신들의 역사, 지혜, 고귀함을 기록으로 남겼고, 또 시를 통해서 정확하게 자신을 표현하고 적절한 구절을 사용하는 것을 가장 중요한 천부적 자질로 여겼다. 그들은 지금도 그렇게 생각하고 있다. 낙타 몰이꾼은 낙타를 몰면서 노래를 부르고, 젊은이들은 혼자 있을 때 노래를 부른다. 그들은 소리를 반복하면서 콧소리를 흥얼거린다. 그러한 콧소리가 시와 결합되었을 때 바로 노래가 되는 것이다.

그러다가 이슬람이 출현했고 아랍인들은 지구상의 여러 지역을 차지하게 되었다. 그들은 비아랍계 민족들로부터 지배권을 빼앗아 장악했지만, 이미 널리 알려져 있었듯이 그들에게는 전야적인 태도와 낮은 생활수준밖에 없었다. 게다가 이제 흥륭하기 시작한 이슬람을 가지게 되었기 때문에 무슬림들의 종교적인 엄격함은 여하한 종류의 한가한 활동이나 종교와 생계에 불필요한 것들을 모두 부정했다. 따라서 음악도 어느 정도 기피의 대상이 되었다. 그들은 리듬에 맞추어 코란을 낭송하는 것, 오랜 생활 관습에 따라서 콧소리로 시를 흥얼거리는 것 정도가 즐거움을 주는 일이라고 생각했다.

그뒤 여러 민족들로부터 약탈물을 획득하면서 사치와 번영을 누리게 되었다. 그들은 호화롭고 세련된 생활을 하기 시작했고 여유를 즐길 줄 알게 되었다. 가수들은 페르시아나 비잔틴을 떠나 히자즈로 몰려들기 시작했고 아랍인들을 후원자로 얻게 되었다. 그들은 류트, 판도레, 수금, 플루트 등의 반주에 맞추어 노래를 불렀다. 이처럼 음을 운율에 따라서 구사하는 것을 들은 아랍인들은 자신들의 시를 음악에 맞추어 부르기 시작했다. 노래의 기술에서 지속적이고 점진적인 발전이 이루어졌고, 마침내 압바스 왕조의 시대에 노래는 절정에 이르렀다.

노래의 기술은 문명에서 획득하는 최후의 기술이다. 왜냐하면 그것은 여유와 환락을 주는 것 이외에는 다른 아무 것도 하지 않는 그런 종류의 사치이기 때문이다. 그것은 또한 문명이 퇴보하고 해체될 때에 가장 먼저 사라지는 기술이기도 하다.

32) 여러 기술, 특히 서예와 계산의 기술은 그것에 종사하는 사람에게 지성을 부여한다

우리는 앞에서 이성적 영혼이 인간에게서 잠재적으로만 존재한다는 사실을 언급했다. 그것이 잠재태에서 현실태로 전환하는 것은, 처음에는 감수성을 통해서 획득된 새로운 지식과 감각에 의해서, 그 다음에는 사고력을 통해서 획득된 지식에 의해서 가능하게 되며, 마침내 그것은 현실적인 감각과 순수한 지성이 된다. 그래서 그것은 정신의 본질이 되고 그 존재는 완전한 단계에 이른다.

따라서 모든 종류의 학습과 사유는 이성적 영혼을 지성으로 고양시켜주어야만 한다. 그런데 기술은 그것을 행함으로써 생기는 습관을 통해서 학문적 규범을 체득하도록 한다. 여하한 경험도 지성을 가져다주는데, 기술의 습관적 실행도 지성을 제공한다. 완벽한 도회문화 역시 지성을 가져다준다. 왜냐하면 그것은 가내경제의 운영, 동료들와의 접촉, 다른 사람들과의 교제를 통한 학습, 종교적인 사무를 처리하고 그것을 규제하는 방식과 조건들을 이해하는 것 등에 관한 기술들의 집합이기 때문이다. 이러한 모든 요소들은 규범이고, 이 규범들이 적절히 배치될 때 학문의 분야를 이루게 되므로, 그것을 통해서 지성의 확대가 이루어진다.

이 점에서 글쓰기는 다른 기술들에 비해 가장 유효한 기술이다. 그것은 이론적이고 학문적인 관심에 관한 사항들을 다룬다. 글쓰기는 표기된 문자의 형태로부터 머리 속에 떠오르는 구두의 표현으로 이행하고, 거기서 다시 마음 속에 존재하는 그 말의 개념으로 이행하는 과정을 포함한다. 글쓰는 사람은 글쓰기에 몰두하는 동안 항상 하나의 표기에서 다른 표기로 넘어가고, 정신은 그와 같은 과정의 계속적인 반복에 익숙해진다. 그래서 그 정신은 표기에서 그것이 의미하는 실체로 이행하는 습관을 획득하게 된다. 지적인 사유란 바로 이것을 의미하며, 이를 통해서 이제까지 알려져 있지 않던 학문의 지식이 공급된다. 이런 과정에 익숙해지게 되면 사람들은 사유의 습관이 생기게 되고, 그것은 지성의 증대를 낳고 여러 가지 일들에 대한 통찰력과 명민함을 가능하게 한다.

계산은 글쓰기와 연관되어 있다. 그것은 숫자를 놓고 '결합'과 '분할'의 방식으로 작업하는 것이며, 상당한 정도의 유추적 사고를 요한다. 그래서 계산에 종사하는 사람은 유추적 사고에 익숙해지는데, 이를 일러 지성이라고 한다.

제6장 다양한 학문분야, 교육방법, 이와 관련된 사항들

서문

인간의 사고능력은 인간과 동물을 구별짓고 생계를 획득하게 하며, 이를 위해서 동료들과 협동케 하고, 숭배의 대상인 조물주와 그가 보낸 사도들을 통해서 계시된 내용을 탐구케 한다. 신은 모든 동물이 인간에게 봉족하고 그 지배를 받도록 했으며, 인간에게 사고의 능력을 주고 모든 피조물들에 대한 지배권을 부여했다.

1) 인간의 사고능력

신은 인간에게 사고능력을 부여하여 다른 모든 동물들과 구별되도록 하셨다. 사고력은 신께서 인간을 완전한 존재로 만든 그 시작이자, 동시에 존재하는 사물들에 대한 인간의 고귀한 지배권의 마지막이기도 하다.

그 이유는 다음과 같다. 지각 —— 어떤 대상에 대해서 느끼는 사람이 지니는 의식 —— 은 생물을 제외한 다른 모든 존재하는 것들에게서는 찾아볼 수 없는 독특한 것이다. 생물은 신이 부여한 외적인 감각, 특히 청각, 시각, 후각, 미각, 촉각 등을 통해서 자신의 본질 바깥에 존재하는 사물에 대한 인식을 획득한다. 이 점에서 인간은 다른 존재에 비해 유리하다. 즉 그는 감각을 뛰어넘는 사고력을 통해서 자신의 본질 바깥에 존재하는 사물을 인식할 수 있기 때문이다. 이것은 그의 뇌강(腦腔) 속에 담겨 있는 특별한 힘의 결과이다. 이 힘의 도움을 받아 인간은 감각계의 모습을 파악해서 그것에 자신의 정신을 작동시킴으로써 그것으로부터 다른 형상들을 추상해내는 것이다. 사고력이란 감각의 세계 너머에 있는 형상들을 파악하고, 분석과 종합에 도달하기 위해서 정신을 작동시키는 것을 말한다.

사고력에는 몇 가지 단계가 있다. 첫째 단계는 외부세계에 자연적, 임의적으로 존재하는 사물들을 인간이 이성적으로 이해함으로써 그런 사물들을 자신의 독자적인 능력으로 배열한다. 이런 종류의 사고는 대부분 '감각'을 통해서 이루어진다. 인간이 자기 자신이나 자신의 생계에 유용한 것을 취하고 해로운 것은 거부하는 '분별적 지성'이 바로 그것이다.

둘째 단계는 인간에게 자기 동료를 상대하고 지휘하는 데에 필요한 생각과 행동을 부여하는 사고력이다. 이것은 대부분 '확인'을 통해서 이루지는데, 그것이 진정으로 유용하게 되려면 경험을 통해서 하나씩 획득되어야 한다. 이것이 바로 '경험적 지성'이라고 하는 것이다.

셋째 단계는 아무런 실질적인 활동이 없이도 감각계 너머에 존재하는 대상에 대한 지식 혹은 가설적 지식을 부여하는 사고력이다. 이것이 바로 '사유적 지성'이다. 이것은 감각과 확인을 모두 포괄하며, 그런 것들이 특별한 조건에 따라서 특별한 순서에 의해서 배열됨으로써, 감각이건 확인이건 인식 대상들이 동일한 종류일지라도 구별된 지식을 가지게 해준다. 그뒤 그것들은 또 다른 어떤 것과 결합되어 새로운 다른 지식을 가지게 해준다. 이러한 과정의 최종점에서 인간은 다양한 종류, 차이, 이유, 원인을 지니고 있는 존재들을 있는 그대로 인식하게 된다. 이러한 것들을 생각함으로써 인간은 자신의 진실성을 완벽하게 성취하고, 순수한 지성과 지각적 영혼이 되는 것이다. 이것이 인간적 진실성이 의미하는 바이다.

2) 행동의 결과로 존재하게 되는 물적 세계는 사고를 통해서 실체화된다

존재의 세계는 원소와 같은 순수한 본질, 그 영향에 의해서 생기는 사물들 그리고 원소에 의해서 존재하게 되는 세 가지 사물 —— 광물, 식물, 동물 —— 로 구성되어 있다. 이 모든 것들은 신의 힘에 의해서 연결된다.

존재의 세계는 또한 생물이 자신의 의도를 통해서 취하는 행동들로 구성되어 있고, 이것도 신이 그들에게 부여한 능력에 의해서 연결되어 있다. 그들의 행동

가운데 일부는 잘 배열되어 있고 질서를 갖추었는데, 인간의 행동이 그러하다. 반면 배열과 질서를 가지지 못한 것도 있으니, 인간 이외의 생물들의 행동이 그러하다.

그 이유는 사고라는 것이 자연적, 임의적 배열에 의해서 생기는 사물들 사이에 존재하는 질서를 지각하기 때문이다. 만약 어떤 사물을 만들어내려고 한다면, 그 사물에는 반드시 질서가 존재하지 않으면 안 되기 때문에 그 이유라든가 원인 혹은 규제 조건들을 이해하지 않으면 안 된다. 이유, 원인, 조건 등은 일반적으로 그 특정한 사물의 원리이며, 그 사물 자체에 비해서는 부차적인 것이기 때문에 뒤에 올 것을 먼저 오도록 한다든지 아니면 먼저 올 것을 뒤에 오도록 배열하는 것은 불가능하다. 이와 같은 원리는 자신에 선행하는 또 다른 원리를 가지지 않으면 안 된다. 이러한 소급은 하나의 원리에서 그 다음 원리로 상향적으로 진행하다가, 둘이나 셋 혹은 그보다 더 여러 단계를 거쳐서 최후의 원리에 다다르게 된다. 그러면 의도했던 사물을 만들어내기 위한 행동을 시작하게 되고, 사람은 사고를 통해서 도달한 최후의 원리에서부터 시작하는 것이다. 이렇게 해서 최후의 원리는 행동의 시작이 된다. 그리고 그는 거꾸로 인과관계에서 최후의 요소, 즉 자신의 사고활동에서 시작점이 되었던 곳까지 거슬러 올라가는 것이다.

예를 들면 어떤 사람이 자신을 보호해줄 지붕을 만들려고 생각하면, 그는 마음속에서 지붕으로부터 시작해서 그 지붕을 받쳐줄 벽, 그리고 벽을 서 있게 하는 기초로 옮겨갈 것이다. 여기에서 그의 사고는 끝난다. 그러면 그는 기초를 놓는 공사로부터 행동을 시작해서 벽을 세우고 마지막에 지붕을 올릴 것이다. 거기서 그의 행동은 끝나게 된다. "행동의 시작이 사고의 마지막이며, 사고의 시작이 행동의 마지막이다."라는 말은 바로 이러한 의미이다.

이처럼 외부세계에서 인간의 행동은 사물의 질서에 관한 사고를 통해서만 실체화되는데, 이는 사물들이 상호 기반을 두고 있기 때문이다. 인간은 사고를 끝낸 후에 비로소 행동을 시작한다. 그의 사고는 인과관계에서 가장 마지막에 오는 것, 즉 최후에 행해지는 것에서부터 시작된다. 이와 같은 순서를 고려하게 되면, 인간의 행동은 잘 배열된 방식에 따라서 진행하게 된다.

반면 인간 이외의 생물의 행동은 잘 배열되어 있지 않다. 그들은 행위자의 행동을 규제하는 사물들의 질서를 깨닫게 하는 사고를 결여하고 있다. 동물은 오로지 감각에 의해서만 지각하고, 그들의 지각은 연결되지 못한 채 연결고리를 결여하고 있다. 왜냐하면 오로지 사고만이 그러한 연결을 가능케 하기 때문이다.

존재의 세계에 생겨나는 사물들 가운데 중요한 것은 질서를 지닌 것이다. 그것에 비한다면 질서를 가지지 못한 것은 이차적이다. 그러므로 동물들의 행동은 인간의 질서있는 행동에 종속적이고, 그들의 행동은 인간에 의해서 강제적으로 이용된다. 따라서 인간의 행동은 존재의 세계와 그 안에 포괄된 모든 것들을 지배하며, 모든 것들이 인간에게 종속적이고 인간을 위해서 봉사하는 것이다.

사고력은 인간을 다른 생물과 구별시키는 고유한 자질이다. 한 인간이 어느 정도로 질서있는 인과관계를 수립할 수 있느냐 하는 것이 그의 인간성의 정도를 결정한다. 어떤 사람은 둘 혹은 세 단계의 인과관계만을 세울 수 있지만, 또 다른 사람은 그것을 넘어서 다섯 혹은 여섯 단계로 나아가기도 한다. 따라서 그의 인간성은 더 높은 단계에 있다. 예를 들면 장기를 두는 사람 중에 어떤 사람은 미리 서너 수 앞을 보지만, 어떤 사람은 사고력이 불충분하여 그렇지 못하다. 그러나 이 예는 적절치 못하다. 왜냐하면 인과관계에 관한 지식은 본연적인 것이지만, 장기에 관한 지식은 일종의 습관이기 때문이다. 그러나 장기의 예는 앞에서 언급한 기본적인 사실들에 대해서 학생들의 이해를 용이하게 하기 위해서 활용될 수는 있다.

3) 경험적 지성, 그것은 어떻게 생기는가

철학서적들에 나오듯이 "인간은 본질적으로 사회적이다."라는 진술에 대해서 사람들은 알고 있다. 철학자들은 예언이나 다른 것들의 존재를 주장하기 위해서 이 구절을 인용한다. '사회적'(madanî)이라는 형용사는 '인간의 사회'(ijtimā' basharī)를 지칭하는 또 다른 표현인 '도시'(madīna)라는 단어에서 파생된 말이다.

이 진술은 인간이 홀로 살 수 없으며 그의 존재는 동료 인간들과의 교제를 통해서만 실체화될 수 있다는 것을 의미한다. 그는 혼자서 완전한 존재를 실현할 수도, 완전한 생활을 영위할 수도 없을 것이다. 그는 본질적으로 자신의 모든 필요를 충족시키기 위해서 다른 사람의 협력을 구할 수밖에 없다. 그와 같은 협력은 먼저 협의를 요구하고, 다음에는 교제라든가 다른 사항들을 요구한다. 다른 사람들과의 협상은 목적이 동일한 경우 상호간의 애정을 낳지만, 목적이 상이할 경우에는 대립과 분쟁을 낳는다. 이렇게 해서 상호간의 혐오와 애정, 우정과 반목이 생기게 되며, 이는 민족과 부족들 사이에 전쟁과 평화를 가져온다.

이러한 일들은 동물들의 세계와는 달리 인간사회에서는 우발적으로 생기지 않는다. 신은 인간에게 사회적 요구와 철학적 규범에 따라서 질서있는 행동을 하는 능력을 주었다. 그와 같은 요구와 규범은 인간을 자신에게 해로운 것에서 이로운 것으로, 악에서 선으로 인도한다. 그러나 인간은 건전한 경험과 통용되는 관습을 통해서 먼저 악한 것이 무엇인지 또 그것을 행함으로써 빚어지는 해로운 효과가 무엇인지를 알아야 한다. 그래서 인간이 다른 동물과 구별되는 것이다. 인간의 행동이 질서있고 유해하지 않다는 것이 바로 사고할 수 있는 능력의 결과이다.

이와 같은 결과를 가져오는 관념들은 감각으로부터 완전히 분리된 것이 아니며 심오한 연구를 요하는 것도 아니다. 그 관념들은 모두 경험에 의해서 또 경험에서 도출된 것에 의해서 획득된다. 그것은 감각의 세계와 관련된 특수한 관념들이며, 그것의 옳고 그름은 사건들을 통해서 곧 드러난다. 학습하는 사람들은 사건들을 통해서 이 관념들을 배울 수 있고, 각자 자신의 능력이 미치는 한, 그것을 배울 수 있다. 그는 동료들과 교제하면서 벌어지는 사건들 속에서 느낀 경험을 통해서 그와 같은 지식을 획득할 수 있다. 마침내 그는 필요한 것이 무엇이고 반드시 해야 할 일 혹은 해서는 안 될 일이 무엇인지에 대해서 분명히 깨닫게 되며, 이런 것들을 잘 알게 됨으로써 동료들과 교제할 때 적절한 습관을 가지게 된다.

자신의 전인생을 통해서 이러한 과정을 따르는 사람들은 모든 문제들을 잘 알게 된다. 경험에 의존하는 것들은 시간을 필요로 하기 때문이다. 신은 사람들이 조상, 스승, 장로들의 경험을 따르고 그들의 가르침을 받아들여 배우기만 한다면, 오로지 자신의 경험을 통해서 그러한 사회적 지식을 얻는 데에 소요되는 시간보다 더 짧은 시간 안에 그런 것들을 배울 수 있도록 했다. 따라서 사람들은 사건들을 스스로 장기간에 걸쳐 세심하게 연구하고 그렇게 함으로써 관념들을 도출하려고 시도하지 않아도 괜찮게 된다. 그러나 이런 방면에 아무런 지식도 전승도 가지지 않은 사람, 혹은 다른 사람으로부터 배우려고 하지 않는 사람들은 장기적이고 세밀한 연구를 통해서 스스로를 교육시키지 않으면 안 된다. 그런 사람들은 이러한 방법에 익숙치 않기 때문에 그들이 획득하는 지식도 균일하지 못하다. 그들의 행동거지 혹은 타인을 대하는 방식도 두서가 없고 결점을 노출할 것이며, 따라서 동료들 사이에서 자신의 생계를 유지할 기회도 상실할 것이다.

"부모의 교육을 받지 못한 사람은 시간의 교육을 받을 것이다."라는 유명한 말의 뜻이 바로 이것이다. 다시 말해서 부모 —— 교사와 장로들을 포함하여 —— 로부터 다른 사람을 접하는 방법을 배우지 못한 사람은 시간의 흐름 속에서 발생하는 사건들을 통해서 스스로의 힘으로 배우는 방식에 의존할 수밖에 없다. 그래서 시간이 그를 가르치고 교육시키게 된다. 그는 본질적으로 타인의 협력 없이는 살 수 없기 때문에 그와 같은 교육은 필수적이다.

이것이 경험적 지성이다. 이것은 앞에서 설명한 대로 행동을 낳는 분별적 지성 이후에 획득된다. 이 두 가지 지성 다음에는 사유적 지성이라는 더 높은 단계가 있는데, 많은 학자들이 그것에 대해서 설명했으므로 이 책에서는 더 이상 논의할 필요가 없을 것이다.

4) 인간의 지식과 천사의 지식

우리는 건전한 직관을 통해서 우리 내부에 세 가지 세계의 존재가 있는 것을 알 수 있다. 첫번째는 감각의 세계이다. 우리는 감각이라는 수단을 통해서 그 세계를 알며, 동물도 이를 공유하고 있다.

그 다음에 우리는 인간에게 고유한 자질인 사고력이라는 것을 알고 있다. 그것을 통해서 인간의 영혼이 존재한다는 사실을 안다. 이 지식은 감각적 지각 너머에 학문적 지각이라는 것이 우리 안에 존재한다는 사실을 통해서 알 수 있다. 이 세계는 감각의 세계 너머에 있는 또 다른 세계라고 간주하지 않으면 안 된다.

그 다음에 우리는 어떤 의지라든가 행동에의 욕구 등 우리 마음 속에서 일어나는 영향력들을 통해서 우리 위에 존재하는 세번째 세계를 도출할 수 있다. 그래서 우리는 우리의 세계 위에 있는 세계로부터 그런 것들을 향해서 우리를 이끌어가는 어떤 행위자가 존재한다는 사실을 안다. 그 세계는 정신과 천사의 세계이다. 그 세계에는 본질들이 있는데, 비록 우리와 본질들 사이에는 간극이 있지만, 우리는 그것들이 우리에게 발휘하는 영향력의 존재를 통해서 그것들의 존재를 알 수 있다.

종종 우리는 높은 정신의 세계와 그 속에 있는 본질들의 존재를, 깨어 있을 때에는 의식하지 못하지만, 잠들었을 때 우리에게 나타나는 영상과 사물을 통해서 알게 된다. 만약 그것이 진실한 꿈이라면 현실과 부합하는 것이고, 그래서 우리는 그 꿈이 진실이고 진실의 세계에서 왔다는 것을 알게 된다. 반면 '혼란스러운 꿈'은 감각에 의해서 우리 속에 내장되어 있던 영상에 불과한 것으로서, 우리가 감각에서 물러나서 잠에 든 뒤 사고력이 감각에 작동되면서 생기는 것이다.

이 세 세계 가운데 우리가 가장 잘 느끼는 것은 인간의 세계인데, 그 까닭은 그것이 실존적이어서 우리의 육체적, 정신적 지각에 의해서 확인되기 때문이다. 감각세계는 인간과 동물에 의해서 공유되지만, 이성과 정신의 세계는 인간과 천사에 의해서 공유된다. 천사의 본질은 그 세계의 본질과 동일한 종류로서 육체성과 물질성에서 자유롭고, 사유와 사유자와 사유대상이 하나인 순수사유이다. 어떤 면에서 지각과 이성을 실체로 가진 본질이라고도 할 수 있다.……

5) 예언자들의 지식

우리는 이러한 종류의 사람이 인간적인 욕망과 상태와는 다른 신성한 상태에 있다는 것을 안다. 예언자들에게는 지각의 능력, 혹은 정욕이나 분노와 같은 욕망의 힘, 혹은 육체의 다른 상태와 관련하여 신성을 향한 경향이 인성보다 더 강력하다. 예언자들은 생활을 위해서 꼭 필요한 만큼을 제외하고는 인간적인 것들과 떨어져 있다. 그들은 신에 대한 자신의 지식이 요구하는 바에 따라서 숭배와 묵념에 몰두하는 등 신성한 일에 경도되어 있다. 신도들을 인도하기 위해서 신에 관한 이야기를 해주고 또 신성한 상태에서 받은 계시를 전달한다. 그들은 각자에게 독특한 방식으로 그와 같은 행동을 하며, 그와 같은 방식은 신이 그들에게 부여한 본성과 같아서 변하지 않는다.

인간의 세계 위에는 정신의 세계가 존재하며, 그것이 우리에게 미치는 영향, 즉 우리에게 지각과 의지의 힘을 부여한다는 점에서 그 존재를 알 수 있다. 정신의 세계가 가진 본질은 순수지각과 절대사유이며, 그것은 곧 천사의 세계이다.

이런 사실들은 인간의 영혼이 언제라도 순간적으로 천사들의 무리의 일부가 될 수 있도록 인간성이 천사성으로 변환될 준비가 되어 있다는 것을 의미한다. 그리고 나서 영혼은 다시 인간성을 회복한다. 그러나 천사성의 세계에 머무는 동안 예언자는 동료 인간들에게 전해줄 관념을 전달받는다. 이것이 천사들에 의해서 전달되는 계시의 의미이다.

　모든 예언자들은 이러한 소질을 갖추고 있고, 그것은 마치 그들의 천성과 같은 것이다. 인간성이 천사성으로 변환될 때 그들이 긴장감과 숨이 막히는 듯한 느낌을 받는다는 것은 이미 알려져 있는 사실이다.

　그들의 지식은 일종의 직접적인 관찰과 목도이며, 여하한 오류나 실수도 첨가되지 않고, 과오나 근거 없는 가정에 의해서 영향을 받지도 않는다. 그와 같은 합치는 본질적인데, 그 까닭은 초자연의 장막이 열리고 나서도 명료하고 직접적인 관찰을 할 수 있기 때문이다. 예언자들이 그러한 상태에서 벗어나서 인간성을 회복한 뒤에도, 이미 획득된 이러한 명료성은 떠나지 않는다. 또 그들은 이와 같은 상태에 도달하는 자질을 갖추고 있기 때문에 그러한 경험은 끊임없이 반복되고, 마침내 신도들을 인도하라고 그들이 이 세상에 보내진 목적이 성취된다.……

6) 인간은 근본적으로 무지하며, 지식을 획득함으로써 무지에서 벗어난다

　우리는 앞에서 인간이 동물이라는 부류에 속하지만, 신이 사고력을 부여하여 동물과 구별시켰고, 그것을 통해서 인간은 자신의 행동을 질서있는 방식으로 수행할 수 있다는 사실을 설명했는데, 이것이 분별적 지성이다. 만약 그가 자신에게 유용하거나 유해한 생각과 사물에 대한 지식을 동료로부터 배워서 획득한다면, 그것은 경험적 지성이다. 만약 존재하는 사물에 대하여, 그것이 가시적이건 그렇지 않건, 존재 그 자체로서 인식한다면, 그것은 사유적 지성이다.

　인간의 사고력은 인간 안에 깃든 동물성이 완전한 단계에 도달한 뒤에야 비로소 찾아온다. 그것은 분별하는 데에서부터 시작된다. 인간이 분별력을 가지기 전에는 아무런 지식도 가질 수 없고 동물이나 마찬가지이다. 인간은 한 방울의 정자, 한 움큼의 피, 한 덩어리의 살에서 만들어졌지만, 그 후에 그가 획득하는 것은 모두 감각적 지각과 신이 인간에게 부여한 사고능력의 결과이다.

　인간은 분별력을 가지기 이전, 즉 최초의 상태에서는 아무런 지식도 가지고 있지 않기 때문에 단지 물질에 불과하다. 그는 자신의 신체기관들을 통해서 획득하는 지식에 의해서 인간의 형상을 완성시키는 것이다. 이렇게 해서 그의 인간적 본질은 존재의 완전함에 이르게 된다.

인간의 본성과 본질이 근본적으로 무지였다는 점 그리고 인간이 소유하는 지식은 획득된 것이라는 사실이 명백해졌다.……

7) 학문의 교육은 하나의 기술이다

그 까닭은 다양한 방면에 대한 지식인 학문에 정통하다는 것이 그 학문의 모든 기본적 원칙을 이해하고 문제점들을 숙지하며, 나아가서 원칙으로부터 세부적인 것들을 연역할 수 있게끔 하는 일종의 습관의 결과이기 때문이다. 그러한 습관이 체득되지 않는 한, 특정 분야에서의 숙련은 기대할 수 없다.

습관은 기억에 의한 이해와 지식과는 다른 것이다. 어느 한 분야에 속하는 한 가지 문제에 대한 이해는 그 분야를 잘 알고 있는 사람이나 초심자나 혹은 아무런 학문적 지식이 없는 일반인이건 완성된 학자건 불문하고 누구에게나 가능하다. 반면 습관은 오로지 학자나 학문에 정통한 사람들에게서만 보인다. 이 점은 학문적 습관과 이해가 상이하다는 것을 보여준다.

모든 습관은 육체적이다. 그것이 사람의 몸과 관련된 것이건 아니면 대수학처럼 인간의 뇌나 사고력과 관련된 것이건 마찬가지이다. 모든 육체적인 것은 감각의 세계이다. 따라서 그것은 교육을 필요로 한다. 그렇기 때문에 어떤 민족, 어떤 지방에서도, 학문분야나 기술에서 유명한 스승의 가르침이 인정받는 것이다.

학문적 교육이 하나의 기술이라는 사실은 전문용어의 차이를 통해서도 확인된다. 유명한 권위자들은 누구나 학문적 교육을 위해서 다른 모든 기술에서도 그렇듯이 자신의 고유한 전문용어를 가지고 있다. 이것은 전문용어가 학문 그 자체의 일부는 아님을 보여준다. 만약 그렇다면, 모든 학자들이 동일한 용어를 사용해야 할 것이기 때문이다. 우리는 사변신학을 가르칠 때 사용하는 전문용어들이 옛날과 지금 얼마나 많은 차이를 보이는지를 알고 있다. 누군가가 어떤 분야를 연구하려고 한다면 마찬가지 현상에 마주치게 될 것이다.……

학문적 습관을 획득하는 가장 용이한 길은 학술적 문제에 대해서 논의하거나 토론할 때 자신을 분명히 표현하는 능력을 갖추는 것이다. 이로써 문제의 중요성이 명료해지고 이해될 수 있다. 어떤 연구자들은 학술적 토론장에 참석하는 데에 인생의 대부분을 보내지만, 그런데도 여전히 침묵을 지키고 있음을 본다. 그들은 말을 하지도 않고 토론도 하지 않는다. 그들은 필요 이상으로 암기하는 데에 관심을 쏟는다. 따라서 학문적 실천이나 교육에서 습관을 거의 체득하지 못한다. 어떤 사람들은 자신이 그러한 습관을 가지게 되었다고 생각하지만, 토론과 논쟁을 벌이거나 혹은 강의를 하게 되면, 그들의 학문적 습관에 결함이 있다는 사실이 드러난다. 그들은 암기에 무척 관심을 쏟았기 때문에 다른 학자들에 비해 훨씬 더 광범위한 사실을 기억하고 있다. 그들은 학문적 습관과 기억된 지식이 동일한 것이라고 생각한다. 그러나 사실은 그렇지 않다.

학문적 교육제도는 스페인 주민들 사이에서는 소멸되었다. 학문에 대해서 그들이 과거에 가졌던 관심은 이미 사라져버렸는데, 그것은 지난 수백 년에 걸쳐서 스페인의 이슬람 문명이 쇠퇴를 계속했기 때문이다. 그곳에 남아 있는 유일한 학문분야는 아랍 문헌학과 문학뿐이고, 스페인의 무슬림들은 그 분야만을 하고 있다. 이러한 분야를 가르치는 전통이 아직 남아 있고, 그래서 그 분야가 보존되고 있다. 법학은 공허한 제도가 되어, 이제 남은 것은 그 본질의 그림자에 불과하다. 지성에 관련된 분야에 대해서 말하면 그와 같은 그림자조차 남지 않았다. 이렇게 된 유일한 이유는 학문적 교육의 전통이 스페인에서 소멸되었기 때문이며, 이는 그곳의 문명이 쇠퇴하고 적들이 대부분의 지역을 장악하게 되자, 연안에 남아 있는 소수의 사람들은 겨우 생존에만 급급하고 그 이상의 문제에 대해서는 신경을 쓸 수 없는 형편이 되었기 때문이다.

동부에서는 학문적 교육의 전통이 계속해서 발전되어왔다. 풍요한 문명이 지속되고 학문적 교육의 전통이 지속되어왔기 때문에 교육에 대한 수요도 대단히 많다. 물론 바그다드, 바스라, 쿠파와 같이 학문의 본고장이었던 옛 도시들이 황폐화된 것은 사실이다. 그러나 신께서는 그것들을 보다 더 큰 도시들로 교체해주셨다. 학문은 페르시아 지방의 후라산이나 동부의 중앙아시아, 혹은 서부의 카이로나 그 인근 지역으로 옮겨갔다. 이들 도시에서는 풍요롭고 지속적인 문명이 계속되었고 학문적 교육의 전통도 항상 유지되어왔다.

일반적으로 말해서 동부의 주민들은 학문적 교육의 기술은 물론 다른 모든 기술에서도 서부에 비해 훨씬 더 확고한 뿌리를 가지고 있다. 이미 앞에서 기술과 관련하여 서술한 바이지만, 동부 주민들이 서부에 비해 누리는 우위는 그들의 정신이 도회문화의 영향을 받아 부가적인 지식들을 가지게 되었기 때문에 생긴 것이다. 이제 이 점에 대해서 설명하고 입증해보도록 하자.

도회민들은 자신이 시작하는 모든 일에 대해서 특정한 방식의 규범을 준수하며, 그렇게 함으로써 생계를 유지하고 거주지를 찾고 가옥을 건설하고, 통상적인 일이나 다른 사람들과의 접촉 혹은 기타 각종 활동을 포괄하는 종교적, 세속적 사무를 처리한다. 이와 같은 방식은 그들이 넘어서는 안 될 일종의 제약이지만, 동시에 뒤에 오는 세대가 전세대로부터 배워야 하는 기술이기도 하다. 어느 특정한 기술은 분명히 전체 기술들의 배열 속에서 나름대로의 위치를 가지고, 정신에 대해서는 영향을 미치며 부가적인 지식을 획득하도록 유도하고, 나아가서 또 다른 기술을 받아들일 수 있도록 정신을 준비시킨다. 이렇게 해서 이성은 지식의 신속한 수용을 위한 조건을 갖추게 된다.

우리는 이집트인들이 기술교육에서 거의 불가능한 것들을 성취했다는 말을 듣는다. 예를 들면 그들은 나귀나 기타 네 발로 걸어다니는 다른 짐승들 혹은 새들에게 말을 시키고 아주 희한한 일들을 하도록 가르치기도 하는데, 마그리브의 주민들은 그런 것을 가르치기는커녕 이해조차 하기 어려울 것이다.

학문적 교육, 기술, 기타 모든 관행적인 행동에서 좋은 습관은 인간의 영혼에 여러 가지 많은 습관을 각인시킴으로써, 인간의 이성에 통찰력을 부여하고 인간의 사유에 깨우침을 준다. 인간의 정신이 그것이 받아들이는 지각의 영향을 받고 또 체득하게 되는 습관의 영향 아래에서 성장해간다는 사실은 앞에서 설명했다. 동부 주민들은 그 정신이 학문적 활동의 영향을 받기 때문에 더욱 총명해진다. 일반 사람들은 이것이 인간성의 본질에 차이가 있기 때문이라고 가정하지만, 사실은 그렇지 않다. 만약 도회민과 유목민을 비교해본다면, 도회민이 얼마나 더 통찰력이 있고 총명한지 알 수 있을 것이다. 그래서 혹자는 인간성과 이성의 본질에서 도회민과 유목민이 서로 다르다고 생각하게 될지도 모른다. 그러나 이는 사실과 다르다. 차이가 생기는 유일한 이유는 도회민들이 관행적인 행동이나 정주적인 조건에 관해서 세련된 기술의 습관과 방식을 보유하고 있기 때문인데, 이런 것들은 모두 유목민들에게는 아주 생소한 것이다. 도회민들은 다양한 기술, 그것에 수반되는 습관, 기술을 가르치는 훌륭한 방법을 소유하고 있다. 따라서 그런 습관을 가지지 못한 사람들은 지적인 완벽성이 도회민들의 고유한 특질이며 유목민들은 천성적 자질에서 도회민들보다 열등하다고 간주한다. 그러나 사실은 그렇지 않다. 우리는 이해력, 이성적 완벽성, 천성적인 자질 등에서 아주 높은 단계에 있는 유목민을 볼 수 있기 때문이다. 도회민들이 일견 우월하게 보이는 것은 오로지 기술과 학문적 교육이 그들에게 가져다준 약간의 세련됨의 결과일 뿐이다.

8) 문명이 거대하고 도회문화가 고도로 발달했을 때 비로소 학문도 다양해진다

그 이유는 학문적 교육이 일종의 기술이기 때문이다. 앞에서 설명한 대로 기술은 도시에서만 다양하게 존재한다. 기술의 수준과 수효는 도회문명의 규모와 거기서 향유되는 도회문화와 사치의 정도에 따라서 좌우된다. 왜냐하면 고도로 발달된 기술은 단순한 생계유지 이외의 부차적인 것이기 때문이다. 문명화된 사람들은 단순한 생존에 필요한 것 이상으로 많은 노동을 소유하게 되고, 그러한 잉여노동은 생계를 넘어서는 활동에 사용된다. 이러한 활동은 인간에게만 고유한 것이며, 그것이 곧 학문과 기술이다.

학문적 활동에 대한 천성적 욕망을 가지고 있기는 하지만, 촌락이나 문명화되지 않은 도시에서 자란 사람들은 그런 곳에서 학문적 교육을 제대로 받을 수 없다. 왜냐하면 학문적 교육은 무엇인가 기술적인 것이고, 전야의 주민들 사이에는 그런 기술이 존재하지 않기 때문이다. 따라서 그런 사람들은 모든 기술들이 그러하듯이 문명이 고도로 발달된 도시를 찾아가서 학문적인 교육을 받아야만 한다.

오늘날 우리는 이집트의 카이로에 학문과 학문적 교육이 존재한다는 사실을 알고 있는데, 이는 그곳에서 문명이 고도로 발달되어 있고 도회문화도 수천 년에 걸쳐 확립되어왔기 때문이다. 따라서 기술은 확고한 뿌리를 가지고 있고 수많은 다양한 형태로 존재한다. 그중의 하나가 학문적 교육이다.……

9) 현재의 문명에 존재하는 다양한 학문들

도시 사람들이 관심을 가지고 배우며 또 교육을 통해서 전수하는 학문에는 두 가지 종류가 있다. 하나는 인간에게 본질적인 것이어서 인간 고유의 사고력에 의해서 인도되는 것이고, 또 다른 하나는 특정한 분야의 학문을 창시한 사람으로부터 배우는 전통적인 것이다.

첫번째 종류에는 철학적 학문들이 속한다. 인간은 고유한 사고의 능력을 통해서 이런 학문들을 익히고, 인간적인 지각의 인도를 받아 그 학문들의 목표와 문제와 논점과 교육방법을 알게 된다. 그는 사고하는 존재이기 때문에 자신의 사유와 탐구를 통해서 거기에서 옳은 것과 그른 것을 구별할 수 있다.

두번째 종류에는 전통적이고 통상적인 학문들이 속하며, 모두 종교법의 권위자들에게 토대를 둔 지식에 의존하는 것들이다. 거기에는 지성이 설 자리가 없다. 지성은 다만 세부적인 문제들이 근본적 원리에 어떻게 연관되는가를 밝히는 데에나 활용되는 정도이다. 개별적인 문제들이 계속해서 생기긴 하지만, 그런 문제들이 존재한다는 사실만으로 자동적으로 일반적인 전승의 체계 속에 포함되지는 않는다. 따라서 그런 문제들은 유추를 통해서 일반적인 원칙에 연관되어야 한다. 그러나 그와 같은 유추는 역시 전승에서 출발할 수밖에 없기 때문에, 기본원칙으로서의 전승은 계속해서 타당한 것으로 남는다. 이러한 형식의 유추는 전승에서 도출된 것이기 때문에 그 자체가 다시 전승이 되어버린다.

이와 같은 모든 전통적 학문의 기반은 신과 그의 사도가 제시한 『코란』과 순나에 기록된 법적인 자료 그리고 그 자료를 우리가 활용할 수 있도록 해주는 연관 학문들이다. 거기에서 더 나아가서 보조 분야로서의 아랍어에 대한 학문이 요구된다. 아랍어는 이슬람의 언어이자 『코란』의 언어이기도 하다.

전통적 학문의 종류는 매우 많고 다양하다. 왜냐하면 책임있는 무슬림이라면 신이 자신과 동료들에게 부과한 법적인 의무가 무엇인지를 알아야 하기 때문이다. 그것은 『코란』과 순나에서, 즉 그 문헌의 내용 자체나 아니면 일반적인 합의, 혹은 이 양자의 결합에 의해서 도출된다.……

전통적인 종교법학은 더 이상의 증대를 허용하지 않는 방법으로 발달되어왔다. 이 학문을 연구하는 사람들은 그와 관련한 지식의 최종적인 한계에 도달했다. 여러 가지 전문용어들도 다듬어졌고, 다양한 분야에서 질서도 잡혔다. 이렇게 해서 전통적 학문은 고도의 수준과 발전을 이룩하게 되었고, 각 분야는 전거로 자주 인용되는 권위자들, 또 교육을 위해서 이용되는 규칙들을 가지게 되었다.……

10) 『코란』의 해석과 낭독에 관한 학문

『코란』은 예언자에게 계시된 신의 말씀이다. 그 전승은 이슬람에서는 '연속적'이다. 그러나 무함마드의 교우들은 신의 사도의 말씀이라고 하면서 서로 다른 방식으로 그것을 전달했다. 예를 들면 그 말씀에 담긴 어떤 단어들, 혹은 단어들을 발음하는 방법 등에서 차이가 보인다. 그러한 차이는 후세에 전해지면서 널리 알려지게 되었고, 결국 『코란』을 낭독하는 여러 가지 방식이 생기게 된 것이다.……

11) 예언자의 전승과 관련된 학문들

(본문 번역 생략)

12) 법학과 그 분과인 상속법

법학은 책임있는 모든 무슬림들의 행동을 의무적인 것, 금지되는 것, 권장되는 것, 기피할 것, 용인되는 것 등으로 분류하는 신의 종교법에 관한 지식이다. 이런 것들은 『코란』과 순나에서 그리고 무함마드가 확립한 근거들로부터 도출되며, 이러한 근거들에서 도출된 규정들을 법학이라고 부른다.

초기의 무슬림들은 비록 해석상에서 다른 의견을 보이긴 했어도, 그와 같은 근거들로부터 종교법을 도출했다. 그리고 그 근거는 주로 아랍어로 된 원전에서 나왔다. 많은 경우, 특히 법적인 개념과 관련해서, 단어들 속에 내재된 의미에 관해서 상이한 견해들이 제기되었음은 잘 알려진 사실이다. 나아가서 전승도 교정본들의 신뢰성에 따라서 큰 차이가 있다. 일반적으로 그 법적인 내용은 상충되고 따라서 어느 것을 따르느냐 하는 결정이 요구되며, 이것이 견해의 차이를 낳았다. 뿐만 아니라 원전에서 도출되지 않은 근거들은 견해의 차이를 더욱 심화시킨다. 게다가 원전의 내용으로 해결할 수 없는 새로운 문제들이 생겨나는데, 이런 것들은 원전에서 언급된 것을 근거로 유추함으로써 처리된다. 이러한 상황은 불가피하게 견해 차이를 불러왔고, 초기 무슬림들과 그 후에 나타난 종교 지도자들 사이에 논쟁이 벌어지게 된 까닭이 되었다.

더구나 무함마드의 교우들이라고 모두 법적인 결정을 할 만한 자격을 갖추고 있었던 것도 아니고, 모두 다 종교적인 실천의 근거가 될 만한 것도 아니었다. 그렇게 하기에 합당한 사람들은 『코란』을 잘 알고 거기에 나오는 '취소하는 구절'과 '취소되는 구절', 애매한 구절과 명백한 구절 등을 숙지하고 있으며, 『코란』에서 도출된 다른 모든 증거들을 잘 알고 있는 사람들이었다. 왜냐하면 그들은 예언자로부터 직접적으로 혹은 그에게서 배운 고위 교우들을 통해서 간접적으로 배웠기 때문이다. 따라서 이런 사람들은 '독경사'(讀經師), 즉 『코란』을 읽을 수 있는 사람이라고 불렸다. 당시 아랍인들은 문맹 민족이었고, 그들이 글을 읽을 수 있다는 것은 당시로서는 놀라운 일이었다.

이러한 상황은 이슬람 초기까지 계속되었지만, 이슬람권의 도시들이 발전하고 아랍인들도 끊임없이 『코란』을 접하게 되면서 문맹도 사라지게 되었다. 그렇게 되자 법학이 생기기 시작했고, 하나의 기술과 학문으로서 완성을 보게 되었다. 『코란』을 읽는 사람들은 더 이상 독경사라고 불리지 않게 되었고 대신 법학자 혹은 종교학자로 불리게 되었다.

법학파들은 종교법에 대해서 두 가지 상이한 접근 방법을 발전시켰다. 하나는 '견해'와 '유추'에 근거를 둔 것으로 이라크 학파에 의해서 대표되었고, 또 하나는 '전승'에 근거를 둔 것으로 히자즈 학파에 의해서 대표되었다.

이라크 학파의 지도자는 이맘 아부 하니파[1]였고 그와 그의 추종자들을 중심으로 학파가 형성되었다. 히자즈 학파의 지도자는 말릭 이븐 아나스[2]였고 그뒤에는 앗 샤피이[3]였다.

후일 유추를 반대한 일군의 종교학자들은 유추의 사용을 거부했는데, 그들이 자히리파[4]였다. 그들은 법원(法源)을 '원전'과 '합의'에만 국한시키고, 원전에 암시되어 있는 명백한 유추와 인과관계도 원전 그 자체 속에 이미 담겨 있는 것이라고 보았다. 왜냐하면 법적 정당성을 나타내는 원전은 그와 같은 유추를 통해서 해결되는 모든 문제들에 대한 법적 판단을 가능케 하기 때문이다. 이 학파의 지도자는 다우드 이븐 알리[5]와 그의 아들 및 추종자들이었다.

이상 세 학파가 무슬림 대중들 사이에 널리 알려진 법학파들이다.[6] 시아파인

---

1) 699-767년. 4대 법학파의 하나인 하나피 학파의 창시자.
2) 715-795년. 4대 법학파의 하나인 말리키 학파의 창시자.
3) 767-820년. 4대 법학파의 하나인 샤피이 학파의 창시자.
4) 법해석의 근원을 오로지 『코란』과 순나에 보이는 '명시적 기록'(zâhir)에만 국한하려는 법학파. 9세기경 이라크에서 시작되어 다른 지역으로 확산된 학파이다.
5) 817-884년. 그의 아들의 이름은 Muḥammad였다.
6) 그러나 오늘날에는 하나피, 말리키, 샤피이 학파 이외에 한발리 학파까지 포함하여 4대 법학파라고 부른다.

알리의 추종자들은 독자적인 학파와 법학을 가지고 있다. 그러나 알리파의 법학은 무함마드의 교우들 가운데 일부를 비방하는 교의, 이맘의 무오류성에 대한 주장, 그 주장과는 다른 견해에 대한 단호한 거부 등에 근거를 두고 있으나, 이 모두 헛된 원칙들이다. 하리지파도 마찬가지로 독자적인 학파를 가지고 있지만, 대중들은 이들 비정통 학파에 대해서는 신경을 쓰지도 않을 뿐 아니라 반대하며 매도하고 있다. 이들 학파의 견해에 관해서는 아무 것도 알려진 것이 없으며, 서적도 전해지지 않았다. 그들이 사는 지역을 제외한다면, 그들의 흔적이라곤 찾아볼 수도 없다. 따라서 시아파의 법률서적들은 동부이건 서부이건 혹은 예멘이건, 시아파가 사는 지방이건, 시아파 왕조가 존재하는 곳이건 모두 존재한다. 하리지파의 경우도 마찬가지이다.

자히리 학파는 그 종교 지도자들의 대통이 끊기고 그 추종자들이 무슬림 대중의 비판을 받았기 때문에 오늘날 소멸되고 말았다. 따라서 '견해'를 주장하는 이라크 학파와 전승을 주장하는 히자즈 학파를 제외하고는 어떠한 학파도 남아 있지 않다.……

상속법학

상속법학은 재산의 분배에 관한 지식으로서, 개별적인 몫과 분배의 기본원칙과의 관계를 고려하여 재산의 적절한 몫을 정당하게 판단하는 학문이다. 또한 여기에는 몫의 재조정에 관한 지식도 포함된다. 그러한 재조정은 원래의 상속자가 사망하여 그 몫이 사망한 사람의 상속자들에게 분배되어야 할 경우에 필요하게 된다.

또한 재산분배는 두 가지 가능성을 고려해야만 한다. 예를 들면 어떤 상속자가 제2의 상속자를 인정하는데, 제3의 상속자는 제2의 상속자를 인정하지 않는 경우이다. 그럴 경우 재산분배는 두 가지 가능성을 고려하여 조정되며 그에 따라서 분배의 몫도 결정된다. 이렇게 해서 재산분배의 기본원칙에 상응하는 몫이 상속자들에게 분배된다. 이 모든 일에는 계산이 필요하며, 따라서 법학자들은 그것을 별도의 분야로 간주한다. 왜냐하면 법학 이외에 계산이 중요한 요소가 되기 때문이다. 그들은 계산 그 자체를 독자적인 분야라고 생각한다.

무슬림 도시에서 종교학자들은 상속법에 많은 주의를 기울인다. 어떤 저술가들은 거기에 포함된 수학적인 측면을 과장하여, 다양한 방면의 산술학, 예를 들면 대수학이나 근(根)의 사용과 같은 방법을 동원해야만 풀리는 문제들을 제기하기도 한다. 그러나 그것은 예외적이거나 희귀한 사례를 다루는 것이기 때문에 상속의 문제에서 실질적인 효용은 없다.……

13) 법원(法源)에 관한 학문과 그 분과인 변증법과 쟁점론

법원에 관한 학문은 종교법에서 가장 크고 가장 중요하며 가장 유용한 분야이다. 이것은 무슬림들이 준수하는 법과 법적 의무가 도출되는 종교법의 근거를 탐구하는 학문이다. 법적 근거의 기본적인 원천은 『코란』이고 그 다음에는 『코란』을 명백하게 해주는 '전승'(즉 순나)이다. 『코란』과 전승 다음으로는 '합의'가 있다.

그런데 예언자가 사망한 뒤에 일어난 많은 사건들은 확정된 원전에 포함되지 못했다. 따라서 학자들은 그런 사건들을 해결하기 위해서 원전에 있는 이미 확정된 근거와 비교, 결합시켰는데, 그와 같은 비교와 결합은 일정한 원칙에 따라서 행해졌다. 이 원칙은 유사한 사건을 비교, 결합시키는 행위의 정당성을 확인시켜줌으로써 두 사건에 대해서 동일한 종교법의 적용을 가능케 했다. 이에 대해서는 초기의 무슬림들이 모두 동의했고, 따라서 또 다른 종류의 법원이 되었다. 이것이 네번째 법원인 '유추'이다.

대다수의 종교학자들은 이상의 네 가지(즉 『코란』, 전승, 합의, 유추)가 기본적인 법원의 종류라는 데에 동의한다. 일부 학자들이 합의와 유추에 대해서 견해를 달리하지만, 그들의 견해는 예외적이다. 또 다른 학자들은 네 가지 법원에 새로운 요소를 추가했지만, 그 근거가 박약하고 거의 논의도 되지 않기 때문에 여기에서는 더 이상 설명하지 않겠다.……

그 다음에는 단어의 의미에 대한 연구가 대두된다. 왜냐하면 사람들이 조합된 단어들에서 어떤 관념을 이끌어내기 위해서는 단순한 구절이건 복잡한 구절이건 그 관용적인 의미가 무엇인지를 알아야만 하기 때문이다. 이와 관련해서 요구되는 언어학적인 규칙은 문법, 어형변화, 구문, 문체 등의 학문에서 찾을 수 있다. 그런데 말이란 그것을 사용하는 사람에게 일종의 습관일 뿐, 하등의 학문도 규칙도 아니다. 따라서 당시의 법학자들에게는 그런 언어적인 문제들이 자연적인 습관에 의해서 익숙한 것이었기 때문에 그것을 이해하기 위해서 학문이나 규칙과 같은 것을 필요로 하지 않았다. 그러나 아랍어의 습관이 사라지자, 그것을 전문적으로 연구하는 사람들은 올바른 유추 원칙과 올바른 전승의 도움을 받아 정확한 의미를 확정짓지 않으면 안 되었다. 따라서 언어의 문제는 법학자들이 신의 종교법을 이해하기 위해서 통달해야 하는 학문분야가 되었다.……

쟁점론

위에서 설명했듯이 종교적 근거들에 기반을 둔 법학에는 독립적인 견해를 가진 학자들 사이에서 다양한 이견들이 제기되었다. 상이한 견해는 그들이 사용하는 법원의 차이 및 관점의 차이에서 비롯되는 것이기 때문에 불가피하다. 이러한 종류의 학문을 '쟁점론'이라고 부른다.……

변증법

'변증법'은 법학파에 속하는 인물들이나 기타 사람들이 논쟁을 벌일 때에 취하는 적절한 행동방식에 관한 지식을 포괄한다. 논쟁을 하는 도중에 부인하든가 시인하든가 선택하든가 해야 할 경우가 자주 생긴다. 또 자기 주장을 펴거나 답변을 할 때에 논쟁 참가자는 자기 주장을 관철하려고 한다. 그런데 그 주장은 옳을 수도 있고 그를 수도 있다. 따라서 권위자들은 논쟁 당사자들이 준수해야 할 적절한 행동방식을 정해놓아야만 했다. 그것은 거부와 수용에 관한 것, 즉 자신의 주장을 펼 때 어떻게 행동해야 하며 답변하는 사람은 어떻게 해야 하는가, 언제 자신의 주장을 펼 수 있는가, 언제 상대방의 말을 제지하거나 반박해야 하는가, 언제 침묵을 지키고 상대방이 자신의 주장을 펼 수 있도록 내버려두어야 하는가 등에 관한 규정이다. 따라서 이 학문은 논쟁시에 필요한 적절한 행동의 기본원칙에 관한 지식이고, 법학이건 다른 학문이건 자신의 주장을 방어하고 상대방의 주장을 공략하는 데에 도움이 된다.……

14) 사변신학

이것은 신앙의 신조들을 방어하기 위해서 논리적 증거들을 제시하고, 나아가서 초기 무슬림이나 무슬림 정통파의 교리에서 일탈하는 이단의 '혁신파'를 반박하는 내용을 포함하는 학문이다.

　신앙의 가장 핵심적인 신조는 신의 유일성이다. 따라서 여기에서 우리는 신의 유일성을 가장 직접적인 방식으로 보여주는 논리적 주장의 훌륭한 예를 하나 들어보고자 한다. 그리고 난 뒤에 사변신학과 그것이 탐구하는 주제들로 돌아가서 정확한 설명을 하도록 하겠다. 나아가서 우리는 왜 그것이 이슬람에서 발달하게 되었으며 그것이 탄생된 이유는 무엇이었는가를 보여주겠다.

　신의 유일성을 보여주는 주장은 이러하다. 존재하는 사물들의 세계 속에 생긴 것들은, 본질에 속하는 것이건 아니면 인간적, 동물적 행위에 속하는 것이건, 모두 다 자신의 존재 이전에 적절한 원인들을 필요로 한다. 그 원인들은 습관이 지배하는 세계 속에 사물들을 창조하고 또 그것을 발전시킨다. 그런데 이 각각의 원인들 역시 창조되어야 하는 것이기 때문에 또 다른 원인을 필요로 한다. 원인에 원인이 꼬리를 물고 상향적으로 진행하다가 마침내 원인들의 '원인자', 즉 그 모든 원인들을 창조하고 존재하게 하는 '그'에게 이르게 되는 것이다.

　이 과정에서 원인들의 숫자는 늘어나고 그 폭은 종적으로도 횡적으로도 확대된다. 이성이 그것들을 인식하고 헤아리려고 시도하면 혼란에 빠지게 된다. 오직 포괄적인 지식만이 인간적, 동물적 행위를 막론하고 그 모든 것을 파악할 수 있다. 행위의 원인들 중에는 다양한 의도와 의지가 내포되어 있음이 분명한데, 이는 어떠한 행동도 의지나 의도가 없다면 실체화될 수 없기 때문이다. 다양한 의도와 의지는 정신과 관련되는 것이며, 일반적으로 그것은 전부터 연속적으로 쌓여온 지각에서 기원한다. 이러한 지각이 행위에의 의도를 유발시킨다. 나아가서 그와 같은 지각의 원인은 또 다른 지각이며, 인간의 정신 속에서 일어나는 이 모든 지각들의 원인은 확인되지 않는다. 왜냐하면 어느 누구도 정신과 관련된 것들의 시작이나 순서를 알 수 없기 때문이다. 그와 같은 지각들은 시작과 끝을 이해하지 못하는 존재인 인간의 마음 속에 신이 불어넣어준 연속적인 관념이다. 대체로 인간은 자연적이고 명백하며 질서있고 잘 배열된 방식으로 지각되는 원인들에 대해서만 이해할 수 있는데, 이는 자연이 정신보다 더 낮은 단계이며 정신에 의해서 파악될 수 있는 것이기 때문이다. 그러나 지각이란 정신보다 더 높은 단계에 있는 이성에 속하는 것이기 때문에, 지각의 범위는 정신이 감당하기에는 너무나 넓다. 따라서 정신은 지각의 전부는 차치하고라도, 그 가운데 상당 부분을 인식하지 못한다. 인간은 원인들을 탐색하다가 중도에 포기하고 결국은 실족하여 방향을 잃고 멸망의 길로 들어가는 경우가 많다.

우리는 인간이 그러한 탐색을 하다가 자신의 의지로써 걸음을 멈추거나 되돌아오는 것을 선택할 힘이 있다고 생각해서는 안 된다. 그렇기 때문에 누구나 처음부터 원인에 대한 탐색을 완전히 포기함으로써 스스로를 지키지 않으면 안 될 것이다.

나아가서 원인이 유발하는 결과에 대해서도, 어떤 방식으로 영향력을 미치는지에 대해서도 알려져 있지 않다. 알려진 것이라곤 오로지 습관적인 경험을 통해서일 뿐이고, 명백한 인과관계가 입증된 결론을 통해서일 뿐이다. 정말로 무엇이 영향을 미치고 그 영향이 어떻게 일어나는가는 알려져 있지 않다. 따라서 우리는 그런 것들에 대한 사유를 완전히 억제, 포기하고, 모든 원인들의 '원인자'에게 집중함으로써, 우리의 정신이 신의 유일성에 의해서 확실하게 젖을 수 있도록 하라는 권고를 받는다.

원인의 탐구에 몰두하는 사람들은 절망한다. 그는 불신자라고 불려도 마땅할 것이다. 만약 누군가가 각각의 원인들을 유발시키는 원인이 무엇이고 어떻게 유발되는지를 알기 위해서 사유와 탐색의 바다로 헤엄쳐 들어가려고 한다면, 내가 단언컨대 그는 성공을 거두고 돌아오지 못할 것이다. 그래서 무함마드는 우리에게 원인에 대한 탐색을 금했던 것이다. 우리는 다만 신의 절대적 유일성을 인정하라는 권유를 받았을 뿐이다.

인간은 자신의 마음이 부추기는 권고, 즉 존재하는 모든 사물과 그 원인들을 이해할 수 있으며 존재의 모든 세부사항들을 알 수 있으리라는 권고를 믿어서는 안 된다. 그와 같은 마음의 권고를 어리석은 것으로 여기고 물리쳐야 한다. 지각을 가진 모든 사람들은 모든 존재가 자신의 지각에 의해서 포괄될 수 있고 그것을 넘는 것은 없다는 피상적인 인상을 가지고 있다. 그러나 실제는 그와 다르고, 진리는 그 너머에 존재한다. 우리는 귀머거리가 모든 존재를 그의 시각, 미각, 후각, 촉각 네 가지 감각에 의한 지각과 이성에 의해서 포괄할 수 있다고 생각한다는 사실을 알고 있다. 청각의 대상이 되는 모든 것은 그에게 존재하지 않는 것과 같다. 장님도 그러하다. 시각의 대상이 되는 모든 것은 그에게 존재하지 않는 것과 같다. 만약 그런 결함을 지닌 사람이 자기 조상이나 스승 혹은 대다수 사람들이 전해주는 지식을 받아들임으로써 올바른 길로 인도되지 않는다면, 그는 그런 것들이 존재한다는 사실을 인정하지 않을 것이다. 그들은 대다수의 사람들과 함께 감각의 세계에 이와 같은 것들이 존재한다는 사실을 인정하는데, 그렇게 인정하는 것은 그들의 타고난 자질에 의해서도 또 감각적 지각에 의해서도 아니다. 만약 우둔한 짐승에게 질문을 던지고 그들이 대답할 수 있다면, 우리는 그들이 이성의 세계에 관해서 어떤 것도 알지 못한다는 사실을 확인할 수 있을 것이다. 그들에게 그런 세계는 전혀 존재하지 않을 뿐이다.

그런데 우리의 지각과는 다른 종류의 지각의 존재가 가정될 수 있다. 왜냐하면 우리의 지각은 창조된 것이고 존재하게 된 것이기 때문이다. 신의 창조는 인간의 창조를 초월한다. 인간에게는 완벽한 지식이 없고, 존재의 세계는 너무나 광범위하다. 따라서 누구나 자신의 지각의 포괄성과 지각의 결과를 의심을 해야 할 것이다. 그러나 이것이 곧 이성과 이성적 지각을 부인하라는 말은 아니다. 진실로 이성은 올바른 척도이며, 그것이 가리키는 것은 완벽하게 분명하며 절대 그른 것일 수 없다. 그러나 신의 유일성, 내세, 예언의 진실성, 신적인 속성의 진정한 특징, 혹은 이성의 수준을 넘어서 존재하는 다른 것들을 측량할 때, 이성을 사용해서는 안 된다. 그것은 곧 불가능을 희망하는 것이나 마찬가지이다. 이는 마치 금의 무게를 측량하는 데에 쓰는 저울로 산을 측정하려고 하는 사람에 비유될 수 있다. 따라서 이성은 신과 신의 속성을 이해할 수 없다. 이성은 신에 의해서 창조된 존재의 세계에 속하는 수많은 원자들 가운데 하나에 불과할 뿐이다.

만약 이와 같은 점이 분명하다면, 원인들의 상향적 연쇄가 인간의 이해나 존재의 영역을 초월하여 더 이상 이해될 수 없는 지점에까지 이른다는 것도 인정할 수 있다. 거기에서 이성은 길을 잃고 혼란을 일으키며 억측의 광야에 홀로 버려진다. 따라서 신의 유일성을 인정한다는 것은 원인들과 그것들이 영향력을 발휘하는 방식에 대한 이해의 불가능함과 동의어인 셈이고, 이 점에서 모든 원인들을 포괄하는 그 원인들의 창조자에 대한 의존과 동의어인 셈이다. '그'를 제외하고는 어떠한 창조자도 없다. 모든 원인들은 그에게로 연결되며 그의 힘으로 회귀한다. 우리가 그에게 대해서 아는 것은 그가 허용해준 부분까지일 뿐이다. 어떤 신실한 사람이 말했다고 전해지는 다음과 같은 구절의 뜻이 바로 그것이다. "이해할 수 없다는 것이야말로 이해한다는 것이다."

이와 같은 신의 유일성에 대한 선언이 반드시 판단에 근거한 확신으로서의 신앙만을 가리키는 것은 아니다. 인간의 모든 행위와 종교적 숭배의 목표는 복종과 굴복의 습관을 획득하는 것이고, 숭배의 대상인 주인을 제외한 다른 모든 집착에서 마음이 벗어나는 것이며, 그렇게 해서 신을 향한 길에 들어선 새내기가 마침내 성자가 될 수 있는 것이다.

교리의 문제에서 '지식'과 '상태'의 차이는 마치 어떤 특질에 대해서 '이야기하는 것'과 그것을 '소유하는 것'과의 차이나 마찬가지이다. 이 점은 다음과 같이 설명할 수 있다. 많은 사람들은 고아와 빈자들에게 자비를 베푸는 것이 인간을 신에게 더 가깝게 하는 길이고 권고할 만한 일이라는 사실을 알고 있다. 그러나 그들이 고아와 빈자를 보면 자비를 베풀기는커녕 멀리 도망가고 건드리기도 싫어한다. 그들의 자비는 '지식'의 단계에 도달한 결과이지, '상태'나 '자질'의 단계에서 나온 결과는 아니다. 그런데 빈자에게 자비를 베푸는 것이 신께 가까이 가는 것을 아는 '지식'의 단계에서 더 나아가서 하나 더 높은 '상태'의 단계에 도달한 사람들도 있다. 그들은 자비의 자질과 습관을 체득한 사람들이고, 고아나 빈자를 보면 다가가서 자비를 베푼다. 그들은 자비를 베풂으로써 하늘의 보상을 받기를 원한다.

인간이 신의 유일성에 대한 지식을 가지는 것과 그것을 하나의 자질로 소유하는 것 사이의 관계도 이와 마찬가지이다. 자질을 소유한다면 거기서 지식은 반드시 생기기 마련이다. 그와 같은 지식은 자질을 소유하기 전에 획득한 지식에 비해 훨씬 더 견고한 기반 위에 서 있다. 그러나 지식이 있다고 반드시 거기서 자질이 생기는 것은 아니다. 행동이 따라야 하고 수없이 여러 번 반복되어야 한다. 그렇게 해야만 굳게 정착된 습관, 자질, 진정한 지식의 획득이 생기는 것이다. 이렇게 해서 새로운 종류의 지식이 나타나고, 그것은 내세에서 유익한 지식이 되는 것이다. 자질을 결여한 원초적 지식은 거의 아무런 이점도, 소용도 없다. 대부분의 사변가들이 가진 지식이 그러하다. 그러나 진정한 목표는 '상태'로서의 지식이고 그것은 신에 대한 숭배에서 비롯되는 것이다.

모든 종교적 의무의 목표가 정신 속에 깊이 뿌리내리는 습관의 체득이며 그 습관을 통해서 정신에 필요한 지식이 생긴다는 사실은 분명하다. 신의 유일성에 대한 인정은 신앙의 기본 원리이며 동시에 행복을 가져다준다.

모든 종교적 의무의 기반이자 근원이 되는 신앙에는 여러 단계가 있다. 최초의 단계는 혀로 말하는 것을 마음으로 확인하는 단계이다. 최고의 단계는 마음 속의 신조와 그 행동을 통해서 자신의 마음을 완전히 통제하는 자질을 체득하는 단계이다. 그것은 사지에 행동을 지시하고, 모든 행동은 그것에 따라서 취해진다. 그래서 모든 행동은 궁극적으로 신앙에 의한 이와 같은 확인에 종속되게 되니, 이것이 최고 단계의 신앙이며 완전한 신앙이다. 이런 신앙을 가진 신자는 크고 작은 어떤 죄도 범하지 않을 것이다.……

어느 정도 시간이 흐른 뒤에 이슬람권에 논리학이 퍼지기 시작했다. 사람들을 논리학을 연구했고, 논리학과 철학을 구분하여 생각했다. 왜냐하면 논리학은 논지 전개에 필요한 규범이자 척도일 뿐이고, 철학이나 기타 다른 학문들의 주장의 타당성을 검증하는 데에만 사용되기 때문이다.

학자들은 초기의 신학자들이 세워놓은 근본적 전제들을 탐구했고, 상이한 논거를 통해서 그 대부분을 반박했다. 그 논거들의 상당수는 물리학이나 형이상학에 관한 철학적 논의에서 끌어온 것이었다. 학자들은 이 전제들을 논리학의 잣대로 조사할 때, 그들이 사용하는 논거가 신학이 아닌 다른 분야에서나 적용될 수 있는 것이기 때문에 논거가 오류이면 논증된 것도 오류라는 점에 대해서는 인정하지 않았다. 이 학자들은 과거의 연구자들과 전문적인 용어의 사용에서 달랐기 때문에 '근래의 학파'라고 불렀다. 그들은 신앙의 조목들에 관해서 그들과 견해를 달리하는 철학자들에 대한 비판도 제기했다. 그들은 철학자들을 신앙의 적으로 간주했는데, 이는 많은 경우 혁신파의 견해와 철학자들의 견해가 서로 연관되어 있기 때문이었다.

새로운 신학적 입장에 따라서 저술을 시작한 최초의 학자는 알 가잘리[7]였고, 압둘라 이븐 알 하팁이 그의 뒤를 이었다. 수많은 학자들이 그들의 전철을 따랐고 그 전통을 고수했다.

후대의 학자들은 철학적 저작에 깊이 간여하기 시작했고, 따라서 신학과 철학이 두 학문의 주제는 서로 혼동되어버렸다. 그들은 이 두 학문이 다루는 문제가

---

[7] 1058~1111년. 이슬람권의 가장 대표적인 신학자. 그의 신학이론은 수피즘을 정통 이슬람에서 수용할 수 있는 계기를 마련했다. 주저로는 『종교학의 소생』(Kitâb al-Ihyâ)이 있다.

서로 유사하기 때문에 그 주제도 동일하다고 생각했던 것이다.

신학자들은 흔히 창조자의 존재와 그 속성을, 존재하는 사물과 그 조건들을 통해서 도출하려고 한다. 대체로 그들이 주장하는 요체는 물질적인 육체가 존재하는 사물들의 일부를 이루고 있고, 따라서 그것은 물질에 대한 철학적 연구의 주제가 된다는 것이다. 그러나 육체에 대한 철학적 연구는 신학적 연구와 서로 다르다. 철학자들은 움직이거나 정지하는 대상으로서의 육체를 연구하지만, 신학자들은 창조자의 존재를 입증하는 논의에 유용한 대상으로서의 육체를 연구할 뿐이다. 마찬가지로 형이상학적인 것에 대한 철학적인 연구는 존재 그 자체에 대하여 또 존재가 필연적으로 요구하는 본질에 대하여 탐구하지만, 신학적 연구는 존재를 가능케 한 '그'를 입증하기 위해서 존재의 세계를 탐구한다. 일반적으로 신학자들에게 신학적 연구의 목표는 종교법이 옳다고 정해놓은 신조들을 어떻게 하면 논리학적인 논증을 통해서 증명할 수 있을까, 그래서 혁신자들을 배척하고 신조에 대한 의심과 염려를 제거할 수 있을까 하는 데에 있다.

만약 사변신학이 어떻게 기원했고 또 학술적 논의들이 그 안에 어떻게 단계적으로 편입되게 되었는지 그리고 그 과정에서 학자들이 신앙의 신조들의 정당성을 입증하기 위해서 어떻게 증거와 논의들을 펼쳤는지를 생각한다면, 이 학문분야의 주제가 지닌 특징에 대해서 우리가 앞에서 입증한 바를 이해하게 될 것이며, 이 학문이 그 이상으로 넘어갈 수 없다는 사실도 깨닫게 될 것이다. 그러나 최근에 학자들은 이 두 가지 방법론을 뒤섞어버렸다. 신학의 문제가 철학의 문제와 혼동되어, 심지어 두 분야의 학문이 서로 구별하기 어려울 정도까지 되었다.

근래의 학자들의 혼동된 방법론이 아니라 과거의 신학자들의 오래된 방법론을 따를 때, 우리는 비로소 초기 무슬림들의 입장과 사변신학의 학문적 신조들을 조화시킬 수 있다. 일반적으로 말해서 이 학문, 즉 사변신학은 오늘날의 학자들에게 필수적인 학문은 아니라는 점을 알아야 할 필요가 있다. 이단과 혁신자들은 이미 파멸되었고, 정통의 종교적 지도자들이 체계적 저술과 논의를 통해서 우리를 이단과 혁산자들로부터 보호해주고 있기 때문이다.

그러나 사변신학이 어떤 특정한 개인이나 학자들에게 제공하는 유용함은 상당하다. 정통 무슬림들은 정통신앙의 신조들을 변호하는 사변적 주장에 무지해서는 안 될 것이다.

15) 『코란』과 순나에서의 불확실한 구절들, 그로 인해서 정통파와 혁신파 속에서 생긴 교파들

신께서는 우리를 구원과 축복으로 인도하기 위하여 예언자 무함마드를 보냈다. 그는 예언자에게 아랍어로 쓰인 그의 고귀한 경전을 계시했고, 거기서 우리에게 구원과 축복을 내려주는 종교적 의무를 일러주었다. 이러한 과정은 그의 본질을 우리가 알 수 있도록 하기 위해서 신의 이름들과 속성들에 대한 언급, 우리에게 부수되어 있는 정신에 대한 언급, 우리에게 보내진 사도와 신을 연결하는 계시와 천사에 대한 언급 등을 포함하고 있다. 또한 최후의 날과 그것을 알리는 징표들도 언급되어 있는데, 언제 그런 일이 벌어질지 정확한 시간은 명시되지 않았다. 또 고귀한『코란』의 어떤 장(sûrah)의 처음에는 우리로서는 이해할 수 없는 뜻을 지닌 알파벳 문자들의 조합이 여기저기 흩어져 있다.

『코란』에 보이는 이러한 부분들은 '불확실한 것'이라고 불렸고, 그것을 추종하는 사람들은 다음 구절에서 보이듯이 비난을 받았다. "그분은 이 계시를 너희들에게 내리신 분이다. 그 안의 어떤 구절은 명백한 것이어서 경전의 근간이고, 다른 구절은 불확실하다. 그래서 마음이 사악한 자는 불확실한 부분에 얽매여 그 감추어진 의미의 결함을 추구하여 마음대로 해석하려고 한다. 그러나 하나님 이외에는 그 진정한 의미를 아는 사람이 아무도 없다. 그래서 지식의 기초가 견고한 사람은 이렇게 말한다. '우리들은 이것을 믿습니다. 이것은 모두 주님으로부터 주어진 것입니다.'"[8]

무함마드의 교우들 가운데 초기의 무슬림 학자들과 그 다음 세대에 속하는 사람들은 위의 구절에서 '명백한 것'이 뜻하는 바가 분명하고 확정적인 것이라고 이해했다. 따라서 법학자들은 '명백한 것'의 개념을 '의미가 분명한 것'이라고 정의했다.

그러나 '불확실한 구절들'에 대해서 사람들은 서로 다른 의견을 표방한다. 그들은 그것의 정확한 의미를 파악하기 위해서는 연구와 해석이 필요하다고 말한다. 왜냐하면 그것이 다른 구절이나 논리와 배치되기 때문이며, 그래서 그 뜻이

---
8)『코란』3:7.

모호하고 '불확실한 것'이 되었다는 것이다. 이런 의미에서 이븐 압바스는 "'불확실한 구절들'을 믿어야 하지만, 그렇다고 그것에 따라서 행동할 필요는 없다."고 말했다.

앞에서 인용한 구절에서 '경전의 근간'이라는 문구는 '경전에서 가장 크고 가장 중요한 부분'을 의미하고, '불확실한 구절들'은 가장 작은 부분이며 모호한 구절들에 대한 언급 이상은 아무 것도 아니다. 따라서 위의 인용문은 '불확실한 구절들'을 추종하면서, 『코란』이 쓰인 아랍어에는 없는 의미로 그것을 해석하거나 새로운 의미를 부여하려는 사람들에 대한 비판인 것이다. 인용문은 그들을 '일탈자' ── 즉 진리에서 떨어져나가는 사람 ── 불신자, 이단자, 우둔한 혁신자라고 부르며, 그들이 신도들 사이에 우상숭배와 혼란을 야기시키고, 자신들의 욕망에 맞추어 불확실한 구절들을 해석하기 위해서 행동한다고 규정하고 있다.……

인간세계가 존재계에서는 가장 고귀하고 드높은 것이라는 사실을 알아야 한다. 인간세계에서도 인간이라는 본질은 동일하지만, 나름대로의 독특한 상태를 지니는 여러 단계가 존재하고, 각 단계마다 그 본질도 서로 다르다.

첫번째 단계는 인간의 육체적 세계로 구성되어 있는데, 여기에는 인간의 외적인 감각, 생존을 위한 사고활동 그리고 현재의 존재에 의해서 가능하게 된 다른 모든 활동이 포함된다.

두번째 단계는 꿈의 세계로 이루어져 있으며, 이는 상상에 의한 지각을 포함한다. 상상에 의한 지각이 인간의 내적 존재 안에 떠돌다가, 시간이나 장소 혹은 신체적 다른 조건에 구애받지 않은 상태에서 그 가운데 일부가 인간의 외적인 감각에 의해서 지각된다. 그는 자기가 있어본 적도 없는 곳에서 그런 지각을 느끼게 된다. 만약 그런 지각이 좋은 것이라면, 그것은 현세는 물론 진정한 예언자가 약속했던 내세에서 기쁨을 누리리라는 좋은 소식이다. 이 두 단계는 모든 인간들이 공유하는 것이지만, 앞에서 설명했듯이 지각이 획득하는 방식이 서로 다르다.

세번째 단계는 예언의 단계이다. 이것은 신에 의해서 특별히 구별되어 인간들 가운데 가장 고귀한 대표자가 된 사람들에게만 국한된 것이며, 신은 그들에게 신에 대한 지식, 신의 유일성, 천사를 통해서 전달한 계시, 인간의 외적인 조건과는 전혀 다른 조건들에 대해서 인류의 개선을 성취하려는 의무 등을 부여했다.

네번째 단계는 죽음의 단계이다. 여기서 개별적 인간은 외적인 생명을 벗어버리고 부활이 이루어지기 전까지 연옥(煉獄)이라고 불리는 또 다른 단계로 향한다. 거기서 그들은 살아 있는 동안의 행위에 따라서 축복을 누리기도 하고 형벌을 받기도 한다. 그뒤 대부활의 날이 오면, 그들은 커다란 보상을 받아 천국의 축복이나 지옥의 형벌을 받게 되는 것이다.

처음 두 단계는 지각을 통해서 확인된다. 세번째 예언의 단계는 예언자적인 기적과 예언자에게만 특유한 상태를 통해서 확인된다. 네번째 단계는 새로운 소생, 연옥의 상황, 부활 등에 관해서 예언자들에게 전달된 신의 계시를 통해서 확인된다. 나아가서 논리도 그 존재를 입증한다. 신은 죽은 사람의 소생을 언급한『코란』의 여러 구절을 통해서 그것에 대한 우리의 주의를 환기시킨다. 그 구절에서 언급된 내용이 옳다는 사실을 가장 잘 보여주는 주장은 다음과 같다. 만약 이 세상에서 눈으로 보이는 것 이외에, 인간이 죽은 뒤에는 아무 것도 존재하지 않고 각자에게 적절한 조건도 준비되어 있지 않다면, 애당초 인간을 창조했다는 것 자체가 무익한 일이라는 것이다. 만약 죽음이 비존재라면 그것은 인간이 비존재로 돌아간다는 것을 의미한다. 그렇다면 처음부터 인간을 창조해야 할 아무런 의미도 없는 셈이다. 그러나 현명한 신이 그렇게 무익하게 행동했으리라고 가정하는 것은 어리석지 않은가.

이 네 단계의 존재가 확인되었으니, 이제 인간의 지각이 그 단계들을 어떻게 달리 인식하는가에 대해서 설명해보도록 하자. 이것은 불확실한 구절문제가 지닌 복잡성을 보여줄 것이다.

첫번째 단계에서 인간의 지각은 명백하고 분명하다. 이 지각의 도움으로 인간은 지식의 습관을 체득하여 인간으로서의 본래 모습을 완성할 수 있으며, 자신을 구원하는 신에 대한 숭배의 의무를 다할 수 있다.

두번째 단계, 즉 잠(혹은 꿈)의 단계에서 인간의 지각은 외부적인 감각의 단계에서의 지각과 동일하다. 비록 신체의 사지가 깨어 있을 때처럼 사용되지는 않으나, 꿈을 꾸는 사람은 잠이 든 상태에서도 하등의 의심이나 의혹 없이 모든 것을 지각한다. 다만 사지는 통상적인 방식에 따라서 사용되지 않는다.

이 상태의 진정한 특징에 대해서 사람들은 두 그룹으로 나누어진다. 철학자들은 가상적인 영상이 사고활동의 작용을 통해서, 외적 감각과 내적 감각의 연결부위인 '공통감각'으로 전달된다고 생각한다. 그 결과 이러한 영상들은 마치 외적 세계에서 오감을 통해서 인식되는 것처럼 느껴진다. 그러나 여기에서 문제가 되는 것은 만약 철학자들이 주장하듯이 신이나 천사로부터 오는 진정한 영상과 악마로부터 전달되는 영상이 모두 동일한 상상의 작용에 의한 것이라면, 어떻게 전자가 보다 더 확실하고 분명하게 느껴지느냐 하는 점이다.

또 하나의 그룹은 사변신학자들이다. 그들의 주장을 간략하게 정리한다면, 꿈이라는 것은 신이 감각의 영역 안에 창조해놓은 일종의 지각이기 때문에, 그러한 지각은 깨어 있는 상태에서 일어나는 지각과 동일한 방식으로 잠 속에서도 일어난다는 것이다. 수면 중의 지각은 감각적 지각이 부차적인 단계에서 작용하고 있음을 보여주는 명백한 증거이다.

우리는 세번째, 즉 예언자의 단계에서 감각적 지각이 어떤 방식으로 일어나는지에 대해서 알지 못하지만, 예언자들은 직관을 통해서 지각되는 지식보다 더 확실한 지식을 가진다. 예언자는 신과 천사를 보고, 신께서 직접 하시는 말이나 천사의 말을 들으며, 천국과 지옥과 하늘의 보좌와 왕관을 본다. 그는 일곱 하늘을 거쳐 올라가면서 비상하고, 하늘에 있는 예언자들을 만나 그들과 함께 기도를 올린다. 그는 그런 것들을 마치 육체적 단계나 꿈의 단계에서와 동일한 감각적 지각을 통해서 느끼지만, 사지라는 수단을 통한 인간의 통상적인 지각의 방법이 아니라 신이 그를 위해서 창조해놓은 필연적 지식을 통해서 인식하는 것이다.

이와 관련해서 이븐 시나[9]의 지적에 대해서는 주의를 기울일 필요가 없다. 그는 예언을 꿈의 단계로 격하시키면서, 상상이 하나의 영상을 '공통감각'으로 전달한다고 말한다. 그러나 철학자들의 이러한 설명에 대해서, 우리의 반박 논거는 꿈의 경우보다도 더 강력하다. 우리는 앞에서 상상에 의한 전달과정이 본질상 동일한 것이라는 점을 입증했다. 그러므로 만약 계시가 상상에 의한 것이라면, 계시와 예언자의 꿈은 그 확실성과 실체성이라는 면에서 사실상 동일한 셈이 된다. 그러나 실은 그렇지 않다. 우리는 예언자(무함마드)가 계시를 받기 6개월 전에 꿈에서 본 영상에 대해서 알고 있다. 꿈은 계시의 시작이며 그 전주에 불과하다

---

[9] 980-1037년. 일명 Avicenna. 이슬람권의 가장 대표적인 철학자.

는 점은 그것이 사실상 계시에 비해 열등한 것임을 나타낸다.

네번째, 즉 연옥에 머무는 망자의 단계 — 인간이 육체를 벗어던지고 무덤에 들어가는 시점부터, 혹은 다시 육체를 회복하여 깨어날 때부터 시작된다 — 에서 망자는 감각적 지각을 가지고 있다. 무덤에서 망자는 자신을 심문하는 두 천사를 보고, 두 눈으로 자신이 천국 혹은 지옥에서 차지하게 될 자리를 본다. 그는 장례에 참여한 사람들의 모습과 그들이 말하는 것을 듣고, 그들이 떠나갈 때에 내는 발자국 소리를 듣는다. 그는 사람들이 그를 위해서 신의 유일성을 말하고 신앙의 두 가지 신조를 확언하는 것을 듣는다.

나아가서 망자가 소생하고 대부활이 일어나는 날, 망자는 천국과 지옥에 있는 여러 단계의 축복과 형벌을 자신의 눈과 귀로 보고 듣는데, 이는 그가 생전에 보고 듣는 것과 전혀 다를 바가 없다. 망자들은 천사를 보고 자기 주님을 본다.

망자는 생전에는 그와 같은 것들에 대한 지각을 가지지 못한다. 그러나 그는 마치 생전에 그러했던 것처럼 감각적 지각으로 느끼며, 이는 앞에서 지적했듯이 신이 창조한 필연적 지식에 의해서 사지를 통해서 일어난다. 그 비밀은 인간의 영혼이 육체 속에서 또 육체적 지각을 통해서 성장한다는 사실을 아는 데에 있다. 따라서 그와 같은 영혼이 육체에서 떠나갈 때, 즉 잠에 들거나 사망하거나 혹은 예언자가 계시를 받는 상태에서 인간적 지각이 천사적 지각으로 변환될 때, 영혼은 육체와 분리되지만 지각의 수단은 여전히 지니고 가는 것이다. 이와 같은 지각의 수단을 통해서 영혼은 다른 단계에서 지각하고자 하는 대상이 무엇이건 지각할 수 있다. 다만 그러한 지각은 영혼이 육체 안에 있을 때보다는 한 단계 더 높은 차원에서의 지각이다. 이 점은 알 가잘리도 지적했는데, 그는 여기에서 더 나아가서 인간의 영혼이 육체로부터 분리된 뒤에도 어떤 형태를 유지하고 있다고 했다. 즉 육체와 마찬가지로 동일한 구조로서, 두 눈과 두 귀 그리고 지각을 획득하는 데에 필요한 신체의 각 부분들을 모두 가진다고 말했다. 나는 알 가잘리가 여기에서 의미하는 바는 지각이라는 것 이외에 사지를 사용함으로써 획득되는 습관을 언급하고 있다고 본다.

이 모든 것들을 이해한다면, 지각이 상술한 네 단계에 모두 존재한다는 사실도 깨닫게 될 것이다. 그러나 그것들이 현세의 생활에서의 지각과 모든 점에서 동일한 것은 아니며, 거기에 영향을 미치는 조건들에 따라서 강도를 달리한다. 신학자들은 이와 같은 사실에 대해서 신은 지각의 대상이 되는 모든 사물에 대해서 필요한 지식을 감각 속에 창조했다는 말로 정리하고 있는데, 이는 우리가 앞에서 설명한 것과 동일한 내용이다.

16) 수피즘

수피즘은 이슬람에서 기원한 종교법의 여러 학문들 가운데 하나이다. 수피즘을 따르는 사람들(즉 수피들)이 걷는 길은 무함마드의 교우들과 그 다음 세대 그리고 그뒤를 이은 사람들, 즉 초기 이슬람의 중요 인물들에 의해서 진리의 길이요, 올바른 인도라고 여겨져왔는데, 그러한 생각이 바로 수피즘의 바탕을 이루고 있다. 수피들의 수행은 신에 대한 끊임없는 숭배, 신에 대한 완전한 헌신, 현세의 헛된 영화에 대한 기피, 수많은 대중이 열망하는 쾌락과 재산과 지위와의 절연, 신을 숭배하려고 현세를 떠난 고립으로의 은둔 등에 기반을 두고 있다. 이는 무함마드의 교우들과 초기 무슬림들에게는 일반적인 것이었다.

그런데 2/8세기와 그 이후에는 속세적인 욕망이 증대하기 시작했고, 그렇게 되자 신에 대한 숭배를 열망하는 사람들에게 수피(ṣûfîya 또는 mutaṣawwifa)라는 독특한 이름이 붙여졌다. 이렇게 해서 수피들은 금욕주의를 대변하게 되었다. 그들은 무아지경의 체험을 통해서 특이한 종류의 지각을 느낀다. 즉 인간은 지각의 능력이라는 면에서 다른 모든 동물들과 구별되는데, 인간의 지각에는 두 종류가 있다. 하나는 학문과 지식을 지각하는 능력으로, 이는 확정적인, 가설적인, 회의적인, 가상적인 것 가운데 어디에도 속할 수 있다. 또 하나는 기쁨과 슬픔, 불안과 안도, 만족, 분노, 인내, 감사 등과 같이 자신 속에 지속되는 '상태'를 지각하는 능력이다. 육체 안에서 작동하는 이성적인 부분은 지각, 의지, 상태 등에서 기원한다. 이런 것들이 있기 때문에 인간은 다른 동물들과 구별된다. 지식은 증거에서 도출되고, 슬픔과 기쁨은 고통스럽거나 즐거운 것에 대한 지각에서 비롯되며, 활력은 휴식에서, 무기력은 피로에서 기원한다. 마찬가지로 수피 구도자의 수행과 숭배는 그를 그러한 수행의 결과인 어떤 '상태'로 인도할 수밖에 없다. 그 상태가 신에 대한 숭배의 일종일 수도 있는데, 그렇게 되면 숭배는 수피 구도자의 내부에 굳게 뿌리를 내리고 하나의 '상태'가 된다. 혹은 신에 대한 숭배가 아닐 수도 있는데, 그럴 경우 그 상태는 기쁨과 슬픔, 활력과 무기력과 같이 영혼에 영향을 미치는 어떤 속성에 불과하다.

'상태'는 상향적 질서를 이룬다. 수피 구도자는 하나의 상태에서 다음 상태로 진행하다가, 마침내 신의 유일성을 인정하고 지복의 종착점인 신지(神知: ma'rifah)의 단계에 이르게 된다.

구도자는 그러한 단계들을 거쳐야만 한다. 이 모든 것들의 토대는 복종과 성실이며, 믿음이 그것들을 선도하면서 이끌고 간다. 그 결과와 과실은 '상태'와 '속성'이다. 이는 또 다른 상태와 속성으로, 그것은 다시 다른 것으로 인도하다가, 마침내 신의 유일성을 인정하고 신지를 획득하는 단계에 도달한다. 만약 그 결과가 부족하고 결함이 있다면, 그 전의 단계에 존재했던 어떤 결함에 기인하는 것이라고 확신해도 좋다. 이는 영혼에 깃드는 생각, 마음에 떠오르는 영감 등에 대해서도 마찬가지로 적용된다.

따라서 구도자는 자신의 모든 행동을 잘 살피고 그 속에 숨겨진 의미를 탐색하지 않으면 안 된다. 왜냐하면 결과는 반드시 행동에서 나오는 것이고, 따라서 결과에서 드러나는 문제점은 행동에서의 결함에서 나오는 것이라고 할 수밖에 없기 때문이다. 수피 구도자는 자신의 신비적 체험을 통해서 그러한 결함을 찾아내고 그 원인에 대해서 스스로를 정밀히 살펴야 할 것이다.

수피들이 하듯이 이와 같은 자기 성찰을 수행하는 사람은 극히 적고, 그런 것을 소홀히 하는 것이 거의 보편적인 현상이다. 그 정도의 단계에까지 이르지 못한 경건한 신도들이 기껏 할 수 있는 것은 복종의 행동뿐이다. 그러나 수피들은 신비적, 몰아적 체험의 도움을 받아 복종의 행동이 낳는 결과를 세밀하게 조사하고, 그렇게 함으로써 거기에 어떤 결함이 있는지의 여부를 알아낸다. 따라서 수피들이 걸어가는 길은 자신들이 행하거나 행하지 않는 것에 대한 자기 성찰 그리고 자신들의 행동이 낳는 다양한 종류의 신비적, 몰아적 체험에 대한 논의에 의존할 수밖에 없다. 그런 뒤에야 비로소 그것은 수피 구도자에게 하나의 '상태'로 굳어지게 되며, 그 상태에서 더 높은 단계의 상태로 나아갈 수 있다.

뿐만 아니라 수피들은 독특한 행동양식을 가지고 있고 교육할 때에는 전문용어들을 사용한다. 통상적인 언어는 일반적으로 받아들여지는 개념들에 대해서만 적용될 뿐이다. 만약 보편적으로 받아들여지지 않는 개념이 있다면, 그것을 더 잘 이해시키기 위해서 그 개념을 정확하게 표현하는 전문적인 용어가 만들어진다.

이렇게 해서 수피들은 종교법의 대변자들이 논의하지 않았던 그들만의 독특한 분야를 가지게 되었다. 그 결과 종교법의 학문은 두 종류로 이루어지게 되었다. 하나는 법학자와 무프티가 다루는 특수 분야인데, 이는 신의 숭배, 습관적인 행위, 상호 거래 등의 행위를 규제하는 전반적인 법률을 다룬다. 다른 하나는 수피들이 다루는 특수 분야이며, 이는 경건한 수행, 그와 관련된 자기 성찰, 자기 성찰의 과정에서 생기는 다양한 종류의 신비적, 몰아적 체험에 대한 논의, 하나의 신비적 체험에서 다른 체험을 향한 상향 이동 방식, 신비주의와 관련된 전문적 용어들에 대한 해석 등을 다룬다.

법학자들은 법과 법원칙에 대해서 저술하고, 사변신학자들은 『코란』의 해석이나 다른 주제들에 대해서 저술하는 등, 여러 학문에 대한 체계적인 집필이 이루어졌을 때, 수피들 역시 자신들의 주제에 대해서 글을 썼다. 어떤 수피는 금욕과 자기 성찰을 규제하는 원칙들에 대해서, 성자들을 모방하여 어떤 행동을 해야 되고 또 어떤 행동을 해서는 안 되는지에 대해서 저술했다.

알 가잘리는 『종교학의 소생』(*Kitâb al-Ihyâ*)에서 금욕주의와 선례모방을 규율하는 원칙들을 체계적으로 다루었다. 그리고 나서 그는 수피의 행동과 습관에 대해서 설명하고 전문적 용어들에 대해서 해설을 달았다.

이렇게 해서 수피즘의 학문은 이슬람에서 체계적으로 다루어지는 분야가 되었다. 그 이전에 신비주의는 단지 신에 대한 숭배일 뿐이었고, 그 원칙은 사람들의 가슴 속에만 존재했다. 『코란』 해석학, 전승학, 법학, 법원학 등 다른 모든 분야의 경우도 마찬가지였다.

신비적 수행, 은둔, 정신적 연마 등은 일반적으로 감각적 지각의 장막을 제거한다. 그래서 수피는 감각에 종속된 사람이라면 전혀 지각할 수 없는 신의 세계를 목도하게 된다. 정신은 바로 그 세계에 속하는 것이다. 정신의 세계에 들어가기 위해서 장막을 제거하는 과정은 다음과 같다. 정신이 외적인 감각적 지각에서 내적인 지각으로 선회하면 감각은 약화되고 대신 정신이 강화된다. 정신은 우위를 점하게 되며 새로운 성장을 이룩한다. 정신적 연마는 그런 결과를 가져오는 데에 도움이 된다. 그것은 마치 음식물처럼 정신을 성장케 하고, 정신은 계속해서 성장하고 커진다. 그래서 지금까지는 지식이었던 것이 이제는 영상이 되고, 감각적 지각의 장막이 제거되어 영혼은 자신의 본질적 실존을 인식하게 된다. 이것은 지각 그 자체와 동일하다. 이제 정신은 성스러운 선물, 신의 임재를 설파하는 가르침, 신성의 분출을 맞이할 준비를 갖추게 된다. 정신의 본질은 자신의 진정한 특징을 깨닫고 가장 높은 세계, 즉 천사의 세계에 가까워진다. 이와 같은 장막의 제거는 신비적 수행에 몰두하는 사람들에게서 종종 나타나며, 그들은 다른 어느 누구도 깨닫지 못하는 존재의 실체를 지각하는 것이다.

그들은 또한 장차 일어날 많은 일들을 지각한다. 그들은 자신의 마음과 심령적인 힘의 도움을 받아, 낮은 단계의 존재계 안에서 활동하면서 그 세계를 자신의 의지에 종속시킬 수 있게 된다. 그러나 위대한 수피들은 장막의 제거라든가 낮은 존재계에서의 활동에 대해서 개의치 않는다. 그들은 신으로부터 말해도 좋다고 명령받은 것 이외에는 어떤 것에 대해서도 정보를 주지 않는다. 그런 일들이 일어났을 때 그들은 그것을 일종의 시험이라고 생각하며 자신을 괴롭히는 그런 것으로부터 멀어지려고 노력한다.

무함마드의 교우들은 이러한 종류의 신비적 수행을 몸소 실천했다. 그들은 정말로 많은 신의 은총을 누리고 있었지만, 그런 것들을 과시하려는 데에는 괘념하지 않았다.

그런데 최근의 신비주의자들은 감각의 장막의 제거라든가 초감각적 지각에 관한 논의에 큰 관심을 보였으며, 이런 면에서 그들의 신비적 수행은 과거와 다르다. 그들은 어떻게 하면 감각적 지각력을 억제하고 수행을 통해서 이성적 정신을 배양하는가에 대해서 다양한 방법을 가르치며, 그렇게 함으로써 영혼이 완벽하게 성장하고 그 본질적 지각에 도달하려고 한다. 만약 이것이 성취되면, 영혼의 지각이 존재의 세계 전체를 포괄할 수 있고 존재의 본질이 지닌 비밀을 이해할 수 있으며, 그래서 신의 보좌에서부터 가랑비에 이르기까지 모든 본질들의 실체성을 깨닫게 될 수 있을 것이라고 그들은 믿고 있다. 알 가잘리가 『종교학의 소생』에서 신비주의적 수행의 형태들을 설명한 뒤에 언급한 것도 바로 이 점이었다.

수피들은 올바른 신앙에서 기원하지 않는 것이라면, 그렇게 해서 생긴 결과를 장막의 제거라고 간주하지 않는다. 마술사나 기독교도 혹은 다른 금욕주의자들처럼 금식하며 은둔하는 사람들은 올바른 신앙이 없이도 장막의 제거를 이룩할 수도 있다. 그러나 올바른 신앙에서 비롯된 것이라야만 우리는 그것을 진정한 제거라고 여긴다. 이는 마치 거울에 비친 모습에 비유할 수 있다. 그것이 만약 볼록하거나 오목하다면, 거울에 비친 대상은 원래의 모습과는 다른 왜곡된 형태로 나타나지만, 거울이 평평하다면 비쳐지는 대상은 정확한 형태를 보여준다. 우리가 영혼에 각인된 '상태'를 운운할 때, 영혼이 올바른 신앙을 가졌다는 것은 거울이 평평하다는 것과 마찬가지이다.

이런 종류의 제거에 관심을 보이는 최근의 수피들은 고급한 단계와 저급한 단계의 존재계, 신의 왕국, 정신, 보관과 보좌 등의 진정한 특징이 무엇이냐 하는 문제를 두고 논의한다. 그들과 같은 길을 걷지 않는 사람들은 그들이 겪는 신비적, 몰아적 체험을 이해하지 못한다. 무프티들이 용인하는 수피도 있고 거부하는 수피도 있다. 수피들의 방식이 거부되어야 할 것이냐 아니면 용인되어야 할 것이냐 하는 문제를 결정할 때, 토론과 증거는 아무런 소용이 없다. 왜냐하면 그것은 직관적 경험에 속하는 문제이기 때문이다. 이와 관련하여 몇 가지 세부적인 설명이 필요하다.

전승을 연구하는 학자나 법학자들은 신앙의 신조들에 대해서 말하면서 흔히 신이 피조물로부터 분리되어 있다고 주장한다. 사변신학자들은 신이 분리된 것도 연결된 것도 아니라고 말한다. 철학자들은 신이 세계 속에 있는 것도, 밖에 있는 것도 아니라고 한다. 최근의 수피들은 신이 피조물과 하나라고 주장하는데, 이렇게 말하는 까닭은 신이 피조물 안에 체현되어 있고, 신이 피조물과 동일하기 때문에 전체적으로나 부분적으로나 피조물 안에는 신 이외에는 아무 것도 존재하지 않는다고 생각하기 때문이다.

이러한 교리들에 대해서 상세하게 설명하면서 그 각각의 진정한 의미를 밝히도록 하자. 그러면 이 교리들의 뜻이 분명해질 것이다.

분리에는 두 가지 의미가 있다. 하나는 '공간에서의 분리와 방향에서의 분리'이다. 그 반대는 연결이다. 그런 의미에서 분리를 운운하는 것은, 곧 신이 어떤 곳에 있음을 의미한다. 신의 방향성을 말할 때, 만약 직접적인 방향이라고 한다면, 그것은 직접적인 '신인동형동성론'(神人同形同性論)에 빠지게 되고, 간접적인 방향이라고 한다면 간접적인 '신인동형동성론'에 빠지게 된다. 초기의 무슬림 학자들도 이와 유사하게 신의 분리성을 주장했다는 보고가 있지만, 그 해석은 달랐을 가능성이 있다.

따라서 사변신학자들은 이와 같은 분리를 인정하지 않고 다음과 같은 주장을 한다. 창조주가 피조물로부터 분리되어 있다고 말할 수도 없고, 신이 피조물과 연결되어 있다고 말할 수도 없다. 왜냐하면 그와 같은 진술은 공간 안에 존재하는 사물에 대해서만 적용되기 때문이다. 어떤 특정한 사물을 하나의 개념으로 묘사하면서 동시에 그 반대의 개념으로도 묘사할 수 있다고 진술한다면, 그 진술의 타당성은 그러한 묘사가 과연 올바른 근거를 가지느냐 않느냐에 달려 있다. 예를 들면 어떤 고체에 대해서, 현명하지도 않고 우둔하지도 않다, 강하지도 않고 약하지도 않다, 해를 끼치지도 않고 해를 입지도 않는다고 묘사할 수 있을 것이다. 그런데 앞에서 언급했듯이 신을 분리된 것으로 묘사할 때의 정당성은 신에게 방향성 — 그 본래의 말 뜻에 따라서 — 을 부여할 수 있느냐의 여부에 달려 있다. 그러나 창조주에게는 그런 속성을 부여할 수 없고 그렇게 묘사할 수 없다.

분리의 또 다른 의미는 '구별과 차이'이다. 창조주는 그의 본질, 본체, 존재, 속성이라는 면에서 피조물들과 분리되어 있다고 한다. 그 반대는 합일, 혼합, 융합이다.

이처럼 신의 분리성의 문제는 초기의 대다수 무슬림들, 종교학자들, 사변신학자들, 고대의 수피들 등 모든 정통파 무슬림들과 그 추종자들의 교리 안에 포함되어 있었다.

직관적 지각을 학문적, 논리적이라고 생각하는 다수의 최근 수피들은 창조자가 그 본체, 존재, 속성에서 피조물들과 '합일'되어 있다고 생각한다. 그들은 플라톤과 소크라테스같이 아리스토텔레스 이전의 철학자들도 이러한 의견이었다고 생각하는 경우가 많다.

사변신학자들이 신학에서 신과 피조물의 합일을 논의하면서 반박하려고 하는 것도 바로 이 점이지만, 수피들은 어느 한 쪽이 부정되거나 혹은 어느 한 쪽이 다른 쪽에 일부분으로 포함되는, 그와 같은 두 개의 본질에 관한 문제가 아니라고 생각한다. 만약 그렇다면 그것은 분명히 구별되는 것인데, 그들은 창조자와 피조물의 관계가 그러하다고 생각하지는 않는다.

수피들이 주장하는 '합일'은 기독교도들이 메시아에 관해서 주장하는 '육화'와 같은 것이다. 그들은 어떤 원초적인 것이 창조된 것 속에 육화됨으로써 전자와 후자의 합일이 이루어진다는 더욱 기이한 주장을 한다.……

저술가들은 존재의 발현과 존재의 실체들의 질서에 관한 수피들의 견해를 설명할 때, 때로는 '표출' 이론을 주장하는 사람들의 방법론을 활용한다. 그러나 사유, 전문 용어, 학문 등을 연구하는 사람들과 비교할 때, 그들은 애매함을 더욱 가중시켜줄 뿐이다. 그 한 예가 이븐 알 파리드10)의 『시집』에 주석을 가한 알 파르가니이다. 그는 주석서의 서두에 서론을 붙였는데, 조물주에 의해서 생긴 존재계의 기원과 그 질서에 대해서 설명하면서, 모든 존재는 합일성의 표출인 유일성에서 생긴 것이라고 했다. 양자 모두 단일성이라는 고귀한 본질에서 기원하며, 이러한 과정은 '현현(顯現)'이라고 불리는데, 수피들의 의견에 의하면 최초 단계의 현현은 단일성을 지닌 본질의 현현이라는 것이다.……

이 학파를 가리켜 '현현', '표출', '현존'을 주장하는 사람들의 학파라고 부른다. 논리적 사유를 탐구하는 사람들은 그들의 이론이 불확실하고 비의적이어서 제대로 이해하지 못한다. 뿐만 아니라 영감과 직관적 체험을 주장하는 사람들의 이론과 논리적 사유를 중시하는 사람들의 이론 사이에도 커다란 간극이 있다. 위에서 설명한 수피들의 이론체계는 종교법에서도 명백한 표현으로 거부되는 경우가 많은데, 그 이유는 그들의 주장을 입증할 만한 것을 어디에서도 찾아볼 수 없기 때문이다.

또 다른 수피들은 절대적 단일성을 확인하려는 데에 주의를 돌린다. 이 이론은 앞에서 말했던 것보다 그 의미와 세부적 사항들에서 더 난해하다. 그들은 존재계에 있는 모든 사물들의 구성 부분은 그 사물의 본체, 형상, 질료를 존재하도록 만들었던 힘을 간직하고 있다고 주장한다. 원소들은 그 안에 존재하는 힘에 의해서 존재하게 된 것이다. 물질의 경우도 마찬가지여서 그 자체 안에 그것을 존재케 한 힘이 있다는 것이다. 합성물 역시 그와 같은 합성이 생길 수 있는 힘이 그 합성물 내부에 존재한다는 것이다. 예를 들면 광물의 힘은 그 질료가 된 원소들의 힘을 가지고 있을 뿐 아니라 나아가서 광물적 힘도 가지고 있다. 동물의 힘과 인간의 힘을 비교할 때에도 마찬가지이다. 궁창(穹蒼)의 경우도 인간의 힘을 포함하고 그밖의 다른 것도 추가로 가지고 있다. 동일한 논리가 정신적 본질들에 대해서도 적용된다.

---

10) 1235년 사망.

그런데 여하한 개별화도 없이 모든 것을 통합하는 힘은 신의 힘이다. 그것은 보편적인 것이건 특수한 것이건 불문하고 존재하는 모든 것에 분배되며, 나타남과 가려짐 혹은 형상과 질료 등 모든 방면에서 그것들을 결합하고 포괄한다. 즉 모든 것이 하나이다. 단일성은 신의 본질과 같은 것이며, 실제로 하나이며 단순하다. 그것을 나누는 것은 우리가 보는 방식일 뿐이다. 예를 들면 인간성과 동물성의 관계에 대해서 말하면, 전자는 후자 속에 포함되며 후자가 존재하게 될 때 전자도 존재하게 된다. 수피들은 때로 이러한 관계를 존재하는 모든 사물에서 유(類)와 종(種)의 관계로 표현하기도 하고, 때로는 이데아의 이론에 따라서 보편과 특수의 관계로 표현하기도 한다. 아무튼 그들은 합성이라든가 다중성과 같은 생각에서 가능하면 멀어지려고 노력하는데, 그런 것들이 공상과 상상에 의해서 생긴 것이라고 믿기 때문이다.

수피들이 말하는 단일성이란 실제로 철학자들이 색에 대해서 말할 때, 색의 존재는 빛을 전제로 한다고 주장하는 것과 유사하다. 빛이 없으면 어떠한 색도 존재하지 않는다. 따라서 수피들은 감각계 안에 존재하는 모든 것들은 감각적 지각을 행하는 어떤 힘을 전제로 하며, 인지계 안에 존재하는 모든 것들과 상상의 대상들은 이성적 지각을 전제로 한다고 생각한다. 따라서 존재하는 모든 개별적인 것들은 그것을 인식하는 인간의 능력이 전제되어야 하며, 만약 지각력을 지니는 인간이 존재하지 않는다면, 여하한 개별화도 없을 것이라는 것이다. 존재는 단순하고 단일하기 때문이다.

그러므로 열기와 한기, 단단함과 부드러움, 심지어 땅과 물과 불, 하늘과 별과 같은 것도 오로지 그것을 지각하는 감각이 존재하기 때문에 존재한다. 왜냐하면 존재계 안에 존재하지 않는 개별적인 것도 지각하는 인간에게는 파악될 수 있기 때문이다. 따라서 그것은 지각 속에서만 존재한다. 구별을 만들어내는 지각이 없다면 개별화라는 것은 없을 것이고, 다만 하나의 단일한 지각, 즉 '나' 그 자체만 존재할 뿐일 것이다. 그들은 이것을 잠자는 사람의 상태에 비교한다. 그가 잠이 들어 외적인 감각적 지각을 가지지 않게 될 때, 그 상태에서 그는 상상이 개별화해주는 것들을 제외한다면 감각계에 대한 모든 지각을 상실한다. 이와 마찬가지로 깨어 있는 사람도 자신 안에 존재하는 인간적 지각이나 유형과 같은 것을 통해서 개별화된 지각을 경험한다고 그들은 주장한다. 만약 인간이 자신의 내부에 지각하는 무엇인가를 지니지 못한다면, 그러한 개별화도 없을 것이라는 것이다. 수피들이 '상상'을 운운할 때에 의미하는 것이 바로 이것이다. 그들은 '상상'이 인간의 지각작용의 일부를 구성한다고 생각하지는 않는다.

  수피들의 이와 같은 주장은 매우 잘못된 것이다. 우리는 여행을 하거나 혹은 도중에 여행을 중단했던 지방들이 설령 더 이상 보이지 않는다고 해도, 그 지방들이 존재한다는 사실을 분명히 알고 있다. 또한 모든 것을 굽어보는 하늘, 별, 기타 우리에게서 멀리 떨어진 다른 것들의 존재에 대해서도 확실한 지식을 가지고 있다. 인간은 이런 것들을 분명히 안다. 아무도 분명한 지식이 존재한다는 것을 부인하지는 않을 것이다. 게다가 근래의 탁월한 수피들은 장막이 제거되어 있는 동안 구도자는 존재의 단일성을 자주 느낀다고 말하며, 수피들은 그것을 '통합'의 상태라고 부른다. 그러나 거기서 더 나아가서 수피는 존재하는 사물들을 구분하게 되는데, 이를 '구별'의 상태라고 부른다. 이것은 신지를 획득한 탁월한 수피들의 상태이다. 수피들은 구도자가 '통합'의 계곡을 피할 수 없으며, 이 계곡은 어려움을 줄 것이라고 믿는다. 왜냐하면 그 계곡에는 구도자가 시험에 빠져 모든 노력이 수포로 돌아갈 위험이 도사리고 있기 때문이다.

  이상에서 여러 다른 종류의 신비주의자들에 대해서 설명했다.

  많은 법학자와 무프티들은 근래의 수피들의 주장을 반박하려고 시도했다. 그들은 수피들의 이러한 모든 주장을 단적으로 거부한다. 그러나 이에 앞서 수피들의 논의 그 자체에 대한 명확한 인식이 필요하다. 수피들은 다음 네 가지 주제로써 논의한다. (1) 첫째, 그들은 경건한 수행, 그로 인해서 결과되는 신비적, 몰아적 체험, 자신의 행동에 관한 성찰에 대해서 논의한다. 그들은 신비적 체험을 얻기 위해서 이런 것들에 대해서 논의하고, 그것은 다음의 더 높은 단계로 진행하기 위한 상태가 된다. (2) 둘째, 그들은 장막의 제거라든가, 신의 속성, 신의 옥좌, 신의 의자, 천사, 계시, 예언, 정신, 가시적이건 혹은 초자연적이건 존재하는 모든 사물의 실체와 같이 지각 가능한 초자연적 실체에 대해서 논의하고, 나아가서 피조물들의 질서, 즉 앞에서도 설명했듯이 그것들이 조물주로부터 어떻게 생겨나오게 되었는가 하는 문제들을 논의한다. (3) 셋째 주제는 다양한 세계에서의 활동, 신의 다양한 은총을 입은 피조물들의 활동에 대한 것이다. (4) 넷째 주제는 평범한 의미를 지니고 있지만, 의심해볼 만한 표현들에 관한 것이다. 대부분의 수피 지도자들은 그러한 표현을 사용했는데, 전문적인 용어로 이것은 '몰아의 표현'이라고 하며, 그 의미는 이해하기 힘들다. 그 가운데에는 거부되어야 할 것, 허용될 수 있는 것, 해석을 요하는 것 등이 있다.

이상의 주제들 가운데 경건한 수행과 '상태', 거기서 나오는 신비적, 몰아적 체험, 이러한 체험을 유발시키는 것들 가운데 있을 수 있는 결함에 대한 자기 성찰 등은 어느 누구도 거부해서는 안 되는 것들이다. 수피의 이러한 신비적 체험은 건전한 것이고, 그것의 실현은 행복의 진정한 요체이다.

수피들이 체험하는 신의 은총에 관한 논의, 초자연적인 것들에 대한 보고, 창조된 세계 속에서의 활동 등도 역시 건전한 것이며, 비록 일부 종교학자들이 이를 거부하는 경향이 있기는 하지만 거부될 수 없는 것이다.

장막의 제거, 고차원적인 실체의 수용, 창조된 사물들 사이에 존재하는 질서 등에 관한 수피들의 논의는 대부분 어떤 면에서 모호한 진술의 범주에 들어간다. 그것은 직관적 체험에 근거를 두고 있고 그와 같은 직관적 체험을 하지 못한 사람은 동일한 신비적 체험을 할 수 없다. 이에 관해서는 수피가 말하려고 하는 것을 어떠한 언어로도 표현할 수 없는데, 그 까닭은 언어라는 것이 통상적으로 받아들여지는 개념들의 표현을 위해서만 고안된 것이고 그 대부분은 감각의 세계에 대해서만 적용될 수 있는 것이기 때문이다. 따라서 이러한 주제에 대한 수피들의 논의에 대해서는 개의치 말아야 한다. 어떤 사람들은 신에게서 특별한 능력을 부여받아 그런 직관적 경험의 표현을 종교법적인 단순한 의미에서 이해하기도 하는데, 그들은 정말로 행복을 누리는 사람들이다.

수피들에 의해서는 '몰아의 표현'이라고 불리지만, 정통 무슬림들의 비판의 대상이 되는 미심쩍은 것이 있다. 수피들의 입장에 대해서 공정하게 평가하여 말한다면, 그런 표현을 하는 사람들은 감각적 지각에서 벗어난 사람이라고 할 수 있다. 영감이 그들을 사로잡고 마침내 자신의 의도와는 무관하게 그 영감에 대해서 말을 뱉어낸다. 감각적 지각에서 벗어난 사람에게는 말을 걸 수 없다. 자신의 의지가 아니라 강제된 상태에서 어떤 행위를 하는 사람은 그가 어떤 행위를 하건 그 행위에 대해서 용서받는다. 모범적인 성품과 그 탁월함이 널리 알려진 수피들이 그런 행위를 한다면, 선의에 의한 것이라고 생각해야 할 것이다. 몰아적 체험을 표현한다는 것은 어렵다. 통상적인 방법으로는 그것을 표현할 수 없기 때문이다. 그러나 유명하지도 않고 훌륭한 성품을 지니지도 않은 수피가 이런 종류의 말을 내뱉는다면, 제재를 받아야 할 것이다. 왜냐하면 우리가 그들의 진술에 대해서 선의적으로 해석할 만큼 충분한 자료가 없기 때문이다. 그런 종류의 말을 할 때 감각적 지각에서 벗어나지도 않았고 '상태'에 사로잡히지도 않은 수피라면, 그 역시 제재를 받아야 할 것이다. 따라서 법학자들과 위대한 수피들은 알 할라지[11]의 처형을 결정했던 것이다. 그는 자신의 감각적 지각에서 벗어나지 않고 자신의 '상태'를 통제할 수 있으면서도 몰아적인 발언을 했기 때문이다. 물론 신께서 더 잘 아실 것이다.

우리가 앞에서 언급했던 초기의 수피들, 즉 탁월한 무슬림들은 장막을 제거하거나 초자연적 지각을 획득하려는 욕망이 없었다. 그들의 관심은 선례를 따르고 가능하면 모범적인 생활을 하는 데에 있었다. 초자연적인 체험을 할 때마다 그들은 거기서 눈을 돌리고 주의를 기울이지 않았으며, 사실상 그것을 회피했다. 그들은 그런 것이 오히려 장애와 시련이 되고, 정신의 통상적인 지각, 즉 창조된 어떤 것에 속한다고 생각했다. 또한 인간의 지각은 존재계의 모든 것을 포괄할 수 없고, 신의 지식은 훨씬 더 광범위하며 그의 창조는 더 위대하고 그의 종교법은 어떠한 신비적 체험보다도 더 분명한 인도라고 믿었다. 따라서 그들은 초자연적 지각에 대해서는 아무런 말도 하지 않았다. 실제로 그들은 그런 것들에 대해서 말하는 것을 금했고, 감각적 지각의 장막이 벗겨진 동료들에게는 그런 것에 대해서 말하지도 말고 아무런 주의도 기울이지 말라고 했다. 그들은 장막이 벗겨지기 전에 감각적 지각의 세계에서 행했던 것과 마찬가지로 선례를 계속해서 따랐고 모범적인 생활을 하려고 노력했으며, 동료들에 대해서도 똑같이 행동하도록 권했다. 바로 그런 것이 수피 구도자들의 상태가 되어야만 할 것이다.

17) 꿈의 해석학

이것은 종교법에 속하는 여러 학문 가운데 하나로서, 학문이 하나의 기술이 되고 학자들은 학문에 관해서 저술을 하던 시대에 이슬람에서 발흥했다. 꿈과 꿈의

---

[11] 858-922년. 몰아의 상태에서 '나는 진리(ḥaqq, 神)이다'라는 유명한 말을 했던 수피로서, 이단으로 배척되어 922년 바그다드에서 처형되었다.

해석은 고대인들에게나 후대인들에게나 모두 존재했으며, 이슬람 이전의 종교와 민족들에게도 존재했다. 그러나 그들의 꿈의 해석은 우리에게 전해지지 않는데,12) 그 까닭은 꿈의 해석에 관한 무슬림들의 논의에 만족해왔기 때문이다. 어쨌든 모든 인간은 꿈을 꾸고 그 꿈은 해석되어야만 한다.

『코란』에도 언급되어 있듯이, 요셉도 이미 꿈을 해석했다. 꿈은 일종의 초자연적 지각이다. 무함마드는 "좋은 꿈은 46번째 예언이다."13)라든가, "마지막 남은 기쁜 소식은 선한 사람이 꾸는 ― 혹은 그에게 나타난 ― 선한 꿈이다."라고 말했다. 예언자에게 나타난 계시는 꿈에서부터 시작되었다. 그가 본 모든 꿈들은 마치 여명이 비치는 것과 같이 나타났다. 무함마드가 아침 기도를 마치고 난 뒤에는 교우들에게 "그대들 가운데 어젯밤에 꿈을 꾼 사람이 있는가?"라고 물었다고 한다. 그가 이렇게 물은 것은 꿈으로부터 이슬람의 승리와 그 능력의 증대를 알리는 기쁜 소식을 얻기 위해서였다.

꿈에서 초자연적인 것을 지각하게 되는 이유는 다음과 같다. 심장에 있는 생기, 즉 심방에서 나오는 청정한 증기는 혈관 속으로 퍼지고 피를 통해서 신체 각 부분으로 전달된다. 그것은 동물적 힘에 의한 행동과 감각을 완성시킨다. 생기는 오감을 통한 감각적 지각이지만, 외적인 힘의 사용으로 피로를 느끼게 된다. 그 뒤 밤의 냉기가 신체의 표면을 감쌀 때, 생기는 신체의 다른 모든 부분에서 물러나와 중앙부인 심장으로 돌아온다. 생기는 활동력을 회복하기 위해서 휴식을 취하고 모든 외적인 감각은 당분간 사용되지 않는다. 이 책의 앞 부분에서 설명했듯이 이것이 잠의 의미이다. 그런데 심장의 생기는 인간의 이성적 생기를 운반하는 수레이다. 이성적 생기는 그 본질을 통해서 신의 세계 안에 있는 모든 것을 지각한다. 왜냐하면 그 실체와 본질이 지각 그 자체와 동일하기 때문이다. 그러나 그것은 육체와 육체적인 힘과 감각에 집착함으로써 생긴 장막으로 인해서 초자연적 지각을 얻는 것을 방해한다. 만약 그 장막이 없거나 걷혀진다면, 이성적 생기는 지각 그 자체와 동일한 본래의 실체로 돌아갈 수 있다. 만약 그 장막의 일부만이 벗겨진다면, 육체에 대한 집착은 덜해질 것이고, 최대의 집착이라고 할

---

12) 물론 Artemidoros가 저술한 책과 같은 그리스인들의 꿈에 관한 해석은 아랍어로도 번역되었다. 이 책의 첫 부분 3권이 포함된 14세기의 사본 하나가 이스탄불 대학에 보관되어 있다.
13) 『코란』 12장 참조.

만한 외적인 감각적 지각의 속박도 감소되기 때문에, 이성적 생기는 이제 그 자신의 세계를 일별할 수 있게 된다. 그래서 이성적 생기는 자신이 속한 세계에서 나오는 또 자신에게 적절한 그런 지각을 획득할 만한 준비가 갖추어진다. 그것이 자신의 세계로부터 이러한 지각을 획득하게 되면, 다시 그것이 속한 육체로 되돌아간다. 왜냐하면 이성적 생기가 육체 안에 머무는 동안 육체에 의한 지각을 통하지 않고는 달리 활동할 수 없기 때문이다.

　육체가 지식을 지각하는 능력은 모두 뇌와 연관되어 있으며, 그 지각의 활동이 상상이다. 상상은 감각에 의해서 지각된 형상으로부터 상상적 형상을 도출하여 그것을 기억력의 부분으로 이전시키는데, 기억력은 사유와 추론을 위해서 그것이 필요할 때까지 보존해둔다. 영혼은 이 상상적 형상으로부터 또 다른 정신적, 이성적 형상을 추상화한다. 이런 방식으로 추상화는 감각계에서 이성계로 상승하며, 상상은 이 양자를 연결하는 매개이다. 또한 영혼이 자신의 고유한 세계로부터 어떤 지각들을 획득하게 되면 그것들을 상상으로 전달하고 상상은 다시 그것들을 적당한 형상으로 구체화한 뒤 공통감각으로 보낸다. 그 결과 잠자는 사람은 그런 것들을 마치 감각에 의해서 느끼는 것처럼 보는 것이다. 이렇게 해서 지각은 이성적 정신의 단계에서 감각적 지각의 단계로 내려오는데, 이때에도 상상은 역시 그 매개자가 된다. 이것이 사실상 꿈의 실체이다.

　이상의 설명은 진정한 꿈과 거짓되고 '혼란된' 꿈 사이의 차이를 보여준다. 이들 모두는 개인이 잠들어 있는 동안 나타나는 상상 속의 형상들이다. 진정한 꿈은 그와 같은 형상이 이성적 생기에 의해서 지각되어 생기는 것이지만, '혼란된' 꿈은 기억력 속에 보존된 형상들, 즉 개인이 깨어 있는 동안 상상이 보존해두었던 형상들로부터 생겨나는 것이다.

　진정한 꿈은 그것이 진실임을 보여주고 건전함을 입증하는 징표들을 가지고 있고, 그럼으로써 그 꿈을 꾼 사람은 자신이 잠든 동안 신이 보내준 기쁜 소식을 의식하게 된다.

　이러한 징표들 가운데 첫번째는 사람들이 그 꿈을 꾸자마자 깬다는 것이다. 그것은 마치 그들이 서둘러 깨어 있는 상태로 되돌아가서 감각적 지각을 회복하려는 것처럼 보인다. 만약 그들이 계속해서 잠을 자려고 한다면 그들에게 주어진 지각은 그들을 무겁게 짓누를 것이다. 따라서 그들은 초자연적 지각을 느꼈던 상태로부터 영혼이 항상 육체와 육체적 활동 속에 완전히 담기는 감각적 지각의 상태로 빠져나오려고 하는 것이다.

또 다른 징표는 꿈에서 본 것이 사라지지 않고, 세세한 것들이 모두 기억 속에 각인되어 남아 있다는 것이다. 부주의나 망각도 그것에 영향을 미치지 못한다. 그것을 마음 속에 담아두기 위해서 하등의 사고나 기억도 요구되지 않는다. 꿈에서 본 형상은 꿈을 꾼 사람의 마음 속에 마치 깨어 있을 때처럼 생생하게 남아 있으며, 아무 것도 잊혀지지 않는다. 그 까닭은 영혼에 의한 지각은 시간 속에서 행해지는 것도 아니고 계기적인 순서를 요구하는 것도 아니며, 모두 어느 일순간에 일어나는 것이기 때문이다. 반면 '혼란된' 꿈은 시간 속에서 일어난다. 왜냐하면 그런 꿈은 두뇌의 힘 속에 머물다가 상상에 의해서 기억력으로부터 공통 감각에로 옮겨지는 것이기 때문이다. 그 과정은 육체의 활동이고, 육체의 활동은 시간 속에서 이루어진다. 따라서 그런 방식으로 어떤 것을 선후에 따라서 지각하기 위해서는 계기적인 순서를 필요로 한다. 망각은 항상 뇌의 힘에 영향을 미친다. 그러나 이성적 생기에 의한 지각은 그렇지 않은데, 그 이유는 그것이 시간 속에서 계기적 순서에 의해서 이루어지는 것이 아니며 모든 것이 극히 짧은 일순간에 일어나기 때문이다. 그래서 잠자던 사람이 깨어난 뒤에도 그가 꿈에서 본 형상은 기억 속에 오랫동안 머무는 것이다. 만약 그것이 처음에 강한 인상을 남겼다면, 거기에 주의를 기울이지 않더라도 마음 속에서 사라지는 법은 없다. 그러나 잠에서 깬 사람이 꿈을 기억하기 위해서는 생각을 동원해야 하고 또 그것을 다시 기억해내기 전에 세세한 부분들이 다수 잊혀졌다면, 그러한 꿈은 진정한 것이 아니라 '혼란된' 것이다. 진정한 꿈의 이러한 징표들은 특히 예언적 계시에서 발견된다.

꿈의 해석과 관련해서 다음과 같은 사실을 알아야 할 필요가 있다. 이성적 생기가 대상을 지각하여 그것을 상상에 전달하고, 상상은 다시 그것을 형상으로 만드는데, 다만 지각된 관념과 연관된 형상을 만들어낸다는 것이다. 예를 들면 어떤 강력한 군주의 관념이 지각되면, 상상은 그것을 바다의 형태로 그려내고, 혹은 적대의 관념은 상상에 의해서 뱀의 형태로 묘사된다. 잠에서 깬 사람은 단지 바다나 뱀을 보았다는 것만 기억할 뿐이다. 그런데 해몽가는 바다가 감각에 의해서 전달된 것이고 그 형상의 너머에 지각된 관념이 있다는 것을 알기 때문에, 비교의 힘을 작동시킨다. 또한 그는 지각된 관념의 실체가 무엇인지를 확정짓는 데에 필요한 추가 자료들의 도움을 받는다. 이렇게 해서 그는 예를 들면 바다는 무엇인가 거대한 것이고 군주에 비교될 만한 것이기 때문에 군주를 표상하는 것이라고 말할 것이다. 마찬가지로 뱀은 큰 해를 끼치는 것이기 때문에 적에 비교할 수 있다. 또한 그릇은 받아들이는 것이기 때문에 여자에 비교할 수 있다.

어떤 꿈은 분명하고 확실하기 때문에 자명해서 별도의 해석이 필요하지 않는 꿈도 있다. 혹은 꿈에서 지각된 관념이 그것이 표상하는 형상과 매우 유사하기 때문에 해석이 필요없는 꿈도 있다.

생기가 지각을 상상에 전달하면, 상상은 그것을 감각적 지각의 통상적인 형태로 묘사한다. 그러한 형태가 감각적 지각 속에 존재하지 않는 것이라면, 상상은 어떠한 형상도 그려낼 수 없다. 태어나면서부터 장님인 사람은 군주를 바다로, 적을 뱀으로, 혹은 여자를 그릇으로 묘사할 수 없는데, 이는 그가 한번도 그런 것들을 지각하지 못했기 때문이다. 그의 경우, 상상은 그에게 익숙한 형태의 지각 —— 예를 들면 청각이나 후각 —— 으로부터 도출된 적절한 형상을 통해서 그런 것들을 묘사할 것이다. 해몽가들은 이런 점에 주의를 해야 한다. 그들은 꿈을 해석할 때 혼란을 야기시키고 그 규칙을 어기는 경우가 많다.

꿈의 해석학은 해몽가가 자신이 들었던 것을 해석하고 설명할 때 근거를 두는 보편적인 원칙에 관한 지식이다. 예를 들면 그들은 바다가 군주를 표상한다고 말하지만, 경우에 따라서는 바다가 분노를 나타낸다고도 말한다. 혹은 그것이 근심이나 재앙을 나타낸다고 말하기도 한다. 그들은 뱀이 적을 표상한다고 했다가, 비밀을 숨기는 사람을 나타내는 것이라고도 하며 혹은 생명을 나타내는 것이라고도 말한다.

해몽가는 이러한 보편적 원칙들을 마음 속으로 잘 알고 있어야 하며, 각각의 꿈을 해석할 때에는 그 원칙들 가운데 어느 것이 가장 적합한가를 알려주는 판단자료에 근거해야 한다. 그러한 자료는 깨어 있을 때 생긴 것일 수도 있고 잠들었을 때에 생긴 것일 수도 있다. 혹은 그것은 특별한 자질을 부여받은 해몽가 자신의 영혼 속에서 생기는 것일 수도 있다.

예언과 꿈은 서로 연관되어 있기 때문에, 해몽은 예언의 광휘로 빛나는 학문이다.

18) 다양한 지적 학문들

인간은 생각하는 존재이기 때문에 지적 학문은 인간에게 본질적인 것이다. 그것은 특정한 종교집단에만 국한된 것이 아니며, 그것을 배우고 탐구할 수 있는 자질을 부여받은, 여하한 종교를 신봉하는 민족이라도 연구할 수 있는 대상이다. 이 학문은 문명이 이 세상에 처음 등장한 이래 인류에게 줄곧 존재하여 왔던 것이다. 그것은 철학과 지혜의 학문이라고도 불리는데, 다음 네 가지 학문들로 이루어져 있다.

(1) 논리학 : 인간이 알고자 하는 미지의 사실을 기지의 사실로부터 도출하는 과정에서 발생하는 오류로부터 사고를 보호하는 학문이다. 이 학문의 효용은 본질적, 우연적 지각과 통각을 연구하는 사람에게 옳고 그름을 구별할 수 있도록 한다. 이렇게 해서 그는 창조된 사물들에 관한 진리를, 자신의 사고력의 범위 안에서 긍정적, 부정적으로 파악할 수 있다.

(2) 철학자들은 감각에 의해서 지각될 수 있는 원소적 물질 — 즉 광물, 식물, 동물과 같이 원소로 구성되어 물질들 — 그리고 천체, 자연의 운행, 운행을 유발시키는 영혼 등과 같은 것을 연구한다. '자연학'이라고 하는 이 학문은 지적 학문들 가운데 두번째이다.

(3) 철학자들은 형이상학적, 정신적 사물에 대해서 연구할 수도 있다. 이 학문은 '형이상학'이라고 하며, 지적 학문들 가운데 세번째이다.

(4) 네번째 학문은 측량에 관한 연구이다. '수학'이라고 하는 이 학문에는 네 가지 다른 분야가 있다.

수학의 첫번째 분야는 기하학이다. 이것은 수량(곧 측량) 일반에 관한 연구이다. 수량은 수를 구성하는 한에서는 비연속적일 수도 있고, 기하학적 도형처럼 연속적인 것일 수도 있다. 선과 같이 일차원적일 수도, 면과 같이 이차원적일 수도, 혹은 입체와 같이 삼차원적일 수도 있다. 이 수량들과 그 속성을 그 자체로서 혹은 상호간의 결합으로서 연구하는 학문이 기하학이다.

수학의 두번째 분야는 산술이다. 이것은 비연속적인 수량인 수의 본질적, 우연적 특징에 관한 지식이다.

수학의 세번째 분야는 음악이다. 음과 음계의 관계, 그 수적 측정 등에 관한 지식이며, 그 결과는 음악적 선율에 관한 지식이다.

수학의 네번째 분야는 천문학이다. 이는 천체의 형상 및 혹성과 별들의 숫자와 위치 등을 확정하는 학문인데, 이런 지식을 눈에 보이는 천체의 운동, 즉 그 진행과 역행, 전진과 후진 등을 통해서 획득한다.

이상이 철학적 학문의 일곱 가지 기본적인 분야이다. 논리학이 가장 처음이다. 그 다음이 수학인데, 여기에는 산술, 기하학, 천문학, 음악이 속한다. 그 다음이 자연학이며, 마지막으로 형이상학이 있다. 이들 각각의 학문에는 분과가 있다. 자연학의 한 분과가 의학이고, 산술의 한 분과가 산술학, 상속법학, 거래산술학이다. 천문표에 대한 연구는 천문학의 한 분과로, 이는 별의 운행을 계산하여 얻은 자료를 통해서 별들의 정확한 위치를 알아내기 위한 규칙이다. 별에 관한 연구의 또 다른 분과로는 점성술이 있다. 이제 이와 같은 학문들에 대해서 하나씩 검토해보도록 하자.

우리가 가지고 있는 역사적인 지식에 의하면 이들 학문은 이슬람 출현 이전의 두 위대한 민족, 즉 페르시아와 그리스 민족에 의해서 크게 발달되었다. 우리들의 정보에 따르면 이들 민족은 고도의 문명을 지니고 있었고 이슬람 출현 직전에 지배적인 민족이었기 때문에 학문에 대한 수요도 대단히 많았다. 그들이 살던 지역과 도시에서 학문은 크게 융성했다.

그들이 있기 전에는 칼데아인과 시리아인 그리고 그들과 동시대에 속하는 콥트인들이 주술과 점성술 및 그와 연관된 주문과 부적에 관한 분야에 지대한 관심을 보였다. 페르시아와 그리스 민족은 그들로부터 이런 것들을 배웠다. 그것들은 특히 콥트인들 사이에서 크게 발달했고 유명해졌지만, 후에 차례로 등장한 종교집단들에 의해서 금지되고 불법화되었다. 그 결과 관련 학문들은 마치 처음부터 존재하지 않았던 것처럼 소멸하고 사라져버려, 그러한 기술을 가진 사람들에 의해서 전승된 극히 적은 잔재들만이 남아 있다. 그와 같은 기술이 건전한 것인지 아닌지에 대해서는 신께서 더 잘 아시겠지만, 종교법은 그러한 기술에 대해서 칼날을 댔고 연구의 주제로 선택하는 것을 금했다.

페르시아인들 사이에서 지적인 학문은 매우 크고 중요한 역할을 했다. 그것은 페르시아의 왕조들이 강력했고 또 단절 없는 통치를 계속했기 때문이었다. 알렉산드로스가 페르시아 황제 다리우스를 죽이고 아케메네스 제국을 장악하게 되었을 때 페르시아인들의 지적인 학문들도 그리스인들에게 이전되었다고 한다. 당시 그는 페르시아인들의 서적과 학문을 손에 넣었다. 그러나 무슬림들이 페르시아를 정복하고 이루 헤아릴 수도 없을 정도로 많은 서적과 학문적 문서들을 접하게 되자, 사아드 이븐 아비 와카스는 우마르 이븐 알 하탑에게 서한을 보내 그것들을 모두 빼앗아 무슬림들에게 전리품으로 나누어줄 수 있도록 허가를 해달라고 요청했다. 그러자 우마르는 "그것들을 모두 강물에 던져버리라. 만약 거기에 담긴 내용이 올바른 인도라면, 신께서 우리에게 더 훌륭한 인도를 주실 것이다. 만약 거기에 담긴 내용이 그릇된 것이라면, 신께서 우리를 그것들로부터 보호해주실 것이다."라고 썼다고 한다.14) 그래서 무슬림은 그 서적들을 강물에 던지거나 불에 태워버렸고, 페르시아인들의 학문은 사라져 우리에게 전해지지 않게 되었다.

원래 비잔틴인의 왕조는 지적인 학문들이 중요한 위치를 차지했던 그리스인들에게 속했던 왕조이었다. 그리스의 학문은 철학의 대가들을 위시한 유명한 학자들에 의해서 육성되었다. 소요학파의 철학자들, 특히 스토아 학파는 지적인 학문을 교육하는 좋은 방법을 구사했다. 그들은 햇빛과 추위를 막아주는 주랑(柱廊. stoa)에서 연구했던 것으로 여겨지는데, 이 학파의 전통은 현자 루크만15)으로부터 그의 제자인 통 속의 소크라테스16)로, 소크라테스의 제자인 플라톤으로, 플라톤의 제자인 아리스토텔레스로, 아리스토텔레스의 제자인 아프로디시아스의 알렉산드로스와 테미스티오스로 이어졌다.

아리스토텔레스는 페르시아인들을 격파하고 그 왕국을 차지한 알렉산드로스의 스승이었다. 그는 그리스 학자들 가운데 가장 위대했으며 최고의 명성과 권위를 자랑했다. 그는 '최초의 교사'라고 불렸고 세계적으로 유명하게 되었다.

그리스인의 왕조가 파괴되고 로마 황제들이 권력을 장악하여 기독교를 수용하게 되었을 때, 종교집단과 종교법의 제약으로 그들은 지적인 학문을 멀리했다. 그러나 그것은 도서관 안에 보존된 학문적 저술들을 통해서 영원한 생명을 유지

---

14) 이것은 칼리프 우마르가 알렉산드리아에 있는 유명한 도서관을 파괴하라고 지시했다는 것과 관련된 설화 가운데 하나이다.
15) 다윗 왕의 시대에 태어났으며, 엠페도클레스와 같이 활동했던 것으로 알려진 인물.
16) 소크라테스는 디오게네스와 혼동되는 경우가 많았다.

할 수 있었다.

후일 로마인들이 시리아를 차지했지만, 고대의 학문적 서적들은 그들의 지배 아래에서도 존속되었다. 그러다가 신께서 이슬람을 주셨고 그 신도들은 미증유의 승리를 거두었다. 그들은 비잔틴인은 물론 다른 민족들의 강역까지 빼앗았다. 처음에 그들은 단순했고 여러 기술들을 무시했지만, 결국 무슬림들의 지배와 왕조는 번영을 구가하게 되었고 과거 어떤 민족도 일찍이 소유하지 못했던 도회문화를 발전시키기에 이르렀다. 그들은 여러 가지 기술과 학문에 정통하게 되었고, 그렇게 되자 철학적 학문에 대해서 연구하기를 갈망했다. 그들은 자신들의 지배 하에 있던 기독교도의 주교나 사제들로부터 몇몇 학자들의 이름을 듣게 되었고, 또 인간의 사고력에 힘입어 지적인 학문에 대한 열망이 생겨났다. 그래서 칼리프 알 만수르는 비잔틴인 황제에게 수학에 관한 서적들의 번역서를 보내달라고 요청하기에 이르렀다. 황제는 그에게 유클리드의 책을 비롯해서 자연학에 관한 일부 서적들을 보내주었다. 그것을 읽고 그 내용을 연구한 무슬림들은 그밖에 다른 분야의 서적에 관한 열망도 커지게 되었다. 그러다가 칼리프 알 마문의 시대가 왔다. 학문적 지식에 대한 약간의 소양이 있던 그는 학문에 대한 열정을 품고 있었다. 그의 이러한 열망은 지적 학문의 육성을 위해서 행동을 취하도록 했고, 비잔틴인 황제들에게 사신을 보내어 그리스인들의 학문적 저술을 찾아내어 아랍어로 복사하도록 했다. 그는 이를 위해서 번역가들을 파견했다. 그 결과 방대한 양의 자료들이 보존되고 수집되기에 이르렀다.

무슬림 학자들은 그리스의 학문을 열심히 연구했고 여러 분야에서 정통하게 되었다. 이와 같은 학문적 분야에서 그들이 이룩한 진보는 그보다 더 좋을 수 없을 정도였다. 그들은 여러 가지 점에서 '최초의 교사'(아리스토텔레스)와 견해를 달리하게 되었다. 그들은 어떠한 의견이 수용되어야 할지 아니면 거부되어야 할지에 대해서 그를 가장 결정적인 권위자로 여겼다. 그만큼 그의 명성이 위대했기 때문이었다. 그들은 그와 같은 주제에 관해서 체계적인 저술을 남기기 시작했고, 지적인 학문들에서 선배들을 뛰어넘었다.

동부에서는 아부 나스르 알 파라비[17]와 아부 알리 이븐 시나(아비센나), 스페

---

17) 878-950년. 중세 이슬람 최대의 철학자로 꼽히며, 아리스토텔레스의 학문에 대한 권위자로 여겨졌다.

인에서는 판관 아불 왈리드 이븐 루시드(아베로에스)와 재상 아부 바크르 앗 사이그(아벰파케)18) 등이 무슬림 철학자들 가운데 가장 뛰어났다. 이밖에도 지적인 학문의 정점에 도달한 다른 사람들도 있었으며, 그들은 높은 명성과 권위를 자랑했다.

많은 학자들은 수학이나 그와 관련된 점성술, 주술, 부적에 관한 학문을 익히는 데에만 자신의 힘을 국한했다. 이 분야에서 가장 탁월한 학자로는 동부의 자비르 이븐 하이얀,19) 스페인 출신의 마슬라마 이븐 아흐마드 알 마즈리티와 그의 제자들이 있었다.

지적인 학문들과 그 대변자들은 이슬람 신도들 사이에 침투하는 데에 성공하여, 많은 사람들로 하여금 그러한 학문을 연구하고 거기서 표방된 견해를 받아들이도록 유혹했다. 이런 면에서 그와 같은 잘못을 범한 사람은 죄를 받을 것이다.

그뒤 마그리브와 스페인에서 문명의 활동이 중단되고, 학문은 문명의 쇠퇴와 더불어 약화되었다. 그 결과 정통파 종교적 학자들에 의해서 통제되는 것들 혹은 고립된 몇몇 개인들에 의한 작업을 제외하고는 그곳에서 학문적 활동은 사라져 버렸다.

우리는 동부, 특히 페르시아와 트란스옥시아나 지방의 주민들 사이에서는 여전히 지적인 학문들이 활기를 띠고 있다는 말을 듣는다. 그곳의 주민들은 지적, 전통적 학문에서 매우 탁월하다고 하는데, 이는 그들의 문명이 풍요하고 도회문화는 굳게 뿌리를 내리고 있기 때문이다.

또한 우리는 로마인들의 지방과 유럽 기독교도들이 사는 지중해 북부 연안 지방에서도 철학적 학문들이 크게 융성하고 있다는 말을 들었다. 거기서 이런 학문들이 다시 연구되기 시작했고 수많은 학교에서 가르쳐지고 있다고 한다. 현재 그 방면에 관한 체계적인 저술은 포괄적이고 그것을 잘 알고 있는 사람 혹은 그것을 공부하는 학생들도 많다고 한다. 그곳의 사정이 어떠한지에 대해서는 신께서 더 잘 아실 것이다.

---

18) 1095-1138년. 일명 Avempace. 아리스토텔레스와 신플라톤주의 철학을 연구한 스페인 출신의 철학자.
19) 8세기의 화학자, 연금술사. 이슬람의 연금술을 창시했다고 알려진 아랍 화학의 아버지.

19) 수와 관련된 학문들

그 첫번째는 산수이다. 산수는 차등수열과 등비수열로 연결된 수의 성질에 관한 학문이다.……

산술

산술은 산수의 한 분과이며, '결합'과 '분할'을 통해서 셈을 하는 것과 관련된 학문적 기술이다. '결합'은 개별적 단위들을 부가함으로써 이루어지는데, 이것이 덧셈이다. 또한 하나의 수를 또 다른 수의 단위만큼 여러 번 증가시킴으로써 이루어지기도 하는데, 이것이 곱셈이다. '분할'은 어떤 수에서 다른 수를 뺌으로써 이루어지는데, 이것이 뺄셈이다. 혹은 어떤 수를 다른 수의 동일한 부분으로 나눔으로써 이루어지는데, 이것이 나눗셈이다.

이러한 조작은 정수에 혹은 분수에 적용된다. 분수는 어떤 수가 다른 수와 맺는 관계이다. 수적인 조작이 '근'(根)에 관한 것일 수도 있다. '근'이란 자신의 곱을 통해서 제곱수에 이르게 되는 수를 말한다. 분명히 표현되는 수는 '유리수'라고 하고, 그 곱의 수도 그러하다. 이러한 수는 계산할 때에 특별한 조작이 필요하지 않다. 그렇게 분명히 표현되지 않는 수는 '무리수'라고 하며, 그 곱은 유리수가 되기도 한다. 예를 들면 3의 제곱근은 그 수의 제곱이 3이다. 혹은 그것이 무리수가 되기도 하는데, 예를 들면 3의 근의 근과 같은 경우이다. 이런 것들은 계산할 때에 특별한 조작이 필요하며, 이러한 근도 '결합'과 '분할'이라는 조작 안에 포함된다.

이 기술은 새로 창안된 분야이며, 상거래를 위한 계산에 필요한 것이다. 학자들은 이에 관해서 많은 글을 남겼고, 도시에서 아이들을 가르치는 데에 활용한다. 최상의 교육방법은 산술에서 시작되는데, 그것은 분명한 지식과 체계적인 증거와 관련되는 것이기 때문이다. 일반적으로 그러한 방법은 올바른 길을 따라서 훈련되었을 경우 계몽된 지성을 형성시키게 된다. 어렸을 때부터 산술을 공부했던 사람은 누구나 대체로 진실하게 된다고 말하는데, 이는 산술이 정확한 기반에서 출발하며 자기 훈련을 요하는 것이기 때문이다. 따라서 정확성과 자기 훈련은 그런 사람에게는 하나의 자질이 되며, 그는 진실함에 익숙해지고 체계적으로 그것을 따르게 된다.……

대수

  산수의 또 다른 한 분과가 대수이다. 이것은 기지수와 미지수 사이에 어떤 관계가 존재할 경우 기지수로부터 미지수를 알 수 있도록 하는 기술이다. 미지수의 다양한 방식의 곱셈을 위해서 대수에는 특별한 전문적 용어들이 고안되었다. 그 중의 첫번째가 '수'(數)[20]라고 불리는 것인데, 그것을 이용함으로써, 구하려는 미지수와 그 수와의 관계를 통해서 미지수의 값을 확정짓는다. 두번째는 '물'(物)[21] 이라고 불리는 것이다. 왜냐하면 미지의 모든 것들은 어떤 '물'을 지칭하기 때문이다. 이것은 '근'이라고도 불리는데, 그것은 이차방정식에서 자신을 제곱할 필요가 있기 때문이다. 세번째는 '곱'[22]이라고 불리는 것으로, 미지수의 제곱이다. 그 이상은 두 요소의 곱에 달려 있다.

  그 다음에는 문제의 성격에 상응하는 셈을 하게 되는데, 앞에서 말한 세 가지 요소들 가운데 둘 혹은 그 이상의 단위 사이에 성립하는 방정식을 만든다. 각각의 요소들은 '대비'되고 방정식에 포함된 '나누어진' 부분은 '복원'된다.[23] 그러면 방정식은 '건전한' 것이 된다. 방정식의 차수는 가능하면 가장 기본적인 형태로 축소되는데, 그것은 세 가지 형태이다.[24] 대수는 이 세 가지 기본형, 즉 '수'(n), '물'(x), '곱'(x^2)을 중심으로 이루어진다.

  방정식의 양변이 모두 하나의 요소로만 이루어져 있을 때, 미지수의 값은 결정된다. '곱' 또는 '근'의 값이 '수'와 방정식을 이룰 때, 그 '곱'과 '근'의 값은 결정된다.[25] '근'과 방정식을 이루는 '곱'의 값은 그 '근'의 곱에 의해서 결정된다.[26]

  방정식이 한 변에는 한 요소, 다른 변에는 두 요소로 구성되어 있을 때,[27] 미

---

20) 방정식에서 정수항을 가리킨다.
21) 방정식에서 미지수 x를 가리킨다.
22) 방정식에서 x^2을 가리킨다.
23) '복원'을 가리키는 아랍어 jabr에서 algebra(대수)라는 말이 나왔다.
24) 즉 $ax^2 + bx + n = 0$.
25) $ax = n$, $bx^2 = n$.
26) $x^2 = bx$의 경우 $b = x$가 되고, b는 근의 배수이다.
27) $ax^2 + bx = n$, $ax^2 + n = ax$와 같은 방정식

지수가 있는 변의 일부를 곱해주는 기하학적인 해결법이 있다. 양변에 모두 두 요소가 있을 때에는 해결이 불가능하다.

대수학자들이 인정하는 방정식의 최대 개수는 여섯이다. '수', '근', '곱'이 단일 항을 취하는 방정식과 복수항을 취하는 방정식으로, 모두 여섯 개가 된다.

우리는 동방의 위대한 수학자들이 대수학적 방정식의 여섯 개의 형(型)을 넘어 20개 이상의 형으로 확대시켰다는 말을 들었다. 그 모든 형에 관해서 그들은 분명한 기하학적 증거에 입각하여 해답을 찾아내었다.

거래 산술

산수의 또 다른 한 분과가 상거래 상산술이다. 이것은 도시에서 이루어지는 장사에 적용되는 산수이다. 이와 같은 장사는 상품의 판매, 토지의 측량, 구휼세, 기타 수와 관련되는 상업적 거래와 관계된 것이다. 이와 관련하여 사람들은 산수의 기술을 활용하고, 나아가서 미지수와 기지수, 분수와 정수와 근 등을 활용한다. 스페인의 수학자는 이 주제에 관해서 많은 저술을 남겼다.

상속법

산수의 또 다른 한 분과는 상속법과 관련된 것으로, 적법한 상속자들에게 분배될 재산의 정확한 몫을 결정하는 계산에 관한 학문이다. 다수의 상속자가 있거나 혹은 상속자들 가운데 한 사람이 사망하여 그의 몫을 재분배해야 할 필요가 있을 때 활용된다. 혹은 개별적인 몫들을 합산했을 때 그것이 분배되어야 할 재산 전체를 넘는 경우, 상속자 가운데 한 사람은 제3의 상속자를 인정하지만, 다른 사람들이 인정하지 않을 경우에도 활용된다. 이 모든 것들은 분배될 재산의 전체에서 각자 받을 수 있는 몫이 얼마인지 정확한 답을 요구하며, 거기에는 상당한 정도의 계산이 개재된다. 정수, 분수, 근, 미지수와 기지수 등이 관련되며, 상속법에 관한 여러 조항과 문제들에 상응해서 처리되어야 한다.

따라서 이 기술은 적법한 상속분, 개인 지분의 축소, 상속자의 승인과 거부, 유언, 유언에 의한 노예해방을 비롯한 여러 가지 법적인 문제들에 관련된 것이기 때문에, 법학, 다시 말해서 상속법에 관한 것이라고 할 수 있다. 또한 그것은 법학자들이 발전시켜온 법에 상응하여 정확한 분배몫을 결정하는 문제를 다루기 때문에 산수도 상당 정도 포함하고 있다. 이것은 매우 중요한 분야이며, 초기나 후대의 학자들은 이에 관해서 상당한 양의 저술을 남겼다.

20) 기하학

이것은 양(量)에 관한 학문이다. 양은 선, 면, 입체와 같이 연속적일 수도, 수와 같이 불연속적일 수도 있다. 이 학문은 또한 양의 근본적인 속성에 대해서도 연구하는데, 예를 들면 다음과 같다. 어떤 삼각형도 세 각의 합은 두 개의 직각의 합과 동일하다. 평행선은 무한까지 연장되어도 교차하지 않는다. 두 선이 교차할 때 마주보는 각은 동일하다.

이 기술에 관한 그리스인들의 저술 가운데 유클리드(에우클레이데스)의 책이 아랍어로 번역되었다. 『원리와 기둥의 책』(Kitâb al-uṣûl wa-l-arkân)[28]이라는 제목이며 학생들을 위한 주제들을 다룬 간단한 책이다. 이것은 칼리프 아부 자파르 알 만수르의 시대에 이슬람권에 번역된 최초의 그리스인 저술로서, 현존하는 교정본들은 번역자가 누구냐 —— (적어도 세 종류가 있다) —— 에 따라서 서로 다르다.

이 책은 15권으로 이루어져 있는데, 네 권은 평면에, 한 권은 비례에, 또 한 권은 평면들의 상호관계에, 세 권은 수에, 제10권은 무리수와 유리수, 즉 '근'에 그리고 나머지 다섯 권은 입체에 관한 것이다.

유클리드의 책은 다수의 축약본이 만들어졌는데, 예를 들면 이븐 시나는 그것에 관한 특별한 전저(專著)를 쓴 바 있고, 다른 많은 학자들도 그것에 관한 주석서를 저술했다. 그의 책은 기하학 일반에 관한 출발점이 되었다.

기하학은 지성을 계몽하고 사람의 마음을 올바른 길로 인도한다. 그것이 제시하는 모든 증거는 명백하고 질서정연하다. 기하학적인 추론은 잘 정리되고 질서가 잡혀 있기 때문에 오류가 개입될 가능성은 거의 없으며, 따라서 끊임없이 기하학을 생각하는 마음은 오류에 빠질 위험이 적다. 기하학을 아는 사람은 이렇게 편리한 방법으로 지성을 획득할 수 있다. 플라톤의 문 앞에는 다음과 같은 구절이 적혀 있었다고 한다. "기하학을 알지 못하는 사람은 누구라도 우리 집에 들어

---

[28] 원저의 이름은 *Stoikheia*(『원론』)이다.

올 수 없다."

　우리의 스승들은 기하학이 우리의 정신에 끼치는 영향이 마치 비누가 옷에 끼치는 영향과 비슷하다고 말하곤 했다. 그것은 때를 벗겨내고 기름과 먼지를 씻어준다. 그 까닭은 앞에서도 설명했듯이 기하학이 잘 정리되고 질서 있는 것이기 때문이다.

구면, 원추곡선, 역학

　이 학문의 한 분과는 구면와 원추곡선에 관한 기하학적 연구이다. 구면에 대한 그리스인의 저술은 두 가지가 있는데, 즉 구의 표면과 단면에 관한 테오도시우스[29]와 메넬라오스[30]의 저작들이다. 수학을 가르칠 때 테오도시우스의 글을 메넬라오스의 것보다 먼저 사용하는데, 그것은 후자의 증명들 가운데 다수가 전자에 의존하기 때문이다. 천문학의 증명들이 이 책들에 나오는 자료에 의존하고 있기 때문에, 두 책 모두 천문학을 배우려는 사람에게 필요하다. 모든 천문학적 논의는 뒤에서 설명하듯이 천체의 다양한 운동의 결과에서 비롯된 천구, 천구의 단면, 원들에 관한 것이기 때문에, 천문학은 구의 표면과 단면을 지배하는 법칙에 대한 지식에 의존한다.

　원추곡선도 기하학의 한 분야이다. 이 학문은 원추형과 연관되어 생기는 도형과 단면에 관한 연구로서, 초보적 기하학에 근거를 둔 기하학적 증명을 통해서 원추의 특징을 입증하는 것이다. 이것의 효용성은 입체와 연관된 실용적 기술들, 예를 들면 목공이나 건축과 같은 데에서 분명히 드러난다. 또한 경이로운 동상과 희귀하고 거대한 기념물을 제작할 때, 혹은 도르래와 같은 기계적 장치나 기술의 도움을 받아 무거운 짐을 싣고 운반할 때에도 유용하다.

　역학에 관해서 놀랍고 경이로운 기술들과 멋진 기계적 장치들을 모두 언급한 책이 하나 있다. 거기에 언급된 기하학적 증명들이 어려워서 이해하기 어려운 경우도 많지만, 사람들은 그 책의 사본들을 가지고 있다.

---

29) 트리폴리 출신으로 기원전 1세기 이전에 활약했던 수학자.
30) *Sphaerica*(『球面學』) 3권을 저술한 고대 그리스의 수학자, 천문학자로 98년에는 로마에 천문대를 세웠다.

측량

 기하학의 또 한 분과가 측량인데, 이 학문은 토지를 측량할 때에 필요하다. 즉 뼘이나 큐빗 등의 단위로써 일정한 토지를 측량하며, 한 부분의 토지와 다른 부분의 토지를 그런 식으로 비교할 때에 사용된다. 이와 같은 측량은 경작지, 토지, 과수원 등에 지세를 산정할 때에 필요하며, 택지나 토지를 동업자나 상속자들 사이에 분할할 때에도 필요하다. 학자들은 이 분야에 대해서 훌륭한 많은 저술들을 남겼다.

광학

 기하학의 또 다른 한 분과가 광학이다. 이 학문은 시각에서 착각이 일어나는 이유를, 그와 같은 착각이 어떻게 해서 생기는가 하는 것에 관한 지식을 토대로 하여 설명한다. 시각은 광선에 의해서 형성되는 원추형을 통해서 생기는데, 그 원추의 정점이 시점(視點)이고 그 바닥이 대상물이다. 그런데 자주 일어나는 것이 착각이다. 예를 들면 가까운 것들은 크게 보이고, 멀리 있는 것들은 작게 보이며, 작은 물체도 물 밑이나 투명체 뒤에서는 크게 보인다. 빗방울이 떨어질 때에는 직선을 그리고, 붉은 원을 그리는 것처럼 보인다. 이 학문은 기하학적인 증명을 통해서 이러한 일들이 왜 그리고 어떻게 생기는가를 설명한다. 또한 광학은 위도가 다를 경우 달의 모습이 다른 까닭을 설명한다. 초승달의 선명도나 식(蝕)의 발생에 관한 지식도 그것에 근거를 두며, 이와 비슷한 것들이 많다.

21) 천문학

 이것은 항성과 혹성의 운동을 연구하는 학문이다. 천문학은 그러한 운동이 일어나는 방식으로부터, 감각에 의해서 지각될 수 있는 그러한 운동을 가능케 하는 천체의 형태와 위치를 기하학적 방법을 이용하여 도출한다. 예를 들면 천문학은 춘분과 추분의 세차운동의 존재를 통해서, 지구의 중심이 태양의 천구의 중심과 동일하지 않다는 사실을 증명한다. 나아가서 별의 순행과 역행을 통해서, 거대한 천구의 내부에서 별들을 운행시키며 움직이는 작은 천구의 존재를 도출하기도 한다. 또한 항성의 운행을 통해서 여덟번째 천구의 존재를 증명하며, 하나의 별이 여러 개의 적위(赤緯)를 가지고 있다는 사실을 관찰함으로써 그 별이 여러 개의 천구를 가지고 있다는 사실을 증명하기도 한다.

천문학적 관찰만이 현존하는 천체의 운행이 어떻게 일어나며 어떠한 유형들이 있는지를 보여준다. 이러한 방법을 통해서 비로소 우리는 춘분과 추분의 세차운동, 상이한 층에 있는 천구들의 질서, 별들의 순행과 역행 등에 대해서 알게 된다. 그리스인들은 천문학적 관찰에 대단히 많은 관심을 보였고, 어떤 특정한 별의 운행을 관찰하기 위해서 고안된 도구들을 사용했는데, 이를 '천체의'(天體儀)라고 불렀다. 그것의 운행이 천구의 운행과 일치하도록 만드는 기술과 이론은 그 민족에게는 하나의 전통으로 계승되었다.

이슬람의 시대에는 천문관측에 별다른 주의를 기울이지 않았다. 알 마문의 치세에 그것에 관심을 둔 약간의 사람들이 천체의라는 도구를 제작하려고 시도했으나 완성시키지는 못했다. 알 마문이 죽은 뒤 천문관측과 관련된 제도는 사라지고 잊혀졌다. 후일 학자들은 고대의 관측자료에 의존하게 되었지만, 세월의 흐름에 따라서 항성의 운행에도 변화가 생겼기 때문에 그와 같은 자료는 아무 소용이 없었다. 천문관측에 사용된 도구의 운동은 천구와 별의 운행과 비슷하게만 일치할 뿐 정확하게 맞지는 않았다. 얼마간의 시간이 흐른 뒤에 그 차이가 분명히 드러났다.

천문학은 고귀한 기술이다. 흔히 사람들이 생각하듯이 그것은 하늘의 진정한 형태나 천구의 질서에 대해서 가르쳐주는 것이 아니라, 천구의 형태가 이와 같은 운행의 결과라는 사실을 가르쳐주는 것이다. 주지하듯이 동일한 사물이 두 개의 다른 결과를 내는 것이 결코 불가능한 일은 아니다. 따라서 운행이 어떤 결과를 낸다고 우리가 말할 때, 우리는 그 결과를 만들어내는 어떤 사물로부터 그 결과가 존재한다는 사실을 도출할 수 있을 뿐이며, 그것이 결코 결과를 내는 그 사물의 진정한 특징을 알려주지는 않는다. 그럼에도 불구하고 천문학은 중요한 학문이며, 수학의 학문들 가운데 하나의 기둥을 이룬다.

이 주제에 관한 최상의 저술은 『천문학 대전』(al-Majisṭī)[31]이다. 그 저자는 프톨레마이오스로 알려져 있는데, 이 책의 주석가가 입증했듯이 그는 동명의 그리스인 군주와는 다른 인물이다. 이븐 시나와 이븐 루시드와 같은 대표적인 무슬

---

31) 보통 Almagest라는 이름으로 알려져 있는 Syntaxis Astronomica.

림 철학자들은 프톨레마이오스의 책을 축약했다.

천문표

천문학의 한 분과가 천문표(天文表)에 관한 학문이다. 산술적 원칙에 따른 계산에 근거를 두고 있다. 각각의 별에 특유한 운행의 과정과 그 운행의 특징, 즉 천문학적 방법에 의해서 입증되었듯이 신속, 지체, 순행, 역행 등에 관한 연구이다. 이 학문은 천문학적 저술을 통해서 개발된 원칙에 준하여 별들의 운동을 계산하여, 어떤 특정한 시점에 별이 천구의 어느 위치에 있는지를 보여주는 데에 이용된다. 이 기술은 일정한 원칙을 준수하며, 그것은 일종의 서설적, 기초적 자료가 되고, 월, 일이나 과거의 날짜 등을 다룬다.

이 학문은 또한 확립된 기본원칙을 따른다. 원지점, 근지점, 적위(赤緯), 다양한 운행 등을 취급하고, 이런 것들이 어떻게 상호간에 이해를 넓혀주는가를 다루며, 연구자들의 편의를 위해서 잘 정리된 표로 기록되어 있다. 이러한 기술을 통해서 특정한 시점에 별의 위치를 결정하는 것을 '조정(調整)과 제표(製表)'라고 부른다.

초기와 후기의 학자들은 이 주제에 관해서 많은 저술을 남겼다. 오늘날의 마그리브 학자들은 이븐 이스학이 만들었다고 하는 천문표(zîj)를 참고서로 사용하고 있다. 그의 책은 천문관측에 근거하는 것으로 여겨지고 있는데, 시칠리아에 살며 천문학과 수학에 정통한 한 유태인이 자신이 직접 천문관측에 몰두하여 확인된 별들의 상태와 운행에 관한 정보를 그에게 보냈다고 한다.

천구상의 별의 위치에 대한 지식은 천문학적 판단, 즉 별의 위치가 인간세계에 어떤 상이한 영향을 미치고 종교집단, 왕조, 인간의 활동, 기타 모든 사건에 어떤 영향을 미치는가를 알아내는 데에 필수적인 근거가 된다.

22) 논리학

논리학은 사물의 본질에 대한 정의라든가, 통각을 확인시켜주는 논증에서 옳고 그른 것을 식별케 하는 원칙에 관한 것이다.

그것은 다음과 같은 방식으로 이루어진다. 지각의 기본은 오감에 의해서 지각되는 감각의 세계이다. 이성을 가진 것이건 그렇지 않은 것이건, 살아 있는 모든 존재는 이와 같은 지각에 동참하고 있다. 따라서 인간을 동물과 구별시키는 것은 보편적인 것, 즉 감각의 세계에서 추출된 것들을 지각하는 능력이다. 인간이 이를 성취할 수 있는 까닭은 감각에 의해서 지각된 개별적인 대상물들 모두에게 공통되는 하나의 형상을 자신의 상상력을 통해서 획득할 수 있도록 하는 능력이 있기 때문이다. 그러한 형상은 보편적인 것이다. 그러면 마음은 서로 공통되는 개별적인 대상물들은 물론 또 다른 면에서 공통성을 보이는 다른 대상물들과 서로 비교하게 되고, 그럼으로써 비교의 대상이 되는 두 종류의 대상물들에 모두 합치되는 하나의 형상을 획득하게 된다. 이런 방식으로 추상화는 계속해서 진행되고, 궁극적으로 그 과정은 보편적인 개념에 도달하게 된다. 이 개념은 그것과 일치되는 별도의 다른 보편적인 개념을 용인하지 않는데, 따라서 단순하다.

예를 들면 인간이라는 개별적인 사례로부터 모든 개별적인 사례에 공통되는 종(種)이라는 형상이 추출된다. 그러면 인간은 동물과 비교되고, 거기서 인간과 동물이 서로 공통되는 유(類)라는 형상이 도출된다. 그리고 이것은 다시 식물과 비교되고 마침내 궁극적으로 최고의 단계의 유인 '실체'에 도달하게 된다. 이 '실체'와 일치되는 다른 어떠한 보편적인 개념도 존재하지 않기 때문에, 이성은 더 이상의 추상을 행하지 않고 거기에서 중지한다.

신은 인간 안에 사고의 능력을 창조했고, 인간은 그것을 통해서 학문과 기술을 인식한다. 지식은 사물의 본질에 대한 지각, 즉 판단을 수반하지 않는 원시적 지각이거나, 아니면 어떠한 사물이 그러하다는 판단을 수반하는 통각, 이 둘 중의 하나이다.

인간의 사고력은 보편적인 것들을 서로 비교함으로써 구하고자 하는 지식을 획득하며, 그 결과 마음은 외부에 존재하는 구체적인 것들에 공통되는 하나의 보편적 형상을 띠게 된다. 마음 속에 있는 그러한 형상은 개별적 대상물의 본질에 대한 지식을 준다. 그런가 하면 인간의 사고력은 하나의 사물을 다른 것과 비교함으로써 결론을 내리기도 한다. 이렇게 해서 그의 마음 속에는 다른 것이 확인된다. 이것이 통각인데, 그것은 궁극적으로 지각으로 환원된다. 왜냐하면 지각하는 것의 유일한 효용은 사물의 실체에 대한 지식을 획득하는 것이고, 그것이 곧 통각적 지식이 도달하려는 목표이기도 하기 때문이다.

인간의 사고력이 이와 같은 과정을 밟아나갈 때 옳은 길로 혹은 그른 길로 진행할 수 있다. 인간의 사고력이 구하고자 하는 지식을 획득하려고 노력을 기울일 때, 이 두 길 가운데 어느 한 쪽의 선택은 옳고 그름을 구별할 수 있는 분별력을 요한다. 이러한 과정이 바로 논리학의 규범이 되었다.

고대인들이 처음 논리에 대해서 논의하기 시작했을 때, 그들은 그것을 경구적, 고립적 방식으로 논의했다. 논리학적 방법은 개선되지 못했고, 논리학의 문제점들은 포괄적으로 파악되지 못했다. 마침내 그리스인 아리스토텔레스가 나타났다. 그는 논리학의 방법을 개선하고 그 문제점과 세부사항을 체계화했다. 그는 논리학에게 철학의 제일 분야이자 철학의 입문으로서의 정당한 위치를 부여했다. 그래서 그는 '최초의 교사'라고 불리며, 논리학에 대한 그의 저술은 '원전'(原典)[32]이라고 불리게 된 것이다. 그것은 여덟 권으로 구성되어 있는데, 세 권은 추론의 형식에, 다섯 권은 추론이 적용되는 소재(素材)에 대한 것이다.

이것은 통각의 대상에 여러 가지 종류가 있기 때문이다. 그중 일부는 본질적으로 분명한 것에 관한 것이지만, 또 다른 일부는 가설적인 것에 관한 것이며 그 단계도 여러 가지이다. 따라서 논리학은 구하고자 하는 지식의 관점에서 추론을 연구하는 것이고, 나아가서 그 지식의 전제는 무엇이 되어야 하며, 구하고자 하는 지식은 분명한 것인지 아니면 가설적인 것인지에 대해서 탐구하는 것이다. 논리학은 마음 속에 있는 어떤 특정한 대상이 아니라 추론에 대해서 연구하는 것이며, 오로지 추론이 이루어지는 방식에 대해서 연구하는 것이다. 따라서 제일의 연구는 소재, 즉 어떤 분명한 혹은 가설적인 지식을 주는 소재를 대상으로 하고, 제이의 연구는 추론이 전반적으로 이루어지는 형태와 방식을 대상으로 한다. 그래서 논리학에 대한 책도 8권으로 이루어져 있다.

제1권은 감각의 세계에서 마음이 도달할 수 있는 가장 높은 단계의 추상인 유(類)를 다루며, 유보다 더 높은 단계의 보편적인 유는 존재하지 않는다는 사실을 다룬다. 이것은 「범주론」(Kitâb al-Maqûlât)이라고 한다.

제2권은 다양한 종류의 통각적 명제를 다루며, 「명제론」(Kitâb al-'Ibârah)이라고 한다.

제3권은 추론을 다루고, 추론이 전반적으로 이루어지는 형식에 대해서 다룬다.

---

[32] 아리스토텔레스의 저작인 *Organon*을 가리킨다.

「분석론」(Kitâb al-Qiyâs)이라고 하며, 여기에서 형식의 관점에서 접근한 논리학은 끝난다.

제4권은 「논증론」(Kitâb al-Burhân)이라고 하는데, 분명한 지식을 가져다주는 일종의 추론에 대해서 탐구하고 있다. 이것은 그 추론의 전제가 왜 분명한 것이어야 하는가 하는 문제에 대해서도 탐구하며, 특히 분명한 지식을 가져다주는 다른 조건들에 대해서도 설명하다. 예를 들면 그 전제가 본질적이고 일차적이어야 한다는 등과 같은 것이다. 이 책은 '한정된 것'과 '정의'(定義)에 대한 논의도 포함하고 있다. 그 까닭은 정의는 정의되는 사물과 일치되어야 하고 그 이외에는 어떤 것도 가능하지 않기 때문에, 사람들은 그런 것들이 분명하기를 바라기 때문이다. 따라서 고대인들은 이 책에서 정의를 다루고 있다.

제5권은 「변증론」(Kitâb al-Jadl)이다. '변증'은 곤혹스러운 상대방의 주장을 어떻게 중단시키고 침묵케 하는가 하는 방법을 보여주는 일종의 추론이며, 그와 같은 목적에 사용되는 유명한 방법들을 가르쳐준다. 또한 이 책은 그와 관련하여 요구되는 다른 조건들에 대해서도 관심을 가지기 때문에 그에 대한 설명도 나온다. 이 책은 추론의 전개과정에서, 구하고자 하는 지식의 양끝을 연결하는 소위 '중간 어휘'를 명확하게 하기 위해서 활용되는 '장'(場)에 대해서도 언급하고 있으며, 아울러 어휘의 전환에 대해서도 다루고 있다.

제6권은 「궤변론」(Kitâb al-Safsaṭah)이다. 궤변은 진실의 반대를 가르치는 일종의 추론이며, 이를 통해서 토론자는 상대방을 혼란에 빠트린다. 이 책은 그 목적에 비추어볼 때 사악한 것이지만, 궤변적 추론이 어떤 것인지를 알고 그것에 대비하도록 하기 위해서 쓰여졌다.

제7권은 「수사학」(Kitâb al-Khiṭâbah)이다. 수사학은 대중들에게 어떻게 영향을 미쳐 자기가 원하는 대로 그들이 행동하도록 만드느냐 하는 것을 가르치는 일종의 추론이다. 이것은 또한 이와 관련하여 활용되는 연설의 형식에 대해서도 가르친다.

제8권은 「시학」(Kitâb al-Shi'r)이다. 시는 사람들로 하여금 어떤 것을 하도록 하거나 반대로 기피하도록 하려는 목적으로 은유와 비유를 고안해내는 방법을 가르쳐주는 일종의 추론이다. 또한 이와 관련하여 사용되는 상상의 명제에 대해서도 가르친다.

이상이 고대인이 저술한 논리에 관한 여덟 권의 책들이다. 그리스 철학자들은 논리가 개선되고 체계화된 뒤에는 외연적인 본질이나 그 부분 혹은 우연적인 것들에 상응하는 지각을 제공하는 다섯 가지의 보편적인 것에 대한 논의가 필요하다고 생각했다. 이 다섯 가지는 유, 차이, 종, 특성, 일반적 사건인데, 그들은 다섯 가지의 보편적인 것들에 관한 또 다른 책에서 이 문제를 다루었고, 그것은 이 분야의 입문서로 활용되었다. 이렇게 해서 논리학에 관한 책은 모두 아홉 권을 이루었다.

이들 모두는 이슬람권에 번역되었다. 무슬림 철학자들은 주석을 달기도 하고 축약을 하기도 했는데, 예를 들면 알 파라비나 이븐 시나 혹은 후일 스페인의 철학자인 이븐 루시드가 그러했다.

그뒤 근래의 학자들은 논리학의 용어들을 바꾸었다. 그들은 다섯 가지 보편적인 것에 대한 연구에다가 「논증론」에서 채용한 정의와 설명에 대한 논의의 결과를 첨가했다. 그들은 「범주론」을 폐기했는데, 그 까닭은 그것에 대한 논리학자들의 연구가 우연적인 것이었고 본질적인 것이 아니기 때문이었다. 「명제론」에 대해서 그들은 명제의 전환에 대한 논의를 추가했는데, 이것은 고대의 서적들에서 「변증론」 속에 포함되었던 주제이다. 그러나 그것은 어떤 점에서는 「명제론」 속에 들어가는 것이다.

그리고 나서 그들은 추론에 대해서 논의할 때, 그것이 일반적으로 구하고자 하는 지식을 제공하는 한에서 논의했을 뿐, 그것이 다루는 소재에 대해서는 관심을 기울이지 않았다. 그들은 추론이 적용되는 소재에 대한 연구, 즉 「논증론」, 「변증론」, 「수사학」, 「시학」, 「궤변론」은 방기했다. 일부 학자들은 간혹 이 책들에 대해서 약간씩 언급하긴 했지만, 대부분은 마치 그런 것이 존재하지 않은 양 소홀히 했다. 그러나 그것들은 이 분야에서 가장 중요한 기초이다.

그뒤 그들은 논리학에 관한 저술들에 대해서 철저히 토론했고, 논리학을 다른 학문들을 위한 하나의 도구가 아니라 독자적인 분야로서 연구했으며, 그것은 그 주제에 관한 길고도 광범위한 논의를 낳았다.……

23) 자연학

이것은 물체를 그것에 부수되는 운동과 정지라는 측면에서 탐구하는 학문이다. 자연학은 천체, 원소, 원소로부터 만들어진 인간, 동물, 식물, 광물에 대해서 그리고 지상으로 올라오는 샘물과 지진, 대기중의 현상인 구름, 증기, 천둥, 번개, 폭풍 등에 대해서도 연구한다. 나아가서 물체 내부의 운동의 시작, 즉 인간, 동물, 식물 등에서 다양한 형태로 나타나는 혼(魂)에 대해서도 연구한다.

이 주제에 관한 아리스토텔레스의 책들은 학자들에게 이용 가능하다. 알 마문의 시대에 그 책들은 철학에 관한 다른 서적들과 함께 번역되었기 때문이다. 학자들은 그와 동일한 방식으로 책을 썼고 설명과 주석을 보충했다. 이 주제에 관한 가장 포괄적인 저술은 이븐 시나의 『치유론』(Kitâb ash-Shifâ')인데, 거기에서 그는 앞에서 우리가 언급했던 철학의 일곱 가지 학문 모두를 다루고 있다. 이븐 시나는 후일 『구제서』(Kitâb an-Najâh)와 『지침서』(Kitâb al-Ishârât)라는 책에서 『치유론』의 내용을 축약하여 옮겨놓았다. 그는 대부분의 문제에서 아리스토텔레스를 반대하고 자신의 독자적인 견해를 표방했다. 반면 이븐 루시드는 아리스토텔레스의 책들을 축약하고 주석을 달았지만, 그의 견해를 추종했고 반대하지 않았다.

24) 의학

의학은 인체를 건강과 질병이라는 측면에서 연구하는 기술이다. 의사는 약과 음식을 통해서 건강을 보존하고 질병을 치료하려고 시도하지만, 먼저 인체의 사지에 특유한 질병이 무엇이며 그것을 일으키는 원인이 무엇인지를 확인해야만 한다. 또한 각각의 질병에 맞는 약이 어떤 것이 있는지도 알아야 한다. 의사는 약의 성분과 효능을 기초로 그 약의 효용을 도출하며, 아울러 증상을 살펴 질병이 어느 정도 진전되었는지 그 단계를 파악하고 약효가 있을지를 알아낸다. 그와 같은 증상은 환자의 피부색, 배설물, 맥박 등에서 나타난다. 이런 점에서 의사는 건강과 질병을 좌우하는 요소인 자연의 힘을 모방하는 것이다. 의사는 질병을 일으키는 물질의 본질, 계절, 환자의 연령 등이 요구하는 바에 따라서 자연을 모방하고 거기에 약간의 도움을 준다. 이런 모든 것들을 다루는 학문을 의학이라고 부른다.

사지의 일부분 가운데 어떤 것은 개별적인 주제로 논의되어 그 자체가 독립적인 분야를 이루는 경우도 있다. 예를 들면 눈, 눈병, 안약 등을 다루는 분야가 그러하다.

학자들은 신체 각 부분의 용도에 관한 연구, 즉 동물의 사지가 어떤 유용한 목적으로 창조되었는가 하는 주제에 관한 연구도 의학에 첨가했다. 이것은 의학의 주제가 아니지만, 의학의 부속분야 혹은 분과가 되었다. 갈레노스는 이 분야에 관해서 중요하고 매우 유용한 저술을 남겼다.

갈레노스는 의학에 관해서 대표적인 고대의 권위자이다. 그의 저술은 아랍어로 번역되었는데, 그는 예수와 동시대인이고 자발적인 유배생활을 하며 방랑하다가 시칠리아에서 사망했던 것으로 알려져 있다.[33] 의학에 관한 그의 저서들은 후대의 의사들의 전범이 된 고전이다.

이슬람권에는 탁월한 의술을 발휘했던 대표적인 의사들이 있었는데, 알 라지,[34] 알 마주시,[35] 이븐 시나 등이 그러하다. 스페인 출신의 의사들도 많았고, 그중 가장 유명한 사람은 이븐 주흐르[36]였다.

오늘날 무슬림 도시에서는 주민들의 숫자가 줄어들었기 때문에 의술도 쇠퇴했다. 의학은 도회문화와 사치만이 필요로 하는 기술이기 때문이다.

문명화된 유목민들은 주로 개인적인 체험에 근거를 둔 일종의 의학을 보유하고 있고, 그것을 부족의 장로나 노파들로부터 전수받는다. 그런 것들 가운데 더러는 올바른 것도 있지만, 하등의 자연적인 원칙에 기반을 둔 것도 아니고 체액의 특질에 적절한 치료도 아니다. 아랍인들 사이에는 이러한 종류의 의학이 많이 보인다.

종교적 전승 속에 언급되어 있는 의학은 이와 같이 유목민적인 것이다. 그것은 결코 신의 계시의 일부가 아니다. 단지 아랍인들의 관습의 일부일 뿐이며, 예언자가 처했던 당시의 상황과 관련하여 언급된 다른 관습들과 마찬가지로 그것도 우연히 언급된 것에 불과하다. 특정한 방식의 의술이 종교법에 의해서 규정되었다는 것을 보여주기 위해서 그와 같은 언급이 나타난 것은 결코 아니다. 무함마

---

33) 아랍인들은 갈레노스의 생애에 관해서는 보다 정확한 역사적 사실을 알고 있었지만, 이븐 할둔이 서술한 것과 같이 오도된 내용도 무슬림들 사이에서 널리 유포되어 있었다.
34) 865-925년.
35) 10세기 인물.
36) 일명 Avenzoar, 1162년 사망.

드는 우리에게 종교법을 가르쳐주기 위해서 보내졌지, 의학이나 기타 통상적인 문제를 가르쳐주기 위해서 보내진 것은 아니었다.

건전한 전승 속에 언급된 의학에 관한 진술들은 그 어느 하나도 법적인 효력을 가진 것이라고 여겨서는 안 된다. 다만 그러한 종류의 의학이 신의 축복을 위해서 또 진정한 종교적 신앙 속에서 사용되는 것이라면, 그것은 매우 유용할 것이다. 그러나 그것은 체액을 다루는 의학과는 전혀 무관한 것이며 단지 진정한 신앙의 결과일 뿐이다. 복통을 일으킨 사람이 꿀로 치료되었다든가 하는 등의 일화에서 보이는 경우가 그러하다.

25) 농학

이 기술은 자연학의 한 분과이며, 관개, 정확한 처치, 토양의 개선, 적절한 계절의 관찰 등을 통한 식물의 경작과 성장을 연구하고, 그러한 것들을 식물에게 유익하고 성장에 도움이 되는 방식으로 적용함으로써 식물을 보살피는 학문이다.

고대인들은 농업에 매우 많은 관심을 기울였고, 농업에 대한 그들의 연구는 일반적인 것이었다. 그들은 식물에 대해서 재배와 경작이라는 측면에서 관심을 가졌고, 또 식물들의 특징과 영성(靈性), 그 영성과 별이나 거대한 천체의 영성과의 관계 —— 이것은 주술에서 사용되는 것이기도 하다 —— 라는 측면에서 관심을 가지기도 했다.

그리스인들의 저작 가운데 하나인 『나바타에인의 농업서』(Kitâb al-Falâḥah an-Nabaṭîyah)는 아랍어로 번역되었다. 이 책은 나바타에족 출신의 학자가 쓴 것으로 알려져 있는데, 앞에서 언급한 내용들이 다수 포함되어 있다. 이 책의 내용을 연구한 무슬림들은 그것이 종교법에서 금기시하는 주술에 속하는 것이라고 보고, 그에 관한 연구를 금지했다. 따라서 그들은 그 책 가운데 식물의 재배와 처리 혹은 그와 관련된 내용에 대해서만 연구했다.

근래의 학자들이 농업에 대해서 저술한 책들도 많은데, 그것들은 식물의 재배와 처리, 그 성장에 해를 끼치거나 영향을 줄 만한 것으로부터의 보호 등에 관한 것으로, 그 이상의 내용을 다루지는 않는다.

26) 형이상학

형이상학은 존재를 연구하는 학문이다. 먼저 이것은 신체적, 정신적인 것에 영향을 주는 일반적 개념, 즉 본질, 단일성, 복수성, 필연성, 가능성 등을 연구한다. 그리고 나서 존재의 기원을 연구하고 그것들이 정신적이라는 사실을 확인한다. 이어서 존재하는 것들이 정신적인 것에서 생겨나오는 방식과 그 순서에 대해서 연구하고, 나아가서 영혼이 육체와 분리되어 최초의 상태로 회귀한 뒤의 상황에 대해서 연구한다.

형이상학을 연구하는 학자들은 형이상학이 존재를 있는 그대로 인식케 하기 때문에 고귀한 학문이라고 생각하며, 그것이 바로 행복이나 다름없는 것이라고 생각한다. 학문의 배열상 형이상학은 자연학 다음에 나오기 때문에, 그들은 이 학문의 이름을 '자연학 다음에 오는 것'이라고 불렀다.

이 주제에 관한 아리스토텔레스의 책들은 학자들에게 이용 가능하며, 이븐 시나는 『치유서』와 『구제서』에서 그 내용을 축약했다. 스페인의 철학자 이븐 루시드 역시 그것을 축약한 바 있다. 근래의 학자들은 무슬림들의 학문에 관한 체계적인 글을 집필했다. 그 당시 알 가잘리는 형이상학 학자들의 견해들 가운데 상당수를 반박했다. 그 이유는 신학과 철학에 대한 탐구가 형이상학과 동일한 방향으로 진행되며 동시에 신학의 주제와 문제들 역시 그와 비슷하기 때문이었다. 따라서 신학과 형이상학은 어떤 면에서 동일한 분야라고도 할 수 있다. 근래의 신학자들은 철학자들이 다루었던 자연학과 형이상학의 체제를 변경하여 두 학문을 동일한 분야로 통합해버렸다. 이제 이 통합된 분야를 탐구하는 그들은 먼저 일반적인 사물에 대해서 논의하고, 그 다음에는 육체적인 것과 그것에 속하는 사물들, 그 다음에는 정신적인 것과 그것에 속하는 사물들을 논의함으로써 이 분야가 취급하는 최종점에 도달한다. 이렇게 해서 사변신학은 철학적인 문제들과 혼합되어버렸고, 신학적 저술에는 철학적인 것들로 가득 차게 되었다. 그래서 마치 신학과 철학이 각각의 주제와 문제에서 동일한 목적을 추구하는 것처럼 보이게 되었다.

이것은 사람들을 혼란스럽게 할 뿐 아니라 옳지도 못하다. 사변신학이 다루는 문제는 초기 무슬림들이 전해준 종교법으로부터 도출된 신앙의 신조들이다. 이것은 이성에 대해서 언급하지도 않거니와, 이성에 의존 —— 마치 이성을 통하지 않고는 존재할 수 없다는 듯이 —— 하지도 않는다. 이성은 종교법이나 그것이 견지하는 관점과는 아무런 관계도 없다. 사변신학자들은 신앙의 신조가 내포한 진리를 탐구하고 과거에 알려져 있지 않던 진리를 입증하며, 또 그것을 사람들에게 알리기 위해서 철학자들처럼 이성적 논증의 방법을 취하지는 않는다. 그들이 이성적 논증을 활용하는 것은 단지 신앙의 신조를 강화하고 그것에 관한 초기 무슬림들의 입장을 지지하기 위해서, 또 신앙의 신조에 대한 지각이 이성적인 것이 아닌가 하고 생각하는 혁신자들의 회의를 논박하기 위해서일 뿐이다. 이성적 논증은 초기 무슬림들이 전수받고 또 믿었던 신조들의 정당성이, 전승된 증거들에 의해서 분명히 적시된 뒤에야, 비로소 사용될 수 있는 것이다.

이 두 가지 입장 사이에는 커다란 차이가 있다. 무함마드의 지각은 이성적 관점을 뛰어넘는 것이었기 때문에 철학자들의 지각보다 더 광범위했다. 그것은 신의 빛으로부터 도움을 받은 것이므로 그들의 지각 위에 있고 또 그것을 내포하고 있다. 따라서 그의 지각은 나약한 사유와 제한적인 지각에 함몰된 것이 아니다. 무함마드가 우리에게 어떤 지각으로 인도할 때, 우리는 우리 자신의 지각보다는 그것을 선택해야 하며 그것에 더 큰 믿음을 두어야 할 것이다. 우리는 그것이 설사 합리적 이성과 상치된다고 할지라도, 그 정당성을 이성적으로 증명하려고 해서는 안 된다. 우리는 우리가 이해하지 못하는 이런 종류의 사항에 대해서는 침묵을 지키지 않으면 안 된다. 우리는 그런 것들을 무함마드에게 맡기고 이성을 배제시켜야만 할 것이다.

만약 신학자들이 이성적 논증을 사용한다면, 그 유일한 경우는 사변적 혁신으로써 초기 무슬림들의 신조들에 대해서 반대하는 이단자들과 논쟁할 때뿐이다. 그들은 이단자들에 대해서 동일한 종류의 논증을 통해서 반박해야 하기 때문에, 그와 같은 상황은 사변적 논증을 사용하고, 나아가서 그와 같은 논증을 통해서 초기 무슬림들의 신조를 보호해야 할 필요를 환기시킨다.

반면 자연학적, 형이상학적 문제들을 입증하고 거부하는 것은 사변신학의 주제가 아니며 신학자들의 사유와 동일한 종류에 속하는 것도 아니다. 이 점은 분명히 알아두어야 하며, 그래서 이 두 분야의 차이점을 구별할 수 있어야 한다. 왜냐하면 근래의 학자들의 저술에서 이 점이 혼동되고 있기 때문이다. 사실 이 두 분야는 각각 다른 주제를 가지고 있지만, 논의되는 문제들이 같다는 데에서 혼동이 생긴다. 따라서 신학자들의 논증은 마치 이성적 증거를 통해서 신앙에 대한 탐색을 시작하는 것처럼 보이지만, 사실은 그렇지 않다. 사변신학은 단지 이단을 반박하고자 할 뿐이며, 탐구하고자 하는 것은 이미 종교법에 의해서 규정되어 있고 진실임이 알려져 있다. 이와 마찬가지로 근래의 극단적 수피들은 몰아적 체험에 대해서 말하면서 형이상학이나 사변신학의 문제를 자신들의 분야의 문제와 혼동한다. 그들은 이 모든 것들을 동일한 주제의 일부인 것처럼 생각하며 토론한다. 그래서 그들은 예언, 합일, 육화, 유일성 등에 대해서 논의를 벌인다. 그러나 사실 이 세 분야의 지각은 서로 구별되며 상이한 것이다. 수피의 지각은 가장 비학문적인 것이다. 수피들은 자신들의 지각과 관련하여 직관적 체험을 주장하고 이성적 증거를 기피한다. 그러나 직관적 체험은 학문적 지각과 방법에서 가장 멀리 떨어진 것이다.

27) 마술과 주술의 학문

이것은 인간의 영혼이 원소의 세계에 대해서 천상적인 도움을 받거나 아니면 그러한 도움이 없이, 어떻게 하면 영향을 미칠 수 있게 되는가를 보여주는 학문이다. 앞의 경우가 마술이고 뒤의 경우가 주술이다.

이러한 학문은 유해할 뿐만 아니라 그것을 수행하는 사람들이 신 이외에 별이나 다른 사물로 향해야 하기 때문에 종교법에서 금지되어 있다. 따라서 이를 다루는 책들도 거의 존재하지 않는다. 유일한 예외라고 한다면 모세의 예언이 있기 이전, 나바타에인이나 칼데아인과 같은 고대 민족들의 서적들이다. 모세 이전에 살았던 예언자들 가운데에는 누구도 종교법을 제정하거나 전달하지 않았다. 그들의 책은 설교라든가, 신의 유일성의 인정, 천국과 지옥에 대한 언급 등에 관한 것이다.

마술의 학문은 바빌론의 주민이던 시리아인과 칼데아인이라든가 이집트의 콥트인 등에 의해서 개발되었다. 그들은 마술을 다루는 책을 저술하고 그것에 관한 정보를 남겼는데, 우리가 읽을 수 있도록 번역된 것은 거의 없다.

후일 이슬람권의 대표적인 마술사인 자비르 이븐 하이얀이 동방에서 출현했다. 그는 학문적 서적들을 정밀하여 검토하여 마술과 연금술을 파악했으며, 그 요체를 연구하고 밝혀내어 마술에 관한 다수의 저작을 남겼다. 그는 마술뿐 아니라 거기에 부수되는 연금술에 대해서도 긴 논의를 폈는데, 그 까닭은 어느 특정한 물질이 하나의 형상에서 다른 형상으로 변환되는 연금술이 실제적인 기술이 아니라 심령적 힘에 의해서 이루어지고 따라서 그것은 마술의 일종이라고 할 수 있었기 때문이다.

여기에서는 마술의 진정한 의미에 대해서 서론적인 설명만 약간 해보겠다. 인간의 영혼들은 동일한 종(種)에 속하지만, 그 특수성에서는 서로 상이하다. 따라서 영혼의 종류는 서로 다르다. 각각의 종류는 다른 종류의 영혼에는 존재하지 않는 특수성에 의해서 구별되며, 이와 같은 특수성은 오직 그 특정한 종류의 영혼에만 속하는 자연적 성질을 이루게 된다.

예언자들의 영혼은 하나의 고유한 성질을 소유하고, 그것을 통해서 비로소 그들은 신에 대한 지식을 획득한다든가, 신의 이름으로 천사의 부름을 받는다든가, 피조물에 대해서 영향력을 행사한다든가 하는 상황에 대한 준비를 갖추게 된다.

일부 마술사의 영혼 역시 피조물에 대해서 영향력을 발휘하고 별의 영성(靈性)을 끌어들일 만한 성질을 갖추고 있고, 그 성질을 이용하여 심령적 혹은 악마적 힘을 통한 영향력을 발휘한다. 그런데 예언자는 신의 도움으로 혹은 신성한 성질을 통해서 영향력을 발휘하지만, 주술사는 악마적 힘을 이용하여 초자연적인 것들을 관찰케 하는 성질을 소유하고 있다. 이렇게 각각의 영혼은 다른 종류의 영혼에는 존재하지 않는 특별한 성질로써 구별된다.

마술적 능력을 지닌 영혼에는 세 단계가 있다. 이제 이 세 단계를 설명하도록 하자.

첫번째 단계는 아무런 기구나 보조 없이 정신적인 힘으로만 영향력을 발휘하는 것으로, 철학자들은 이것을 마술이라고 부른다.

두번째 단계는 천체와 원소의 성질의 도움을 받거나 숫자의 특성의 도움을 받아 영향력을 발휘하는 것으로, 주술이라고 부른다. 이것은 첫번째에 속하는 것보다는 약하다.

세번째 단계는 상상력을 통해서 영향력을 발휘하는 것이다. 이런 종류의 영향력을 지닌 사람은 상상력에 의존하며 그것에 어떤 힘을 행사한다. 그는 환영, 형상, 그림 등 자신이 원하는 것은 무엇이나 상상 속에 심어놓는다. 그런 뒤에 그는 자신의 영혼의 힘으로 그러한 것들을 관찰자의 감각적 지각의 단계로 끌어내린다. 따라서 환영 등은 실제로는 아무 것도 아님에도 불구하고, 관찰자의 눈에는 마치 외부세계에 존재하는 것처럼 보이게 된다. 예를 들면 어떤 사람이 정원, 강, 성채 등을 보았다고 말하지만, 실제로 그런 것들은 존재하지 않았던 것이다. 이것이 철학자들이 소위 말하는 '요술'이다. 이상이 마술의 여러 단계이다.

그런데 마술사는 인간의 다른 모든 힘이 그렇듯이 자신의 특수한 자질을 잠재적으로 지니고 있다. 그것은 훈련에 의해서 잠재태에서 현실태로 전환된다. 모든 마술적 훈련은 여러 가지 다양한 종류의 공경과 숭배와 복종과 겸허 등의 방법으로 자신을 천체, 별, 고차원의 세계, 악마 등에게로 향하게 한다. 따라서 마술적 훈련은 신 이외의 다른 존재를 향한 헌신과 숭배이며, 그러한 헌신은 곧 불신앙이다. 따라서 마술은 불신앙이며, 불신앙은 마술의 실체와 동기의 일부분을 이루기 때문에 마술사는 마땅히 죽임을 당해야 한다. 단지 법학자들은 불신앙이 마술의 전제가 되기 때문에 죽여야 하느냐, 혹은 마술의 타락적 행위와 그것이 피조물에 미치는 타락적 영향력 때문에 죽여야 하느냐에 관해서만 의견을 달리할 뿐이다.

나아가서 마술의 처음 두 단계는 실제적인 것이지만, 마지막 세번째 단계는 실제적인 것이 아니기 때문에, 학자들은 마술이 실제인 것인가 아니면 단지 상상에 불과한 것인가에 대해서 견해를 달리하고 있다. 그것이 실제인 것이라고 말하는 사람들은 처음 두 단계를 염두에 둔 것이고, 그렇지 않다고 하는 사람들은 마지막 단계를 생각한 것이다. 마술 그 자체에 관해서는 아무런 이견이 없지만, 마술의 상이한 단계들을 혼동하기 때문에 그와 같은 견해차이가 발생한다.

앞에서 설명한 것처럼 마술의 감응력 발휘로 말미암아 지성을 가진 사람이라면 누구도 마술의 존재를 의심하지 않는다. 『코란』도 그것에 대해서 언급하고 있다. 전승에 의하면, 신의 사도인 무함마드는 어떤 마술의 주문에 걸려, 실제로는 아무 것도 하지 않음에도 어떤 행동을 하고 있는 것처럼 느꼈다. 주문은 그의 빗, 양모 조각, 대추야자의 불염포(佛焰苞)에 걸려 있었고, 다르완(Dharwân) 우물에도 묻혀 있었다. 그래서 신께서는 그에게 "나는 매듭에 숨을 불어넣는 여인들의 사악함을 피해" 신께 은신한다는 시구를 계시했다.[37] 아이샤는 "그가 주문

---

[37] 『코란』 113 : 4. '숨을 불다'는 동사는 '침을 뱉는다'로 번역될 수도 있다.

이 걸린 그 매듭에 대고 『코란』을 낭독하자 그 매듭이 풀려졌다."고 말했다.

바빌론의 주민, 즉 나바타에인과 시리아의 칼데아인들 사이에는 마술이 성행했다. 『코란』은 그것에 대해서 많은 언급을 하고 있고, 또 그것에 관한 전승도 많다. 모세가 예언의 사역을 행하던 시기에 바빌론과 이집트에서는 마술이 크게 발달했다. 그래서 모세가 행한 기적들에 대해서 마술사들은 자기들도 할 수 있다고 주장하고 자랑했던 것이다. 상이집트에 있는 사원들은 고대 이집트에서 마술의 융성을 입증하는 기념물이다.

우리는 마술사가 주문을 걸려고 하는 사람의 초상을 어떻게 그리는지 우리의 눈으로 직접 보았다. 마술사는 어떠 사람에 대해서 자신이 주문으로 의도하고자 하는 바를 그 사람의 이름이나 특징 등 상징의 형태로 초상화 안에 그려넣는다. 그런 다음 구체적이거나 상징적인 내용의 주문을 외워서 그 초상화가 주문을 걸고자 하는 사람을 대체할 수 있도록 한다. 그가 주문을 되풀이하며 외우는 동안 입 속에는 침이 고이게 되는데, 그는 그것을 초상화에 뱉는다. 그뒤 미리 준비해둔 매듭을 상징 위에 놓는다. 이는 매듭이 마술에서 어떤 조짐을 나타내는 효과가 있다고 생각하기 때문이다. 그는 또한 정령들과 교감을 맺어, 자신이 마술을 하며 침을 뱉을 때 그들이 참여해줄 것을 요청하고, 그렇게 함으로써 주문의 효력을 강화하려고 한다. 주문은 마술사의 숨과 함께 나오며 그가 뱉는 침에 달라붙어 더 많은 악령을 만들어내고, 그 결과 마술사가 주문의 대상이 된 어떤 사람에게 의도하고자 하는 것이 실제로 그에게 벌어지게 되는 것이다.

우리는 마술을 하는 사람들이 옷이나 가죽 조각을 지목한 뒤에 어떤 주문을 중얼거리면, 갑자기 그 대상물이 갈기갈기 찢어지는 것을 보지 않았는가? 또 어떤 사람들은 마찬가지 방식으로 초원에 있는 양이나 염소의 배꼽을 지목한 뒤 그것을 잡아 뜯는 시늉을 하면, 그 동물들의 내장이 배에서 쏟아져 땅바닥으로 흘러나오는 것을 보지 않았는가?

우리는 오늘날 인도에서 마술사가 어떤 사람을 지목하면 그의 심장이 밖으로 빠져나와 죽는다는 이야기를 들었다. 사람들이 그의 심장을 몸 속에서 찾아보려고 해도 찾을 수 없다고 한다. 또는 마술사들이 석류를 지목한 뒤, 사람들이 그 석류를 열어보면 안에 씨앗이 없었다고 한다.……

철학자들은 마술과 주술을 구별했다. 그러나 그들은 양자가 모두 인간의 영혼이 발휘하는 영향력에서 그 효과가 생긴다는 사실을 인정한다. 그들은 영혼이 육체적인 이유나 자연적인 과정을 통해서 설명될 수 없는 영향력을 육체에 미친다는 사실에서 인간의 영혼이 지닌 영향력의 존재를 도출한다. 그와 같은 영향력은 때로 기쁨과 쾌락에서 생기는 열기와 같은 정신적인 자질의 결과이기도 하고, 때로는 상상의 결과로 생기는 심령적 지각의 결과이기도 하다. 따라서 벽의 가장자리를 걷거나 높이 걸린 줄 위를 걷는 사람의 경우, 자신의 상상 속에서 거기에서 떨어진다는 생각이 강하게 자리잡으면 그는 반드시 떨어지고 말 것이다. 그래서 많은 사람들은 그런 일에 익숙해지도록 스스로를 단련해서 그러한 상상에 사로잡히지 않도록 하며, 떨어질 것이라는 두려움 없이 벽 가장자리나 높은 밧줄 위를 걸을 수 있게 된다. 여기에서 우리는 인간의 영혼이 발휘하는 영향력이 가져오는 결과를, 또한 추락이라는 관념을 영혼이 상상할 때 나타나는 결과를 분명히 볼 수 있다. 따라서 영혼이 하등의 자연적, 육체적 이유 없이도 자신의 육체에 영향을 미칠 수 있다면, 자신이 아닌 다른 사람의 육체에도 그와 유사한 영향을 미칠 수 있다. 이러한 종류의 영향력을 발휘하는 능력이라는 점에서 볼 때에 영혼이 차지하는 위치는 자신뿐 아니라 다른 모든 육체에 대해서도 동일하다. 그것은 영혼이 내재적인 것도 아니고 어떤 특정한 육체에 확고하게 매여 있는 것도 아니기 때문이다. 따라서 영혼이 다른 사람의 육체에 영향력을 발휘할 수 있다는 것은 분명한 사실이다.

그런데 철학자들은 다음과 같은 점에서 마술과 주술을 구별한다. 마술사는 마술을 할 때 아무런 도움도 필요하지 않으나, 주술사는 별, 숫자의 비밀, 존재하는 사물의 특수한 자질, 점성사들이 주장하듯이 천체의 위치가 원소의 세계에 미치는 영향 등에서 도움을 얻으려고 한다. 철학자들은 마술이 정신과 정신과의 결합이지만, 주술은 정신과 물체와의 결합이라고 말한다. 그들의 주장에 따르면 높은 곳의 천체적 자연은 낮은 곳의 지상적 자연과 연결되어 있고, 높은 곳의 자연은 곧 별의 영성이라는 것이다. 따라서 주술을 행하는 사람들은 대체로 점성술의 도움을 필요로 한다. 철학자들은 마술사가 자신이 마술적 능력을 후천적으로 획득하는 것이 아니라, 그러한 종류의 영향력을 발휘하는 데에 필요한 특수한 자질을 천성적으로 가지고 있다고 생각한다.

그들이 생각하는 마술과 주술의 차이는 바로 이런 것이다. 기적이란 영향력을 발휘하는 능력을 영혼 속에서 일으키는 신의 힘이다. 기적을 행하는 사람은 신의 정신에 의해서 도움을 받는다. 반면 마술사는 자기 자신의 힘으로 자신의 고유한 심령적 힘의 도움을 받아 그리고 어떤 상황에서는 악마의 지원을 받아 마술을 행한다. 이 둘 사이의 차이는 실제로 개념, 실체, 사물의 본질에 관련된 것이지만, 우리는 단지 분명히 겉으로 드러나는 조짐을 통해서만 그 차이를 알 수 있다. 즉 기적은 선한 사람이 선한 목적으로 그리고 오로지 선행에 헌신하는 영혼에 의해서 이루어지는 것이며, 나아가서 기적에는 예언에 앞서 '선행되는 도전'(예고)이 포함된다. 반면에 마술은 악한 사람에 의해서만 행해지며, 대체로 악한 행동을 하기 위해서, 예를 들면 부부 사이에 불화를 심는다든가 적에게 피해를 입힌다든가 하는 목적을 위해서 행해진다. 또 그것은 오로지 악한 행동을 좇는 영혼에 의해서 행해진다. 형이상학자들의 견해에 따르면 이것이 예언과 마술의 차이이다.

 신의 은총을 입은 일부 수피들 가운데에도 세속적인 상황에 영향력을 발휘하는 능력을 가진 사람들이 있다. 그러나 이것은 마술의 일종으로 간주되지 않는다. 이런 사람들의 태도와 관점은 예언의 결과이기 때문에, 그들의 행위는 신의 도움으로 가능한 것이다.……

 종교법은 마술, 주술, 요술이 모두 해를 끼칠 수 있기 때문에 그 모두를 동일한 부류로 간주하고, 금지하고 불법적인 것으로 규정한다.

 철학자들은 기적과 마술의 차이를 선과 악의 두 극한 사이의 차이라고 생각한다. 어떠한 선도 마술사에게서 나올 수 없고, 어떠한 마술도 선한 목적을 위해서 쓰이지 않는다. 반면 기적을 행하는 사람으로부터는 어떠한 악도 나오지 않으며, 기적은 악한 목적을 위해서 사용되지 않는다.

사악한 눈(眼)

 또 다른 심령적 영향력을 가진 것이 눈의 힘, 즉 사악한 눈을 지닌 사람의 영혼이 발휘하는 영향력이다. 어떤 물건이나 상황이 어떤 사람의 눈에 좋아 보이면, 그는 그것을 매우 좋아하게 되고, 이는 주인으로부터 그것을 빼앗고자 하는 질투심과 욕망을 그에게 불러일으킨다. 그래서 그는 그러한 것을 가진 주인을 파멸시키기를 원한다.

눈은 일종의 천성적인 자질이다. 이것과 다른 심령적 영향력과의 차이는 눈의 힘이 선천적이고 생래적이라는 점에 있다. 그와 같은 힘은 은폐된 채 남아 있을 수 없으며, 그것을 소유한 사람의 자유로운 선택에 달려 있는 것도 아니며, 그가 후천적으로 획득하는 것도 아니다. 이와는 달리 마술과 같이 후천적으로 얻어진 것이 아닌 또 다른 심령적 영향력도 있지만, 그것을 행동으로 옮겨 표현하는 것은 그런 힘을 소유한 사람의 자유로운 선택이다. 마술과 같은 그런 힘이 선천적이라는 의미는 그것을 소유한 사람의 잠재적 능력이 그러하다는 것일 뿐, 그의 행동도 자신의 의지가 개입되지 않은 자동적 행동이라고 할 수는 없다. 따라서 "마술이나 기적적 행동을 통해서 살인을 범하는 사람은 죽임을 당해야 하지만, 사악한 눈으로 살인하는 사람은 죽임을 당해서는 안 된다."라고 말하는 것이다. 사악한 눈으로 살인을 범하는 사람은 스스로 원하지도 또 의도하지도 않지만, 그런 결과를 피할 수 없게 되기 때문이다.

28) 문자의 비밀에 관한 학문

오늘날 이 학문은 '문자마술'(sîmiyâ)[38]이라고 불린다. 이 말은 주술이라는 뜻이었지만, 이 학문을 가리키는 용어로 바뀌어진 것인데, 아직도 마술을 행하는 수피들의 전문적인 용례에서는 주술이라는 통상적인 의미로 사용된다. 즉 마술을 가리키는 일반적 용어가 마술의 특수한 측면을 지칭하는 데에 사용된 것이다.

이것은 수많은 문제를 내포한 오리무중의 주제이다. 이 분야에 관해서 저술을 남긴 작자들은 문자마술의 결과와 효능이 자연세계 안에서 신의 정신이 활동하기 때문에 생긴 것이라고 보며, 이 신의 정신은 신의 아름다운 이름을 매개로, 그리고 피조물 속에 담겨 있는 비밀을 내포하는 문자들에서 기원한 신성한 표현들을 매개로 활동한다고 생각한다.

문자마술의 권위자들은 문자 속에 담긴 마술적 비밀에 대해서 서로 견해를 달리하고 있다. 어떤 사람은 그것이 문자에 있는 어떤 내재적인 기질에 기인한다고 보는 반면, 또 어떤 사람들은 문자에 담긴 힘의 비밀은 그 수적인 비율에 기인한다고 본다.……

---

38) 이 단어는 그리스어의 simeia에서 나왔다.

문자의 이러한 힘과 주술을 행하는 사람의 힘은 동일한 것이라고 여겨져왔으나, 실은 그렇지 않다.……

분명히 알아두어야 할 사실은 자연세계에서 모든 마술적 힘은 인간의 영혼과 정신에서 나온다는 것이다. 왜냐하면 인간의 영혼은 본질적으로 자연을 포괄하고 지배하기 때문이다. 따라서 주술로써 행하는 사람의 힘과 문자로써 행하는 사람의 힘 사이에 존재하는 진정한 차이는 다음과 같다. 즉 주술로써 행하는 사람의 힘은 천체의 영성을 끌어내려 그것을 형상이나 수의 배열의 도움을 받아 묶어놓는 것이다. 그 결과 어떤 종류의 합성물이 생겨 그것이 지닌 성질로 어떤 전환과 변환을 일으킨다. 그와 같은 전환과 변환은 어떤 사물에 들어간 효소가 일으키는 전환과 변환에 비유할 수 있다. 반면 문자로써 행하는 사람의 힘은 헌신과 장막의 제거를 통해서 획득하는 신의 빛과 도움으로 생긴다. 따라서 자연은 그를 위해서 일할 수밖에 없게 되고 불복하려는 의도가 없이 기꺼이 협조하게 되는 것이다.……

29) 연금술학

이것은 금과 은을 인공적으로 만드는 매개체의 질료를 연구하고 거기에 이르는 과정에 대해서 주석을 다는 학문이다. 연금술사들은 모든 피조물의 기질과 힘에 대한 지식을 획득하고 또 그것을 비판적으로 탐구한다. 그들은 금과 은을 만들 준비가 된 질료를 만나게 될지도 모른다는 희망을 품고 있으며, 광물질에 대한 연구는 물론 심지어 뼈, 깃털, 머리카락, 알, 배설물과 같이 동물의 불필요한 부분까지 조사의 대상으로 삼는다.

그리고 연금술은 그와 같은 질료가 잠재태에서 현실태로 전환되는 과정에 대한 주석이기도 하다. 그러한 과정은 예를 들면 질료가 승화와 증류에 의해서 자연의 성분으로 분해되는 것, 용해물질이 석회화에 의해서 고체화되는 것, 견고한 물질을 절굿공이나 분쇄봉으로 분말화시키는 것 등을 포함한다. 연금술사들은 이러한 기술이 소위 '영약'(al-iksîr)이라고 불리는 자연의 물질을 생산할 것이라고 생각한다. 납, 주석, 구리와 같이 금이나 은으로 전환될 수 있는 광물질에 불로 열을 가하고 약간의 '영약'을 첨가하면, 그 물질이 순금으로 바뀐다는 것이다. 연금술사들이 자신들의 일을 신비화하기 위해서 사용하는 전문적 용어로는 영약을 '정신'이라고 부르고 영약이 첨가되는 물질을 '신체'라고 부른다.

　미리 준비된 물질을 금과 은으로 변환시키는 기술적 작업의 형식이라든가 전문적 용어들에 대해서 주석을 다는 학문이 연금술학이다. 고대와 근대를 막론하고 사람들은 연금술에 대해서 저술을 남겼는데, 연금술에 관한 글들 가운데에는 때로는 연금술사가 아닌 사람들의 것도 있다.

　연금술사들의 견해에 따르면 연금술에 대한 대표적인 체계적 저술가는 자비르 이븐 하이얀이라고 한다. 심지어 그들은 연금술을 자비르의 특수한 영역으로 간주하고, 그것을 '자비르의 학문'이라고까지 부른다. 그는 연금술에 대해서 70여 편의 글을 썼는데, 모두 수수께끼 같은 내용이다. 그의 글 속에 있는 내용을 모두 아는 자만이 비로소 연금술의 비밀을 풀 수 있다고 생각한다.……

　연금술에 관한 몇몇 글들은 알 가잘리의 저술로 알려져 있으나, 이는 잘못된 것이다. 왜냐하면 알 가잘리의 고매한 지각은 그에게 그와 같은 분야에 대한 연구를 용인하거나 궁극적으로 연금술 이론의 오류를 수용하도록 만들지 않았을 것이기 때문이다.……

　연금술에 관한 저술을 통해서 우리는 연금술사들이 사용하는 모든 표현들이 비밀스러운 힌트나 수수께끼 같고, 거의 아무런 설명도 없는 난해한 것임을 알 수 있다. 이것이야말로 연금술이 자연적인 기술이 아님을 보여주는 증거이다.

　연금술에 관해서 우리가 믿어야 하고 또 실제 사실에 의해서 확인되는 진실은 연금술이라는 것이 정신적 영혼이 영향력을 발휘하고 자연세계 안에서 힘을 발휘하는 한 가지 방식이라는 점이다. 만약 그 영혼이 선하다면 그것은 신의 은총에 의한 기적의 행위에 속할 수도 있고, 그 영혼이 사악하다면 주술의 일종이 될 수도 있다. 분명히 연금술은 신의 은총이 보이는 기적의 행위일 수도, 주술적 행위일 수도 있다. 우리는 앞에서 이미 주술사가 자신의 마술적인 힘으로 질료의 성질을 변화시킬 수 있음을 입증한 바 있다.

　그런데 연금술은 금이 아닌 물질 속에 금을 창조하는 것이기 때문에 그것은 마술의 일종이라고 해야 할 것이며, 이 주제에 대해서 논의한 유명한 현자들도 이러한 입장을 취했다. 그렇기 때문에 연금술사들은 수수께끼 같은 표현을 사용한다. 그들은 종교법이 다양한 마술에 대해서 배척하는 것처럼 연금술도 부인하지 않을까 우려하여, 연금술을 보호하려고 그런 표현을 사용하는 것이다. 물질에 대해서 철저한 연구를 하지 않은 사람들이 흔히 생각하듯이, 연금술사들이 다른 사람과의 교류를 꺼리기 때문에 그런 것은 아니다.

30) 철학에 대한 반론과 철학도들의 타락

이 절과 다음의 두 절은 중요하다. 철학, 점성술, 연금술의 학문들은 문명 안에 존재하며, 특히 도시에서 크게 발달하는데, 이런 것들이 종교에 미치는 해악은 크다. 따라서 이런 학문이 무엇을 연구하는지를 분명히 밝히고 그것에 관한 올바른 입장을 보여주어야 할 필요가 있다.

이성적으로 탁월한 일부 사람들은 모든 존재물의 본질과 조건 ── 감각에 의해서 그 일부가 지각되는 것이건 혹은 감각적 지각 너머에 있는 것이건 ── 뿐만 아니라, 그러한 본질과 조건의 이유와 원인이 정신적 사유와 이성적 추론에 의해서 인식될 수 있다고 믿는다. 그들은 신앙의 신조도 이성적 지각의 대상에 속하기 때문에, 그 정당성도 전승에 의해서가 아니라 이성적 사유에 의해서 확립된다고 생각한다. 이러한 사람들은 '철학자'(falâsifah : faylasûf의 복수형)[39]라고 불리며, '지혜를 사랑하는 사람'이라는 뜻을 가진 그리스어에서 왔다.

그들은 지각의 문제에 대해서 탐구하며, 혼신의 노력을 기울여 그 목표를 찾으려고 한다. 그들은 이성적 사유로 하여금 진리와 허위를 구분할 수 있게 하는 규칙을 세웠는데, 이를 '논리'라고 부른다. 논리의 요체는 우리에게 진리와 허위를 구분할 수 있게 하는 정신적 사유로 하여금 개별적인 존재로부터 추출된 개념에 집중케 하는 것이다. 이 개별적 존재들로부터 사람은 먼저 모든 개별적 존재들에 공통되는 형상을 추출하는데, 인장이 마치 진흙이나 밀랍에 찍혀진 인장과 그 모양이 일치하는 것과 같다. 감각의 세계로부터 추출된 추상을 '제일 이지'(第一理知)라고 부른다. 이 보편적 개념들은 마음 속에서는 구분되는 다른 개념들과 결합되고, 그때 '제일 이지'와 공통점을 보이는 다른 개념이 추상화된다. 거기에 또 다른 개념들이 결합되면 제이, 제삼의 추상화가 이루어지다가, 결국 이러한 추상화의 과정은 모든 개념과 개별적인 현상들에 공통되는 단순하고 보편적 개념에 도달하게 된다. 이것이 최고 단계의 '유'(類)이다. 감각의 세계에서 도출되지 않

---

[39] faylasûf는 그리스어 φιλόσοφος의 음역이다.

은 모든 추상화된 개념들은 서로 결합하여 여러 학문을 형성하게 되는데, 이것을 일러 '제이 이지'라고 부른다.

인간은 사고력을 통해서 이와 같은 추상화된 이지를 연구하고, 그 이지를 통해서 존재물을 그 자체로 지각하려고 한다. 마지막에 가서 철학자들은 통각을 지각보다 우선시하지만, 처음에는 그리고 교육을 받는 과정에서는 지각을 통각보다 우선시한다. 왜냐하면 그들은 완성된 지각이 탐구의 궁극적 목표이고, 통각은 단지 그것을 위한 수단에 불과하다고 생각하기 때문이다. 논리학자의 저술들 속에서 우리는 지각이 우선이고 통각은 그것에 의존한다는 내용을 발견할 수 있다. 이러한 진술은 의식에 도달한다는 의미로서 이해되어야 할 뿐, 완전한 지식을 획득한다는 의미로서 이해되어서는 안 된다. 이것은 논리학에서 가장 위대한 학자인 아리스토텔레스의 견해이다.

철학자들은 감각의 세계나 감각적 지각 너머에 있는 모든 존재물에 대해서 이성적 사유와 논증을 통해서 지각하는 단계에 도달하는 것이 바로 행복이라고 생각한다. 존재물에 대한 그들의 지각의 총체적 결과, 그들의 지각이 도출하는 결과, 즉 사유의 명제가 제시하는 결론은 다음과 같다. 먼저 그들은 관찰과 감각적 지각을 통해서 낮은 차원의 물질이 있다는 결론을 내린다. 그 다음에 그들의 지각이 조금 더 나아가서, 동물의 운동과 감각적 지각의 존재를 통해서 영혼의 존재를 의식하게 된다. 그러면 그들은 영혼의 힘을 통해서 이성이 지닌 주도적인 위치를 깨닫게 되고, 여기에서 그들의 지각은 멈춘다. 그들은 가장 높은 천체에 대해서도 인간의 본질에 대해서 했던 것과 마찬가지의 동일한 방식으로 결론을 이끌어낸다. 이렇게 해서 그들은 천체가 인간과 마찬가지로 영혼과 이성을 가질 수밖에 없다고 생각한다.

그들은 행복이란 인간이 그와 같은 결론의 도움을 받아 존재물을 지각하고 동시에 그러한 지각에 의해서 영혼이 개선되고 덕성을 수용하게 될 때 성취된다고 생각한다. 설사 인간으로 하여금 선악을 구별하게 하는 종교법이 계시되지 않는다고 하더라도, 인간은 자신의 사유와 사유하는 능력, 선행을 선호하고 악행을 기피하는 천성 등으로 인해서 선을 성취할 수 있다고 그들은 생각한다. 그들은 영혼이 덕성을 성취하면 기쁨과 행복을 얻게 되지만, 도덕적 자질에 대한 무지는 영원한 고통을 의미한다고 생각한다. 그들의 견해에 의하면, 이것이 바로 저승에서의 지복과 형벌의 의미라고 한다. 그들은 이런 방식을 더욱 밀고 나가고, 그들이 사용하는 용어들을 통해서 이미 잘 알려져 있듯이 그들의 우둔함을 과시한다.

이러한 학설과 관련된 문제들을 설명하고 그들의 입장을 옹호하는 저술을 통해서 하나의 학문으로 체계화킨 가장 대표적인 인물이, 우리가 아는 한, 비잔틴 제국의 영토 안에 있는 마케도니아 지방 출신의 아리스토텔레스이다. 그는 플라톤의 제자이며 알렉산드로스의 스승이었고, 다른 아무런 수식어 없이 '최초의 교사'라고 불렸던 인물이다. 이는 곧 '논리학의 교사'를 뜻하는데, 아리스토텔레스 이전에는 발달된 형태의 논리학이라는 것이 존재하지 않았기 때문이다. 그는 논리학의 규칙을 체계화하고 그에 관련된 모든 문제들을 설명했으며 아주 훌륭하고 포괄적인 글을 남긴 최초의 인물이다. 형이상학에 철학적 경향을 부여한 책임만 면제시켜준다면, 사실 그는 논리학의 규칙에 관해서는 매우 훌륭한 업적을 남겼다.

후일 이슬람의 시대에 들어와서 이러한 학설을 받아들이고, 극히 적은 부분을 빼놓고는 대부분 아리스토텔레스의 견해를 추종한 사람들이 나타났는데, 그 과정은 다음과 같다. 압바스 왕조의 칼리프들은 고대 철학자들의 저술을 그리스어에서 아랍어로 번역하도록 했다. 많은 학자들이 그 저술들을 비판적으로 연구했는데, 신이 잘못된 길로 인도한 학자들은 그들의 학설을 받아들였고 논쟁이 벌어질 때에는 그들의 입장을 변호했는데, 세부적인 약간의 문제에서는 상이한 견해를 표방하기도 했다. 그 가운데 가장 대표적인 사람이 10세기의 아부 나스르 알 파라비와 11세기의 아부 알리 이븐 시나였다.

철학자들이 주장하는 견해는 모든 면에서 옳지 않다는 사실을 알아두어야 한다. 그들은 존재계의 모든 것을 '제일 이지'에 연관시키고, '필연자'(즉 신)로 소급해가는 과정에서 '제일 이지'의 이론에 만족한다. 이는 곧 그들이 '제일 이지' 너머에 존재하는 모든 단계의 신적 창조를 무시한다는 것을 의미한다. 그러나 존재는 그와 같은 협소한 관점으로 설명하기에는 너무나 광범위하다. 이지를 확인하는 데에만 자신을 국한시키고 그 너머에 있는 모든 것을 무시하는 철학자들은 어떤 면에서는 자연학자들에 비교할 수 있다. 이들은 물질을 확인하는 데에만 만족하고, 존재의 세계에 대한 신의 현명한 계획에서 물질 너머에는 아무 것도 존재하지 않는다고 믿음으로써 영혼과 이성을 무시하기 때문이다. 철학자들이 존재의 세계에 대해서 자신들의 주장을 입증하기 위해서 내놓는 논증들이나 논리학의 규칙들을 검증하기 위해서 펴는 주장들은 그와 같은 목적을 성취하기에는 충분치 못하다.

물질적인 존재에 대한 그들의 논의가 소위 자연학을 구성한다. 그것이 불충분하다고 말하는 까닭은 사유의 결과 — 즉 그들의 주장에 의하면 합리적 규범과 추리에 의해서 만들어진 결과 — 와 외부세계 사이의 일치가 명확하지 않다는 데에 있다. 마음이 내리는 모든 판단은 보편적인 것인 반면, 외부세계에 있는 존재물은 그 실체에서 개별적이기 때문이다. 아마 마음의 보편적 판단과 외부세계의 개별적 실체 사이의 일치를 방해하는 무엇인가가 그 실체들 속에 있는지도 모른다. 어쨌든 감각적 지각에 의해서 확인되는 일치성은 그것이 무엇이건 간에 관찰 가능한 것 속에 증거를 가지고 있다. 논리적 논의에는 그와 같은 증거가 없다. 그렇다면 그들의 논의 속에서는 어디에서 그와 같은 분명함을 찾을 수 있단 말인가?

마음은 개별적인 존재와 일치하는 '제일 이지'에 대해서는 상상 속의 형상의 도움을 받아서 작용하지만, 이차적인 추상화에 의해서 생기는 '제이 이지'에 대해서는 그렇지 못하다. '제일 이지'는 외부 세계와 일치할 가능성이 많기 때문에, 마치 감각의 세계에서의 경우처럼 그 판단은 존재의 세계에 있는 개별적 현상들과 이론적으로는 완벽하게 일치하기 때문에 분명한 것이라고 할 수 있다. 따라서 이 점에서는 철학자들의 주장을 인정하지 않을 수 없다. 그러나 우리는 이러한 것에 대해서 연구하는 것을 자제해야 한다. 왜냐하면 무슬림은 자기와 무관한 것들을 해서는 안 된다는 의무가 있기 때문이다. 자연학의 문제들은 종교적인 측면이나 생활의 측면에서도 우리에게는 하등의 중요성을 지니지 않는다. 따라서 우리는 그런 것들을 내버려두어야 한다.

감각적 지각 너머에 있는 존재의 세계, 즉 정신세계에 대한 논의가 철학자들이 말하는 소위 '신적인 학문' 혹은 형이상학을 구성한다. 정신세계의 본질에 대해서는 아무 것도 알려진 바가 없다. 사람은 거기에 갈 수도 없고 그것을 논리적 증명에 의해서 입증할 수도 없다. 왜냐하면 외부세계의 개별적 존재들로부터 정신계를 추상화하는 것은 감각에 의해서 지각되고 거기에서 보편이 도출될 때에만 비로소 가능한 것이기 때문이다. 우리는 감각이 드리우는 장막으로 인해서 정신적인 본질을 지각할 수 없고 거기에서 더 이상의 본질적인 것을 추상할 수 없다. 따라서 우리는 그것들에 관해서 하등의 논리적 증명을 할 수 없고, 그 존재를 확인할 아무런 방법도 찾지 못한다. 이와 관련하여 우리가 가질 수 있는 것이라고는 인간의 영혼에 의해서 지각이 일어날 때의 상황, 특히 모든 것을 직관적으로 체험하는 꿈이 있을 뿐이다. 그러나 그것을 넘어선 정신세계의 본질과 속성은 애매모호하기 때문에 그것에 대해서 확인할 길은 없다. 탁월한 철학자들은 이 점을 분명히 인정했다. 즉 그들은 논리적 증명의 전제는 본질적인 것이어야 하기 때문에 비물질적인 것은 결코 논증으로는 증명할 수 없다고 말했다. 위대한 철학자 플라톤은 신에 관해서는 어떠한 분명한 결론도 얻을 수 없으며, 신에 관해서 사람이 말할 수 있는 가장 적절한 것은 추측일 뿐이라고 했다. 만약 우리가 온갖 노력과 고생을 한 뒤에 얻을 수 있는 것이 겨우 추측이라면, 처음에 내리는 추측만으로도 충분할 것이다. 그렇다면 이러한 학문들과 그것이 추구하는 목적은 무슨 효용이 있는가? 우리는 감각적 지각의 저 너머에 있는 존재의 세계에 대해서 확실한 것을 알려고 하지만, 철학에서는 그러한 추측이 인간의 사고가 미칠 수 있는 한계인 것이다.

철학자들은 논리적 증명이라는 방법을 통해서 존재를 있는 그대로 인식할 때에 행복을 찾을 수 있을 것이라고 말한다. 이것은 마땅히 부인되어야 할 기만적인 진술이며, 그 까닭은 다음과 같다. 인간은 두 부분으로 이루어져 있다. 하나는 육체적인 부분이고, 또 하나는 정신적인 부분인데, 그것은 육체적인 것과 섞여 있다. 이 각각의 부분은 독특한 지각을 소유하고 있으나, 그것을 지각하는 부분은 양자 모두 동일하다. 그것은 정신적인 부분이다. 때로 그것은 정신적인 지각을 가지고, 또 때로는 육체적인 지각을 가진다. 그러나 그것이 정신적 지각을 가질 때에는 아무런 매개물 없이 그 자체의 본질을 통해서 지각하지만, 육체적 지각을 가질 때에는 뇌라든가 감각과 같이 신체의 기관을 매개로 해서 지각한다.

그런데 지각을 가진 사람은 누구나 자신이 지각하는 것을 매우 즐거워한다. 예를 들면 최초의 육체적 지각을 가지게 된 어떤 아이의 경우, 그의 지각은 다른 모든 육체적 지각이 그러하듯이 매개를 통해서 이루어지며, 자신이 보는 빛이나 듣는 소리에 매우 즐거워한다. 따라서 영혼이 아무런 매개 없이 그 자체의 본질을 통해서 지각할 때 더 큰 기쁨과 즐거움을 느끼리라는 것은 의심의 여지가 없다. 정신적인 영혼이 아무런 매개 없이 자신의 본질을 통해서 지각을 한다고 느꼈을 때, 거기에서 말로 표현할 수 없는 기쁨과 즐거움이 나올 것이다. 그러한 지각은 이성적 사유와 학문에 의해서 성취될 수 없는 것이다. 그것은 감각적 지각의 장막이 제거됨으로써 또 모든 육체적 지각을 잊어버림으로써 성취되는 것이다. 수피들은 영혼이 그와 같은 종류의 지각을 얻음으로써 이러한 커다란 기쁨을 성취하는 데에 매우 많은 관심을 가지고 있다. 그들은 훈련을 통해서 육체적인 힘과 지각을 죽이려고 시도하며, 심지어 뇌의 사고력까지 죽이려고 한다. 이처럼 영혼은 육체에 의해서 야기되는 모든 혼란과 방해가 제거되면 자신의 본질로부터 나오는 지각을 성취하게 되며, 수피들은 그렇게 해서 말로 표현할 수 없는 기쁨과 즐거움을 느낀다. 철학자들이 주장하는 이 점은 정확하고 그것에 대해서는 인정할 수밖에 없지만, 그렇다고 그것이 철학자들의 생각을 납득할 수 있도록 하는 것은 아니다.

　논리적 증명과 증거가 이러한 종류의 지각을 낳고 커다란 기쁨을 준다는 주장은 허위이다. 논리적 증명과 증거는 육체적 지각의 부류에 속하는 것이다. 왜냐하면 그런 것들은 상상, 사고, 기억과 같은 두뇌의 힘에 의해서 만들어진 것이기 때문이다. 그런데 우리가 이처럼 영혼이 아무런 매개 없이 수행하는 지각을 가지고자 할 때, 가장 먼저 관심을 두는 것은 두뇌의 모든 힘을 죽이는 것이다. 그 까닭은 두뇌의 힘이 그러한 종류의 지각에 반대하고 역행하기 때문이다. 유능한 철학자들은 이븐 시나의 『치유서』, 『지침』, 『구제서』라든가 이븐 루시드가 축약한 아리스토텔레스의 『원전』과 기타 문헌들에 달려들어, 그 책장들이 거의 닳도록 숙독한다. 그들은 거기에 담긴 논증을 확실히 습득하고 그 속에서 행복의 일부를 찾아보려고 기대한다. 그러나 그들은 이런 방식이 행복으로 가는 길에 장애물이 될 뿐이라는 사실을 깨닫지 못한다. 그들의 근거는 아리스토텔레스, 알 파라비, 이븐 시나 등과 같은 권위자가 말했다는 주장, 즉 이 세상에 살아 있을 때 능동적 이성의 지각을 획득하고 그것과 합일을 이룬 사람은 행복을 성취할 수 있다는 주장이다. 그들에게 능동적 이성이란 감각적 지각의 장막이 제거된 상태의 단계, 즉 정신세계에서 가장 높은 단계를 의미한다. 그들은 능동적 지성과의 합일이 학문적 지각의 결과라고 생각하지만, 그것이 오류라는 것은 분명하다. 왜냐하면 아리스토텔레스와 그의 동료들이 이런 방식의 합일과 지각을 말했을 때, 그것은 영혼이 아무런 매개 없이 자신의 본질을 통해서만 이루어지는 지각을 의미했으며, 그러한 지각은 오로지 감각적 지각의 장막이 제거되었을 때 비로소 이루어지는 것이기 때문이다.

나아가서 철학자들은 그런 종류의 지각에서 비롯되는 커다란 기쁨이 내세에서 약속된 행복과 동일한 것이라고 주장하는데, 이 역시 오류이다. 철학자들이 입증한 사실들은 감각적 지각의 너머에는 영혼에 의해서 아무런 매개 없이 지각되는 무엇인가가 있음을 우리에게 분명히 보여준다. 이것이 영혼에 참으로 커다란 기쁨을 일으키는 것은 사실이지만, 그렇다고 해서 그것이 내세에서의 행복과 동일한 것 —— 그러한 행복을 구성하는 여러 기쁨들 가운데 하나이기는 하겠지만 —— 이라고 단언할 수는 없다. 행복은 존재의 세계를 있는 그대로 지각하는 데에 있다는 그들의 주장도 오류이다. 그것은 우리가 앞에서 신의 유일성의 원리와 관련해서 언급했듯이, 지각을 가진 사람은 누구나 자신의 지각 속에 존재물 전체를 포괄하고 있다는 잘못된 가정 위에 서 있다. 우리는 이와 같은 가정이 잘못된 것이며, 존재는 너무나 광범위하기 때문에 포괄될 수도 지각될 수도 없고 정신적인 것도 육체적인 것도 아니라는 사실을 설명했다.

우리가 여기에서 소개한 모든 철학적 학설의 최종적 요점은 인간의 정신적인 부분이 육체의 힘에서 분리되었을 때, 특별한 종류의 지각, 즉 우리의 지식으로 포괄할 수 있는 존재계에 대한 본질적 지각을 가지게 된다는 것이다. 그러나 존재계 전체는 포괄될 수 없는 것이기 때문에 그러한 지각은 모든 존재계에 미치는 보편적 지각은 아니다. 이와 같은 지각이 가져다주는 즐거움은 마치 어린 아이가 성장하기 시작하면서 감각적 지각으로 얻는 즐거움과 마찬가지이다. 그렇다면 어느 누구도 모든 존재계를 지각하는 것이나, 무함마드가 우리에게 약속한 행복을 성취하는 것이 가능하다고 말해서는 안 될 것이다.

나아가서 철학자들은 칭송받을 만한 자질을 받아들이고 비난받아 마땅한 자질을 기피함으로써 스스로의 노력으로 자기 영혼을 정련하고 개선할 수 있다고 말한다. 이와 같은 진술은 영혼이 자신의 본질로써 이룩하는 지각을 통해서 느끼는 커다란 기쁨이 내세에 약속된 행복과 동일한 것이라는 주장과 연관되어 있다. 왜냐하면 악은 영혼에 육체적 습성과 그러한 습성에서 생겨나는 변모를 일으키며, 그래서 그와 같은 지각의 획득을 방해하기 때문이다.

그런데 우리는 이미 행복과 불행이 육체적, 정신적 지각 너머에 존재하는 것이라는 점을 설명했다. 철학자들이 말하는 영혼의 단련은 이성적이고 확립된 원칙에 따라서 이루어지는 정신적 지각이 커다란 기쁨을 만들어낼 때에만 유용하다. 그러나 그러한 기쁨 너머의 행복, 즉 우리가 명령대로 행동하기만 한다면 누릴 것이라고 무함마드가 약속했던 그 행복은 어느 누구의 지각에 의해서도 포괄될 수 없는 그런 것이다.

아부 알리 이븐 시나와 같은 대표적인 철학자는 이 점을 알고 있었다. 그는 『원리와 부활의 책』(Kitâb al-Mabda' wa-l-ma'âd)에서 다음과 같은 말로 이를 표현했다. "정신의 부활과 그 상황은 우리가 이성적 논증과 추론이라는 방법으로 알 수 있는 것이다. 왜냐하면 그것은 매우 자연적이고 일정한 방식으로 진행되기 때문이다. 따라서 우리는 그것에 대해서 논리적 증명을 활용할 수 있다. 그러나 육체의 부활과 그 상황은 일정한 방식으로 진행되는 것이 아니기 때문에 논리적 증명이라는 방법으로 파악할 수 없다. 그것은 진정한 이슬람의 종교법에 의해서 설명되었다. 따라서 그러한 상황에 관해서는 종교법을 고려하고 참고해야 할 것이다."

따라서 논리학은 철학자들이 다짐했던 목적을 성취하기에는 적절치 못하다. 나아가서 그것은 종교법과 거기에 담긴 분명한 의미에 배치되는 것들을 내포하고 있다. 우리가 아는 한, 이 학문은 단 하나의 이점이 있다. 그것은 증거와 논증을 정연하게 제출할 수 있도록 마음을 예리하게 해주고, 그래서 탁월하고 정확한 논증의 습관을 가지게 해준다는 것이다. 자연학과 수학은 물론 그 다음에 나오는 형이상학과 같은 학문에서도 논리학은 많이 활용된다. 그와 같은 학문에서는 논리적 증명이 정당한 방법으로 활용되고 있기 때문에, 연구자들은 세밀하고 정확한 증명과 추론의 습관을 몸에 익힐 수 있다. 설사 그러한 학문들은 철학자들이 기대하는 목표를 성취하지는 못한다고 하더라도, 사실 우리가 알고 있는 철학적 사유들 가운데 가장 건전한 원칙을 보여준다.

이것이 바로 논리학의 성과이다. 또한 그것은 세상 사람들의 학설과 의견을 알려준다. 우리는 그것이 어떤 해를 끼치는지를 알고 있다. 따라서 연구자들은 가능한 한, 그 유해한 측면을 조심해야 할 것이다. 그것을 연구하려는 사람은 누구나 종교법으로 완전무장하고 『코란』의 해석학과 법학을 연구한 뒤에야 비로소 시작해야 할 것이다. 무슬림의 종교적 학문에 아무런 지식이 없는 사람은 결코 그것을 해서는 안 된다. 그러한 지식이 없다면, 그는 그 유해한 측면으로부터 안전하지 못하게 될 것이다.

31) 점성술에 대한 반론. 그 성취의 취약성과 목표의 유해성

점성가들의 주장에 의하면, 점성술은 별이 개별적인 경우이건 결합된 경우이건 그 별의 힘에 대해서 그리고 별이 원소의 생성에 끼치는 영향력에 대해서 지식을 제공함으로써, 원소로 이루어진 세계에서 어떤 일이 일어나기 전에 미리 그것을 알려준다고 한다. 따라서 그들은 천체와 별의 위치를 보편적이건 개별적이건 미래에 일어날 모든 사건에 대한 지시로 받아들인다.

고대의 점성가들은 별의 힘과 영향에 대한 지식이 경험을 통해서 얻는 것이라고 생각했지만, 그것은 모든 인간의 경험을 결합한다고 해도 도달할 수 없는 것이다. 왜냐하면 경험이란 수많은 반복을 통해서만 비로소 경험적 지식이나 추측을 가능케 해주기 때문이다. 별의 운행은 매우 장기적이고, 그것이 반복되려면 엄청나게 긴 시간이 필요하다. 따라서 설령 세상 사람들의 인생을 모두 합한다고 해도, 그것을 관찰하기에는 부족할 것이다.

마음이 약한 일부 점성가들은 계시를 통해서 별의 힘과 영향에 관한 지식을 가질 수 있다고 주장하는데, 이것은 오류이다. 그들 자신이 그런 주장을 반박하기에 충분한 증거를 제공하고 있다. 가장 명백한 증거는 우리도 알다시피 모든 사람들 가운데 예언자들이 그러한 점성술에 가장 익숙치 못하다는 사실이다. 그들은 신으로부터 계시가 올 경우에만 초자연적인 것에 대한 정보를 우리에게 전해준다. 그렇다면 그들이 무엇 때문에 굳이 점성술과 같은 기술을 통해서 초자연적인 정보를 만들어내고 그것을 통해서 추종자들이 따라야 할 종교법을 정하겠는가?

프톨레마이오스와 그의 추종자들은 원소로 이루어진 존재물들 안에 별이 만들어놓는 기질의 자연적인 결과로 말미암아 별이 미래를 나타낼 수 있다고 생각했다. 그는 이렇게 말했다. "해와 달의 활동, 그것이 원소로 이루어진 물질에 미치는 영향은 아무도 부인할 수 없을 정도로 분명하다. 예를 들면 해는 계절의 변화와 기질에, 과일과 곡식의 성숙 등에 영향을 미친다. 달은 습도, 물, 물질의 부패

과정, 오이 등에 영향을 미친다."

프톨레마이오스는 계속해서 이렇게 말했다. "해와 달 다음에 오는 별에 관해서 우리는 두 가지 접근방법을 가지고 있다. 하나는 비록 만족스럽지는 못하지만, 점성술의 권위자들이 이룩한 전통을 따르는 것이다. 또 하나는 각각의 별을 이미 그 성질과 영향에 대해서 분명히 알고 있는 해와 비교함으로써 획득한 추측과 경험적 지식에 의존하는 것이다. 따라서 우리는 어떤 별이 해와 합(合)을 이룰 때, 그것이 해의 힘과 기질을 강화시키는지의 여부에 주목한다. 만약 강화시켜준다면, 그 특정한 별의 본질이 해의 본질과 일치됨을 알게 된다. 이렇게 해서 우리가 별들이 개별적 힘을 알게 되면, 그것이 결합되었을 경우에 대해서도 알 수 있다. 즉 별들이 서로에 대해서 1/3, 1/4, 혹은 다른 각도에서 대면하는 경우에 그런 것을 알게 된다. 이에 관한 지식은 12궁의 성질에서 도출되며, 그 성질은 해와의 비교를 통해서 알 수 있다.

"이렇게 해서 우리는 별의 힘들에 대해서 모든 것을 알게 된다. 그 힘은 대기에 영향을 미치는데, 이는 명백하다. 그 결과로 생기는 대기의 기질은 대기 아래에 있는 피조물들에게 전달되고, 정액과 씨앗의 형태를 결정한다. 따라서 그 기질은 그 정액과 씨앗으로부터 만들어진 물질의 기초를 이루며, 영혼과 육체에 의존하는 모든 조건들의 밑바탕이 된다. 정액과 씨앗의 성질은 그 정액과 씨앗으로부터 만들어진 모든 피조물의 성질이다."

프톨레마이오스는 계속해서 이렇게 말했다. "그러나 점성술은 여전히 추측에 머물고 어떤 면에서도 분명한 것은 아니다. 그것은 또한 신의 명령, 즉 신의 예정의 일부를 이루지도 않는다. 그것은 모든 존재물에게 공통된 자연의 원인의 하나일 뿐이지만, 신의 명령은 만물에 선행한다."

이러한 내용은 그가 저술한『사부(四部)』(*al-Arba‘; Quadripartitum*)와 다른 글에서도 보인다.

이것은 점성술이 이룩한 성과가 지닌 약점을 분명히 보여준다. 앞으로 존재하게 될 사물에 대한 지식이나 추측은 그 일에 개입된 모든 원인들, 즉 행위자, 그 행위의 수취자, 형태, 목적 등에 관한 총체적 지식에서만 비롯될 수 있다. 점성가들에 의하면 별의 힘은 단지 행위자에 불과하다. 수취자는 원소의 부분이다. 나아가서 별의 힘은 유일한 행위자가 아니다. 대상이 되는 물질의 원소에 별의 힘과 함께 작용하는 다른 힘들도 존재한다. 예를 들면 정액 속에 포함된 아버지와 종(種)의 생성력, 종 내부에서 각각의 유형을 구별시키는 특수한 속성의 힘 등이 그러하다. 별의 힘이 완전하게 알려진다고 해도, 그것은 여전히 존재하게 될 사물을 만드는 데에 작용하는 여러 원인들 중의 하나에 불과하다.

나아가서 별의 힘이나 영향에 대한 지식 이외에도 엄청난 추측과 억측이 필요하게 된다. 그렇게 했을 때 비로소 점성가는 앞으로 일어날 일을 추측할 수 있다. 그런데 추측과 억측은 연구자의 마음 안에 있는 힘일 뿐, 장차 일어날 일의 원인도 이유도 아니다. 그러나 추측과 억측을 하지 않는다면, 점성가는 추측에서 의혹의 수준으로 떨어지고 말 것이다.

설사 별의 힘에 대한 점성가의 지식이 정확하고 아무 결함이 없다고 해도, 상황은 이러하다. 그런데 그것이 바로 문제이다. 별의 위치를 알기 위해서는 별의 운행을 계산하는 능력이 요구되지만, 설사 그런 계산을 한다고 해도 모든 별들이 각자 고유한 힘을 가지고 있다는 것은 증명되지 않는다. 프톨레마이오스가 다섯 개의 혹성의 힘을 입증하기 위해서 사용한 방법, 즉 그것들을 해와 비교하는 방법은 약점을 지니고 있다. 왜냐하면 해의 힘은 다른 모든 별들의 힘보다 우월하며 그것을 지배하고 있기 때문이다. 따라서 프톨레마이오스가 지적했듯이 어떤 별이 해와 합(合)이 되었을 때에도 해의 힘이 그로 인해서 증가되는지 아니면 감소되는지를 거의 알 수 없다. 이 모든 것은 점성술의 도움으로 원소의 세계에서 일어날 수 있는 일을 예견하는 것이 가능하다는 주장과 배치된다.

나아가서 별들이 그 아래 세계에 영향을 미친다는 주장도 오류이다. 신 이외에는 어떠한 행위자도 없다는 것이 입증되었다. 이와 관련해서 사변신학자들은 원인이 그것에 의해서 결과되는 사물과 어떤 방식으로 연관되는지를 알 수 없고, 따라서 표면상으로 어떤 분명한 영향에 의해서 생기는 결과에 대해서 이성이 내리는 결론은 의심스러울 수밖에 없다는 자명한 주장을 한 바 있다. 아마 원인과 그 결과물의 관계에는 통상적인 형태의 영향 이외에 다른 무엇인가가 개재되어 있을지도 모른다. 고차원적이건 저차원적이건 모든 피조물들의 경우가 그러하듯이 신의 힘이 양자를 묶어놓은 것처럼 보인다. 특히 종교법은 모든 현상을 신의 힘으로 돌리고 그밖의 다른 무엇과도 연관시키려고 하지 않는다.

예언 역시 별의 중요성과 영향을 부인하고 있다. 예를 들면 무함마드는 "어떠한 일식이나 월식도 누군가의 죽음과 출생을 가리키지 않는다."라고 말했다.

따라서 종교법의 입장에서 볼 때, 또한 이성적인 관점에서 점성술이 성취한 결과의 약점을 판단할 때, 점성술의 무용함은 명백하다. 나아가서 점성술은 인류문명에 해를 미친다. 설명하기도 힘들고 확인할 수도 없지만, 점성술적인 판단이 때로는 진실로 나타나기 때문에 보통 사람들의 신앙을 해치기도 한다. 무지한 사람들은 거기에 미혹되어 다른 모든 점성술적 판단도 진실하리라고 믿지만, 사실은 그렇지 않다. 이렇게 해서 그들은 조물주 이외에 다른 존재에서 원인을 찾게 된다.

나아가서 점성술은 왕조에서 위기의 조짐이 나타날 것이라는 기대를 하게 하는 경우도 많다. 이것은 왕조의 적과 경쟁자로 하여금 반격을 가하고 반란을 일으키도록 고무한다. 우리는 이런 사례를 직접 목격한 바 있다. 따라서 점성술은 종교와 왕조에 모두 해를 끼치므로 문명화된 모든 민족에게서 금지되어야 마땅하다. 선을 가져다주는 것들의 도움을 받아 선을 체득하고 해악의 원인을 피하려고 노력하는 것이 우리의 의무이며, 이 학문의 타락과 해악을 깨달은 사람들이 마땅히 해야 할 일이다.

이러한 상황은 설령 점성술 그 자체는 건전한 것이라고 해도, 무슬림은 그것에 관한 지식이나 습관을 가져서는 안 된다는 사실을 알려준다. 그것을 연구하는 사람이나 그것을 완전히 알고 있다고 생각하는 사람은 실제적인 상황에서 가장 무지하다. 그것을 열심히 배우려고 하는 사람들은, 비록 극히 소수이기는 하지만, 자기 집 구석방에나 앉아서 점성술에 관한 책과 논문을 읽어야 할 것이다. 그들은 사람들로부터 격리되어야 하고 대중들의 감시하에 두어져야 한다. 뿐만 아니라 점성술은 수많은 분야와 분과를 가진 매우 복잡한 주제이고 이해하기도 어렵다. 그렇다면 그같이 고립된 상태에 있는 사람이 어떻게 그것을 통달할 수 있겠는가? 법학은 종교적으로나 세속적으로나 보편적으로 유용하고, 그 원천은 『코란』과 공인된 순나에서 찾아볼 수 있으며, 무슬림 대중들이 탐구하고 가르치는 바이다. 법학을 가르치는 강의와 토론회도 있으며, 교육과 강의도 많다. 그럼에도 불구하고 각 시대와 세대에서 소수의 사람들만이 그것을 통달할 수 있었다. 그렇다면 종교법에 의해서 폐기되고 불법시, 금기시된 점성술과 같은 주제를 어떤 사람이 배울 수 있다는 말인가? 하물며 대중들로부터 은폐되어 그 자료는 접근하기 힘들고, 그 기본 원리와 세부 사항을 연구하고 알게 된 뒤에도 연구자가 수많은 추측과 억측에 의존할 수밖에 없는 그런 학문을 어떻게 연구할 수 있다는 말인가? 이러한 모든 어려움을 극복하고 어떻게 그와 같은 주제에 대해서 통달할 수 있겠는가? 이러한 점들을 고려할 때, 점성술에 관한 우리의 견해가 어떠한지는 분명해질 것이다.……

32) 연금술의 효용성에 대한 부정. 그 존재의 불가능성. 그것을 행함으로써 생기는 해악

자신의 생계를 해결하지 못하는 많은 사람들이 연금술을 배우려는 욕심에 이끌린다. 그들은 연금술이 생계를 해결하는 정당한 방법이며, 그것을 행하는 사람들이 보다 쉽고 간단하게 재산을 얻는다고 생각한다. 그러나 사실상 그들은 곤란과 고난과 어려움, 당국의 박해, 투자에 의한 재산상의 손실 등을 그 대가로 치루어야만 한다.

그들은 연금술을 행함으로써 소득이 있는 어떤 기술을 익힐 수 있다고 생각한다. 그러나 그들이 연금술을 행하는 것은 모든 광물에 공통된 질료로 인해서 어떤 특정한 광물이 인공적인 방법에 의해서 다른 종류의 광물로 변할지도 모른다는 기대에 자극을 받았을 뿐이다. 그래서 그들은 은을 처리하여 금으로 만들려고 하고, 주석을 은으로 바꾸려고 시도한다. 그들은 자연의 영역에서 그렇게 하는 것이 가능하다고 생각한다.……

어떤 연금술사들은 단순한 위조를 하는 데에 그치기도 한다. 그와 같은 위조는 은을 금으로 덮거나 아니면 구리를 은으로 덮거나 혹은 이 두 금속을 1:2나 1:3의 비율로 섞는 등, 눈에 금방 드러나는 방식일 수도 있다. 아니면 어떤 광물을 그와 유사한 다른 광물처럼 보이게 하는 은밀한 방식의 위조일 수도 있다. 예를 들면 구리는 수은의 승화에 의해서 표백되고 부드러워짐으로써 전문적인 감식가가 아닌 사람의 눈에는 마치 은처럼 보이게 된다.

이러한 위조자들은 자기가 만든 광물을 공식적인 인장이 찍힌 화폐처럼 주조하여 유통시키기도 한다. 이렇게 해서 그들은 뻔뻔스럽게도 많은 사람들을 기만한다. 이것은 가장 비열하고 사악한 직업이다. 위조자들은 은 대신 구리를, 금 대신 은을 사람들에게 줌으로써 타인의 재산을 훔치고 차지하려고 일을 도모한다.

그들은 도둑, 아니 도둑보다도 더 나쁜 사람들이다.……

그러나 그와 같은 위조를 하지 않고 무슬림들의 통화와 화폐를 타락시키는 일을 하지 않으려는 연금술사들도 있다. 그렇지만 이 세상에서 연금술의 목표를 성취했다거나 어떤 바람직한 결과를 얻었다는 사람은 하나도 없다. 그들은 연금술의 목표를 성취하고 성공을 거두었다는 다른 연금술사들에 대한 이야기를 하지만, 자신들이 매몰된 주제에 관한 공상적인 이야기에 취해서 넋이 나간 사람들과 마찬가지이다. 그러한 이야기가 과연 실질적인 관찰을 통해서 입증된 것이냐는 질문을 받으면 그들은 분명한 대답을 못하고, 다만 "우리는 그런 이야기를 들었을 뿐 보지는 못했다."고 말한다. 어느 시대 어느 종족의 연금술사들도 이와 마찬가지이다.……

연금술을 사용하여 금을 만들었다고 주장하는 사람은 정액을 이용하여 인간을 인공적으로 창조했다고 주장하는 사람과 다를 바 없다. 만약 어떤 사람이 인간의 모든 부분과 균형, 성장과정과 자궁 안에서 생성되는 과정 등에 대한 총체적인 지식을 가지고 있다고 한다면, 또 그가 세부적인 모든 것을 알고 있어 그의 지식에 티끌만한 부족함도 없다고 한다면, 우리는 그가 한 인간을 창조할 만한 능력이 있다고 인정할 수도 있을 것이다. 그러나 그러한 지식을 소유한 사람이 어디에 있겠는가?……

연금술의 또 다른 측면도 그 불가능성을 입증한다. 그것은 연금술의 결과에 관한 것이며 다음과 같다. 금과 은을 희귀하게 만들어 그것으로 하여금 인간의 이익과 자본의 축적을 측량하는 가치기준이 되게 한 것은 신의 현명한 계획이었다. 만약 금과 은을 인공적으로 만들 수 있다면, 신의 현명한 계획은 이 점에서는 실패했을 것이다. 금과 은이 그렇게 다량으로 존재한다면, 그것을 가지려고 노력할 아무런 필요도 없기 때문이다.

연금술의 불가능성을 입증하는 또 다른 측면이 있다. 자연이 무엇인가를 행할 때에는 언제나 가장 짧은 길을 택하지, 결코 가장 길고 복잡한 길을 택하지 않는다. 만약 연금술사들이 가정하듯이 인공적인 방법이 자연이 광맥 안에서 행하는 방법보다 더 건전하고 더 짧은 것이라면, 자연은 금과 은을 창조하고 생성시키기 위해서 선택했던 기존의 방법을 버리고 연금술과 같은 방법을 취할 것이다.……

연금술을 행하려는 욕망을 일으키는 가장 일반적인 요인은 앞에서도 말했듯이 인간이 자연적인 방법으로 자신의 생계를 꾸리지 못하는 무능함 그리고 농업, 상업, 수공업과 같이 자연적인 것이 아닌 다른 방법으로 생계를 확보하려는 희망을 들을 수 있다. 능력이 없는 사람은 그러한 합법적인 직업을 통해서 생계를 유지하는 것이 어렵다고 생각한다. 그는 연금술이나 다른 비자연적인 어떤 직업을 통해서 한순간에 부를 얻기를 바란다. 연금술은 문명인들 가운데에서 가난한 사람들이 대부분 해보려고 하는 것이다.

33) 저술할 때 명심해야 할 목적. 이것만이 유일하게 유용한 것

인간의 영혼이 바로 인간의 학문의 저장고라는 사실을 알아야 할 필요가 있다. 그 속에 신은 사고를 하고 학문적 지식을 획득케 하는 지각을 심어주었다. 그 과정은 실체에 대한 인식(taṣawwur)에서 시작하여, 직접적이든 간접적이든 그 실체의 본질적 속성에 대한 긍정과 부정으로 나아간다.

따라서 인간의 사고력은 궁극적으로 긍정을 하건 부정을 하건 해결하지 않으면 안 되는 상황을 낳게 된다. 인간은 이러한 노력을 통해서 마음 속에 어떤 학문적 형상을 확립하면, 그 형상이 정당하다는 것을 입증하고 마음을 닦기 위해서, 교육이나 토론을 통해서 다른 사람과 반드시 교류하지 않으면 안 된다.

그와 같은 교류는 '구두(口頭)의 표현', 즉 단어들로 이루어진 말을 통해서 이루어진다. 말이라는 것은 음들의 조합, 즉 목젖과 혀에 의해서 음이 파열됨으로써 생기는 다양한 특징의 음성이며, 신이 인간의 신체기관과 혀 안에 창조해놓은 것이다. 이를 통해서 인간은 자신의 생각을 말의 형태로 다른 사람과 교류할 수 있다. 이것이 사고의 교류에서 나타나는 첫번째 단계이다. 그 가운데 가장 중요하고 고귀한 부분이 학문이지만, 일반적으로 사람의 마음 속에 들어오는 모든 진술이나 희망도 그것에 포함된다.

첫번째 단계의 다음에 오는 두번째 단계는 보이지 않는 곳에 있거나 신체적으로 멀리 떨어져 있는 사람, 혹은 후세에 생존하게 될 사람, 동시대인이 아니기 때문에 아직 만나본 적이 없는 사람 등에게 자신의 생각을 보내는 것이다. 이것이 글을 통한 교류이다. 글은 손으로 쓰는 형상들로서, 그 모양과 형태는 관행에 의해서 개별적인 문자(음성)와 단어를 지시한다. 따라서 그러한 글로 표현된 말을 매개로 사람들은 자기 생각을 보내는 것이다. 이처럼 글은 교류의 두번째 단계이며, 전달의 두 부분 가운데 하나이다. 글은 사고에서 가장 고귀한 부분, 즉 학문과 지식에 관한 정보를 주고, 학자들은 자신의 모든 학문적 생각을 글을 통해서 책 안에 저장하며, 그렇게 함으로써 지금 여기에 없는 사람들이나 후대에 살게 될 모든 사람들에게 그 혜택을 받도록 한다. 그런 작업을 하는 사람이 저술가이다. 세상 어느 곳에서나 글로 된 저작은 많으며, 모든 종족과 시대에 걸쳐 전승된다. 그렇지만 그것들은 종교법이나 조직의 차이 또한 민족과 왕조에 관한 정보의 차이로 서로 상이점을 보인다. 그러나 철학적 학문들은 그와 같은 차이를 보이지 않는다. 육체적이건 정신적이건 천체적이건 원소적이건 추상적이건 물질적이건, 존재하는 모든 사물들을 있는 그대로 지각하려고 하는 사고 그 자체의 본질 때문에 철학적 학문들은 어디에서나 차이점을 보이지 않는다. 차이는 종교를 서로 달리하는 종교적 학문에서 또 역사적 정보의 외적 성격을 달리하는 역사적 학문에서 생겨난다.

글도 인간이 상이한 형태와 모습을 사용하게 되었기 때문에 서로 달라진다. 이와 같은 글은 '펜' 혹은 '문자'라고 불린다. '무스나드'(musnad)라고 불리는 힘야르 문자가 있는데, 힘야르인과 예멘 지방의 고대 주민들의 문자이다. 그것은 무다르족 계열의 아랍인들의 문자와 서로 다른데, 마치 그들의 언어가 서로 다른 것과 마찬가지이다. 물론 그들은 모두 같은 아랍인에 속한다. 따라서 양자 모두 각자의 언어적 표현에서 발전되어 나온 공통된 원칙을 가지고 있으며, 그것은 다른 집단의 원칙과는 상이하다.

또 다른 한 문자가 시리아 문자이다. 이것은 나바타에인과 칼데아인의 글자인데, 무지한 사람들은 그들이 고대에 가장 강력한 민족이었고 그 문자도 매우 오래되었기 때문에 그것이 자연적인 문자인 것처럼 생각하는 경향이 있지만, 이는 공상에 불과한 천박한 생각이다. 선택의 결과로 나타나는 행동은 어떤 것도 자연적이 아니다. 시리아 문자는 보는 사람의 눈에는 자연적인 것처럼 비쳐질지는 몰라도, 단지 옛날에 만들어지고 오랫동안 사용되어 사람의 마음 속에 깊이 뿌리내려 습관 되었을 것뿐이다. 어리석은 많은 사람들은 아랍어에 대해서도 같은 생각을 한다. 그들은 아랍인들이 생래적으로 훌륭한 아랍어로 자신을 표현할 수 있다고 생각하지만, 이는 헛된 생각에 불과하다.

또 다른 한 문자가 히브루 문자이다. 이것은 이스라엘 족속인 셀라와 그의 아들 에베르의 자손 그리고 기타 다른 민족의 문자이다.

또 다른 한 문자가 라틴 문자이며, 라틴계 비잔틴인의 문자이다. 그들은 독자적인 언어를 소유하고 있다.

각 민족은 고유한 형태의 글을 소유하는데, 예를 들면 투르크인, 유럽 기독교도, 인도인 등이 그러하다. 이 가운데 단지 세 종류의 문자만이 흥미를 끈다. 첫째는 앞에서도 언급했듯이 오래되었다는 점이 특징인 시리아 문자이고, 그 다음은 아랍 문자와 히브루 문자인데, 그것은 『코란』과 『토라』가 아랍어-문자와 히브루어-문자로 계시되었기 때문이다.

셋째는 로마인들의 언어를 표기하는 라틴 문자이다. 전적으로 『토라』에 근거를 둔 기독교를 그들이 채택했을 때, 『토라』와 이스라엘의 선지자들이 남긴 글들을 자기네 언어로 번역하여 경전으로부터 가능한 한, 용이하게 법을 도출하려고 했다. 그래서 그들은 다른 어떤 언어보다도 자신들의 언어에 더 많은 관심을 두었다.

그밖의 다른 문자들에 대해서 나는 관심이 없으나, 모든 민족은 독자적인 문자를 사용한다.

이제 저술할 때에 유념해야 할 목적, 즉 그 이외의 다른 모든 것은 무용한, 일곱 가지의 목적을 설명하도록 하자.

(1) 주제를 지닌 학문을 제기하고 그 장과 절의 구분과 문제점들을 논의하는 것, 또는 유능한 학자들이 자기 마음 속에 떠오르는 문제점과 연구 주제를 제기하고 그것이 일반적으로 알려지고 유용한 것이 될 수 있도록 다른 사람과 교류하는 것, 이런 것들을 책 속에 담아서 후세 사람들이 거기에서 혜택을 얻을 수 있도록 해야 한다. 법학 분야에서 이러한 예를 볼 수 있다. 앗 샤피이는 최초로 전승에 나오는 구절을 근거로 법적인 문제점들을 논의하고 그것에 대한 간략한 설명을 했는데, 그뒤 하나피 학파가 나타나서 유추의 문제를 제기하고 그것을 충분히 논의했다. 이와 같은 자료들은 후대의 학자들에 의해서 오늘날까지 활용되고 있다.

(2) 어떤 학자는 고대의 학자들의 논의와 저술을 이해하기 어렵다고 생각할지도 모른다. 만약 그가 신의 도움을 받아 이해할 수 있게 되었다면, 그는 동일한

문제를 이해하는 데에 어려움을 느낄지도 모르는 다른 사람들에게 그것을 알려주어, 가치있는 모든 사람들이 자신의 지식을 통해서 혜택을 받게 되기를 희망할 것이다. 이것은 이성적, 전승적 학문에 관한 서적들에 대한 해석적 접근방식이며, 학문에서 고귀한 부분이다.

(3) 후대의 일부 학자들은 유명한 성과를 거둔 고대의 학자들이나 스승으로 이름난 권위자들의 논의 가운데에서 오류나 실수를 발견할지도 모르며, 그것을 의심의 여지 없이 보여주는 분명한 증거를 가지게 될지도 모른다. 그러면 그는 자기 뒤에 올 사람들을 위해서 그것을 알려주기를 원할 것이다. 왜냐하면 이미 오류가 포함된 고대의 저작은 공간적으로나 시간적으로나 널리 유포되어 있고 그 저자의 명성이나 그의 학문에 대한 사람들의 의존을 생각할 때, 그러한 저작에 포함된 오류를 없앤다는 것이 불가능하기 때문이다. 따라서 그는 이러한 오류의 발견을 글로 남겨 후대의 연구자들이 그것에 관한 설명을 배울 수 있도록 해야 한다.

(4) 어떤 특정한 분야는 아직 불완전하기 때문에, 그 분야의 주제들을 구분함으로써 문제점과 세부사항들을 지적해야 할 필요가 생긴다. 이러한 문제점을 인식한 학자는 그 결여된 부분을 보충함으로써, 그 분야가 모든 문제점과 세부사항들을 부족함이 없이 갖출 수 있도록 완전하게 만들어야 할 것이다.

(5) 어떤 특정한 학문은 그 문제점들이 장(章)의 적절한 배치 없이 다루어지는데, 이러한 상황을 인식한 학자는 문제점들을 개선하여 그것들이 속한 장에 정연하게 배열해야 할 것이다.

(6) 어떤 학문의 문제점들은 다른 학문의 개별적인 장들 안에 흩어져 존재하는 경우도 있다. 탁월한 학자들은 그 특정한 학문이 독자적인 분야를 이루는 주제라는 사실을 인식하고 그 문제점들을 수집할 필요를 느끼게 된다. 그는 그렇게 함으로서 새로운 분야를 출현시키게 된다. 그는 그 분야에 대해서 인간이 사고력을 통해서 발달시키는 학문들 가운데 자기 자리를 잡을 수 있도록 해준다. 이것은 문학비평(bayân) 분야에서 실제로 일어났던 일이다.

(7) 학문적인 주요 저술들 가운데 일부는 너무 길고 장황하기 때문에, 거기에 보이는 반복을 없애고 간략하고 명확한 축약을 시도할 수도 있다. 그러나 원저자의 의도가 손상되지 않도록 근본적인 것은 삭제하지 않도록 주의하지 않으면 안

될 것이다.

　이상이 저술을 할 때에 마음에 새기고 잊어서는 안 될 목적들이다. 그밖의 다른 것은 모두 불필요하며, 명석한 모든 학자들이 따라야 한다고 말했던 정도(正道)로부터의 일탈이다. 예를 들면 어떤 사람은 전 시대의 저자의 작품을 모종의 기만, 예를 들면 표현을 바꾼다던가 내용의 배열을 바꾸는 등의 방법으로 마치 자신의 작품인 것처럼 꾸미는 일이 있다. 혹은 어떤 사람은 특정한 분야에 필수적인 자료를 없애거나 불필요한 자료를 언급하기도 하고, 정확한 진술을 잘못된 것으로 바꾼다던가, 무용한 자료를 열거하기도 한다. 이 모든 것은 무지와 몰염치한 짓이다.

　아리스토텔레스는 저자가 지켜야 할 목적들을 열거하면서 최후의 항목에 이르러 "다른 모든 것들은 무용한 것이고 욕심에 불과하다"고 말했는데, 이는 무지와 무례를 의미했다.

34) 다량의 학술서는 학문성취에 장애가 된다

　지식의 획득과 완벽한 학문성취를 위해서 인간이 노력할 때, 지나치게 많은 서적, 교육에 동원되는 수많은 전문용어들과 방법들은 오히려 해를 끼치는 것들 가운데 하나라는 사실을 알아야 할 필요가 있다. 그러나 학자들은 이런 모든 것에 대해서 충분한 지식을 가지고 있어야 완성된 학자로 간주된다.

　그래서 학자들은 모든 저술 혹은 그 대부분을 알아야만 하고 거기에 사용된 방법을 배운다. 그러나 그가 어떤 한 분야에 존재하는 모든 저술들을 알기 위해서 평생 동안 오로지 거기에만 전념한다고 해도 그것을 성취하지 못할 것이며, 따라서 학문성취를 이룩하지 못할 것이다.……

　모든 것은 동일한 주제의 변주들이다. 학자들은 그 모든 것에 대한 지식을 습득하고 그 차이점들을 구별할 수 있어야 한다. 그러나 그것들 가운데 하나를 배우는 데에도 평생의 시간이 필요하다. 만약 스승과 학생이 자신이 속한 학파의 문제에만 국한한다면, 목적을 달성하기가 더 용이하고 교육도 보다 간단하며 이해하기 쉬워질 것이다. 그러나 모든 학문을 통달하려는 욕망은 관습을 통해서 굳게 뿌리를 내리고 있기 때문에 치유될 수 없는 악이다. 어떤 면에서 그것은 본성과 같은 것이 되어, 제거될 수도 변화될 수도 없는 것이 되었다.……

35) 학문적 주제에 관한 많은 개설서는 교육과정에 해를 끼친다

최근 많은 학자들은 학문들의 방법과 내용을 간략하게 제시하는 데에 눈을 돌렸다. 그들은 학문의 방법과 내용을 알리고 하고, 그래서 각 학문에 대해서 간략한 개설의 형태로 그것을 체계적으로 제시한다. 이러한 간단한 개설서는 개별 분야가 가진 모든 문제점과 논거들을 여러 가지 의미로 꽉 찬 간략한 몇 마디로 표현하고 있다. 이러한 방법은 좋은 문체를 해칠 뿐만 아니라 이해에도 어려움을 준다.

학자들은 각 분야에서 중요하긴 하지만 매우 많은 분량의 학문적 저술을 축약해줌으로써, 학생들이 그것에 관한 전문적인 지식을 익히기 쉽도록 하는 경우가 많다. 그러나 이는 교육과정과 학문성취에 나쁜 영향을 미친다. 왜냐하면 아직 받아들일 준비도 되어 있지 않은 초급자에게 그 분야의 최종적 결과를 제시함으로써 혼란을 일으키기 때문이다. 그것은 학생들에게는 매우 나쁜 교육방법이었다. 따라서 학생의 입장에서도 대단한 노력을 기울이지 않으면 안 된다. 학생들은 수많은 개념들이 뒤섞여 이해하기 힘든 축약된 표현들을 꼼꼼히 살펴서 그 분야의 문제점들이 무엇인지를 찾아내어야만 한다. 따라서 그렇게 축약된 개설서의 문장은 난해하고 복잡한 것이 보통이며, 그것을 이해하기 위해서는 상당한 시간을 투자할 수밖에 없다.

이 모든 난점들을 차치한다고 하더라도, 간략한 개설서를 통해서 교육을 받음으로써 생기는 학문적 습관은, 설사 그 개설서가 아무런 결점이 없는 최상의 상태로 만들어진 것이라고 할지라도, 보다 포괄적이고 긴 저술을 연구함으로써 생기게 되는 학문적 습관에 비해서는 열등하다. 후자는 비록 수많은 반복과 장황함으로 가득 차 있지만, 반복과 장황함은 모두 완전한 습관을 체득하는 데에 도움이 된다. 만약 반복이 별로 없다면, 그 결과로 얻는 습관은 열등한 것이 되며, 축약본의 경우가 그러하다. 그 의도는 학생들이 전문적 지식을 용이하게 습득케 하려는 데에 있지만, 결국은 그들이 유용하며 확고하게 뿌리내린 습관을 체득하는 것을 방해하기 때문에, 오히려 그들을 더욱 곤란에 빠트리는 결과를 낳는다.

36) 학문을 가르치는 올바른 태도

학생들에게 학문적 주제를 가르치는 것은 점진적으로 조금씩 진행될 때에만 효과가 있다는 사실을 알아야 할 필요가 있다. 처음에 교사는 학생들에게 각 분야에 있는 개별적 부분의 기본적인 문제점들을 제시하고, 요약의 방식으로 설명함으로써 그 문제점들을 가르쳐준다. 그렇게 하는 과정에서 교사는 학생의 지적인 잠재력을 파악하고, 그 학문의 최종점에 도달할 때까지 제시될 자료들에 대해서 학생이 어느 정도 이해할 준비가 되어 있는지를 확인한다. 이런 과정에서 학생은 자신이 공부하는 학문에 대해서 습관을 체득한다. 그러나 그 습관은 완전하지 않고 취약한 것일 수 있다. 교사가 최대한 할 수 있는 것은 학생으로 하여금 그 분야를 이해하고 거기에 포함된 문제점들을 파악하도록 하는 것이다.

그뒤 교사는 학생을 다시 한번 그 학문으로 인도하여 보다 높은 단계의 가르침을 준다. 이제는 더 이상 요약이 아니라 완전한 주석과 설명을 제시한다. 그는 현존하는 견해들의 차이를 설명하고, 그러한 차이가 학문의 최종점에 도달할 때까지 그러한 견해 차이가 어떤 형태로 나타나는지에 대해서 알려준다. 이렇게 해서 학생의 학문적 습관은 개선된다. 그러면 교사는 이제 확고한 기반을 가지게 된 학생을 다시 한번 그 학문으로 인도하여, 그에게 복잡한 것, 애매한 것, 불분명한 것 등에 대해서 하나도 남김없이 설명해준다. 교사는 그 분야의 모든 비밀을 벗겨서 보여주며, 그 결과 학생은 그 분야의 공부를 마칠 때가 되면 그것에 대한 습관을 체득하게 된다.

이야말로 효과적인 교육방법이다. 독자들도 알 수 있듯이, 그것은 세 차례의 반복을 요한다. 어떤 학생은 그보다 더 적은 반복으로도 목적지에 도달하는데, 이는 그의 타고난 성품과 자질에 달려 있다.

오늘날 우리는 이 시대의 많은 교사들이 이와 같은 효과적인 교육방법에 대해서 무지한 것을 본다. 그들은 학생에게 애매한 학문적 문제들을 직면케 함으로써 교육을 시작하며, 그와 같은 문제들을 풀 수 있도록 집중하라고 요구한다. 그들은 이것이 경험에서 나온 올바른 교육이라고 생각하고, 그런 문제들을 이해하고 알아야 하는 것이 학생의 의무라고 생각한다. 그러나 실제로 그들은 시작 단계에서 아직 이해할 준비도 되어 있지 않은 학생에게 학문의 최종 결과를 들이밀어

혼란을 주고 있는 것이다. 학문적 지식과 이해에 대한 준비성과 수용성은 점진적으로 발전하는 것이다. 처음에 학생은 극히 소수의 문제를 제외하고는 아무 것도 이해할 수 없다. 그의 이해력은 불완전하고 일반적이며, 감각적 지각에서 도출된 형상(muthul)의 도움으로 겨우 이해할 정도이다. 그뒤 그의 준비성은 점진적으로 발전하게 되고, 해당 분야의 문제점들에 직면하여 그것을 반복적으로 익히면서 불완전한 이해에서 완전하고 더 높은 이해의 단계에 이르게 된다. 이렇게 해서 준비성의 습관과 지식획득의 습관은 학생의 내부에서 실체화되다가 마침내 그가 연구하는 분야의 문제점들에 대한 총체적인 지식을 가지게 된다. 그러나 아직 아무 것도 이해할 능력이 없고 이해할 준비도 전혀 안 된 초보단계에 있는 학생에게 학문의 최종적 결과를 제시한다면, 그것을 파악할 정도로 예리하지 않은 그는 이해하지 못하고 말 것이다. 그는 학문이란 어려운 것이고 전념하기 싫은 대상이라는 인상을 받게 될 것이며, 계속해서 기피하기만 할 것이다. 이것은 다름 아닌 잘못된 교육의 결과일 뿐이다.

교사는 학생이 공부의 첫단계에 있건 마지막 단계에 있건, 학년과 수용 정도에 상응하는 책을 통해서 이해하는 것 이상에 대해서 학생에게 질문해서는 안 된다. 또한 학생이 어떤 책을 처음부터 끝까지 이해하고 그 목적이 무엇인지를 깨달아 그것을 통해서 하나의 습관을 체득한 뒤 또 다른 책에 그것을 적용할 단계에 이르기 전까지, 교사는 그 학생에게 부과한 특정한 책에 나오지 않는 다른 문제를 제시해서도 안 된다. 학생이 어떤 한 분야에서 학문적 습관을 체득하게 되면, 다른 모든 분야를 배울 준비를 갖추게 되며, 마침내 학문에 대한 완전한 통달을 이룩하게 된다. 그러나 만약 학생을 혼란시키게 되면, 그는 이해할 수 없게 되고 나태해져서 사고를 멈추게 된다. 그는 학자가 되는 데에 절망하고 학문과 교육을 기피하게 될 것이다.

또한 한 분야나 한 책을 가르칠 때 강좌 사이에 단락을 나누거나 오랜 휴식으로 인해서 교육이 너무 장기간 지속되지 않도록 해야 한다. 그렇게 될 경우, 학생은 상이한 문제점들 사이의 연결관계를 잊어버리거나 단절을 느끼기 때문이다. 그와 같은 중단은 결국 학문적 습관을 체득하기 어렵게 만든다. 만약 어떤 분야의 시작과 마지막이 마음 속에 그대로 남아 망각의 효과를 막을 수 있다면, 학문적 습관은 보다 쉽게 체득되고 굳게 뿌리를 내려 확실히 몸에 배게 될 것이다. 습관은 계속적이고 반복적인 행동에 의해서 생긴다. 어떻게 행동하는지를 잊어버리게 되면, 그 특정한 행동의 결과인 습관도 잊어버릴 것이다.

교육에서 유익하고 필요한 방법은 학생에게 두 가지 분야를 한꺼번에 가르치지 않는 것이다. 그렇지 않을 경우 그는 양쪽에 모두 주의를 기울여야 하고 한쪽을 이해하기 위해서 다른 쪽에 신경을 쓰지 못하게 되므로, 그중 하나도 제대로 통달하기 힘들 것이다. 그래서 그는 둘 다 애매하고 어렵다고 생각하게 되고 양쪽 모두에서 성공을 거두지 못하게 된다. 그러나 만약 그의 마음이 자신이 연구하려는 분야에 마음껏 집중하고 그것에만 전념한다면, 그 분야를 보다 쉽게 배우는 경우가 많다.

학생 여러분들은 내가 여기에서 여러분이 공부하는 데에 필요한 유익한 것들을 알려주고 있다는 점을 깨달아야 할 것이다. 만약 여러분이 그것을 받아들여 열심히 따라한다면, 훌륭하고 고귀한 보물을 발견하게 될 것이다. 그것을 보다 쉽게 이해할 수 있도록 다음의 내용을 하나의 입문으로 일러주겠다.

인간의 사고력은 신이 모든 피조물을 창조할 때 인간에게 부여한 특별한 선물이다. 그것은 뇌의 중부강에 있는 힘에 의해서 영혼 안에서 이루어지는 동작과 작용이다. 때로 사고는 질서정연하게 배열된 인간의 행동의 시작이기도 하고, 또 때로는 과거에 알려져 있지 않던 어떤 것에 대한 지식의 시작이기도 하다. 사고력이 어떤 대상으로 향하게 되면 그 대상의 양 극단을 지각하고, 그래서 그것을 긍정하든가 부정한다. 대상이 단일할 경우, 양 극단을 연결하는 중간을 인식하는 경우는 결코 없다. 그러나 만약 대상이 복합적일 경우에는 양 극단 이외에 중간을 인식하기도 한다. 이렇게 해서 사고력은 대상을 발견하는 것이다. 인간을 다른 모든 동물과 구별시키는 사고력은 이런 방식으로 작동한다.

그런데 논리학이라는 기술은 선천적인 사고력과 사유가 작동하는 방식에 대한 지식이다. 논리학은 그것을 묘사함으로써 올바른 작동과 그릇된 작동을 구별한다. 올바른 작동이 물론 사고력의 본질이지만, 아주 드물게 오류에 빠지기도 한다. 이러한 현상은 결론이 도출되는 전제들의 순서와 배열에 혼란이 일어난 결과, 어떤 대상의 양 극단을 그 대상 본연의 것 이외의 형태로 인식하기 때문에 발생한다. 논리학은 그와 같은 함정을 피하도록 도와준다. 따라서 그것은 인간의 사고력이 작동하는 방식에 부합되고 그것과 병행하여 이루어지는 기술적 과정이다. 그것은 기술적 과정이기 때문에 대부분의 경우에는 그것이 없어도 무방하다. 따라서 세상에서 가장 탁월한 사상가들 가운데 다수가 논리학의 기술을 활용하지 않고도 학문적 업적을 성취한 예를 볼 수 있다. 특히 그들의 의도가 진실하고, 가장 큰 도움을 주는 신의 자비에 자신을 맡긴 사람들의 경우가 그러했다. 그들은 선천적으로 타고난 사고력을 최대한으로 활용했고, 신에 의해서 창조된 그 사고력은 그들에게 대상에 대한 중용의 개념과 지식을 소유하도록 했다.

기술적 과정인 논리학 이외에도, 연구의 과정은 또 다른 입문 분야, 즉 말에 대한 지식이다. 그것은 글일 경우에는 문자의 형태로, 말일 경우에는 혀를 통해서 마음 속에 있는 개념을 표현하는 방식이다. 학생 여러분은 연구대상에 대해서 여러분이 생각하는 단계에 도달하기 위해서는 이 모든 장막들을 통과해서 지나가야만 할 것이다.

먼저 글로써 말을 나타내는 방식이 있는데, 이것은 가장 쉬운 부분이다. 그 다음에는 연구자가 추구하는 개념을 말로써 나타내는 방식이 있다. 그 다음에는 추론을 행하기 위해서, 논리학에서 알려진 원칙대로 개념들을 적절하게 배열하는 방식이 있다. 그 다음에는 마음 속에 있는 추상적인 개념들인데, 이것은 인간의 선천적인 사고력의 도움을 받고 신의 관대함과 자비에 의탁함으로써, 탐구하는 대상물을 포획하는 그물과 같은 것이다.

어느 누구나 이 모든 단계를 신속하게 통과하여 교육과정에서 나타나는 이 모든 장막들을 뚫고 지나갈 수 있는 것은 아니다. 논쟁은 종종 말의 장막 앞에서 마음을 멈춰 세우기도 하고, 혼란을 일으키는 논쟁과 회의는 마음을 논증의 그물에 빠트리기도 한다. 그래서 마음은 탐구하는 대상을 얻지 못하게 된다. 아주 극소수만이 신의 인도를 받아 이 심연에서 자신을 구출하는 데에 성공할 수 있다.

만약 여러분이 그러한 어려움으로 고통받거나, 마음 속에 일어나는 불안이나 혼란스런 회의로 이해에 장애를 받는다면, 그런 것들은 던져버려라! 말의 장막과 회의의 장애물은 치워버려라! 모든 기술적 과정에서 벗어나서 자연이 여러분에게 준 선천적 사고력의 왕국에 피신하라! 여러분의 사유를 그 안에서 마음대로 활보하게 하고, 여러분이 무엇을 추구하건 그것에 따라서 마음을 그 속에 깊이 잠기게 하라! 여러분이 있기 전에 위대한 사상가들이 있었던 자리에 발을 들여놓으라! 신이 자비 속에서 그들을 도와 그들이 알지 못하던 것을 가르쳐주었던 것처럼, 여러분도 자신을 신의 도움에 맡겨라! 그렇게 한다면, 도움을 주는 신의 빛이 여러분 위에 비치고 여러분이 추구하는 대상으로 여러분을 인도할 것이다. 영감은 여러분에게 중용의 개념을 보여줄 것이다. 왜냐하면 신께서는 인간의 사고가 필연적으로 그것을 지향하지 않으면 안 되도록 만드셨기 때문이다. 바로 그 순간에 중용의 개념을 가지고 다시 논증의 형태와 형식으로 되돌아가서 그 속에 침잠하며, 그것에 논리학의 기술적 원칙을 부여하라! 그리고 나서 거기에 말의 형식을 옷으로 입히고, 단단히 허리띠를 매어주고 건전하게 차려준 뒤, 구어로 된 세계 속으로 끌고 나오라!

어떤 논리적 증명들이 옳고 그른가를 구별하는 것을 둘러싼 구두(口頭)의 논쟁과 회의는 모두 기술적이고 상투적인 문제이다. 그것이 상투적이고 기술적인 특징을 가지고 있기 때문에 그 수많은 측면들은 모두 비슷하고 동일하다. 만약 그런 것들이 여러분을 멈추게 한다면, 여러분은 그들 가운데에서 진리를 발견하지 못할 것이다. 진리는 자연적으로 존재할 때에만 식별할 수 있기 때문이다. 장막은 추구하는 대상을 은폐할 것이고, 사고하는 사람이 그것을 획득하는 것을 방해할 것이다. 최근 대부분의 사상가들의 경우가 그러하다. 특히 과거에 아랍어 이외의 다른 언어를 모국어로 말했기 때문에 정신적으로 결함이 있던 사람들, 혹은 논리에 매료되거나 편파적이 된 사람들이 그러하다. 그들은 논리학이 진리를 인식하는 자연적인 수단이라고 믿는다. 그러나 논거에 회의와 불안이 생기면 그들은 혼란을 느끼기 때문에, 그러한 회의에서 벗어나는 경우는 드물다.

그런데 진리를 인식케 하는 자연적인 수단은 앞에서도 지적했듯이 사고하는 사람이 온갖 상상에서 해방되고 신의 자비에 의탁했을 때에 발휘되는 자연적인 사고력이다. 논리학은 단지 사고의 과정을 묘사할 뿐이고 그 과정과 대부분 병행된다. 어떤 문제를 이해하려고 할 때, 여러분이 어려움에 봉착하게 되면 이 점을 명심하고 신의 자비를 구하라! 그러면 신의 빛이 여러분에게 비치며 올바른 영감을 줄 것이다.

37) 보조학문에 대한 연구는 길어져서는 안 되며, 그 문제점들도 자세하게 다루어져서는 안 된다

문명인들 사이에 통상적으로 알려진 학문에는 두 가지 종류가 있다. 하나는 그 자체로서 요구되는 학문으로,『코란』의 해석이나 예언자의 전승, 법학, 사변신학과 같이 종교적인 학문들과, 자연학이나 형이상학과 같은 철학이 이에 속한다. 또 하나는 이와 같은 학문을 위해서 도구적, 보조적인 역할을 하는 것인데, 아랍어학이나 산술학과 같이 종교적 학문들을 보조하는 것과, 철학 혹은 근래의 학자들의 방법론에서는 사변신학과 법원학(法源學) 등을 보조하는 것으로 논리학 등이 이에 속한다.

그 자체로서 요구되는 학문의 경우, 그에 관한 논의를 연장한다든지 문제점들을 자세하게 토론하거나 혹은 모든 논거들과 상이한 견해들을 제시한다고 해서 해가 될 것은 없다. 오히려 그것은 학생들에게 확고한 습관을 길러주고 그들이 알고자 하는 그 학문의 개념들을 명확하게 해준다. 그러나 아랍어학이나 논리학과 같이 다른 학문을 보조하는 학문들은 다른 학문에 도움을 주는 정도까지만 공부해야 한다. 그것에 대한 논의가 지나치게 길어져서는 안 되고, 문제점들도 세세한 것까지 다루어져서도 안 된다. 왜냐하면 그렇게 되면 학문에 대한 이해를 돕는다는 원래의 목적에서 멀어지기 때문이다. 보조학문이 다른 학문에 대한 보조적인 역할을 하지 못하고 원래의 목표를 저버린 상태에서 사람들이 거기에 매달린다면, 그것은 한가한 시간낭비만 될 것이다.

더구나 그런 학문은 수많은 세부사항을 가진 매우 큰 주제이기 때문에, 그것에 대한 습관을 체득하기란 매우 어렵다. 그런 습관을 가지기까지는 너무 오랜 시간이 걸리므로, 그 자체로서 요구되는 학문을 습득하는 데에 장애가 된다. 그러나 본연의 학문이 더 중요하고 그것이 지닌 모든 문제들을 온전히 이해하기에도 인생은 너무나 짧다. 따라서 보조학문에 전념하는 것은 아무런 중요성도 없는 것에 매달림으로써 인생을 낭비하는 것이다.

근래의 학자들은 문법학이나 논리학, 심지어 법원학에 대한 연구에서 이런 잘못을 범했다. 그들은 이런 학문에서 더 많은 자료를 전달하고 거기에다가 추론을 통해서 또 다른 자료를 추가함으로써 그 논의를 연장시켰다. 그들은 세부사항과 문제점들의 수를 증대시킴으로서 더 이상 그것이 보조학문이 아니라 그 자체로서 요구되는 학문으로 만들었다. 따라서 보조학문은 그 자체로서 요구되는 학문에서는 필요도 없는 관점과 문제들을 다루는 경우가 많아졌고, 그래서 그런 학문은 일종의 한가한 시간낭비이자 동시에 학생들에게 직접적인 해를 끼치는 것이 되어버렸다. 왜냐하면 본질적인 학문이 보조적, 도구적 학문보다 더 중요함에도 불구하고, 만약 학생들이 자기 인생을 보조학문에 모두 바친다면, 본질적인 학문은 탐구하지 못하게 되기 때문이다. 따라서 보조학문을 가르치는 교사들은 그것을 너무 깊이 파고 들어가거나 그 문제점들의 수를 늘려서는 곤란하다. 그들은 학생들에게 각자의 목표를 생각하고 거기에서 멈추라고 충고해야 할 것이다. 만약 그런 분야에 더 깊이 들어가고자 하는 사람이나 그렇게 할 능력이 있다고 스스로 생각하는 사람이 있다면, 자신의 길을 선택하도록 하라. 누구나 자신이 창조된 목적에 충실하면 성공을 거둘 수 있다.

38) 무슬림 도시에서 아동을 가르치는 다양한 방법들

아동들에게 『코란』을 가르치는 것은 이슬람의 상징이다. 무슬림들은 모든 도시에서 그 교육을 실시하고 있다. 왜냐하면 그것은 『코란』의 시구와 예언자의 전승에서 도출된 확고한 신앙과 신조들을 마음 속에 심어주기 때문이다. 『코란』은 교육의 기본이고 그 후에 습득되는 모든 습관의 기초가 된다. 이렇게 말할 수 있는 까닭은 사람이 어려서 배운 것은 다른 무엇보다도 깊이 뿌리를 내리기 때문이다. 그것은 그뒤의 모든 지식의 기본이 된다. 마음이 받아들이는 최초의 인상은 어떤 면에서는 모든 학문적 습관의 기초가 되며, 그 기초의 특징은 건물의 조건을 결정짓는다. 아동들에게 『코란』을 가르치는 방법은 그 교육에 의해서 생기는 습관을 어떻게 보느냐 하는 견해 차이에 따라서 달라진다.

마그리브식 방법은 아동들의 교육을 『코란』을 가르치는 데에만 한정하고, 그 과정에서 『코란』 필사법과 그것에 관한 『코란』 전문가들의 차이점과 문제점을 가르친다. 마그리브인들은 아동들이 『코란』에 숙달하기 전까지는 교실에서 전승, 법학, 시학, 아랍어학과 같은 다른 과목들을 가르치지 않는다. 그러나 어떤 아이는 숙달하기도 전에 중퇴하기 때문에, 그럴 경우 그는 아무 것도 배우지 못하게 된다. 이것이 마그리브의 도시민들과 그들을 추종하는 베르베르족 출신의 『코란』교사가 아동들을 가르치느 방법이고, 성장해서 어른이 될 때까지 그렇게 한다. 이것은 또한 성인이 된 뒤에 『코란』을 배우려고 하는 사람들에게 적용되는 방법이기도 하다. 따라서 마그리브인들은 다른 어떤 민족들에 비해 『코란』필사법을 잘 배워서 암기하고 있다.

스페인 사람들의 방법은 단지 읽고 쓰는 법만을 가르치는 것이며, 오직 그런 점에서만 아동들의 교육에 관심이 있다. 『코란』이 이슬람과 모든 학문의 기초가 되기 때문에 그들은 『코란』교육을 기본으로 여기지만, 아동들의 교육을 『코란』에만 한정시키지는 않는다. 그들은 시와 작문과 같은 다른 주제를 가르치기도 하고, 아랍어에 관한 전문적 지식을 제공하고 서법을 가르치기도 한다. 그들은 『코란』을 다른 과목 이상으로 중시하지 않으며, 아동들이 성년이 될 때까지 실제로 교육에서 가장 중시하는 것은 글쓰기이다. 그렇게 되면 아동들은 아랍의 언어와 시에 대해서 상당한 경험과 지식을 갖추게 되고 서법에도 탁월한 수준에 이르게 된다. 만약 스페인에 학문적 교육의 전통이 남아 있었다면, 학문 전반에 관해서 철저한 지식을 가질 수도 있겠지만, 그곳에는 더 이상 그러한 전통이 없기 때문에 그렇게 되지 못한다. 따라서 오늘날 스페인의 아동들은 초등교육에서 받은 것 이상으로는 더 많은 지식을 획득하지 못한다. 신이 인도하는 사람은 그것으로도 충분하지만, 만약 올바른 교사를 만나게 된다면, 그보다 더 많은 공부를 할 수 있을 것이다.

이프리키야 사람들은 흔히 아동들에게 『코란』과 전승 교육을 병행시키며, 학문적인 원리와 그것에 관련된 몇 가지 문제점들도 교육한다. 그러나 그들이 중점을 두는 것은 『코란』에 대한 충분한 지식을 갖추고 여러 가지 교정본에 따라서 그것을 숙지하는 것인데, 무엇보다도 잘 읽는 것을 중시하며 그 다음에는 쓰는 것을 강조한다. 대체로 그들이 『코란』을 가르치는 방법은 마그리브나 동부에서의 방법보다는 스페인의 방법에 더 가까운데, 이는 그들의 교육전통이 기독교도의 스페인 정복 당시 바다를 건너 튀니지로 와서 보호를 요청했던 스페인 출신 장로들로부터 물려받은 것이기 때문이다. 이 장로들은 그때 이후 튀니지의 아동들의 교사가 되었다.

우리가 알고 있는 어떤 동방의 주민들도 혼합된 교과과정을 채택하고 있다고 하는데, 나는 그들이 어떤 것에 중점을 두는지 알지 못한다. 우리는 그들이 『코란』을 가르치는 것은 물론이지만, 아동들이 성장한 뒤에는 종교적인 학문에 관한 저술과 기본 원리들을 가르치는 데에 관심을 둔다고 들었다. 그들은 『코란』 교육과 글쓰기를 가르치는 것을 혼합하지는 않는다. 글쓰기를 가르칠 때 그들은 특별한 원칙하에서 특별히 정해진 교사를 두는데, 그것은 다른 기술들을 가르칠 때와 마찬가지로 학교의 교과과정에 포함되지 않은 채 별도로 교육된다. 아이들이 연습할 때 사용하는 석판은 그들의 글쓰기가 낮은 수준임을 보여준다. 더 훌륭한 쓰기를 배우고자 하는 사람은 나중에 본인의 관심과 희망 정도에 따라서 전문가에게 따로 배워야 한다.

 이프리키야와 마그리브의 주민들이 『코란』 교육에만 한정되기 때문에, 그들은 언어적 습관을 완전히 습득할 수 없다. 왜냐하면 어떤 인간도 『코란』과 같은 것을 만들어낼 수 없기 때문에, 통상 『코란』 교육만으로는 아무런 학문적 습관도 체득할 수 없다. 인간은 그 문체를 흉내낼 수도 또 사용할 수도 없기 때문에 어떤 측면에서도 습관을 체득할 수 없다. 따라서 『코란』을 안다고 하더라도, 아랍어의 습관을 가지지 못하고 어색한 표현과 어눌함에서 벗어날 수 없다. 이러한 상황은 마그리브인들에 비해 이프리키야인들에게는 비교적 덜 심각한 편인데, 그것은 앞에서도 설명했듯이 후자의 경우에는 『코란』 교육과 더불어 학문적 원칙에 관한 용어들을 가르치고 있기 때문이다. 그래서 그들은 어느 정도 훈련을 받게 되고 모방을 할 만한 예들을 가지게 된다. 그러나 그들의 지식이 주로 학문적 용어들로만 이루어져 있기 때문에, 그들이 체득한 습관은 여전히 좋은 문체를 사용하기에는 부족하다.

 스페인인들의 경우 시, 작문, 아랍어학 등에 대한 상당한 교육을 포함하는 다양한 교과과정은 아동들에게 어렸을 때부터 아랍어에 더 익숙해질 수 있는 습관을 길러주었다. 그들은 다른 모든 종교적 학문에는 서툰 편인데, 그것은 그러한 학문들의 기초가 되는 『코란』과 전승에 대한 공부에 익숙하지 않기 때문이다. 다만 그들은 어떻게 글을 쓰는지는 알고 있다. 또한 아동교육이 끝난 뒤 이차적인 교육을 받느냐의 여부에 따라서 정도의 차이는 있겠지만, 대체로 문학적인 교육은 받은 셈이다.

 판관인 압둘라 이븐 알 아라비[40]는 자신의 『여행기』에서 교육에 관해서 놀라

---

40) 1148년 사망.

운 진술을 했는데, 거기에는 옛 것의 좋은 점과 오늘날의 새로운 점이 모두 포함되어 있다. 스페인의 방식이 그러하듯이, 그는 아랍어와 시의 교육을 다른 어느 학문보다도 우선시했다. 그 이유를 그는 이렇게 말했다. "시는 아랍인들의 보고이다. 현재 아랍어의 변질된 상황을 생각할 때 시와 아랍어학을 가장 먼저 가르쳐야 한다. 그 다음에 학생들은 산술학으로 넘어가서 그것을 열심히 공부하여 그 기본원칙을 배워야 한다. 이러한 준비를 마친 다음에『코란』을 공부하면 훨씬 더 수월할 것이다." 이어서 이븐 알 아라비는 "아동들이 처음 공부를 시작할 때,『코란』을 가르치는 요즈음의 동료들은 얼마나 사려가 없는가? 아이들은 이해하지도 못하는 것을 읽고, 다른 것보다 더 중요할 것도 없는 것을 열심히 공부하고 있다."라고 하면서, 다음과 같이 결론을 맺고 있다. "학생들은 이슬람의 원리, 법학의 원리, 논증법, 예언자의 전승 및 그와 연관된 학문들을 순차적으로 공부해야 한다." 그는 학생들에게 명석한 마음과 충분한 능력이 있다면 모르되, 그렇지 않으면 두 가지 분야를 동시에 가르치는 것도 금했다.

이것이 바로 판관 압둘라의 조언이며, 정말로 좋은 방법이다. 그러나 기왕에 받아들여지고 있는 관행은 그렇지 못하고, 관행은 다른 어느 것보다도 상황에 대해서 가장 큰 힘을 발휘한다. 통용되는 관행에 의하면『코란』의 교육이 가장 우선시된다. 그 이유는 내세에서의 축복과 보상에 대한 희망 그리고 '어리석은' 아이들에게 영향을 미쳐 해악을 주고 공부로부터 멀어지게 할지도 모르는 것들에 대한 두려움 때문이다. 어릴 때에 가르치지 않으면, 아이들은『코란』을 배울 기회를 잃을지도 모른다고 생각한다. 아이들은 가정에 머물러 있는 동안에는 권위에 복종하지만, 일단 성장해서 권위의 멍에를 벗게 되면 청년의 기질이 그들을 악행의 해안으로 이끌고 갈지도 모른다. 따라서 아이들이 아직 집안에 머물며 권위의 멍에에 씌워져 있는 동안,『코란』을 가르칠 기회를 포착하여, 그들이 평생 그것을 모른 채 지내지 않도록 해야 한다. 그러나 만약 어떤 아이가 커서도 공부를 계속하고 가르침을 받아들인다면, 판관 아부 바크르가 언급한 방법은 동부나 서부 어디에서 고안된 방법보다도 더 적합하다.

39) 엄격함은 학생들에게 해가 된다

그 이유는 다음과 같다. 교육과정에서의 가혹한 처벌은 학생들, 특히 아동들에게 나쁜 습관을 주기 때문에 해를 끼친다. 불의와 강압으로 키운 학생, 노예, 하인들은 그것에 압도되고, 그들로 하여금 억압받는 느낌을 주어 활력을 잃어버리게 하며, 그들을 게으르게 만들고 거짓말과 불성실로 유도한다. 즉 그들은 잔혹한 처벌을 받을까 두려워하기 때문에 그들이 생각하는 것과 달리 행동하게 된다. 따라서 그들은 기만과 사기를 배우며, 그것이 그들의 습관과 성격이 된다. 그들은 사회적, 정치적 집단에서 생활하기 위해서 구비해야 하는 자질, 즉 자신과 자기 가정을 보호하려는 욕망을 지닌 인간다운 자질을 상실하고 타인에게 의존하게 된다. 그들의 영혼은 덕성이나 좋은 자질을 가지려는 노력조차 하지 않을 정도로 나태해진다. 이렇게 해서 그들은 자신의 잠재력을 발휘하지 못하고 인간성이 도달할 수 있는 한계에도 이르지 못한다. 그 결과 그들은 '낮은 것 가운데 가장 낮은' 단계로 돌아가는 것이다.

이것이 학정의 멍에 아래에 있으며 그것을 통해서 불의의 의미를 알게 된 모든 민족들에게 나타나는 현상이다. 자신의 일을 스스로 처리하지 못하고 자신의 안전을 보장해줄 아무런 권위도 가지지 못한 어떠한 사람을 살펴보아도 이러한 사실을 확인할 수 있다. 유태인이 지닌 못된 성품을 가만히 살펴보면, 어느 지방 어느 시대나 그들에 대해서 '후르즈'(khurj) ─ 잘 알려진 전문적인 용어로 '불성실과 기만성'을 뜻한다 ─ 의 자질을 가지고 있다고 말하는 것이 사실임을 알게 되는데, 그 이유는 앞에서 설명한 대로이다.

그래서 교사는 자기 학생들을 교육시킬 때 너무 혹독하게 대해서는 안 되며, 아버지가 아들을 대할 때에도 마찬가지이다. 아부 무함마드 이븐 아비 자이드가 교사와 학생의 관계에 대한 규율을 적은 책에서, "만약 아이들을 체벌하려고 한다면, 교육자는 세 차례 이상 때려서는 안 된다."라고 말했다. 또한 칼리프 우마르는 일찍이 "종교법에 의해서 훈도되지 않은 사람은 신에 의해서 교육받지 못한 것이다."라고 말했다. 그는 체벌이 주는 굴욕으로부터 영혼을 보호해야 한다는 점 그리고 종교법이 규정한 처벌의 수준은 사람을 통제하기에 적절한 정도가 좋다는 점을 말하려고 한 것이다. 왜냐하면 종교법은 그 사람에게 최상의 것이 무엇인지를 알고 있기 때문이다.

최상의 교육방법 가운데 하나는 칼리프 알 라시드가 그의 아들 알 아민의 스승이었던 할라프 이븐 아흐마르에게 일러준 방법이다. 할라프 이븐 아흐마르는 이렇게 말했다. "알 라시드가 내게 자기 아들인 알 아민을 가르치라고 하면서 이렇게 말했소. '오, 아흐마르여! 신도들의 수장이 그대에게 그 자신의 아들, 영혼의 생명, 심장의 열매를 맡기노라. 내 아들을 굳건히 붙들어 그대에게 복종토록 하라. 내 아들을 대할 때에는 신도들의 수장이 그대에게 부여한 지위를 유지하라. 『코란』을 읽는 법을 내 아들에게 가르치고 역사를 가르쳐라. 내 아들에게 시를 전수해주고 예언자의 순나를 가르쳐라. 어떤 경우에 연설을 하는지, 또 그것을 어떻게 시작하는지에 대해서 그에게 통찰력을 부여하라. 적절한 경우가 아니면 웃지 못하도록 하라. 친척들이 방문했을 때 예의로써 접대하도록 길들이고, 군지휘관들이 접견실로 찾아왔을 때에는 명예로운 자리를 내어주도록 가르쳐라. 촌음을 아껴서 유용한 것을 가르치도록 노력하라. 그러나 상심시키지 않으면서 그렇게 가르치도록 하라. 항상 관대하게 대하지는 말라. 그렇게 하면 여가를 즐기는 것에 익숙해질 것이다. 가능한 한 상냥하고 부드럽게 교정하도록 하라. 만약 그런 방식을 원하지 않는다면, 그때는 엄격하고 가혹하게 대해야 한다.'"

40) 학자의 연구는 지식 추구의 여행에 의해서 또 당대의 권위있는 스승과의 만남을 통해서 크게 발전된다

그 이유는 인간이 학습, 교육, 강의, 스승에 대한 접촉 및 모방 등을 통해서 자신의 지식과 성격과 주관과 덕성을 갖추기 때문이다. 다만 한 가지 차이가 있다면, 스승과의 개인적인 접촉을 통해서 획득된 습관은 보다 강하고 확고하게 뿌리를 내린다는 사실이다. 그래서 권위있는 스승을 많이 두면, 그만큼 제자가 획득하는 습관은 더 깊이 뿌리를 내린다.

더구나 학문을 교육하는 데에 사용되는 전문용어들은 학생을 혼란에 빠트린다. 많은 학생들은 그런 것이 그 특정한 학문의 일부라고까지 생각한다. 그러한 잘못된 생각에서 그들을 구제하는 유일한 방법은 교사들과의 개인적인 접촉인데, 그 까닭은 교사들마다 서로 다른 용어를 사용하고 있기 때문이다. 따라서 여러 학자들과 권위있는 교사들과의 만남은 학생으로 하여금 서로 다른 교사들이 사용하는 용어의 차이를 인식케 하고 구별할 수 있게 해줄 뿐만 아니라, 그 용어의 배후에 있는 학문 자체를 깨닫게 해준다. 그는 그와 같은 용어들이 지식을 전달하기 위한 수단이요 방법에 불과하다는 것을 알게 되고, 확고한 습관을 체득하려고 힘을 경주하게 될 것이다. 그는 자신의 지식을 향상시키고 다른 지식과의 차이를 구별하게 될 것이다. 게다가 다양한 종류의 많은 교사들과 개인적으로 접촉하게 되면, 그와 같은 집중적인 만남을 통해서 그의 습관도 굳어지게 될 것이다. 이것은 신께서 학문의 길로 갈 수 있도록 도움을 주시고 올바르게 인도하시는 사람들의 경우이다. 따라서 지식을 추구하기 위한 여행은 유용한 지식의 획득, 권위있는 교사들이나 학자들과의 만남을 통한 자기 완성 등을 위해서 절대적으로 필요하다.

41) 학자는 어느 누구보다도 정치에 어둡다

학자들은 정신적 사유를 통해서 감각의 세계로부터 자기 마음 속에 보편적인 개념들을 추출하고 그것을 탐구하는 데에 익숙해져 있다. 그러한 개념들은 전반적인 사항에 대해서는 적용이 가능할지 모르지만, 개인, 종족, 민족, 집단 등과 같은 개별적인 문제에 대해서는 적용되지 않는다. 나아가서 학자들은 마음 속에 형성된 보편적인 개념을 외부세계에 있는 구체적 사실들에 일치시키려고 한다. 또한 학자들은 법학에서도 활용되고 있고 그들 자신도 잘 알고 있는 유추라는 방법의 도움을 받아서 어떤 것을 다른 것들과 비교하기도 한다. 그러나 그들이 도달한 모든 결론과 견해는 계속해서 관념적인 것들이며, 연구와 사색이 끝난 뒤 비로소 그것을 외부세계의 사실들과 일치시키려고 한다. 그러나 그런 일치를 끝까지 이루지 못할 수도 있다. 외부세계의 사실들은 마음 속에 있는 개념들의 특수한 경우에 불과하기 때문이다. 예를 들면 종교법은 『코란』과 순나에 있는 잘 알려진 전거들로부터 도출된 특수한 경우이다. 우리는 외부세계의 사실이 종교법에 일치될 것을 기대하는데, 이는 이성적 학문에서 견해의 건전함을 입증하기 위해서 그 견해가 외부세계의 사실과 일치되기를 기대하는 것과는 대조적이다.

이처럼 모든 지적인 활동에서 학자들은 관념과 사고에 관한 것들을 취급하는 데에 익숙해져 있을 뿐, 그밖의 다른 것들에 대해서는 알지 못한다. 반면 정치가들은 외부세계의 사실들과 정치와 연관되는 조건들에 대해서 관심을 기울인다. 그러한 사실과 조건들은 그와 비교될 만한 유사한 다른 것들을 가지지 않을 수도 있고, 일치시키고자 하는 보편적 개념과 상치되는 것을 내포할 수도 있다. 문명에 존재하는 조건들은 항상 상호간의 비교를 가능케 하지는 않는다. 그것들은 어떤 점에서는 유사할지 모르지만, 다른 점에서는 차이를 보이기 때문이다.

학자들은 일반화 및 유추를 통한 결론에 익숙해져 있다. 정치를 바라볼 때에도 그들은 관찰 결과를 자신의 견해의 틀 속에 그리고 유추의 방식 속에 집어넣는다. 따라서 그들은 많은 잘못을 범하고 신뢰하기 힘들다. 문명인들 가운데 지성적이고 명민한 사람들은 학자와 동일한 부류에 속한다. 그들의 통찰력으로 인해서 그들은 법학자들이 그러하듯이, 개념, 유추, 비교 따위를 추구하는 일에 몰두하게 되고, 그래서 그들 역시 오류를 범하게 된다.

건강한 기질의 보통 사람이나 평범한 지성의 사람들은 그런 사유를 추구하는 마음을 가지지 않기 때문에, 마음 속의 견해를 외부 사실과 일치시키려는 그런 것을 생각하지 않는다. 따라서 그들은 모든 현상을 있는 그대로 생각하고 각종 상황과 개인들을 그 개별적인 측면으로 판단하는 데에 그친다. 그의 판단은 유추나 일반화에 사로잡히지 않으며, 그의 사유는 대부분 감각에 의해서 지각되는 사물에 국한될 뿐 그 이상을 넘어가지 않는다.

따라서 이와 같은 사람이 정치적 활동에 대해서 생각하는 것은 신뢰할 수 있다. 그는 자기 동료들을 대할 때 올바른 관점을 지니고, 그와 같은 올바른 관점으로 인해서 훌륭한 생활을 영위하며 아무런 손해나 해악을 입지 않게 된다.

이러한 상황은 논리학이라는 것이 너무 추상적이고 감각계로부터 멀리 떨어져 있기 때문에, 오류를 범하지 않으리라는 보장이 없다는 사실을 말해준다. 논리학은 '제이의 이지'를 고찰한다. 그러나 물질적인 것들 속에는, 우리가 그것과 외부 세계와의 확실한 일치성을 찾으려고 할 때, 논리학적인 결론이 적용되지 않고 오히려 그것과 상치되는 면들이 있을 수 있다. 그것은 추상화가 적고 감각계에 대한 상상과 형상의 산물인 '제일 이지'와는 다르다. 왜냐하면 제일 이지는 감각계의 측면들을 그대로 유지하고 감각계와의 일치를 확인시켜주기 때문이다.

42) 이슬람권 학자들은 대부분 페르시아인이다

소수의 예외를 제외하고는 종교적, 이성적 학문 분야의 무슬림 학자들 대부분이 페르시아계라는 사실은 주목할 만하다. 아랍 출신의 학자라고 하더라도, 페르시아어와 페르시아적 교양을 익혔으며 페르시아계 스승을 두고 있다. 이슬람이 아랍인의 종교이고 그 창시자도 아랍인임에도 불구하고 현실은 이러하다.

이렇게 된 이유는 처음에 이슬람은 그 단순한 조건과 황야적인 태도로 말미암아 아무런 학문도 기술도 없었기 때문이다. 신의 명령과 금령을 담고 있는 종교법은 단지 권위자들의 가슴 속에 있는 것이었다. 그들은 무함마드 자신으로부터 직접적으로 혹은 그의 교우들로부터 전해들은 지식을 통해서 『코란』과 순나와 같은 법의 원천을 알고 있었다. 그 당시 그러한 사람들은 아랍인이었다. 그들은 학문적 교육이나 서적의 저술과 체계적인 저작에 대해서 아무 것도 몰랐으며, 그래야 할 필요성도 동기도 없었다. 이것이 무함마드의 교우들과 그 다음 세대의 상황이었다. 종교법을 알고 또 전수하는 데에 관심을 둔 사람들은 '독경사'(讀經師)라고 불렸으니, 문맹이 아니고 『코란』을 읽을 줄 아는 사람이었다. 그 당시 무함마드의 교우들은 베두인이었기 때문에 문맹자가 많았다.

칼리프 알 라시드의 시대가 되자 구전에 의한 전승은 그 시작점으로부터 너무 멀어져버려서, 『코란』에 대한 주석을 쓰고 글로써 전승을 확정지어야 할 필요가 생겼다. 그렇지 않으면 그런 것들이 사라질지도 모른다는 우려가 있었기 때문이었다. 또한 전승자의 '사슬'과 그 신뢰성을 평가함으로써 전승자들의 사슬들 가운데 건전한 것과 열등한 것을 구별해야 할 필요도 생겼다. 구체적인 사건들에 대해서 점점 더 많은 법률이 『코란』과 순나에서 도출되었다. 아랍어도 원래의 모습을 잃어버렸기 때문에 문법적인 원칙을 정해야 할 필요도 생겼다.

따라서 종교적인 학문들은 법과 원칙을 생산, 도출하고 비교, 유추하는 것과 연관된 하나의 습관이 되었다. 따라서 아랍어의 원칙에 대한 지식, 법의 도출과 유추를 지배하는 원칙 등이 필요하게 되었고, 나아가서 수많은 혁신과 이단이 생겼기 때문에 논증이라는 방법을 통해서 신앙의 신조를 방어할 필요도 생겼다. 이 모든 것들은 각자 독특한 교육과 습관을 가진 학문들로 발전했고, 그래서 기술이라는 범주에 속하게 되었다.

앞에서 우리는 기술이 도회민들에 의해서 함양되는 것이고 다른 누구보다도 유목민들이 기술에 가장 둔하다는 사실을 언급한 바 있다. 따라서 학문은 도회문화에 속하는 것이며, 아랍인들은 그것을 잘 알지도 습득하지도 못했다. 그런데 당시 도회민이라고는 페르시아계뿐이었다. 달리 말하면 그들은 '개종자'였는데, 기술과 직업을 포함해서 도회문화의 모든 측면에서 그들은 당시 페르시아인들을 추종하던 도회민들이었다. 페르시아 제국 시대 이래로 도회문화가 깊게 뿌리를 내리고 있었기 때문에, 그들은 이런 것들에 누구보다도 능숙했다.

　문법학의 창시자인 시바와이흐,[41] 그뒤의 알 파리시[42]와 앗 자자즈[43] 등은 모두 페르시아 계통이다. 그들은 아랍어를 배우며 컸고, 성장과정에서 또 아랍인들과의 접촉을 통해서 아랍어에 대한 지식을 습득했다. 그들은 문법의 원칙을 고안했고 그것을 후세에 필요한 독자적인 학문으로 만들었다.

　무슬림들에게 필요한 전승을 보존한 전승학자 대부분도 역시 페르시아인 혹은 언어와 성장과정에서 페르시아인이나 마찬가지인 사람들이었다. 왜냐하면 이 분야는 이라크와 그 너머의 지방에서 널리 연구되었기 때문이다. 나아가서 법원학(法源學) 분야에서 활동했던 학자들도 모두 페르시아인이며, 이와 같은 상황은 사변신학이나 대부분의 『코란』 주석학에서도 마찬가지이다. 페르시아인들만이 지식을 보존하고 체계적인 학문적 저작을 남기는 일을 했다. 따라서 예언자의 다음과 같은 말의 진실성이 확연하게 드러난다. "만약 학문이 하늘에서 가장 높은 곳에 매달려 있다면, 그것을 차지하는 사람은 페르시아인일 것이다."

　화려한 도회문화와 접촉함으로써 유목민적 태도를 버리게 된 아랍인들은 압바스 왕조에서 주도적인 지위를 차지하고 정부에서 당면한 업무를 처리해야 했기 때문에 학문이나 연구에 눈을 돌릴 수 없었다. 그들은 왕조에 속한 사람들이었고, 그 정책의 보호자이자 실행자이기도 했다. 더구나 당시 그들은 학자가 되는 것을 비천한 일이라고 생각했다. 왜냐하면 학문은 하나의 기술에 불과하고 정치적 지도자들은 기술과 직업 그리고 그것과 연관된 모든 것들을 경시했기 때문이었다. 그래서 그들은 그런 일을 페르시아인이나 아랍-페르시아 혼혈인들에게 맡겨두었던 것이다. 후자의 부류에 속한 사람들은 그런 일을 맡아서 했고, 아랍인들은 그런 일을 하는 것이 그들의 마땅한 권리라고 여겼다. 즉 그것이 그들의 관습과 학문이고 그런 것을 배우는 것에 대해서 아무런 모멸감을 느끼지 않는다고 생각했다. 그러나 결국 아랍인들은 권력을 상실하고 페르시아인들이 그것을 장악하게 되자, 종교적 학문들은 학문과 아무런 관련이 없는 (비아랍계) 권력자 옆에서 더 이상 설 자리를 잃어버리고 말았다. 권력자는 학자들이 자신과 아무런

---

41) 706-793. 아랍 문법학자.
42) 987년 사망.
43) 923년경 사망.

접촉도 없고, 정부에서 권력을 가진 사람들이나 정치적 문제와 무관한 일에만 종사하고 있다고 여겼기 때문에, 그들을 경멸의 눈초리로 바라보았다. 종교적 학문들에 종사하는 학자들 전부 혹은 대부분이 페르시아 출신인 이유는 바로 여기에 있다.

지성적 학문들이 이슬람에 출현한 것 역시 학자와 저술가들이 독자적인 집단을 형성하고 학문이 하나의 기술로 정착된 뒤의 일이다. 그러자 지성적 학문들에 대해서도 아랍인들은 관심을 두지 않았고 페르시아인들의 고유한 영역이 되어버렸다.

페르시아인들이 사는 도시들, 페르시아 지방, 이라크, 후라산, 트란스옥시아나 등지에서 도회문화가 보존되는 동안 이러한 상황은 계속되었다. 그러나 그 도시들은 황폐화하고, 신께서 학문과 기술의 발전을 위해서 준비해놓으신 도회문화가 사라져버렸다. 이와 함께 페르시아인들 사이에서 학문은 완전히 사라지고, 그들은 이제 황야적 태도에 매몰되어버렸다. 학문은 풍요한 도회문화를 가진 도시들에만 국한되었으니, 오늘날 카이로보다 더 풍요한 도회문화를 누리는 도시는 없다. 그곳이야말로 세계의 어머니요, 이슬람의 위대한 중심이자, 학문과 기술의 원천이다.

43) 아랍어가 모국어가 아닌 사람은 아랍어를 모국어로 하는 사람보다 학문을 습득하기가 더 어렵다

그 이유는 모든 학문적 탐구가 관념과 상상을 다루는 것이기 때문이다. 이는 단어의 의미에 대한 탐구가 주를 이루는 종교적 학문들의 경우에도 해당되는데, 상상을 다루는 것이기 때문이다. 이 점에서는 관념을 다루는 지성적 학문의 경우도 다를 바 없다.

언어적 표현은 마음 속에서 생기는 개념의 설명일 뿐이며, 그것을 한 사람이 다른 사람에게 토론, 교육, 지속적인 학문적 탐구를 통해서 전달한다. 단어와 표현은 개념들 사이에 존재하는 매개이자 동시에 장막이며, 개념들 사이에서 유대를 이루어주고 그 최종적인 의미를 부여한다. 개념을 다루는 연구자는 개념으로부터 그 개념을 표현하는 말을 도출해야 하며, 이를 위해서 그는 언어적 의미에 대한 지식과 상당한 언어학적 습관을 필요로 한다. 그렇지 않을 경우 그는 마음 속에서 개념을 이끌어내는 통상적인 어려움은 차치하고라도, 그 개념을 말로 표현하는 데에서조차 애를 먹을 것이다. 누군가 단어들의 의미에 관해서 확고한 습관을 가지고 있어서 어떤 단어를 들으면 자신의 마음 속에 그 단어에 관한 정확한 개념이 자동적, 자연적으로 떠오르게 될 때, 비로소 개념과 이해 사이에 존재하는 장막이 완전히 제거되거나 가벼워지게 되고, 개념 속에 내재된 문제점을 탐구하는 것만이 유일하게 남은 과제가 될 것이다.

이런 것은 모두 구두 설명의 형식을 통한 개인적 접촉으로 이루어지는 교육에 적용된다. 그러나 학생이 공부에서 책이나 문자로 된 자료에 의존하고, 학문적인 문제점들을 책에 쓰인 문자의 형태를 통해서 이해해야 한다면, 그는 또 다른 장막, 즉 글에 쓰인 문자와 상상 속에 존재하는 구어 사이에 존재하는 장막에 직면하게 된다. 글로 쓰인 문자는 구어를 나타내는 독특한 방식을 가지고 있다. 만약 그 방식을 알지 못한다면, 그 문자가 표현하고자 하는 바를 알 수 없다. 만약 그것을 불완전하게 안다면, 문자에 의해서 표현된 의미도 불완전하게 이해하게 될 것이다. 따라서 학생은 자기 자신과 학문적 습관의 체득이라는 자신의 목표 사이를 가로막고 있는 또 다른 장막에 직면하게 된다. 이것은 처음 것보다 더 상대하기가 어렵다. 만약 말과 문자의 의미에 관한 그의 습관이 굳게 확립되어 있다면, 그와 개념 사이에 드리워진 장막은 걷히게 될 것이다. 그는 단지 개념 속에 내재한 문제를 이해하는 데에만 몰두하면 된다. 구어-문자와 개념 사이의 이러한 관계는 모든 언어에 똑같이 존재한다. 학생들이 아직 젊었을 때에 이런 것들을 배워서 익힌 습관은 보다 확고하게 뿌리를 내릴 것이다.

무슬림들의 영역은 매우 광범위하고 수많은 민족들을 포괄하고 있다. 고대의 학문은 이슬람의 예언과 성스러운 경전에 의해서 말끔히 씻겨나갔고, 문맹은 정당한 것이자 동시에 이슬람의 상징이기도 했다. 그뒤 이슬람은 왕권과 권력을 가지게 되었고, 외래 민족들은 자기들의 도회문화와 그 세련된 것들로써 무슬림을 위해서 봉사했다. 전승에 의거했던 종교적 학문들은 무슬림에 의해서 기술로 바뀌었고, 이렇게 해서 그들 사이에 학문적 습관이 생기게 되었으며, 체계적인 저작들이 다수 집필되었다. 무슬림들은 외래 민족의 학문을 배우기를 희망했고, 번역을 통해서 그런 학문을 자기의 것으로 만들었고, 그것에 자기들의 고유한 관점을 각인했다. 비아랍계 언어로 된 저술들을 아랍어로 옮겨서 받아들였고 이제는 비아랍계 민족들의 성과를 능가하게 되었다. 비아랍계 언어로 된 사본들은 망각되고 폐기되어 사라져버렸다. 모든 학문은 아랍어로만 존재하게 되었고, 그에 관한 체계적인 저술도 아랍어로 집필되기에 이르렀다. 이렇게 해서 학문을 연구하는 사람들은 아랍어-문자의 의미에 대한 지식을 필요로 하게 되었다. 다른 모든 언어는 사라져버렸기 때문에 그에 관한 지식이 없어도 무방했고, 따라서 더 이상 다른 언어에 대한 관심도 사라졌다.

언어는 혀가 체득한 하나의 습관이다. 마찬가지로 글쓰기는 손에 위치한 습관이며 기술이다. 처음에 아랍어 이외에 다른 언어에 대한 습관을 가졌던 혀는 아랍어를 통달하는 데에는 결함을 보였다. 왜냐하면 어떤 특정한 기술에서 일정한 수준의 습관을 가지게 된 사람은 다른 기술을 통달하기 매우 어렵기 때문이다. 이것은 분명한 사실이다. 만약 어떤 사람이 아랍어 구어나 문자의 의미에 대해서 통달하지 못했다면, 그가 아랍어 구어나 문자로부터 개념을 도출하는 것은 매우 어려운 일이다. 다만 누군가 비아랍어를 말하는 유년기의 습관이 아직 확고하게 정착되기 전에 아랍어로 이행할 경우—— 예를 들면 비아랍계 소년이 아직 비아랍계 언어를 말하는 습관이 확고해지기 전에 아랍인들 사이에서 성장하게 되는 경우—— 아랍어가 그의 제일 모국어처럼 될 것이고, 아랍어 단어에서 개념을 도출하는 능력에도 결함이 없을 것이다. 아랍어로 글쓰기를 배우기 전에 비아랍어를 배운 사람의 경우도 어려움이 있는 것은 마찬가지이다.

비아랍계 학자들이 대부분 연구할 때나 교실 안에서나 책에 있는 주석을 베끼지 않고 소리 내어 크게 읽는 까닭도 여기에 있다. 이런 방식이라야 그들은 단어와 개념 사이에 존재하는 장막의 방해를 덜 받게 되고, 보다 쉽게 개념을 파악할 수 있기 때문이다. 만약 어떤 사람이 구두나 문자로 된 표현에 대해서 완벽한 습관을 지니고 있다면, 큰 소리로 읽어야 할 필요는 없을 것이다. 그에게는 문자에서 단어에 대한 이해를 도출하고 단어에서 개념에 대한 이해를 도출하는 것은 마치 확고하게 뿌리를 내린 일종의 자연적 기질과 같은 것이 되었기 때문이다. 그와 개념 사이에 장막은 걷혀졌다.

말하는 것과 글쓰는 것을 집중적이고 지속적으로 훈련하면, 확고한 습관을 지니게 된다는 사실은 비아랍계 학자들의 경우를 보아서 알 수 있다. 그러나 이것은 매우 드문 경우이다. 우리가 그런 사람을 동등한 수준에 있는 아랍계 학자들과 비교해보면, 후자가 더 효율적이고 확고한 습관을 지니고 있음을 알 수 있다. 비아랍계 학자들은 어릴 때에 사용했던 비아랍어가 그를 뒤지게 만들기 때문에 어려움을 겪을 수밖에 없다.

이것은 대부분의 무슬림 학자들이 비아랍계라고 앞에서 말했던 내용과 상치되지 않는다. 거기서 언급한 '비아랍계'란 혈통상으로 아랍인이 아니라는 뜻이다. 그러한 혈통상의 비아랍계인들은 오랜 도회문화의 전통을 누리고 있다. 언어적으로 비아랍이라는 것은 이와는 아주 다른 것이며, 여기서는 바로 그것을 가리킨다.

이는 또한 그리스인들이 매우 탁월한 학자들이었다는 사실과도 상치되지 않는다. 그들은 자신들이 통상적으로 사용하던 모국어와 고유한 문자로 학문을 배웠다. 반면 학자가 되기 위해서 공부하는 비아랍계 무슬림은 자신이 습관으로 지니고 있는 고유한 말과 문자 이외의 언어로 자신의 주제를 공부해야 하고, 그렇게 되면 그것은 그에게 장애가 된다. 이는 비아랍계 언어를 말하는 거의 모든 사람들, 즉 페르시아인, 투르크인, 베르베르인, 유럽계 기독교도 등에게 적용된다.

44) 아랍어에 관한 학문들

아랍어학의 네 지주는 어휘학, 문법학, 문장론, 문학(bayân)이며, 이 모든 분야에 대한 지식은 종교학자에게 필수적이다. 종교법의 근원인 『코란』과 순나가 아랍어로 되어 있기 때문이다. 그것을 전승한 사람들, 즉 무함마드의 교우와 그 다음 세대 역시 아랍인들이었다. 여기서 생기는 어려움은 그들이 사용하던 언어이며, 따라서 종교학자가 되기를 희망하는 사람은 아랍어 및 그것과 관련된 학문들을 알아야 한다.

이 학문들 사이의 차이는 말이 어떤 의미를 전달할 때 그 말 가운데에서 어떤 측면이 더 유용한가에 대해서 강조하는 바가 다르기 때문에 생긴다. 그 가운데 가장 중요하고 일차적인 것이 문법학이다. 왜냐하면 그것은 의도된 다양한 의미를 표현하는 데에 사용된 기본원리를 분명히 보여주기 때문이다. 그래서 우리는 주어와 목적어 또 명사문의 주어와 술어를 구별할 수 있게 된다.

어휘학의 경우, 문법학처럼 문장 안에서 수식하는 것과 수식되는 것으로 구성된 수식관계를 나타내는 어미변화를 다루는 것이 아니라, 대부분 의미상 끊임없이 변화하는 자료들을 연구의 대상으로 삼고 있다. 만약 그렇지 않다면, 이 학문도 일차적인 중요성이 있는 것으로 취급받았을 것이다. 그러나 어휘학이 다루는 자료는 끊임없이 변화하고 흔적을 남기지 않는다. 그래서 문법학이 어휘학보다 더 중요하고, 문법학에 대한 무지는 상호간의 이해에 큰 해악을 미친다. 그러나 어휘학에서는 그렇지 않다.

문법학

통상적인 의미에서 언어란 화자의 의도를 표현한 것이라는 사실을 알아야 할 것이다. 그러한 표현은 말의 의미를 전달하려는 의도에서 비롯된 혀의 활동이다. 따라서 언어는 그것을 만들어내는 신체기관, 즉 혀에 뿌리를 내린 습관이 되어야 한다.

언어는 모든 민족이나 고유한 용어에 의해서 형성된다. 아랍인들이 그런 방식으로 익힌 언어적 습관은 최상이며, 의도된 의미를 가장 명확하게 표현한다. 왜냐하면 아랍어의 표현 속에는 단어 이외에도 다른 것들에 의해서 많은 개념들이 지시되어 있기 때문이다. 예를 들면 주어를 목적어나 소유격 ― 어미에 i가 첨가되는 격 ― 과 구별시키는 모음들이 있고, 다른 단어를 사용하지 않은 채 동사를 실체로 바꾸어주는 문자들이 있다.44) 이러한 특징은 아랍어 이외의 다른 언어에서는 보이지 않는다. 다른 모든 언어는 특정한 개념이나 상황을 나타내기 위해서 특정한 단어를 필요로 한다. 따라서 비아랍인들은 말을 할 때 아랍어에서 요구되는 것보다 더 긴 문장을 사용하게 되는 것이다.

이슬람이 출현한 뒤 아랍인들은 히자즈를 떠나 다른 민족과 왕조의 수중에 있는 왕권을 찾아 나섰고, 비아랍인들과 접촉하게 되었다. 그 결과 비아랍인들이 아랍어를 말하면서 범하는 문법적 오류의 영향을 받아 그들의 언어적 습관도 변하게 되었다. 듣는 것도 언어적 습관을 낳는다. 그래서 아랍인은 그들이 말하는 것을 듣는 데에 익숙해져 잘못된 화법을 쓰게 되었고, 그들의 언어적 습관은 타락해버렸다.

---

44) 예를 들면 '행하다'라는 뜻의 동사 fa'ala의 앞에 ta를 붙이면, '그녀가 행하다'는 뜻으로 바뀌고, fā'il로 변환시키면 '행하는 사람'의 뜻이 된다. 즉 행동하는 사람을 나타내는 단어를 사용하지 않고, 동사 자체의 변환을 통해서 그러한 의미를 표현할 수 있다.

지식인들은 아랍의 언어적 습관이 완전히 타락하지 않을까, 또 그와 같은 과정이 오래 지속된다면 『코란』과 전승조차도 더 이상 이해할 수 없게 되는 것은 아닐까 우려했다. 그래서 그들은 자신들이 말하는 방식으로부터 아랍어의 언어적 습관에 관한 원칙들을 도출했다. 이 원칙들은 마치 보편적이고 기본적 원리처럼 일반적인 적용성을 지녔고, 문장 속의 모든 부분들을 대조하고 유사한 것들을 결합시켰다.……

  후일 학자들은 문법에 관한 책을 저술했는데, 그 선구자들로는 알 할릴 이븐 아흐마드 알 파라히디45)와 시바와이흐 등을 꼽을 수 있다. 문법에 관한 많은 토론도 벌어졌다. 아랍인들의 두 도시인 쿠파와 바스라의 문법학자들 사이에서 견해 차이가 나타났고, 점점 더 많은 증거와 논증이 동원되었다. 문법교육의 방법도 달라졌고, 근래의 학자들이 출현하면서 간략한 방법이 도입되었다. 그들은 전승되어온 모든 것들을 포괄하면서도 상당부분의 장황한 논의를 짧게 잘라버렸다. 그들은 초보자들을 위한 기초적인 원칙에만 국한했다.

  그러나 문명의 쇠퇴에 따라서 앞에서 지적한 다른 학문과 기술들이 약화되면서 문법도 거의 사라질 지경이 되었다.……

어휘학

  이 학문은 단어의 통상적인 의미를 설명하는 것인데, 그 유래는 다음과 같다. 아랍어의 올바른 습관이 타락하자 그 어말 모음을 보호하기 위한 원칙들이 개발되었다. 그러나 비아랍계 무슬림들과의 접촉으로 타락의 과정은 계속되었고, 많은 아랍어휘들은 더 이상 원래의 의미로 사용되지 않았다. 이것은 비아랍인들이 아랍어를 사용할 때 순수한 아랍어와 상반되는 용어들을 부정확하게 사용한 결과였다. 따라서 저술과 체계적인 글을 통해서 단어의 통상적인 의미를 보호해야 할 필요성이 제기되었고, 그렇지 않을 경우 그러한 의미가 완전히 잊혀서 『코란』과 전승에 대한 몰이해마저 초래될 것이 우려되었다.

  많은 지도적인 언어학자들은 적극적으로 이 과업을 수행하기 시작했고 이 주제에 관한 체계적인 저작들을 집필했다. 이런 점에서 대표적인 인물은 『아인의

---

45) 8세기 후반에 사망한 아랍어 문법학자.

책』(Kitâb al-'Ayn)을 쓴 알 할릴 이븐 아흐마드 알 파라히디였다. 거기서 그는 알파벳으로 조합이 가능한 모든 방식들, 즉 둘, 셋, 넷, 다섯 개의 자음으로 이루어진 단어들을 다루었다. 다섯 개의 자음으로 이루어진 단어는 아랍어에서 가장 긴 결합이다.……

그러나 그는 관행적인 방식에 의해서 알파벳 순서에 따라서 책의 목차를 구성하지 않았다.……

10세기 스페인에서 히샴 알 무아야드[46])의 스승이었던 아부 바크르 앗 주바이디[47])는 『아인의 책』을 축약했지만, 그 특징들은 모두 그대로 보존했고, 다만 사용되지 않는 단어들만 생략했다. 동부의 학자들 가운데 알 자우하리[48])는 『올바름의 책』(Kitâb as-Ṣiḥâh)을 저술했는데, 이는 알파벳을 정상적인 순서에 따라서 배열한 최초의 책이었다.……

문장-문체론의 학문

이 학문은 이슬람에서 아랍어의 언어학과 어휘학 이후에 생긴 학문이다. 이 학문은 단어들 그리고 그 단어들이 전달하고 나타내고자 하는 개념들을 탐구하는 것이기 때문에 언어학의 분야에 속한다. 여기에는 다음과 같은 것들이 있다.

말하는 사람이 듣는 사람에게 말을 통해서 전달하려고 하는 것은 개별적인 단어들, 즉 그 자신이 다른 것을 수식하기도 하고 다른 것에 의해서 수식되기도 하며, 어떤 것을 다른 것으로 유도하기도 하는, 그런 단어들에 대한 관념일 수도 있다. 이런 경우 관념은 개개의 명사, 동사, 접사 등에 의해서 표현된다. 혹은 말하는 사람이 전달하려는 것이 수식하는 것과 수식되는 것의 구별 그리고 시제의 차이의 구별일 수도 있는데, 이런 경우 관념은 동사어미와 어형의 변화에 의해서 표현된다. 이 모든 것은 문법학에 속한다.

어떤 사실들의 일부를 이루면서 표현되어야 할 필요가 있는 것들 가운데에는 화자와 행위자의 상태, 행위가 일어나지 않을 수 없는 조건 등이 있다. 이런 것들 역시 표현되어야 하며, 그래야만 정보가 완전하게 전달될 수 있다. 만약 화자

---

46) 재위 976-1009년. 스페인 우마이야 왕조의 칼리프.
47) 989년 사망.
48) 11세기 초에 사망.

가 이런 것들을 모두 제시한다면, 그의 말은 전달될 수 있는 모든 것들을 전달하게 된다. 그러나 만약 그가 이런 것들 가운데 무엇인가를 빼놓게 된다면, 그것은 진정한 아랍어가 아니다. 아랍어는 광범위한 언어이고, 아랍인들은 어말모음의 변화를 완벽하게 사용하여 명확한 의미를 전달하는 것말고도, 각각의 상황에 맞는 특수한 표현들을 가지고 있다.

"자이드가 내게로 왔다"라는 문장은 "왔다 내게로 자이드가"와 동일한 것을 의미하지는 않는다. 먼저 언급된 것(첫 문장에서는 자이드)이 화자의 마음 속에 더 큰 중요성을 차지하지만, "왔다 내게로 자이드가"라고 말한 사람은 온 사람보다는 왔다는 것에 더 관심이 있음을 나타낸다. 반면 "자이드가 내게로 왔다"라고 말한 사람은 문법적으로 술어인 '왔다'라는 것보다는 온 사람에게 더 관심이 있음이 드러난다.……

이와 마찬가지의 경우가 다음과 같은 문장이다. "내게로 그 남자가 왔다"라는 문장이 '내게로 한 남자가 왔다'라는 문장으로 대체될 수 있다. 후자의 경우처럼 정관사 (al-)가 없는 형태를 사용하는 것은 대상이 된 그 남자에 대해서 존경을 표시하고, 그가 누구와도 비견될 수 없는 남자임을 나타내려는 의도가 있기 때문이다.……

또한 문자 그대로의 의미 이상을 나타내는 표현이 사용되기도 한다. 이는 그것이 지닌 어떤 함의를 나타내려는 것인데, 개별적인 단어들에 적용될 수 있다. 예를 들면 "자이드는 사자이다"라는 말에서는 실제의 사자가 아니라 사자라는 말 속에 내포된 용맹성이 표현된 것이며, 자이드를 의미하는 것이다. 이것은 은유적 용법이라고 한다.

문장론과 문체론이라고 하는 분야는 다양한 상황에서 말의 형태가 조건이 지니는 의미를 탐구하며, 다음의 세 분과로 나뉘어져 있다.

제일 분과는 주어진 상황이 요구하는 모든 것들과 일치하는 말의 형태와 조건이 무엇인가를 탐구하는 것으로, '수사학'(balâgah)이라고 한다.

제이 분과는 어떤 단어가 함의하는 것 혹은 그것에 의해서 함의되는 것이 무엇인가, 즉 은유와 환유 등을 탐구하는 것으로, '문체학'이라고 한다.

학자들은 여기에 제삼 분과인 말의 미적 수식에 대한 연구를 추가한다. 그러한 수식에는 문장을 부분들로 나눔으로써 운율을 지닌 산문을 장식적으로 사용하는 것, 사용되는 단어들 사이의 유사성을 보여주는 장식어들을 사용하는 것, 어떤 의미를 표현하고자 할 때 암시를 사용하면서 동시에 동일한 단어를 통해서 더 수수께끼 같은 개념을 나타내는 것, 혹은 대구를 사용하는 것 등이 속한다. 이것은 '미사여구학'('ilm al-badi')이라고 한다.

근래의 학자들은 제이 분과인 문장론, 문체학을 위의 세 분과 모두를 지칭하는 말로 사용하는데, 그것은 고대의 학자들이 그것을 가장 먼저 논의했기 때문이다.……

이 분과는 『코란』의 '무비성'(無比性)을 이해하는 것을 목적으로 삼고 있다. 이러한 무비성은 진술된 것이건 이해된 것이건, 『코란』의 언어는 반드시 표현해야 할 모든 상황들을 완전하게 표현하고 있다는 사실에서 비롯된다. 이것은 최고 단계의 화법이다. 게다가 『코란』은 단어의 선택과 배열과 결합에서 완벽하다. 이것이 바로 무비성이고, 이해를 초월하는 특질이다.

이 분과는 『코란』 주석가들에게 가장 필요하다. 자르 알라 앗 자막샤리[49]가 출현할 때까지 아주 고대의 주석가들은 이것을 무시해왔다. 그는 『코란』에 주석을 달 때 이 분과의 원칙에 따라서 각각의 구절들을 연구했다.……

문학

이 학문은 어떤 현상을 연구하면서 그것에 대해서 긍정이나 부정을 하는 대상을 가지고 있지 않다. 언어학자들은 이 학문의 목적이 그 성과, 즉 아랍인들의 방법에 따라서 시와 산문을 지을 수 있는 훌륭한 능력의 습득이라는 것과 동일한 것이라고 생각한다. 따라서 그들은 합당한 언어적 습관을 얻는 데에 도움이 될 만한 아랍어 문장이 적힌 자료들을 수집하고 암기한다. 그러한 자료에는 뛰어난 시, 탁월한 운문, 어휘학 및 문법학의 특정한 문제들이 포함되어 있고, 학생들은 대체로 이런 것들을 통해서 아랍어의 대부분의 원칙들을 귀납적으로 도출할 수 있다.

이 분야의 정의를 내리려고 하는 언어학자들은 "문학은 아랍인들의 시와 역사에 대한 전문적인 지식뿐만 아니라 다른 모든 학문에 대해서도 어느 정도의 지식을 소유하는 것"이라고 말한다. 그들이 의미하는 바는 언어에 관한 학문과 종

---

[49] 1075-1114년. 호레즘 출신의 『코란』 주석학자.

교에 관한 학문들 —— 특히 『코란』과 전승의 내용에 관련된 것만 —— 에 대한 지식이며, 그밖의 어떠한 학문도 아랍의 화법과는 무관하다는 것이다. 다만 예외는 미사여구학에 몰두한 근래의 학자들이 시나 산문에서 학문적 용어를 통해서 은유를 사용하는 경우이다. 따라서 그러한 은유를 이해하기 위해서 문학자들은 학문적 용어들을 알아야 할 필요가 있다.

이슬람 초기에는 노래 부르기도 이 분야에 속했다. 노래란 시를 음악에 맞춘 것이므로 시에 의존하는 것이다. 압바스 왕조의 서기나 고위인사들은 아랍인들의 방식과 문학에 익숙하기를 원했기 때문에 노래를 즐겼다. 그것을 좋아하는 것이 성실함이나 남자다움에 손상을 주는 것은 아니었다. 히자즈 지방의 메디나 혹은 다른 도시의 무슬림들은 다른 모든 사람들의 모방의 대상이었는데, 그들이 노래를 즐겨 불렀기 때문이다. 판관인 아불 파라즈 알 이스파하니[50]와 같은 위대한 학자도 노래에 관해서 『음악의 책』(Kitâb al-Aghânî)이라는 책을 지었다. 거기에서 그는 아랍인들의 역사, 시, 계보, 전투, 왕조들을 모두 다루었다. 이 책은 칼리프 알 라시드를 위해서 가수들이 선별한 100곡의 노래에 기초를 둔 것으로, 그것에 관한 가장 완전하고 포괄적인 글이다. 거기에는 아랍인들의 시, 역사, 노래, 기타 사항들에 관한 모든 좋은 것들이 수집되어 있다. 우리가 아는 한, 이것에 비견될 만한 책은 존재하지 않으며, 문학자라면 다다르기를 소망할 만한 궁극적인 목표이자, 만에 하나 거기까지 갈 수 있다면 거기서 멈춰서야 할 곳이기도 하다. 이제 언어학에 대한 우리의 설명을 전반적인 방식으로 확인하는 것으로 다시 돌아가도록 하자.

45) 언어는 기술적인 습관이다

모든 언어는 기술과 마찬가지로 습관이다. 그것은 혀에 밴 습관이며 개념을 표현하기 위해서 사용된다. 그러한 표현이 적절한가 아닌가는 그 습관의 완성 혹은 결함의 정도에 달려 있다. 이것은 개별적인 단어가 아니라 단어들의 결합에 관한 것이다. 완벽한 습관을 체득함으로써 개별적 단어들을 결합하여 자신이 표현하고자 하는 개념을 올바르게 표현할 수 있는 사람, 즉 상황이 요구하는 바에 상응

---

[50] 967년 사망.

하여 작문 형식에 맞게끔 말을 할 수 있는 사람은 자신이 전달하고자 하는 바를 듣는 사람에게 제대로 전달할 수 있다. 이것이 바로 유창함이 의미하는 바이다.

　습관은 반복적 행동에 의해서만 성취된다. 하나의 행동은 일회적이다. 그것이 반복되면 하나의 상태가 되는데, 그것은 아직 확고한 뿌리를 내리지 않은 하나의 속성이다. 더 많은 반복이 거듭되면 그것은 하나의 습관, 즉 확고한 뿌리를 내린 속성이 된다.

　아랍어의 습관이 아랍인들 사이에 존재하는 동안 아랍어를 말하는 사람들은 항상 자기와 같은 세대에 속하는 사람들이 아랍어를 말하는 것을 들었다. 그는 그들이 말을 걸어오는 방식과 표현하고자 하는 바를 어떻게 나타내는지를 귀로 듣는다. 그는 마치 개별적 단어들이 그 올바른 의미를 가지고 어떻게 쓰이는지를 듣는 어린 아이와 같다. 그는 처음에 그런 것들을 배운다. 그 후 단어들이 결합된 것을 듣고 그것도 마찬가지로 배운다. 각각의 화자들이 말할 때마다 그는 무엇인가 새로운 것을 듣고 그 자신도 반복적으로 그것을 연습하여, 마침내 올바른 화술이 습관이 되고 그 습관은 확고한 뿌리를 내린 속성이 된다. 그래서 어린 아이는 한 사람의 아랍인이 된다. 이런 방식으로 아랍의 언어와 방언은 한 세대에서 다음 세대로 전달되었고, 비아랍인과 아이들 모두 그것을 배웠다.

　그러나 본래의 아랍인들이 비아랍인들과 접촉하게 되면서 그 언어적 습관이 타락하게 되었다.……

46) 오늘날의 아랍어는 무다르족과 힘야르족의 언어와는 구별되는 독자적인 언어이다

(본문 번역 생략)

47) 정주 도회민의 언어는 무다르족의 언어와는 구별되는 독자적인 언어이다

(본문 번역 생략)

48) 무다르어의 교육방법

(본문 번역 생략)

49) 무다르어에 대한 습성은 아랍 문헌학을 배우는 것과 무관하며, 그 교육과정에서는 아랍 문헌학이 필요하지 않다

(본문 번역 생략)

50) 문학비평가들의 전문적인 용어인 '맛'이라는 단어의 의미와 해석. 아랍화된 비아랍인들은 왜 그것을 가지지 못하는지에 대한 설명

'맛'(dhawq)이라는 단어가 요즈음 다양한 분야의 문학비평에 종사하는 사람들 사이에서 사용되고 있는데, 이것은 혀가 '유창함'의 습관을 획득했다는 것을 의미한다. 유창함이란 말과 그것이 표현하고자 하는 의미를 모든 면에서 합치시키는 것을 뜻하며, 단어들의 결합에 그와 같은 합치를 부여할 수 있는 자질을 통해서 성취된다. 아랍어를 유창하게 말하는 사람은 아랍어 화법에 따라서 그와 같은 합치를 가능케 하는 표현형식을 선택하므로, 이런 점에서 그는 아랍어 화법의 유창함에서 거의 벗어나지 않게 된다.

어떤 곳에 굳게 뿌리를 내리고 확립된 습관은 그곳에서는 마치 자연적이고 선천적인 것처럼 보인다. 따라서 습관의 중요성을 잘 모르는 무지한 많은 사람들은 어말모음의 변화를 정확하게 사용하거나 아랍어를 유창하게 말하는 것은 자연적인 것처럼 생각한다. 그래서 그들은 "아랍인들은 선천적으로 정확한 아랍어를 말한다."고 하지만, 사실은 그렇지 않다. 정확한 아랍어는 말을 올바로 배열하도록 하는 언어적 습관이고, 그 습관이 아랍어를 말하는 사람에게 굳게 뿌리를 내리고 확립된 것뿐이다. 따라서 표면상으로 일종의 자연적이고 선천적인 것처럼 보일 뿐이다. 그러나 앞에서도 지적했듯이 이러한 습관은 아랍어를 말하는 것을 끊임없이 훈련하고 또 반복해서 들음으로써 단어들의 결합이 지닌 독특한 속성을 이해하게 되었기 때문에 생긴 것이다. 그것은 문학비평가들이 만들어낸 학문적 규칙들에 대한 지식을 통해서 획득되는 것은 아니다. 그러한 규칙들은 단지 아랍어

에 대한 지식을 줄 뿐, 혀와 같이 적절한 장소에 실제적인 습관을 가지도록 해주지는 못한다.

이와 같은 사실이 입증되었다면, 우리는 유창함의 습관을 혀에 지닌 사람은 단어들의 배열에 관한 다양한 측면에 대해서 그리고 아랍인들이 아랍어를 말할 때 사용하는 단어의 결합과 배열에 부합되는 정확한 단어배열의 사용 등 대해서 훌륭하게 이해하고 있으리라고 생각한다. 그러한 습관이 몸에 밴 사람은 아랍어에 고유한 단어배열과 방식에서 일탈하려고 시도해도 그렇게 하지 못할 것이다. 그의 혀는 부적절한 화법에 익숙해 있지 않기 때문에, 그의 뜻대로 움직여주지 않을 것이고 굳게 뿌리를 내린 습관은 그런 말을 용인하지 않을 것이다.……

만약 이 습관이 굳게 뿌리를 내려서 확립된 것일 때, 문학비평의 전문용어로는 그것을 은유적으로 표현하여 '맛'이라고 부른다. '맛'은 음식에 의해서 생기 느낌이다. 그런데 언어의 습관은 혀에 위치해 있고 그곳은 음식에 의해서 발생되는 느낌이 일어나는 곳이자 동시에 말이 위치하는 곳이기 때문에, '맛'이라는 표현이 은유적으로 사용된 것이다. 나아가서 음식이 혀에 의해서 감각적으로 지각되는 어떤 것이듯이, 그것도 혀에 의해서 직관적으로 느껴지는 그 무엇이다. 따라서 그것을 '맛'이라고 부르는 것이다.

만약 이 점이 분명하다면, 비아랍인들, 예를 들면 페르시아인이나 비잔틴인 혹은 동방의 투르크인이나 서방의 베르베르인 등의 아랍어에 익숙하지 않고 아랍인들과의 접촉의 결과로 할 수 없이 그 말을 하게 된 사람들이 왜 그러한 '맛'을 가지지 못하는지도 이해할 수 있다. 그들은 우리가 앞에서 그 중요성에 대해서 입증했던 언어적 습관의 아주 적은 부분만을 가지고 있을 뿐이다. 그들은 과거에 다른 언어적 습관, 즉 자기 모국어의 습관을 지니고 인생의 일정 기간을 그것으로 지냈다. 그들이 기껏 할 수 있는 것은 무슬림 도시민들 속에 섞여 어울려 살면서 사용하는 개별적 단어들과 그 단어들의 결합을 활용하는 정도이다.

도시민들은 옛날 아랍어의 언어적 습관을 상실했고, 그것에 이방인이 되어버렸으며, 그것에 바람직하지 않은 언어적 습관을 가지게 되었다. 아랍어의 언어적 습관을 아는 사람들도 단지 책에서 명문화된 규칙들을 배울 뿐, 결코 그것을 습관으로 몸에 배게 하지는 못한다. 그들은 언어적 습관을 규제하는 원칙을 알 뿐이다. 언어적 습관은 계속적인 연습을 통해서, 아랍어의 화법에 익숙해짐으로써,

그리고 반복적으로 사용하고 들음으로써 체득되는 것이다.

51) 도회민은 언어적 습관을 체득하는 데에 전반적인 결함을 지니는데, 그 이유는 교육 때문이다. 도회민이 아랍어에서 멀어지면 멀어질수록 그 습성을 체득하기 어려워진다

그 이유는 아랍어를 배우는 사람이 체득하고자 하는 습관과 병립하기 힘든 습관을 이미 체득해버렸기 때문이다. 왜냐하면 그가 비아랍어의 영향을 받은 도회민의 언어를 말하면서 성장하는 동안 그 영향을 점점 더 깊게 받아, 결국은 아랍어를 말하는 원래의 습관이 다른 것으로 대체되어버렸기 때문이다. 이 다른 습관이란 바로 오늘날 도회민들의 언어이다.

따라서 우리는 교사가 아이들에게 아랍어를 가르치려고만 하는 현상을 보게 된다. 문법학자들은 언어교육이 문법을 통해서 이루어질 수 있다고 생각하지만, 실은 그렇지 않다. 그것은 아랍의 언어와 화법과의 직접적인 접촉을 통해서 획득되는 언어적 습관을 가르쳐줄 때 비로소 가능해진다. 물론 문법이라는 것이 그런 대상들과의 접촉에 매우 근접한 것은 사실이다.

도시민의 언어에 비아랍적 화법의 습관이 깊게 뿌리를 내리면 내릴수록, 또 그것이 원래의 아랍어로부터 멀어지면 멀어질수록, 원래의 아랍어를 배워서 그 습관을 체득하려는 사람은 그만큼 어려움을 겪게 된다.……

52) 말은 운문과 산문으로 나뉜다

아랍의 언어와 화법은 두 분야로 나뉜다. 하나는 운(韻)을 가진 시인데, 시란 운율로 이루어진 말이다. 각각의 행은 특정한 문자로 끝나며 이를 '운'이라고 한다. 또 하나는 운율로 이루어지지 않은 말, 즉 산문이다.

이 두 분야는 각각 다양한 분과로 나뉘어진다. 운문에는 찬시, 영웅시, 비가 등이 있다. 산문에도 운율을 가진 것이 있다. 운을 가진 산문은 동일한 압운으로 끝나는 행들이 연속된 것이 있는가 하면, 압운을 공유하는 두 행들이 하나의 짝으로 이어지는 것도 있다. 이것을 '압운 산문'이라고 부른다. 물론 산문에는 '단순 산문'도 있다. 단순 산문의 경우 문장은 계속되어 행으로 나뉘어지지 않은 채, 운이나 기타 다른 요소에 의한 구분 없이 단순하게 계속된다. 산문은 설교나 기도

혹은 대중들을 격려하거나 겁을 주려고 할 때에 이용된다.

『코란』은 산문으로 되어 있지만, 위에서 말한 산문의 두 종류 가운데 어느 것에도 속하지 않는다. 즉 그것은 단순 산문도 압운 산문도 아니다. 『코란』의 각 장은 절(節)들로 나누어져 있는데, 절은 '맛'을 보여주는 휴지부에 도달한 뒤에 다시 재개되어 다음 절에서 '반복'된다. 이 경우 압운 산문을 만들어주는 글자를 반드시 사용하지 않아도 되고, 시에서와 같은 운율을 사용하지 않아도 된다.……

시의 각 분과는 거기에 종사하는 사람들이 고유하다고 인정하는 특수한 방법을 가지고 있으며, 그런 방법은 다른 분과에는 적용되지도 않고 또 사용되지도 않는다.

근래의 작가들은 산문을 지을 때, 시의 방법을 활용한다. 그들의 글에는 다수의 압운 산문과 의무적인 운율이 포함되어 있다. 그런 산문을 살펴보면 실제로 일종의 시가 된 인상을 받게 된다. 그것이 시와 다른 점은 단지 운율이 없다는 것뿐이다. 최근에 들어서서 서기들은 이러한 방식을 채택하여 정부의 문서를 쓸 때에도 사용하고, 모든 산문을 자신들이 좋아하는 이런 형태로만 쓰고 있다. 특히 동부에서 그들은 갖가지 방법들을 뒤섞고, 단순 산문을 기피하며 아예 치지도 외하려고 한다. 우둔한 서기들의 손에서 오늘날 정부의 문서들은 이런 방식으로 처리된다. 그러나 좋은 문체라는 관점에서 보면, 그것은 옳지 못하다. 왜냐하면 좋은 문체를 통해서 우리가 추구하는 것은 표현된 것과 화자나 청자가 처한 정황 사이의 합치이기 때문이다. 따라서 정부의 문서는 혼란을 일으키는 그런 형태의 산문을 써서는 안 된다. 시의 방법은 재치, 심각함과 유머의 혼합, 장황한 묘사, 속담의 자유로운 활용, 나아가서 빈번한 직유와 은유적 표현 등 통상적인 대화에서는 전혀 요구되지 않는 것들을 사용한다. 압운의 의무적 사용도 역시 재치와 장식을 위한 것이다. 이런 것들은 모두 왕권과 정부의 권위에 어울리지 않으며 군주의 이름으로 대중을 격려하거나 위압하는 데에도 적절치 않다. 정부의 문서를 쓸 때 추천할 만한 것은 단순 산문 ── 즉 올바른 언어적 습관에 따라서 자연스러운 방법으로 압운 산문을 포함시켜도 무방한 아주 드문 경우를 제외하고는 직설적인 화법 ── 그리고 주어진 정황과 올바로 합치되는 형식의 말을 사용하는 것이다.

압운 산문 형식, 즉 시에서나 적합한 방식으로 쓰인 정부의 문서는 제재를 받아야 마땅하다. 우리의 동시대인들이 그렇게 한 단 한 가지 이유는 비아랍적 언어습관이 그들의 혀를 강하게 붙들어, 그 결과 주어진 상황과 합치될 만한 올바른 화법을 구사할 수 없기 때문이다. 그래서 그들은 직설적인 화법을 사용하지 못하는 것이다. 그런 방식으로 유창함을 구사한다는 것은 어려운 일이고 오랜 노력을 요한다. 그들은 표현하려고 하는 대상이나 특정한 정황과 자기들의 말을 합치시킬 수 없기 때문에, 그것을 은폐하려고 그런 식으로 압운 산문을 사용하는 것이다. 그들은 압운 산문과 미사여구로 말을 잔뜩 치장함으로써 결점을 보충할 뿐, 다른 것들은 모두 소홀히 여긴다.

오늘날 동부의 서기와 시인들은 이와 같은 방법을 가장 즐겨 사용하고 온갖 종류의 화법에 그것을 과장해서 사용한다. 그들은 심지어 어말모음의 변화와 단어의 어형변화까지도 제멋대로 바꿀 정도이다.

53) 한 사람이 시와 산문을 모두 잘 쓸 수 있는 능력을 갖추기는 매우 어렵다

그 이유는 앞에서 설명한 것처럼 혀에 생긴 습관 때문이다. 만약 다른 습관이 이미 그 자리를 차지하고 있다면, 후에 생긴 습관이 제대로 발달할 정도로 충분한 여유가 없게 된다. 습관은 원초적 상태에서 수용되고 발달하기 더 용이하며 간단하기 때문이다. 만약 선행하는 다른 습관이 있다면, 그것은 어떤 실체가 새로운 습관을 받아들이려고 하는 것을 방해하고, 신속한 수용을 가로막는다. 그래서 상충이 생기고, 새로운 습관이 완전한 단계로 발전하는 것이 불가능해진다. 대체로 모든 기술적인 습관의 경우가 모두 이러하다.

동일한 현상은 언어에도 해당된다. 언어는 기술의 경우와 마찬가지로 혀의 습관이다. 우리는 비아랍어의 습관을 이미 지니고 있는 사람이 아랍어를 습득하는 데에 항상 결함을 노출한다는 사실을 확인할 수 있다. 마찬가지로 과거에 어떤 습관을 잘 익힌 사람은 다른 분야에 능숙하게 된다든가 아니면 완전이 숙달된다는 것이 불가능하다.

54) 작시의 기술과 그것을 배우는 방법

이것은 아랍어를 말하는 것과 연관된 분야이다. 아랍인들을 그것을 '시'라고 부르는데, 이는 다른 모든 언어에도 존재한다. 그러나 여기에서 우리가 언급하고자 하는 것은 아랍어의 시에 대해서이다. 다른 언어를 말하는 사람들 역시 자신의 언어로 표현하고자 하는 것들을 시에서 찾을 수 있다. 그러나 각각의 언어는 유창함에 관한 나름대로의 특별한 원칙이 있다.

아랍어의 시는 그 작시 방법에서 특이하고 힘차다. 그것은 동일한 운을 가진 행들로 분할되고 각 행의 마지막에 동일한 문자를 배열하는 언어의 표현법이다. 이 각각의 행을 시행이라고 부른다. 각 행의 마지막이 공통적으로 가진 동일한 문자를 각운(脚韻)이라고 부르고, 그렇게 해서 만들어진 것 전체를 '시'(qaṣîdah 혹은 kalimah)라고 부른다. 단어들의 결합으로 이루어진 각각의 시행은 그 자체로서 의미를 지닌 단위이다. 어떤 면에서 그것은 그 자체로서 별개의 진술이며, 앞에 나오는 행이나 뒤에 나오는 행으로부터 독립되어 있다. 찬양, 연애, 비애 등 어떤 것에 관한 것이건 각 행은 그 자체로서 완전한 의미를 지닌다. 각 행에 독립적인 의미를 부여하려는 것이 시인의 의도이다. 그리고 그 다음 행에서 마찬가지 방식으로 새로 시작하며 또 다른 것에 대해서 이야기한다. 그는 하나의 시적 형식에서 다음 형식으로, 하나의 주제에서 다음 주제로 옮겨가는데, 그것을 처음의 주제와 개념이 다음 주제와 어떤 식으로든 연관될 수 있는 방식으로 행한다. 이렇게 해서 시인은 이를테면 연애의 행에서 찬양의 행으로, 사막이나 버려진 둔영지의 흔적을 묘사하는 것에서 행진하는 낙타나 말이나 환영(幻影)에 관한 묘사로, 비가풍의 슬픔과 애도에서 망자에 대한 찬양으로 끊임없이 옮겨가는 것이다. 한 운율에서 그와 유사한 다른 운율로 넘어가려고 하는 자연적인 경향을 억제하기 위해서 시 전체가 동일한 운을 유지하도록 주의를 기울인다. 왜냐하면 운들은 서로 비슷비슷하여 많은 사람들은 그 차이를 느끼지 못하기 때문이다.

운은 특정한 조건과 규칙에 의해서 지배되며, 운율학의 주제가 된다. 운율학에서는 운율의 숫자가 15개로 제한되는데, 그것은 아랍인들이 시에서 그 외에 다른 운율을 사용하는 경우가 없기 때문이다.

아랍인들은 시를 화술의 한 형태로 매우 높게 생각한다. 따라서 그들은 시를 이용하여 자기들의 학문과 역사, 선악의 판단 증거들, 대부분의 학문과 지혜의 근본적인 참고자료 등을 기록으로 보존했다. 작시의 습관은 다른 습관들과 마찬가지로 그들 사이에 굳게 뿌리를 내렸다. 아랍어의 언어적 습관은 기술적 훈련과 화법의 지속적인 연습을 통해서만 획득될 수 있고, 그러면 작시의 습관도 어느 정도는 가질 수 있다.

여러 형태의 화법 가운데 시는 현대인들이 배우기 가장 어려운 것이다. 하나의 기술로서 공부하여 작시의 습관을 가지려고 할 때에 특히 그렇다. 시의 각 행은 그 자체로 인용되어도 나름대로 의미를 지닌 독립적인 진술이다. 시인이 시적인 표현들을 아랍 시의 이러한 경향에 맞는 형식으로 쏟아내기 위해서는 고도의 작시 습관이 요구된다. 시인은 독자적으로 존립할 수 있는 하나의 행을 만든 뒤에 동일한 방식으로 다음 행을 만든다. 그리고 이런 식으로 자신이 표현하고자 하는 온갖 상이한 주제들을 연속적으로 등장시킨 뒤에 각각의 행들이 시 속에 존재하는 상이한 주제들에 상응하면서 서로가 맞물리면서 조화를 이룰 수 있도록 해야 한다.

시의 형식은 어렵고 그 주제는 낯설다. 따라서 만약 어떤 사람이 작시의 방법에 대해서 훌륭한 지식을 원한다면, 그의 선천적 재능은 혹독한 시험을 받게 될 것이다. 일반적인 말을 시라는 틀 속에 응축해넣고자 하는 욕망은 마음을 날카롭게 만든다. 아랍어의 언어 습관을 가지고 있다는 것만으로는 부족하며, 특히 아랍인들이 사용하는 특수한 작시 방법들을 준수하기 위해서는 상당한 정도의 기술과 세련이 필요하다.

이제 시인들이 소위 말하는 '방법'(uslûb)의 중요성과 그것이 무엇을 의미하는지에 대해서 설명해보도록 하자. '방법'이라는 말은 단어들을 조합하여 짜는 베틀 혹은 그것들을 붓는 금형을 지칭한다는 사실을 알아야 할 것이다. 그것은 어떤 말이 나타내고자 하는 의미의 근본, 즉 어말모음의 영역에 속하는 것이 아니다. 그것은 또한 특정한 구문을 통한 개념의 완벽한 표현, 즉 유창함과 문체의 영역에 속하는 것도 아니다. 아랍인들이 시를 쓸 때 사용하는 운, 즉 작시법과 관련된 것도 아니다. 이 세 가지 학문은 모두 작시의 기술과는 무관한 것들이다.

작시의 방법은 운을 지니는 구문들 — 개별적인 구문들이 서로 합치한다는 면에서 보편적이다 — 을 받아들이는 정신의 틀을 가리킨다. 이 틀은 가장 대표적인 개별적 구문들로부터 추상화되어 상상 속에서 마치 하나의 베틀이나 금형과 같은 자리를 차지한다. 그렇게 되면 아랍인들이 좋다고 생각하는 구문들, 즉 올바른 어말모음과 적절한 문체를 지닌 구문들이 선택되고 마음 속에 있는 그 틀 안에 부어진다. 이는 마치 건축가가 금형을 가지고 작업하고 직인이 베틀을 가지고 작업하는 것과 유사하다. 궁극적으로 그 틀은 그가 표현하고자 하는 것을 충분히 표현하는 구문들을 수용할 정도로 넓어지고, 아랍어의 언어적 습성에도 잘 맞는 형태를 띠게 된다.

작시에 관해서 여러 유파들은 나름대로 고유한 '방법'과 상이한 방식들을 가지고 있다.……

시에서 구문은 문장일 수도 있고 아닐 수도 있다. 그것은 명령문일 수도 평서문일 수도 있고, 명사문일 수도 동사문일 수도 있으며, 동격을 수반할 수도 그렇지 않을 수도 있고, 분절될 수도 있고 그렇지 않을 수도 있다. 이것은 아랍어에서 구문들이나 개별 단어들의 배열의 경우와 마찬가지이다. 아랍어 시를 지속적으로 연습함으로써 우리는 이런 것들을 배우고 그래서 보편적인 틀을 배우게 되는 것이다. 이 보편적인 틀은 개별적인 구문들로부터 도출되어 마음 속에 존재하는 하나의 추상이며, 각 개별 구문들은 이 보편적인 틀에 부합된다. 말을 하는 사람은 건축가나 장인과도 같고, 건전한 정신적 틀은 건물을 지을 때에 사용되는 벽돌의 금형이나, 직조할 때에 사용되는 베틀이나 마찬가지이다. 금형을 버린 건축가나 베틀을 버린 장인은 성공할 수 없다.

이런 면에서 유창함에 관한 규칙들에 대한 지식만 있으면, 충분하다고 말해서는 곤란하다. 우리는 이렇게 말한다. 그것은 유추에 의해서 만들어진 학문적인 기본 원칙에 불과하고, 구문이 어떤 특수한 형식으로 사용되어도 무방하다는 사실을 유추를 통해서 보여주는 것에 불과하다고. 물론 어말모음에 관한 규칙을 확정하는 유추는 건전하고 일관된 학문적 유추임이 분명하다. 그러나 우리가 여기에서 논의하는 작시의 방법은 그러한 유추와 아무런 관계도 없다. 그것은 영혼 속에 깊이 뿌리를 내린 일종의 틀이다. 아랍어 시 속에 나타나는 구문들을 혀가 계속해서 사용할 때에 궁극적으로 그와 같은 구문의 형식이 굳게 뿌리를 내리고 시인에게 그와 유사한 구문의 사용을 가능케 만드는 것이다. 결국 시인은 각각의 구문에서 그것을 모방하고 자신의 시에서 사용하게 된다.

어말모음이나 구문과 문체 등을 지배하는 학문적 규칙이 작시법을 가르쳐주는 것은 아니다. 아랍어의 화법이나 문법적 규칙과 관련해서 사용되는 유추를 통해서 옳다고 간주되는 것들만을 시인들이 사용하는 것이 아니기 때문이다. 시인들이 사용하는 것은 시적인 화법에 대해서 전문적인 지식이 있는 사람이 알고 또 연구하는 표현방식들이고, 그중에는 유추적인 규칙에 부합하는 것들도 포함되어 있다.

우리는 마음 속에 있는 틀이라는 것이 아랍어의 시와 화법에 대한 전문적인 지식의 결과라고 진술했다. 그러한 틀은 시뿐 아니라 산문에 대해서도 존재한다. 아랍인들은 말을 할 때에 시와 산문을 모두 사용하고, 때로는 양자를 섞어서 사용하기도 한다. 시에서 그것은 일정한 운율을 지닌 행을 통해서 표현되고, 각 행은 그 자체로서 독립적인 문장을 이룬다. 산문에서 아랍인들은 각 행들이 서로 대칭, 평행하는 형식을 준수하며, 때로는 압운 산문을, 때로는 단순 산문을 이용한다. 이러한 각각의 표현들에 맞는 틀은 아랍어에 잘 알려져 있다.

말을 하는 사람은 아랍인들에 의해서 사용되는 틀을 통해서 자신의 말을 구성한다. 그런 틀은 아랍어에 대해서 전문적인 지식이 있는 사람들만 알고 있는 것인데, 그들은 개별적인 틀들로부터 추상화된 결과인 절대적이고 보편적인 틀을 마음 속에 가지고 있다. 그들은 말을 만들어낼 때, 마치 건축가가 금형을 사용하고 직인이 베틀을 사용하듯이, 그 틀을 자신의 모델로 삼는다. 따라서 연설문의 작성과 같은 분야는 문법학, 문체학, 작시법 등과는 다를 수밖에 없다. 그렇지만 이들 학문에서 제시된 규칙들을 지키는 것이 시인에게 필수적이고 또 의무적이라는 점도 사실이다.

어떤 문장에 이러한 모든 특징들이 적용되었을 때, 그 문장은 '방법'이라고 불리는 그 틀들에 대한 미묘한 통찰력을 제공한다. 아랍어 시와 산문에 모두 통달한 사람들만이 그러한 통찰력을 줄 수 있다.

이렇게 해서 '방법'이라는 말의 의미가 분명해졌으니, 이제 시를 정의 혹은 묘사함으로써 시의 진정한 의미를 밝혀보도록 하자. 이것은 매우 어려운 일이고, 우리가 아는 한, 지금까지 과거의 학자들에 의해서 내려진 그러한 정의는 없었다. 운율학자들은 시를 운율을 가지는 말이라고 정의하는데, 이것은 우리가 염두에 두고 있는 종류의 시에 대해서는 하등의 정의도 묘사도 아니다. 운율학자들은 모음을 수반하는 음절과 수반하지 않는 음절들의 수효 혹은 각 시행의 전반부의 마지막 운과 후반부의 마지막 운 사이의 유사성 등과 같이, 시의 각 행들이 어떻게 일치하느냐에 관심을 두고 있다. 이것은 운율에만 관련된 것이지, 단어나 그 의미와는 전혀 무관한 것이다. 이제 우리는 앞에서 논의한 시의 진정한 의미에 대한 정의를 내려보도록 하자.

우리는 "시란 은유적 용법과 묘사를 토대로 하여 만들어진 유창한 말이고, 운율을 지닌 문자들로 구성된 행들로 나뉘어져 있으며, 각 행은 그 전행이나 후행으로부터 목적이나 의미라는 면에서 독립적이고, 그것에 특유한 아랍어들의 방법을 사용하는 것이다."라고 정의한다.

정의 안에 포함된 '유창한 말'은 분류 단계에서 속(屬)에 해당된다. '은유적 용법과 묘사'는 시와 유창한 말을 구분해주는데, 후자는 바로 그런 것을 가지지 못하기 때문에 대부분 시라고 할 수 없다. "운율을 지닌 문자들로 구성된 행들로 나뉘어져 있으며"라는 구절은 아무도 시라고 간주하지 않는 산문과 시를 구별시켜준다. "각 행은 그 전행이나 후행으로부터 목적이나 의미라는 면에서 독립적이고"라는 구절은 시의 진정한 특성을 말해주는데, 왜냐하면 시의 행들은 오직 그런 방식으로만 존재할 수 있기 때문이다. "그것에 특유한 아랍어들의 방법을 사용하는 것"이라는 구절은 작시에서 잘 알려진 방법들을 사용하지 않는 화법과 시의 차이를 말해준다. 그러한 특징이 없다면, 문장은 시가 아니라 시적인 글에 불과하다. 왜냐하면 시는 산문이 보여주지 않는 독특한 방법을 가지고 있기 때문이며, 마찬가지로 산문도 시에는 적용되지 않는 독특한 방법을 가지고 있다. 운율을 갖춘 글이라도 이러한 방법을 사용하지 않는다면, 그것은 시가 아니다.

우리의 정의 가운데 "아랍인들의 방법을 사용하는 것"이라고 하는 것은 아랍인들의 시를 비아랍인들의 시와 구별시켜준다. 이것은 시가 아랍인이나 다른 민족들에게도 모두 존재한다는 의견을 가지고 있는 사람들을 염두에 둔 것이다. 반면에 시는 오로지 아랍인들에게만 존재하기 때문에 그러한 구절은 필요없다는 의견을 지닌 사람들도 있다. 그들은 아랍인들이라는 말을 빼고 단지 '그것에 특유한 방법을 사용하는 것'이라고 말할 것이다.

시의 진정한 특징에 대한 논의를 마쳤으니, 이제 시를 어떻게 짓는가에 대해서 생각해보도록 하자. 이에 대해서 우리는 이렇게 말한다. 작시와 시적 기술을 지배하는 규칙들에는 여러 가지 조건이 있다. 첫째 조건은 그 속(屬), 즉 아랍시라는 속에 대한 전문적인 지식을 소유하는 것이며, 궁극적으로 그 지식은 마치 시인이 시어를 짜는 베틀처럼 시인의 영혼 속에 하나의 습관이 되어야 한다. 암기의 자료들은 가장 순수하고 가장 다양한 시로부터 선별된 것이어야 한다.

과거의 시적인 자료들에 대해서 전문적인 지식을 가지지 못한 시인의 시는 열악하다. 시에 부여되는 광휘와 감미로움은 수많은 옛날의 시적 자료들에 대해서 암기하고 있는 지식의 도움으로만 가능하다. 이런 것에 대한 지식이 전무하거나 거의 없는 사람은 진정한 시를 만들 수 없다. 그들은 단지 나쁜 운율을 지을 뿐이며, 그런 사람은 시로부터 멀어지는 것이 차라리 더 낫다.

시인은 자신이 암기한 시적 자료로 충만해지고 자신의 재능을 날카롭게 연마한 뒤, 위대한 선례들을 본받기 위해서 스스로 운율을 만드는 과정으로 나아간다. 더욱 더 많은 연습을 거치며 운율을 짓는 습관은 굳게 뿌리 내린 습관이 된다.

작시를 할 때 중요한 조건은 암기된 자료를 잊어버리는 것이라는 말을 흔히 한다. 왜냐하면 시의 외적인 문학적 형식은 시적 습관을 올바로 활용하는 것을 오히려 방해하기 때문이며, 그래서 그런 것은 기억 속에서 깨끗이 씻어내야 한다고 말한다. 그런데 습관이 일단 영혼에 뿌리를 내리면, 그것은 잊혀져버리고, 작시의 방법은 마치 베를 짜는 베틀처럼 영혼 속에 각인된 상태에서 자연스러운 것이 된다.

그리고 나서 시인은 고독을 필요로 한다. 그가 바라보는 곳은 물과 꽃이 있는 아름다운 곳이어야 한다. 그는 또한 음악을 필요로 한다. 그는 그와 같은 즐거움으로 자신의 재능을 날카롭게 하고 자극해야 한다.

이러한 조건 이외에 또 다른 것이 있다. 시인은 휴식을 취하고 활기에 차야 한다. 이것은 그의 정신을 집중케 하고 재능을 보다 잘 활용케 하며, 그렇게 함으로써 그는 자기 기억 속에 베틀과 같은 것을 만들 수 있다. 이런 말이 있다. "시를 쓰기에 가장 좋은 시간은 잠에서 깬 직후의 아침, 위장은 텅 비고 마음은 활기로 가득 차 있으며, 대기는 아침의 기운으로 덮여 있을 때이다." 또한 "시를 자극하는 것은 사랑과 술 취하는 것이다."라든가, "이 모든 방법으로도 시인이 시를 쓰기가 어려워지면, 다음 기회로 미루어야 하며 억지로 쓰려고 해서는 안 된다."라는 말도 있다.

　시인은 마음 속에 운율을 가지고 있어야 한다. 그래야 비로소 시행이 모양과 형태를 갖춘다. 그는 그 운율을 정하고 거기에 기초하여 마지막까지 시어를 만들어나가야 한다. 왜냐하면 만약 시인이 행을 지을 때에 운율을 소홀히 하면, 적정한 자리에 운율을 맞추어 넣기 힘들어지기 때문이다. 운율은 느슨하고 불안정한 경우가 많다. 만약 한 행이 만족스럽기는 하지만 전체의 문맥 속에 잘 맞지 않는다면, 시인은 더 적절한 곳에 배치하기 위해서 그것을 남겨두어야 할 필요가 있다. 모든 행들은 독립적인 단위이기 때문에, 그것을 시의 적절한 문맥 속에 맞추어놓기만 하면 된다. 따라서 시인은 그런 점에서 자기가 하고 싶은 대로 할 수 있다.

　일단 시가 완성되면 시인은 그것을 세심하고 비판적으로 퇴고해야 하며, 완성된 시가 만족스럽지 않다면 과감히 던져버려야 한다. 모든 사람은 자신들의 시를 좋아한다. 왜냐하면 그것은 자기 마음의 산물이요 자기 재능의 피조물이기 때문이다.

　시인은 가장 정확한 구문을 써야 하고, 시적 방종이 없는 언어를 사용해야 한다. 그런 것의 사용은 언어적 습관이라는 면에서 결함을 지닌 것이다. 그는 시어의 유창함을 파괴할지도 모를 그런 것을 피해야만 한다. 대표적인 권위자들은 후배 시인들의 시적 방종을 금지했는데, 그렇게 함으로써 그들은 가장 모범적인 언어습관을 획득할 수 있다. 또한 시인은 가능한 한, 복잡한 구문을 멀리해야 하며, 단어에 내포된 의미가 신속하게 이해될 수 있는 구문들만을 사용해야 한다. 한 행에 너무 많은 관념을 집어넣어 이해를 어렵게 만드는 경우도 마찬가지이다. 가장 멋진 행은 거기에 있는 단어들이 그것이 나타내려는 관념과 합치하는 경우이며, 그렇지 않다면 중언부언하는 셈이다. 만약 너무 많은 관념이 넘친다면, 시행은 복잡해지고, 그 관념을 이해하려는 마음은 집중력을 잃게 된다. 그 결과 시를 듣는 사람의 문학적 감각으로는 시행이 지닌 유창함을 충분히 이해할 수 없다. 개념이 말보다 더 빨리 마음 속에 잡힐 때만이 쉬운 시가 된다.

　또한 시인은 억지를 부리거나 과장된 어휘를 멀리해야 하며, 빈번한 사용으로 진부해진 속어를 피해야 할 것이다. 그러한 어휘의 사용은 시의 유창함을 앗아간다. 그는 일반적으로 널리 알려져서 진부해진 관념도 멀리해야 한다. 그것을 사용하는 것 역시 유창함을 빼앗아간다. 왜냐하면 너무 진부해져 거의 무의미한 것이 되어버렸기 때문이다. 예를 들면 "불은 뜨겁다." 혹은 "우리 위에 있는 하늘" 등과 같은 구절이 그러하다. 시가 무의미한 것에 가까워지면 질수록, 그것은 유창함과 멀어지게 된다. 유창함과 무의미함은 서로 반대 극이다. 이런 이유로 신비적, 예언적 주제에 관한 시는 대체로 좋지 못하다. 극소수의 시인들만이 그런 방면에 성공하고, 설사 그런 경우가 있다고 해도 그 수는 매우 적다. 왜냐하면 그런 시들이 다루는 관념은 대중들에게 널리 알려지고 따라서 진부해져버린 것이기 때문이다.……

55) 시와 산문은 관념이 아니라 말로 작업하는 것이다

시와 산문 모두 관념이 아니라 말로써 하는 작업이며, 말이 기본적이고 관념은 이차적이다. 시와 산문의 습관을 획득하려는 기술자는 자신의 목표를 달성하기 위해서 말을 사용한다. 그는 아랍어에서 적절한 어휘들을 암기하고, 그래서 그것을 자주 사용함으로써 자기 혀에 붙이려고 노력한다. 결국 고전 아랍어의 습관은 그의 내부에 확고하게 자리잡는다. 이 과정은 우리가 앞에서 설명한 것처럼 다음과 같은 방식으로 이루어진다. 언어는 말과 연관된 습관이며, 사람은 다른 모든 습관이나 마찬가지로 그것을 체득하기 위해서는 혀의 반복적 훈련이 필요하다.

그런데 혀와 말은 오로지 어휘를 다루는 것이고, 관념은 마음 속에 있는 것이다. 어느 누구나 생각(관념)을 가질 수 있고, 자신이 하고자 하는 생각은 어떤 것이나 마음으로 이해할 수 있는 능력이 있다. 생각을 하기 위해서 어떤 기술이 요구되는 것은 아니다. 그러나 생각을 표현하기 위해서 말을 만드는 것은 기술이 필요하다. 말은 생각을 담는 틀과 같은 것이다. 바다에서 물을 퍼는 그릇은 금, 은, 조개, 유리, 진흙 등으로 만들어진 것일 수 있으나, 그 속에 담긴 물은 모두 동일하다. 물이 가득 찬 그릇의 특징은 그것이 만들어진 재료에 따라서 다른 것이지, 그 속에 담긴 물에 따라서 다른 것은 아니다. 마찬가지로 언어의 특징과 그 유창함은 말을 만드는 상이한 단계에 따라서 다른 것이며, 그것은 말이 얼마나 정황에 합치되느냐의 여부에 달려 있다. 그러나 그 말에 담긴 생각은 모두 동일한 것이다.

말을 만드는 방법은 아랍어의 언어습관에 의해서 요구되는 것인데, 그런 방법을 모르거나 혹은 자기가 표현하고자 하는 바를 제대로 표현하지 못하는 사람은 마치 일어서려고 하지만 힘이 없어서 일어나지 못하는 장애인과 비슷하다.

56) 언어 습관은 많은 것을 암기함으로써 체득된다. 좋은 언어 습관은 좋은 암기 자료에 기인한 것이다

우리는 앞에서 아랍어를 배우고자 하는 사람은 많은 자료를 암기해야 한다는 사실을 이야기했다. 그렇게 해서 생긴 습관의 질은 암기된 자료의 질, 형태, 양에 따라서 결정된다. 아랍의 고전적인 시들을 암기한 사람은 근래의 작가들이 지은 시와 산문을 암기한 사람보다 더 높은 단계의 유창함과 좋은 습관을 가지게 될 것이다. 이 점은 문학적 감각을 지닌 지성있는 비평가들에게는 자명한 사실이다.

어떤 사람이 사용한 언어의 질은 그가 학습하거나 암기한 자료의 질에 달려있다. 암기하는 문학적 자료들의 수준을 높이면, 그의 습관의 수준도 높아질 것이다. 왜냐하면 후천적 성질은 습관을 자기 모형으로 삼고, 습관은 그것을 배양시킴으로써 강화되기 때문이다. 영혼이라는 것은 그 선천적 성질에서 모두 동일한 종에 속한다. 다만 지각능력의 강도의 차이에 따라서 개개인의 영혼의 차이가 생긴다. 영혼의 차이는 지각이나 습관 혹은 외부조건에 영향을 받아서 생긴 영혼의 특색 등의 차이에 의해서 생긴 결과일 뿐이다. 그러한 조건은 차이를 구체화하고, 그 차이를 잠재태에서 현실태로 전환시키는 것이다.

영혼이 습관을 체득하는 것은 앞에서도 언급했듯이 서서히 이루어진다. 작시의 습관은 시의 암기에서 생기고, 문필의 습관은 압운 산문이나 단순 산문의 암기에서 비롯된다. 학문적 습관은 학문과의 접촉, 다양한 지각, 연구, 사유 등을 출발점으로 해서 이루어진다. 법학의 습관은 법학과의 접촉, 여러 문제들의 상호 비교, 문제들의 세부사항에 대한 고찰, 특수한 경우로부터 일반적인 원칙의 도출 등을 통해서 형성된다. 신비주의의 습관은 신에 대한 숭배, 영적 훈련, 가능하면 다른 사람으로부터의 고립과 고독을 통해서 성취되는 외적 감각의 무력화 등으로써 이루어지며, 그는 자신의 내적 감각과 정신의 세계로 물러나는 습관을 익힘으로써 신비주의자가 되는 것이다. 다른 모든 습관의 경우도 마찬가지로서, 각각의 습관은 영혼을 변화시키는 고유한 특색을 영혼에 부여한다.

특정한 습관이 질적으로 좋고 나쁨은 그 습관이 생기게 된 조건에 달려 있다.

유창함에서 최고 단계의 습관은 최고 단계의 언어자료들을 암기함으로써만 생긴다. 법학자나 학자들이 유창함을 결여하는 까닭도 바로 여기에 있으니, 그 유일한 이유는 그들이 암기하는 자료가 지닌 본래의 성격, 그와 같은 자료들에 가득 차 있는 학문적 규칙과 법적 표현들, 즉 유창함과는 거리가 멀고 열등한 그런 자료들에 있다. 규칙이나 학문에 사용되는 표현들은 유창함과는 전혀 무관한 것들이다. 암기된 그런 자료들은 가장 먼저 마음을 차지하고 영혼을 물들이며, 그로 인해서 생기는 습관은 매우 많은 결함이 있고, 그와 관련된 표현들은 아랍어 화법의 방법에서는 일탈된 것들이다. 이 점은 법학자, 문법학자, 사변신학자, 철학자, 그리고 순수한 아랍어 표현법을 충분히 암기하고 학습하지 못한 다른 사람들이 지은 시들에서 분명히 드러난다. 그러나 서기와 시인은 자신들이 암기하고 있는 자료들을 조심스럽게 선택하며, 그들은 아랍어 화법의 방법과 접촉하고 있다.

어느 날 나는 스페인 군주의 재상인 아부 압둘라 이븐 알 하팁과 대화하게 되었다. 그는 시작과 서기술의 대표적인 권위자였다. 내가 그에게 말했다. "나는 시를 잘 이해하고 『코란』과 전승에 담긴 훌륭한 언어자료들에 대해서도 잘 알고 있고, 아랍어 화법에 속한 여러 분야들에 대해서도 잘 알고 있습니다. 물론 마음 속으로 암기한 것은 적습니다. 그런데 내가 원하는 때에 시를 지으려고 해도 잘 되지 않습니다. 아마 학문적 시나 작문의 규칙 등에 대한 나의 지식에 영향을 받은 듯합니다. 그런 것들이 나의 기억을 꽉 채우고 있기 때문에, 『코란』과 전승과 아랍어 화법에서 추출된 좋은 자료들을 통해서 습관을 체득하는 데에 장애물이 되었습니다. 그것은 나의 재질이 발전하는 것을 막았습니다." 그러자 이븐 알 하팁이 놀라운 눈으로 한동안 나를 응시한 뒤, 찬탄하면서 이렇게 말했다. "당신말고 어느 누가 그런 말을 하겠소?"

이 절에서 서술한 견해는 또 다른 사실도 설명한다. 즉 무슬림이 된 아랍인들의 시와 산문이 이슬람 출현 이전의 아랍인들의 시나 산문보다 어째서 더 고도의 유창함과 문학적 감각을 보여주는지를 설명한다. 올바른 감각과 건전한 자질을 가진 이지적인 문학비평가라면, 그와 같은 사실을 확인할 수 있을 것이다.

그 이유는 다음과 같다. 이슬람 시대에 살았던 작가들은 인간으로서는 모방이 불가능한 『코란』과 전승 속에 나오는 최고 형식의 화법을 배웠고, 그것이 그들의 마음 속에 자리잡았다. 그들의 영혼은 그와 같은 화법의 언어적 방법을 통해서 성장했고, 그 결과 그들의 자질은 고양되고, 유창함에 관한 그들의 습관은 그러한 화법의 형태를 배우지 못한 채 성장했던 이슬람 이전의 조상들이 도달했던 단계에 비해 훨씬 더 높은 단계에 도달하게 된 것이다. 따라서 그들의 시와 산문은 선조들의 것에 비해 훌륭하고 순수하고 중후하고 격조가 높다. 그들은 『코란』과 전승의 언어를 배웠기 때문에 구조에서 그리고 훨씬 더 수법에서 탄탄해졌다.

나는 일찍이 우리의 장로이며 현재 그라나다의 판관인 아불 카심에게 무슬림 아랍인들이 이슬람 이전의 아랍인들에 비해 어째서 더 높은 단계의 유창함에 이르게 되었는지에 대해서 물어보았다. 아불 카심은 시에 관해서는 권위자였다. 그는 세우타에서 어떤 장로들과 함께 시를 배웠고, 나아가서 문헌학에 대해서도 깊이 공부했으며 완벽한 지식을 가지게 되었다. 따라서 이러한 감각을 지닌 그는 이러한 문제에서는 결코 무지할 수 없는 사람이었다. 그는 한동안 침묵을 지키다가 이렇게 내게 말했다. "신께 맹세코 나는 모르겠소." 그러자 나는 "이 문제에 대해서 내게 떠오른 생각을 말해보겠습니다."라고 하면서, 지금까지 여기에서 설명한 이야기를 그에게 해주었다. 그는 놀라서 말을 잃고 있다가, 내게 이렇게 말했다. "선생, 이것은 금색 잉크로 써야 마땅할 만한 말이요." 그뒤 그는 항상 나를 깍듯이 우대했고, 내가 교실에서 말하는 내용을 경청했으며, 학문에 관한 나의 탁월함을 인정했다.

57) 자연적인 말과 인위적인 말의 의미. 인위적인 말은 좋을 수도 있고 나쁠 수도 있다

말 — 즉 표현과 대화 — 의 요체는 그것이 전달하려는 관념에 있다는 사실을 알아야 할 것이다. 만약 어떤 관념을 전달하려는 아무런 노력도 없다면, 말은 있으나 마나한 '죽은 땅'과 같을 것이다.

관념을 전달하는 완벽한 방법이 유창함이다. 이 점은 유창함에 대한 문학비평가들의 정의를 통해서도 알 수 있다. 그들은 유창함이 주어진 조건과 말 사이의 합치라고 규정한다. 그와 같은 조건이 무엇이며, 또 그 조건과 구문의 합치를 지배하는 법칙들이 무엇인지를 탐구하는 것이 유창함의 학문(즉 수사학)이다. 조건과 법칙은 아랍어에서 도출되고 일종의 정리(定理)가 된다. 구문이 사용되는 방식은 그 구문에 담긴 상호의존적인 두 항 사이의 관계를 나타내며, 아랍어 법칙의 주된 부분을 이루는 조건과 원리에 따라서 이루어진다.……

어떤 특정한 조건이 요구하는 무엇인가가 이렇게 해서 표현된 뒤, 단어가 지닌 여러 가지 다양한 의미를 살피고 그것이 표현하고자 하는 관념이 무엇인가를 확인하는 일이 뒤따른다. 구문은 통상적인 의미에서 어떤 특정한 관념을 지시하지만, 인간의 마음의 작용은 구문에 표현된 그 관념의 결과와 원인이 무엇이고, 그것과 유사한 것은 무엇이며, 은유나 환유 등의 방법을 통해서 간접적으로 표현하고자 하는 것은 무엇인가 등으로 향한다. 이러한 마음의 작용은 마음에 기쁨을 가져다주고, 그 기쁨은 주어진 조건을 단순하게 표현함으로써 생기는 기쁨보다 더 크다. 이 모든 것은 증명하고자 하는 결론에의 도달을 의미하고, 주지하듯이 그와 같은 도달은 기쁨을 가져다준다.

이렇게 마음이 작용하는 여러 가지 상이한 방식도 그것을 규제하는 조건과 법칙을 가지고 있고, 그것은 특수한 기술이 되어 '문체학'이라고 한다. 이 학문은 주어진 상황을 표현하는 '관념표현학'과 자매관계를 이룬다. 문체학은 구문의 관념과 의미를 다루고, 관념표현학은 구문에 의해서 표현되는 상황을 다룬다. 주지하듯이 말과 관념은 상호의존적이고 병행하는 것이다. 따라서 관념표현학과 문체학은 수사학의 두 부분을 구성하며, 둘 모두 주어진 상황과 합치되는 완벽한 표현을 만들어낸다. 결과적으로 합치에 이르지 못하고 완벽성을 결여한 구문은 유창함에 미치지 못하는 것이다. 수사학자들은 그러한 구문을 짐승들이 내는 소리에 비유한다. 이러한 견해의 이면에는 아랍어가 상황과 일치되는 표현이 이루어지는 언어이고, 따라서 짐승들의 소리는 아랍어가 아니기 때문에 그렇다는 가정이 깔려 있다. 유창함은 아랍어 화법의 기반, 내용, 정신, 특질이다.

또한 언어학자들의 용례에서 '자연적인 말'은 의도된 뜻을 전달하고 따라서 그 성질과 내용이 완벽하다는 것을 의미하며, 단순히 말한다는 것 자체를 의미하는 것은 아니다. 자연적인 말을 하는 화자는 자기 마음 속에 있는 것을 완전하고 확정적인 방식으로 듣는 사람에게 전달하기를 원한다.

그래서 상황을 나타내는 완벽한 표현의 성취 이외에, 아랍어에서는 기본이라고 할 수 있는 구문은 또 다른 종류의 예술적 장식을 가진다. 이것은 그 나름대로 구문에 정확한 화법의 광채를 준다. 이러한 예술적 장식에는 압운 산문의 장식적 사용, 각 행의 마지막에 동일한 구조를 지닌 구절의 사용, 단어와 관념 사이의 유사성을 나타내기 위해서 동음어나 반대어를 이용한 불가사의한 관념의 표현 등의 방식이 속한다. 이것은 말에 광채를 주고 듣는 사람에게는 기쁨을 주며, 단순히 의미를 표현하는 것을 넘어 감미로움과 아름다움을 준다.……

미사여구의 기술을 연마하는 사람들은 그 분야에 존재하는 수많은 분과와 상이한 용어들을 활용한다. 그들 가운데 다수는 미사여구가 비록 의미를 나타내는 것과는 무관하지만, 장식과 광채를 준다는 면에서 수사학의 일부로 간주한다. 그러나 미사여구의 학문에 종사했던 초기의 대표적 인물들은 그것을 수사학의 일부로 여기지 않았고, 단지 특정한 주제를 지니지 않은 문학의 일부분으로 언급했을 뿐이다. 그들은 미사여구의 사용을 지배하는 여러 가지 조건들을 제시했는데, 그 가운데 하나가 미사여구는 억지나 인위적이지 않은 방법으로 의도된 의미를 표현해야 한다는 조건이었다.

미사여구의 자연스러운 사용은 결코 억지에 의한 것이 아니다. 따라서 그런 방식의 화법은 언어학적으로 오류라고 비판받을 수 없기 때문에, 그것에 대해서는 여기에서 특별히 언급할 필요가 없다. 그러나 억지에 의한 그리고 인위적으로 만들어진 미사여구는 말의 기본적인 구문을 무시하고 말의 의미를 나타내는 모든 기반을 파괴한다. 그것은 말에서 모든 유창함을 없애고 오로지 장식만을 남긴다. 이러한 현상은 오늘날의 작가들 사이에 만연하고 있다. 그러나 유창함에 대한 맛을 아는 사람들은 여러 가지 미사여구로 채워진 오늘날의 글들을 경멸하고, 작가들이 더 나은 글을 쓸 수 없기 때문에 생긴 결과라고 생각한다.

미사여구의 사용을 지배하는 또 다른 조건은 그것을 드물게 사용해야 하며, 한 시에서 두세 행 이상 그것을 쓰면 안 된다는 것이다. 그 정도면 장식과 광채를 주기에 충분하며, 지나치게 많은 미사여구의 사용은 오히려 흠이 된다.

아랍어에 관해서는 당대의 대표자인 우리의 장로인 판관 아불 카심 앗 사브티는 이렇게 말하곤 했다. "시인이나 서기는 다양한 종류의 미사여구를 사용하는데, 그것을 너무 많이 사용하면 보기 흉하다. 그것은 마치 얼굴에 있는 점과 같아서, 하나나 둘이면 아름답지만, 너무 많으면 추해지는 법이다."

이슬람 이전과 이슬람 초기의 산문은 시와 동일한 방식을 따랐다. 원래 그것은 단순 산문이었고, 전체 문장과 그 속의 구문들 사이의 균형을 잡는 데에 관심을 기울였다. 그래서 문장은 행들에 의해서 구분되어 균형을 이루었고, 운율에 집착하지도 않았고 인위적인 기술에도 무관심했다. 그러나 후대 작가들의 산문은 점점 더 인위적이 되어갔고, 과거에 단순 산문이 쓰여지던 시대를 잊어버렸다. 정부의 문서는 마치 사문서처럼 되었고, 아랍어는 공용어처럼 되었으며, 좋고 나쁜 것이 서로 섞여버렸다.

　이상의 내용들은 인위적이고 조형적이며 억지로 된 말이 유창함의 기본 정신과 배치되기 때문에 자연적인 말보다 더 열등하다는 사실을 보여준다. 이런 것에 대한 판관은 결국 각 개인의 취향일 것이다.

58) 지위가 있는 사람들은 시작(詩作)을 업수이 여긴다

　시는 아랍인들의 보고이며, 그들의 학문과 역사와 지혜를 담고 있다. 대표적인 아랍인들은 시작에서 경쟁했고, 우카즈의 시장에 서서 시를 낭송하곤 했다. 각자는 자신의 작품을 탁월하고 지성적인 인사들에게 보여주며 평가를 받으려고 했다. 마침내 아랍의 시인들은 순례의 목적지인 성소, 즉 카바의 모서리에 자신들의 시를 높이 내걸기까지 했다. 동족들 사이에서 강력한 세력을 누리고 존경할 만한 지위를 지닌 사람만이 자신의 시를 그곳에 높이 걸 수 있었다.

　그뒤 이슬람 초기가 되자 아랍인들은 이 관습을 버렸다. 그들은 이슬람의 사무에 또 예언과 계시에 몰두하게 되었고, 『코란』의 언어적 방법과 형식에 경외감을 느끼게 되었다. 한동안 그들은 시나 산문에 대해서 논의하지 않았다. 그뒤에도 이런 상태가 계속되었지만, 무슬림들은 올바른 종교적 인도가 무엇인지에 대해서 차츰 알게 되었다. 그런데 시를 금하는 계시는 어디에서도 찾아볼 수 없었다. 예언자도 시를 경청했고 시인들에게 보상을 내리기도 했다. 이런 상황 속에서 아랍인들은 시에 관한 오랜 관습으로 다시 돌아가게 되었다.

　그리고 나서 거대한 왕권과 강력한 왕조가 출현했다. 아랍인들은 칼리프에게 찬시를 보내며 접근했고, 칼리프는 시인들의 지위와 시의 질에 상응하여 매우 풍부한 보상을 내렸다. 그들은 자신에게 시가 헌상되기를 바랐고, 그러한 시를 통해서 놀라운 일화, 역사, 어휘학, 고상한 문장들을 배우게 되었다. 아랍인들은 아이들에게 시를 암송하도록 했고, 이러한 상황은 우마이야 왕조 전체 시기와 압바스 왕조 초기까지 계속되었다. 알 라시드는 이 주제에 관해서 상당한 지식을 가졌고, 그 지식은 깊은 뿌리를 내렸다. 그는 시작에 큰 관심을 보였고, 좋은 글과 나쁜 글을 구별할 줄 알았으며, 수많은 시를 암송할 수 있었다.

후일 아랍어를 모국어로 하지 않는 사람들이 들어왔다. 그들은 비아랍인이고 아랍어에 대한 지식이 부족했기 때문에 그것을 일종의 기술로 배웠다. 시인들은 비아랍계 아미르들을 위해서 찬시를 지었지만, 오로지 그들의 총애를 얻기 위한 것이었지, 그 이상의 아무 것도 아니었다. 이렇게 해서 시작을 하는 일차적인 목적은 단순한 구걸이 되었고, 초기 아랍인들이 시를 지을 때 존재했던 목적은 사라져버렸다. 후대의 무슬림들 가운데 야망과 지위를 가진 사람들이 시를 멸시하게 된 이유도 바로 여기에 있다. 이렇게 상황은 바뀌었다. 높은 지위를 가진 지도자들에게는 시에 대해서 관심을 가지는 것이 오히려 일종의 오점이자 결점으로 여겨지게 되었다.

59) 오늘날의 아랍 시. 유목민과 도시민의 시

시는 아랍어에만 국한된 것이 아니며 모든 언어에 존재한다. 페르시아인이나 그리스인들 사이에도 시인들이 있었다. 그리스의 시인 호메로스는 아리스토텔레스의 『논리학』에서도 언급되고 찬양되었다. 고대의 힘야르인에게도 시인이 있었다.

후일 아랍어가 타락의 시련을 겪게 되고, 비아랍인들과의 접촉이나 비아랍계 요소들과의 혼합으로 다양한 방언들 사이에 차이가 생기기 시작했다. 그 결과 아랍 유목민들은 어말모음의 변화나 단어의 통상적인 의미와 형태에서 자기 조상들과는 완전히 다른 언어를 말하게 되었다. 도시민들 사이에서도 어말모음의 변화나 대부분의 단어의 의미와 문법적 변화가 고전 아랍어와는 다른 언어가 생겼다. 이 언어는 오늘날 아랍 유목민의 언어와도 다르다. 또한 도시민의 언어도 상이한 지역에 사는 주민들이 사용하는 상이한 용어에 따라서 다르다. 따라서 동부의 도시민은 마그리브의 도시민과 다른 방언을 말하고, 스페인의 도시민들의 언어는 그 둘과도 또 다르다.

그런데 시란 어떠한 언어를 말하는 사람에게나 자연적으로 존재하는 것이다. 왜냐하면 자음의 수적의 변화, 모음의 유무 등에 의해서 만들어지는 조화로운 운율은 모든 인간의 본성에 존재하는 것이기 때문이다. 따라서 시는 어떤 특정한 언어의 소멸과 함께 없어지는 것은 아니다. 주지하듯이 시작에 탁월한 재능을 보였던 초기의 아랍인들의 언어도 마찬가지이다. 사실 일정한 정도의 비아랍적 영향을 받았던 아랍 유목민들 가운데 각 종족과 방언집단은 시를 지으려고 노력하고 그것을 자신들의 언어형식에 적응시키려고 한다.

비아랍적 영향 아래에서 조상들의 언어를 포기한 오늘날의 아랍 유목민들은 조상들이 사용했던 모든 운율을 사용하여 시를 짓는다. 그들은 장시를 짓기도 한다. 그들의 시는 연애시, 찬시, 비가, 풍자시 등 시의 모든 방식과 목적을 포괄하고 있다.

그들은 현재 광범위하게 유행하는 또 다른 종류의 시를 가지고 있다. 그것은 4행으로 되어 있으며, 네번째 행은 앞의 세 행과는 다른 운율을 지닌다. 그리고 이런 형식으로 된 각 연은 시 전체를 통해서 계속된다. 이것은 최근 아랍-비아랍 혼혈인 출신의 시인들이 만들었던 사행시나 오행시와 유사하다. 이 아랍인들은 이런 형식의 시를 지을 때에 놀랄 만한 유창함을 보여준다. 그들 가운데에는 탁월한 시인도 있고 그렇지 못한 시인도 있다.

오늘날 대부분의 학자들, 특히 언어학자들은 이런 종류의 시를 시라고 인정하지 않으려고 한다. 그들은 그런 시들이 문법적으로 부정확하고 어말모음도 잘못되어 있기 때문에, 자신들의 문학적 취향에 배치된다고 생각한다. 그러나 이러한 오류는 아랍인들의 방언에서 어말모음을 사용하는 습관이 사라졌기 때문에 생긴 결과이다. 만약 언어학자들이 그들과 동일한 언어습관이 있다면, 또 이들 시의 특징과 관점이 왜곡되어 있지 않다면, 그들의 문학적 감각과 자연적 느낌은 이러한 시를 유창하다고 여길 것이다. 어말모음은 유창함과는 아무런 관계도 없다. 유창함은 자기가 표현하고자 하는 말과 주어진 상황과의 합치에 관한 것이지, 어말이 주어를 나타내는 u로 끝나느냐 아니면 목적어를 나타내는 a로 끝나느냐와는 무관한 것이기 때문이다. 그러한 문법적 기능은 아랍인들이 사용하는 방언들의 구문적 결합을 통해서 드러난다. 의미란 것은 어떤 특정한 언어습관을 지닌 사람들의 관례적 용어에 기반을 둔 것이며, 그 용어가 널리 알려져 있으면 그 의미도 정확하게 이해될 것이다. 만약 거기에 지시된 의미가 누군가가 나타내고자 하는 것 그리고 상황이 요구하는 것과 합치된다면, 우리는 그것을 올바른 유창함이라고 할 수 있다. 문법학자들이 원칙은 그것과 아무런 관계도 없다.

아랍인들의 시는 진정한 시가 지니는 모든 방법과 형식을 보여준다. 다만 어말모음을 결여했을 뿐이다.……

스페인의 무왓샤와 자잘

시는 스페인에서도 크게 발달했는데, 그 다양한 방식과 형태는 세련되어 가장 예술적인 단계에 이르렀다. 그 결과 최근의 스페인 사람들은 '무왓샤'(muwashshaḥ) 라고 불리는 시체(詩體)를 만들었다. 카시다(qasîdah) 형식처럼 무왓샤 형식은 연애시나 찬시에 이용되며, 그 작자들은 이 방면에서 서로 치열한 경쟁을 벌인다. 귀족이건 평민이건 가릴 것 없이 모두 이 시를 좋아하는데, 이해하기 쉽기 때문이다.……

무왓샤 형식의 시는 스페인 사람들 사이에 널리 유포되어 있다. 대중들은 그 부드러움, 예술적 언어, 내적 운율 때문에 그 시에 끌리며, 도시에 사는 평민들도 그것을 암송한다. 그들은 어말모음을 사용하지 않은 채 도회민의 방언으로 무왓샤 형식의 시를 짓는다. 또한 그들은 '자잘'(zajal)이라고 불리는 새로운 형식의 시를 고안했고, 오늘날에 이르기까지 이런 유형의 시를 짓고 있다. 이 방면에서 그들은 놀라운 성취를 이루었다. 자잘은 비아랍적 영향을 받은 스페인의 아랍 방언에서 유창한 시의 새로운 넓은 지평을 열었다.

분명히 알아두어야 할 사실은 이러한 형식의 시에서 무엇이 유창한가를 판단하는 감각은 그 시가 쓰여진 방언을 알고 있는 사람들 또 그 방언을 말하는 사람들 사이에서 살면서 그것을 많이 익힌 사람들만이 가질 수 있다는 점이다. 아랍어에 대해서도 우리가 언급했듯이, 그렇게 한 사람들만이 그 언어의 습관을 획득할 수 있기 때문이다. 스페인 사람들은 마그리브 시의 유창함을 이해하지 못하고, 마그리브 사람들은 동부나 스페인의 시에 대해서 그렇고, 동부인들 역시 스페인이나 마그리브 시의 유창함을 알 수가 없다. 그들 모두 상이한 방언과 구문을 이용하기 때문이다. 사람들은 모두 자신의 방언에서 유창함이 무엇인지 알고, 자기 민족이 지닌 시의 아름다움에 대해서 감각을 가지고 있다.

맺음말

　우리는 원래의 목적에서 상당히 벗어나버렸다. 이제 여기에서 문명의 본질 및 그것에 부수되는 문제들을 다룬 제1부를 마치고자 한다. 우리는 그것과 연관된 문제들을 다루었고, 또 적절한 방식으로 그렇게 했다고 생각한다. 후일 올바른 마음과 확고한 학식을 신의 은총으로 부여받은 학자가 나온다면, 이런 문제들에 대해서 우리가 여기에서 다루었던 것보다 더 상세하게 다룰지도 모르겠다. 새로운 분야를 창시하는 사람의 임무가 그것과 관련된 모든 문제를 모두 열거하는 것은 아닐 것이다. 그의 임무는 그 분야의 주제와 다양한 분과를 적시하고, 그와 관련된 문제들을 논의하는 것이다. 그러면 그의 계승자들이 점차 새로운 문제들을 부가하고, 그래서 그 분야가 완성되기 때문이다.

　이 책의 저자 — 신이여, 그를 용서하소서! — 는 말한다. 나는 수정하고 교정하기 전에 이 첫부분에 대한 초고를 5개월에 걸쳐서 써서 779년 중반 마지막 (1377년 11월)에 끝냈다. 이후에 나는 이 책을 수정하고 교정하고, 내가 이 책의 맨 처음에서 언급한 것처럼 각 민족의 역사를 첨부하도록 하겠다.
　지식은 오로지 전능하고 현명한 신으로부터 오는 것이다.

연표

622	히즈라(헤지라). 무함마드가 메카에서 메디나로 이주 ; 이슬람력의 시작
628	후다이비야 휴전. 헤라클리우스 치하의 비잔틴이 승리한 평화협정 체결 ; 페르시아 정복지가 비잔틴 통치로 회귀
630	무함마드의 메카 점령
632	무함마드의 사망 ; 아부 바크르의 초대 칼리프 등극, 정통 칼리프 시대(-661)
633-637	아랍의 시리아와 메소포타미아 정복. 대정복 시작
634	우마르의 2대 칼리프 등극
635-636	다마스쿠스 정복
637	아랍군, 카디시야 전투에서 사산조 군대 격파. 이라크 정복
639-646	아랍군, 이집트 정복
644	우마르의 살해와 우스만의 3대 칼리프 등극
651	『코란』이 현재의 형태를 갖춤
656	우스만의 살해와 제1차 이슬람 내전의 발발(-661)
657	무아위야와 알리의 전쟁
661	알리의 살해와 무아위야의 우마이야조(-750) 시작
674-678	아랍의 제1차 콘스탄티노플 포위 공격
680	후세인, 카르발라 전투에서 우마이야 군대에게 살해됨
683	제2차 내란 발발(-692)
691	예루살렘에 바위의 돔 건설
696	제국행정의 재정비를 위한 압둘 말리크의 아랍 동전 도입
697	행정용어의 아랍화 시작
705-715	다마스쿠스에 우마이야 모스크 건립
717	우마르 2세의 세제개혁
717-718	우마이야조 군대, 콘스탄티노플 포위 공격
718-719	압바스 가문의 운동 시작
732	카를 마르텔의 아랍군 격파
750	우마이야조의 멸망과 압바스조의 등장
751	탈라스 전투에서 압바스조의 군대가 당나라의 고선지 장군에게 승리. 중국의 전쟁포로가 제지기술을 소개

756	코르도바에서 스페인 우마이야조 수립(-1031)
762-763	알 만수르의 바그다드 건설(-766)
767	이슬람 4대 법학파 중 하나피 학파의 창시자인 아부 하니파의 사망
778	압둘 라흐만 1세, 카를 대제 군대 격파
809-813	압바스 왕조의 알 아민과 알 마문 간의 내전
813-833	알 마문의 통치. 아랍 과학과 문학의 발전
820	이슬람 4대 법학파 중 샤피이파의 창시자인 샤피이 사망
833	알 마문, 이단심문 기관(미흐나) 설치
833-842	알 무타심의 통치 ; 투르크인의 지배 시작
861	맘루크 군대에 의한 칼리프 무타와키르의 암살
867	이란에 샤파르조 성립(-903)
869-883	이라크 남부에서 흑인 노예의 반란
875	사마르칸드에 사만조 성립(-999)
910	튀니지에 파티마 왕조의 성립
936	압바스조 칼리프, 실권 상실
945	부이 왕조의 바그다드 점령
950	이슬람 철학자 알 파라비의 사망
969	파티마 왕조의 이집트 정복과 카이로 건설
970경	셀주크 투르크가 동부에서 칼리프조 영토로 진입
1031	스페인 우마이야조의 멸망. 레콩키스타 운동 고조됨
1037	이슬람권의 대표적 철학자이자 의학자인 이븐 시나(아비세나) 사망
1038	셀주크조 건국 선언(-1194)
1055	셀주크의 바그다드 입성. 술탄제 성립
1065	이집트에서 "7년 대기아" 시작
1070-1080	셀주크의 시리아와 팔레스타인 점령
1071	말라즈기르트 전투에서 셀주크 투르크가 비잔틴을 패퇴시킴. 셀주크조의 아나톨리아로의 확대
1073	셀주크조, 예루살렘에 입성
1086	무라비트조, 스페인 진출
1094	파티마 왕조 칼리프 알 무스탄시르의 사망. 이스마일파 운동의 분열과 하산 이 사바흐가 극단주의자인 아사신(암살자단) 그룹을 지휘함
1096	십자군 전쟁 시작(-1291)
1099	십자군의 예루살렘 점령. 예루살렘 왕국 건설(-1291)
1111	이슬람의 대사상가 알 가잘리 사망
1164-1168	시리아 무슬림 군대 이집트 원정
1169	살라딘, 이집트의 실권 장악
1171	살라딘의 파티마 왕조 칼리프 추대. 시리아와 이집트에 아유브 왕조 성립

	(~1250)
1187	하틴 전투. 살라딘의 십자군 격퇴와 예루살렘 점령
1193	살라딘, 다마스쿠스에서 사망
1195	무히드조, 그리스도 교도 군대 격파
1212	무히드조, 그리스도 교도 연합군에 패퇴
1219	칭기즈 한, 서정(西征) 개시
1220	기근, 페스트, 대지진의 이집트 내습. 몽골 군, 칼리프조의 동부 국경 정복.
1229	프리드리히 2세가 알 말리크 알 카밀과의 협상으로 예루살렘 획득
1230	그리스도 교도에 의한 코르도바 탈환
1244	무슬림들의 예루살렘 재탈환
1250	맘루크 군대, 루이 9세의 십자군 격파
1250-1260	아유브 왕조의 쇠퇴로 이집트와 시리아에 맘루크 술탄국 등장
1252	킵차크 한국(금장 한국)의 칸이 이슬람으로 개종
1253	상(上)이집트의 아랍 유목민, 맘루크 정권에 대한 반란
1258	훌레구의 바그다드 점령. 압바스조 멸망
1261	바이바르스, 압바스조 칼리프를 카이로에서 옹립
1265	바이바르스, 십자군 대항 전쟁 시작
1273	메블레비파 이슬람 신비주의 창시자 잘랄 앗 딘 루미의 사망
1290경-1320	서부 아나톨리아에 오스만 공국들의 등장
1291	맘루크 군대, 십자군의 최후 거점 아카 점령. 십자군 전쟁 종식
1295	페르시아의 일 한들이 이슬람으로 개종
1299	일 한국, 일시적으로 시리아 점령. 오스만조 성립(~1922)
1325	이븐 바투타, 모로코에서 세계여행 출발(~49)
1326	오스만의 부르사 정복
1331	오스만의 니케아 진출
1332	이븐 할둔 출생
1340	이라크에 자라일조 성립(~1432)
1354	오스만의 갈리폴리 진출
1366	오스만의 아드리아노플(에디르네) 진출
1371-1375	오스만의 세르비아 공격
1377	이븐 할둔, 『역사서설』 집필
1382	이븐 할둔, 카이로에서 역사학 강의 시작
1389	코소보 전투, 오스만의 세르비아 지배
1400-1401	티무르의 시리아 원정. 이븐 할둔의 티무르 회견
1402	티무르에 의한 오스만 패퇴
1405	티무르, 명나라 원정 도중 사망
1406	이븐 할둔, 카이로에서 사망

해설 : 이븐 할둔의 생애와 『역사서설』

1. 이븐 할둔의 생애

이븐 할둔은 회력(回曆) 732년 라마단 첫날, 서력(西曆)으로는 1332년 5월 27일 북아프리카 중부의 튀니스에서 출생하였다. 그의 조상은 원래 아라비아 반도 남부 해안의 하드라마우트(Ḥaḍramawt) 지방에 거주하던 예멘 계통의 부족에 속했는데, 이슬람 초기인 우마이야 왕조(661-750) 시대에 무슬림들이 북아프리카를 거쳐 스페인 반도로 맹렬하게 진출할 때 정복군의 일원으로 참여하여 스페인의 세비야에 정착하였다. 무슬림들의 스페인 지배가 몇 세기 지난 뒤 기독교도들의 '재정복'(Reconquista)이 시작되고 급기야 13세기 중반에는 세비야까지 위협받자, 그의 일족은 북아프리카로 이주했고 마침내 튀니스에 정착하게 된 것이다.

당시 튀니스를 지배하던 하프스 왕조(1229-1574)는 할둔 일가를 환영하여 그들에게 봉토와 관직을 하사하였다. 그러나 궁정 내의 음모와 군주의 자의(恣意)에 따라서 개인의 정치적 운명이 하루 아침에 바뀌는 당시의 풍토 속에서 그들이 안정된 생활을 유지하기는 힘들었다. 이븐 할둔의 증조부는 정적들의 무고를 받아 체포되어 재산이 몰수되고 고문을 받은 뒤 교수형에 처해졌고, 조부 역시 여러 관직을 전전했지만 뜻을 펴지 못하고 좌절 속에서 사직하고 말았다. 이븐 할둔의 부친이 처음부터 정치를 멀리한 채 종교적 수행과 학문적 연구에 몰두했던 까닭도 그와 같은 현실을 직시했기 때문이었을 것이다.

어린 이븐 할둔은 당시 튀니스에 거주하던 유명한 학자들과 폭넓은 교류를 하고 있던 부친의 도움으로 학문적 기초소양에 필요한 교육을 받았다. 그는『자서전』에서 유년시절 자신이 받았던 교육에 관해서 서술했는데, 이를 통해서 우리는 그가 『코란』과 『하디스』를 읽으면서 그 내용을 암송하고 익힘은 물론, 아랍어 문법, 종교법, 신비주의 등에 관한 교육도 받았음을 알 수 있다.

그뒤 그는 보다 폭넓고 심도있는 교육을 받을 좋은 기회를 가지게 되었다. 즉 그가 15살 되던 해인 1347년 북아프리카 서단(西端)의 페즈에 근거를 둔 마린 왕조(1248-1548)의 군주 아불 하산(Abûl Ḥasan)이 하프스 왕조를 공격하여 튀니스를 점령했는데, 이를 계기로 저명한 학자들이 다수 튀니스로 왔고, 당시 학자로서 상당한 명성을 얻었던 이븐 할둔의 부친이 이들과 긴밀한 교류를 가지게 되었기 때문이다. 특히 이븐 할둔의 집에 기거했던 아빌리(Muḥammad b. Ibrâhîm al-Âbilî)는 지적인 호기심과 학구열에 가득찬 청년 이븐 할둔에게 깊은 영향을 주었으니, 이븐 할둔은 수학과 논리학을 비롯하여 철학의 여러 분야에 거쳐 그의 훈도를 받았고, 그가 여러 학자들과 만나 주도했던 학술적 모임이나 토론에도 참여하여 지식의 지평을 넓혀갔다.

그러나 그의 청년기는 예기치 못했던 사건들로 인해서 갑작스런 종언을 고하고 말았다. 마린 왕조의 아불 하산은 아랍 유목민들과 튀니스 시민들의 반란, 본국에서 자기 아들인 아부 이난(Abû 'Inân)이 일으킨 쿠데타로 인해서 1349년 철수할 수밖에 없었고, 이로써 이븐 할둔에게 영향을 미쳤던 학자들도 모두 떠남으로써 그들과의 교류가 중단되었기 때문이다. 그런데 정치적 혼란에 이어 닥친 자연적 재앙은 이븐 할둔의 인생을 근본부터 흔들어놓았다. 즉 맹렬한 기세로 유럽과 중동 각지에 퍼지기 시작한 흑사병이 튀니스를 엄습하면서 그의 스승들은 물론 부모의 목숨까지 앗아간 것이다. 이 사건은 17세에 불과했던 이븐 할둔에게 엄청난 충격을 주었고 이때의 고통스런 기억이 그뒤로도 오랫동안 지워지지 않았음은 『자서전』이나 『역사서설』을 통해서도 알 수 있다. 결국 스승들의 이주, 부모와의 갑작스런 사별로 인해서 그는 튀니스에 더 이상 머물러야 할 이유를 상실하고 말았다.

마린 왕조의 정복자들이 철수한 뒤 튀니스에서는 이븐 타프라긴(Ibn Tâfrâgîn)이라는 인물이 실권을 장악했고, 1350년 이븐 할둔은 18세의 나이에 서명관(署名官, 'alâmah)이라는 직책에 임명되어 처음으로 관직의 길로 들어섰다. 그러나 튀니스에서 자신의 경력을 도모하려는 생각이 없었던 그는 자신의 학문의 지평을 더욱 넓히고 인생의 새로운 가능성을 추구하기 위해서 고향을 떠나기로 결심하였다. 마침 북아프리카 서쪽의 마린 왕조에서는 피살된 아불 하산의 뒤를 이어 아부 이난이 군주가 되었고, 그는 틀렘센(Tlemcen)과 부지에(Bougie)를 점령하여 마린 왕조의 결속력을 회복시켰다. 또한 각지의 학자들을 초치하고 지원하는 그의 정책에 힘입어 페즈는 북아프리카의 문화적 중심지로 부상하기 시작하였다. 이븐 할둔이 1354년 아부 이난의 초청을 받아들여 페즈로 향한 것도 이러한 배경이 있었기 때문이었다.

이븐 할둔에게 최초로 주어진 직책은 술탄의 주위에 머물며 공문서를 작성하는 서기 자리였다. 그러나 그는 이 직책에 만족하지 못하였다. 정치적인 행정을 직접 담당하거나 군주를 보좌하며 자문의 역할을 하는 직책이 자기 가문의 전통에 보다 어울린다고 생각했기 때문이었다. 따라서 그는 자신에게 주어진 직책의 수행에는 그다지 열의를 보이지 않았고, 오히려 당시 페즈에 모여들었던 북아프리카와 스페인 출신의 유명한 학자들과의 교류와 토론을 통해서 자신의 학문세계를 넓히는 데에 더 큰 만족감을 느꼈다.

이때 이븐 할둔이 만났던 사람들 가운데 하나가 하프스 왕조에 속하는 부지에의 영주 아부 압둘라(Abû 'Abd Allâh)였다. 이븐 할둔은 아부 이난에 의해서 포로가 되어 페즈로 끌려온 아부 압둘라와 친교를 맺게 되었고, 그를 다시 부지에의 영주로 앉히려는 정치적 모의에 가담하였다. 후일 그는『자서전』에서 자신이 음모에 연루되었다는 주장을 부인하며 그것은 단지 자신의 적들에 의한 모략과 비방일 뿐이라고 주장하였지만, 아부 이난의 의심을 받은 그는 2년간(1357-58)에 가까운 옥고를 치를 수밖에 없었고, 아부 이난이 죽은 뒤에야 비로소 석방될 수 있었다.

아부 이난의 사망은 마린 왕조를 급격한 정치적 혼란으로 내몰았고 새로운 군주를 옹립하기 위한 음모와 투쟁이 벌어졌다. 이븐 할둔 역시 여기에 적극적으로 참여하여 아부 살림(Abû Sâlim)을 즉위시키는 데에 공을 세워 1359년에는 국새장관(國璽長官)에 임명되었다. 그는 자신의 정치적 지위를 다지기 위해서 군주의 미덕을 찬양하는 시를 짓는 궁정시인으로 활약하기도 했지만, 2년 뒤에는 장관직에서 밀려나서 탄원소의 판관이라는 한직을 받았다. 그는 자신의 뜻이 받아들여지지 않는 현실정치에 절망하고 실의에 빠졌지만, 뜻밖에 1362년 스페인의 그라나다 왕국의 군주였던 무함마드 5세(Muḥammad b. al-Aḥmar ; 재위

1354-59, 1362-91)로부터 날아온 초청장으로 새로운 전기를 맞게 되었다.

사실 그는 무함마드 5세와 이미 두터운 교분을 맺고 있었다. 그가 초청장을 받기 3년 전, 즉 1359년에 무함마드 5세는 그라나다에서 일어난 궁정 쿠데타로 권좌에서 밀려나 재상이었던 이븐 알 하팁(Ibn al-Khaṭîb)과 함께 페즈로 망명하게 되었고, 당시 국새장관이었던 이븐 할둔은 이들을 융숭하게 맞이하여 그들이 망명생활을 하는 동안 친교를 쌓았기 때문이다. 특히 당대 최고의 학자였던 이븐 알 하팁과의 학문적 교류는 특히 각별하였다. 1362년 무함마드 5세가 그라나다로 복귀하여 권좌를 되찾게 되었을 때 이븐 할둔을 초청한 것도 바로 이러한 인연 때문이었다. 물론 스페인이 오래 전 자기 조상들의 고향이었다는 점, 스페인 최후의 무슬림 왕국인 그라나다의 나스르 왕조(1238-1492)의 높은 문화적 수준 등도 이븐 할둔이 스페인에 가기로 마음먹게 된 또 다른 요인이었다.

이븐 할둔은 그라나다에서 극진한 대우를 받았다. 무함마드 5세는 국가의 중요한 사무에 대해서 그의 자문을 구했고, 1364년 말에는 카스티유의 국왕 페드로(Pedro)에게 파견하는 우호사절로 그를 임명하기도 하였다. 당시 세비야에 체류하던 카스티유 국왕을 만난 이븐 할둔은 조상들의 옛 영지를 돌려줄 테니 자신을 위해서 봉사하며 머물러 달라는 제의를 받기까지 했으나 정중히 거절하였다. 뿐만 아니라 이븐 할둔은 약관의 무함마드 5세에게 자신의 정치적 이상을 설명하며 철인 군주의 길을 가르치려고 노력했고, 그라나다에서의 안정된 생활에 만족한 그는 북아프리카의 콘스탄틴에 머물고 있던 가족들을 불러들이기도 하였다. 그러나 그의 정치적 위상이 높아질수록 궁정 안에서 그를 향한 질시와 음모도 깊어졌고, 특히 재상 이븐 알 하팁은 점점 더 그를 경계하기 시작하였다. 물론 50대의 노회한 정객이자 탁월한 학자였던 이븐 알 하팁은 자신의 적의를 드러내놓고 표현하지는 않았으나, 이븐 할둔은 자신을 향해 조여오는 압박과 위험을 느끼지 않을 수 없었다.

이런 상황에서 그에게 새로운 활로를 열어준 것은 과거 자신과 친분이 두터웠던 부지에의 영주 아부 압둘라였다. 이븐 할둔이 페즈에서 연금생활을 하던 그를 돕다가 투옥까지 되었던 일은 앞에서 언급했지만, 1364년 부지에를 회복하는 데 성공한 그가 이븐 할둔에게 편지를 보내 집사(執事 : ḥâjib)의 직책을 맡아달라고 부탁한 것이다. 당시 집사는 국정 전반을 책임지는 중요한 직책이었기 때문에 이븐 할둔은 이 제의를 기꺼이 받아들여 1365년 부지에로 향하였다. 압둘라의 궁정에서 막대한 영향력을 가지게 된 그는 자신의 동생인 야흐야(Yahya)를 재상으로 임명했고, 압둘라를 통해서 자신의 정치적 이상을 실현하려고 애썼다. 그러나 그의 성공은 단명으로 끝나고 말았다. 1366년 압둘라가 인근 도시국가와의 전투에서 패배하여 전사했기 때문이었다.

이후 9년간(1366-1375) 그는 극도로 혼란하고 불안정한 정치적 상황 속에서 자신의 지위를 잃지 않으려고 애를 쓰면서 북아프리카와 스페인 각지를 전전하였다. 그러나 그는 아무런 성과도 거두지 못했고, 자신의 이상을 현실정치에서 실현해보겠다는 꿈은 여지없이 무너지고 말았다. 끊임없이 계속되는 음모와 반란의 희생자는 이븐 할둔만이 아니었다. 한때 그와 깊은 교분을 맺었던 그라나다의 재상 이븐 알 하팁도 페즈의 감옥에서 교수형에 처해졌다. 이븐 할둔은 이처럼 깊은 정치적 좌절을 경험하고 목도하면서 이제는 혼탁한 현실정치에서 손을 떼고 학문과 교육에 전념해야겠다는 결심을 굳혔다. 그러면서 그는 인간사회를 움직여 나가는 힘이 무엇이고 역사는 어떻게 변화를 겪어가며, 창조주 신의 거대한 계획은 무엇이고 또 그 속에서 개인의 역할은 무엇인가에 대해서 진지하게 생각하지 않을 수 없었다.

이븐 할둔은 불확실성과 혼란으로 가득 찬 정치의 세계를 떠나 조용히 은둔하려고 했고 또 자신의 체험과 학문적 성찰을 토대로 하여 세계사를 저술하려는 계획을 세웠다. 마침내 1375년 그러한 의도를 실현에 옮길 수 있는 좋은 기회가 찾아왔다. 그는 가족과 함께 이븐 살라마(Ibn Salâmah)라는 성채에서 자신의 은신처를 찾았고, 그곳에 머물며 역사 서술에 몰두하였으니, 그 결과 탄생한 것이 바로 『역사서설』(Muqaddimah)이었다. 그는 『자서전』에서 당시의 일을 이렇게 회고하고 있다. "나는 그러한 은거가 가져다준 영감을 통해서 놀라운 방식으로 『역사서설』을 완성했다. 그 작업이 완료될 때까지 단어와 생각들은 마치 우유가 통 속에 부어지듯이 내 머리 속으로 쏟아져들어왔다."

그러나 그가 그곳에서 활용할 수 있었던 문헌들은 극히 한정되어 있었기 때문에 자신의 저술을 완벽하게 마무리짓기 위해서는 대도시로 나가지 않으면 안 되었다. 또한 그는 오랜 은둔생활에도 지쳐 있었고 지난 20년 동안 떠나 있던 고향 튀니스로 가보고 싶은 마음도 간절했다. 그는 튀니스의 군주인 아불 압바스(Abû al-ʿAbbas)에게 서한을 보내 이러한 뜻을 전달했고, 마침내 그의 허락을 받아 47세의 나이가 되던 해인 1378년 튀니스로 귀환할 수 있었다. 거기에서 그는 『역사서설』이 포함된 세계사를 완성하고 그 필사본을 아불 압바스에게 헌정하였다. 그러나 군주와의 깊은 교분, 학자와 교사로서의 놀라운 성공은 수많은 적들을 만드는 결과를 낳고 말았다. 다시 한번 자신의 생명에 위협을 느낀 그는 영원히 마그리브 지방을 떠나기로 결심하고, 아불 압바스에게 성지순례를 하고 싶다는 명목으로 출국 허가를 요청하였다. 이렇게 해서 그는 1382년 이집트의 알렉산드리아로 향하는 배에 몸을 실을 수 있었던 것이다.

튀니스를 떠나 4개월 간의 항해 끝에 1382년 12월 알렉산드리아에 도착한 이븐 할둔은 그 이듬해 1월 카이로로 들어갔다. 맘루크 왕조의 수도였던 카이로는 정치적 안정에 힘입어 높은 수준의 문화를 자랑하고 있었다. 수많은 사람들로 붐비는 거리, 즐비하게 늘어선 상점과 그곳을 드나드는 외국상인들, 다양한 기예와 생산활동에 종사하는 직인들, 보는 사람을 압도하는 거대한 성채와 모스크 등 이븐 할둔의 눈에 비친 카이로는 문자 그대로 경이로움 그 자체였다.

당시 맘루크 왕조의 군주였던 알 말릭 앗 자히르 바르쿡(al-Malik aẓ-Ẓâhir Barqûq)은 문화 진작에도 열심이어서 여러 학자들을 초빙, 우대하는 정책을 펴고 있었기 때문에 이미 학자로서의 명성이 널리 알려진 이븐 할둔은 어렵지 않게 그의 인정을 받을 수 있었다. 그는 이미 집필을 완료한 『세계사』를 그의 이름으로 헌정했고, 바르쿡은 도착한 지 얼마 되지 않은 외지인임에도 불구하고 그를 알 캄히야(al-Qamhîyah) 신학교에서 말리키(Mâlikî)파의 율법학을 가르치는 교수로 임명했던 것이다. 이로부터 얼마 뒤인 1384년 8월 그는 말리키파의 대판관에 임명되어 법학자로서 이를 수 있는 최고의 지위에 오르게 되었다.

그러나 그의 개인적인 불운은 그칠 줄 모르고 계속되었다. 그의 급속한 출세와 술탄의 두터운 신임을 시기하는 사람들의 가혹한 모략과 비방이 그를 괴롭히기 시작하였다. 뿐만 아니라 그때까지 튀니스에 발이 묶여 있던 처자식들이 술탄 바르쿡의 선처로 송환을 허락받고 범선을 타고 이집트로 오다가 1384년 10-11월경 알렉산드리아 앞바다에서 조난을 당해 모두 목숨을 잃었다는 비보가 날아들었다. 극심한 정신적 타격을 이기지 못한 이븐 할둔은 결국 대판관직까지 사임하고 말았다.

그의 처지를 안타깝게 여긴 술탄은 자신의 이름을 따서 건립한 지 얼마 안 되는 자히리야(Zâhiriyâh) 신학교에 그를 법학교수로 임명하였다. 어느 정도 생활의 안정을 찾은 그는 1387년 오랜 숙원이었던 메카 성지순례의 의무를 수행할 수 있었다. 그는 1389년에는 수르가트미시야(Ṣurghatmishîyah) 대학의 전승학 교수가 되었고, 같은 해에 바이바르스(Baybars) 수도원의 원장으로 발탁되었다.

1390년 초 카이로에서 정변이 일어나서 술탄 바르쿡이 추방되었을 때, 이븐 할둔은 다른 법학자들과 마찬가지로 술탄을 반대하는 문서에 서명하였다. 곧 권좌를 회복한 술탄은 다른 어느 누구에게보다도 자신이 각별한 은총을 베풀었던 이븐 할둔이 자신에게 등을 돌렸다는 사실에 대해서 극심한 배신감과 분노를 느꼈다. 이븐 할둔은 강압에 의한 불가항력적인 행위였다고 변명하였으나, 술탄은 이를 받아들이지 않고 그를 바이바르스 수도원장직에서 해임시켜버렸다. 그러나 두 사람 사이의 관계가 완전히 절연된 것은 아니었음은 이븐 할둔이 교수직을 그대로 유지하고 있었고, 1399년 바르쿡이 사망하기 직전에 말리키파 대판관에 임명되었던 사실을 통해서도 알 수 있다.

바르쿡 사망 이후 그의 뒤를 이은 아들 파라지(Faraj)는 당시 10세에 불과한 소년이었기 때문에, 그의 즉위에 불만을 품은 귀족들이 다마스쿠스에서 반란을 일으켰다. 이븐 할둔은 나이 어린 술탄을 따라 반란을 진압하는 데 동참했고, 귀환하는 길에 팔레스타인 지방에 있는 예루살렘, 베들레헴, 헤브론 등의 성지를 돌아볼 수 있었다. 그러나 1400년 9월 그는 반대파의 모략으로 대판관직에서 물러날 수밖에 없었다.

이때 이슬람권 동부를 석권한 티무르가 시리아를 침공하여 알레포와 다마스쿠스를 위협하고 있다는 급보가 전해졌다. 파라지는 군대를 이끌고 다마스쿠스로 진군했으며 이븐 할둔도 그를 동행하였다. 그런데 술탄이 없는 틈을 타서 카이로에서 반란이 일어났다는 전갈이 왔고, 술탄은 원정군과 함께 그대로 귀환하고 말았다. 결국 다마스쿠스의 시민들은 시내에 잔류하던 소수의 민병대의 도움만으로 티무르의 막강 군대에 맞설 수밖에 없게 되었다. 항전을 계속할 것인가 아니면 투항할 것인가를 두고 의견은 갈라졌고, 이븐 할둔을 비롯한 많은 판관과 학자들은 후자 쪽의 입장을 지지하였다. 결국 시민들의 생명을 보장받는 대신 막대한 공납을 바치기로 하고 우호 사절단이 티무르에게 파견되었다. 이미 이븐 할둔

١١ع

ثم هلك ابو سالم سنه مس وسنين واسند الوزير عمر بن عبدالله على من
كفله مرابيهم فجعل العلامه لابن رصوان سائر ايامه وقتله عبدالعزيز
ابن السلطان ابي الحسن واسند ملكه فلم يزل برصوان على العلامه وهلك
عبدالعزيز وولى ابنه السعيد وكفاله الوزراي ابكر بن غاني بن الكاس وابن
رصوان على حاله ثم غلب السلطان احمد على الملك وانتزعه من السعيد وابي بكر
ابن غاني وقام تبدبر دولته محمد بن عثمان بن الكاس مسند اعليه والعلامه لابن
رصوان كانت الى ان هلك با رثور وفي بعض حركات السلطان احمد الى مراكش
لحصار عبدالرحمن ابن ابي يفلوسن برل السلطان الى على سنه

في جمله

وكان مع السلطان ابي الحسن جماعه كبيره من فضلاء المغرب واعيانه هلك
كثير منهم في الطاعون المجارف نونس وعز وجماعه منهم وا سطولهما غرق
وتحتت النكبه اخرى الى ان استوفوا ما قدر نراحا لهم ثم عمر حصر معه وقر معه
من العلماء شيخنا ابو العباس احمد بن بحي الزواوى شيخ القراءات بالمغرب
احد العلوم هو والربيه عن شيخه عن شيخها ابي عبدالله الرحالى عبدالله
محمد بن رشيد وكان اماما في والفارءات وصاحب مكله وفيها لاخبارا
وله مع ذلك صوت من مزامير ال داود وكان يصلي بالسلطان التراوح
ويقرا عليه بعض الاحبار جزءا وممن حضر معه بارقعه الفقيه
ابو عبدالله محمد بن محمد بن القباع من اهل سبته مكا شبه منيزا في المنقول
والمعقول وعارفا ما لحديث ورجاله واماما في معرفه كتاب الموطا ه
واقرانه اخذ العلوم عن شيخه فارس ومكاسه ولو شيخنا ابا
عبدالله الابلي ولازمه واخذ عنه العلوم العقليه فاستنفذ بغيه طلبه
عليه فنبز زاخرا واخار السلطان لجلسه فاستدعاه ولم يزل معه الى از
هلك غريقا في ذلك الاسطول ومنهم شيخ التعاليم ابو عبدالله محمد
ابن النجار من اهل تلمسان احد العلماء على مشيخها وعن شيخنا
الابلي وتززا عليه نزار حل الى المغرب فلفي نسبته امام التعاليم ابا عبدالله
محمد بن هلال شارح المحصطى في اميته واخذ برا كش عز الامام
ابو العباس

『성찰의 책』 사본(대영박물관). 이븐 할둔의 친필을 보여준다.

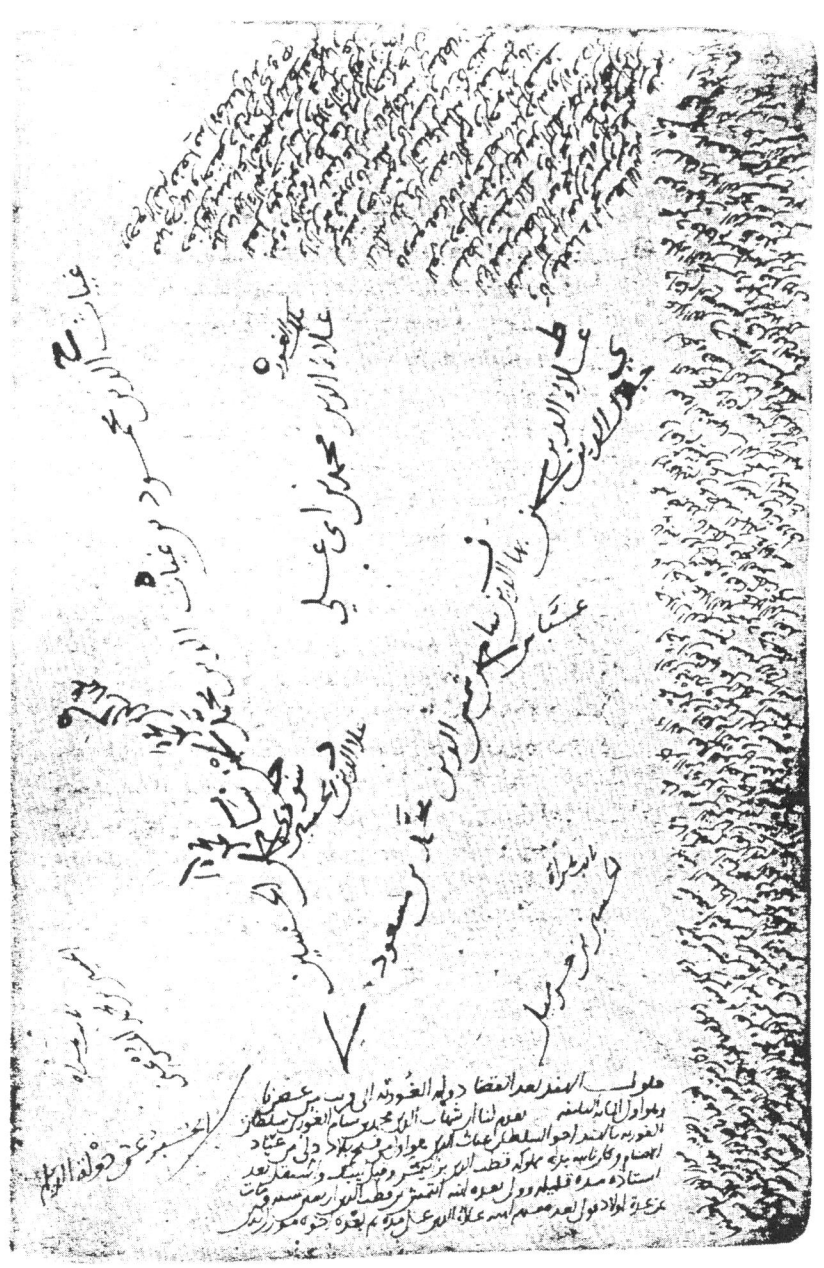

이븐 할둔이 쓴 『자서전』의 가장 오래된 사본(이스탄불). 하단에 그의 친필 메모가 있다.

의 명성을 들어서 알고 있던 티무르는 그를 만나고자 했고, 이렇게 해서 1401년 1월 불세출의 대학자와 희대의 정복자 사이의 만남이 이루어지게 된 것이다. 당시 이븐 할둔의 나이는 68세였고 티무르는 그보다 네 살 아래였다.

이븐 할둔의 『자서전』에는 티무르와의 회견과 그와 나누었던 대화가 비교적 상세하게 기록되어 있다. 티무르는 이븐 할둔에게 이슬람권 서부의 정치적, 지리적 특징에 관해서 물었고, 이븐 할둔은 티무르의 의문을 충족시키기 위해서 상세한 글을 지어 바쳤다. 티무르는 맘루크 왕조와 북아프리카의 사정에 정통한 저명한 학자이자 정치인이었던 이븐 할둔을 통해서 장차 세계정복에 필요한 정보를 얻고자 했던 것으로 보인다. 우호조약이 체결되고 이에 따라 다마스쿠스의 성문이 열렸는데, 정복자들은 약속과 달리 약탈과 살육을 자행했다. 이 사건이 있은 뒤 이븐 할둔은 다시 카이로로 돌아왔다. 적에게 투항하는 데에 일익을 담당했음에도 불구하고 상황의 불가피성이 인정되었는지 그는 술탄의 신임을 잃지 않았고, 그뒤로도 네 차례에 걸쳐 대판관의 직책에 임명되었다. 그는 1406년 1-2월에 여섯 번째이자 마지막으로 대판관의 직임을 부여받았으나, 그로부터 몇 주일이 지난 뒤인 3월 16일에 73세의 나이로 숨을 거두고 말았다.

2. 『역사서설』의 내용

이븐 할둔의 동시대인들이 남긴 기록(특히 이븐 알 하팁의 글)에 의하면 그는 생전에 여러 편을 글을 저술했다고 하는데, 오늘날까지 전해지는 것은 그의 자서전과 『성찰의 책. 아랍인과 페르시아인과 베르베르인 및 그들과 동시대에 존재했던 탁월한 군주들에 관한 초기 및 그 후대 역사의 집성』(*Kitâb al-'Ibar wa-dîwân al-mubtada' wa-l-khabar fî ayyâm al-'Arab wa-l-'Ajam wa-l-Barbar wa-man 'âṣarahum min dhawî as-sulṭân mubtada' al-akbar*)이라는 긴 제목을 가진 역사서밖에 없다. 우리에게 『역사서설』로 알려진 책도 사실은 원래 하나의 독립적인 서적이 아니라 이 역사서의 한 부분에 불과했다.

일반적으로 *Kitâb al-'Ibar*라는 약칭으로 부르는 『성찰의 책』은 앞에서도 언급했듯이 이븐 할둔이 1375년부터 1379년까지 이븐 살라마의 조그만 성채에 은거하고 있는 동안 집필한 것인데 모두 3부로 이루어져 있다. 제1부는 문명과 사회의 근본적인 특징을 다루었고, 제2부는 천지창조에서 당시까지 아랍인들의 역사를 중심으로 다른 여러 민족들의 역사를 서술하였으며, 제3부는 북아프리카 서부의 베르베르인들의 역사를 설명하였다. 그런데 문명의 본질을 다룬 제1부는 여러 민족과 지역의 역사를 통시대적으로 서술한 편년체적인 세계사인 제2부 및 제3부와는 별도로 읽혀져도 무방한 독립적인 성격을 지녔기 때문에, 학자들은 『성찰의 책』 전체의 「서문」과 「서론」 그리고 제1부를 합쳐서 '무카디마'(Muqaddimah)라고 부르게 된 것이다. 서구 학자들은 이를 아랍어 그대로 『무카디마』라고 하거나 혹은 『서설』(Prolegomena)이라고도 부르는데, 이 역서에서는 이 부분이 이븐 할둔이 저술한 역사서(『성찰의 책』)의 서설을 이루고 있기 때문에 『역사서설』이라고 이름한 것이다.

이븐 할둔은 『성찰의 책』을 저술할 때 처음부터 이처럼 방대한 분량의 『서설』을 집필하려고 한 것은 아니었다. 그 자신이 「서론」 말미에서 적었듯이 원래는 마그리브 지방의 민족과 왕조들의 역사만을 서술할 계획이었던 것으로 보인다. 그러나 그는 역사의 표면에 드러난 사건들을 연대기적으로 기술하는 것만으로는 세계사의 전개과정, 즉 왕조의 흥망과 문명의 성쇠를 올바로 이해할 수 없음을 깨닫게 되었다. 역사적 변화의 진정한 의미를 이해하기 위해서는 그것을 결과케 하는 원인을 알지 않으면 안 되고, 그 원인을 파악하기 위해서는 사회와 문명이라는 것이 과연 무엇인가 하는 점부터 구명할 필요가 있었던 것이다.

그러나 정치학, 철학, 신학, 법학 등 기존의 어떠한 학문도 그가 풀려고 하는 의문점에 대해서 적절한 해답을 제시하지 못했다. 따라서 그는 이제까지 존재하지 않았던 '새로운 학문'이 필요하다고 생각했고, 이것을 '문명의 학문'('ilm al-'umrān)이라고 불렀다. 아울러 그는 '새로운 학문'이 무엇인가를 설명하고 그 목적과 범위와 내용을 서술해야 할 필요성을 느꼈는데, 그 내용이 예상외로 길어졌기 때문에 원래의 계획을 수정할 수밖에 없었다. 이렇게 해서 원래의 「서론」에 이어 '문명의 학문'에 관한 방대한 분량의 논의를 제1부로 삼고, 뒤이어 각 민족과 지역의 역사를 제2부와 제3부로 나누어 서술하였다. 그리고 이 역사서 전체의 '서론'에 해당되는 「서문」을 집필하여 첫머리에 붙였던 것이다. 이 역서에 「서문」과 「서론」이 나란히 나오게 된 것도 이러한 배경이 있었기 때문이다.

『성찰의 책』의 제1부, 즉 『역사서설』의 구성을 살펴보면 다음과 같이 모두 6

장으로 이루어져 있다.

1. 인간의 문명 일반
2. 전야문명, 야만민족과 부족에 대한 설명
3. 왕조, 왕권, 칼리프제, 정부관직들에 대한 설명
4. 도회문명과 거기에서 생기는 조건들
5. 이윤과 기술 등 다양한 생계수단에 대한 설명
6. 다양한 학문 분야와 교육방법

이 목차의 순서를 가만히 살펴보면 정연한 논리적 구조에 의해서 배열된 것임을 알 수 있다. 즉 먼저 제1장에서는 인간이 집단을 이루어 생활하며 '사회'를 구성하고 문명을 이룩할 수 밖에 없는 당위적 조건과 전제들을 설명하고, 이어 제2장에서는 문명의 다양한 단계들 가운데 가장 원초적인 야만민족의 상태와 그들에 의해 형성된 전야문명의 특징을 서술한다. 제3장에서는 전야문명을 영위하는 민족들이 '연대의식'을 통해서 어떻게 왕권을 획득하고 왕조를 건설하는가를 설명하고, 제4장에서는 왕조의 지원하에 발달하는 도회문명의 성쇠과정을 이야기한다. 제5장과 제6장은 도회 안에서 이루어지는 각종의 생산활동에 대한 경제적인 분석과 함께 각종 학문의 내용과 특징에 대한 설명으로 이루어져 있다. 그러면 이제 이븐 할둔이 각 장에서 어떠한 주장을 펴고 있는지 간단히 살펴보도록 하자.

먼저 제1장은 인간사회를 이해하는 데에 필요한 여섯 가지 전제들을 열거하고 있으며, 이 책 전체의 '총론'에 해당한다고 할 수 있다. 즉 인간은 홀로 자기에게 필요한 식량을 생산하거나 외부의 위협을 막아낼 수 없기 때문에 상호부조를 할 수밖에 없는 존재이고 따라서 사회적 결합을 통한 집단생활은 필수적이다. 그러나 사회를 구성하는 각 개인들의 상충하는 욕구와 이해가 통제되지 않으면 사회 자체가 존속할 수 없기 때문에 불가피하게 억압적인 영향력을 행사하는 권력이 필요하게 되는데, 이것이 그가 말하는 제1전제이다. 제2전제에서 제5전제까지는 자연조건 특히 기후가 인간 사회에 미치는 영향에 관한 것이다. 이븐 할둔은 프톨레마이오스의 영향을 받은 당시 이슬람 지리학의 일반적인 구분법에 의거하여 지구상에 인간이 살 수 있는 지역을 위도에 따라서 몇 개의 기후대로 나누고, 상이한 기후가 인간의 외모, 성격, 풍습, 식량 사정 등에 미치는 영향을 설명한다. 마지막으로 제6전제는 예언이나 주술과 같은 초자연적인 지각능력의 존재를 인정하고 상이한 유형과 단계의 초자연적 능력을 설명함으로써 예언자의 정당성과 이슬람의 종교적 당위성을 설파하였다.

문명의 속성을 이해하는 데에 필요한 기본적 전제들을 설명한 뒤 이븐 할둔은 제2장에서부터 본격적인 '문명론'을 개진하고 있다. 그는 먼저 인간의 문명을 크게 두 유형으로 나누어서 이해하였다. 하나는 바드우(badw)로서 이븐 할둔은 이 단어로 사막, 황야, 초원, 산간 등지에 거주하는 사람들을 총칭했기 때문에 이 역서에서는 '전야'(田野)라고 옮겼다. 또 하나는 하다르(ḥaḍar)로서 도시와 읍의 주민들에 속하는 것이기 때문에 '도회'라고 옮겼다. '전야민'은 거친 환경 속에서 살아야 하기 때문에 초보적인 경제생활을 유지할 수밖에 없고 고통과 배고픔에 잘 단련되어 있다. 반면 '도회민'은 수많은 사람들이 집주하는 도시에 살면서 상업과 수공업의 혜택을 받아 사치스러운 생활에 익숙해 있기 때문에 인내심이 약하다. 또한 전자는 여러 가지 형태의 위협에 대처하기 위해 혈연관계에 기초한 강고한 결속력을 소유하게 된다. 이븐 할둔은 이를 연대의식('aṣabîyah)이라고 불렀다.

'연대의식'은 이븐 할둔의 문명론과 국가론을 이해하는 데에 가장 핵심적인 개념이다. 이 말은 영어로 solidarity, group feeling, group consciousness 등으로 번역되기도 하는데, 특정 집단의 존속과 외부의 위협에 대한 대응을 위해서 구성원 사이에 형성된 결속의식을 가리킨다. 이러한 연대의식은 일반적으로 공통의 조상을 갖는 혈연집단에서 가장 잘 나타나며, 따라서 혈연적 유대관계를 잘 보존하고 있는 전야민들이 그렇지 못한 도회민들에 비해서 더 강력한 연대의식을 소유하는 것은 당연한 결과이다. 전야민에 속하는 여러 집단들은 각각 연대의식을 소유하지만, 그것들 사이에서도 강약에 차이가 존재하기 때문에, 보다 강한 연대의식을 소유한 집단이 그렇지 못한 집단을 압도하며 지배하게 된다. 반면 사치에 익숙해져 있고 상호간의 혈연관계도 희박한 도회민들 사이에 강력한 연대의식이 생길 수 없기 때문에, 그들은 '전야민'에게 정복되고 지배받을 수밖에 없다. 이렇게 해서 모두를 통합하는 가장 강력한 연대의식이 출현하게 되며 그것은 곧 왕권의 탄생으로 이어지는 것이다.

　제3장은 이렇게 해서 형성된 왕조와 국가의 내적인 구조에 대한 분석이며 일종의 '국가론'이라고 할 수 있다. 여기서 이븐 할둔은 국가의 강역, 수명, 변화에 대해서도 연대의식이라는 핵심 개념을 적용하여 설명하고 있다. 즉 어떤 국가건 그 국가의 강역의 크기는 연대의식의 강고함의 정도에 정비례하며, 건국 초기에 지배집단이 공유했던 연대의식이 점차로 약화되어감에 따라서 국가는 쇠퇴해간다는 것이다. 이븐 할둔은 이러한 판단에 기초하여 한 국가는 전야생활을 통해 강인한 습성을 가지고 상호간의 강력한 연대의식을 토대로 다른 집단을 압도하여 왕조를 건설한 제1세대, 왕권을 계승하고 그것을 더욱 발전시키는 동시에 정치적 안정이 가져다주는 온갖 편안함과 사치를 누리면서 점차로 연대의식의 강고함을 상실해가는 제2세대, 사치의 늪에 깊이 빠져 연대의식을 완전히 상실함으로써 조상들이 건설한 국가를 상실해가는 제3세대의 순으로 진행된다고 보았다. 한 세대의 기간을 40년 정도로 보았기 때문에 한 왕조의 평균 수명은 120년이 되는 셈이다.

　이븐 할둔은 이처럼 '세대'에 기초한 왕조의 수명 분석에서 한 걸음 더 나아가 왕조가 겪어가는 변화를 다음과 같은 다섯 '단계'로 구분하였다. 즉 전 왕조로부터 왕권을 탈취하는 제1단계, 지배가문이 다른 집단을 배제한 채 왕권을 독점적으로 확보하는 제2단계, 확고한 왕권을 기초로 번영을 구가하는 제3단계, 전임자들이 세워놓은 전통을 철저하게 모방하며 살아가는 제4단계, 쾌락과 향락으로 조상들이 축적한 부를 탕진하는 제5단계가 그것이다. '3세대'와 '5단계'로 표방된 그의 왕조 수명론이 일견 지나치게 도식적으로 보일 수도 있으나, 이와 같은 주장은 서부 이슬람권에서 흥망을 거듭했던 수많은 왕조들에 대한 이븐 할둔 자신의 깊은 성찰에서 나온 것이며, 우리가 구태여 숫자에 얽매이지 않는다면 국가의 성립, 발전, 쇠퇴의 원인과 과정에 대한 그의 설명은 충분한 설득력을 가지고 있다. 나아가서 그의 국가, 사회, 문명에 관한 성찰은 다분히 유기체론적인 색채를 띠고 있다고 할 수 있을 것이다.

　그는 역사의 무대에 등장했던 여러 왕조들이 어떤 규범을 근거로 정치를 펼쳤는가 하는 문제를 중심으로 크게 두 가지 부류로 나누었다. 하나는 왕조에 속한 지식인과 지배층이 지성적 규범을 근거로 정치제도를 만든 경우이고, 또 하나는 예언자가 제시한 종교적 규범을 근거로 정치제도를 만든 경우이다. 고대 페르시아의 왕조들이 전자의 전형적인 예라면 이슬람의 칼리프제는 후자를 대표한다. 지성적 규범에 기초한 왕조일지라도 백성들의 안녕과 평화를 위해서 노력하는 정의로운 정치를 구현하느냐의 여부를 두고 선정과 폭정의 체제가 나누어진다. 이븐 할둔은 종교법에 기초한 칼리프제를 가장 이상적인 국가형태로 생각했지만, 이슬람 출현 이후의 역사도 정통 칼리프제의 뒤를 이어 우마이야 왕조와 압바스 왕조가 등장했듯이, 이 역시 국가의 일반적인 변질과정을 겪으며 군주제적인 성격으로 바뀐다고 보았다.

제4장은 도시의 형성, 발전, 쇠락을 설명한 일종의 '도시론'이라고 할 수 있다. 이븐 할둔에 의하면 도시는 왕권에 의해서 지탱되며, 도시의 규모와 발전 정도 역시 왕권의 강도에 따라 결정된다. 나아가 그는 도시의 입지조건, 인구와 도시 규모 간의 상관관계, 도시와 촌락에서 생필품과 사치품의 가격 차이와 그 원인 등에 대해서도 논하였다. 동시에 제3장에서 피력했던 국가론의 요체를 여기에도 확대, 적용시키고 있는데, 원시적인 경제생활을 영위하면서 강력한 연대의식을 보유한 전야민들이 왕권을 장악하고 왕조를 건설하면 그 왕권의 보호 아래 도시가 형성되고 도회문명이 탄생된다는 것이다. 지배집단은 도시 안에 거대한 건축물을 짓고 상인, 기술자, 학자들을 보호하면서 도시를 더욱 발전시키지만, 곧 도회문명이 가져다주는 사치와 안일에 길들여지고, 왕조의 내부나 외부에서 보다 더 강력한 연대의식을 지닌 집단에 의해서 무너지고 이와 함께 도시도 쇠퇴와 붕괴의 길을 걷는다. 이븐 할둔이 "도회문화는 문명의 절정이자 성장의 종말이며 퇴락의 징후이다"라고 단언한 것도 이러한 과정을 지적한 것이며, 그런 의미에서 그의 도시론은 대단히 역설적이라고 할 수 있다.

제5장은 '경제론'으로서 농업, 상업, 수공업 등을 통해서 경제적 이윤이 창출되는 원인과 방식에 대한 논의에서 시작하여, 도회문명이 보여주는 갖가지 기술들에 대한 설명으로 끝난다. "많든 적든 가치의 일정 부분은 노동으로부터 발생한다"는 주장이 말해주듯이 그는 이미 여기서 서구의 근대 경제학자들이 주장했던 노동가치설의 핵심을 간파하고 있다. 또한 한 사람의 노동보다는 다수의 협업이 훨씬 더 많은 노동력을 창출하고, 그 '잉여노동력'이야말로 부(富)의 원천을 이룬다고 보았다. 이윤을 창출하는 여러 가지 형태의 기술들에 대한 그의 논의는 가

장 기초적인 농업에서부터 건축술과 직조술, 나아가 의학과 출판과 예술 등의 분야에 이르기까지 광범위하게 전개되고 있다.

이처럼 먼저 국가, 도시, 경제에 대해 체계적인 서술을 끝낸 이븐 할둔은 제6장에서 인간의 정신적인 활동과 연관된 여러 학문 분야의 내용과 효용에 대해서 '지식사회학적' 논의를 전개하고, 나아가서 학문의 전수 즉 교육의 방법에 대해서 설명하고 있다. '학문, 교육론'이라고 할 수 있다. 그는 인간이 지각과 사고의 능력을 통해서 어떻게 외부의 경험적 세계나 추상적 관념에 대한 지식을 획득하는가를 밝힌 뒤, 예언자들이 보통 인간으로서는 알 수 없는 초월적 세계에 대해 어떻게 지식을 가지게 되는가에 대해서 언급하였다. 도회문명 속에 존재하는 여러 학문들은 지성적 사유를 통해 탐구하는 분야와 예언자에 의해 제시된 종교와 관련된 분야로 나뉘어진다. 후자에는 전승학, 종교법학, 신학, 수피즘 등이 속하고, 전자에는 철학, 수학, 기하학, 천문학, 논리학, 자연학, 의학, 농학 등이 속한다. 그는 또한 학문의 전수와 관련하여 '습관'(malaka)의 중요성을 강조하는데, 가장 대표적인 예로 아랍어와 같은 언어 습관의 획득을 들었다.

3. 연구와 평가

이상에서 살펴보았듯이 『역사서설』은 원래 이븐 할둔이 계획했던 『성찰의 책』이라는 세계사의 서설적 논의로 집필한 것이지만, 역사적 사건들의 내면에 가로놓인 인과관계를 정확하게 인식하기 위해서는 인간의 사회와 문명에 대한 본질적인 이해가 필요하다는 사실을 깨닫게 되었고, 이를 위해서 소위 그가 말한 '새로운 학문'의 초석을 놓는 매우 포괄적인 문명론이 된 것이다. 그 내용은 역사학의 범주를 뛰어넘어, 정치학, 사회학, 경제학, 철학, 신학, 교육학, 인류학 등 오늘날 여러 분야로 정립된 학문들을 아우르고 있다. 19세기 이래 많은 학자들은 서구의 근대적 학문이 하나씩 발견해 나간 중요한 개념과 이론들이 이미 수백 년 전 이슬람권의 한 학자에 의해서 이렇게 체계적으로 논의되고 있음에 경악과 찬탄을 금할 수 없었던 것이다.

19세기 중반 독일의 한 동양학자(Hammer-Purgstall)는 이븐 할둔을 '아랍의 몽테스키외'라고 평하면서, 『역사서설』은 당시 오스만 제국의 재상과 고관들이 정치를 이해하기 위해서 읽는 필독의 고전이라고 한 데에서도 알 수 있듯이,『역사서설』의 고전적 가치는 이미 일찍부터 이슬람권에서 인정을 받아왔다. 사회현상 분석에서의 인과율적 법칙의 적용, 그리고 지리적, 기후적 요인의 사회발전에 대한 영향 분석, 아울러 두 사람의 각자의 문명권에서의 지성사적 위치 등이 몽테스키외와 이븐 할둔의 비교를 가능케 한 것이다. 오스만 제국의 유명한 역사가인 나이마(Naima, 1716년 사망)는 그 학술적 탁월함을 인정하며 이븐 할둔의 사상의 요체를 소개한 바 있으며, 1730년에는 『역사서설』의 거의 대부분이 투르크어로 번역되어 1858년경에는 완역본이 출간되었다. 그러나 이슬람권에서 그의 저술과 사상에 대한 인식은 극히 제한되어 있었을 뿐 아니라,『역사서설』의 번역이 나오게 된 것도 이븐 할둔이 강조한 '새로운 학문'에 대한 진정한 평가에서 나왔다기보다는 통치에 필요한 실질적 지식을 제공하는 서적이라는 판단 때문이었다. 그런 의미에서『역사서설』의 학술사적인 중요성에 주목하고 그 본연의 가치를 '발견한' 것은 서구 학자들이었다고 할 수 있다.

서구에서 이븐 할둔의『역사서설』에 최초로 주목하기 시작한 사람은 근대 '동양학'의 산실이었던 프랑스였다. 먼저 17세기 말과 18세기 초에 걸쳐 데르벨로(d'Herbelot)와 실베스트르 드 사시(Sylvestre de Sacy)가 이븐 할둔에 대한 글을 발표하였고, 1858년에는 카트레메르(E. M. Quatremere)에 의해서『역사서설』의 아랍어 인쇄, 교정본이 출간되었으며, 1868년에는 드 슬란느(W. M. De Slane)에 의해서 그 완역본이 파리에서 출간되었다. 이렇게 해서 이븐 할둔의 사상의 전모가 비로소 서구의 지성계에 소개된 것이다. 슬란느의 번역은 아랍어를 모르는 학자들이 의존할 수 있는 유일한 완역본이었는데, 거의 1세기가 지난 뒤인 1958년에 와서야 로젠탈(F. Rosenthal)에 의해서 상세한 주석이 덧붙여진 영문 완역본이 출간되었다. 로젠탈은 이븐 할둔 생전에 필사된 사본들을 저본으로 삼았으며 그 가운데에는 '과학적으로 수정했다'는 저자의 친필 메모가 적혀진 사본도 포함되어 있다. 로젠탈의 영문 완역본은 아랍어를 읽을 수 없는 많은 사람들이『역사서설』에 담겨진 사상의 전모를 이해할 수 있게 해주었다는 점에서 학술적인 가치가 대단히 높다고 할 수 있다. 이밖에도 가까운 일본에서는 森本公誠에 의해서 1979-87년에 완역본이 출간되었고(개정판 2001년), 포르투갈, 페르시아, 히브루 등의 언어로도 완역본이 있다.

오늘날의 학자들은 '역사가'로서 이븐 할둔의 탁월한 역량에 대해서 인정하고 있음은 물론이며, "투키디데스가 역사학을 창시한 사람이라면, 이븐 할둔은 역사학을 하나의 (과학적) 학문으로 정립한 사람"이라는 평가가 이를 말해준다. 그러나 이븐 할둔의 『역사서설』이 남긴 영향이 결코 역사학 분야에만 국한된 것은 아니다. 정치학 분야의 마키아벨리, 사회학 분야의 콩트나 뒤르캥, 경제학 분야의 아담 스미스나 마르크스와 같은 서구 근대의 학자들보다 먼저 핵심적 개념들을 적출하여 논의했다는 지적과 함께, 그 유사성과 차이점을 분석하는 연구들이 나오고 있고, '할둔주의자'(Khaldunian)를 자처하는 사람들까지 있을 정도이다. 분명 이븐 할둔은 14세기 이슬람 세계, 아니 동서양을 막론하고 인류의 지성이 낳은 거대한 봉우리이지만, 그의 사상은 이슬람권의 학자들에 의해 계승, 발전되지 못했기 때문에 '고독한 천재'(solitary genius)로만 남아 있었던 것이다. 이와 관련하여 역사가 토인비는 『역사의 연구』에서 다음과 같은 평가를 내리고 있다.

> 그는 자신이 선택한 지적인 활동의 분야에서 어떠한 선배로부터 영감을 받지 않은 듯하며, 자신의 동료들 사이에서도 어깨를 같이 할 만한 인물을 찾지 못했고, 어떠한 후배들에게도 영감의 불꽃을 일으키지 못했다. 그렇지만 그는 자신의 세계사에 첨부한 『역사서설』 속에서 독자적인 역사철학을 생각하고 형상화했는데, 그것은 이제껏 어느 곳 어느 때 어느 누구에 의해서 논의된 것보다 가장 위대한 작업임에는 의심할 여지가 없다.

이븐 할둔은 1370년대 후반 이븐 살라마의 성채에서 『역사서설』을 탈고한 뒤 끊임없이 수정하였기 때문에 현재 전해지고 있는 필사본들 사이에도 적지 않은 차이점들이 발견된다. 로젠탈의 연구에 의하면 이븐 할둔의 자필본을 위시하여 적어도 4종의 사본이 그의 생전에 필사되었고(4종 모두 터키에 소장), 그밖에도 무수한 사본들이 존재한다고 한다. 이러한 사본들을 토대로 문헌학적인 비교와 검토를 거쳐 활자본들이 출판되었는데, 그 가운데 가장 대표적인 것으로는 두 가지를 꼽을 수 있다. 하나는 앞서 언급한 카트레메르 판(1858)이고, 또 하나는 알 후리니(al-Hûrînî)라는 이집트 학자의 손에 의해 1857년 카이로 근교의 불락(Bulaq)이라는 곳에서 출판되어 일명 '불락 판'으로 불리는 것이다.

우리나라 학자들도 이븐 할둔의 사상에 대해서 미미하나마 관심을 보여온 것이 사실이다. 예를 들면 『역사서설』에 나타난 칼리프제에 대한 논의를 통해서 이슬람 정치사상을 분석한 글이라든가, 제1장에서 언급된 지리와 기후에 관한 내용을 분석한 글이 그러하다. 1990년에는 김용선 교수에 의해서 우리말 번역도 출간되었다. 그러나 『역사서설』에 대한 문헌학적인 분석을 토대로 한 정확하고 치밀한 연구는 아직 찾아보기 힘든 실정이다.

  역자는 중앙아시아의 유목사회와 정주사회의 상호관계에 대해 많은 관심을 가지고 있었기 때문에, 일찍부터 이븐 할둔의 문명론에 매료되어 그의 글을 탐독해왔다. 또한 그 내용의 일부를 발췌하여 학부생들과 함께 강독을 하기도 했고, 몇 해 전에는 대학원생들과 함께 로젠탈의 영역본 3권을 모두 읽으며 토론하기도 했다. 그러는 동안 연구자들은 물론 많은 독자들에게 『역사서설』이라는 불후의 고전을 알 수 있게 하는 방법이 없을까 생각하게 되었고, 그러던 차에 까치글방의 박종만 사장의 번역 제의를 받게 된 것이다. 아랍어 전문가가 아닌 나로서는 원문에서 직접 번역할 수 없기 때문에 과연 중역을 해도 좋을지 선뜻 결정하기 어려웠으나, 기왕에 나와 있는 국역본이 이븐 할둔의 사상을 정확하게 전달해주기에는 미흡함이 많다는 점을 알고는 결국 만용을 부리게 된 것이다.

  그런데 로젠탈의 번역은 역자의 서문을 포함하여 모두 1,700페이지에 달하는 방대한 분량이고, 전문적인 지식이 없는 사람들은 이해하기 힘든 이슬람의 철학, 신학, 문학 등의 부분도 상당히 포함되어 있기 때문에 교양있는 일반 독자들은 쉽게 접근하기 어렵다는 난점이 있었다. 그래서 역자는 로젠탈의 완역본을 토대로 『역사서설』의 핵심적인 내용을 거의 망라해서 편집한 다우드(N. J. Dawood)의 축약본을 저본으로 삼기로 하였다. 동시에 로젠탈의 영역본과 森本公誠의 일역본과도 대조하여 가능하면 아랍어 원문의 뜻에 가장 가깝게 옮기려고 노력했고, 본문 가운데 언급되는 이슬람권의 인명, 지명 등 고유명사와 특수한 개념들에 대해서는 간략한 주석을 첨가하였다. 완성된 번역 원고는 까치글방의 박종만 사장이 꼼꼼히 읽고 교정을 보았을 뿐만 아니라, 독자들의 용이한 이해를 돕기 위해서 필요한 도판과 지도 등에 대해서도 적지 않은 도움을 주었다. 이 자리를 빌려 심심한 사의를 표하고 싶다. 역자는 장차 국내에서도 이븐 할둔을 전문적으로 연구하는 학자가 배출되어 아랍어 원문에 대한 치밀한 검토를 바탕으로 완역본이 출간되었으면 하는 희망과 함께, 그때까지 우리나라의 독자들이 중세의 최고 지성이라고 해도 과언이 아닌 이븐 할둔의 사상을 이해하는 데에 이 역서가 조금이라도 도움이 되었으면 하는 기대를 가져본다. 마지막으로 이븐 할둔의 사상을 보다 더 깊이 이해하기를 원하는 독자들을 위해, 중요한 번역본과 연구 문헌들을 소개한다.

4. 참고 문헌

(1) 『역사서설』의 간본(刊本)과 번역본

1. *Prolégomènes d'Ebn-Khaldoun.* Texte arabe publie, d'apres les manuscrits de la Bibliotheque imperiale ; par m. Quatremere. Paris : Didot, 1858, 3 vols. *Notices et extraits des manuscrits de la Bibliothèque nationale et autres bibliotheques*, vol. 16A-18A.
2. *Kitâb al-'Ibar wa-dîwân al-mubtada' wa-l-khabar fî ayyâm al-'Arab wa-l-'Ajam wa-l-Barbar wa-man 'âṣarahum min dhawî as-sulṭân mubtada' al-akbar.* Ed. Naṣr al-Hûrînî, 7 vols., Bulaq, 1284/1867.
3. *Al-Ta'rf bi-Ibn Khaldûn wa-riḥlatihi gharban wa-sharqan.* Ed. Muḥammad ibn Tâwît al-Ṭanjî. Cairo : Lajnat al-Ta'lîf waâl-Tarjamah wa-al-Nashr, 1951.
4. Terceme-i mukaddeme-i Ibn Haldun. Istanbul : Takvimhane-i Amire, 1275/1858.
5. *Les prolégomènes d'Ibn Khaldoun.* Tr. en francais et commentés par de Slane. Paris : Imprimerie impériale, 1862-1868. *Notices et extraits des manuscrits de la Bibliothèque Impériale*, vol. 19-21.
6. *Ibn Khaldûn : The Muqaddimah. An Introduction to History.* Tr. F. Rosenthal, Princeton : Princeton University Press, 1958. (Abridged edition by N. J. Dawood, Princeton : Princeton University Press, 1967).
7. 『歷史序說』. 森本公誠 譯. 東京 : 岩波文庫, 2001, 4卷 (原刊 1979-87).
8. *An Arab Philosophy of History. Selections from the Prolegomena of Ibn Khaldun of Tunis (1332-1406).* Tr. C. Issawi, Princeton: Darwin Press, 1987.
9. 『이슬람 사상』. 김용선 역. 삼성출판사, 1990(삼성세계사상 8).

(2) 연구
1. de Slane, W. M. "Autobiographie d'Ibn Khaldoun". *Journal asiatique*, 4 sér., 3(1844).

2. Fischel, W. J. *Ibn Khaldûn and Tamerlane : their historic meeting in Damascus, 1401 A.D. (803 A.H.)*. Berkeley : University of California Press, 1952.
3. _____. *Ibn Khaldûn in Egypt; his public functions and his historical research, 1382-1406 ; a study in Islamic historiography*. Berkeley : University of California Press, 1967.
4. 'Inân, Muḥammad 'Abd Allâh. *Ibn Khaldûn : His Life and Work*. Lahore: Sh. Muhammad Ashraf, 1941.
5. Rosenthal, F. *The Political Thought in Medieval Islam*. Cambridge : Cambridge University Press, 1958.
6. Gibb, H. A. R. "The Islamic Background of Ibn Khaldun's Political Theory". *Studies on the Civiliztion of Islam*, Princeton : Princeton University Press, 1962.
7. Mahdi, Muhsin. *Ibn Khaldûn's Philosophy of History*. Chicago : University of Chicago Press, 1971.
8. Aziz al-Azmeh. *Ibn Khaldûn : An Essay in Reinterpretation*. London : Frank Cass, 1982.
9. _____. *Ibn Khaldûn in Modern Scholarship : A Study in Orientalism*. London : Third World Centre for Research and Publishing, 1981.
10. Baali, Fuad. *Society, State, and Urbanism: Ibn Khaldun's Sociological Thought*. New York : State University of New York, 1988.
11. 손주영. 「무깟디마에 나타난 이븐 칼둔의 정치 사상」. 『한국이슬람학회논총』, 4-1 (1994), pp.149-94.
12. _____. 『이슬람 칼리파制史』. 민음사 : 1997(대우학술총서 인문사회과학 96).
13. 최영준. 「『무카디마』를 통해서 본 이븐 할둔의 지리학」. 『문화역사지리』 제6호(한국문화역사지리학회, 1994), pp.1-30.
14. 최진영. 「이븐 칼둔의 언어사상에 관한 연구」. 『한국중동학회논총』, 16-1 (1995), pp.565-87.
15. 한덕규. 「이븐 칼둔의 경제사상」. 『한국이슬람학회논총』, 6-1 (1996), pp. 111-30.

인명 색인

갈레노스 Galenos 74, 94, 115, 461
네로 Nero 238
느부갓네살 Nebuchadnezzar 30, 235
다리우스 Darius 444
다우드 이븐 알리 Dâud b. 'Alî 413
둘 아드아르 Dhû'l Adh'ar 35
라시드 Harûn ar-Rashîd → 하룬 알 라시드
루스툼 Rustum 31
루지에로 2세 Ruggiero II 265
루크만 Luqmân 445
마르완 Marwân → 마르완 이븐 알 하캄
마르완 이븐 알 하캄 Marwân b. al-Ḥakkam 222-213, 277
마슬라마 Maslamah → 마슬라마 이븐 아흐마드 알 마즈리티
마슬라마 이븐 아흐마드 알 마즈리티 Maslamah b. Aḥmad al-Majrîṭî 117, 119, 447
말릭 이븐 아나스 Mâlik b. Anas 413
메넬라오스 Menelaos 387, 452
무아위야 Mu'âwiyah 39, 210-211, 213, 216-217, 243, 263, 270, 274, 301
무아위야 이븐 아비 수피얀 Mu'âwiyah b. Abî Sufyân 277
무자히드 알 아미리 Mujâhid al-'Âmirî 264
무카우키스 Muqawqis 271
무함마드 Muḥammad 39, 51, 65, 101-103, 106-107, 111, 128, 131, 134, 142-143, 167-168, 198, 200, 204, 206-208, 215-216, 218-219, 221, 226, 230-231, 242, 254, 273, 280, 285, 298, 318-319, 343, 390, 411-412, 414, 418, 423, 426, 428, 439, 461, 464, 467, 481, 485, 508
무함마드 샤 Muḥammad Shâh 187
무함마드 알 마흐디 Muḥammad al-Mahdî 41
무함마드 앗 삿자드 Muḥammad as-Sajjâd 41
무함마드 이븐 우마르 알 와키디 Muḥammad b. 'Umar al-Wâqidî → 알 와키디
무함마드 이븐 투마르트 알 마흐디 Muḥammad b. Tumârt al-Mahdî → 알 마흐디
바흐람 이븐 바흐람 Bahrâm b. Bahrâm 68, 295
부란 Bûrân 181
부주르즈미흐르 Buzurjmihr 70
불루긴 이븐 지리 Buluggîn b. Zîrî 265
사아드 이븐 아비 와카스 Sa'd b. Abî Waqqâs 31, 155, 210, 445
사이프 Sayf → 사이프 이븐 우마르 알 아사디
사이프 이븐 우마르 알 아사디 Sayf b. 'Umar al-Asadî 22, 31
사훌 이븐 나우바흐트 Banû Sahl b. Nawbakht 54
살라흐 앗 딘 유수프 이븐 아유브 Ṣalâh ad-Dîn Yûsuf b. Ayyûb 266
살리흐 이븐 압둘 라흐만 Ṣâliḥ b. 'Abd ar-Raḥmân 251
샤다드 Shaddâd. 38
샤디드 Shadîd 38

571

샤리프 알 이드리시 Sharîf al-Idrîsî 83
소크라테스 Socrates 433, 445
술레이만 Sulaymân 216
술레이만 이븐 사아드 Sulaymân b. Sa'd 251
슈라이흐 Shurayḥ 222
시바와이흐 Sîbawayh 509, 515
아누시르완 Anûshirwân 68, 354
아드 이븐 우스 이븐 이람 'Ad b. 'Ûṣ b. Iram 38
아리스토텔레스 Aristoteles 68-69, 268, 433, 445-446, 457, 460, 463, 475-476, 479-480, 492, 540
아므르 이븐 알 아스 'Amr b. al-'As 243, 262, 271, 278
아부 나스르 알 파라비 Abû Naṣr al-Fârâbî → 알 파라비
아부 누와스 Abû Nuwas 45
아부 무사 Abû Mûsâ → 아부 무사 알 아샤리
아부 무사 알 아샤리 Abû Mûsâ al-Ash'arî 209, 222
아부 무함마드 이븐 아비 자이드 Abû Muḥammad b. Abî Zayd 504
아부 바크르 Abû Bakr 46, 102, 200, 204, 207-208, 215, 217-218, 221, 230, 233, 242, 273, 503
아부 바크르 앗 사이그 Abû Bakr b. aṣ-Ṣâ'igh ; 일명 Avempace 447
아부 바크르 앗 주바이디 Abû Bakr az-Zubaydî 516
아부 바크르 앗 투르투쉬 Abû Bakr aṭ-Ṭurṭûshî 69-70, 285
아부 바크르 이븐 알 아라비 Abû Bakr b. al-'Arabî 502-503
아부 수피얀 Abû Sufyân 102-103
아부 압둘라 이븐 알 하팁 Abû 'Abdallâh b. al-Khaṭib 535
아부 앗 다르다 Abû ad-Dardâ 222
아부 이난 Abû 'Inân 187-188
아부 이스학 Abû Isḥâq al-Isfarâyinî 104
아부 자파르 압둘라 알 만수르 Abû Ja'far 'Abdallâh al-Manṣûr 41, 44, 451
아부 탈리브 Abû Ṭâlib 306
아부 후라이라 Abû Hurayrah 250
아불 압바스 Abû al-'Abbâs 248
아불 왈리드 이븐 루쉬드 Abû al-Walîd b. Rushd → 이븐 루쉬드
아불 카심 Abû al-Qâsim 536
아불 카심 앗 사브티 Abû al-Qâsim as-Sabtî 538
아불 카심 앗 시이 Abu al-Qâsim ash-Shi'î 264
아불 파라즈 알 이스파하니 Abû al-Faraj al-Iṣfahânî 519
아불 하산 Abû al-Ḥasan 99, 266
아빌 후세인 Abî al-Ḥusayn 264
아사드 아부 카립 As'ad Abû Karib 35
아우구스투스 Augustus 236
아이샤 'Â'ishah 31, 102, 467
아폴로니오스 Apolonios 387
아프리쿠스 이븐 카이스 이븐 사이피 Afrîqus b. Qays b. Ṣayfî 34-35
아흐마드 앗 시킬리 Aḥmad aṣ-Ṣiqillî 265
안 나시르 an-Nâṣir 311
알 가잘리 al-Ghazzâlî 421, 427, 430-431, 463, 473
알 라시드 ar-Rashîd → 라시드, 하룬 알 라시드
알 라지 Muḥammad b. Zakârîyâ ar-Râzî 461
알렉산드로스 대왕 Alexandros 62-63, 236, 444
(아프로디시아스의)알렉산드로스 Alexandros

of Aphrodisias 445, 476
알리 'Alî 41, 46, 208-209, 213, 217, 233, 243, 284, 414
알리 이븐 무사 이븐 자파르 앗 사딕 'Alî b. Mûsâ b. Ja'far aṣ-Ṣâdiq 217
알 마문 al-Ma'mûn 46, 67, 181, 217, 270, 321, 324, 327, 373, 446, 454, 460
알 마문 이븐 딘 눈 al-Ma'mûn b. Dhî n-Nûn 181
알 마수디 'Alî b. al-Ḥusayn al-Mas'ûdî 22-23, 30, 32, 35, 45, 55-56, 62, 64, 68, 94, 181, 209
알 마주시 'Alî b. al-'Abbâs al-Majûsî 461
알 마흐디 Muḥammad al-Mahdî 44, 216, 233, 273, 275
알 만수르 Abû Ja'far 'Abdallâh al-Manṣûr 216, 272, 446
알 만수르 이븐 아비 아미르 al-Manṣûr b. Abî 'Âmir 194
알 무기라 al-Mughîrah b. Shu'ba 213
알 무스타심 al-Musta'ṣim 321
알 무스타즈히르 al-Mustaẓhir 233
알 무타디드 al-Mu'taḍid 310
알 무타심 al-Mu'taṣim 164, 183, 214
알 무타와킬 al-Mutawakkil → 알 무타즈 이븐 알 무타와킬
알 무타즈 이븐 알 무타와킬 al-Mu'tazz b. al-Mutawakkil 45, 214, 310
알 무흐타디 al-Muhtadî 224
알 미크다드 al-Miqdâd b. al-Aswad 210
알 바크리 al-Bakrî 55, 64, 328
알 부하리 al-Bukhârî 48
알 아삼 al-Aṣamm 201
알 압바사 al-'Abbâsah 42
알 압바스 al-'Abbâs 41, 168
알 와키디 Muḥammad b. 'Umar al-Wâqidî 22, 167
알 와틱 al-Wâthiq 164
알 왈리드 이븐 압둘 말리크 al-Walîd b. 'Abd al-Malîk 386
알 자우하리 al-Jawharî 516
알 파들 이븐 야흐야 al-Faḍl b. Yaḥyâ 394
알 파라비 al-Fârâbî 446, 459, 476, 479
알 파르가니 al-Farghânî 434
알 파리시 al-Fârisî 509
알 하산 al-Ḥasan → 알 하산 이븐 사흘
알 하산 이븐 사흘 al-Ḥasan b. Sahl 46, 181, 213
알 하자즈 al-Ḥajjâj → 알 하자즈 이븐 유수프
알 하자즈 이븐 유수프 al-Ḥajjâj b. Yûsuf 50, 52, 54, 190, 251, 272
알 할라지 al-Ḥusayn b. Manṣûr al-Ḥallâj 438
알 할릴 이븐 아흐마드 알 파라히디 al-Khalîl b. Aḥmad al-Farâhîdî 515-516
알 후르무잔 al-Hurmuzân 251
알 후세인 al-Ḥusayn 213
압둘라 이븐 알 아라비 'Abdallâh b. al-'Arabî 233, 502-503
압둘라 이븐 알 하팁 'Abd Allâh b. al-Khaṭîb 421
압둘라 이븐 압바스 'Abdallâh b. 'Abbâs 41, 424
압둘라 이븐 우마르 'Abdallâh b. 'Umar 213
압둘라 이븐 킬라바 'Abd Allâh b. Qilâbah 39
압둘 라흐만 3세 'Abd ar-Rahmân III 232
압둘 라흐만 안 나시르 'Abd ar-Rahmân an-Nâṣir 263
압둘 라흐만 앗 다힐 'Abd ar-Raḥmân ad-Dâkhil 302

압둘 라흐만 이븐 아우프 'Abd ar-Raḥmân b. 'Awf 209
압둘 말리크 'Abd al-Malîk 213-214, 216, 263, 272, 301
압둘 말리크 이븐 마르완 'Abd al-Malîk b. Marwân 251, 354
압둘 무민 'Abd al-Mu'min 265
압둘 아지즈 이븐 무사 이븐 누사이르 'Abd al-'Azîz b. Mûsâ b. Nuṣayr 306
압둘 카림 이븐 문키드 'Abd al-Karîm b. Munqidh 266
압둘 하미드 'Abd al-Ḥamîd 255
압드 마나프 'Abd Manâf 305-306
앗 사파 as-Saffâḥ 216
앗 샤피이 ash-Shâfi'î 413, 490
앗 자마샤리 Maḥmûd b. 'Umar az-Zamakhsharî 38
앗 자자즈 az-Zajjâj 509
앗 주바이르 'Abdallâh b. az-Zubayr 40, 209, 213
앗 주흐리 Muḥammad b. Muslim al-Zuhrî 31
앗 타바리 Muḥammad b. Jarîr aṭ-Ṭabarî 22, 35, 38, 45, 48, 181
앗 타알리비 ath-Tha'âlibî 38
앗 투르투쉬 aṭ-Ṭurṭûshî → 아부 바크르 앗 투르투쉬
야스타습 Yastâsb 35
야시르 Yâsir 35
야지드 Yazîd 211, 216
야지드 이븐 압둘 말리크 Yazîd b. 'Abd al-Malik 272
야쿱 알 만수르 Ya'qûb al-Manṣûr 266, 278
야쿱 이븐 이스학 알 킨디 Ya'qub b. Isḥâq al-Kindî 94, 321
야흐야 이븐 할리드 Ja'far b. Yaḥyâ b. Khâlid → 자파르 이븐 야흐야 이븐 할리드
얄라 이븐 문야흐 Ya'lâ b. Munyah 210
우마르 'Umar 46, 66, 131, 208-209, 215-217, 222, 230, 243, 250-251, 272-273, 357, 504
우마르 이븐 사아드 이븐 아비 와카스 'Umar b. Sa'd Abî Waqqâs 190
우마르 이븐 알 하땁 'Umar b. al Khaṭṭâb 262, 278, 445
우베이둘라 이븐 지야드 이븐 아비 수피얀 'Ubaydallâh b. Ziyâd b. Abî Sufyân 190
우스만 'Uthmân → 우스만 이븐 아판
우스만 이븐 아판 'Uthmân b. 'Affân 46, 208-209, 213, 273
유수프 알 아쉬리 이븐 압둘 무민 Yûsuf al-'Ashrî b. 'Abd al-Mu'min 265
유수프 이븐 우마르 Yûsuf b. 'Umar 272
유수프 이븐 타쉬핀 Yûsuf b. Tâshfîn 233
유클리드 Euclid 387, 446, 451
이드리스 Idrîs 302
이맘 아부 하니파 Imâm Abû Ḥanîfah 413
이맘 이븐 알 하땁 → 압둘라 이븐 알 하땁
이므루 알 카이스 Imru' al-Qays 80
이브라힘 알 마흐디 Ibrâhîm al-Mahdî 217
이브라힘 이븐 알 마흐디 Ibrâhîm b. al-Mahdî 47
이븐 누사이르 Ibn Nusayr 64
이븐 라식 Ḥasan b. Rashîq 24
이븐 루마히스 Ibn Rumâḥis 263
이븐 루시드 Ibn Rushd 87, 139-140, 447, 454, 459-460, 463, 479
이븐 바투타 Ibn Baṭṭûṭah 187-188
이븐 시나 Abû 'Alî Ibn Sînâ 426, 446, 451, 454, 459-461, 463, 479, 481
이븐 아비 마리암 Ibn Abî Maryam 44
이븐 아비 아미르 Ibn Abî 'Âmir 52, 54

이븐 알 라킥 Ibrâhim b. al-Qâsim b. ar-Raqîq 23
이븐 알 무카파 'Abdallâh b. al-Muqaffa' 69
이븐 알 아흐마르 Ibn al-Aḥmar 275
이븐 알 칼비 Hishâm b. Muḥammad b. al-Kalbî 22
이븐 알 파리드 Ibn al-Fâriḍ 434
이븐 압바드 Ibn 'Abbâd 52
이븐 압바스 Ibn 'Abbâs → 압둘라 이븐 압바스
이븐 앗 주바이르 Ibn az-Zubayr → 앗 주바이르
이븐 이스학 Muḥammad b. Isḥâq 22, 38, 48, 455
이븐 자파르 Ibn Ja'far 213
이븐 주흐르 'Abd al-Malik b. Zuhr : 일명 Avenzoar 461
이븐 하이얀 Ibn Hayyân → 자비르 이븐 하이얀
이븐 하팁 Ibn Khaṭîb 205
이븐 할둔 'Abd ar-Raḥmân b. Muḥammad b. Khaldûn al-Ḥaḍramî 188
이븐 후바이라 Ibn Hubayrah 272
자르 알라 앗 자막샤리 Jâr Allâh az-Zamakhsharî 518
자비르 이븐 하이얀 Jâbir b. Hayyân b. Khalaf 447, 465, 473
자이드 이븐 사비트 Zayd b. Thâbit 209
자파르 앗 사딕 Ja'far aṣ-Ṣâdiq 320
자파르 이븐 야흐야 이븐 할리드 Ja'far b. Yaḥyâ b. Khâlid 40-42, 141, 244, 254
지르지스 이븐 알 아미드 Jirjis b. al-'Amîd 238

카압 알 아흐바르 Ka'b al-Aḥbâr 39
카푸르 Kâfûr → 카푸르 알 이흐시디
카푸르 알 이흐시디 Kâfûr al-Ikhshîdî 54, 194
콘스탄티누스 Constantinus 237-238
탈하 Ṭalḥah 209-210, 213
테미스티오스 Themistios 445
테오도시우스 Theodosius 452
파리스 이븐 와드라르 Fâris b. Wadrâr 188
프톨레마이오스 Ptolemaios 78, 83, 122-124, 454-455, 482-484
플라톤 Platon 433, 445, 451, 476
하디자 Khadîjah 102
하룬 알 라시드 Harûn ar-Rashîd 40-45, 141, 185, 212-213, 216, 244, 254, 310, 321, 327, 354, 504-505, 508, 519, 539
하산 이븐 안 누만 Ḥasân b. an-Nu'mân 263
하팁 Khaṭib 324
할라프 Khalaf 57
할라프 이븐 아흐마르 Khalaf b. Aḥmar 504-505
할리드 알 카스리 Khâlid al-Qasrî 272
할리드 이븐 알 왈리드 Khâlid b. al-Walîd 250
헤라클리우스 Heraclius 102-103, 167, 238, 354
호메로스 Homeros 540
호스로우 Khosraw 185
훌레구 Hülegü 311, 321
히샴 Hishâm → 히샴 알 무아야드
히샴 알 무아야드 Hishâm al-Mu'ayyad 52, 516